I0094837

ΣΥΝ ΘΤ

ATHANASII
KIRCHERI
E SOC. IESV

LINGVA
AEGYPTIACA
RESTITVTA.

Opus Tripartitum,

Vnà cum Supplemento.

A D
FERDINANDVM III.
ROM. IMP.

ROMÆ,
Sumptibus Hermanni Scheus.
M.D.CXXXXIII.

Sub Signo Reginæ.

ⲥⲟⲛ ϧ⳨

ATHANASII KIRCHERI
FVLDENSIS BVCHONII
E SOC. IESV

LINGVA AEGYPTIACA
RESTITVTA
OPVS TRIPARTITVM.

Quo

LINGVÆ COPTÆ SIVE IDIOMATIS ILLIVS
primæui Ægyptiorum Pharaonici, vetuſtate
temporum pæne collapſi, ex abſtruſis
Arabum monumentis, plena
INSTAVRATIO
continetur.

Cui adnectitur

SVPPLEMENTVM
Earum rerum, quæ in Prodromo Copto, & Opere hoc Tripartito,
vel omiſſa, vel obſcurius tradita ſunt, noua, & peregrina
eruditione contextum, ad inſtauratæ Linguæ vſum,
ſpeciminis loco declarandum.

ROMÆ,
Sumptibus Hermanni Scheus.
Apud Ludouicum Grignanum. **MDCXLIII.**
Superiorum permiſſu.

FERDINANDO III.
ROMANORVM
IMPERATORI
SEMPER AVGVSTO
REGI TRISMEGISTO

Perpetuam Felicitatem, & Victoriam.

STITIT sese sacratissime Cæsar aspectui tuo longè augustissimo lucubrationum mearum; Opus alterum; illo MAGNETEM offerebam, hoc LINGVAM affero, vtrumq; vti mysticum ita rarum quidpiam & grande præfert. MAGNES ATTRAXIT LINGVAM, vt illas imperatrices omnium Cæsareæ mentis virtutes hæc noua, index mysticæ sapientiæ, & primorum Lingua Regum indicaret. Et cuinam tandem huiusmodi LINGVA debeatur, nisi VNITI-

TIBI magne Cæsar? cuius LINGVA totius interpres iuftitiæ, quot verba fundit, tot leges condit. Cuinam alteri debeatur Aegyptiacæ Regiæq. Sapientiæ LINGVA, nifi vni TIBI Principum Sapientiffimo, in cuius multiplici lingua mundus rediuiuum fuspicit Mithridatem, in Mathematicis magnum cognofcit Alphonfum; in Legum notitia veneratur Iuftinianum; in reconditiffima deniq. Philofophia, maximum admiratur Alexandrum. TV VNVS igitur huius libri TVTOR legendus eras, qui partum hunc nouum & rarum non tantum, qua es admirabili fapientia præditus, iudicare poffes; Sed & eundem aduerfus obtrectatorum contentionem authoritate confirmare TVA, & amplitudine potentiæ tutum illius nouitati adferre præfidium. Accufabit forfan quifpiã temeritatem meã, & prudentiam defiderabit, quod TE CAESAREM mundo fuftinendo occupatiffimum mea interpellare importunitate non fim veritus; At TV CAESARVM excelfiffimus idem & humaniffimus, ex humanitatis, & maieftatis auguftiffimo folio humilitatem meam, vt interpelpellareris invitasti; sic opus angustum, & oculis tantæ Maiestatis indignum, augustum, dignumque vel hoc ipso visum est, quod id, vt prodiret AVGVSTVS iussit, & vt prodire facilè posset in lucem, munificentia plusquam regia præsto fuit. Hic ego cum Poeta non dicam,

Iam dominas aures, iam regia tecta meremur,

Et Chelys Augusto iudice nostra sonat.

Sed illud audentius vsurpabo. Lingua hæc Tripartita Cæsaris approbata iudicio, in Tripartitos mundi fines inoffensa percurrat; narret Asiæ, deprædicet Africæ, Europæ decantet FERDINANDVM AVGVSTVM cuius reuixit munificentia, cuius imperio restituta est; ita futurum spero, vt hæc ominis boni, bona LINGVA Tripartitum IMPERIVM Christiano ORBI restituat; quod vt armorum virtute tuorum contingat Magne CAESAR, ab illo Maximo exercituum Imperatore summis precibus opto, voueoque:

Vale

Vale Christiano Orbi diu sospes. E Collegio Romano Soc. Iesu, septimo Nonas Nouemb. anno partæ Salutis MDCXLIII.

Sacræ Cæsareæ Maiestatis Vestræ

Seruus omnium humillimus

Athanasius Kircher
Soc. Iesu Presb.

PRO:

PROOEMIVM
AD AEQVVM ET CANDIDVM
LECTOREM.

I vnquam illud Hebræorum, מרבה מדע מרבה טרח
ideſt, *Augens ſcientiam, auget laborem, certè in huius, Eu-*
ropæ hucuſq. ignoti idiomatis inſtauratione, id vel maximè verũ
cognoui, in quo quot literæ tot gryphi, quot voces tot ænigmata,
tot labyrinthi deniq. quot apices ſuperãdi fuerunt, vt vel hinc ap-
pareret, quam difficile ſit, ardua, & ignota aggredi; quã ſine duce difficile intri-
tas aperire vias, quam denique periculoſum aleæ opus ſit obſcuris, inexpertiſq.
à nemine hucuſq. tentati idiomatis adytis ſe committere. Vicit tamen abditi
ſtudij tricas aſſidua comes mentis conſtãtia, mitigauit labores inexhauſtos inco-
gniti ſtudij deſiderium αυτεκα λήεϗον, difficultates ſubegit omnes inſitus mihi à
natura, ardentiſſimuſq. erga derelictorum difficultate ſtudiorum promotionẽ,
reſtitutionemq. affectus, quibus factum eſt, vt mox labor in quietem, in delicias
tædium, in gaudium denique omnis verteretur de penetrandis, exhauriendiſq.
difficultatibus præconcepta formido. Etſi porro tui iudicij conſcius, neq. aliorum
reprehenſiones reformidare debui, neque patrocinium vllum operi meo quærere,
quia tamen in ea me tempora incidiſſe memini, vt nihil magis hodie reprehen-
ſioni obnoxium ſit, quam quod rectiſſimum; nil magis ridiculum, quam quod
maximè ſerium, nil denique magis falſum, quam quod ſinceriſſimum, cumq. ita
multis à natura comparatum ſit: vt rebus nouis, raris, & ipſis inuiſis ægrè ad-
modum fidem, niſi auctoritate congrua, & hominum fide dignorum teſtimonio,
vna cum vtilitatis eiuſdem demonſtratione comprobentur, adhibeant. Ideò
operæ pretium me facturum exiſtimaui, ſi ad maiorem fidem, authoritatemque
huic libro conciliandam ſuſcepti operis occaſiõe, quaue ratione αυτόϗραϕον eius
in manus primum meas peruenerit, breuiter, & ſincerè explicarem, ſimulque
in fine adnexo ſpecimine quantum vtilitatis opus futurum ſit oſtenderem: ac
ſic dicam illam, quã maleuolorum quorumdã ingenia, quaſi de ſuppoſititio partu, vel fœtu proprio ingenio adornato mihi impingere poſſẽt, propudioſumq. illud
(cui bono) facilius eluderem. Ita autẽ ſeſe res habet. Illuſtriſſ. D. Petrus à Valle
Eques, & Patricius Romanus, cum Philoſophiæ, ac venerandæ antiquitatis a-
more impulſus, Græcia, Palæſtina, Perſide, India, Arabia, ac toto pænè Oriente,
nonſecus ac alter Apollonius emenſo, Aegyptum denique, ceu primam, omniũq.

✶✶

artium

artium ac disciplinarum fœcundam Matrem, vt quæ de ea mirãda narrarent Scriptores, ipsemet à vromius exploraret, adisset; contigit vt inter ea quæ studiosè perquirebat, memoratu digna, in Onomasticum, seu Nomenclatorem hunc Copto-Arabicum inter rudium ingeniorum tenebras latitantem incideret, quo diligenter considerato cum eum aptissimum instrumentum ad resuscitandam Aegyptiorum longè antiquissimam linguam, vetustate pænè collapsam, reperisset; eum non exiguo pretio coemptum, ingenti sanè cura post diutinæ peregrinationis suæ peracta itinera, eo animo secum Romam pertulit, vt ibidem publici iuris factus, in plurium mox cederet vtilitatem, & emolumentum. Verum, vt hæc omnia cõuenienti testimonio comprobentur, hic operis quod in fronte Authographi continetur, autenticum testimonium subiungere visum est:

Anno salutis 1 6 1 5 exeunte, Cayro in vrbe, totius Aegypti hac tempestate celeberrima, dum antiquitatis monumenta barbarie, atque ignorantia planè obsita, studiosè perquirerem, librum hunc inter tenebras rudium ingeniorum latitantem, inueni: quam longinqua demum, ac diuturna peregrinatione exacta Romam aduexi, vt eius singulari ad hoc adiumento, vetustissima Aegyptia lingua apud Aegyptios ipsos pene demortua, sacris, ac prophanis, literis illustrandis, iam tandem reuiuiscat; meumque ea in re iuuanda laborem, ac studium, Æternæ Vrbi, Patriæ sanctissimæ addictum, eidem, bonarum artium Parenti, grata posteritas perpetuò acceptum ferat. Vale, & fruere.

Petrus à Valle Peregrinus Patricius Romanus.

Interea de hoc thesauro recens ex Aegypto asportato certior factus amplissimus D. Nicolaus Fabricius de Peiresc Regius in Curia Aquisextina Senator, eximium literatorum decus, nullum non lapidem mouit, quo is per translationē in Latinam linguam factam, mox publici iuris fieret. dum igitur alibi, tum potissimum in Gallia, vbi cæterarum linguarum, vti & omnia alia literarum studia hac tempestate oppidò florent, huic negotio aptus inquiritur. Ego tandē qui eo ipso tempore extorris ob tumultũ Suecicum, Germania, in Gallia patriã meam inueneram, instanti vndequaque amicorum sollicitatione potissimum

sami-

familiariſſimi Peireſcij inductus precibus, oneri etſi viribus propè imparibus
humeros ſubdere ſum coactus. Quæ molimina cum ad aures Eminentiſſ. Card.
Barberini peruenissent, & ipſe non minori zelo, operi promouendo incubuit. Nã
Romam me propediem cum ad dictum opus, tum ad Hieroglyphicæ diſciplinæ
reſtitutionem perficiendã venire voluit. Quo cum non ſine periculis appuliſſem
illicò commiſſum mihi opus aggreſſus, intra biennium ad optatum tandem
exitum Deo dante perduxi. Cumq. iam nihil, niſi vt prælo ſubderetur, deeſſet
operi; ecce id denuo cum ob ſuſceptam in Siciliam, & Melitam profectionem,
tum ob characterum ad id imprimendum neceſſariorum defectum, ſuſpenſum;
nouas identidem Remoras inuenit. Hiſce impedimentis opus pluribus ſuſpenſum annis, omnem ferè de eodem edendo animum Authori ademerat, & certè
parum abfuiſſet, quin Theſaurus tanto labore cõquiſitus tineis, & blattis com-
miſſus, in chaos ſuum reuerteretur. Dum igitur alia omnia cogito, ecce Sacra
Cæſarea Maieſtas dictæ moræ cauſam intelligens, pro ſua ingenti, & innata
magnificentia mox tantum expenſarum, quantum abundè ad omnium Orientalium linguarum Typos conficiendos, & reliqua incepta opera finienda ſuffi-
ceret, largiter, & munificè ſubminiſtrauit. Quæ hic adiungo, vt Lector in-
telligat incomparabiles huius Cæſarei, & verè inuicti animi virtutes, qui
immenſa bellorum, hoſtiumque vndique irruentium ſæuitia non tantum ob-
rutus, ita tamen Marti ſtudeat, vt à limine ſuo Palladem, neutiquam exclu-
dat. Plura hic de maxima huius inuictiſſimi Cæſaris ſapientia, & in omnes artes pronitate, affectuque prorſus incredibili dicenda forent, ſed quia illa alio
loco reſeruaui, hic ijs recitandis cum pari breuitate dici nequeant, data opera,
me continui. Typis igitur Cæſarea magnificentia comparatis, opus tandem
deſideratiſſimum prælo ſubiectum lucem videre geſtijt. Conſtat autem tribus potiſſimum partibus. Sectio prima Grammaticalia; Secunda rerum nomenclaturas; Tertia dictiones iuxta Alphabeticum ordinem diſpoſitas continet.
Quantum autem in Nomenclaturis rerum ritè trãſferendis laboris exhauſe-
rimus vix credi poteſt, & ſuccubuiſſemus ſanè, niſi duorum Coptitarum, aliorumque, cum primis verò Abrahami Ecchellenſis, viri cum multarum rerum,
tum Orientalium Linguarum notitia, clariſſimi, in multis nos ſuffulſiſſet
induſtria, & diligens rerum omnium cum Authographo collatoo.

Cæterum in interpretatione id obſeruauimus, vt verbotenus ſingula Latinè
redderemus; & vt maiori cum ingenuitate, ac candore procederemus, loca
ambigua, in quibus obſoletis Autographi literis aquã hæſit, omni coniectura
proſcripta, aſteriſco notauimus. Ne in ambiguis quoque, & æquiuocis, notabi-
lis error contingeret, ipſa loca in Sacrorum Librorum authographis Vaticanis.

✳✳ 2   incre-

incredibili sanè labore prius examinauimus; Quo quidem continuo exercitio eam vtriusque linguæ perfectionem, Deo dante, acquisiuimus, quam opus adeò insolens hieroglyphica, inquam disciplinæ restitutio, suo veluti iure postulare videbatur.

Porrò ad eos, qui laborem hunc nostrum liuido dente rodere possent, retundendos, hoc vnicum sufficiat: Opus hoc præsens cùm in hoc mundi Theatro, tùm à primis mundi hominibus sollicitatum, promotum, desideratum, imò à præcipuis huius temporis in Republica Literaria viris non Europæis dumtaxat sed & Asiaticis, & Aphricanis partim approbatum, partim exoptatum esse, vt fusè hoc loco ex literis Hebraïs, Græcis, Arabicis, Armenicis, Syris, Aethiopicis, Persicis, Constantinopoli, Alepo, Damasco, Alexandria, Cayro, Espahane, Tuneto, alijsque locis ad nos datis, demonstrare possemus, nisi eas ad rerum proferendarum autenticationem Oedipo reseruassemus. Quid porrò in huius restitutione Linguæ præstiterimus, Oedipus suo tempore, si Diuina bonitas vitam largita fuerit, declarabit. Fatebunturque, ni fallor, abditarum disciplinarum sectatores, tam immensam Oedipi molem, sine huius Linguæ ope, ad coronidem perduci neutiquam potuisse: apud gratam verò posteritatem aliquam quoque gratiam nos inituros confidimus, vbi illa successu temporum, vberrimos huius Linguæ fructus deprehenderit. Silenum modo proponimus rudem, primo aspectu, informemque, at quem suo tempore apertum, abscondita tenebrarum illuminaturum nihil dubitamus. Atque hæc sunt, de quibus te primò, Lector, monendum duximus. Vale igitur, meaq. studia tuo fauore prosequi ne desinas, quod fiet, si quæ Oedipo seruire poterunt nobiscum liberaliter communicaueris.

Epistola I. Authoris ad Orientis Literatos, Arabes, & Aegyptios Viros in qua ratio instituti Operis explicatur.

الحمد لله الموحد بالذات المثلث بالصفات الذي ليــــس له شرڪــك
في الا زلية ولا نظير في الربوبية ولا صاحب له يعاونه ولا ضد يقاومه
ولا يد تنازعه مبدع البرايا وما نخ العطايا الخفي وزيادته الظاهر باعماله
وايادته و لذلك منح الانسان فضيلة العقل ليفحص عنها بالمباحثة
والنقل فمن موجب ذلك اذا الحقير اثناسيوس كيركريوس ان
عرفت التزاى عزمت على كافة العلوم بجهدي واهتمامي وابصرت
بما صنعت للحكمة الالهية وابدعت القدرة الربانية من عجايب
المخلوقات وغرايب الموجودات والاثار العلوية والتاثيرات السفليــه
وتاملت الارض ومساحتها والاقاليم وحدودها وصفاتها وابعارهــا
واجبالها وانهارها والجزاير والبحيرات الكبار والحفاير والابار والبلدان
والاثار القديمه والمباني العظيمه ولامم الماضيه والهياكـــل وتاملت
ايضا بيوت النيران وعجايب الحيوانات والنبات وطبعهم وصفاتهــم
وقواتهم ومن ثم صعدت الى الفلك العلى وعلومه وفحصت عن سيران
كواكبة ونجومه ولان للحكما كتبت عن ذلك بلغات مختلفـــه
تشردت ايضا لاكتسابها ودعون واهبها الرحمان معنى العميــان
ومنطق للخرسان اكتسمبت بعذري واجتهادي اربعه وعشرين لسان
من جملتنها القبطي القديم لسان للحكمة والكهاذه الظاهره الى الان
في البراني والاهرام والمسلات وما يشاكلها ولان فيها العجايب الباهره
والاسرار المكنومه اثرت اني اقدم الى فتح اقفالها كنا . بي هذا عربيا
قبطيا روميا ورتبته باسهل المناهج ودرجنة بعلم النحو القبطــي
واستنباطه من الكتب الالهية وعلى قواعدها واصولها وهو يعضدنـــا
ويرشدنا

وبرشدنا على وجودها هنا اخيرا وتكن تعلم ايها القارى الماهران في
طبع هذا الكتاب حدث بعض الغلط والزهق وخصوصي ـــــــــــ أب
اللغات العربيه وهذا من عادة الصناعة فنحن على طاقة جهدنا ـــا
هذه لسك في اماكنه كل كلمة في عينها وورقتها وظل ـــب
من جودتك انك تصححها في القلم الماهر والكم ـــــــــ ال تّه
واحده الفرد الصمد له المجد والحمد ابدا سرمدا . كان ذلك في روميه
العظمى في يوم الجمعة المباركه وهو والعشرون من شهر اب السرياني
وتعنى عند الروم اوغوستوس سنة الف وستمايه ثلثة واربعين مسيحيه
وفي سنة الف وثلثمايه حبره وقاولوستين في تاريخ الشهدا الاطهار في
البرم السادس من شهر تون القبط ـــــــــ ي
للحقير الفقير اثناسيوس عبد يسوع المسيح
من بلاد النمسا

Epiſtola II. ad Coptitas, vnicos Ægyptiacæ Linguæ
Hæredes, & poſſeſſores.

ϯϣⲓⲣⲏⲛⲏ ϩⲉⲛⲫϯ

ⲛⲉⲛⲓⲣⲉϥⲉⲙ ⲛⲉⲙⲛⲓⲣⲉϥⲕⲁϯ ⲛⲓⲣⲉϥϯⲥⲃⲱ ⲛ̀ⲧⲉ ⲭⲏⲙⲓ

Ⲥⲱⲧⲉⲙ ⲡⲁⲛⲁⲅⲛⲱⲥⲧⲏⲥ ⲫⲏⲉⲧⲁⲩⲟⲩⲱϣ ⲛⲉⲙⲛⲓⲙⲉⲛ
ⲣⲓⲧⲏⲥ ⲡⲉⲛⲥⲁϫⲓ ⲑⲏⲉⲧⲁⲩⲃⲓⲉⲥⲁϫⲓ ϩⲁⲣⲱⲕ ⲡⲉ ⲁϩⲁ ⲁⲓϭⲓ
ϫⲓ ϩⲉⲛⲧⲁ ⲯⲩⲭⲏ ϯⲛⲁϯⲱⲛⲧ ⲟⲩⲟϩ ϯⲛⲁⲙⲱⲓ ⲛ̀ϧⲣⲁⲓ
ⲛⲓⲕⲁϩⲓ ⲛ̀ⲭⲏⲙⲓ ⲉⲓⲛⲁⲩ ⲛⲓⲙⲉⲥⲧⲏⲣⲓⲟⲛ ⲛⲉⲙ ⲛⲓⲑⲉⲱⲣⲓⲁ
ⲥⲓⲟⲛ ⲛ̀ⲧⲉⲛⲓⲣⲉϥⲉⲙ ⲛⲉⲙⲛⲓⲣⲉϥⲕⲁϯ ⲛⲓⲣⲉϥϯⲥⲃⲱ ⲛ̀ⲧⲉ
ⲭⲏⲙⲓ ⲛⲉⲙϯⲥⲟⲫⲓⲁ ⲛ̀ⲧⲉ ⲛⲓⲟⲩⲏⲃ ⲛⲓⲡⲁⲗⲉⲟⲥ ⲡⲟⲩⲣⲁⲛ
ⲓⲣⲟⲅⲗⲩⲫⲓⲕⲁ ⲅⲣⲁⲫⲟⲛⲧⲏⲥ ϩⲉⲛⲛⲓⲥⲧⲩⲗⲗⲟⲥ ⲛⲉⲙⲛⲡⲉⲧⲣⲁ

ⲧⲣⲁ ⲛⲉⲙⲉⲛⲓ ϯⲱⲙⲓ ⲛ̀ⲭⲏⲉⲣ· ⲟⲩⲟϩ ⲍ̄ⲥ̄ⲉ̄ ⲫ̄ϯ ⲫⲛⲉⲃⲉⲛ
ⲛ̀ⲉⲃⲟⲗ ⲛⲉⲙⲡⲓⲣⲉϥⲛⲁⲓ ⲧⲉϥⲫⲩⲥⲓⲥ ϯⲙⲉⲧⲛⲁⲏⲧ ⲛⲉⲙ
ϯⲙⲉⲧⲃⲉⲛⲓ ϯⲉⲩⲟⲩⲥⲓⲁ ⲉⲧⲟⲓⲙⲙⲁⲩⲁⲧⲥ ⲡⲓⲣⲉϥⲉⲣⲡⲉⲑⲟⲩ
ⲉϩⲣⲏⲓ ⲛⲏⲃⲉⲛ ⲛ̄ⲛⲁⲣⲉⲗⲡⲟⲛⲧⲏⲥ ϧⲉⲛϯⲉⲩⲙⲉⲧⲛⲁⲓ ·
ⲟⲩⲟϩ ⲁⲡⲟⲥⲱⲧⲉⲙ ⲧⲁⲥⲙⲏ · ⲁⲓⲥⲟⲗⲁ · ⲟⲩⲟϩ
ⲁⲩⲛⲟϩ ⲛ̀ⲣⲏⲓ ϯⲁⲯⲩⲭⲏ ⲛⲡⲁ ⲛ̀ⲧⲉⲥⲟⲫⲓⲁ ⲟⲩⲟϩ ⲉⲧⲛⲏⲓ
ⲡⲓⲛⲏⲕⲓ ⲟⲩⲟϩϩⲛⲡⲓⲥⲫⲟⲥ ϯⲧⲱⲣⲁⲛ̀ⲧⲉⲡⲓⲗⲁⲥ· ϯⲛⲁⲉⲣ
ⲏⲛⲧⲥⲁⲣⲁⲟⲭⲟϩ ⲉⲓⲉⲧⲥⲱⲕⲓ ⲡⲣⲟⲧⲱⲥ ϯⲉⲑⲟⲩⲕⲓ ⲛ̀ⲧⲉⲡⲓ
ⲗⲁⲥ ⲅⲩⲡⲧⲓⲟⲥ · ⲙⲉⲛⲉⲛⲥⲁ ⲉⲓⲉⲧⲥⲱⲕⲓ ⲡⲓⲭⲱⲙⲙ ⲛ̀ⲧⲉⲛⲓ
ⲙⲩⲥⲧⲏⲣⲓⲟⲛ ϧⲉⲛⲭⲏⲙⲉⲛ ⲡⲁⲗⲉⲩⲟⲥ ⲟⲩⲟϩ ϯⲛⲁⲉⲃⲱ ⲛⲓ
ⲃⲁⲧⲙⲙⲥⲓⲁ ⲛ̀ⲧⲉⲛⲓⲥⲧⲩⲗⲗⲟⲥ ⲛ̀ⲉⲣⲙⲏⲥ ϧⲉⲛⲡⲓⲭⲱⲙⲙⲉⲩⲉ
ⲉⲣⲁⲡⲁⲛⲧⲟⲕⲧⲓⲡ ϯⲙⲉⲑⲣⲉϥϯⲥⲃⲱ ⲛⲛⲓⲥⲁⲃⲉⲩ ϧⲉⲛⲫ̄ϯ
ⲛⲉⲙⲡⲓⲁⲅⲅⲉⲗⲟⲥ ⲟⲩⲟϩ ⲡⲓⲁⲉⲙⲏⲟⲥ ϧⲉⲛⲡⲓⲕⲟⲥⲙⲟⲥ ⲛ̀ⲧⲉ
ⲡⲓⲭⲓⲛⲟⲩⲱⲛⲓ ϧⲉⲛⲛⲓϯⲙⲙⲫⲩⲥⲓⲥ · ϧⲉⲛ ϯⲫⲩⲥⲓⲥ ⲛ̀ⲧⲉⲛⲓⲑⲏ
ⲣⲓⲟⲛ ⲟⲩⲟϩ ⲛ̀ⲣⲓⲱⲟⲩⲛⲓ ⲛⲉⲙⲛⲓⲥⲣⲡⲟⲥ ⲛⲉⲙⲛⲓϩⲩⲣⲟⲥ ⲛⲉⲙⲛⲓ
ⲥⲱⲃⲓⲛⲥⲁⲩⲓ ⲛⲉⲙⲛⲓⲡⲓⲛⲅⲏ ⲉⲧⲟⲛⲥ ⲛⲉⲙⲛⲏ ⲉⲧϩⲁϯ ⲛⲉⲙ
ⲛⲓⲛⲉⲙⲛⲓⲟⲱⲝ ⲟⲩⲟϩ ϧⲉⲛⲛⲟⲩⲭⲟⲙ · ⲟⲓ ⲅⲁⲣ ⲡⲁⲛⲁⲅⲛⲱ
ⲥⲧⲏⲥ ⲡⲓⲭⲱⲙⲙ ⲟⲩⲟϩ ⲡⲣⲟⲥⲉⲩⲭⲏ ⲛⲉⲛⲟⲩϯ ⲧⲁⲭⲟⲙ
ⲛ̀ⲧⲉⲧⲁϩⲉⲗⲡⲓⲥ ⲛⲉⲙⲫⲟⲩⲱⲓⲛⲓ ⲛ̀ⲧⲉⲛ̀ⲃⲁⲗ· ⲛⲁ ⲛⲉⲧⲉϩ
ⲡⲁⲕ ⲙⲙⲣⲉⲩϣⲱⲡⲓ ⲟⲩⲟϩ ⲉⲓⲉⲧⲥⲱⲕⲓ ⲉⲧⲛⲫ̄ϯ ⲧⲏⲓⲥⲛⲏⲓ ·
ϧⲉⲛ ⲣⲱⲙⲉⲛ ⲃⲃⲁⲕⲏ ⲛ̀ⲧⲉ ϯⲣⲉⲥⲕⲓⲁ ⲟⲣⲑⲟⲁⲟⲝⲟⲥ ϧⲉⲛ
ⲡⲓⲁⲃⲟⲧ ⲛ̀ⲧⲉ ⲑⲱⲟⲩⲧ · ϧⲉⲛ ϯⲣⲟⲙⲡⲓ ⲛ̀ⲧⲉⲛⲓⲙⲁⲣⲧⲩⲣⲟⲥ
ⲁ̄ⲫ̄ⲝ̄ⲁ̄· ⲉϫⲉⲛ ⲙ̄ⲓⲅⲉⲛⲉⲃⲁⲗⲟⲡ ⲡⲉⲛⲥⲱⲧⲏⲣ ⲭ̄ⲥ̄ ⲙ̄ⲏ̄ⲓ̄ ·

Ⲁⲑⲁⲛⲁⲥⲓⲟⲥ ⲕⲓⲣⲭⲉⲣⲟⲥ ⲡⲓⲡⲣⲁⲕⲧⲓⲕⲱⲥ ϧⲉⲛ ϯⲣⲉⲥⲕⲓⲁ
ⲛ̀ⲧⲉⲡⲗⲓⲥⲙⲟⲛⲏ ⲓ̄ⲏ̄ⲥ̄ ·

MVTIVS VITELLESCVS SOC. IESV
Præpositus Generalis.

CVm Opus, cui Titulus, Lingua Aegyptiaca reſtituta, Latina interpretatione à P. Athanaſio Kircherio Societatis noſtræ Sacerdote donatum, mandato noſtro recognitum, & in lucem edi poſſe probatum ſit, facultatem concedimus, vt typis mandetur, ſi ita Illuſtriſſ. ac Reuerendiſſ. D. Viceſgerenti, & Reuerendiſſ. P. Magiſtro Sacri Palatij Apoſt. videbitur. In quorum fidem, &c. Datum Romæ 9. Martij 1642.

    Mutius Vitelleſcus.

    Imprimatur ſi videbitur Reuerendiſſ. P. M. S. P. Apoſt.
       Io. Bapt. Alterius Epiſc. Camerin. Viceſg.

EX commiſſione Reuerendiſſ. P. Fr. Michaelis Mazarini Sac. Pal. Apoſt. Mag. Opus hoc inſcriptum, Lingua Aegyptiaca reſtituta, opera R. P. Athanaſij Kircheri Societ. Ieſu Presb, quem non ſolùm multiplex Linguarum commendat peritia, verumetiam diuinæ, humanæque omnis generis exornant diſciplinæ, concinnatum perlegi, illudque (translatione priùs eiuſdem cum Autographis ritè, & fideliter collata) tale reperi, vt ſiue admirandam Linguarum varietatem, ſiue abſtruſam, & hucuſque non ſolum Orbi Chriſtiano, ſed penè etiam ipſis Aegyptijs ignotam, ex fontibus hauſtam eruditionem ſpectes, nulli Operum de ſimili argumento tractantium poſtponendum duxerim. Nam perditarum artium inſtauratio, non minus æſtimanda eſt, quam nouarum inuentio, vt auctor eſt Quinctilianus. Quanti igitur faciendus eſt ille, qui dudum in tenebris ſepultam, atque adeo perditâ priſcorum Aegypti Sapientum linguâ exeruit, inſtaurauit, ac in Latinæ Palladis produxit Theatrum, vbi omnium ferme Linguarum, diſciplinarumq. florent ætates. Mirabuntur hic exterarum Linguarum periti, & quod imitentur, inuenient; abſtruſarum verò rerum ſectatores, portam tandem hucuſque clauſam, hâc veluti claue quâdam ad ignoram illam, ac penitus collapſam Hieroglyphicæ ſapientiæ literaturam, reſeratam, ſe inueniſſe lætabuntur. Ita cenſebam Romæ prid. Kalend. Nouemb. 1643.

    Abrahamus Ecchellenſis Philoſoph. & Sac. Theol. profeſſ. & in Almo Vrbis
      Gymnaſ. Linguarum Orientalium publicus Lector.

Imprimatur

Fr. Hiacynthus Serronius, Magiſter, & ſocius Reuerendiſſ. P. Fr. Michaelis Mazarini Sacri Pal. Apoſt. Magiſtri, Ord. Prædicatorum.

INDEX LATINVS

In quo numerus paginam denotat.

INDEX

Auriga

domus

B   Emic

expe-

for-

Ganeh

C   instru-

Itera-

D   mos

Nau

Octo.

Orna.

Partes

E   Plan-

Pofitio

Pro-

Rima

San

LATINVS.

F   Scin-

Sentes

Stul-

Tem-

G   Topac-

Vadu

F I N I S.

Ad

Ad Arabicæ linguæ peritum Lectorem.

NE in huius restitutione linguæ posteritati in quoquam imponeretur, cautissimè in eadem & non nisi Germanè id est, summa fide & ingenuitate procedere voluimus; unde textum Arabicum tanquam necessarium è regione ponendum duximus; vt quiuis huius linguæ peritus, quid præstiterimus & quam in genuina vocum traductione sincerè versati simus iudicare posset: certè qui nostros hosce labores penitius inspexerit, operis traductionem sine qualiquali Aegyptiacæ linguæ natitia neutiquam fieri potuisse luculenter videbit, quod addo, ne quis quemuis Arabicæ linguæ peritum ad operis traductionem sufficientem fuisse arbitretur; dici enim vix potest, quam multæ difficultates occurrerint, quæ expediri nulla ratione potuerunt sine frequenti ipsorum Autographorum, quæ in Vaticano continentur, Coptarum inspectione; Occurrunt enim in Aegyptiacis vocabulis multæ æquiuocationes, quæ & duplicem sensum habeant, multa quoque, quæ & nomen simul & verbum plurale & singulare significent, V. G. hæc vox Aegyptia ϭⲟⲕⲩ duo significat جبس traxit eum, & جره id est situlam, seu hydriam etsi non ignorem جره idem quoque significare ac جبس hoc tamen loco propriè hydriam significare is solus norit, qui Autographa Copta consuluerit. Pari ratione vox Aegyptia ϭⲉⲟⲛϩ omnia sequentia significat كصاد جصرون جصب خضاد Messis, metit, metentes, & instrumentum seu locum metendi: de quibus omnibus Lectorem præmonitum volui, ne quicquam me præcipitantius in negotio adeò arduo constituisse putaret.

Cæterùm certus sit Lector in Copta nomenclatura eam diligētiam esse adhibitam, vt vix aliquos errores commissos in impressione constet: maiori castigatione eget Arabicus Character, qui cum non vsquequaq; perfectus sit, vtpotè signis motionum destitutus; unde consequenter

ea va̅

ea voces, quæ aut Tanuin تَنْوِين seu motiones, ac cætera signa Agezmi
Tesdid, Madidi, requirunt, dubia & ambigua redduntur, quæ tamen
omnia facilè supplebit periti Lectoris iudicium.

Multa quoque puncta essentialia non ita integrè vel expressa,
vel in correctione omissa quibusdam in locis non parùm sensum
mutant. credi enim vix potest, quanta in Arabicis libris impri-
mendis difficultates occurrant, quamquè facilè in errores grauissimos
vel ob vnius puncti omissionem additionemuè etiamsi plusquam or-
dinaria diligentia operi insistant Typothetæ, impingatur. Cum igitur
in hoc nostro Arabico Onomastico, non obstante diligentia omni possibi-
li, constet errores post impressionem peractam, in Arabicis irrepsisse
haud leuis momenti plurimos, eos vna synopsi comprehensos hic
subiungere visum est. Vt Arabicæ linguæ studiosus habeat, quo Arabicam hanc Nomenclaturam integrè emendare possit. Reliquos verò
characterum defectus proprios artificis eos accommodantis fundentisq;
imperitiæ; Orthographicos verò Typothetæ, & correctoris negligentiæ
adscribas velim. memor illius

كل انسان ناقص والله وحده كامل

Atque hæc sunt de quibus Lectorem prius monere voluimus,
ne nos occurrentes difficultates nescisse putaret.

Pinax Errorum Arabicorum.

Correctio	Pag.	Lin.
يسمخيل	43	9
المنان		12
المفضل	44	1
الحافض		16
المفنم	46	11
وذاتبراكة	49	6
العوا	52	2
الاعرل		4
النزاع	53	1
مهيل		15
المسافة	55	7
النركيب		19
الممتنع	56	6
المتحرك		12
النتج	60	2
الصاعقة		18
عشية المسا		13
الفتسم		26
اقسام	61	2
الايان	62	14
الصيف		21
الوقت	70	17
البالغ	71	21
من مائة	83	3
القدوة	84	4

Correctio	Pag.	Lin.
الفايز	85	2
اللهيب		15
البارح		17
الظالم	87	4
الحاسس	88	4
المبعود		18
المماحكه	91	17
المذبة	92	1
السهوله		5
الخلاف seditio, contradictio.	95	9
الشجر	96	1
مستقيم	96	21
مصادرة	98	21
الغيبة absetia.	99	8
النبختر	100	8
التمنع		21
العزاب	102	13
المعين	108	12
الحاكم	108	2
الركاص	109	7
القران	110	17
الطباخ	111	7
الحراز		8
البيقصار	113	6
الراى		

h

Correctio	Pag.	Lin.		Correctio	Pag.	Lin.
الراى	113	18		2منوف	207	14
الوزان	114	16		مصر	209	14
المزدن		19		الشمامسة	218	16
المدرسين	115	1		جاءت	234	7
العصار		4		الحشايش	242	9
البطوفي		7		الوبن الاطفال	243	15
الفاس	116	11		تلعب		17
الزدار	120	3.4		العقودة		22
القراز	125	14		الشعار	248	12
خيشة	136	12		الهياكس		14
العيقة	142	10		افرى	269	15
الوبة	143	14		جرفت	276	2
libram	144	20		للاوامر	280	20
عرق	192	4		الرقوق		22
على		17		الاراءات		23
خان	154	1		لاعدلاي	300	3
مضيف		11		افربطش	305	5
انزعاج	162	10		صروراني		16
اليمام	168	15		عبس	306	19
ثمار	174	4		المومنة	307	9
عنبر	181	6		يدفق	309	12
جبلى	184	17		الومعة	310	6
الحضن السور	152	10		الرساله		7
قطاني	194	16		الهيولى	311	13
عالم	198	5		غرست	312	8
الاصفر	206	5		لاتقفر جمني	325	12
رشيد	207	4		هزبي	344	13

الجسران

Difficultas tædiumque fanè incredibile, quod in toto hoc opere Typothetæ pertulerunt, effecit; vt dum omnes in Exotericæ literaturæ compofitione neruos intendunt, Domefticæ eos quafi obliuio ceperit; vnde ijs côfequenter haud pauci irrepferunt errores, quos collectos figillatim hic fubnectere voluimus, vt quanto ftudio in exactam libri editionem incubuerimus, hac pofteriori cura teftificaremur.

ERRATA IN LATINIS VOCIBVS.

Pag.	Lin.	Ita corrige.	Pag.	Lin.	Ita corrige.
56	15	mobile	544	15	Solari, lunari
		momentum	ibid.	13	Quam
82	15	Concubina	545	11	Computus
88	23	defpectus	ibid.	34	fubiungendum
94	8	periurium	560	29	fuperioris
95	16	fecuritas	563	15	Arabibus
112	19	piftor	564	4	defcenfus
116	7	Sariffæ	ibid.	17	finis
117	2	Armaturæ	567	12	abfimilia
148	21	Quas	ibid.	26	dicant
184	23	Calamentha	575	18	96
188	16	Vefpertilionis	578	25	articulo
197	18	Melanium	ibid.	28	continens
199	8	Oleander	579	21	fingulare
208	13	Arenofa	582	8	quam
538	9	Elul, & Tifrin.	585	14	patet
540	17	Vnus	588	18	qui
ibid.	20	vicinos	589	2	vocabulum
541	5	ciuili	593	23	compofitæ
542	23	infiftentem	594	24	appellatur
543	12	Æthiopes	625	10	ij pro ei.

NOTA

VT Opus hoc vndequaque correctissimum prodiret, impressione eius iam ferè peracta, nobis denuò cum singularum vocum, tum earum potissimū nomenclaturas, quas in Autographo nostro Arabico intricatius subinde scripto, aut punctorum essentialium defectus, dubias, ambiguasq́. reddiderat, aut linea, tempusq́. edax ita eas detriuerant, vt multas non nisi coniectura assequi possemus; has inquam denuo adhibito cùm Vaticano, tum altero exemplari, quod nescio qua nostra fortuna non ita pridem ex Aegypto Abrahamus Ecchelensis obtinuerat nobis recognoscere visum est. Vt sic omnibus erroribus, dubijsque sublatis, omissisq́. restitutis, interpretatio nostra castigatior prodiret. Lector autem accuratus inueniret, quo opus hac vltima nostra cura emendatum suæ integritati restituere posset. Prima Columna significat Arabicarum vocum restitutionem, secunda Latinarum vocum genuinam interpretationem, tertia lineam, & quarta fol.

SECTIO I.

GRAMMATICAS

DIVERSORVM AVTHORVM

CONTINENS.

Videlicet

Elſamenudi.   Abulfragi Eben Aſſell.

Aben Kateb Keiſar.   Aben Dahiri.

Præfatio.

V M in Prodromo Copto Grammaticam Lin-
guæ Coptæ ſingulari, & ad Latinam normam
directam methodo, ex varijs Authoribus com-
pilatam, iamdudum ediderimus. Has denuò
diuerſorum Authorum Grammaticas, eo ordine,
quo in ipſo Authographo diſpoſitas inuenimus,
verbo tenus traductas, ſubiungere viſum fuit,
vt ſic maiori fide , & ingenuitate in hac Lingua reſtituenda proce-
deremus: & ne aliquis proprio quicquam ingenio à nobis confictum
cauillari poſſet . Præterea cum non omnes Aegyptiorum characterum
notitiam habeant, neque Autographo quoque Alphabetum vllum præ-
fixum inuenerimus; nos Lectoris vota præuertentes, Alphabetum
Copticum, hic denuo, ne in primo ſtatim veſtibulo Lector obicem ſibi
poſitum ad litterarum notitiam inueniret, præfigendum cenſuimus .
His igitur ita præmonitis , nunc ipſam Grammaticæ interpretati-
onem aggrediamur.

A   Sche-

Schema Litterarum Aegyptiacarum.

Habent Coptitæ in vniuerſum litteras XXXII. quarum figuras, nomina, poteſtates, in ſequente ſchemate contemplare.

Figura	Nomen	Poteſt.	Figura	Nomen	Poteſt
Ⲁⲁ ⲁⲗϥⲁ	Alpha	A	Ⲡⲡ ⲡⲓ	Bi	P
Ⲃⲃ ⲃⲓⲇⲁ	Vida	V	Ⲣⲣ ⲣⲟ	Ro	R
Ⲅⲅ ⲅⲁⲙⲙⲁ	Gamma	G	Ⲥⲥ ⲥⲓⲙⲁ	Sima	S
Ⲇⲇ ⲇⲁⲗⲇⲁ	Dalda	D	Ⲧⲧ ⲧⲁⲩ	Dau	T
Ⲉⲉ ⲉⲓ	Ei	E	Ⲩⲩ ϩⲉ	H	E
ⲋ ⲋⲟ	So	S	Ⲫⲫ ϥⲓ	Phi	F
Ⲍⲍ ⲍⲓⲧⲁ	Zida	Z	Ⲭⲭ ⲭⲓ	Chi	Ch
Ⲏⲏ ⲏⲓⲧⲁ	Hida	I	Ⲱⲱ ⲱ	O	O
Ⲑⲑ ⲑⲓⲧⲁ	Thida	Th	Ⲏⲏ ⲩⲉⲓ	Scei	Se
Ⲓⲓ ⲓⲁⲩⲇⲁ	Iauda	I	ϥϥ ϥⲉⲓ	Fei	F
Ⲕⲕ ⲕⲁⲡⲁ	Kabba	K	ϧϧ ϧⲉⲓ	Chei	Ch
Ⲗⲗ ⲗⲁⲩⲇⲁ	Lauda	L	ϩϩ ϩⲟⲣⲓ	Hori	H
Ⲙⲙ ⲙⲓ	Mi	M	Ϭϭ ϫⲁⲛϫⲓⲁ	Giāgia	Gi
Ⲛⲛ ⲛⲓ	Ni	N	Ϭϭ ϭⲓⲙⲁ	Scima	Sc
Ⲝⲝ ⲝⲓ	Exi	X	Ϯϯ ϯ	Dei	Di
Ⲟⲟ ⲟ	O	O	Ⲯⲯ ⲯⲓ	Ebſi	Ps

ⲯⲉⲛⲉⲫⲣⲁⲛ ⲙ̀ⲫⲓⲱⲧ//
ⲛⲉⲙ ⲡϣⲏⲣⲓ ⲛⲉⲙ ⲡⲓⲡ//
ⲡ̅ⲛ̅ⲁ̅ ⲉⲑⲟⲩⲁⲃ ⁖

بسم الاب والابن
والروح القدس ‑
رس sancti.

In nomine Patris,
& Filij, & Spiri‑
tus ſancti.

هذه مقدمة السلم الصمنودي

Hæc eſt prælufio Scalæ Alſamenudi.

ⲛⲁⲓⲛⲧ̀ⲛⲓⲡⲣⲟⲏⲙⲓⲟⲛ
ⲉⲑⲟⲩⲱϣ ⲛ̀ⲛⲓⲉⲛⲧⲩⲙⲙ
ⲛ̀ⲧⲉⲛ̀ϯⲁⲥⲛⲓⲙⲙⲉⲧ//
ⲅⲩⲛⲧⲓⲟⲥ ⁖

هذه مقدمـــات
لظهور معاني
اللغة القبطيه

Hęc ſūt prooemia
ad manifeſtandum
ſignificationes lin‑
guæ Coptæ.

كل كلمة اولها ⲡⲓ تدل على اسم مذكر مفرد معرف بالالف واللام

Omnis dictio cuius initium habuerit ⲡⲓ, ſignificat nomen
maſculinum ſingulare, cognitum per ا, & ل.

Exempli gratia. كنهو قولـك

ⲡⲓⲣⲱⲙⲓ ⁖ Homo, vir. الرجل الانسان

ⲡⲓⲙⲱⲓⲧ ⁖ Via, ſemita. الطريق السبيل

ⲡⲓⲥⲱⲑⲏⲣ ⁖ Saluator. المخلص

ⲡⲓⲙⲉⲑⲣ̀ⲧⲩⲣⲟⲥ ⁖ Teſtis. الشهيد

فاما اسما الاعلام فلا تحتاج الى ⲡⲓ كنهو قولـك

Nomina verò propria non indigent articulo ⲡⲓ, v.g.

ⲡⲁⲩⲗⲟⲥ ⁖ Paulus. بولس

ⲥⲁⲩⲗⲟⲥ ⁖ Saulus. شاوول

ⲥⲓⲙⲱⲛ ⁖ Simon. سمعان

ⲙⲁⲣⲕⲟⲥ ⁖ Marcus مرقش

وقد يكون في القبطي شيأ مذكرا فيقال في العربي مونثا او شيـ
مونثا فيقال مذكرا كنهو قولـك

Fit ſubinde, vt in Copto, res quædam ſit maſculini generis, &
in Arabico fæminini, & contra: v.g.

ⲡⲓⲣⲏ ⁖ Sol الشمس

فهى

فهى فى القبطى من كرا وفى العربى موذث كقولسك

Eſt hæc dictio in Copto maſculini, & in Arabico fœminini
generis. Verbi gratia.

طلعت الشمس وغابت ولا يقال طلع وذاب وكن لسك

Orta eſt Sol, & occidit illa, & non dicitur ortus eſt Sol, vel occidit ille Sol, ſicuti hæc vox.

ⲧⲉⲉⲟⲩⲕⲓ ⳹   Scala.   السلم

فهى فى القبطى موذث وفى العربى من كر كما يقال

Hæc enim in Copto fœminini, & in Arabico maſculini generis eſt.

هات السلم ولا يقال هات السلمه وكقولاسك

Attulit ſcalam (in maſculino genere:) Et non dicitur attulit Scalam in fœminino genere.

موذث fæm.   maſc. من كر

ⲧⲃⲁϣⲩⲣ ⳹   Vulpes.   التعلب

من كر maſc.   fæm. موذث

ⲡⲓⲕⲁϩⲓ ⳹   Terra.   الارض

ⲧ   تدل على اسم موذث معرف بالالــــف   وكل كلما اولها
واللام كقولاسك

Omnis dictio cuius principium ⲧ Significat nomen fœmi-
ninum, Cognitum per Aliph, & Lam, verbi gratia.

ⲧⲉⲕⲕⲗⲏⲥⲓⲁ ⳹   Eccleſia.   الكنيسه

ⲧϩⲓⲣⲏⲛⲏ ⳹   Pax.   السلامه

ⲧⲁⲓⲁⲑⲏⲕⲏ ⳹   Teſtamentum.   العهنه

ⲧⲡⲁⲣⲑⲉⲛⲟⲥ ⳹   Virgo.   العذري

Et adhuc. ⲧ   وايضا

تدل على الاذسان المتكلم عن داته كقولسك

Significat hominem loquentem de ſeipſo V. G.

ⲧⲛⲁⲉⲣϩⲏⲧⲥ ⳹   Incipiã vel incipio   ابتدي

ⲧⲛⲁ

ϯⲛⲁⲥⲁϫⲓ⳾   Loquar vel loquor   اتكلم

ϯⲛⲁⲉⲣϩⲉⲗⲡⲓⲥ⳾   Sperabo vel spero   اترجا

ϯⲛⲁⲧⲱⲛⲧ⳾   Surgam vel surgo   اقوم

وكل كلمة اولها ⲛⲓ تدل على جمع اسما اما مزكـــــرين

واما موذثبن بالالف واللام كقولك

Omnis quoque dictio cuius principio præfixum fuerit N I, significat pluralem numerum. Siue masculini, siue fœminini generis fuerint, cognita per Aliph. & Lam. V. G.

ⲛⲓⲣⲱⲙⲓ⳾   Homines.   الرجل

ⲛⲓϩⲓⲟⲙⲓ⳾   Mulieres.   النسـا

ⲛⲓⲙⲙⲓⲟⲩ⳾   Fontes.   لينابيع

ⲛⲓⲫⲏⲟⲩⲓ⳾   Cæli.   السموات

ⲛⲓⲧⲱⲟⲩ⳾   Montes.   الجبال

وكل كلمة اولها ⲟⲩ وليس هي استفهام تدل على اسم مزكـــرا

وموذث بغير الف ولام كنحو قولك

Omnis quoque dictio cuius principium habuerit ⲟⲩ, & non
est interrogatiua, indicat nomen masculinum, vel fœmini-
num indeterminatum articulo V. G.

ⲟⲩⲣⲱⲙⲓ⳾   Homo Vir.   رجل

ⲟⲩⲥϩⲓⲙⲓ⳾   Mulier.   امراه

ⲟⲩⲓⲱⲧ⳾   Pater.   اب

ⲟⲩⲏⲓ⳾   Domus.   بيت

Interrogatiuum autem est, vt sequitur   فاما الاستفهام فهو

ⲟⲩ⳾   Quid?   ما

ⲟⲩⲡⲉ⳾   Quid est?   ماهو

ⲟⲩⲟϩ⳾   &   و

ⲟⲩⲟⲛ⳾   Deinde, quid inde?   ثم

وكل كلمة اولها ϩⲁⲛ تدل على اسما جمع بغير الـــف ولام

كنحو قولــــك

Omnis dictio cuius principium habuerit ⲛⲉⲛ, indicat nomi-
na pluralis numeri fine articulo. ال V. G.

ⲛⲉⲛⲣⲱⲙⲓ ✕	Homines.	رجال
ⲛⲉⲛⲙⲁⲩ ✕	Matres.	امهات
ⲛⲉⲛⲁⲅⲅⲉⲗⲟⲥ ✕	Angeli.	ملايكة
ⲛⲉⲛⲡⲣⲟⲫⲏⲧⲏⲥ ✕	Prophetæ.	انبيا

باب مايقاس عليه جميع الكلام في الاسما والافعال وهي ثمنية حروف
ولكل حرف اربعة عشر علامة وهذه الاحرف الثمنية هي علامة
الواحد المذكر والمونث الحاضر والغايب وكذلك للجماعة
المذكرين والمونتين والحاضرين والغايبين وفعلهم الماضي
والمستقبل والحال

Caput. In quo menſurantur omnes dictiones in nominibus, &
verbis, ſuntq. 8. literæ, & vnicuique 14. ſigna & hæ literæ
octo ſigna ſunt ſingularis maſculini, & fæminini præſentis, & abſentis: ſunt ſimiliter ſigna pluralium maſculino-
rum, & fæmininorum præſentium, & abſentium, & ver-
borum eorumque temporis, vt præteriti, futuri, &
præſentis.

ⲁ	ⲉⲓ	ⲛ	ⲩ	ⲕ	ⲅ
ⲉⲣ	ⲁⲩ		ⲟⲩ	ⲉⲣⲧⲉⲛ	ⲓⲁ

بدلوا على انسان يتكلم عن نفسه في الاسما اولا كقولك   ⲁ ⲉⲓ

ⲁ ⲧ ⲉⲓ ✕   Indicat hominem loquentem de ſe ipſo, & in
nominibus primum: V. G.

ⲡⲁϬⲟⲥ ✕	Dominus meus.	سيدي
ⲛⲁϬⲟⲥ ✕	Domini mei.	ساداتي
ⲧⲁϬⲟⲥ ✕	Domina mea,	سيدتي

Et in verbo præterito   وفي الفعل الماضي

Lo-

ⲁⲓⲥⲁϫⲓ ⳿	Locutus fum.	ذكلمت
ⲉⲧⲁⲓⲥⲁϫⲓ ⳿	Quando locutuss̃	لما ذكلمت
ⲛⲁⲓⲥⲁϫⲓ ⳿	Loquebar .	كنت اتكلم

Et in futuro . وفي المستقبل

ⲉⲓⲉⲥⲁϫⲓ ⳿	Loquar.	اتكلم
ⲉⲓⲛⲁⲥⲁϫⲓ ⳿	Volo loqui.	اريد اتكلم
ⲉϭⲣⲓⲥⲁϫⲓ ⳿	Vt loquar.	لكي اتكلم
ⲙⲁⲣⲓⲥⲁϫⲓ ⳿	Loquar.	فلا تكلم
ⲉϯⲥⲁϫⲓ ⳿	Qui loquar .	الذي اتكلم
ϣⲁⲓⲥⲁϫⲓ ⳿	Quoniam loquar.	لاني اتكلم

Et in præfenti. وفي الحال

ⲉⲓⲥⲁϫⲓ ⳿	Loquor ego, interim, dum ego loquor	اذا منتكلم فيما اذا متكلم

فجميع هذه العلام مات التي للمنتكلم عن ذفسه اربعة عشر على مه وهي

Omnia hæc figna funt hominis loquentis de feipfo, funtque
quatuor & decem, vt fequitur

ⲛⲁⲙ ⳿⳿	ⲛⲁ ⳿	ϫⲁ ⳿	ⲁⲓ ⳿	ⲉⲧⲁ ⳿
ⲛⲁⲓ ⳿⳿	ⲉⲓⲉ ⳿	ⲉⲓⲛⲁ ⳿		ⲉϭⲣⲓ ⳿
ⲛ̄ⲧⲁ ⳿	ⲙⲁⲣⲓ ⳿	ⲉϯ ⳿	ⲉⲓ ⳿	ϯⲛⲁ ⳿

وهذا الحرف ⲛ يدل على انسان يتكلم عن ذفسه وعن غيره بمشاركة
كندهر قولسك

Et hæc litera N , indicat hominem loquentem de fe ipfo, & de
alio comparticipe, V. G.

ⲡⲉⲛⲟ̄ⲥ̄ ⳿	Dominus nofter .	سيدنا
ⲛⲉⲛⲟ̄ⲥ̄ ⳿	Domini noftri.	سادتنا
ⲧⲉⲛⲟ̄ⲥ̄ ⳿	Domina noftra.	سيدتنا

Et in verbo præterito. وفي الفعل الماضي

ⲁⲛⲥⲁϫⲓ ⳿	Loquuti f. mus.	ذكلمنا

ⲉⲧⲁⲛⲏ̄ϫ

ⲉⲧⲁⲛⲥⲁϫⲓ ⳨	Quando locuti fu- mus .	لماتكلمنا
ⲛⲁⲛⲥⲁϫⲓ ⳨	Locuti fueramus.	كنا تكلمنا
ϣⲁⲛⲥⲁϫⲓ ⳨	Quia locuti fuimus·	لاذا تكلمنا

Et in futuro.   وفي المستقبل

ⲛⲉⲛⲥⲁϫⲓ ⳨	Nos loquemur.	كنا ذتكلام
ⲉⲛⲛⲁⲥⲁϫⲓ ⳨	Volumus loqui .	نريد نتكلم
ⲉⲩⲣⲉⲛⲥⲁϫⲓ ⳨	Vt loquamur.	لكي نتكلم
ⲛ̄ⲧⲉⲛⲥⲁϫⲓ ⳨	Et loquamur.	ونتكلم
ⲙⲁⲣⲉⲛⲥⲁϫⲓ ⳨	Loquamur .	فلنتكلم
ⲉⲧⲉⲥⲥⲁϫⲓ ⳨	Qui loquemur,	الدي ذتكلم
ⲧⲉⲛⲥⲁϫⲓ ⳨	Loquemur	نتكلم
ϣⲁⲛⲥⲁϫⲓ ⳨	Quia loquemur .	لاذا ذتكلم

Et præfenti.   وفي الحال

ⲉⲛⲥⲁϫⲓ ⳨	Nos l oquimur.	متكلمين

فيما نحن متكلمين

Nos loquentes , vel nobis loquenti bus , vel dum loquimur .

فجميع علامات الاقسان المتكلم عن نفسه وعن غيره خمسة عشر علامة وهي

Omnia quoque figna hominis loquentis de fe ipfo & de alijs
    funt 15. fequentia, vt fequitur.

ⲛⲉⲛ ⳨	ⲛⲉⲛ ⳨	ⲧⲉⲛ ⳨	ⲉ̅ⲛ ⳨	ⲙⲁⲣⲉⲛ ⳨
ⲉ̅ⲧⲁⲛ ⳨	ⲛⲁⲛ ⳨	ϣⲁⲛ ⳨	ⲉⲧⲉⲛ ⳨	ⲉⲛⲛ ⳨
ⲉⲛⲉ̅ ⳨	ⲉⲛⲛⲁ ⳨	ⲉⲩⲣⲉⲛ ⳨	ⲛ̄ⲧⲉⲛ ⳨	ⲧⲉⲛ ⳨

وهذا الحرف ﻕ يدل على شخص منذكر غير غايب اولا في الاسما
    كندو قولـك

Hæc litera ﻕ indicat perfonam mafculinam non abfentem
    & primò in nominibus. verbi gratia.

Coptic	Latin	
ⲡⲉϥⳓⲥ ⳨	Dominus eius,	ربه

ⲛⲉϥⲆⲤ ⳾	Dominus eius, m.	ازدياته
ⲧⲉϥⲟⲤ ⳾	Domina eius fæm.	ربته

Et in præterito. وفي الفعل الماضي

ⲁϥⲥⲁϫⲓ ⳾	Locutus est.	تكلم
ⲉⲧⲁϥⲥⲁϫⲓ ⳾	Cum locutus esset.	لما تكلم
ϩⲓⲁϥⲥⲁϫⲓ ⳾	Loquebatur.	كان يتكلم

Et in futuro. وفي المستقبل

ⲉϥⲉⲥⲁϫⲓ ⳾	Loquetur.	يتكلم
ⲉϥⲛⲁⲥⲁϫⲓ ⳾	Vult loqui.	يريد يتكلم
ⲉⲑⲣⲉϥⲥⲁϫⲓ ⳾	Vt loquatur.	لكي يتكلم
ⲛⲧⲉϥⲥⲁϫⲓ ⳾	Vt loquatur.	ليتكلم
ⲙⲁⲣⲉϥⲥⲁϫⲓ ⳾	Loquatur.	فليتكلم
ⲉⲧⲉϥⲥⲁϫⲓ ⳾	Qui loquatur.	الذي يتكلم
ϣⲁϥⲥⲁϫⲓ ⳾	Quia loquetur.	لانه يتكلم

Et in præsenti. وفي الحال

ⲉϥⲥⲁϫⲓ ⳾	Loquitur; loqués est, vel ipso loquéte	مة كلم فيماهو منتكلم

فجميع علامات الشخص الغايب اربعة عشر علامه وهم

Suntautem figna perfonæ abfentis 14. vt fequitur.

ⲡⲉϥ ⳾	ⲛⲉϥ ⳾	ⲧⲉϥ ⳾	ⲁϥ ⳾	ⲉⲧⲁϥ ⳾
ⲛⲁϥ ⳾	ⲉϥⲉ ⳾	ⲉϥⲛⲁ ⳾	ⲉⲑⲣⲉϥ ⳾	ⲛⲧⲉϥ ⳾
ⲙⲁⲣⲉϥ ⳾	ⲉⲧⲉϥ ⳾	ϣⲁϥ ⳾	ⲉϥ ⳾	

ودرف ⲕ قدل على مخاطبة شخص حاضر مذكر اولا في الاسما كقولك

Litera ⲕ indicat colloquutionem fecundæ perfonæ præfentis mafculinæ, & primò in nominibus.

ⲡⲉⲕⲆⲤ ⳾	Dominus tuus.	شبحدك
ⲛⲉⲕⲟⲤ ⳾	Domini tui.	ساداتك
ⲧⲉⲕⲆⲤ ⳾	Domina tua.	سيدتك

Et in

Et in verbo praterito.   وفي الفعل الماضي

ⳉKCⲀ2I ⳹	Locutus es.	تكلمت
ⲉⲧⳉKCⲀ2I ⳹	Dum locutus esses.	لما تكلمت
ⲒⲓⳉKCⲀ2I ⳹	Loquebaris,	كنت تتكلم

Et in futuro.   وفي المستقبل

ⲉKⲈCⲀ2I ⳹	Loqueris.	تتكلم
ⲉKⲒⲀCⲀ2I ⳹	Vis loqui.	تريد تتكلم
ⲉⲃⲣⲉKCⲀ2I ⳹	Vt loquaris.	لكي تتكلم
ⲛ̄ⲧⲉKCⲀ2I ⳹	Vt loquaris,	لتتكلم
ⳘⲀⲣⲉKCⲀ2I ⳹	Loquaris.	فلتتكلم
ⲉⲧⲉKCⲀ2I ⳹	Qui loquaris.	الذي تتكلم
ⳘⳉKCⲀ2I	Quia tu loqueris.	لاذكى تتكلم

Et in prafenti.   وفي الحال

ⲉKCⲀ2I ⳹	Loqueris, es loquēs, Te loquente.	متتكلم فيما انت متتكلم

فجميع علامات الشخص الحاضر اربعة عشر علامه وهي

Et omnia figna prafentis perfonæ funt 14. vt fequitur

ⲠⲉK ⳹	ⲒⲉK ⳹	ⲦⲉK ⳹	2K ⳹	ⲉⲧⳉK ⳹
ⲒⳉK ⳹	ⲉKⲈ ⳹	ⲉKⲒⳉ ⳹		ⲉⲃⲣⲉK ⳹
ⳘⲀⲣⲉK ⳹	ⲛ̄ⲧⲉK ⳹	ⲉⲧⲉK ⳹	ⳘⳉK ⳹	2K ⳹

وحرف c قدل على شخص حاضر في الاسماء اولا كنحو قولك

Litera c indicat perfonam præfentem, & fæmininam, &
   primo in nominibus.

ⲠⲉCⲆⲞⳡ ⳹	Dominus eius f.	سيدها
ⲒⲉCⲆⲞⳡ ⳹	Domini eius f.	سادتها
ⲦⲉCⲆⲞⳡ ⳹	Domina eius f.	سيدتها

In futuro.   وفي المستقبل

ⲉCⲈCⲀ2I ⳹	Loquebatur illa, vel locūta eft.	تتكلم

ECNⲀⲞⲤⲀⲜⲒ ✠	Vult loqui illa f.	تريد تتكلم
ⲈⲨⲢⲈⲤⲤⲀⲜⲒ ✠	Vt loquatur f.	لكي تتكلم
ⲚⲦⲈⲤⲤⲀⲜⲒ ✠	Vt loquatur f.	لتتكلم
ⲘⲀⲢⲈⲤⲤⲀⲜⲒ ✠	Loquatur f.	فلتتكلم
ⲈⲦⲈⲤⲤⲀⲜⲒ ✠	Quæ loquatur f.	الذي تتكلم
ⲨⲀⲤⲤⲀⲜⲒ ✠	Loquetur f.	تتكلم

Et in præfenti. وفي لحال

ECⲤⲀⲜⲒ ✠	Loquitur illa , vel loquente illa	متكلمة فيماهي منتكلم

Et in verbo præter. وفي الفعل الماضي

ⲀⲤⲤⲀⲜⲒ ✠	Locuta eft.	تكلمت
ⲈⲦⲀⲤⲤⲀⲜⲒ ✠	Cû loqueretur illa.	لما تكلمت
ⲚⲀⲤⲤⲀⲜⲒ ✠	Fuit locuta .	كانت تتكلم

فجميع علامات الشخص المونث الغير حاضر اربعة عشر علامة وهم

Omnia autem figna perfonæ fæmininę abfentis funt 14. vt fequitur.

ⲚⲈⲤ ✠	ⲚⲈⲤ ✠	ⲦⲈⲤ ✠	ⲀⲤ ✠	ⲈⲦⲀⲤ ✠
ⲚⲀⲤ ✠	ⲈⲤⲈ ✠	ECNⲀ ✠	ⲈⲨⲢⲈⲤ ✠	ⲚⲦⲈⲤ ✠
ⲘⲀⲢⲈⲤ ✠	ⲈⲦⲈⲤ ✠	ⲨⲀⲤ ✠	ⲈⲤ ✠	

وحرف ⲈⲢ وهذان الحرفان ذلان علي مخاطبة مونث حاضر في الاسما اولا كنهوقولك

ⲈⲢ Hæ duæ literæ indicant colloquutionê perfonæ fæmini-næ præfentis, & in nominibus primùm, verbi gratia.

ⲚⲈⲞⲤ ✠	Dominus tuus f.	شيخكي ربكي
ⲚⲈⲞⲤ ✠	Domini tui f.	سادا تكي
ⲦⲈⲞⲤ ✠	Domina tua f.	سيدتكي

Et in præterito. وفي الفعل الماضي

ⲀⲢⲈⲤⲀⲜⲒ ✠	Locuta es.	تكلمي
ⲈⲦⲀⲢⲈⲤⲀⲜⲒ ✠	Cum loquereris.	لما تتكلمي

ⲚⲀⲢⲈⲚ

ⲛⲁⲣⲉⲕⲥⲁϫⲓ ⳨   Loquebaris f.   كنت تتكلمى

Et in futuro.   وفي المستقبل

ⲉⲣⲉⲕⲥⲁϫⲓ ⳨   Loqueris f   تتكلمى

ⲉⲣⲛⲁⲕⲥⲁϫⲓ ⳨   Vis loqui f   تريدين تتكلمى

ⲉⲩⲣⲉⲕⲥⲁϫⲓ ⳨   Vt loquaris f.   لكي تتكلمى

ⲛ̄ⲧⲉⲕⲥⲁϫⲓ ⳨   Vt loquaris f.   لتتكلمى

ⲙⲁⲣⲉⲕⲥⲁϫⲓ ⳨   Loquaris f   فلتتكلمى

ⲉⲧⲉⲕⲥⲁϫⲓ ⳨   Quæ loquaris f.   الذي تتكلمى

ϣⲁⲣⲉⲕⲥⲁϫⲓ ⳨   Loquaris f.   تتكلمى

In præſenti.   وفي الحال

ⲉⲣⲕⲥⲁϫⲓ ⳨   Loqueris, vel lo-   منتكلمة فيما اــ

                       quente ce.   انت منتكلمة

فجميع علامات المونث الحاضر اربعة عشر علامه وه ـــــــ

Et omnia ſigna perſonæ fœmininæ præſentis ſunt 14.

ⲡⲉ ⳨	ⲛⲉ ⳨	ⲧⲉ ⳨	ϩⲣⲟ ⳨	ⲉⲧⲁⲣⲉ ⳨
ⲛⲁⲣⲉ ⳨	ⲉⲣⲉ ⳨		ⲉⲣⲛⲁ ⳨	ⲉⲩⲣⲉ ⳨
ⲛ̄ⲧⲉ ⳨	ⲙⲁⲣⲉ ⳨	ⲉⲧⲉ ⳨	ϣⲁⲣⲉ ⳨	ⲉⲣ ⳨

وحروف ⲭⲁ ⲭⲟ وهذه الحروف يدلوا على اسما جماعة ⲭ

غير حاضرين في الاسما اولا كقولك

Hæ literæ indicant nomina pluralia non præſentia, ac primò
in nominibus, v. g.

ⲛⲟⲩⲟⲥ̄ ⳨   Dominus eorum.   سبيلهم

ⲛⲟⲩⲟⲥ̄ ⳨   Domini eorum.   سادائهم

ⲧⲟⲩⲟⲥ̄ ⳨   Domina eorum.   سبيل تهم

Et in præterito.   وفي الفعل الماضي

ⲁⲩⲕⲥⲁϫⲓ ⳨   Loquebantur vel   تكلموا
                   locutæ ſunt.

ⲉ̅ⲧⲁⲩ̅ⲥⲁ̅ϫⲓ ⳧	Cum loquerentur, cum locuti eſſet.	لما ذكلموا
ⲛⲁⲩ̅ⲥⲁϫⲓ ⳧	Fuerunt locuti.	كاذواينكلموا

Et in futuro. وفي المستقبل

ⲉ̅ⲩⲉ̅ⲥⲃϫⲓ ⳧	Locuti ſunt.	ينكلموا
ⲉ̅ⲩⲛⲁⲥⲁϫⲓ ⳧	Volunt loqui.	يريدوا ينكلموا
ⲉⲑⲣⲟⲩⲥⲁϫⲓ ⳧	Vt loquantur.	لكي يتكلموا
ⲉ̅ⲛ̅ⲧⲟⲩⲥⲁϫⲓ ⳧	Vt loquantur.	نينكلموا
ⲙⲁ̅ⲣⲟⲩⲥⲁϫⲓ ⳧	Loquantur.	فليتكلموا
ⲉ̅ⲧⲟⲩⲥⲁϫⲓ ⳧	Qui loquentur.	الذي ينكلموا
ⲩ̅ⲁⲩⲥⲁϫⲓ ⳧	Loquentur.	ينكلموا

ⲉ̅ⲩⲥⲁϫⲓ ⳧   Et in præſenti. وفي الحال

Loquuntur, vel ipſis loquentibus. ميتكلمين فيما هم ميكلمين

فجميع علامان الاشخاص الغير حاضرين ار بعة عشر علامه وهم

Omnia ſigna perſonarum abſentium ſunt 14. vt ſequitur.

ⲡ̅ⲟⲩ ⳧	ⲛⲟⲩ ⳧	ⲧⲟⲩ ⳧	ⲥ̅ ⳧	ⲉ̅ⲧⲁⲩ ⳧
ⲛⲁⲩ ⳧	ⲉ̅ⲩⲉ ⳧	ⲉ̅ⲩⲛⲁ ⳧	ⲉⲑⲣⲟⲩ ⳧	ⲛ̅ⲧⲟⲩ ⳧
ⲙⲁ̅ⲣⲟⲩ ⳧	ⲉ̅ⲧⲟⲩ ⳧	ⲩ̅ⲁⲩ ⳧	ⲉ̅ⲩ ⳧	

وهذه الحروف ⳨ⲉⲛ تدل على مخاطبة اشخاص حاضرين في الاسما اولا
كنحو وقولك

Ethæ literæ ⳨ⲉⲛ indicant colloquium perſonarum præſentium, ac primò in nominibus. Vti

ⲡⲉ̅ⲧⲉⲛⲟ̅ⲥ̄ ⳧	Dominus veſter.	ربكم سيس كم
ⲛⲉ̅ⲧⲉⲛⲟ̅ⲥ̄ ⳧	Domini veſtri.	ارديكم سا داذكم
ⲧⲉ̅ⲧⲉⲛⲟ̅ⲥ̄ ⳧	Dominæ veſtræ.	سيس قكم

Et in præterito. وفي الفعل الماضي

ⲁ̅ⲣⲉ̅ⲧⲉⲛⲥⲁϫⲓ ⳧	Loquebamini, locuti eſtis.	تكلمتم

ⲉ̅ⲧⲁ//

ܐ̄ܬܦܛܬܝܢܟܡܝ ܀   Cum loqueremini.   لما تكلمتم

ܡܦܛܬܝܢܟܡܝ ܀   Fuiſtis locuti.   كنتم تكلمتم

Et in futuro.   وفي المستقبل

ܐܦܛܬܝܢܟܡܝ ܀   Loquemini.   تتكلموا

ܬܛܬܝܢܟܡܝ ܀   Vultis loqui.   تريدون انتكلموا

ܐܒܦܛܬܝܢܟܡܝ ܀   Vt loquamini.   لكي تتكلموا

ܐܢܬܛܬܝܢܢܟܡܝ ܀   Vt loquamini.   لنتكلموا

ܡܐܦܛܬܝܢܟܡܝ ܀   Loquamini.   فلنتكلموا

ܐ̄ܬܛܬܝܢܟܡܝ ܀   Qui loquemini.   الذي تتكلموا

ܫܐܦܛܬܝܢܟܡܝ ܀   Quia loquemini.   لانكم تتكلموا

Et in præſenti.   وفي الحال

ܬܛܬܝܢܟܡܝ ܀   Vos loquentes. Lo-

quimini, vel vobis loquentibus.   منتكلمين فيما

اذنتم متتكلمين

فجميع علامات الاشخاص الحاضرين اربعة عشر

Sunt omnia ſigna perſonarum præſentium 14. vt ſequitur.

Quatuordecim ſigna ſunt hæc   اربعة عشر علامة وهم

ܢܛܬܝܢ ܀	ܢܐܬܝܢ ܀	ܬܛܬܝܢ ܀
ܐܦܛܬܝܢ ܀	ܐ̄ܬܐܦܛܬܝܢ ܀	ܢܐܦܛܬܝܢ ܀
ܐܦܛܬܝܢ ܀	ܬܛܬܝܢ	ܐܒܦܛܬܝܢ ܀
ܢܬܛܬܝܢ ܀	ܡܐܦܛܬܝܢ ܀	ܐ̄ܬܛܬܝܢ ܀
ܫܐܦܛܬܝܢ ܀	ܬܛܬܝܢ ܀	

واذا ماكررنا هذه الاحرف وعلاماتها لكي يتورصع دكرهم في الذهن ۞
القول في اشتراك الافعال لهذه الثمنيه الذ كورة وان لكل ثمنيــة
فاعله ثمنية مفعوله في الافعال الاربعة اعني الماضي والمستقبل والامر
والحال بل يحنصر على بعضها فنقول ۞

Repetiuimus autem has literas, & ſigna earum, vt eorum
memoria imprimatur in intellectu; ſermo de affixis verbo-
rum: ſunt ijs 8. memoratæ literæ, & ſingulæ 8. actiuis, & 8.

ſpaſpaſſiuis reſpondent in 4. verbi temporibus, hoc eſt, præterito, futuro, imperatiuo, & præſenti, ſed breuiter de aliquibus dicemus.

	Et in præterito.	وفي الفعل الماضي
ⳏ︦ⲛⲁⲩⲉⲣⲟⲓ ⳽	Vidit me.	راني
ⲉⲧⲁⳏⲛⲁⲩⲉⲣⲟⲩ ⳽	Quando vidit te.	لما راك
ⲛⲁⳏⲛⲁⲩⲉⲣⲟ ⳽	Fuit videns te, vidit te.	كان يراك

	In participio.	وفي المستقبل
ⲉⳏⲉⲛⲁⲩⲉⲣⲱⲟⲩ ⳽	Videbit vos.	يراكم
ⲉⳏⲛⲁⲛⲁⲩⲉⲣⲱⲧⲉⲛ ⳽	Vult videre vos.	يريد يراكم
ⲉⲑⲣⲉⳏⲛⲁⲩⲉⲣⲟ ⳽	Vt videat te.	لكي يراك
ⲛ︦ⲧⲉⳏⲛⲁⲩⲉⲣⲟⲓ ⳽	Vt videat me.	ليراني
ⲙⲁⲣⲉⳏⲛⲁⲩⲉⲣⲟⲛ ⳽	Videat me.	فليبراذا
ⲉⲧⲉⳏⲛⲁⲩⲉⲣⲟⳏ ⳽	Qui videbit eum.	الذي يراه
ϣⲁⳏⲛⲁⲩⲉⲣⲟⲛ ⳽	Quia videbit nos.	لانة يراذا

	In præſenti.	وفي الحال
ⲉⳏⲛⲁⲩⲉⲣⲟⳏ ⳽	Videt eum.	يراه

	In imperatiuo.	وفي الامر
ⲁⲛⲁⲩⲉⲣⲟⳏ ⳽	Vide eum,	انظره ابصره

واعلم ان اخر للحروف هنه صورتها

Et ſcias, quod aliæ literæ ita formantur, ſeu huius ſunt figuræ.

ⲉⲣⲟⲓ ⳽	Me	في	ⲉⲣⲟⲛ ⳽	Nos	اذا
ⲉⲣⲟⳏ ⳽	Illũ, eũ	⳽	ⲉⲣⲟⲕ ⳽	Te	ك
ⲉⲣⲟⲥ ⳽	Eam	ها	ⲉⲣⲟ ⳽	Te f.	ك
ⲉⲣⲱⲟⲩ	Eos	هم	ⲉⲣⲟⲧⲉⲛ ⳽	Vos	كم

Et

Et sic, وكذلك

àιιιεοι ⁘	Me	ني	àιιιεοn ⁘	Nos	نا
àιιιεοч ⁘	Eum	ه	àιιιεοκ ⁘	Te	ك
àιιιεὸc ⁘	Eam	ها	àιιιεο	Te f.	ك
àιιιεωοϒ ⁘	Eos	هم	àιιιεωτεn ⁘	Vos	كم

Caput Imperatiui.

باب الامر منه ما يكون بعلايم للثلثة المخاطبين اعني المذكر والمونث والجمع كقولك

In hoc erunt aliquando signa 3. personarum colloquentium, hoc est in masculino, fœminino, & plurali.

τωnκ ⁘	Surge, m.	قم
τωοϒnοϒ ⁘	Surgite.	قوموا
τωοϒnι ⁘	Surge f.	قومي
ιιιϣεnϩκ ⁘	Abi m.	امض
ιιιϣεnωτεn ⁘	Abite.	امضوا
ιιιϣεnε ⁘	Abi f.	امضي
ϩιιιωιnι ⁘	Venite.	تعالوا
ϩιιιοϒ ⁘	Veni m.	تعال
ϩιιн ⁘	Veni f.	تعالى

ومنه ما يكون بغير علايم وهو ان كل كلمة فاعلة اذا لم يكن لها علامة بين مثل ϩϥτωnϥ وغيرها وتخلوا من علامتها الاولى تصير امر الثلثة المذكورين كقولك

Et sunt aliquando sine signis, & hoc cũ omne verbũ actiuũ, cũ non fuerint ei duo signa. sicut ϩϥτωnϥ & huiusmodi, priuantur signis suis primis, fitq; in imperatiuo trium prædictarum personarum, verbi gratia.

οϒωιιι ⁘

ⲟⲩⲱⲙ ✝	Comede. comedi-te, comede, f.	كل كلوا كلي
ⲥⲱ ✝	Bibe, bibite, bibe, f.	إشرب إشربوا اشربي
ⲁⲣⲉϩ ✝	Serua, feruate, ferua, f.	احفظ احفظوا احفظي
ϭⲓ ✝	Accipe, accipite, accipe, f.	خذ خذوا خذي
ϯ ✝	Da, date, da, f.	اعط اعطوا اعطي
ⲙⲟϣⲓ ✝	Ambula, ambulate, ambula.	امش امشوا امشي
ⲁϫⲟⲥ ✝	Dic, dicite, dic, f.	قل قولوا قولي
ⲁⲛⲁⲩ ✝	Vide, videte, vide, f.	اظهر اظهروا اظهري
ⲥⲱⲧⲉⲙ ✝	Audi, audite, audi, f.	اسمع اسمعوا اسمعى
ⲁⲣⲓ ✝	Fac, facite, fac f.	اصنع اصنعوا اصنعى

وهولا لا يتميزوا الا فيما بعد كنحو قولك

Et hæ folùm ex fequentibus diftinguuntur.

ⲥⲱⲧⲉⲙⲧⲁϣⲉⲣⲓ ✝	Audi ò filia.	اسمعى يا ابنة
ⲥⲱⲧⲉⲙⲛⲓⲉⲑⲛⲟⲥ ✝	Audite ò gentes.	اسمعوا ايها الامم

Verbi gratia· نحو قولك

ⲥⲱⲧⲉⲙⲡⲁϣⲏⲣⲓ ✝   Audi fili mi.   اسمع يا بني

باب

جاب النهى منة مايكون للتلتة المخاطبين جعير علامه كقولك

Caput prohibitionis . Aliquando tribus perſonis loquentibus, dictiones fine ſigno ſunt, v. g.

ⲙ̀ⲡⲉⲣ ⳼	Non .	لا
ⲙ̀ⲡⲉⲣⲟⲩⲱⲙ ⳼	Non comede.	لا تأكل

ومنة ما يكون جعلاجم للثمنية المذكورين كنده وقولك

Et illæ aliquando cum ſignis octo ſupramemoratis .

ⲛ̄ⲛⲁⲟⲩⲱⲙ ⳼	Non comedam.	لا اكل
ⲛ̄ⲛⲉⲕⲟⲩⲱⲙ ⳼	Nòn comedas	لا تأ كل
ⲛ̄ⲛⲟⲩⲟⲩⲱⲙ ⳼	Non comedent	لا ياكلوا

Et ſic de cæteris octo. Caput   لم   جاب لم   ودقيقة الثمنية

ⲙ̀ⲡⲓ ⳼	Non hic	
ⲙ̀ⲡⲉϥ ⳼	Non ille	
ⲙ̀ⲡⲉⲥ ⳼	Non illa	
ⲙ̀ⲡⲟⲩ ⳼	Non illi	
ⲙ̀ⲡⲉⲛ ⳼	Non nos	
ⲙ̀ⲡⲉⲕ ⳼	Non tu	
ⲙ̀ⲡⲉ ⳼	Non tu f.	
ⲙ̀ⲡⲉⲧⲉⲛ ⳼	Non vos	

كقولك   جتكلم

ⲙ̀ⲡⲓⲥⲁϫⲓ ⳼	Non locutus eſt	لم اتكلم
ⲙ̀ⲡⲉϥⲥⲁϫⲓ ⳼	Non loquitur	لم جتكلم
ⲙ̀ⲡⲉⲧⲉⲛ ⳼	Non loquamur .	لم نتكلم

Et reliqua octo.   ودقيقة الثمنية

وفي القبطي كلام اذا جمع تغيير عن صورته كمده وقولك

Iterum in Copto quædam dictiones mutant in plurali
formam ſuam, verbi gratia

⳨ⲫⲉ ⳼	Cælum .	السما

Et

Et cùm volueris ea facere plur. num.   وانا ارت تجمعهم

Non dicetur.   ولا يقال

ⲛⲓⲫⲉ⳨   Cæli.   السموات

بل Sed.   ⲛⲓⲫⲏⲟⲩⲓ   Cæli.   السموات

Et ſic.   وكدلك

ولا يقال   ϯⲉⲣⲙⲓ   فانا ارت تجمعهم

Cû eâ volueris facere plur numeri, non dicetur.

ⲛⲓⲉⲣⲙⲓ⳨   Lachrymæ.   الدموع

بل ſed ⲛⲓⲉⲣⲙⲉⲙⲟⲩⲓ⳨   Lachrymæ.   الدموع

وكذلك ايضا كبر ⲧⲁϣⲉ اذا ارت تقول كتيرين فلا يتال

Et ſimiliter ſi volueris in plurali.   ϯⲁϣⲉ non dices.

ⲛⲁϣⲉ⳨   Multi.   كثيرين

بل ſed ⲛⲁϣⲙⲟⲩ   Multi.   كثيرين

وفي القبطي كلام اذا كان في الاول سقط منه

Et in Copto quædam dictiones, ſi fuerint in principio, decidût ab ipſo.

وانا كان في الاخير قبل هلى جهته كنه وقولك

Et ſi fuerint in fine, remaneat in ſuo ſtatu, verbi gratia.

ⲉⲃⲟⲗϩⲓⲧⲟⲧϥⲉⲙⲡⲓ   Ex parte hominis   من جهة الرجل

ⲣⲱⲙⲓ⳨

ⲛⲓⲣⲱⲙⲓⲉⲃⲟⲗϩⲓ   Homo ex parte ſua   الرجل من

ⲧⲟⲧϥ⳨   جهته

⳨ⲉⲛⲕⲉⲛⲟⲩⲛⲛⲟⲩ   In ſinu patrum ſuo-   في حضون ابايهم

ⲓⲟϯ⳨   rum.

ⲉϧⲣⲏⲓⲉⲕⲉⲛⲟⲩ⳨   In ſinibus eorum.   في حضوذهم

ⲁⲩⲣϩⲁϭⲛⲧϥⲉ ⲭ   Fines cælorum.   اقطار السما

ⲩⲁⲁⲩⲣϩⲁϭ ⲭ   ⲉ| Ad confinia eius.   الى اقطارها

وكل كلمة يكون فيها ⲛⲭⲉ فى المفاعلة ويجب ان تقفن مهما على
ماقبلها كنحو قولك

Omnis dictio quæ habuerit ⲛⲭⲉ est actiua, & oportet eam
præponas ei, quod est ante eam, v.g.

ⲁⲩⲥⲁⲝⲓⲥⲉⲛⲛⲁⲓⲥⲁ//   Dominus locutus   الرب تكلم
           est in verbo.   بكلام

ⲭⲓⲱⲩⲛϩⲛⲭⲉⲛⲟⲥ ⲭ   Huius vitæ.   هذه الحياة

وليس لها جسم فى التفسير قايم بل هى تدل على الفاعل وحرف ⲭⲉ
تدل على ان ولان ولانهم ولانك وتجي بدوقول ٭ وفي القبطي
كلام في الافعال مما ينزل على ان الشي الواحد فاعل في داته
وفي غيره كقولك

Et non est ei substantia in interpretatione recta, sed indicat
agens, & litera ⲭⲉ indicat has particulas, Si, vt, quoniam,
quia, ipsi, quia tu: eritque principium dictionis. Et apud
Coptitas sunt dictiones in verbis, quæ indicant rem vnam
singularem agentem in se ipsam, & in aliam v.g.

ⲁⲩⲣⲱⲕϩ ⲭ   Combustus est;   احترق

يعني احرق داته او احرق غيره
Id est, combussit seipsum, vel alium.

ⲁⲩⲱⲙⲥ ⲭ   Submersi sunt.   غرقوا

يعني غرقوا دا تهم وغرقو غيرهم
Hoc est, submerserunt seipsos, vel alios.

ⲁⲥⲧⲟⲩⲃⲟ ⲭ   Purificata est, scilicet purificauit se & aliã.   طهرت

يعني طهرت داتها وطهرت غيرها

وفي المضاف قلام يسقط منه حروف وفي كنحوقولك
In relatione verò sunt dictiones decidunt ab ijs literæ v. g.

ⲛⲉⲛⲃⲁⲗⲉⲛⲟ̄ⲥ ⳿   Oculi Domini .   عيني الرب

ⲛⲉⲛⲃⲁⲗ ⳿   ...   Oculi noſtri ,   اعيننا

ⲛⲉⲛϫⲓϫ ⳿   Manus noſtræ.   ايدينا

ⲛⲉⲛϫⲓϫⲉⲛⲟⲥ ⳿   Manus Domini .   يدي الرب

ⲛⲉⲛϭⲁⲗⲁⲩϫ ⳿   Pedes noſtri .   ارجلنا

ⲛⲉⲛϭⲁⲗⲁⲩϫⲉⲛⲓⲥ   Pedes hominis .   رجلي الانسان

ⲣⲱⲙⲉⲓ ⳿

وفي القبطي كلام اسما انا خلجت من علامة قد تجوز ان تكـــون
مفردات او جموعات ولا يتميز وا الا فيما بعد كنحو قولكى

Sunt etiam apud Cophitas dictiones nominum , quæ cum
ſigno caruerint, poſſunt eſſe ſingularis aut pluralis numeri,neque differentia eſt inter illas, niſi in ſequentibus, v. g.

ⲡⲣⲟⲫⲏⲧⲏⲥ ⳿   Propheta,Prophetæ   نبي انبيا

ⲁⲅⲅⲉⲗⲟⲥ ⳿   Angelus, Angeli.   ملاك ملايكه

ⲡⲁⲧⲣⲓⲁⲣⲭⲏⲥ ⳿   Patriarcha, Patriar-   رييس ابا
           chæ.   رووسا ابا

وفي القبطي كلام مشتبه لبعضه البعض وقد نذكر في كتاب غير
هذا وفيه منفعة كبيرة جدا ومنه هذا اليسير

Et apud Cophtitas ſunt dictiones quædam ad inuicem ſimiles,
& mentio earum facta eſt in alio quodam libro, & eſt in eo
vtilitas magna valdè : ſed ex illis hæc pauca.

ⲥⲉⲙⲟϣⲓ ⳿   Ambulantes , iter   سايرين
           facientes.

ⲉⲥⲙⲟϣⲓ ⳿   Iter faciens, f.   سايره

ⲁⲣⲓϩⲓⲣⲏⲛⲏ ⳿   Facite pacem .   اصنعوا سلامة

ⲁⲓⲉⲣϩⲏⲣⲏⲛⲏ ⳿   Feci pacem .   صنعت سلامة

ⲁⲩϭⲣⲟ ⳿   Vicerunt . Supera-   ظفروا
           runt.

ⲁⲩϭⲟⲛⲧ	Contenderunt.	تخاصموا
ⲁⲣⲓⲡⲱⲃϣ	Obliuifcimini.	انسوا
ⲁⲓⲣⲡⲱⲃϣ	Oblitus es.	نسيت
ⲁⲩϭⲱⲛⲧ	Probarũt, tentarũt.	جربوا
ⲓⲥϫⲉⲛ	Eo quod. ſi quan- do, à, de.	منذ من
ⲓⲥϫⲉ	Si fuit.	ان كان
ⲡⲓϩⲱⲃ	Labor, opus.	العمل
ⲡⲓϭⲟⲡ	Nuptiæ.	العروس
ⲡⲓϩⲱⲃ	Imperium, manda- tum, præceptum.	الامر
ⲡⲓϭⲱⲛ	Calceamentum.	الخف
ⲡⲓⲥⲱⲃ	Senſus.	الحس
ⲡⲓⲱⲡ	Computatio.	الحساب العد
ⲛⲏ	Qui	الذين
ⲟⲩⲁⲉ	Et non.	ولا
ⲟⲩⲧⲉ	Inter	بين
ⲁⲩⲉⲣ	Fecerunt	صنعوا
ϣⲱⲣⲡ	Manè	باكر
ⲡⲓϣⲓ	Menſura	الكيال
ⲛⲓⲟⲩⲏⲃ	Sacerdotes.	الكهنة
ⲛⲓⲃⲏⲃ	Cauernæ, ſpeluncæ.	المغيار
ⲙⲉⲛ	De, ex, in,	ف
ⲧⲉⲗⲟⲥ	Dolus.	عش
ⲧⲱⲗⲟⲥ	Tributum	عشر
ⲥⲟⲩⲏⲛ	Aperta.	مفتوحة
ⲥⲟⲩⲉⲛ	Cognita.	معروفة
ⲛⲓϩⲱⲟⲩ	Dies.	الايام

ⲛⲉⲕ ⳽	Eſt tibi , fuit tibi ; habes.	كان لك
ⲟⲩⲧⲉ ⳽	Inter.	بين
ⲁⲩⲏⲣ ⳽	Quantum , quot.	كم
ϣⲟⲣⲡ ⳽	Primum, principiú.	اول
ⲡⲓϭⲱⲣⲡ ⳽	Patefactio, declara-tio .	علان ظهور
ⲡⲓϣⲓ ⳽	Quantitas ſpacium, gradus, menſura.	المقدار الكيل الوزن القياس
ⲙⲏⲛ ⳽	Mora duratio.	دوام
ⲧⲉⲗⲟⲥ ⳽	Decima .	عشر
ⲛⲓⲉϩⲱⲟⲩ ⳽	Boues .	البقر
ⲁϥⲙⲟⲛⲕ ⳽	Fecit.	صنع
ⲁϥⲙⲟⲩⲣⲕ ⳽	Fudit,conflauit.	فرغ فني
ⲉⲩⲉϣⲛⲓ ⳽	Anticipant.	يقس موا
ⲉⲩⲉϣⲛⲓ ⳽	Anticipant.	يقس موا
ⲉⲩⲓⲛⲓ ⳽	Aſſimilant.	يشبهوا
ⲁϥϣⲱⲡ ⳽	Emit .	اشترا
ⲁϥϣⲟⲡ ⳽	Accepit , ſuſcepit .	قبل
ⲁϥϭⲱⲡ ⳽	Totondit.	قص
ⲡⲓϣⲁⲓ ⳽	Naſus .	الانف
ⲡⲓϣⲁⲓ ⳽	Feſtum .	العين
ⲁϥϣⲁⲓ ⳽	Illuxit, ortus eſt.	اشرق
ⲁϥⲉϣⲁⲓ ⳽	Multiplicauit.	كثر
ⲉⲃⲏⲗ ⳽	Niſi .	لولا الا
ⲉⲃⲉⲗ ⳽	Vt ſcilicet.	ان اجل
ⲛⲓⲓⲟϩⲓ ⳽	Ager.	لاقل
ⲛⲓⲟϩⲓ ⳽	Grex.	القطيع

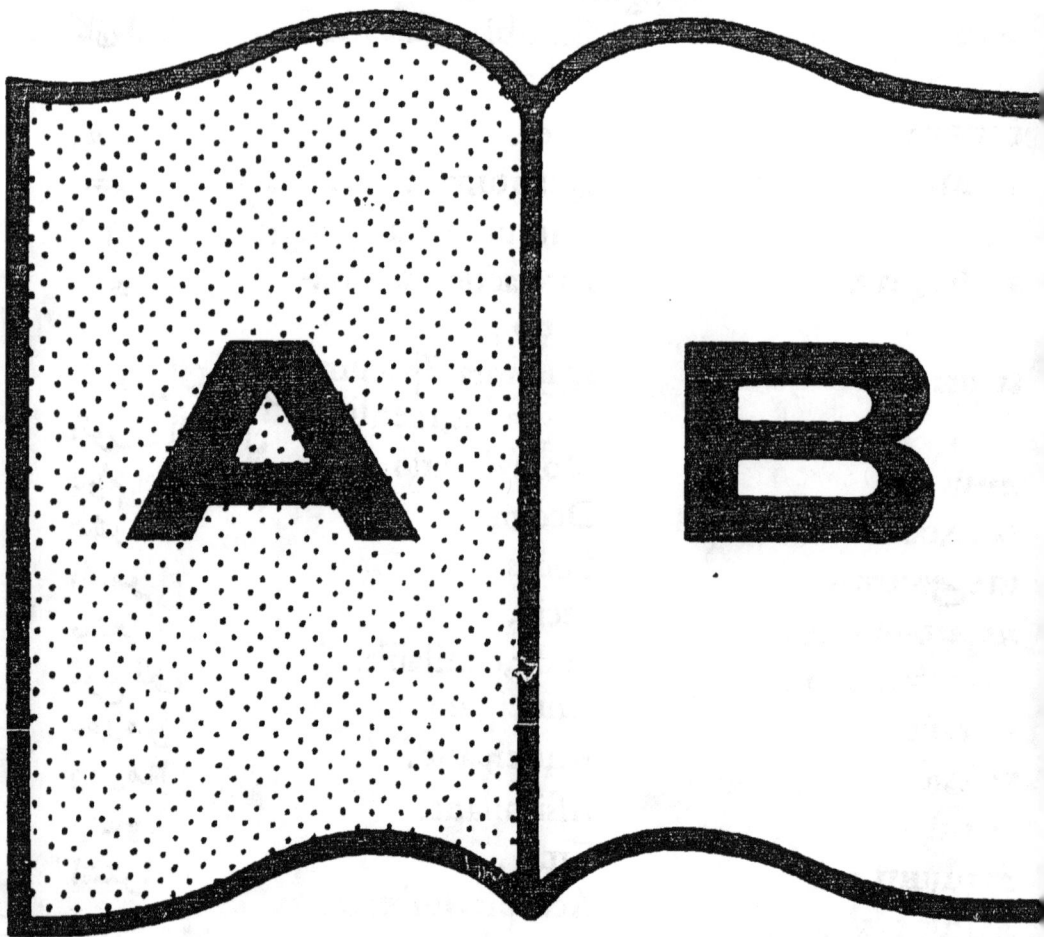

Contraste insuffisant

NF Z 43-120-14

ⲁⲩⲥⲱⲩ	Biberunt eum.	شربوه
ⲁⲩⲥⲟⲩ	Contaminauerunt eum.	جسوه
ϯϣⲱϯ	Lacus, cisterna.	البير
ⲡⲓϣⲱϯ	Massa, pistor.	العجين
ⲡⲓⲓⲱⲧ	Hordeum.	الشعير
ⲫⲓⲱⲧ	Pater.	الاب
ⲡⲓⲱⲧ	Adeps, pinguedo.	الشحم
ⲉⲡⲓⲧⲱⲙⲉⲛ	Obiurgatus est, increpitus est.	ينتهر
ⲉⲣⲧⲙⲉⲉⲛ	Honorare, reuereri.	يكرم
ⲡⲓⲥⲙⲟⲛⲧ	Assiduus.	الثابت
ⲡⲓⲥⲙⲟⲧ	Similitudo, comparatio.	الشبهة
ⲡⲓⲕⲱⲧ	Ædificium.	البنيان
ⲡⲓⲕⲟⲧ	Comprehensio assecutio.	العقة
ⲡⲓⲉⲕⲱⲧ	Faber, ædificator.	البنا
ⲡⲓⲉⲛⲕⲟⲧ	Dormitio.	الرقاد
ϯϭⲟϯ	Macies, Timor.	المخافة
ϯϣⲱϯ	Tributum, census.	الجزية
ϯϣⲱϯ	Villa.	الضيعة
ⲡⲓⲥⲱⲕ	Scabies, sterilitas.	الجرب الجرب
ⲡⲓⲱⲥⲕ	Mora.	الابطا
ⲡⲓⲁϩⲟ	Thesaurus.	الكنز
ⲡⲓϩⲟ	Facies.	الوجه
ⲡⲓⲃⲱⲕ	Seruus, Famulus.	العبد
ⲡⲓⲁⲃⲱⲕ	Coruus.	الغراب

ⲡⲓⲥⲟⲛⲓ ⸭	Latro, Fur.	اللص والخلس
ⲡⲓⲥⲟⲛ ⸭	Frater ,	الاخ
ϯⲥⲱⲛⲓ ⸭	Soror.	الاخت
ⲉϥϣⲱⲧ ⸭	Scindere.	يقطع
ⲉϥⲉⲛϣⲱⲧ ⸭	Durus , ferus.	قاسي
ⲡⲓⲟⲩⲣⲟ ⸭	Rex.	الملك
ⲡⲓⲟⲩⲣⲱ ⸭	Faba.	الفول
ⲡⲓⲟⲩⲣⲱ ⸭	Ianua, porta.	الباب
ⲡⲓⲣⲟ ⸭	Æſtas.	الصيف
ⲡⲓϣⲱⲙ ⸭	Eminens, excelſus:	الرفيع
ⲡⲓϣⲟⲙ ⸭	* * *	* *
ⲡⲓϣⲟⲙ ⸭	Gener, Socer.	الصهر
ⲡⲓϭⲱⲙ ⸭	Hortus, locus deli- rioſus .	البستان
ⲡⲓⲫⲱⲧ ⸭	Fuga .	الهرب
ⲡⲓⲁϥⲟⲧ ⸭	Calix , Scyphus.	الكاس
ⲡⲓⲟϩⲉ ⸭	Cuſtos, cõſeruator .	الحارس
ⲡⲓⲟϯⲙⲉ ⸭	Satietas .	الشبع
ⲛⲓⲟⲩⲣⲱⲟⲩ ⸭	Reges.	الملوك
ⲛⲓⲣⲱⲟⲩ ⸭	Portæ.	الابواب
ⲛⲓⲣⲱⲟⲩⲓ ⸭	Cortex, Canna, ſiue foramina arũdin̄s.	البرابي القصب
ⲡⲓⲙⲱⲛⲓ ⸭	Paſtor .	الرعي
ⲡⲓⲁⲙⲱⲛⲓ ⸭	Muſcus.	المسك
ⲛⲓϫⲱⲙ ⸭	Volumina, libri.	الاسفار
ⲛⲓϫⲟⲙ ⸭	Virtutes, vires.	القوات
ϯϣⲩⲛⲉ ⸭	Olus, herba portu- laca.	البقله

ϣⲧⲏⲛ	Rete.	الشبكة
ϫⲃⲟⲩⲣ	Sinister.	شمال
ϭⲁⲗⲏ	Mancus, debilis, claudus.	عسم
ⲛⲓⲙⲉϩ	Brachium.	الذراع
ⲛⲓⲙⲉϩ	Solatium.	العزة
ⲛⲓϫⲱⲟⲩ	Secula, Ætates, Generationes.	الاجيال
ⲛⲓϫⲱⲟⲩ	Dicta, Prouerbia.	الاقوال
ⲛⲓⲟⲩϩⲱⲣ	Canes.	الكلاب
ⲛⲓⲁϩⲱⲣ	Thesauri.	الكنوز
ϭⲓⲏ	Fines, Termini.	التخوم
ϣⲓⲏ	Longitudo.	الطول
ⲛⲓϩϫⲱ	Viperæ.	الافاعي
ⲛⲓϩϫⲱ	Scabies, impetigines, psora.	الجرب
ⲛⲓⲙⲉⲛⲧ	Mensura, Modius.	الكيل
ⲡⲉⲙⲉⲛⲧ	Occidens	الغرب
ⲉϥϩⲱⲟⲩ	Pluit; pluere facit.	يمطر
ⲉϥϩⲱⲟⲩ	Malus, impius.	ردي شرجو
ⲛⲓⲟϫⲓ	Iniqui, scelerati, Malefici.	الظالمين
ⲛⲓⲟⲣⲟϫⲓ	Termini, Fines.	الحدود
ⲛⲓϣⲟⲃⲓ	Hypocrita.	المرايي
ⲛⲓϣⲱⲟϫⲓ	Siccitas.	اليبس
ⲛⲓⲕⲉⲗⲉⲃⲓⲛ	Securis.	الفاس
ⲛⲓⲕⲉⲗⲉϫⲓⲛ	Præceptum.	الامر

ⲡⲓϩⲱⲥ ⳾	Laudatio .	التسبيح
ⲡⲓϩⲟⲥ ⳾	Tympanum .	الطبل
ⲡⲓϩⲱⲥ ⳾	Filum .	الخيط
ⲡⲓϫⲏⲓ ⳾	Festuca .	القدا
ⲡⲉϫⲏⲓ ⳾	Dixi .	قلت
ⲡⲓⲙⲏⲓ ⳾	Veritas .	الحق
ⲡⲓⲙⲉⲓ ⳾	Amicus .	الحب
ⲡⲓϣⲟ ⳾	Mille .	الالف
ⲡⲓϣⲱ ⳾	Arena .	الرمل
ⲉⲩⲣⲁϭⳆⲧ ⳾	Proiectus ; reproba- tus .	مطروح
ⲉⲩⲣⲁϭⳆⲧ ⳾	Albens, candens, ouiparum .	مبيض
ϯⲃⲁϣⲟⲣ ⳾	Vulpes .	التعلب
ⲡⲓⲃⲁϣⲟⲩⲣ ⳾	Serra .	المنشار
ⲛⲓϣⲁⲗ ⳾	Tristitiæ .	الاحزان
ⲛⲓϣⲟⲗⲥ ⳾	Cadauera .	جثث
ⲛⲓϣⲟⲗ ⳾	Peccatores .	الخطان
ⲛⲏⲣⲁ ⳾	Balteus militaris .	همبان
ⲡⲓⲣⲁ ⳾	Vsus, experientia, consuetudo .	استعمال
ⲛⲁⲓ ⳾	Hi, isti .	هولا
ⲛⲁⲓ ⳾	Quæso, miserere .	ارحم
ⲁⲕⲉⲣⲟⲥ ⳾	Inopportunus .	بغير وقت
ⲁⲕⲉⲣⲉⲟⲥ ⳾	Otiosi .	وبطرين
ⲡⲓϩⲙⲟⲧ ⳾	Gratia .	النعمة
ⲡⲓϩⲟⲙⲧ ⳾	Æs .	النحاس
ϯϫⲉⲛⲉⲝ ⳾	Generatio .	الجيل

ϯϫⲉⲛ

ϯⲅⲉⲉⲛⲁ	Gehenna.	جهنم
ⲡⲓⲧⲃⲃⲟ	Innocentia, Sancti- tas.	البر كبة التبرر
ⲡⲓⲧⲃⲙⲓⲟ	Creatura.	الخليقه
ⲛⲓⲁⲧ	Sine, abſque.	الغير
ⲛⲉⲁⲧ	Termini, fines.	اقطار
ⲛⲓϭⲏⲡⲓ	Nubes.	السحب
ⲛⲓϭⲓⲏⲡⲓ	Fines, termini.	التخوم الاجصا
ⲡⲓⲕⲱϩ	Debilitas, imbecil- litas,	الضعف
ⲡⲓⲕⲁⲡ	Filum, funis.	الوتر الخيط
ⲡⲓⲕⲱⲡ	Fermentum.	الخمير
ⲡⲓⲭⲱⲟⲥⲓ	Triclinium, locus commeſſationi deſtinatus.	الملا هي
ⲡⲓⲭⲱϧⲓ	Chartæ.	الورق
ⲉⲡⲉⲥⲱⲟⲩ	Pulchritudo.	حسان
ⲛⲉⲥⲱⲟⲩ	Agni	خراف
ⲡⲓⲙⲁⲥ	Gaudium.	الفرح الجنين
ⲡⲓⲙⲁⲥⲓ	Vitulus, & currus.	العجل
ϯⲛⲏⲓ	Da mihi.	اعطني
ϯⲛⲉⲓ	Tempus, occaſio.	الميقات
ⲥⲩⲥⲁⲉ	Vt.	حتى
ⲥⲩⲥⲧⲉ	Nunc.	الان
ⲉⲩⲱϣ	Clamat.	يصرخ
ⲉⲩⲟϣ	Multum.	كثير
ⲉⲩⲱϣ	Promittit.	يوعد
ⲉⲩⲱϣ	Legit.	يقري

ⲡⲓⲃ

ⲛⲓⲑⲱϣ ⁕	Terminus. ordo, signum, ſtatutũ .	الى او مرسم
ⲛⲓⲉⲑⲟϣ ⁕	Æthiops, Abyſſinus	الحبشي
ϣⲟϣⲟⲩ ⁕	Hydria.	جرة للماجانة
ϣⲟⲩϣⲟⲩ ⁕	Gloriarẽ , exultare .	افتخار
ϯϣⲁⲓⲣⲓ ⁕	Cubile .	المضجع
ϯϣⲁⲣⲓ ⁕	Percutiã percuſſio.	اضرب
ⲍⲉⲙⲍⲟⲙ ⁕	Potentia , vis.	القوه
ⲍⲟⲙⲍⲉⲙ ⁕	Palpatio, ſenſus, tactus .	اللمس
ⲛⲓⲡⲁⲑⲟⲥ ⁕	Paſſiones .	الالام
ⲛⲓϭⲛⲁⲑⲟⲥ ⁕	Domini, vel dominationes.	السادة
ⲛⲓϭⲛⲁⲩ ⁕	Brachia, menſuræ.	الادرعه
ⲛⲓϭⲛⲁⲩ ⁕	Vtilis, proficuus.	النوافي
ⲛⲓⲣⲱϯ ⁕	Germen, plantæ.	النبات
ⲛⲓⲉⲣⲱϯ ⁕	Lac.	اللبن
ⲛⲓϭⲣⲟ ⁕	Victoria :	الغلبه
ⲛⲓϭⲣⲟϩ ⁕	Impoſſibilitas, impotentia .	العجز
ⲛⲓⲥⲱⲧⲡ ⁕	Electus.	المختار
ⲛⲓⲥⲟⲃⲧ ⁕	Annulus , murus, mœnia .	السور
ⲛⲓϣⲟⲩϣⲧ ⁕	Feneſtræ.	الطاقات
ⲛⲓϣⲱϣⲧ ⁕	Claues.	المفاتيح
ⲥⲛⲟϥ ⁕	Sanguis.	دم
ⲥⲛⲟϥϥ ⁕	Annus primus.	عام اول

ⲛⲓⲁⲗⲏ	Frigus, grando.	البرد
ⲧⲉⲝⲁ	Dixit.	قال
ⲛⲓϣⲁϥⲉ	Defertum.	البريه
ⲛⲓⲧⲟⲟⲩⲏ	Montes, colles.	التكلا
ⲛⲓⲥⲟⲙ	Stragulū vimineū	الحصير
ⲛⲓϣⲱⲙ	Obftructio.	الغلق
ⲛⲓⲙⲟⲩ	Mors.	الموت
ⲛⲓⲙⲟⲩⲉ	Splendor, corrufca- tio.	اللميع
ⲛⲓϫⲟⲗ	Vndæ.	الامواج
ⲛⲓϫⲱⲗ	Negatio.	الجحود
ⲛⲓϫⲁⲗ	Ramus.	الغصن
ⲛⲓⲁⲩϫⲁⲗ	Ancora.	المرسا
ⲉⲩⲁⲥⲓⲱⲟⲩ	Leuis.	خفيف
ⲉⲩⲥⲁⲓⲱⲟⲩ	Pulcher, decorus.	جميل
ⲡⲁⲣⲁⲃⲟⲗⲏ	Similitudo, parabo- la.	مثل
ⲡⲁⲣⲉⲙⲃⲟⲗⲏ	Caftra, exercitus.	عسكر
ⲁⲙⲉϯ	Cancer, morbus, rodens, & edax.	الاكله
ⲁⲙⲉⲛϯ //	Infernus.	الجحيم
ⲉⲩⲥⲟⲣⲉⲙ	Obumbrantes.	مظللين
ⲉⲩⲥⲱⲣⲉⲙ	Errantes, feducen- tes.	ضالين
ⲛⲓⲣⲏⲧⲱⲣ	Interpres. Rhetor.	الترجمان
ⲛⲓⲣⲏⲧⲱⲛ	Sectio, diuifio, ca- put.	الفصل
ⲛⲓⲫⲏⲟⲩⲓ	Cæli.	السموات
		ⲛⲓⲁ //

ⲛⲓⲁ̀ⲫⲏⲟⲩⲓ ⳾	Capita, Principes, Primates .	الرووس
ⲡⲓⲟⲩⲟⲓ ⳾	Væ,	الويل
ⲡⲓⲣⲱⲓ ⳾	Arator .	الفلاح
ⲡⲓⲣⲉⲟⲗ͞ ⳾	Cera .	الشمع
ⲡⲓⲣⲉⲟⲩⲗ͞ ⳾	Condimétū, falitio.	التمليح
ⲁ̀ⲩϣⲱⲡ ⳾	Emit.	اشترا
ⲁ̀ⲩϭⲱⲡ ⳾	Totóndit, refecuit.	قص
ⲭⲛⲁ̀ⲧϥⲉ ⳾	Veftiri, feftum celebrare	ترد تعيد
ⲡⲓϣⲟⲡ ⳾	Audacia,	الاقدام
ⲡⲓϣⲱⲡ ⳾	Subucula, indumentum .	الثوب
ϯⲩϥⲏⲣⲓ ⳾	Signum, miraculū .	الاية الاعجوبه
ϯⲩϥⲉⲣⲓ ⳾	Amica, focia, coniunx.	الصاحبه
ⲙⲉⲧⲉⲩⲥⲉⲃⲏ ⳾	Deuotio, religio .	تقا عباده
ⲙⲉⲧⲁⲥⲉⲃⲏⲥ ⳾	Impietas.	نفاق
ⲉⲩⲕⲏⲃ ⳾	Duplicatū, duplex.	مضعف
ⲉⲩⲕⲏⲡ ⳾	Frigus, grando, glacies .	بارد
ⲙⲉⲗⲉⲧⲏ ⳾	Sollicitudo, ftudiū. cura	تلاوه درس
ⲙⲉⲗⲱⲧⲏ ⳾	Vis corporis, & animi.	مزره
ϭⲣⲏⲟⲩⲧ ⳾	Victor.	غالب
ϭⲉⲣⲏⲟⲩⲧ ⳾	Combuftus.	متتوقد
ⲡⲓⲙⲟⲩⲕⲓ ⳾	Scala.	السلم
ⲡⲓⲙⲟⲕⲓ ⳾	Vas.	الاذا الوعا
		وفي

وفي القبطي ينقلب فيه من التسعة احرف اربعة لبعضها بعض في معنا واحد كنحو قولك

Et in Copticis conuertuntur è 9 literis 4.ad inuicē in vnum
ſignificatum, verbi gratia.

ⲱϣⲁⲩϣ	Moleſtia affecit eū	اهانه
ⲱϣⲉϣ	Idem.	اهانه
ⲱϣⲉϣ	Idem .	اهانه
ⲑⲁⲩϣ	Signauit.	رسم
ⲑⲉϣ	Signauit .	رسم
ⲑⲉϣ	Signauit.	رسم
ⲑⲱⲧ	Bonum,conſolatio.	طيب عزا
ⲑⲉⲧ	Bonum, conſolatio.	طيب عزا
ⲑⲏⲧ	Idem .	طيب عزا

وفي القبطي كلام دقيق في اللفظ واذا لم يميز في الكتابة خرج عن المعني كنحو قولك

Et in Copticis ſunt dictiones ſubtiles in pronunciatione , &
cum non diſtinguūtur in ſcriptis, exeunt de ſignificatione,
verbi gratia .

ϩⲱⲥⲉⲛⲟⲥ	Laudate dominū.	سبحوا الرب
ϩⲱⲥⲉⲛⲟⲥ	Laudate dominū .	سبحوا للرب
ϩⲱⲥⲛⲟⲥ	Laus ò Domine .	سبح يارب

Et ſic. وكذلك

ⲁⲩⲥⲙⲟⲩⲉⲛⲟⲥ	Benedixit Dominū.	بارك الرب

اعني ان واحدا بارك علي الرب وفي غلطه

Hoc eſt, quod vnus benedixit Dominum, & eſt error, ſedta

ⲁⲩⲥⲙⲟⲩⲏⲭⲉⲛⲟⲥ	Dominus benedixit	الرب بارك

اعني ان الرب هو الذي بارك وهذا اصح من ولذلك

Hoc eſt, quod Dominus eſt, qui benedixit, & eſt clarum, v. g.

ⲡⲟ̄ⲥ̄ⲥⲱ̄ⲧⲉⲙ ⳼   O Domine audi.   يارب أسمع

ⲁⲡⲟ̄ⲥ̄ⲥⲱ̄ⲧⲉⲛ ⳼   Dominus audiuit.   الرب سمع

فالاولة علامة الامر والثانية علامة المأضي من الفعل

Et primum fignum eſt imperantis, & alterum fignum
praeteriti.

ⲡⲟⲥ̄ⲫ̄ϯ   Dominus Deus.   الرب الاله

ⲡⲟⲥ̄ⲁ̄ⲫ̄ϯ ⳼   Domine Deus.   رب الاله

وهذه تذكتب غلط من النساخ الفرق بين هذه لحروف

Et hoc tranfcriptum mendoſè ex exemplari . Differentia
inter has literas.

ⲙⲙ   ⲛ̄   ⲉ̄

فالما مم لايوٴاتي بعد ها الا هذه لحروف وهم

ⲙⲙ verò non poſſunt fequi niſi hæ literæ.

ⲃ̄   ⲑ̄   ⲙⲙ   ⲡ   ⲫ   ⲯ

Verbi Gratia.   كنذو قولسك

ⲙ̄ⲃⲟ̄ⲕ̄ⲃ̄ⲟ̄ⲥ ⳼   ⲙ̄ⲃⲟ ⳼

ⲙ̄ⲡⲉϥ ⳼   ⲙ̄ⲙⲛⲏϥ ⳼

ⲙ̄ⲫⲟⲟⲩ ⳼   ⲙ̄ⲯ̄ⲭⲏ ⳼

والذي ﻦ تخدم في بقية لحروف والغي ﻦ تجي في مقدمه الاسم
والما مم جسم الاسم والفعل فاما الاي فلاتخرج عن الى ولام وتسارة
تجي علي وتارة تجي في ۞
وفي القبطي كلام اصل الكلمة التي تخرج منها الفعل وتسمى
المصادر وفي المودت

Et ⲛ feruit reliquis literis & ⲛ in principio nominis ⲙⲙ : vt &
ⲙⲙ corpus nominis & verbi: ⲉ verò non exit à ſignificatione ad,&,in, locum, & aliquando ſignificat ſuper , & aliquando, in , ideſt in loco.

Et in Copticis dictio radicalis verbi eſt , ex qua egreditur
verbum , & vocatur infinituum , & in fæminino ⲧⲗⲗⲉⲉⲧ
Verbigrata كقولكي

ⲧⲗⲗⲉⲉⲧⲕⲟⲩⲍⲓ ⳨ Diminutio. التصغير

فيخرج منها الصغير والصغيره والصغار وفي المنكر

Ex qua exeunt , paruus , parua , parui , Et in maſculino
ⲡⲓⲭⲓⲛ

ⲡⲓⲭⲓⲛⲥⲱⲥ ⳨ Laudatio. التسبيح

فيخرج منها المسبح وسبحوا واسب————ح

Et qua deriuantur , laudans , laudate , lauda .

Caput de Particulis .

باب الحروف والظ——————————روف

ⲗⲏ ⳨	Forſan .	لعل
ⲗⲏⲁⲛ ⳨	Num ?	هل
ⲁⲛ ⳨ ⲉⲛⲉⲣ ⳨	Non.	لا
ⲁⲣⲓ ⳨	Fac.	اصنع
ⲓⲉ ⳨ ⲯⲁⲛ ⳨	Quia.	اوف
ⲅⲁⲣ ⳨	Nam, quia.	لان
ⲡⲗⲏⲛ ⳨	Vt veruntamen.	لكن
ⲱⲁ ⳨	Vſque, dum.	الى حتي
ϧⲉⲛ ⳨	In per.	في ب
ⲭⲱⲣⲓⲥ ⳨	Præter, niſi.	ما خلا
ⲡⲱⲥ ⳨	Quomodo.	كيف
ⲗⲏⲁⲛ ⳨	Num?	اليس
ⲉⲛⲉⲣ ⳨	Non	لا
ⲯⲁⲛ ⳨	Quia	اوف

ⲟⲩⲏ ⳨

ⲟⲩⲛ ⳧	Et	فى
ⲁⲗⲗⲁ ⳧	Sed, veruntamen,	بل لكن
ⲉⲍⲉⲛ ⳧	Super, contra, ab ex, pro.	على عن
ⲉ ⳧	Ad	الى
ⲉⲃⲟⲗϩⲉⲛ ⳧	Ex, è, de	من
ⲥⲉⲏϯ ⳧	Præter, niſi	ما خلا
ⲥⲉⲍⲉⲛ ⳧	è, ex	من ممن
ⲥⲉⲍⲉ ⳧	Quod, ſanè, quaſi.	ان كان
ⲭⲁⲥ ⳧	Deſine, abſit.	دع
ⲙⲏⲡⲱⲧⲉ ⳧	Ne	ليلا
ⲉϣⲱⲡ ⳧	Cum, quãdo, dum	انا
ⲉⲧϩⲏ ⳧	Ante	قدام
ⲉⲫⲁϩⲟⲩ ⳧	Retrò	خلف
ϩⲁⲍⲉⲛ ⳧	Antè	قبل
ⲉⲡϣⲱⲓ ⳧	Supra	فوق
ⲛϧⲣⲏⲓ ⳧	In	فى
ⲟⲩⲍⲉ ⳧	Et non	و لا
ⲍⲉ ⳧	Et	و
ϩⲟⲧⲉ ⳧	Cum	فلما
ⲁϥϣⲱⲡⲓ ⳧	Fuit	كان
ⲕⲉ ⳧ ⲟⲛ ⳧	Et, etiam	وايضا
ⲉⲡⲉⲥⲏⲧ ⳧	Vſque infra	الى اسفل
ⲫⲏ ⳧	Qui	الدي
ⲑⲏ ⳧	Quæ	الني
ⲑⲁⲓ ⳧	Hic	هده
ⲛⲑⲟϥ ⳧	Ille	هو
ⲛⲑⲟ ⳧	Tu f.	انت

ⲛⲑⲟⲥ ⳯	Illa	هي
ⲁ̀ⲛⲟⲛ ⳯	Ego, nos.	اذا ذهن
ϫⲓⲛⲁ ⳯	Vt	كي
ⲙⲏⲡⲱⲥ ⳯	Ne	لىلا
ϩⲟⲡⲱⲥ ⳯	Vt, adhuc, ſi	لكي
ⲉ̀ⲧⲏ ⳯	Coram, ante	قدام
ⲙⲉⲛⲉⲛⲥⲁ̀ ⳯	Poſtea. poſt.	من يعن
ⲉ̀ⲥⲣⲏⲓ ⳯	Infra	اسفل
ⲛ̀ⲥⲣⲏⲓ ⳯	In	في
ⲉ̀ⲥⲣⲏⲓ ⳯	Supra	فوق
ⲟⲩⲧⲉ ⳯	Inter	بين
ⲉ̀ⲛⲓϩⲏ ⳯	Nunc	لان
ϩⲟⲧⲁⲛ ⳯	Cum	فلما
ⲟⲛ ⳯	Etiam, adhuc, iterum.	ايضا
ⲉ̀ⲃⲟⲗ ⳯	De	من
ϫⲉ ⳯	Nunc, quoniam, quia	لان
ⲛⲏ ⳯	Qui plur.	الدين
ⲛⲁⲓ ⳯	Hæ	هولا
ⲫⲁⲓ ⳯	Hæc f.	هذلا
ⲛ̀ⲑⲟⲕ ⳯	Tu, m.	انت
ⲛ̀ⲑⲱⲧⲉⲛ ⳯	Vos	انتم
ⲛ̀ⲑⲱⲟⲩ ⳯	Illi	هم
ⲁ̀ⲛⲟⲛ ⳯	Ego nos	اذا

ⲛ̅ⲣ̅ⲉ̅

Differentia inter ⲚⲦⲈ · ⲈⲦⲈ · ⲈⲦⲀ الفرق بين

ⲚⲦⲈ ·	ⲈⲦⲈ ·	ⲈⲦⲀ ·

ⲚⲦⲈ · تدل على الشي الذي للشي كالمضاف كنحو قولك

Significet rem, quæ ad aliam rem se habet secundum relationẽ.

ⲠⲒϢⲰⲈⲚⲚⲞⲨϤⲒⲚ البشري الذي لله
ⲦⲈⲪϯ ·

Deo.

ⲈⲦⲈ · تدل على الشي ذفسه كقولك

Significat rem ipsam, verbi gratia.

ⲈⲦⲈⲚⲒⲢⲰⲘⲈⲈⲦⲀⲨ Qui est homo, quẽ الذي هـــو
ⲐⲀⲘⲒⲞϤ · creauit, الانســـان
الذي خلقـــه

ⲈⲦⲀ · تدل على فعل الشي كنحو قولك

Significat actionem rei. v. g:

ⲈⲦⲀⲪϯⲦⲀⲎⲒⲨⲚⲎⲒ · Quod Deus dedit الذي اعطاه
mihi, الله لى

وفي القبطي حروف هي هي وذ هرجالى معناتين وثلاثة ولايوخذ الا
بالمعني كمايكون ذلسك في اليوذاني كنحو

Et in Cophto literæ sequentes exeunt supra 2. aut 3. significatio-
nes & non cognoscuntur nisi ex ipsa significatione quemadmodum in Græco quoque contingit.

ⲐⲨ ·	Sicut.	مثل
ⲰⲤ ·	Idem.	ما
ⲦⲀⲒ ·	Quid.	ما
ⲞⲨ ·	Qui.	الذي
ⲰⲤ ·	Sicut.	مثل
ⲦⲀⲒ ·	Res.	شي
ⲞⲨ ·	Vbi.	حيث
ⲞⲨ ·	Non.	لا

وقد جاء في الافعال ما ينضاف لعلامة هذه الدال على ماهو علامة اخرى
في اخرة من الماضي كنحو قولك

Et fubinde occurrit in verbis , quæ comparantur ad fignum,
quod indicatur per aliud fignum in fine præteriti .

ⲁϥⲧⲱⲛϥ	Surrexit .	تنام
ⲁⲥⲧⲱⲛⲥ	Surrexit , f .	قامت
ⲁⲕⲧⲱⲛⲕ	Surrexifti.	قت
ⲁϥⲟⲩⲟⲛϩϥ	Demonftratus eft , apparuit .	ظهر دان

صورة الفاعل والمفعول ومضافه مع الفعل واليه كنحو

Forma agentis, & patientis, & comparatiui cum verbo & contra,
exempli gratia .

ⲛⲁϥⲛⲁⲩⲅⲉⲛⲛⲓⲃⲁⲗ	Vidit oculis .	راي بعيني
ⲓⲉⲛⲡⲣⲟⲫⲓⲧⲓⲕⲟⲛ	Prophetia : & eft inftrumentum verbi	النبوه الة فعل

المفعول

ⲉⲛⲓⲙⲩⲥⲧⲏⲣⲓⲟⲛ	Myfterium ,	ستر
ⲛ̄ⲧⲉⲉⲙⲙⲁⲛⲟⲩⲏⲗ	Emmanuel.	عما نويل
ⲛ̄ⲍⲉⲏⲥⲁⲏⲁⲥ	Ifaias agens .	اشعيا الفاعل
ⲛⲁϥⲛⲁⲩ	Vidit & eft forma verbi .	راي وهي صورة الفعل
ⲅⲉⲛⲛⲓⲃⲁⲗ ⲓⲉⲛⲡⲣⲟⲫⲏ-ⲧⲓⲕⲟⲛ	In oculis Prophetiæ.	بعيني النبوه
ⲛ̄ⲍⲉⲏⲥⲁⲏⲁⲥ	Et eft inftrumentu verbi . Ifaias & eft forma agẽtis .	وهي الة الفعل اشعيا وهي صورة الفاعل

وفي

وفي القبطي نوع يتغيير فيه اٰخر الفعل حتي يتهيا لقبول العلامـــة
كنحو قولـــك

Et in Cophto ſpecies eſt, mutatur in ea finis verbi, vt præ-
patetur, ad acceptionem ſigni, verbi gratia.

ⲁ ϥ ⲣ ⲱ ⲧ ⲉ ⲃ ⳝ	Accúbit, accubuit.	اتكا
ⲁ ϥ ⲣ ⲟ ⲩ ⲃ ⲉ ϥ ⳝ	Accúbere fecit eū.	اذكاٰه
ⲁ ϥ ϭ ⲱ ⲧ ⲉ ⲃ ⲙ ⲙ ⲟ ϥ ⳝ	Occidit eum.	قتلـه
ⲁ ϥ ϭ ⲟ ⲩ ⲃ ⲉ ⲕ ⳝ	Occidit te.	قتلـك
ⲁ ⲩ ⲣ ⲱ ⲧ ⲉ ⲃ ⲙ ⲙ ⲱ ⲟ ⲩ ⳝ	Accumbunt, & ac-cubuerunt.	اذكوا
ⲁ ⲩ ⲣ ⲟ ⲩ ⲃ ⲟ ⲩ ⳝ	Hoc eſt ipſi accum-bentes fuerunt.	اعني هم اذكوا اذكوا

كملت المقدمة الشمنودي ولّٰه المجد دايما سرمدا

Finis prælufionis, Elſamenudi, & Deo ſit laus
perpetua, & æterna.

ϩⲉⲛϥⲣⲁⲛ ⲙⲫⲓⲱⲧ ⲛⲉⲙ ⲡϣⲏⲣⲓ ⲛⲉⲙ ⲡⲓⲡⲛⲉⲩⲙⲁ ⲉⲑⲟⲩⲁⲃ

بسم الاب والابن والروح القدس

In nomine Patris, & Filij, & Spiritus fancti.

Theoria Grammaticæ Coptæ
Aben Kateb Keifar.

المقدمة التي وضعها الشيخ العلم ابن كاتب قيصر
ويسمى التبصره

هى تبصره فى نحو اللغة القبطيه على سبيل الاندونج وبالله الاعانه
على درك الصواب ۞ الكلام ينقسم على اسم وفعل وحرف ۞
باب الاسم ۞ هو الذي يخبر به ويخبر عنه وهو ماد خلــــة ادوات
التعريف والتنكير او التانيت او للجمع او ما يشبهه ذلك وسيباتي
ذكره فى امكانـــــه ۞

Hæc eft Præfatio quam pofuit fenex fapiens Aben Kateb Keifar
hoc eft, filius fcribæ Cæfaris & appellatur Speculatio, feu
Theoria. Atque hæc eft Theoria (Grammatica idiomatis
Coptici) iuxta viam Allenmudach. Et in Deo auxilium
noftrum fuper com prehenfione veritatis. Dictio diuiditur in
nomen, verbum & aduerbium.

Porta nominis. Nomen eft, quod prædicat, & de quo prædicatur
aliquid, & illud eft quod ingreditur fignũ notificationis fc. affirmationis, & negationis, mafculinum, vel fæmininum,
aut plurale & alia huic fimilia, quorum mentio fiet fuo loco,

والاسم ينقسم الى ظاهر ومضمر ومبهم فالظاهر مثـــــل ۞

Et nomen diuiditur in man ifeftum, fubintellectũ & ambiguum
& manifefti exempla funt fequentia.

ⲡⲓⲣⲱⲙⲓ	Homo vir.	الرجل
ϯⲥϩⲓⲙⲓ	Mulier.	المراه
		والمضمر

والمضمر ينقسم الى متصل ومنفصل وقد يجاتي المنفصل متصلا

Et pronomen diuiditur in coniunctum & separatum. & fit ali-
quandò separatum coniunctum.

فاما المتصل فان الا لغة ٢ ضمير المتكلم مثاله

Et cum coniunctum fuerit ٢. indicabit pronomen loquentis
de se ipso ; hoc est, primæ personæ, v. g.

| ⲡⲁⲓⲱⲧ | Pater meus. | ابي |
| ⲡⲁⲛⲟⲩϯ | Deus meus. | الاهي |

واليوظه ٣ ضمير المتكلم ايضا مثاله

Et Iud indicat pronomen similiter loquentis de seipso, videlicet
primam personam, v. g.

ⲡⲉⲧⲉϩⲛⲏⲓ	Voluntas mea.	ارادتي
ⲁⲓⲥⲁϫⲓ	Locutus sum .	تكلمت
ⲛⲏⲓ	Mihi.	لي

وضمير المخاطب المذكر ⲕ مثاله

Et pronomen loquentis ad aliam, siue secundam personam
masculinam est ⲕ, v. g.

ⲡⲉⲕⲛⲟⲩϯ	Deus tuus .	الهك
ⲁⲕⲥⲁϫⲓ	Locutus es.	تكلمت
ϩⲁⲣⲟⲕ	Tibi .	لك

وضمير الجماعة المتكلمين ⲛ مثاله

Et pronomen plurium colloquentium ⲛ sicuti sequitur.

ⲡⲉⲛϭⲥ	Dominus noster.	ربنا سيدنا
ⲁⲛⲛⲁϩϯ	Credidimus.	امنا
ⲉⲣⲟⲛ	Ex nobis.	منا

والجماعة

ولجماعة المخاطرين ⲧⲉⲛ مثاله

Et plurale loquentium præſentium ⲧⲉⲛ veluti.

ⲡⲉⲧⲉⲛⲥⲁϫⲓ ⳨	Dictio veſtra .	قولكم
ⲁⲣⲉⲧⲉⲛⲥⲁϫⲓ ⳨	Locuti eſtis .	تكلمتم
ⲛⲱⲧⲉⲛ ⳨	Vobis .	لكم

ضمير المخاطبه الحاضره ⲉ مثاله

Et pronomen loquentis præſentis ſc. ⲉ ſecundæ perſonæ ſicuti.

| ⲡⲉⲃⳠ ⳨ | Dominus tuus ò mulier. | سيدك |
| ⲧⲉⲃⳠ ⳨ | Domina tua ò mulier, | سيد تيك |

ضمير المخاطبه الحاضره ايضا ⲡⲉ مثاله

Pronomen ſecundæ perſonæ loquentis præſentis indicat etiam ⲡⲉ ſicuti.

| ⲁⲣⲉⲥⲁϫⲓ ⳨ | Locuta es . | تكلمتي |

ضمير المنكر الغايب ϥ مثاله

Pronomen maſculinum abſens ϥ ſiue tertiâ perſonâ abſentem indicat .

ⲡⲉϥⲣⲁⲛ ⳨	Nomen eius,	اسمه
ⲁϥϫⲓⲙⲓ ⳨	Inuenit ille .	وجد
ⲫⲱϥ ⳨	Illi;	له

ضمير المونثه الغايب ⲥ مثاله

Pronomen fæminini abſent. ſiue tertiâ perſonâ indicat ⲥ ſicuti.

ⲡⲉⲥⲛⲟⲩϯ ⳨	Deus eius.	الهها
ⲁⲥⲟⲩⲱⲙ ⳨	Comedit illa.	اكلت
ϧⲉⲛⲣⲱⲥ ⳨	In ore eius:	بغيها

ضمير جماعه الغايبين ⲩ مثال ذلسك

Pronomen plurale abſentium ſiue perſonarum plurium ſignificat ⲩ ſicuti.

ⲡⲟⲩⲟ̅ⲥ̅ ⳽	Dominus eorum.	سبیلهم
ⲁ̅ⲩⲥⲱⲛⲧ ⳽	Fecerunt.	صنعوا
ⲛ̅ⲧⲱⲟⲩ ⳽	Ipſis.	لهم

واما المضمر المنفصل فمن امثلته

Et cum nomen perſonale fuerit ſeparatum, tunc eius exempla ſunt.

ⲁ̅ⲛⲟⲕ ⳽	Ego.	اذا
ⲛ̅ⲑⲟⲕ ⳽	Tu.	انت
ⲁⲛⲟⲛ ⳽	Nos.	انا نحن
ⲛ̅ⲑⲱⲧⲉⲛ ⳽	Vos.	انتم
ⲛ̅ⲑⲟⲩ ⳽	Ille. m.	هو
ⲛ̅ⲑⲟ ⳽	Tu f.	انت
ⲛ̅ⲑⲟⲥ ⳽	Illa.	هي
ⲛ̅ⲑⲱⲟⲩ ⳽	Illi, Ipſi.	هم هما هن

واما بیان المنفصل منفصلا فمثاله من انجیل یوحنا الفصل كج

Pronominum vero tam coniunctorum, quam ſeparatorum, exempla depromenda ſunt ex Euangelio Ioannis c. 23.

ⲛ̅ⲑⲟⲩ ⲅⲁⲣⲡⲉ⳽ⲁⲩ	Quoniã ipſe nouit;	لانه عرف
ⲥⲱⲟⲩⲛ ⳽	ille enim nouit.	

والاسم المبهم وممن امثلته

Nomen vero ambiguum, ſiue pronomen indiſtinctum, & indeterminatum.

ⲫⲁⲓ ⳽	Hic, iſte, ipſe.	هذا ذا
ⲑⲁⲓ ⳽	Hæc. illa.	ذه ذی
ⲉⲧⲉⲙⲙⲁⲩ ⳽	Hic, is, ille.	داك
ⲫⲏⲉⲧⲉⲙⲙⲁⲩ ⳽ ⲏ	Hic, ille.	ذلك داك

ⲑⲏⲉⲛ

ⲑⲏⲉⲧⲉⲙⲙⲁⲩ   Illa.   تيكى تلـك

ⲛⲏⲉⲧⲉⲙⲙⲁⲩ   Illi, ipſi.   هاكماداكم داكـن

Inſtrumentum notificationis in ſignificatione relatiui, qui,

الة التعريف يف يمعني الدي

ⲑⲏ   Quæ.   التي

ⲫⲏ   Qui.   الدي

ⲛⲏ   اللذان واللتان والمدين واللتين والف ولام التعريف بمعناهن

والاسم ايضا يذقسم الى معرفة وذكره فادوات التعريف اصنافهــا

ثلتنه تعريف المذكر المفرن والجمع ويدخل فيه الثنديه

وللمدكر المفرن اربع ادوات وهي

* NH. Qui, quæ, quos, quas, dual. cognoſcuntur per articuũ.
Nomen iterùm diuiditur in affirmatiuum & negatiuum,
& ſignorum affirmatiuorum ſunt tres ſpecies : notificatio
maſculini ſingul. & fæmin. ſingul. & pluralis, quibus & dualis numerus accedit. Et Maſculinum ſingulare quatuor
habet ſigna, ſuntque ſequentia.

ⲡ   ⲡⲓ   ⲫ   ⲫⲏ

Exempla eius ſunt hæc.   امثلته نلك

ⲡⲣⲉϥϯⲥⲃⲱ   Magiſter, Doctor.   المعلم

ⲡⲓⲣⲱⲙⲓ   Vir ; homo.   الرجل

ⲫⲣⲁⲛ   Nomen.   الاسم

ⲫⲏⲉⲧϫⲱⲙⲙⲟⲥ   Dicens :   القايل

المفرد خمسة ادوات مثله نلـك

Et fæmininum ſingulare quinque ſigna habet : ſuntque ſequentia.

ⲑ   تلى

ⲋ ⳾   ⲇ ⳾   ⲅⲃ ⳾   ⲅⲉ ⳾   ⳁ ⳾

Exempla eius funt . امثلة ذلك

ⲧⲃⲁⲕⲓ ⳾	Ciuitas .	المدينة
ⲧⲥⲓⲣⲏⲛⲏ ⳾	Pax .	السلامة
ⲧⲁⲡⲁⲣⲭⲏ ⳾	Caput, primus, Princeps .	الراس الاول
ⲧⲉⲅⲛⲏ ⳾	Voluntas .	الاراده
ϯⲛⲏϫⲓ ⳾	Venter .	البطن

وللتثنية وللجمع المذكر والمونت اربعة ادوات

Dualis vero & pluralis: mafculinum, & fæmininū, quatuor figna habent.

ⲛⲉ ⳾   ⲛⲏ ⳾   ⲛⲓ ⳾   ⳾ ⲛ

ⲛⲓⲉⲃⲙⲱⲟⲩⲧ ⳾	Mortui .	الاموات
ⲛⲏⲫⲓⲛ ⳾	Vigiliæ .	اليقظان
ⲛⲓⲉϫⲱⲣⲏ ⳾	Noctes .	الليالى
ⲛⲉϥⲙⲁⲑⲏⲧⲏⲥ ⳾	Difcipuli eius.	تلاميذه

وادوات التنكير اثنيان احد هما للمفرد المونت والمذكر
وهي ⲟⲩ والاخري للجمع والتثنيه في المذكر والمونت وهي ⲛⲁⲛ
امثلة ذلك

Signa negationis funt duo; vnum illorum fingulare fæmininum & mafculinū fibi vēdicat & eft ⲟⲩ. & alterum plurale & duale in mafc. & fæmin. & eft ⲛⲁⲛ. Exempla eius funt fequentia ..

ⲟⲩⲣⲱⲙⲓ ⳾	Vir .	رجل
ⲟⲩⲥϩⲓⲙⲓ ⳾	Mulier .	امراة
ⲛⲁⲛⲣⲱⲙⲓⲃ ⳾	Viri duo .	رجلان
ⲛⲁⲛⲥϩⲓⲙⲓⲃ ⳾	Mulieres duæ .	امراتان

ⲛⲁⲛ

ⲅⲁⲛⲣⲱⲙⲉ	Viri.	رجل
ⲅⲁⲛⲥϩⲓⲙⲉ	Mulieres .	نسا

والاسم ينقسم ايضا الى جامد ومشتق وهو المصدر وهو اسم الفعل
وعلامته في المذكر ⲙⲉⲉⲧ

وفي المونث ⲙⲉⲉⲥ مثال الاول

Diuiditur iterum nomen in primitiuum & deriuatiuum, & illud
eſt infinitiuum, eſtque nomen agentis, eius ſigna ſunt in maſculino ⲙⲉⲉⲧ, in fæmin. ⲙⲉⲉⲥ. Exemplum primum.

ⲡⲓⲕⲁϩⲓ	Terra :	الارض
ⲡⲓⲧⲱⲟⲩ	Mons .	الجبل

مثال الثاني

ϯⲙⲉⲑⲙⲏⲓ	Veritas.	الحق
ϯⲙⲉⲧϭⲛⲟⲩϫ	Mendacium :	الكذب

والاسم ينقسم ايضا الى مفرد ومثنى ومجموع وقد مضي التمثيل
في ذلك ۞

Et nomen etiam diuiditur in ſingulare & duale, & plurale, &
etiam tranſit, exemplificatio in hoc.

Caput Verbi.

باب الفعل وهو الذي يخبر ولا يخبر ويتصرف بين صيغة ماضي وحال
ومستقبل وامر وغير ذلك وسياتي بيانه في امكانه ۞
والفعل ينقسم اولا بحسب زمان وقوعه الى ثلثة اقسام ماضي
ومستقبل وحاضر ۞
فالفعل الماضي ما جسن معه ذكر امس وتخصه اربع
علامات فهي ۞

Et illud eſt, quod enunciat in eo & non enunciat; & verſatur
inter formam præteriti , præſentis & futuri , & impe-
rati-

ratiui & cætera huiuſmodi ; & veniet declaratio eorum
ſuo loco .

Verbum diuiditur primò iuxta numerum temporis & modo-
rum in tres partes, præteritum, futurum & præſens.

Verbum verò præteritum quod indicatur propriè per heri ; &
habet quatuor ſigna ſequentia .

ⲁⲩ	ⲉⲧⲁⲩ	ⲧⲁⲩ	ⲁⲩ

Exempla eius ſunt hæc. أمثلة ذلك

ⲁϥϣⲱⲡⲓ	Fuit.	كان
ⲁⲓⲥⲁϫⲓ	Locutus ſum.	قلت
ⲉⲧⲁϥϫⲟⲥ	Dixit.	قال
ⲉⲧⲁⲓⲓ	Veni.	أتيت
ⲧⲁⲣⲉϫⲟⲥ	Dic mihi.	قلي
ⲧⲁⲕⲧⲁⲟⲩⲟⲓ	Miſiſti me.	ارسلتني
ⲁⲛⲥⲱ	Bibimus.	شربنا

والفعل المستقبل ما حسن مفه نكسر غد وتجعله لسان
علامات وهي

Et verbum futurum quod explicatur per vocem, cras, octo habet ſigna, vt ſequitur.

ⲉⲓ	ⲉⲃ	ⲉⲣⲉ	ⲉⲧⲁ
ⲉⲧⲉ	ⲛ̄ⲧⲉⲛ	ϣⲁ	ϣⲁⲣⲉ

ⲉⲣⲉⲧⲉⲛⲉⲙⲓ	Scietis, ſcire facietis.	تعلمون
ⲉⲧⲓⲣⲓ	Faciet .	يصنع
ⲉⲧⲉⲕⲛⲁⲧⲁⲙⲟⲛ	Cognoſces nos,	تعرفنا
ⲉⲃⲛⲁϩϯ	Credet	يومس
ⲛ̄ⲧⲉⲛϣⲱⲡⲓ	Vt ſimus .	لنكون

ϣⲁⲩ

ⲩϣⲁⲣⲉⲧⲁⲕⲱⲟⲩ ⳨

Occident eos, per-
dent eos .

يهلكونهم

ⲩϣⲁⲩⲥⲁⲍⲓ ⳨

· Dicet.

يقول

والفعل للحاضر ما حسن معه الان وله اداة واحده يَشتنرك فيها
اسم الفاعل واسم المفعول ويميز نَسك القرايين كما
يشتنرك لحال والمستقبل في اللغـة العربيه والاداة المذكـرة
ع مثـــاله

Et verbum præſens , quod explicatur per vocem, nnnc
vnum ſignum habet, participans in eo cum nomine actiuo'
& paſſiuo, & diſtinguent Lectores , inter id, quo participant
præſens, & futurum in Arabico idiomate, & ſignificatur maſculinum eſt ⲉ veluti.

ⲉⲩⲭⲱⲓⲉⲗⲗⲟⲥ ⳨

Dicit.

يقّول

ⲉⲓⲛⲁⲩ ⳨

Videbo .

انظر

والفعل ينقسم ثانيا بحسب وضعه الى سبعة اقسام منها الثلثـة
المتقدمه والرابج الامر وللخامس النهي والسادس فعل التعجب
والسابع فعل مالم يسم فاعله فاما الامر فياتي اضرب احدهما
اداته ٢ مثال ذلك

Et verbum diuiditur ſecundò iuxta poſitionem eius in ſeptem
partes . E quibus tres præcedentes ſunt, quarta imperatiui ,
quinta negatiua; ſexta verbum admiratiuum , ſeptima ver.
bum quod non nominat agens ſuum. Imperatiuus autem ſit
tribus modis ; vnum ſignorum eius ⲍ.

ⲁⲛⲁⲩ ⳨

Vide.

انظر

ⲍⲟⲥ ⳨

Dic mihi .

قولي

ⲁ̀ⲗⲓⲟⲥⲓ ⳨

· Aufferte .

نزعوا

Aliud

والاخر اداته ē مثال ذلك

Aliud verò fignum eius ē veluti.

ⲉ̀ⲣⲓⲙⲓ ⳾   Plora, m. f.   ابكى ابكى

ⲉ̀ⲙⲉⲩⲓ ⳾   Cogitate .   افكروا افكرى

والثالث بغير اداه اصلا مثال ذلك

Et teftium fine figno radicali. vti.

ⲧⲱⲛⲕ ⳾   Surge.   قم

ⲧⲱⲟⲩⲛⲟⲩ ⳾   Surgite .   قوموا

واما فعل النهى فله ست ادوات وهى

Verbum verò negatiuum fex figna habet verbi gratia.

ⲙ̀ⲡⲉⲣ ⳾   ⲙ̀ⲡⲉ ⳾   ⲙ̀ⲫⲱⲣ ⳾

ⲛ̀ⲛⲉ ⳾   ϣ̀ⲧⲉⲛ ⳾   ⲁ̀ⲛ ⳾

Exempla eius.   امثلة ذلك

ⲙ̀ⲡⲉⲣⲭⲁⲥ ⳾   Ne relinquatis.   لا تتركوا

ⲙ̀ⲡⲉⲛⲑⲣⲉⲛϥ̀ⲉⲥ ⳾   Non concupifces eam .   لا تشتهها

ⲭⲱⲥⲙ̀ⲫⲱⲣ ⳾   Non dicas.   لا تقل

ⲛ̀ⲛⲉⲕⲥⲁϫⲓ ⳾   Non loquaris .   لا تنطق

ϣ̀ⲧⲉⲙⲉⲥ̀ⲓⲟⲩⲓ ⳾   Non fureris.   لا تسرق

ⲁⲛ ⳾   Non.   لا

واما الفعل التعجبى فصيغته صيغة فعل التفضيل واد وافة خمس
الواحدا المذكر للمونت وللجمع معا المفردة المونثة

Verbum autem admiratiuum iuxta modos pofitionemque verbi feparati , quinque figna habet ; videlicet fingulare mafculinum, & fæmininum & plurale ; & cum eo fingulare fæminini .

ϥ ⳾   ⲭⲉ ⳾   ⲥ ⳾   ⲛⲁ ⳾   ⲉⲱⲥ ⳾

Exem-

Exempla eius sunt. امثلة ذلك

ϥⲛⲁⲩϯⲛⲭⲉⲛⲁⲓⲟ ⲥⲁⲝⲓ ⳾	Quam difficilis est sermo iste.	ما اصعب هذا القول
ⲭⲉⲟⲧⲁⲩ ⳾	Quam magnus.	ما اعظم
ⲥⲉⲟⲧⲟⲩⲁⲩⲥ ⳾	Quam largus & spacio.us .	ما اوسع
ⲛⲁⲩⲩⲉ ⳾	Quam multus.	ما اكثر
ⲅⲱⲓⲥⲉⲛⲉⲥⲉ ⳾	Quam pulcher .	ما احسن

واما الفعل الذي لم يسم فاعله وينقسم الى الاقسام الثلثة المتقدمة
وهي الماضي والمستقبل والحال مثال الماضي

Verbum autem quod non habet agens, ſiue cuius agens non
nominatur , etiam diuiditur in tres partes præcedentes,
ſc. præteritum, futurum & præſens.

Exempl. præteriti.

ⲁⲧⲟⲧⲟⲣⲡϥ ⳾	Miſit.	ارسل

Exemplum futuri, & præſentis . مثال المستقبل مثل الحال

ⲉⲧⲉⲙⲟⲧϯⲉⲣⲟϥ ⳾	Paſcet.	يرعى
ⲉϥⲥⲱⲧⲉⲙⲉⲣⲟϥ ⳾	Audit.	يسمع

Porta , ſeu caput Aduerbij.

باب الظرف والظرف ما دل على معنى في غيره ولم يستقبل بنفسه ولا يخبر
عنه ﷽ فمنها الحروف التي تدخل على المبتدا والخبر وهي ان واخواتها

Aduerbium eſt id, quòd habet ſignificationem in alio , &
non in ſeipſo id ſignificans aliquid cum alio ab ipſo,
ſiue coniunctum dictioni alteri , & non ſignificamus in eo,
nec de eo , & aliqua aduerbia ingrediuntur in ſubſtantiuo
& adiectiuo . & eſt اِنَّ cum ſuis ſororibus·

Exempla hæc ſunt امثلة ذلك

ⲭⲉⲁϥⲓⲛⲭⲉ ⲓⲏⲥ	Quòd IESVS venit.	ان يسوع اتى
		ⲉϥⲓ

ⲉⲩϣⲁⲛⲧⲉⲣⲁⲡⲉⲣⲧⲉⲛ ⲟⲩⲧⲉⲗⲉⲛⲁ⳥ϯ	Quia vos cum non creditis.	لاذكم اذا لم تومنوا
ⲡⲗⲁⲕⲛⲟⲩⲟⲓⲉⲛⲓⲣⲱ ⲙⲓ	Verûtamen væ homini.	لكن الويل للرجل

Et ex his figna optariui. ⲁ̣ⲙⲟⲓ ومنها اناة النهي وهي

| ⲟⲩⲟϭ ⲁⲙⲟⲓ ⲛⲉⲁⲧⲉⲛ ⲧⲉⲛⲉⲣⲟⲩⲣⲟ | dixi fi regnaffetis. | فلت لو كنتم ملكتم |

Et ex his figna fperandi ficuti ومنها ادوات النر ى مثل

| ⲁ̇ⲣⲏⲟⲩ | Forfitan. | لعل |
| ⲁⲣⲏⲟⲩⲛ̇ⲧⲉⲩϭⲓⲟⲩⲓ | Forfitan furabitur. | لعله يسرق |

ومنها ادوات النذا مثل

Et ex his figna vocationis, veluti.

ⲡⲁ O يَ O ⲱ ⲓ اِيها O ϣⲱⲥ ايتها O		
ⲡⲁⲡⲁⲗⲁⲟⲥ	O populе meus.	ياشعبي
ⲱ̇ⲧϥⲉⲟ̇ⲩⲅⲉ	O demutha.	يا ديموثا
ϣⲱⲓϯⲥⲅⲓⲙⲁ	O Mulier.	ايتها الامراه

وقد يا تي النذا بغير اداة كقولك

Et aliquando venit vocatio fine figno, verbi gratia.

| ⲙ̇ⲡⲉⲣⲉⲣϩⲟ̇ϯⲧϣⲉ ⲣⲓⲛⲥⲓⲱⲛ | Ne timeas ò filia Syon. | لا تخافي يابنة صهيون |

ومنها ادوات الجواب مثل

Et ex his figna refponfionis. Vti.

| ⲥⲉ اَيْ | Imo, ita, maximè. | نعم |

ومنها اد وات القسم متل

Et ex his quoque figna iurandi.

| ⲱⲣⲕ ϣⲉ | | |
| ϯⲱⲣⲕⲙ̇ⲙⲟⲕϥϯ | Adiuro te ò Deus. | اقشم بك يا الله |

ϢⲈⲚⲈⲦⲈⲚϢⲞⲨϢⲞⲨ ⳾ | Et veritas, gloria veſtra. | وحق فخرزكم

ومنها ادوات التوبيخ اذا تلا ها الفعل الماضي والتخصيص اذا تلاهـا
المستقبل مثل

Et ex his ſigna **obiurgationis** cum occurrerit præteritum, &
maximè cũ occuſſerit futurum vti.

ⲘⲎⲎⲀⲚ ⳾ | Nonne, nunquid. | البس الا هلا
ⲞⲨⲬⲒ ⳾ | Nonne. | البس الا اما
Sicuti hæc. | مثال ذلـك
ⲘⲎⲞⲀⲆⲂⲀⲚⲈⲦⲞⲨ†
ⲆⲈ ⲘⲘⲞⲨⲈⲂⲞⲖ ⳾ | An non duo paſſeres veneunt? | البس عصفوران
يباعان
ⲘⲎⲈⲔⲈⲦⲰⲚⲔⲀⲚ ⳾ | An non ſurgis? | الا تقوم
ⲘⲎⲀⲔⲆⲨⲰⲘⲘⲀⲚ⳾ | Nonne manducaſti ? | هلا اكلت
ⲞⲨⲬⲒⲦⲈⲨⲤⲨⲚⲎⲀⲎ
ⲤⲒⲤ ⲈⳚⲞⲒⲚⲢⲈ ⫽
ϤϢⲰⲚⲒⳚⲚⲀ ⫽
ⲔⲰⲨ ⳾ | Nonne conſcientia,
& illa infirma cõualeſcet? | ليبس ذيمة وهي
ضعيفة تقوي
ⲞⲨⲬⲒⲈⲔⲈⳚⲰ ⳾ | An non bibemus? | الا نشرب

ومنها ادوات النصب القبطي وهي خمسة ولها صدر الكلام المثنـي
والمجموع مذكرا ومونثـا

Et ex ijs ſigna **deriuationis** Coptæ, & illa quinque, iuxta
ordinem dictionum, continentque duale, plurale, maſculinum & fæmininum.

هذ كرا ومونثا المثني مذ كرا والمونثه المفرد المونثه المفرد للمذ كر

ⲠⲀ | ϤⲀ ⳾ | ⲐⲀ ⳾ | ϪⲀⲚ ⳾ | ⲠⲀ ⳾

Singulare maſculini. Singulare fæmini. Duale maſculini & fæm.

ⲡⲁⲡⲕⲁϩⲓ ⳽	Terrenus, terreſtris	ارضي
ⲫⲁⲃⲁⲕⲓ ⳽	Ciuilis .	مدني
ⲑⲁⲡⲕⲁϩⲓ ⳽	Terrena .	ارضية
ⲛⲁⲧⲫⲉ ⳽	Cæleſtia .	السماويان
ϩⲁⲛⲭⲏⲙⲓ ⳽	Ægyptij .	مصريون

ومنها ادوات توكيد الامر وهي باللام

Et hæc ſigna affirmationis & imperatiui & dignoſcutur per ل

ⲙⲁⲣ ⳽   ⲙⲁⲣⲉ ⳽

ⲙⲁⲣⲉϥⲧⲱⲛϥ ⳽	Surgat.	فليقم
ⲙⲁⲣⲉⲛⲧⲉⲡⲉ ⲩⲥⲟⲛ⳽	Accipiat frater eius,	فليأخذن اخوه
⳽ⲙⲧⲉϥ ⲥϩⲓⲙⲓ ⳽	vxorem eius .	امراته

ومنها ادوات النفي مثل ⲁⲛ لا ما لن لم لما ليس

Et ex ijs ſigna negationis ſicut ⲁⲛ non , nondum , nequa-
quam .

ⲙⲙⲟⲛ ⳽	Non ad notificandum genus.	لا لستعراني للجنس
ⲙⲏⲡⲱⲥ ⳽	Non, ne forte.	لا لبلا
ⲙⲡⲉ ⳽	Non, nondum , ne dum .	لا ما لن لم لما ليس
ⲙⲡⲉ ⳽	Non, nequaquam .	لا ما لن لم لما ليس
ⲙⲫⲏ ⳽	Non .	لا ليس لم لما لن
ⲛⲉ ⳽ ⲗⲁ ⲇⲉ ⳽	Idem .	لا ليس لم لما لن
ⲟⲩⲭⲟⲧⲓ ⳽	Non .	ليس ما لا
ⲟⲩⲭⲓ ⳽	Non .	ليس لا
⳽ⲩⲧⲉⲙ ⳽	Non .	لا لم لما ان لم ما

Exempla ſunt.   امثلة ذلك

ⲛⲉⲣ ϩⲟⲧⲁⲛ ⳽	Ne timeas .	لا تخافي

ⲙⲙⲟⲛ⳽

ⲙⲙⲟⲛⲧⲱⲗⲟⲥⲕ ⲑⲏⲧϥ	Non est dolus in eo.	لا غش فيه
ⲙⲏⲛⲱⲥⲛⲥⲉⲛⲁ	Non credent.	لا يومنون
ⲙⲡⲉⲗⲁⲓϣⲱⲡⲓ	Non est vnus,	لم يكن احد
ⲓⲓⲛⲉϥϫⲉⲙϯⲡⲓ	Non gustabit.	يذوق
ⲡⲉϫⲱⲟⲩϫⲉⲙⲫⲏ	Dixerunt illi non.	قالوا له لا
ⲓⲓⲉⲧⲁⲓⲓ	Non veni.	ما جيت
ⲟⲩⲁⲉⲏⲗⲓⲁⲥ	Et non Elias.	ولا ايليا
ⲟⲩⲭⲟⲩⲓϫⲉⲟⲩⲁⲓ	Et nullus, ne vllus quidem.	وليس احد
ⲟⲩⲁⲭⲓⲥⲓⲛⲁⲏⲧⲉⲧⲉⲛ ⲕⲟⲩⲱⲛϩⲉⲃⲟⲗ	Non patefiat.	لا يظهر
ⲁϣⲩⲧⲉⲙⲟⲩⲟⲣⲡⲟⲩ	Et non miserunt.	وما ارسلوا

ومنها ادوات التنفيس والتنراجى فى زمان وقوع الفـ
والنادبع لها ⲅ̄ ⲙ̄ واذا كانت بعض علامته القعل المستقبـل
ومعناها معنى س وسوف ⲥ̄ⲉ̄ انا كاذب فبل علامة الاستقبـل
كمعنى الاول امثلة ذلك

Sunt & figna afpirationis, & quietis, in temporibus & cafu
verbi, & quæ fequuntur illud, veluti, ⲛ̄ⲉ̄ & fi fuerit poft
fignum verbi futuri, tunc fignificatio eius eft fignificatio
س & سوف: ⲥ̄ⲉ̄ cum fuerit ante fignum futuri, fignificat
vt prius.   *Exempla funt.*

ⲫⲏⲉⲑⲛⲁϭⲓⲗⲓ	Qui feret,	الذى سيحمل
ⲛⲁϭⲓⲧϥ	Et acceptabit eam.	وسوف يقبلة
ⲥⲉⲇⲟⲩⲱⲧⲉⲃ	Transfereris.	سوف تنتقل
ⲥⲉⲛⲁϥⲉⲃⲓⲟ	* * *	سوف تنتضى ومنها

ومنها ادوات التحقيق اذا اوليها الفعل الماضى والتقريب والتشكيك
انا وطلبها الفعل المستقبل ومعناقد وهى

Sunt & figna certitudinis, quæ refpiciūt verbum præteritum, vel
approximationis, vel ambiguitatis, & quando refpiciūt verbū
futurum, tunc fignificant quandoque, iam, nunc modo.

Ⲃ⳿⳾	ⲟⲙⲙⲟⲥ⳿	ⲟⲩⲙⲙⲓⲥ⳿	ϧⲏⲁⲏ⳿	ⲍⲉ⳿⳾
		Exempla.	امثلة ذلك	

ⲉⲑ⳿ⲣⲟⲗⲟⲩ⳿	Modò eiecit, modo dedit.	قد دفع
ⲉⲉⲩⲉⲥⲁⲍⲓ⳿	Iam dicit.	قد يقول
ⲟⲩⲙⲙⲟⲥⲁⲟⲛ̅ⲏ ϩ⳿ϯ⳿⳾	Iam crediderunt.	قدا منوا
ⲟⲙⲙⲓⲥⲛⲓⲁ⳿ⲧ⳿ⲯ⳿ⲭⲏ		وقد ذدذاى
ⲉⲩϯ̅ⲛ⳿ⲧⲟⲩⲥⲙⲏ⳿	Et iam dabunt inanimata voces eorum.	غير المنتفسـين اصواتهم
ϧⲏⲁⲏⲁⲩⲓ⳿⳾	Iam venit.	قد اتى
ⲍⲉⲁⲥϧⲱⲛⲧ⳿⳾	Iam appropinquauit illa.	قد قربت

ومنها الدوات الاستثنا الا والا ان ما خلا

Et ex ijs figna exceptionis, & fignificatio eorum funt, præter,
nifi, excepto.

ⲉⲃⲏⲗ⳿⳾	ⲙⲙⲟⲛ⳿⳾	ⲓⲙⲙⲏϯ⳿⳾
Exempla huius funt		امثلة ذلك

ⲉⲃⲏⲗⲉⲟⲩⲁⲓ⳿⳾	Nifi vnus.	والا واحد
ⲙⲙⲟⲛⲙⲁⲣⲉⲥϧⲱ⳿ⲧ⳿ⲩ	Alioquin.	الا
ⲡ̅ⲉⲡⲉⲥϧⲁⲓ⳿	Coniungatur viro fuo.	فلتجوا ضل بعلها

ليعطى

ιεεΗϯ ϩιΚΗ ἀρε ϮεΝ Alioquin. والا قبلطـــل
ΝⲁϩϮ⳿ Fruſtra creditis. امنتم

ومنها ادوات التشبيه وان شاركها في المعني اسما وافعال عربيـــه
لكـن عينها في اللغة القبطيه حروف وهي

Et ex ijs ſigna ſimilitudinis , quæ participant in ſignificatione literæ ſeu nominum & verborū Arabicorum. Veruntamen
eius in lingua Copta particulæ hæ ſunt .

ⲉ⳿⳹ ⲙ̅ⲉ⳹ ⲛⲥ⳹ Κⲁⲧⲁ⳹ ⲱⲥ⳹ ⲙ̅ⲫⲣⲏϯ⳿⳹

  Ex mⲡla ſunt امثلة ذلك

ⲡⲓⲬⲁΚⲓ ⲉⲣⲟⲩⲱⲓⲛⲓ ⳹ Tenebræ ſicut lux . الظلمة كالنور
ⲙⲡⲉⲧⲁ̅ⲙⲱⲓⲥⲭⲥⲟⲩ // Sicut præcepit Moſes كما امر مرسي
 ⲙ̅ⲥⲟⲁϩⲛⲓ ⳹
ⲓⲛⲛⲓⲁⲧ ϩⲏⲧ ⳹ Sicuti ſtulti . كالجهال
ⲙ̅ⲫⲣⲏϯ ⲉⲡⲓⲥ̅ϯ // Ad ſimilitudinem كمثل البشر
 ⲙⲁ ϯ ⳹ carnis.
Κⲁⲧⲁ ⲡⲉⲧ ⲉⲛⲛⲟⲙⲟⲥ ⳹ Sicut lex veſtra . مثل ناموسكم
ⲱⲓⲥⲉⲓ ⳹ Sicuti ego . مثلي

  ومنها ادوات الاستفهام وهي

Et ex ijs ſigna interrogationis, & hæc ſunt .

ⲧⲁϫ⳹ Quando, cur qua- لم ولما
  re,
ⲙⲏ ⳹ Num ? an, quando, همزة هل لم
  cur .
ⲩ̅ⲁⲛ ⳹ An, nunquid. ام هل الهمزة
ⲡⲱⲥ ⳹ Quomodo. كيف
ⲁⲛ ⳹ Nonne . الهمزه هل لم
ⲟ̅ⲉ⳹ Quando, An. لا لم هل والهمزة
       ⲁⲭⲏⲣ⳹

ⲁⲙⲏⲣ ✢	Quomodo.	كيف
ⲙⲏϯ ✢	Nonne, num, forte.	لعل الهمز
Exempla.		امثله ذلك
ⲉⲧⲃⲉⲟⲩⲕⲥⲁϫⲓ ✢	Cur locutus es.	لماذا تكلمت
ⲁⲛⲟⲩⲟⲛϥϣⲱⲙ ✢	Nonne finita ipsius potentia?	هل تم قدرة
ⲙⲏⲟⲩⲟⲛϥϣϫⲟⲙ ✢	Num finita est pof se ipfius.	هل تم استطاعه
ⲙⲏⲧⲏϥϩⲁⲓⲡⲉⲡⲭ̅ⲥ̅ ✢	Num hic eft Chriftus.	هل هذا هو المسيح
ϥϩⲁⲓⲡⲉϣⲁⲛⲛⲉϥⲓⲣϯ ✢	Hic ipfe nonne pater eius.	هنا هو ابوه
ⲓⲏⲁⲧⲏⲣⲡⲓⲭⲁⲕⲓ ✢	Et quomodo tenebræ.	فكيف الظلام
ⲡⲱⲓⲥⲟⲩⲟⲛϥϣⲱⲙ ✢	Quomodo finita eft potentia eius.	كيف تم استطاعه
ⲟⲩⲙⲙⲏⲓⲛⲓ ✢	Hoc eft impoffibi- le, quale portentû.	اي معجز

ومنها راوبط للجر وهو جر معني الفعل و الاسم الى الاسم ومعانيها معاني
سبعة الفاظ في اللغة العربيه وهي البا واللام ومن والى وفي وعن
وعلى ٭ وهذه للحروف فيها لغات كثيره قبطيه واكثرها
لكل واحدة من هذه المعني يشتركن فيها او بعضها ونحن نذكر
بعض المشهور منها

Et ex ijs ligamina præpofitionum , & præpofitio fignificatio
eft verbi & nominis, & fignificatio eorum, fignificatio
feptem vocum in idiomate Arabico. & illæ funt. per, in,
non, de, ad, pro, fuper. Et in his particulis locutiones
multæ

multæ Coptæ, & plures fingulis fignificationes funt com-
munes vel in ipfis, vel ad aliquas illarum. & nos mentionem faciemus aliquarum magis principalium ex ipfis.
& pro, de, in, ad, de non In, eum, per.

عن حتي   في   الى مِن   لم   ب

ⲉⲃⲟⲗ ⲭ	De.
ⲉⲝⲉⲛ ⲭ	De, ex.
ⲕⲁⲧⲁ ⲭ	Super, vſque, con-tra.
ⲛ̄ϧⲣⲏⲓ ⲭ	In, per.
ⲛ̄ⲥⲁ ⲭ	De.
ϧⲉⲛ ⲭ	In.
ⲉ̀ϧⲣⲏⲓ ⲭ	Vſque ad.
ⲙ̄ ⲭ	Non.
ⲛ̄ϧⲏⲧ ⲭ	Non.
ϫⲉⲛ ⲭ	Ad.
ϧⲁ "	De ex.
ⲛ̄ ⲭ	Vſque ad
ϣⲁ ⲭ	Vſque ad

منتهاها

ب ل الى حتي

وقد تركب هذه الحروف مثل

Et aliquando compones, ſiue coniunges has particulas. vt

ⲉ̀ⲃⲟⲗϧⲉⲛ ⲭ	De, in.
ⲉ̀ⲃⲟⲗϧⲓ ⲭ	Idem.
ⲉ̀ⲃⲟⲗⲛ̄ϧⲏⲧ ⲭ	De, in.

ويجري مجري المفرده ولاذكر وامثلة هذه المعرفة هي معه ـــ ورادة
دميز استعماها القراين ومنها راطها الاصافه وهي

De currente verò fingulari non multiplicabimus exempla
hoc notum ſeu diſtinctum illud ignotum, ſeu indiſtinctum,

&

& facile dignoſcitur ab exercitatis Lectoribus , & ex his ligamina numerorum, ſiue genit. caſus .

ⲛ̄ⲧⲉ   مثال

ⲟⲩⲙⲟⲩⲥⲉⲣⲏⲧⲉⲛⲉⲩ⳿   Corrigia calcea-   سبر حذائه
ⲃⲙⲟⲩⲓ ⳾   mentorum .

والمضاف لا را بطة له وقد تضمنه هذا المثال ايضا ۞ ومنها روابط عطف
النسق وهي كثيره في اللغة القبطية فترجع معانيها الى معان ثمانية
احرف في العربيه وهي اللواو والفا وثم وحتي واو واما وبل ولكن
الخفيفه وذحدن ذكر المشهور منها في اللغة القبطية

Et relatiuum pronominale non habet ligamen, & continet hoc
    exempla etiam . & ex eo ligamina ſunt reducentia , & ſunt
    multa in idiomate Coptico, quæ reuerti faciunt ſignificatio-
    nes eius ad ſignificationē 8 literarū in Arabico, vt eſt Vau &
    و ; & Pe ف . & ثم ; deinde & حتي vt & و , & ف , & اما autem
    & بل , verùm , ſed & nos ſæpe mentionem facimus de
    ijs in lingua Copta .

ⲟⲩⲟϣ ⳾   &, deinde.   و و ثم
ⲁⲗⲗⲁ ⳾   Sed , veruntamen.   ف و بل لكن ثم
ⲇⲉ ⳾ ⲕⲉ ⳾ ⲅ ⳾ ⲟⲩⲛ ⳾   &   و ف
ⲅⲓⲛⲁ ⳾   Verùm , ſed .   ف و بل لكن
ⲓⲉ ⳾   Sed , verum .   ف و بل لكن اما
ⲛⲉⲙ ⳾   &   ف و ثم
ⲡⲗⲏⲛ ⳾   Verùm, ſed .   بل لكن

      Exempla ſunt hæc .   امثله ذلك

ⲟⲩⲟϩⲡⲓⲥⲁϫⲓⲛⲁϥ⳿   Et Verbum erat   والكلمه كان عند
ⲛ̄ϧⲁⲧⲉⲛⲫϯ ⳾   apud Deum .   الله
ⲛⲥⲉϩⲓⲧⲟⲩⲉⲛⲓⲭⲣⲱⲙ⳿   Et proijcietur in   ويطرح في النار
ⲙⲟⲩⲟϣⲱⲉⲣⲣⲱⲓⲕ⳾   igné, & cōburet   فتحرق

                           ⲟⲩⲟϩ

ογⲟϩⲉⲧⲁϥⲓⲛⲉ ⲓⲏⲥⲉⲃⲟⲗ	Deinde egreſſus eſt IESVS.	ثم خرج يسوع
ⲁⲗⲗⲁ ⲉⲧⲁⲩⲙⲁⲥⲥ ⲉⲃⲟⲗϧⲉⲛⲫϯ	Verum ex DEO nati ſunt.	لكن ولدوا من الله
ⲛⲑⲱⲟⲩⲥⲁⲥϩⲓⲛⲓ	Et iſti præceſſerunt.	وهم قدموا
ⲉⲟⲩϣⲏⲣⲓⲙⲙⲁⲩⲁⲧϥ ⲡⲉ	Et iſte Filius vnicus.	وهو ابن وحيد
ⲥⲉⲛⲧⲉϥⲙⲉⲥⲧⲉⲟⲩⲁⲓ	Sed odio habebit ynum.	لكن يبغض الواحد
ⲥⲉⲉⲃⲃⲉⲟⲧⲕϯⲱⲙⲥ	Cum vero baptiza tus eſſet.	فلما ان تعمس
ⲕⲉⲅⲁⲣⲁⲛⲟⲕ	Et quoniam ego.	فاني انا
ⲛⲑⲟⲩⲛⲉⲙⲧⲉϥⲙⲁ	Ipſe & Mater eius.	هو وامه
ⲁⲩⲓⲛⲓⲟⲩⲏ ⲛⲓⲏⲥ	Et obtulerunt IESVM.	فقد موا يسوع
ⲡⲗⲏⲛϯϫⲱⲙⲙⲟⲥ ⲛⲱⲧⲉⲛ	Veruntamen dico vobis.	لكن اقول لكم
ⲟⲩⲓⲛⲁ ⲁⲣⲉⲧⲉⲛϣⲁⲛ ⲛⲁⲩⲉⲣⲟϥ	Et cum videretis eum.	فاذا رايتموه

ومنها روابط تعليـــل الفعل التي هي من ذواصب الفعـــل في النحـو العربي ويرجع معانيها الى سبعة احرف اخرى في العـــربي وهي ان اللخفيفة المصدرية وكي ولامها للغرض وذاتي مع اجراهـــا او معهمنا حـــرف النفي فيصير كيـــلا ليـــلا وذي للعاقبة والغرض والمشهـــور منهـــا في اللغـــة القبطيـــة وهي

Et ex ijs funt ligamina , feu particulæ caufationis verbi , quæ
funt principia verbi in Arabico, & reducunt fignificationem
eius ad feptem literas, & funt ان leue mafdrale , & كي & مها
veniuntq; cum aliquibus earum, & cum ijs literæ negationis,
fiuntque حتي لیلا كیلا iuxta accidentia, quæ manifeftantur in
lingua Copta.   vt كیلا vt حتي vt لیلا

ϭⲓⲛⲁ ✥	Vt, vfque.	كي لا مها
ⲡϫⲓⲛ ✥	Vt.	كي لامها
ⲟⲛⲱⲥ ✥	Vt.	ان
ϩⲱⲡⲟⲥ ✥	Vt.	كي لامها
ⲙⲏⲡⲱⲥ ✥	Ne forte.	لیلا
ⲙⲏⲡⲟⲧⲉ ✥	Ne forte.	لیلا

Exempla funt.   امثلة ذلك

ϭⲓⲛⲁⲟⲩⲟⲛⲛⲓⲃⲉⲛⲉⲑ// ⲛⲁϩⲧ̄ⲉⲣⲟϥ / ⲛⲧⲉⲛϥⲧⲉⲙⲧⲁ ⲕⲟ ✥	Vt omnis qui cre- dit in ipfum non pereat.	كي كلمن جومن دە لا یهلك
ϯ̄ⲓⲉ̄ⲡⲓⲕⲟⲥⲙⲟⲥ ⲡϫⲓⲛ/ ⲧⲁⲉⲣⲙⲉⲑⲣⲉ ✥	Veni in mundum, vt teftimonium perhibeam.	اتیت الى العالم, كي اشهد
ⲧⲱⲃ ϫⲉⲛϫⲓⲛⲛⲁⲩ ✥	Petit vt videat.	یطلب ان یری
ⲁⲩ̄ϯ̄ϩⲟⲉⲣⲟⲩⲟⲛⲱⲥ/ ⲛ̄ⲧⲉϥⲓ /	Rogauerunt eum,	یطلبون الید
ϩⲟⲛⲱⲥⲛⲧⲟⲩⲧⲁ// ⲕⲟϥ ✥	vt veniret ad per- dendum eum.	ان یاتی لیهلكوه
ⲙⲏⲡⲱⲥⲉⲛⲁϥⲉⲣⲡⲓ/ ⲣⲁⲍⲓⲛⲙ̄ⲙⲱⲧⲉⲛ ✥	Ne forte tentaret vos.	لیلا یجر بكم

ⲙⲏ//

ⲙⲉⲛⲡⲟⲧⲉⲛⲛⲓⲥⲉϩⲱⲙ ⲙⲙⲉⲭⲙⲟⲩ	Ne fortè conculca- rent eam.	لئلا يدوسوس عليها

ومنها روابط الشرط مع الجزا وتحص للحروف منهـ ـا ان
للحروف منهـا ان كان ولو كان وبدل عليهـ ـا في اللغـ ـة
القبطيـ ـة

Et ex his ligamina conditionis cum particula او .
Propriæ literæ ex ijs ſunt , ان , لوكان كان , & ſignificatio
earum in idiomate Copto.

ⲭⲉ ⳿	Si .	ان ان كان
ⲁⲗⲗⲁ ⳿	Si, ſed .	ان
ⲕⲁⲛ ⳿	Si, quaſi .	ان كان
ⲛ ⳿	Si .	ان
ϩⲟⲥ ⳿	Si .	اى
ⲉ ⳿	Si, Quod ſi .	ان لو
ⲓ̀ⲧⲍ̀ ⳿	Si fuiſſet .	ان كان
⳽ϣⲁⲛ ⳿	Si fuerit .	ان كان
ⲭⲉ ⳿	Si .	لو
ⲛⲉ ⳿	Si fuiſſet .	فان كان

	Exempla ſunt.	من امثلة ذلك
ⲉ̀ϣⲱⲡⲟⲩⲁⲛ	Et ſi	اون كانت
ⲡⲉⲡⲉⲕⲃⲁⲗ	Oculus tuus .	عينك
ⲟⲩϩⲁⲡⲗⲟⲩⲥⲡⲉ	Fuerit ſimplex .	بسيطا
ⲡⲉⲕⲥⲱⲙⲁⲧⲏⲣϥ	Corpus tuum to- tum .	فجسدك كله
ⲉϥⲉ̀ϣⲱⲡⲓ	Erit .	يكون
ⲛ̀ⲟⲩⲱⲓⲛⲓ ⳿	Lucidum .	نيرا
ⲟⲩⲁⲛ ⳿	etſi, etiamſi .	فان
		صلة

ⲁⲗⲗⲁⲉⲧⲉⲛⲭⲟⲥⲭⲉ ⲟⲩⲉⲃⲟⲗ	Et ſi	فان
ⲥⲉⲛⲛⲓⲣⲱⲙⲉⲧⲉⲛⲉⲣ ⲅⲟϯ	dicimus quoniam ea ex	قد لذانها
ⲥⲁⲧⲥⲏⲉⲡⲓⲙⲉⲏⲩ	hominibus, ti-memus multi-tudinem turbę.	من الناس خفنا من الجمع
ⲓⲧⲁⲅⲁⲣⲓⲥⲭⲉⲃⲁⲛⲥⲓⲥⲓ	Et ſi nos eſſe-mus	فان كنا يخن
ⲛⲥⲏⲧⲓⲉⲁⲛⲥⲉⲥ ⲙⲉϥϯ	ſtulti, & nos ſtulti DEO.	جهال فنجن جهال لله
ⲕⲁⲛⲁϥϣⲁⲙⲉⲟⲩⲧⲉϥⲉ ⲱⲛⲥ	Etiam ſi mortus fuerit, viuet.	وان كان مات يعيش
ⲁⲕϣⲁⲛⲟⲩⲱϣ	Si vis	ان اردت
ⲟⲩⲟⲛⲩϫⲟⲙⲙⲟⲕ ⲉⲧⲟⲩⲃⲟⲓ	& tibi potentia vt mundes me.	فلك قدره ان تطهرني
ⲛϯⲁⲣⲭⲏⲁⲓⲉⲣⲡⲕⲉ ⲥⲁϫⲓ	Si ego .	ان اذا
ⲛⲉⲙⲱⲧⲉⲛⲟⲩⲟⲛ ϯⲟⲩⲙⲉⲏⲩ	incipiam vt	بدات ان
ⲉⲭⲟⲩⲟⲩⲛⲁⲓⲧⲉⲛ	loquar vobiſcum,& mihi ſermones , ſeu verba multa, quæ loquar ad vos, & nun-ciem vobis .	اتكلم معكم فلى كلام كثير اقوله لكم واحكم
ⲟⲩⲟⲥⲉⲛϯⲥⲁϯⲛ		
ⲥⲭⲉⲙⲉⲛⲟⲩⲧⲛⲥⲓϫⲉⲛ	Si fuiſſet ſuper	لوكان على

ΠΙΚΑϩΙ ΤΕΝΙΟϤΟϤ ΗϬΑΗ	terram , non fuiſſet Sacerdos.	الارض ماكان كا هنا
ϩΟϹϤ ϤΕϤΕΗΕϤ ΟϤΟΗϤ	Si fuit , tunc potentia eius.	لو كان ثم قدره
ϭϒϫϣιΕΗϭΕϭϣΡΕϢ	Seducunt electos meos.	يضلون مختاري
ΗΕϤϯΠΕΤΕΗΙ ϢϤΠΕ	Si eſſe DEVS Pater veſter.	لو كان الله اباكم
ϤΑΡΕϤ ϤΕΗϤ ΗϨϢϣΕΗΙ ΡΙϤ	Dilexiſſetis me.	كنتم تحبونني

قهذه للحروف وامثلتها قد ذكرنا ما اشتهر منها وبذلك ثمية الابواب الثلثة في الالفاظ المفرده ۞

واما الجمل المركبه منها فقد اتينا ايضا على كتير منها عند ذكر للحروف وامثالها وبذلك عشرون فصلا ويبقي مايخرج عن ذلك بذكره ۞

باب للجمل الكلامية المركبة من الا لفاظ المفرده المقدم ذكرها ۞

فمنها افضل الفعل والفاعل والمفعول لا والفاعل يأتي على قسمين بفا صله بنتقس مه ويجردا عن ذلك مثال مامو بفاصله وهوا ۞

Et harum literarum exemplorumque iam meminimus , vt patet ex ijs, & in hoc repetuntur capita tria de pronuncia. tione ſingulari, ſiue verbis ſingularibus.

Summa verò compoſitorum ex ijs , & nolumus ea explicare, cum mentio eorum facta ſit in capite de literis & exem- plis eorum , & hæc viginti capita,& reliqua emanantia ex hoc modò perſtringemus.

Caput ſummæ verbalis compoſitæ ex vocibus ſingularibus ante
memoratis.

Et indè caput verbi , & agentis & patientis ; & agens venit in
duas partes in capite ſuo præcedente , & ſingulariter de
hoc exempla quando in capite ſuo ſunt .

ꙅⲩⲉⲣⲙⲉⲑⲣⲉⲛⲝⲉⲛ ⲓⲱⲁⲛⲛⲏⲥ ⳨	Teſtis Ioannes ; te ſtatus eſt Ioan nes .	شهد يوحنا
ꙅⲓⲟⳉⲛⲛⲟⳉⲥⲅⲛ ⲉⲉⲓ ⳨	Et tu mulier .	فانت المراه
ⲙⲙⲟⲛϭⲩⲭⲱⲉⲉⲓⲉ ⲫⲁⲓ ⳨	Non poteſt hic .	ما يقدر هذا

ومثال ماهو بغير فا صلد

Et exempla quando non ſunt in capite ſuo.

ⲡⲉⲝⲉ ⲓⲏⲥ ⳨	Dixit IESVS .	قل يسوع

ومثال ما نكر فيه المفعول مع الفعل
والفاعل

Et exempla: cum memoratur in ijs paſſiuum , cum verbo ſine
actione & agente , hæc ſunt .

ꙅⲥϫⲱⲛⲧⲉⲥⲅⲛ ⲁⲣⲓⲁⲛⲝⲉⳋⲥⲅⲛ ⲉⲉⲓ ⳨	Et reliquit hydriam mulier.	فتركت المراه جرتها

E

اينه

ⲁ̅ⲩⲛⲁϩⲧ ⲛ̅ϫⲉⲡⲓⲣ/ ⲡⲱⲙⲉⲥⲉⲛⲓⲥⲕⲁ̅ⲝⲓ ⳾	Et credidit vir Ver- bo eius .	فآمن الرجل والكلمة
ⲕⲛ̅ⲉⲕⲓ̅ⲝⲁⲣⲁ̅ⲧ̅ⲧ ⳾	Non lauabis pedes meos .	ليس تغسل رجلي

فصل المبتدا والخبر قمن امثلتنه

Caput Mobtadaum, & Cabarum, ideſt, ſubiecti, & prædicati, & exempla eius.

ⲟ̅ⲝⲛⲟⲩⲧ̅ⲛⲉⲡⲓⲥⲕⲁ// ⲝⲓ ⳾	Deus ipſe Verbum . Deus eſt verbum	الـاه هوالكلمة
ϩⲁⲛⲕⲉⲭⲱⲟⲩⲛⲓⲡⲉ// ⲧ̅ⲁ̅ⲩ̅ⲋⲓⲕⲓ ⳾	Alij ipſi ſecuti ſunt	أخرون هـم تبعوا

وهذا خبيره مركبه من مبتدا وخبر

Et eſt aliud huiuſmodi compoſitum ex ſubiecto, & prædicato.

ⲱⲟⲩⲛⲓⲁ̅ⲧⲟⲩⲛⲛⲓ̅ⲥⲏ// ⲕⲓⲉ̅ⲡⲓ ⲡⲛ̅ⲁ //	Beati pauperes ſpi- ritu .	طوبى للمساكين بالروح

والمبتدا هـــا هنا مضـــاف

Et ſubiectum in hoc annexum .

ⲫ̅ⲧ̅ⲡⲉⲛⲥⲱ̅ⲧⲏⲣ ⳾	Deus Saluator no- ſter .	اﷲ مخلصنا

فصل كان واخواتها الذا خله على المبتدا والخبر ولهــان واخوا تهـا فقد مضت في باب الحروف كان واخوا تهـا لغات. قبطيه منها

منها مشهـ ـورا

Caput كان (fuit, eſt) & ſorores eius ingrediuntur Mobtadaum &
chabarum , id eſt. ſubiectum & prædicatum & ſorores eius.
& aliquando procedunt de capite particularum & de capite
كان & ſororum eius voces Coptæ, ex ijs ſunt ſequentes.

ⲛⲁϥϣⲟⲡ ⳽	Fuit, non perpetuo.	كان مادام
ⲛⲁ ⳽	Sicut.	كان
ⲓⲥ ⳽	Fuit.	كان
ⲁϥϣⲱⲡⲓ ⳽	Factus eſt.	كان صار
ⲛⲉ ⳽	Fuit.	كان
ⲁϥⲉⲣ ⳽	Fuit, factus eſt.	كان صار
ϭⲟⲥ ⳽	Non permanet.	ما دام

واما مازال وما برح وما انفك فمعنا واحد بعينه ويدل عليه في اللغـه
القبطيه   امثلة ذلك

Quæcunque verò deſinunt , aut recedunt & ſignificatio vna in
ſe ipſa, i. ſubſtantia, ſignificat de ea in idiomate Copto, v. g.

ⲕⲁϥϣⲟⲡⲛ̄ⲭⲉ ⲫϯ ⲛ̄ ⲟⲩⲉⲙⲓ ⳽	Fuit Deus ſapiens.	كان الله عالما
ⲉⲓϣⲱⲡ ⲅⲁ ⲧⲉⲛⲑⲏ ⲛ̄ ⲛⲟⲩ ⳽	Non manſi. apud vos.	ما ئمت عندكم
ⲛⲁϥ ⲅⲉⲛ ⲧⲛⲉ ⲛⲭⲉ ⲛ̄ ⲛⲓⲡⲁⲥⲭⲁ ⲛ̄ⲧⲉⲛⲓ ⲛ̄ ⲓⲟⲩⲇⲁⲓ ⳽	Et erat proximum. Paſcha Iudæorū.	وكان قرب فصح اليهون
ⲛⲉⲁϥ ϯ ⲭⲉ ⲛⲟⲩⲙⲉ ⲏ̄ⲓⲛⲓ ⳽	Et fuit illis dans , & dabat illis ſignū.	وكان اعطاهم علامه
ⲓⲥ ⲭⲉ ⲛ̄ⲑⲟⲕ ⲡⲉⲛ ⲭⲥ ⳽	Si e ſtu Chriſtus.	ان كنت انت المسيح

ⲡⲓⲥⲁ ⲛ̄

ⲡⲓⲥⲁⲝⲓⲉ̀ϥⲉⲣⲟⲩ// ⲥⲁⲣⲝ +	Verbum factum, caro.	الكلمة صار جسدا
ϥⲁⲓⲡⲉⲁ̀ϥⲉⲣⲙⲉ̀ⲃⲏ// ⲑⲏⲥ ⲛ̅ ⲓⲏⲥ +	Hic eſt ille. Diſcipulus iESV.	هذا هو كان تلميذ يسوع
ⲋⲱⲥⲉϥⲛⲉⲙⲙⲱⲟⲩ +	Dum is manet eum illis.	ما دام هو معهم

حال الفاعل والمفعول على ماهو عليه بنكــــــر

ياتي اخيرا مثاله ۞

* * * diſpoſitio agentis, & patientis, ſecundum quod ignotum eſt, venit vltimo, v.g.

ⲛⲏⲉⲧⲉⲧⲉⲉ̀ⲋⲣⲏ// ⲓⲛ̅ⲋⲏⲧⲟⲩ̀ⲋⲱ// ⲧⲉⲛ +	Qui vos ex iſtis.	الذين انتم اختم منهم
ⲁ̀ⲙⲏⲛ ⲁ̀ⲙⲏⲛ ϯ̀ϫⲱⲉ̀ⲙⲙⲟⲥⲛⲱ// ⲧⲉⲛ +	Amen, amen dico vobis.	الحق لحق اقول لكم
ⲁ̀ϣϥⲁϣϥ +	Crucifige eum, Crucifige.	اصلبه اصلبه
ⲙⲁⲗⲓⲥⲧ̀ⲁⲛⲁ̀ⲡⲉⲛ ϥ̀ⲛⲓⲉ̀ⲙⲙⲓⲛⲉ̀ⲙ̀ⲟⲩ +	Maximè domus ip-ſius. Et ipſa ſurget Nomen eius.	لاسيما بيته داكه فذ اته تقوم اسمه
ⲟⲩⲟ̀ⲋⲥⲉⲛⲏⲟⲩⲋⲁ// ⲣⲟϥⲧⲏⲣⲟⲩ +	Et venient ad eum omnes.	وياتون اليه كلهم
ⲟⲩⲙⲏⲓⲁⲛⲧⲉ +	Non illa veritas.	ليست هي حـــــق

فصل

فصـــل النعت ومثـــالـــــه

Caput adiectiui, & exempla eius.

ⲁ̅ϥⲍⲉⲯ̅ϯⲫⲓⲱⲧ ⳯	Dixit Deus pater.	قال الله الاب
ⲟⲩϣⲏⲣⲓⲙⲙⲟⲩϯⲏⲏⲛ ⲉⲑⲛⲁϩ ϯ ⳯	Filij Dei fideles.	ابنـــا الله المومنون
ⲡⲓⲏⲣⲡⲉⲑⲛⲁⲛⲉϥ ⳯	Vinum bonum.	الخمر جيده

تمت التبصره في نحو القبطي والله ملهم الصواب الحمد
كاستحقاقة دايمـــــا

Finis Theorię Linguæ Coptæ, & Deo inſpirata rectitudo laudis,
ſicuti & meritus honor in æternum.

AD LECTOREM·

Atque hæ funt Grammaticæ principales, quibus Coptitæ in addifcenda Lingua Copta, vt plurimum vtuntur: reftabant duæ aliæ Ebn Kelioni, & Ebn Dahiri tractatus Grammatici hoc loco inferendi; Verum cum ij præcedentium tractatuum nó nifi compendia quædam fint (vt ipfi collectores in præfatione fatentur) eas, ne librum fuperfluis grauaremus, confultò omittendas putauimus. Præfertim cum præter particularum quarundam fufiores explicationes, vix aliud habeant, neque etiam quicquam, quod in prioribus non dictum fit exhibeant; accedit quod cum huiufmodi tractatus more Arabibus folito paffim ἀμέϑοδοι fint, & phrafis afpera delicatifq; Latinorum auribus iniucunda; verebar, ne eadem identidem repetendo, & Lectori faftidium, & Typothetæ ob tricarum occurrentium varietatem parerem indignationem. Si quis verò methodum defiderarit meliorem, is adeat Grammaticam noftram Prodromo Copto annexam, quam in gratiam φυλογλώϯων ad normam & methodum Latinorum ita difpofuimus, vt ex ea Tyronem ad linguam hanc perfectè addifcendam fufficientia principia habiturum confidam, vbi & omnium tractatuum Grammaticalium in autographo contentorum medullam inueniet. Denique termini Grammatici & dialectici, quos hic non vfque adeo explicare licuit, in SVPPLEMENTI Capite vltimo fufius explicati reperientur, quæ omnia hic Lectori innuere voluimus, ne in vlla in re officio nobis iniuncto defuiffe videremur.

SYNOPSIS
SCALAE MAGNAE.
Diuiditur hæc Scala in decem Portas.
& Capita XXXII.

Porta I.

De Nominibus DEI, & Angelorum, de mundo quoque superiori & inferiori, & diuiditur in Cap. 4.

Porta II.

De nominibus ad hominem spectantibus, de vitijs, virtutibus, instrumentis omni generis. habet Cap. 9.

Porta III.

De nominibus animalium quadrupedum, Volatilium, Aquatilium, Reptilium. Cap. 4.

Porta IIII.

De nominibus arborum, fructuum, florum, radicum, aromatum, seminum, leguminum. Cap. 3.

Porta V.

De nominibus lapidum preciosorum, aliorumque mineralium. Cap. 2.

Porta VI.

De nominibus climatum, prouinciarum, regionum, vrbium, montium. &c. Cap. 1.

Porta VII.

De nominibus Aedificiorum Ecclesiæ, cerimonijsque, & ordinibus eius. Cap. 1.

Porta

Porta VIII.

De nominibus proprijs Illustrium virorum utriusque Testamenti; eorumque interpretatione. Cap. 3.

Porta IX.

Explicat quædam nomina Hebraica. Cap. 2.

Porta X.

Explicat nomina quædam, quæ in Arabico masculina, in Copto fœminina sunt, & contra. Cap. 3.

SECTIO

SECTIO II.
SCALA MAGNA

Hoc eſt

NOMENCLATOR
ÆGYPTIACO=ARABICVS

Cum Interpretatione Latina

Athanaſij Kircherj è Societate IESV.
φιλολόγε.

PROOEMIVM.

خبروا بعون الله وحسن توفيقة
بنقل السلم الكبير الدي الفه
المولي الرئيس العالم العامل
القديس الشيخ الاجل شمس
الرياسة ابن الشيخ الاكمل
الاصعن المعروف بابن كبر
وسمه بالسلم المقرح الرب وضعه
على اهتمامه في ملكوته وهو عشرة
ابواب مقسومه على اقتنين وثلثين
قس

Incipimus cum auxilio Dei, &
bona directione eius tranſlationem
Scala Magna, quam compoſuit,
(docuit) Dominus, princeps, ſapiens
operator, ſactus, glorioſus, ſol prin-
cipatus eius, filius ſenis integerri-
mi, & beati, noti in libro filij Ca-
bar, & appellauit eam Scala exa-
ctam. Det Dominus ei pro labore
in regno ſuo. Diuiſit autem totum
opus in 10. Portas ſeu Sectiones,
quas iterũ ſubdiuiſit in 32. capita.

ⲟⲩⲟϩ ⲑⲏⲡⲓⲁⲛⲛⲉⲩ
ⲕⲉⲫⲁⲗⲉⲟⲡ̄ ⲁ̄

الباب الاول

وعدد
فصوله اربعة

PORTA I.

Numerat autem hæc
Porta capita 4.

F ΠΙΚΕ//

Ægyptia	Latina	Arabica
ⲡⲓⲕⲉⲫⲁⲗⲉⲟⲛ ⳨	*Cap. I.*	الفصل
ⲛⲥⲟⲣⲡ ⳨ ⳨ⲉⲛⲛⲓⲥ	Primum de	الاول في
ⲣⲁⲛⲛⲧⲉⲡⲓⲣⲉϥ	Nominibus	اسما
ⲥⲱⲛⲧ ⳨ⲫⲁⲓⲥⲡⲉⲛⲓ	Creatoris	الخالق
ⲍⲁⲁ ⳨ⲓⲛⲉⲙ ⳨ ⳨	Fortis, & glo-	عز
⳨ⲓⲙⲉⲙⲧⲛⲓⲱⳫ ⳨	riofi	وجل
ⲃⲉⲟⲥ ⳨	Deus	الله
ⲫⳫ ⳨	Deus	الله
ⲫⲓⲱⲧ ⳨	Pater	الاب
ⲡⲓⲛⲟⲩⳫ ⳨	Deus	الاله
ⲡⳉⲥ ⳨	Dominus	الرب
ⲡⲓⲣⲉϥⲥⲁⲙⲓⲟ ⳨	Creator	الخالق
ⲫⲏⲉⲧⲟⲛ ⳨	Viuens	الحي
ⲛ̄ⲁⲙⲉⲧⲣⲓⲧⲟⲥ ⳨	Sine menſura;	لا ينحصر
	Immenſus.	غير المحوي
ⲫⲏⲉⲧⲥⲁⲝⲓ ⳨	Intellectualis, qui exprimit omnia verbo.	الناطق
ⲡⲓⲡⲁⲛⲧⲟⲕⲣⲁⲧⲱⲣ ⳨	Omnipotens.	ضابط الكل
ⲡⲓⲉⳉⲛⲓⲟⲛ ⳨	Æternus	الازلي
ⲡⲓⲱϩⲁⲉⲛⲉⳟ ⳨	Sempiternus	الابدي
ⲫⲏⲉⲑⲙⲏⲛⲉⲃⲟⲗ ⳨	Æternus, perennis, iugis.	السرمدي
ⲡⲓⲣⲉϥⲥⲁϩⲛⲓ ⳨ ⳨	Largitor,	الرازق
ⲡⲓⲣⲉϥⲧⲁⲛϧⲟ ⳨	Viuificans	المحيي
ⲫⲏⲉⳫⲓⲣⲓⲛⲟⲩⲙⲟⲩ ⳨	Mortificans	المميت
ⲉⲗⲱϣⲓⲝⲓⲛⲧⲉⲗⲱⲓ	Cauſa	علـــة
		جميع

Ægyptia	Latina	Arabica
ⲭⲓⲛⲃⲉⲕ ⳗ ⲛ|	Caufarum	العلل
ⲧⲉⲧⲓⲁⲛⲧⲉⲛ	Neceffariò;	واجب
ⲛⲏⲉⲧϣⲟⲡ ⳗ	exiftens	الوجود
ϯⲟⲩⲥⲓⲉⲧⲟⲓⲙⲙⲓⲩ//	Subftantia	الجوهر
ⲁⲧⲥ ⳗ		
ⲡⲓⲕⲟⲩⲥⲙⲙⲟⲛⲉⲥ ⳗ	Mens prima, in-tellectus purus, fimplex	العقل المجرد
ⲡⲓⲁⲭⲱⲣⲓⲧⲟⲥ ⳗ	Qui non contine-tur, Incompre-henfibilis.	الدي لايحوي
ⲡⲓⲁⲫⲑⲁⲣⲧⲟⲛ ⳗ	Qui non menfu-ratur,imméfus.	الدي لايقدر
ⲡⲓⲁⲧⲁⲗⲩⲙⲧⲟⲥ ⳗ	Qui non diffolui-tur;indiffolubilis	الدي لا يمتنحـــل
ⲡⲓⲁⲛⲁⲣⲭⲟⲥ ⳗ	Qui fine principio	الدي بلا بدايه
ⲡⲓⲣⲉϥⲛⲁⲓ ⳗ	Mifericors	الرحمان
— ⲡⲓⲣⲉϥⲉⲣⲫⲙⲟⲧ ⳗ ⳟⲛ|	Liberalis.	المنان
— ⲫⲏⲉⲧϭⲟⲥⲓ ⳗ	Summus,Excelfus	العلي
ⲡⲓⲛⲓϣϯ ⳗ	Magnus	العظيم
— ⲡⲓϩⲟⲩⲓⲧ ⳗ ⳟⲛ|	Primus	الاول
—ⲡⲓϧⲁⲉ ⳗ	Nouiffimus	الاخر
—ⲡⲓⲣⲉϥⲥⲱⲛⲧ ⳗ	Creans	الباري
ⲡⲓⲃⲉⲑⲣⲁⲡⲓⲧⲏⲥ ⳗ	Protector	العاصم
— ⲫⲏⲉⲧϫⲉⲙⲉⲭⲟⲙ ⳗ	Fortis, potens.	القوي
— ⲡⲓⲣⲉϥϭⲣⲟ ⳗ	Victor	الغالب
—ⲡⲓϫⲱⲣⲓ ⳗ	Victor, robuftus;	القاهر
ⲫⲏⲉⲧϯⲱⲓⲣⲉ ⳗ	Tribuens,donans,	الواهب
ⲫⲏⲉⲧⲁϥⲉⲣⲭⲁⲣⲓ//	Gratias cócedens,	المنعم

ⲅⲉⲥ//

Ægyptia	Latina	Arabica
ⲍⲉⲥⲃⲉ ⳽	gratum faciens	المنفضل
ⲫⲏⲉⲧⲥⲱⲕⲓ ⳽	Bonus, liberalis	الصالب
ⲫⲏⲉⲑⲟⲩⲁⲃ ⳽	Sanctus	القدوس
ⲡⲓⲥⲁⲃⲁⲱⲑ ⳽	Sabaoth	الصباووت
ⲡⲓⲁⲡⲁⲥϩⲧⲉⲛⲓⲉϩⲟⲟⲩ ⲟⲩ ⳽	Antiquus dierum	عتيقت الايلم
ⲡⲓⲁⲧⲙⲁⲛⲧⲟⲥ ⳽	Qui non inuesti- gatur. Imper- scrutabilis .	الذي لا يفحص
ⲡⲓⲁⲧϭⲣⲓⲧⲟⲥ ⳽	Qui non vincitur, Inuincibilis	الذي لا يغلب
ⲡⲓⲁⲧⲡⲉⲣⲁⲛⲧⲟⲛ ⳽	Qui non deficit; Indefectibilis	الذي لا ينقضي
ⲡⲓⲣⲉϥⲉⲣϩⲉⲙⲓ ⳽ ⲉⲩ	Rector, guberna- tor	المدبر
ⲡⲓⲣⲉϥⲧⲱⲛϥ ⳽	Mittens, suscitans	الباعث
ⲡⲓⲣⲉϥϭⲱⲗⲡ ⳽	Producens, siue faciens existere.	المكون
ⲡⲓⲣⲉϥϭⲁⲥⲓ ⳽	Exaltans	الرافع
ⲡⲓⲣⲉϥϩⲓⲟⲩⲓ ⳽	Conseruator	الحفض
ⲡⲓⲣⲉϥⲕⲓⲙ ⳽	Mouens. Motor.	المحرك
ⲡⲓⲣⲉϥⲉⲧⲓⲁ ⳽	Causans	المسبب
ⲛⲓⲣⲁⲛⲛⲧⲉⲡϣⲏⲣⲓ //	*Nomina Filij.*	اسما الابن
ⲣⲓⲝⲉⲛⲛⲏⲉⲧⲁⲩ //	Secundum quod	علي ما
ⲝⲉⲙⲟⲩϩⲉⲛⲛⲓⲓ //	Reperiuntur in	وجد في
ⲅⲣⲁⲫⲏⲉⲑⲟⲩⲁⲃ ⳽	Sacris Scripturis	الكتب الامقدسه
ϣⲏⲥ ⳽	Filius	الابن ۞

ⲡ ϣⲏⲓ //

Ægyptia	Latina	Arabica
ⲡⲓϣⲏⲣⲓ ⳹	Filius	الابن
ⲡⲓⲥⲁϫⲓ ⳹	Verbum	الكلمه
ⲡⲓⲗⲟⲅⲟⲥ ⳹	Verbum	الكلمه
ⲡⲓⲣⲉϥⲛⲟϩⲉⲙ ⳹	Saluator	المخلص
ⲡⲓⲥⲱⲧⲏⲣ ⳹	Saluator	المخلص
ⲡⲓⲟⲩⲣⲟ ⳹	Rex	الملك
ⲡⲓϣⲟⲣⲡⲙⲙⲓⲥⲓ ⳹	Primigenitus	البكر
ⲡⲓⲉⲥⲱⲟⲩ ⳹	Agnus	الخروف
ⲡⲓⲙⲁⲥⲓⲉⲧⲟⲩⲁⲛⲉⲩϣ ⳹	Vitulus pinguis, saginatus.	العجل المعلوف
ⲡⲓⲱⲛⲓ ⳹	Lapis	الحجر
ϯⲡⲉⲧⲣⲁ ⳹	Petra	الصخره
ⲡⲓⲙⲱⲓⲧ ⳹	Via	الطريق
ⲡⲓⲥⲃⲉ ⳹	Porta	الباب
ϯⲡⲩⲗⲏ ⳹	Porta	الباب
ϯⲙⲉⲑⲙⲏⲓ ⳹	Veritas	الحق
ϯⲁⲛⲁⲥⲧⲁⲥⲓⲥ ⳹	Resurrectio	القيامه
ⲡⲓⲱⲛϧ ⳹	Vita	الحياة
ⲫⲣⲏⲛⲧⲉϯⲙⲉⲑⲙⲏⲓ ⳹	Sol iustitiæ	شمس البر
ϯⲃⲱⲛⲁⲗⲟⲗⲓⲛⲧⲁ ⲫⲙⲏⲓ ⳹	Vitis vera	كرمه الحق
ⲡⲓⲱⲓⲕⲛⲧⲉⲡⲱⲛϧ ⳹	Panis vitæ	خبز الحياة
ϯⲥⲟⲫⲓⲁⲛⲧⲉⲫϯ ⳹	Sapientia Dei	حكمة الله
ⲧⲭⲟⲙⲙⲉⲛⲟ̄ⲥ ⳹	Virtus domini	قوه الرب
ⲡϣⲱⲃϣⲙⲉⲛⲟ̄ⲥ ⳹	Brachium domini	دراع الرب
ⲡⲟⲩⲣⲟⲛⲧⲉⲡⲱⲟⲩ ⳹	Rex gloriæ	ملك المجد
ⲡⲟⲩⲣⲟⲛⲧⲉϯϫⲟⲙ ⳹	Rex virtutis	ملك القوه
ⲡⲟⲩⲣⲟⲛⲧⲉⲛⲓϫⲟⲙ ⳹	Rex virtutum	ملك القوات
ⲡϣⲏⲣⲓⲙⲫⲣⲱⲙⲓ ⳹	Filius hominis.	ابن الاذسان

Ægyptia	Latina	Arabica
ⲡⲓⲁⲡⲟⲥⲧⲟⲗⲟⲥ ⳩	Miſſus	الرسول
ⲡⲓⲉⲟⲛⲟⲅⲉⲛⲏⲥ ⳩	Vnigenitus	الوحيد
ⲡⲓⲣⲱⲙⲓ ⳩	Homo	الرجل
ⲡⲓⲧⲁⲡ ⲛ̄ⲧⲉⲡⲓⲟ ⳩ ⲝⲁⲓ	Cornu ſalutis	قرن الخلاص
ⲫⲏⲉⲧⲁ ⳩ ⲟⲩⲟⲣⲡ ⳩ ⳩	Peregrinus Viator	المرحل
ⲡⲓⲡⲁⲧ ⳩ ϣⲉⲗⲉⲧ ⳩	Sponſus	العروس
ⲡⲓⲛⲧ ⳩ ⲁ ⳩ ϥⲓⲟⲥ ⳩	Idem .	الختن
ⲫⲏⲉⲧⲁ ⳩ ⲙⲟⲛⲓⲉ ⲡⲓⲥ̄ⲗ	Paſtor Iſrael	راعي اسرائيل
ⲡⲓⲙⲉⲥⲓⲧⲏⲥ ⳩	Mediator	الوسيط
ⲡⲣⲟⲥⲫⲱⲣⲁ ⳩	Oblatio	القربان
ⲡⲓⲧ ⳩ ⲟⲡⲁⲣⲭⲏⲥ ⳩	Anteſignanus ,	المتقدم
ⲡⲓⲣⲉϥⲧⲁ ⳩ ⲗϭⲟ ⳩	Sanans	المشفي
ⲡⲓⲣⲉϥϯϩⲁⲡ ⳩	Iudex	الحاكم القاضي
ⲡⲓⲙⲁⲓⲣⲱⲙⲓ ⳩	Amans hominum	محب البشر
ⲫⲟⲩⲱⲓⲛⲓ ⲛ̄ⲧⲉϯⲙⲉⲑ ⲙⲏⲓ ⳩	Lumen veritatis	نور الحق
ⲓ̄ⲥ̄ ⲭ̄ⲥ̄ ⲓⲏⲥ ⲡ̄ⲭ̄ⲥ	Ieſus Chriſtus .	يسوع المسيح
ⲡⲓⲙⲉⲑⲣⲉ ⳩	Teſtis .	الشاهد
ⲫⲏⲉⲧⲥⲙⲁⲣⲱⲟⲩⲧ ⳩	Benedictus	المبارك
ⲫⲏⲉⲧϥ ⳩ ⲫⲱⲗⲁ ⳩ ⲉⲃⲟⲗ	Lætificans	المفرح
ⲫⲏⲉⲧⲟⲩⲁ ⳩ ⲟⲩⲁϣⲧⲉ⫽ ⲃⲟⲗ ϩⲁⲭⲱϥ ⳩	Expectatus , præuiſus	المنتظر
ⲫⲏⲉⲧⲟⲩⲉⲣϩⲉⲗⲡⲓⲥ⫽ ⳩ ⲉⲣⲟϥ ⳩	Speratus , deſideratus	المرتجا
ⲡⲓϣⲃⲱⲧⲉⲧϩⲉⲛⲃⲛⲁ ⲟⲩⲛⲓⲛⲓⲉⲥⲥⲉ ⳩	Virga quæ De radice Ieſſe	القضيب الذي من اصل ايسا
ⲡⲓϣⲉⲉⲧⲗⲉⲕ ⳩	Lignum viride	العود الرطب

Ægyptia	Latina	Arabica
ⲛⲓⲣⲁⲛ̄ⲧⲉⲛⲓⲡⲛ̄ⲁ ⲉⲑⲟⲩⲁⲃ	Nomina Spiritus Sancti.	اسما الروح القدس
ⲡⲓⲡⲛ̄ⲁⲉⲑⲟⲩⲁⲃ	Spiritus sanctus.	روح القدس
ⲡⲓⲡⲛ̄ⲁⲛ̄ⲧⲉ̄ⲙⲉⲑⲙⲏⲓ	Spiritus veritatis	روح الحق
ⲡⲓⲡⲁⲣⲁⲕⲗⲏⲧⲟⲥ	Paraclitus.	الباراقليط
ⲡⲟⲙⲟⲟⲩⲥⲓⲟⲛⲉⲙ	Consubstantialis cum Patre.	المساوي مع الاب
ⲫⲓⲱⲧ		
ⲍⲙⲓⲁⲛⲉⲟⲥ	Procedens	المنبثق
ⲡⲓⲡⲁⲣⲁⲕⲗⲏⲧⲟⲛ	Consolator	المعزي
ⲡⲓⲕⲉⲫⲉⲗⲉⲟⲛⲙⲙⲙⲙ	Cap. II.	الفصل الثني
ⲃ̄ⲥⲉⲛⲫⲣⲁⲛ̄ⲧⲉⲛⲓ// ⲕⲟⲥⲙⲟⲥ ⲧⲥⲁⲛϣⲱⲓ	De nominibus Mundi superioris	في اسما العالم العلوي
ⲛⲉⲙⲧⲉϥⲧⲁⲍⲓⲥ	& ordinibus	ومراتبه
ⲛⲉⲙⲧⲉϥⲧⲁⲅⲙⲁ	& Hierarchijs siue legionibus.	وطغماته
ⲡⲓⲕⲟⲥⲙⲟⲥⲉⲧⲥⲁⲛϣⲱⲓ	Mūdus superior.	العالم العلوي
ϯⲙⲉⲧⲟⲩⲣⲟ	Regnum	الملكوت
ⲑⲙⲉⲧⲟⲩⲣⲟ̄ⲛ̄ⲛⲓⲫⲏⲟ// ⲩⲓ	Regnum cęlorum	ملكوت السموات
ⲓⲗⲏⲙ̄ⲙ̄ⲛ̄ⲧⲉⲧⲫⲉ	Hierusalem cæle- stis	اورشليم السماوية
ⲛⲓⲭⲉⲣⲟⲩⲃⲓⲙ	Cheruphim	الشاروبيم
	Significatio eius, sapientia perfecta	معناه الحكمة الكاملة
ⲛⲓⲥⲉⲣⲁⲫⲓⲙ	Seraphim	الساروفيم
	Intellectus multioculus, idest	الكثير الاعين معناه الفهم

ⲡⲓⲙⲁ

Ægyptia	Latina	Arabica
πιϥⲧⲟⲟⲩⲟⲛ	Quatuor animalia	الاربع حيوانات
ⲡⲓⲕⲇⲙⲡⲣⲉⲥⲃⲩⲧⲉⲣⲟⲥ	Viginti quatuor Seniores	الاربعة وعشرين قسيسا
ⲙⲓⲭⲁⲏⲗ	Michael	ميخائيل
ⲁⲣⲭⲏⲁⲅⲅⲉⲗⲟⲥ	Archangelus	رييس الملايكة
	Significatio eius, particeps virtutis Dei.	معناه صاحب قوة الله
ⲅⲁⲃⲣⲓⲏⲗ ⲡⲓⲩⲁⲓ	Gabriel	غبريال
ⲅⲉⲛⲛⲟⲩⲩⲓ	Nuncius	المبشر
	Significatio eius, mysterium Dei.	معناه سر الله
ⲣⲁⲫⲁⲏⲗ	Raphael	رفاييل
	Significatio eius, medicina Dei.	معناه رافة الله
ⲥⲟⲩⲣⲓⲏⲗ	Suriel.	سوريال
ⲛⲓ⳪ⲙ	Virtutes	القوات
ⲛⲏⲉⲧⲟⲛϣⲅⲛ̄ⲭⲣⲙⲙ	Inflamati, incensi	الملتهبين ذار
ⲛⲓⲧⲁⲅⲙⲁ	Ordines Legiones	الطغمات
ⲛⲓⲭⲱⲣⲟⲥ	Chori, acies	الصفوف
ⲛⲓⲧⲁⲍⲓⲥ	Ordines	الطقوس المراتب
ⲛⲓⲁⲛⲁⲛϣⲟ	Millia millium	الالوف
ⲛⲓⲁⲛⲁⲛⲑⲃⲁ	Millena millia	الربوات
ⲛⲓϩⲁⲣⲙⲁ	Solium, Thronus, currus	العرش المركبه
ⲛⲏⲉⲧⲩⲁⲓ ⲃⲉ	Portantes thronos.	حامله
ⲛⲓϩⲁⲣⲙⲁ		العروش

Ægyptia	Latina	Arabica
ⲡⲓⲕⲉⲫⲁⲗⲉⲟⲛ ⳾	**Caput III.**	الفصل
ⲓⲙⲁϩⲅ̄ϧⲉⲛ ∥	De nominibus	الثلث
ⲫⲣⲁⲛ ⳾	Firmamenti,	في اسما
ⲉⲛⲓⲥⲧⲉⲣⲉⲱⲙⲁ ⳾	Et ſigns eius,	الفلكي
ⲛⲉⲙⲛⲉϥⲡⲧⲩⲣⲅⲟⲥ ⳾	& impreſsioni-	وبروجه
ⲛⲉⲙⲛϥϫⲱⲃϣⲓ ⳾	bus eius	ذانيراته
ⲧⲫⲉ ⳾	Cæli	السما
ⲧⲫⲉⲛⲧⲉⲧⲫⲉ ⳾	Cæli Cælorum	سما السما
- ⲣⲁⲙⲁ ⳾	Abſis.	علو
ⲁⲯⲓⲥ ⳾	Apogeum, Aux.	العلا
ⲃⲁⲗⲡⲓⲟ ⳾	Idem	علوا
ⲡⲓⲥⲧⲉⲣⲉⲱⲙⲁ ⳾	Firmamentũ,ſphę-	الفلكي
ⲡⲓⲍ̄ⲙⲉⲫⲱⲓⲥⲧⲏⲣ ⳾	ra cæleſtis .	
ⲉⲧⲕⲱϯ ⳾	Septem planetæ	السبع
	errantes	كواكب
		السيارة
ⲏⲗⲓⲁ ⳾	Sol	الشمس
- ⲡⲓⲣⲏ ⳾	Sol	الشمس
ⲥⲉⲗⲓⲛⲏ ⳾	Luna	القمر
- ⲡⲓⲟϩ ⳾	Luna	القمر
- ⲣⲏⲫⲁⲛ ⳾	Saturnus	زحل
ⲡⲓⲍⲉⲩⲥ ⳾	Iuppiter	المشتري
ⲙⲟⲗⲟⲭ ⳾	Mars	المريخ
- ⲥⲟⲩⲣⲟⲧ ⳾	Venus	الزهره
ⲡⲓⲉⲣⲙⲏⲥ ⳾	Mercurius.	عطارن
- ⲥⲓⲥⲓⲟⲩ ⳾	Aſtra	النجوم
ⲁⲥⲧⲣⲁ ⳾	Aſtra	النجوم
ⲙⲓⲡⲧⲩⲣⲅⲟⲥ ⳾	Signa Zodiaci	البروج
ⲙⲁϩⲓ̄ⲃ ⳾	duodecim .	الاثني عشر

Ægyptia	Latina	Arabica
κριος ⳥	Aries	الحمل
πιχριος ⳥	Aries	الحمل
ταυρος ⳥	Taurus	قسور
διδιμος ⳥	Gemini	جوزا
καρκινον ⳥	Cancer	سرطان
λεων ⳥	Leo	اسد
παρθενοπε ⳥	Virgo	سنبلة
θουιλε ⳥	Virgo	سنبلة
ζυρος ⳥	Libra	ميزان
ϯλελϣι ⳥	Libra	ميزان
σκορπιος ⳥	Scorpius	عقرب
δοξοδος ⳥	Sagittarius	قوس
οτερος ⳥	Capricornus	جدي
αρχϣος ⳥	Aquarius	دالى
ϕριτιθι ⳥	Aquarius	دالى
χριος	Piſces	حوت
πιⲙⲟⲛⲏⲓⲧⲉ	Manſiones	المنازل
ϯⲙⲉⲧⲓⲟⲥ Lunairon	Lunæ	القمرية
πιⲙⲱϯⲛⲧⲉⲛⲓϯ// ⲟⲥ ⳥	Galaxia, ſiue via la-ctea	والمجرة وهي طرجق التبين
πικⲩⲧⲱⲣⲓⲟⲛ ⳥	Duæ ſtellæ in capi-te. ꙭ, Siue ſtatio ☽ iuxta caput Arie-tis.	السرطين وهو راس الحمل
κⲟλⲓϣⲛ ⳥	Statio ☽ iuxta 3 ſtellas, quæ tripo-dem faciunt, ſc. triangulū. propè ventrem ꙭ	البطين

Ægyptia	Latina	Arabica
ⲱⲣⲓⲁⲥ ⳾	Pleiades, ſiue Hyades, Gallina cæli, & eſt ſtatio ☽ in Tauro.	الثريا
ⲉⲅⲁⲥⲧⲣⲁⲛ ⳾	Idem.	الثريا
ⲡⲓⲁⲩⲣⲓⲱⲟⲛ⳾	Oculus Tauri, ſtatio ☽ ſic dicta.	الدبران
ⲕⲗⲩⲥⲟⲥ ⳾	Statio ☽ apud tres ſtellas ſuper humeros ♊ in formam Tripodis	الهقعة
ⲕⲗⲁⲣⲓⲝ ⳾	Siniſter humerus ♊ Geminorum.	الهنعة
ⲡⲓⲙⲉⲅⲫⲓ ⳾ ♊	Cubitus Leonis	الدراع ذراع الاسد
ⲧⲉⲣⲙⲉⲉⲗⲓⲁ ⳾	Duo ſidera ſũt ſpacio vnius vlnæ diſtantia, quibus ineſt albedo veluti nubis pars.	النثره
ⲡⲓⲁⲩⲧⲟⲥ ⳾	Manſio ☽ iuxta ſtellas Cancri.	الظرف
ϯⲧⲉⲅⲏⲓ ⳾	Lunæ ſtatio quæ appellatur frós ♌	الجبهة
ⲡⲓⲭⲱⲣⲓⲟⲛ ⳾	Duo ſidera, ſeu iuba ♌ & crines inter ſpatulas conferti.	الخرذان

Ægyptia.	Latina.	Arabica.
ꙋc̄ꙅ̄ꙗⲗⲓⲥ ⸱	Statio quędę꜓ ſiue ſidus, quo oriēte frigus ſedatur.	الصرفة
ꙗꙅꙗⲕⲓⲥ ⸱	Statio quædam ꙓ 4 aut 5 ſiderum.	الاعوال
ϫⲟⲣⲓⲧⲟⲥ ⸱	Statio ſiue manſio Lunęiuxta Librā	السمك الاعرال
ϫꙗⲙꙅꙗⲗⲓⲥ ⸱	Statio꜓ è 3 exiguis ſideribus conſtās.	الغفر
ⲡⲣⲓⲧⲓⲑⲓ ⸱	Duo cornua caudę ⲙ Scorpij	الزبادات
ⲥⲧⲉϥꙗⲛⲓ ⸱	Statio quædam ꙓ in 4 ſideribus. prope Coronam.	الاكليل
ϫꙗⲣⲑⲓꙗⲛ ⸱	Cor ♌ βασιλισκος, ſeu Regulus.	القلب
ⲥⲓꙋⲓⲣϯ ⸱	Cauda ⲙ ſiue ſtatio ꙓ prope Caniculam.	الشولة
ꙗⲅⲅⲓꙗ ⸱	Idem	الشولة
ⲛⲓꙗꙗⲙⲉⲣⲉϭ ⸱	8 ſidera in formā tabulę diſtorta ita vt 4 aſcendát, & 4 deſcendant.	النعادم
ⲛⲟⲗⲓⲥ ⸱	Statio ꙓ in cælo ſideribus carens in ter duo ſigna،	البلدة

الفَعْيم & مسن

Ægyptia.	Latina.	Arabica. چی
ⲟⲡⲉⲝⲥⲧⲱⲓⲥ ⳥	Statio Lunæ occu-pás mediũ ſigni ♑	مسعن الدباح
ⲟⲡⲉⲝⲣⲓⲧⲱⲓⲥ ⳥	Statio ☽ occupans poſteriorem parté ſigni ♑ & prioré ♒	مسعن بلع
ⲟⲡⲉⲝⲓⲛⲉⲝⲧⲏ ⳥	Statio ☽ medium ſigni ♒ occupás.	مسعن السعود
ⲟⲡⲉⲝⲃⲉⲣⲓⲉⲛ ⳥	Statio ☽ occupans poſteriorem par-tem ſigni ♒ & priorem ♓.	مسعن الاخبية
ⲉⲣⲧⲝⲗⲟⲥ ⳥	Statio ☽ in piſci-bus .	القرع المقدم
ⲉⲣⲧⲝⲗⲟⲥⲓⲉ ⳥	Statio ☽ in piſci-bus.	القرع الموخر
ⲕⲝⲧⲱⲓⲛ ⳥	Venter Cæti. Statio ☽ in prin-cipio ♈.	جظن الحوت
ⲫⲏⲉⲃⲛⲕⲟⲩⲉⲡⲟⲩⲱⲓ ⳥	Horoſcopus , vel Aſcendens , O-riens .	الطالع
ⲫⲏⲉⲧⲝⲩⳅⲱⲧⲛ ⳥	Occidens,	الغارب
ⲫⲏⲉⲧϧⲉⲛⲃⲙⲏϯ	Meridianus	المنوسط
ⲡⲓⲙⲉⲥⲟⲧⲟⲥ ⳥	Meridianus	التوسط
ⲥⲝⲙⲡⲓⲗⲟⲥ ⳥	Sidus quo oriente matureſcunt ar-borum poma.	شهيل

Ægyptia	Latina	Arabica
	fidus ad finem Augufti oriens.	
ⲙⲉⲝⲓⲣⲟⲥ ⳿	Sidus à quo dirigaris; Cynofura, ſtella polaris.	الفرقد
ⲟⲅⲓⲭⲓⲱⲛ ⳿	Orion.	السها
ⲡⲓⲕⲩⲕⲗⲟⲩⲛ ⳿	Polus. Sidus polare	القطب
ⲛⲓϣⲉⲣⲓⲛ // ⲅⲉⲁⲃⲓⲁ ⳿	Helice fiue Vrfa maior.	بنات نعش
ⲡⲓⲙⲉⲁⲛⲟⲩⲁϩ ⳿	Centrum.	المركز
ⲡⲓⲝⲓⲛⲕⲱϯ ⲛ̄ⲧⲉⲡⲓⲕⲩⲕⲗⲟⲥ ⳿	Circumferentia circuli. (ni.	محيط الدايره
ⲡⲓⲁⲛⲧⲩⲟⲥ ⳿	Cornua Capricor-	القران
ⲡⲓϩⲱⲧⲛ ⳿	Coniunctio.	الاتصال
ⲡⲓϯⲟⲩⲃⲉ ⳿	Oppofitio.	المقابلة
ⲁⲉⲧⲣⲟⲛ ⳿	Trinus afpectus.	التثلت
ⲉⲝⲓⲟⲛ	Sextilis afpectus	التسدس
ⲁⲉⲧⲣⲁⲥ ⳿	Quadratus afpectus	التربيع
ⲡⲓⲑⲱⲃ ϣ ⳿ ⲡⲓⲑⲉⲛⲓⲱⲛⲧⲉ //	Imprefsio, feu influxus.	التاثير
ⲡⲓⲓⲟϩ ⳿ ⲡⲓⲙⲉⲓϣⲓⲛⲧⲉ //	Eclipfis Lunæ	الخسوف القمري
ⲡⲓⲣⲏ ⳿ ⲡⲓϩⲉⲓⲛⲧⲉ //	Eclipfis Solis	☽ الكسوف الشمسي
ⲛⲓⲥⲓⲟⲩ ⳿	Defcenfus ftellarū	هبوط الكواكب
ⲡⲓⲥⲩⲣⲁⲧⲟⲥ ⳿	Aftrolabium	الاسطرلاب
ϯⲥⲩⲣⲡⲓⲧⲓⲁ ⳿	Retrogradatio	الزيرجة

Ægyptia.	Latina:	Arabica. 55
ϯⲟⲩⲁϭⲓⲥ	Directio	التقويم
ⲡⲓⲭⲓⲛⲟⲩⲥⲉⲣⲁⲧⲩ ⳨	Directio	التقويم
ϯⲙⲉⲧⲩⲙⲁⲅⲟⲥ ⳨	Astronomia, Con-stellationes.	النجامة
ϯⲧⲱⲧⲉⲣ ⳨	Gradus	الدرجة
ϯⲟⲩⲉⲣϣⲓ ⳨	Minuta	الدقيقة
		الهجعة
ⲥⲟⲩⲉⲗⲁ ⳨	Iter, ſpacium, in-teruallum	المساقة
ϯⲥⲟⲩⲉⲗⲁ ⳨	Via, iter, ſpacium	المسيره
	Caput propoſitio-num ſiue dictio-num quarundã.	فضل مقولات
ϥⲏⲉⲑⲙⲏⲛ ⳨	Stabile, perpetuũ, reliquum	الباقي
ϥⲏⲧⲙⲉⲟⲩⲛⲕ ⳨	Corruptibile,	الفاني
ⲁⲯⲩⲭⲓⲕⲟⲛ ⳨	Inanimatum	غير المنفس
ⲡⲓⲣⲉϥⲙⲱⲟⲩⲧ ⳨	Mortuum, mortale	الميت
ϥⲏⲉⲧⲧⲁϫⲣⲏⲟⲩⲧ ⳨	Firmum, ſtabile,	الثابت
ϥⲏⲉⲧⲥⲓⲛⲓ ⳨	Præteritum	الزايل
ϥⲏⲉⲧⲃⲏ ∥ ⲗⲉⲃⲟⲗ ⳨	Diſſolubile	المضمحل
ϥⲏⲉⲧⲧⲁϥⲁⲟⲩⲱ ⳨	Defectibile	المتفاوت
ⲡⲓⲕⲩⲛⲧⲣⲓϩⲓⲛ ⳨	Compoſitum	المركب
ⲥⲩⲛⲑⲉⲥⲓⲥ ⳨	Compoſitio	التركيب
ⲡⲓⲁⲡⲗⲟⲩⲛ ⳨	Simplex	البسيط
ⲡⲓⲃⲱⲗⲉⲃⲟⲗ ⳨	Solutum,	المنحل
ⲥⲩⲛⲧⲩⲙⲉⲙⲟⲛ ⳨	Perditio,	النتلف

Ægyptia	Latina	Arabica
ⲋⲓⲙⲟⲩⲣ ⳓ	Nexus, ligatio,	العقد الرباط
ⲋⲓⲃⲱⲗ ⳓ	Solutio	الحل
ⲡⲣⲁϭⲧ ⳓ	Deſtructio, ruina.	الشقص الهدم
ⲋⲓⲭⲓⲛⲧⲁⲕⲧⲟⲛ ⳓ	Inuerſū, Inuolutū	الابرام
ⲫⲏⲉⲧⲁⲩϣⲓⲃϯ ⳓ	Alteratum.	المستجيل
ⲫⲏⲉⲧⲁⲱⲑⲟⲩⲧ ⳓ	Qui congregat, ſu-pellectilem	المجنع
ⲫⲏⲉⲧⲗⲱⲕϩ ⳓ	Difficile, durum	العسر
ⲫⲏⲉⲧⲥⲟⲩⲧⲱⲛ ⳓ	Morbis obnoxiū, morboſum	المسقم
ⲫⲏⲉⲑⲗⲱⲧⲉⲛ ⳓ	Planum, facilè,	السهل
ⲫⲏⲉⲧⲉⲟⲩⲟⲛ // ⲱⲭⲟⲙⲙⲉⲟⲩ ⳓ	Poſſibile,quod fie-ri poteſt .	المكن
ⲫⲏⲩⲧⲉⲙⲙⲟⲛ ⳓ ⲱⲭⲉⲙⲙⲉⲟⲩ ⳓ	Impoſsibile,	الغير ممكن
ⲫⲏⲉⲧⲁⲕⲓⲙ ⳓ	Nobile	المتجاركي
ⲫⲏⲉⲧⲟⲩⲏⲥ ⳓ	Coactum conſtri-ctum	الجدار
ⲫⲏⲉⲧⲥⲟⲩⲣⲱⲟⲩ ⳓ	Directum	الهادي
ⲫⲏⲉⲧⲧⲁⲕⲏⲟⲩ ⳓ	Conuerſum	المنعكس
ⲫⲏⲉⲑⲛⲁϣⲧ ⳓ	Durum, difficile	الصعب
ⲧⲓⲁⲛⲧⲓⲟⲛ ⳓ	Contrarium,aduer ſum .	المضاد
	Caput.	فصل
ⲁⲡⲟⲇⲉⲝⲓⲥ ⳓ	Demonſtratio, idē quod indicium	برهان وهو كالدليل
ⲫⲩⲥⲓⲟⲗⲟⲅⲓⲁ ⳓ	Sciētia rerum na-turalium,	الكلام الطبيعة
		معرفة

Ægyptia.	Latina.	Arabica. 57
ⲧⲙⲉⲧⲅⲱⲧⲡ ✢	Vnio	الاتحاد
ⲡⲓϫⲓⲛϭⲱⲡⲓ ✢	Dissolutio existen-	المحلول
	tiæ	التكوين
ⲧⲡⲣⲟⲫⲏⲧⲓⲁ ✢	Prophetia	النبوة
ⲡⲓⲭⲣⲏⲙⲙ //	Reuelatio	لوحي
ⲧⲓⲥⲙⲟⲥ ✢		
ⲫⲕⲉⲑⲛⲏⲟⲩⲉⲃⲟⲗ ✢	Eductio sermonis	الانتاجات
ⲡⲓϫⲓⲛⲉⲣ //	Infusio scientiæ	الالهام
ⲫⲙⲉⲩⲓ ✢	Ænigma, proposi-	الرموز
ⲛⲓⲉⲛⲓⲅⲙⲙ ✢	tio arcana.	المعاني
ⲅⲁⲛⲑⲉⲥⲓⲥ ✢	Similitudines, para	فيقيس مثل
	bolæ, hypotheses	
ⲧⲙⲉⲧⲟⲩⲏⲃ ✢	Sacerdotium	الكهانة
ⲧⲙⲉⲧⲟⲡⲁ //	Opinio, exiſtima-	الجنس
ⲗⲙⲟⲥ ✢	tio, mensura	
	Attentio, specula-	الفراسه
ⲧⲙⲉⲧⲓⲟⲣϩ ✢	tio, consideratio.	
ⲡⲓⲕⲉⲫⲁⲗⲉⲟⲛ ✢	*Caput IV.*	الفصل الرابع
ⲉⲙⲙⲥⲁ ✢		
ⲃⲉⲡⲡⲓⲕⲟⲥⲙⲟⲥ ✢	*De Mūdo eiusq.*	في العالم
ⲉⲧϣⲟⲡⲛⲉⲙⲉ //	*productione,*	الكوني
ⲩⲫⲩⲥⲓ ✢	*(t) natura,*	طباجعه
ⲛⲟⲉⲙⲙⲉⲩ //		
ⲥⲧⲟⲓⲭⲓⲟⲛ	*(t) elementis, (t)*	واستنقساببه
ⲛⲉⲙⲙⲉⲩⲟⲩⲛⲙⲱⲟⲩ́	*temporibus.*	واوقاتنة

Ægyptia	Latina	Arabica
ΠΙϹⲰⲚ ⲧϥ	Creatura	الخليقة
ϯⲉⲧϩⲓⲉⲓ	Exiſtens, ens, vnú	الوجود
ⲕⲁⲧⲁϲⲕⲉⲩⲏ	Creatio	خلقة
ΠΙⲔⲟϹⲙⲟϹⲓⲧ ∥	Mundus conditus,	عالم الكون
ⲉⲡⲓϫⲓⲛϭⲱⲡⲓ	opificium mũdi	
ⲕⲓϹⲰⲚⲧ	Creaturæ	الخلايق
ϯⲕⲧⲏϹⲓϹ	Creatio mundi	البرية الدنيا
ΠΙⲔⲟϹⲙⲟϹ	Mundus	العالم
ϯⲟⲓⲕⲟⲩⲙⲉⲛⲏ	Vniuerſum, orbis	المسكونة
	terrarum	
ⲑⲏⲉⲧⲁⲩϫⲟⲣϩϹ	Habitabilis mun-	المعمورة
	dus; terra culta.	
ΠΙϫⲙⲫⲩϹⲓϹ	Quatuor Naturæ,	الاربع طباييع
	ſiue primę quali-	
	tates.	
ΠΙϧⲙⲙⲓ	Caliditas, calor,	الحرارة
ϯⲙⲉⲧϫⲁⲩ	Frigus	البروده
ϯⲙⲉⲧⲗⲏⲕ	Humiditas	الرطوبه
ϯⲙⲉⲧⲧⲱϹⲓ	Siccitas	اليبوسه
ⲕⲓϹⲧⲟⲓⲭⲓⲟⲛ	Elementa	الاسطقسات
ⲕⲓϹⲧⲩⲗⲏ	Elementa	الاركان
Πⲓⲭⲣⲱⲙ	Ignis	النار
ⲃⲓⲑⲏⲟⲩ	Aër	الهوا
Πⲓⲙⲱⲟⲩ	Aqua	الما
Πⲓⲕⲁϩⲓ	Terra	التراب الارض
Πⲓϥⲧⲟⲩⲑⲏⲟⲩ	Quatuor venti, ſeu	الرياح
	cardines	الارباع
ϯⲁⲛⲁⲧⲟⲗⲏ	Oriens	المشارق
		Πⲓⲙⲙ

Ægyptia.	Latina:	Arabica. وه
ⲡⲓⲙⲁⲛϣⲁⲓ ⳥	Oriens	المشرق
ⲡⲉⲓⲉⲃⲧ ⳥	Oriens	الشرق
ⲡⲉⲙⲉⲛⲧ ⳥	Occidens	الغرب
ⲡⲓⲙⲁⲛϩⲱⲧⲡ ⳥	Occidens	المغارب
ⲫⲣⲏⲥ ⳥	Auster	الجنوب
		القبله
ⲡⲉⲙϩⲓⲧ ⳥	Septentrio	الشمال بحري
ⲥⲁⲣⲁⲑⲏⲟⲩ ⳥	Ventus vehemens Septentrionalis.	العاصف
ϩⲩⲣⲏⲝⲟⲩ ⳥	Fines termini .	الاثار
ⲛⲓⲥⲫⲓⲣⲱⲟⲩⲓ ⳥	Meridies, venti Au ftrini.	الجنوة
ⲛⲓⲥⲁ ⳥	Partes termini .	النواحي
ⲡⲓϩⲣⲱϣ ⳥	Ventus frigidifs.	الزمهرير
ⲛⲉⲁⲧ ⳥	Horizon , Regio, à qua venti fpi_ rant.	الافاق
ⲛⲓⲁϩⲣⲏⲝⲟⲩ ⳥	Idem .	الاغف
ⲛⲓϭⲏⲡⲓ ⳥	Nubes, fpacium aëris	السهب
ⲡⲓⲁⲏⲣ ⳥	Aër	الجو
ⲡⲓⲅⲛⲟⲫⲟⲥ ⳥	Nebula , caligo	الغباب
ⲛⲓⲧⲉⲗⲧⲓⲗⲓ	Pluuia parua ftil_ latim cadens.	القطر
ϩⲩⲑⲗⲏ ⳥	Pluuia parua	النقط
ⲡⲓⲙⲟⲩⲛϩⲱⲟⲩ ⳥	Imber	المطر
ⲡⲓⲭⲏⲙⲱⲛ ⳥	Occafus fideris plu uiofi , Hyems	النو
ⲡⲓⲥⲉⲧⲉⲃⲣⲏⲝ ⳥	Fulgur	البرق

H 2

ⲡⲓ

Ægyptia.	Latina.	Arabica.
ⲡⲓϩⲁⲣⲁⲃⲁⲓ	Tonitru	الرعد
	Nix	الثلج
ⲡⲓⲭⲣⲓⲥⲧⲁⲗⲟⲥ	Glacies	الجليس
ϯⲡⲁⲭⲛⲏ	Ros gelu	الطل قطع
ⲣⲃⲃⲁⲙⲓⲕⲧⲟⲥ	Ros, gelu, pruina	الطل الندا
ϯⲓⲱⲧ		
ⲡⲓⲁⲗ	Grando	البرد الحصا
ⲕⲉⲗⲁⲥⲥⲁ	Grando	البرد الحصا
ϯⲕⲉⲣⲁⲩⲛⲟⲥ	Fulmen, gelu deij- ciens folia, adu- rensque	الصاعقة
ⲡⲓⲙⲟⲛⲙⲉⲛ	Motus terræ	الزلزله
ⲥⲣⲟⲃⲉⲗⲟⲥ	Turbo, procella, tempeſtas	الزوبعه
ⲡⲓϣⲱϣ	Pluuia, vapor	الغبار
ⲡⲓⲣⲏⲓⲥⲓ	Puluis minutiſſi- mus	الهبا
ϯⲫⲏⲧⲧⲉ	Iris, arcus cæleſtis	قوس قدح
ⲡⲓⲟⲩⲱⲓⲛⲓ	Lux	النور
ⲡⲓⲭⲁⲕⲓ	Tenebræ	الظلمة
ⲁⲃⲙⲓⲥ	Fumus	الدخان
ⲡⲓⲉⲗϩⲱⲃ	Vapor, ebullitio vaporum	الفوار البخار
ⲛⲓϩ	Nox.	الليل
ⲛⲓⲝⲓⲛϥⲱϣⲏ	*Partes*	اقسام
ⲧⲉⲡⲓⲉⲭⲱⲣϩ	*noctis.*	الليل
ⲣⲟⲩϩⲓ	Veſperi	عشة المشا
ϯⲕⲣⲉⲃⲓⲁ	Crepuſculum,	العتمة

Ægyptia.	Latina.	Arabica. 61

Ægyptia.	Latina.	Arabica.
ϯⲟⲧⲉⲣⲱϣⲓ	Vigilia, ſeu media nox .	الهجعة
ⲛⲓⲝⲓⲛ̇ϯⲟⲩⲁϣⲓ ⲉ ⲱ ⲧⲉⲛⲓⲉϩⲟⲟⲩ ⲉ	*Partes diei.*	قسام النهار
ϣⲡⲓⲥⲁⲣⲭⲱⲟⲛ ⲉ	Aurora prima	الفجر الاول
ϣⲡⲓⲥⲙⲁⲭⲣⲟⲥ ⲉ	Aurora ſecunda .	الفجر الثاني
ⲥⲁⲛⲁⲧⲟⲟⲩⲓ ⲉ	Mane, tempus ma-tutinum .	الصباح
ϯⲙⲙⲧⲱϣⲓ ⲉ	Ortus	الشروق
ⲙⲙⲉⲣⲓ ⲉ	Meridies	الظهيرة
ⲡⲓⲥⲓⲛⲓ ⲉ	Inclinatio diei	الزوال
ϣⲡⲓⲉ ⲉ	Crepuſculum	الشفف
ⲡⲓϩⲱⲧⲡ ⲉ	Occaſus.	الغروب
ⲛⲓⲝⲓⲛ̇ϯⲟⲩⲁϣⲓ ‖ ⲧⲉⲛⲓⲭⲣⲟⲛⲟⲥ ⲉ	*Partes temporis .*	اقسام الزمان
	Seculum	الابد الدهر
ⲡⲓⲉⲱⲛ ⲉ	vſque in ſeculum	الى الابد
ⲡⲓϣⲁⲉⲛⲉϩ ⲉ	Seculum	الابد الدهز
ⲡⲓⲉⲛⲉϩ ⲉ	Tempus	الزمان
ⲡⲓⲭⲣⲟⲛⲟⲥ ⲉ	Ætas, generatio ,	الجيل
ⲡⲓⲭⲱⲟⲩ ⲉ	poſteritas, tépus, poſteritas, gene-ratio.	العقب العصر
ⲅⲉⲛⲉⲟⲛ ⲉ	Oportunitas, tem-pus præfinitum .	العقب ميقات المعجال
ⲡⲣⲟⲑⲉⲥⲙⲓ ⲉ ⲛⲓⲥⲏⲟⲩ ⲉ	Tempus, occaſio, oportunitas.	الاوان

ϯⲣⲟ

Ægyptia	Latina	Arabica
ϯⲣⲟⲙⲡⲓ ⳾	Annus	السنة العام
ϩⲁⲛⲟⲩⲛⲱⲟⲩⲓ ⳾	Annus verteñs.	الحول المقبل
ⲡⲓⲁⲃⲟⲧ ⳾ ⲙⲉⲛⲟⲥ ⳾	Menſis	الشهر
ϯⲉⲃⲍⲟⲙⲉⲉⲥ ⳾	Septimana	الاسدوع
ⲙ̇ⲫⲟⲟⲩ ⳾	Dies	اليوم
ϯⲟⲩⲛⲟⲩ ⳾	Hora	الساعة
ϯϩⲍⲡ ⳾	Hora	الساعة
ⲡⲓⲛⲁⲩ ⳾	Inſtans, momnetũ.	الوقت
ϯⲟⲩⲛⲟⲩ ⳾	Nunc	الان
ⲛⲓⲟⲩⲛⲱⲟⲩⲓ ⳾	Tẽpus oportunũ	التوقت
ⲡⲓⲥⲏⲟⲩ ⳾	Tẽpus, terminus, interuallũ horæ.	الحين
ⲡⲓⲕⲉⲣⲟⲥ ⳾	Spacium tẽporis, duratio	الامد
ⲟⲣⲧⲁⲥⲓⲕⲏ ⳾	Horæ	الساعات
ϩⲁⲛⲥⲏⲟⲩ ⳾	Momenta tempo- ris .	الاون الاون
ⲡⲉⲣⲉⲍⲓⲁ ⳾	Viciſſitudo, occa- ſio, oportunitas .	الدولة
ⲡⲓⲡⲉⲣⲓⲱⲁⲏⲥ ⳾	Periodus; circum- uolutio .	البرىودس
ⲉⲃⲍⲟⲙⲁⲍⲓⲛ ⳾	Septenarius .	سادوع
ⲧⲉⲧⲣⲁⲥ ⳾	Quaternarius .	رادوع
ⲛⲓⲕⲉⲫⲁⲗⲉⲟⲛ ⳾ ⲛ̄ⲧⲉϯⲣⲟⲙⲡⲓ ⳾	Partes, ſeu capita anni.	فصول السنة
ⲡⲓϣⲱⲙ ⳾	Æſtas	الضيف
ϯⲫⲣⲱ ⳾	Hyems	الشتا

Ægyptia.	Latina.	Arabica.
· ⲩⲝⲛⲟⲡⲟⲣⲟⲛ ⳾	Ver	الربيع
· ⲡⲓϭⲓⲛϣⲱⲙⲙ ⳾	Autumnus.	الحريف
ⲡⲓⲱⲡⲛ̄ⲧⲉⲧⳘⲁⲡⲟⲕⲧⲏ	Numerusepactarũ	حساب الابقطي
ⲡⲓⲕⲩⲕⲗⲟⲥⲛ̄ⲧ ⲉⲡⲓⲣⲏ ⳾	Cyclus Solaris,	الدور الشمسي
ⲡⲓⲕⲩⲕⲗⲟⲥⲛ̄ⲧⲉⲡⲓⲟϩ	Cyclus Lunaris.	الدور القمري

ⲡⲓⲁ̀ⲃⲟⲧⲙⲙⲉⲧ ⳾	*Menſes*	الشهور القبطية
ⲉⲓⲛ̄ⲧⲓⲟⲥ ⳾	*Coptitarum.*	سنتهم ثلثمايّة
	Annus eorũ 365	خمسة
	dierum .	وستين يوما
·ā· ⲑⲱⲟⲩⲧ·	Thoth Tut	توت
ⲃ̄ ⲡⲁⲟ̀ⲡⲓ ⳾	Paorphy Baba	بابة
ⲅ̄ ⲁⲑⲱⲣ ⳾	Athyr Hatur	هتور
· ⲇ̄ ⲭⲟⲓⲁⲕ ⳾	Choiac Kiac	كيهك
· ⲉ̄ ⲧⲱⲃⲓ ⳾	Thoby Tubi	طوبة
· ⲛ̄ ⲙⲉⲭⲓⲣ ⳾	Mechir Amſchir	امشير
· ⲍ̄ ⲫⲁⲙⲉⲛⲱⲑ ⳾	Phamenoth Barm	برمهات
· ⲏ̄ ⲫⲁⲣⲙⲟⲩⲑⲓ ⳾	Pharmuthi Bar-	
	muda	برمونه
ⲑ̄ ⲡⲁϣⲱⲛⲥ ⳾	Pafon Baſchons	بشنس
ī ⲡⲁⲱⲛⲓ ⳾	Paoni Baune	بوونة
ī ̄ ⲉ̀ⲡⲏⲡ ⳾	Epip Abib	ابيب
ī ̄ⲃⲙⲉⲥⲱⲣⲏ ⳾	Mefori Meſchri	مشري
ⲡⲓⲉⲛⲧⲉⲛⲧⲉⲩⲧⲉⲣⲟⲛ	Quinque dies Niſi	خمس
	hoc eſt, ἐπαγαμένα	يوم الكبيس
ⲡⲉϩⲟⲩⲟⲛ̄ⲧⲉⲛⲓ ⳾		

\

Ægyptia.	Latina.	Arabica.
ⲟⲥⲓⲥⲕⲁⲛ ⳿ ⲣⲟⲛⲓ ⳿	Intercalaris singulis 4 annis.	في كل اربع سنين
ⲧⲁⲣⲭⲏ″	initiũ anni Neuruz	ذون السنة الباروز
ⲏⲣⲟⲙⲉⲛⲓ ⳿ ⳿ⲧⲥⲟⲩⲓⲧⲏ″ ⲧⲉ⳿ⲧⲣⲟⲙⲉⲛⲓ ⳿	& hæc est dictio Persica	وهى لفظه فارسيّة
ⲛⲓⲣⲁⲛⲓ̀ⲧⲉⲛⲓ ⲍⲃⲟⲧⲛ̄ⲧⲉ ⳿ ⲡⲓⲣⲱⲙⲉⲟⲥ ⳿	Nomina Mensium Romanorum Annus eorũ 365 dies.	اسما شهور الروم سنتهم يوما ثلثمايّة خمسة وسنين
ⲁ̅ ⲥⲉⲃ̀ⲧⲉⲙⲣⲟⲓ ⳿	September	ايلول
ⲃ̅ ⲟⲕⲧⲟⲙⲃⲣⲓⲟⲥ ⳿	October	تشرين الاول
ⲅ̅ ⲛⲟⲉⲙⲃⲣⲓⲟⲥ ⳿	Nouember	تشرين الثاني
ⲇ̅ ⲇⲉⲕⲉⲙⲃⲣⲓⲟⲥ ⳿	December	كانون الاول
ⲉ̅ⲅⲁⲛⲟⲩⲁ̀ⲣⲓⲟⲥ ⳿	Ianuarius	كانون الاخر
ⲋ̅ ⲫⲉⲣⲟⲩⲁ̀ⲣⲓⲟⲥ ⳿	Februarius	شباط
ⲍ̅ ⲙⲁⲣⲁⲓⲟⲥ ⳿	Martius	ادار
ⲏ̅ ⲍⲃⲣⲓⲗⲓⲟⲩ ⳿	Aprilis	نيسان
ⲑ̅ ⲙⲉⲁⲓⲟⲥ ⳿	Maius	ايار
ⲓ̅ ⲓⲟⲩⲛⲓⲟ ⳿	Iunius	حزيران
ⲓⲁ̅ ⲓⲟⲩⲗⲓⲟⲥ ⳿	Iulius	تموز
ⲓⲃ̅ ⲍⲩⲅⲟⲩⲥⲧⲟⲥ ⳿	Augustus.	اب

Ægyptia.	Latina.	Arabica.
ιπραντεμιε ⁘	Nomina	النسمـا
ϧοτϩαραβος ⁘	Mensium Ara-	شهـور
	bum.	العرب
	Annus eorũ 365	سنتهم ثلثماية
	dies.	وخمس وستين يوم
α ανουμας ⁘	Almuharan, respõ-	مـحـرم
	det Septembri.	
β ςιβιρ ⁘	Saphar	صفـر
γ ουнιπоριμōнас ⁘	Rabech primus	ربيع الاول
δ ουнιπоριςαιdc ⁘	Rabech secundus	ربيع الاخر
ε αιτιοςμōнас ⁘	Gemadi primus	جماذي الاول
ā αιτιοςτιон ⁘	Gemadi secundus	جماذي الاخر
ζ ριβdc ⁘	Racheb	رجـب
к ςιβικон ⁘	Schaaban	شعبان
θ ραϧιζωн ⁘	Ramadan	رمضان
ι ζαβιλdc ⁘	Schual. Sauel.	شـوال
ια ανupιdc ⁘	Dulchida	ذوالقعدى
ιβ αρβικdc ⁘	Dulcheya.	ذي احجه
ιπραнιτεμιε //	Nomina dierum	اسماالايام
ϧουιμμετϫαραϧdc ⁘	Arabum.	العربيـة
ϯκυριακн	Feria Prima.	الاحـد
πβ	Feria Secunda	الاثنين
πγ	Feria Tertia	الثلثـه
πδ	Feria Quarta	الاربعا
πε	Feria Quinta	الخمس
ϯπαραςκευн ⁘	Feria Sexta	الجمعه
πιςαββατон ⁘	Sabbatum.	السبت

I

Ægyptia.	Latina.	Arabica.
ϯⲝⲓⲛⲟⲩⲛⲓⲉ	Numerus	العدد
ⲙⲉⲧⲣⲟⲙⲙⲉⲟⲥ	Græcis, & Latinis vsitatus.	الرومي
ⲙⲟⲛⲁ	Vnum	واحد
ⲥⲛⲟⲩ	Duo	اثنين
ⲧⲣⲓⲁ	Tria	ثلثة
ϭⲉⲓⲥⲥⲁⲣⲁ	Quatuor	اربعة
ⲫⲉⲛⲧⲉ	Quinque	خمسة
ⲉⲝ	Sex	ستة
ⲉⲫⲑⲁⲓ	Septem	سبعة
ⲟⲕⲧⲉ	Octo	ثمنية
ⲉⲛⲓⲁ	Nouem	تسعة
ⲍⲉⲕⲁ	Decem	عشره
ⲉⲛⲧⲉⲕⲟ	Vndecim	احدي عشر
ⲍⲟⲍⲉⲕⲟ	Duodecim	اثني عشر
ⲍⲉⲕⲁⲧⲣⲓⲁ	Tredecim, & cõpofiti reliqui.	ثلثه عشر وقرا كيت البقيه
ⲓⲕⲟⲥⲓ	Viginti	عشرين
ⲁⲣⲓⲁⲛⲍⲉ	Triginta	ثلثين
ϭⲉⲡⲉⲛⲧⲉ	Quadraginta	اربعين
ⲙⲉⲛⲧⲓⲛⲧⲉ	Quinquaginta	خمسين
ⲉⲝⲓⲛⲧⲉ	Sexaginta	ستين
ⲟⲕⲍⲉⲓⲛⲧⲉ	Septuaginta	سبعين
ⲉⲛⲧⲁⲙⲓⲛⲧⲉ	Octoginta	ثمانين
ⲉⲛⲉⲛⲓⲛⲧⲉ	Nonaginta	تسعين
ⲉⲕⲁⲧⲟⲛ	Centum	مايّة
ⲍⲓⲉⲕⲟⲥⲉ	Ducenta	مايتين
ⲍⲓⲁⲣⲟⲕⲟⲥⲉ	Trecenta	ثلثمايّة
ⲑⲣⲁⲟⲣⲁⲕⲟⲛ	Quadringenta	اربعمايّة

ⲡⲉ

Ægyptia.	Latina.	Arabica. 67
ⲡⲉⲧⲏⲕⲟⲥⲉ ⳾	Quingenta	خمسمائة
ⲉⲝⲁⲕⲟⲥⲉ ⳾	Sexcenta	ستمايـة
ⲉⲃⲧⲟⲕⲟⲥⲉ ⳾	Septingenta	سبعمايـه
ⲉⲕⲧⲉⲕⲟⲥⲉ ⳾	Octingenta	ثمن مايـه
ⲉⲛⲁⲕⲟⲥⲓⲉ ⳾	Nongenta	تسعماجنـه
ϫⲓⲗⲓⲉ ⳾	Mille.	الف
ⲡⲓⲁⲣⲓⲑⲙⲟⲥ ⳾	*Numerus*	الحسـاب
ⲛⲧⲉⲛⲧⲓⲟⲥ ⳾	*Coptitarum.*	القبطي

		Latina		Arabica
ⲁ̅	ⲟⲩⲁⲓ ⳾	1	Vnum	واحد
ⲃ̅	ⲥⲛⲁⲩ ⳾	2	Duo	اثنين
ⲅ̅	ϣⲟⲙⲧ ⳾	3	Tria	ثلثة
ⲇ̅	ϥⲧⲱⲟⲩ ⳾	4	Quatuor	اربعة
ⲉ̅	ⲧⲓⲟⲩ	6	Quinque	خمسة
ⲋ̅	ⲥⲟⲟⲩ ⳾	6	Sex	ستـة
ⲍ̅	ϣⲁϣϥ ⳾	7	Septem	سبعة
ⲏ̅	ϣⲙⲏⲛ ⳾	8	Octo	ثمانيـة
ⲑ̅	ⲯⲓⲧ ⳾	9	Nouem	تسعة
ⲓ̅	ⲙⲉⲧ ⳾	10	Decem	عشره
ⲕ̅	ϫⲱⲧ ⳾	20	Viginti	عشرين
ⲗ̅	ⲙⲁⲡ	30	Triginta	ثلثين
ⲙ̅	ϩⲙⲉ	40	Quadraginta	اربعين
ⲛ̅	ⲧⲁⲓⲟⲩ ⳾	50	Quinquaginta	خمسين
ⲝ̅	ⲥⲉ ⳾	60	Sexaginta	ستين
ⲟ̅	ϣⲃⲉ ⳾	70	Septuaginta	سبعين
ⲡ̅	ϩⲙⲉⲛⲉ ⳾	80	Octoginta	ثمانين
ϥ̅	ⲡⲓⲥⲧⲁⲩ ⳾	90	Nonaginta	تسعين
ⲣ̅	ϣⲉ ⳾	100	Centum	ميـه

I 2

ⲃⲱⲉ

Ægyptia	Latina	Arabica
ⲟⲩ ⲃ̄ϣⲉ	Ducenta	مايتين
ⲅ̄ ⲣϣⲉ	Trecenta	ذلثماية
ⲇ̄ ⲁ̄ϣⲉ	Quadringenta	اربح ماية
ⲫ̄ ⲩϣⲉ	Quingenta	خمس ماية
Ⳟ̄ ⲁ̄ϣⲩⲃ	Sexcenta	ستماية
ⲍ̄ ⲍϣⲉ	Septingenta	سبعماية
ⲧⲓ ⲕϣⲉ	Octingenta	ثمن ماية
ⲑϣⲉ	Nongenta	تسعماية
ϣⲟ	Mille	الف
ⲃ̄ ϣⲟ	Duo millia	الفين
ⲅ̄ ϣⲟ	Tria mi lia	ذلثة الالف
ⲇ̄ ϣⲟ	Quatuor millia,	اربح الاف
	& fic in infini-	وهكدا نفعل
	tum.	بقية العدن
ϯⲥⲁⲑⲏⲣⲓ ⲏ	Denarius	الدينار
ⲗⲟⲕⲟⲝⲓ	Idem	الدينار
ϯⲕⲓⲧ	Drachma	الدرهم
ⲛⲓⲧⲉⲃⲓ	Quadrans, pecunia	الفلس
ⲓⲥⲁⲣⲓⲁ	Idem	الفلس

PORTA II.

الباب الثاني

Ægyptia	Latina	Arabica
ⲟⲩⲟⲅⲑⲙⲓⲛⲛⲉϥ	Et computat	ويعدن
ⲉⲛⲁⲣⲛⲱⲥⲓⲥ	Capita	فصولة
ⲍⲛⲉ	Septem.	سبعة

Ægyptia.	Latina.	Arabica.
ⲡⲓⲕⲉⲫⲁ //	*Caput V.*	الفصل
ⲗⲉⲟⲛⲙⲙⲁⲅⲉⲉⲩ //	*Quintum*	الخامس
ⲉⲧⲉⲣⲉⲡⲁⲛⲧⲟⲕⲧⲓⲛ	*continet*	يشتمل
ⲉⲍⲉⲛⲛⲓⲣⲁⲛⲛ //	*nomina*	على اسما
ⲧⲉⲫⲣⲱⲙⲓⲛⲉⲙ //	*hominis cum*	الانسان
ⲛⲉⲩⲉⲥⲃⲉⲥⲓⲥ	*fenfibus eius,*	وحواسه
ⲡⲉⲙⲛⲉⲩⲥⲭⲛⲙⲙ	*& proprietati-*	وصفاتة
	bus eius.	
ⲛⲓⲣⲱⲙⲓ	Homo Vir	البشر
ⲃⲣⲟⲡⲉ	Humanus	البشري
ⲡⲓⲁⲍⲟⲙⲓⲕⲟⲛ	Humanus	الادمي
ⲛⲓⲣⲱⲙⲓ	Homo	الانسان
ⲫⲣⲱⲙⲓ	Vir	الرجل
ⲡⲓⲡⲛⲁ	Spiritus	الروح
ϯⲯⲩⲭⲏ	Anima	النفس
ⲡⲓⲛⲟⲩⲥ	Intellectus	العقل
ⲡⲓⲕⲁϯ	Intellectio	الفهم
ⲡⲓⲙⲙⲉⲩⲓ	Cogitatio	الفكر
ϯⲍⲓⲛⲛⲁⲩ	Speculatio, fiue vifio.	البصيره
ϯⲁⲕⲣⲏⲥⲓⲟ	Sagacitas, pruden- tia, difcretio.	الفطينة الافراز
ⲡⲓⲧⲁϩⲟ	Operatio, intentio finalis, compre- henfio.	الادراك
ⲁⲕⲱⲛⲓⲕⲟⲛ	Imaginatio	التظور

Ægyptia.	Latina.	Arabica:
ⲡⲓⲥⲟⲕⲙⲉⲕⲧ	Vifio, phantafia : Somnum	الروئة
ϯⲉⲩⲕⲉⲣⲓⲁ	Indagatio, perfcrutatio	النجيل التوصيل
ϯⲙⲉⲧϩⲟⲣⲧⲩ	Idem.	النبيل
ϯⲥⲩⲛⲏⲁⲥⲓⲥ	Confcientia mala, fiue intentio.	النية الشريرة
ⲡⲓⲥⲧⲉⲩⲥⲓⲁ	Religio, fides, confenfus,	العقيده
ⲡⲓⲙⲉⲩⲓ	Senfus, cogitatio, molimen.	الضمير الفكر
ⲡⲓⲟⲩⲱⲛϩⲉⲃⲟⲗ	Sinceritas, fobrietas, deliberatio.	الاخلاص
ⲗⲟⲅⲓⲥⲙⲟⲥ	Cogitatio, ratiocinatio; fides, affirmatio.	اليقين
ϩⲣⲏⲥⲓⲥ	Negatio	الجحود
ⲡⲓⲭⲱⲗⲉⲃⲟⲗ	Idem	الجحود الافكار
ⲡⲓⲥⲕⲁⲛⲍⲁⲗⲟⲛ	Dubium, dubitatio	الشك
ⲡⲓⲉⲙⲓ	Scientia	العلم
ϯⲅⲛⲱⲥⲓⲥ	Cognitio	المعرفه
ⲡⲓⲉ̄ⲛⲉⲥⲑⲉⲥⲓⲥ	Senfus quinque	الحواس الخمس
ⲡⲓⲛⲁⲩ	Vifus vt fumitur p organo ocul. & fignificat tempus.	النضر ولهي الوقت
ⲟⲣⲁⲥⲓⲥ	Vifio	روبا منظر
ⲡⲥⲱⲧⲉⲙ	Auditus	السمع
ϩⲕⲟⲏ	Auditus	السمع
ⲡⲓϣⲱⲗⲉⲙ	Odoratus	الشم

Ægyptia.	Latina.	Arabica.
ⲟⲩⲥⲫⲣⲟⲥⲓⲥ ⳾	Expiratio, exhalatio odorifera	الاستنشاق
ⲡⲓϫⲉⲙⲧⲡⲓ ⳾	Gustus	الذوق
ⲕⲉⲩⲥⲓⲥ ⳾	Gustus	الطعميه
ⲡⲓϭⲓⲛⲉⲙ ⳾	Tactus	اللمس
ⲡⲓⲧⲣⲟⲡⲟⲥⲛⲉⲙ	Proprietates	الصفات
ⲛⲓⲙⲉϩⲓⲕ ⳾	Ætatum	والاسنان
ⲡⲓϩⲱⲟⲩⲧ ⳾	Mas	الذكر
ϯⲥϩⲓⲙⲓ ⳾	Fæmina	الانثي الامراه
ⲡⲓⲣⲉⲙϩⲉ ⳾	Liber	الحر
ⲡⲓⲃⲱⲕ ⳾	Seruus	العبد
ⲡⲓⲉⲗⲉⲩⲑⲉⲣⲟⲥ ⳾	Libertus (pium.	العتيق
ⲡⲓⲥⲱⲛϩ ⳾ (ⲉⲛⲁⲣⲭ ⲗⲓⲙ)	Captiuus manci-	الاسير
ⲡⲉⲭⲙⲁⲗⲱⲧⲟⲥ ⳾	Captiuus	المسبي
ⲡⲓⲙⲓⲥⲓ ⳾	Natus	المولود
ⲫⲏⲉⲑⲟⲩⲉⲙϭ⳾	Lactans ———	المرضع
ⲫⲏⲉⲧⲁⲩⲧⲟⲩⲓⲟⲩ ⳾	Ablactatus ⋯⋯	الفطيم
ⲡⲓⲟⲩϧⲉ ⳾	Abortus	السقط
ⲡⲓⲁⲗⲟⲩ ⳾	Puer	الطفل الصبي
ⲡⲓϧⲉⲗϣⲓⲣⲓ ⳾	Iuuenis, adolescens	الشاب
ⲡⲓⲕⲟⲩⲣⲓⲟⲥ ⳾	Iuuenis, pubes	المراهق
ⲡⲓⲣⲁⲃⲛⲟⲥ ⳾	Adolescens, qui ad virilem ætatem peruenit.	البالغ
ⲡⲓⲥⲁⲕⲛⲉⲙ ⳾	De dispositione, habitus, seu ornamentis vti & forma, seu figura (hominis.	والمعني
ⲛⲓⲧⲉⲛⲧⲱⲛ ⳾		والاشكال

ⲡⲓⲍ

Ægyptia	Latina	Arabica
ⲡⲟⲓⲟⲥ⳾ⲏⲥ ⳨	Forma, figura, proprietas,	صفة مثال
ⲡⲓⲁⲛ⳨ⲱⲣⲓ ⳨	Annofus fenex, plenus dierum, canus	الكهل
ⲡⲓϧⲉⲗⲗⲟ ⳨	Senex.	الشيخ
ⲡⲓⲕⲟⲩϩⲓⲛ ⳨	Imberbis huic cui nulla fpes barbæ.	الكوسخ واجي التركي
ⲡⲓⲙⲟⲣ⳨ⲓⲟⲥ ⳨	Prꝫditus exigua barba circa mentum	الاذجي
ⲡⲓ ⲥⲁⲗⲱⲥ ⳨	Glaber, caluus in occipitio	الاجلح
ⲥ ⲗⲁⲝⲗⲉⲝ ⳨	Lꝫuis, caluus;	الامعطا الاجرد
ⲡⲓⲥⲁⲣⲟⲩⲕⲓ ⳨	Deftitutus omni pilo	الانزع
ϥⲁⲗⲁⲕⲣⲟⲥ ⳨	Caluus, à parte anteriori	الاصلح
ⲡⲓⲁⲛⲟⲩⲥ ⳨	Alopæcia laborans.	الاقرع
ⲕⲣⲓⲕⲓⲩⲥ ⳨	Alopæcia temporū laborans	الادلح
ⲡⲓⲉⲩϥⲉⲣⲕ ⳨	Strigofus capite Fiffus labijs	الافلج
ⲡⲓⲩⲧⲉⲣⲓⲟⲥ ⳨	Qui habuerit fiffuram in labro fuperiori	وهو المشقوق الشفة العليا
ϥⲏⲉⲧⲥⲁϫⲟⲩϥ ⳨	Qui habet fiffuram in labro inferiori	الاعلم المشقوق الشفة السفلي Ⴑᚐ

Ægyptia	Latina	Arabica
ⲕ̅ⲫⲉⲫⲉⲧⲟⲩⲥⲓⲱⲟⲩ ⳨	Curtus nasus, simus.	لاقنا
ⲡⲓⲕⲩⲣⲟⲥ ⳨	Subniger fuscus	الاسمر
ⲡⲓⲕⲁⲣⲟⲩⲥ ⳨	Flauus rufus; maculatus facie.	الاسمر / الادلش
ⲡⲓⲧⲩⲟⲓⲉⲓ ⳨	Oculos nigros habens.	الا كحل
ⲡⲓⲣⲁⲥⲛⲟⲥ ⳨	Oculos cæruleos habens.	الاشهل
ⲕ̅ⲓⲕⲁⲣⲓⲕⲟⲓⲥ ⳨	Ceruleis oculis preditus	الاشهل
ⲡⲓⲍⲁⲗⲁⲓⲥ ⳨	Timidus	الاخيف
ⲫⲏⲉⲧⲟⲩⲏⲟⲩ ⳨	Longus	الطويل
ⲡⲓⲕⲟⲗⲟⲃⲱⲥ ⳨	Breuis	القصير
ⲡⲓⲥⲟⲡⲱⲛ ⳨	Iustæ staturæ	القصص / وهو المعتدل
ⲡⲓⲅⲉⲉⲓ ⳨	Pinguis crassus	الغليظ
ⲫⲏⲉⲧⲅⲁⲃ ⳨	Pinguis, crassus, obesus.	الضخم
ⲡⲓⲇⲗⲓⲱⲛ ⳨	Corpulentus	البدين
ⲫⲏⲉⲧⲍⲗⲏⲕ ⳨	Obesus crassus	السمين الجسيم
ⲫⲏⲉⲧⲍⲱⲃⲓ ⳨	Macilentus	الهزيل
ⲁⲥⲑⲉⲛⲛⲟⲥ ⳨	Infirmus, macer	الضعيف النحيت
ⲫⲏⲉⲧⲅⲟⲣϣ ⳨	Grauis	الثقيل
ⲫⲏⲉⲧⲁⲥⲓⲱⲟⲩ ⳨	Leuis	الخفيف
ⲡⲓⲭⲱⲣⲓ ⳨	Robustus	القوي
ⲡⲓⲭⲱⲃⲓ ⳨	Debilis, fortis	الضعيف
ⲫⲏⲉⲑⲟⲩⲟϫ ⳨	Sanus, incolumis.	الصحيح

K   ⲫⲏⲉ

Ægyptia	Latina	Arabica
ⲫⲏⲉⲑⲱⲓⲛⲓ ⳿	Æger. Infirmus	المريض السقيم
ⲫⲏⲉⲧⲙⲥⲕ ⳿	Lentus, tardus	البطي
ⲫⲏⲉⲧⲓⲱⲥ ⳿	Velox, celer	السريع
ⲡⲓⲁⲍⲱ ⳿	Curuus, gibbofus	الاحدب
ⲫⲏⲉⲧⲥⲟⲩⲧⲱⲛ⳿	Rectus	القويم
ⲑⲏⲉⲧⲉⲙⲃⲱⲕⲓ ⳿	Grauida, fæta, prægnans	الحبلى الحامل
ⲧⲭⲏⲣⲁ ⳿	Vidua	الارملة
ⲧⲁϭⲣⲏⲛ ⳿	Sterilis	العاقر
ⲛⲓⲙⲉⲗⲟⲥⲛⲉⲉ ⳿	Nomina Mem-	الاعضا
ⲛⲓⲙⲟⲩⲁⲗ ⳿	brorum, & articulorum.	والمفاصل
ⲛⲓϣⲁⲣ ⳿	Pellis, cutis.	الجلد
ⲡⲓⲁϥ ⳿	Caro	اللحم
ⲧⲥⲁⲣⲝ ⳿	Caro	الجسد
ⲛⲓⲕⲁⲥ ⳿	Os, ofsis.	العظم
ⲛⲓⲥⲛⲟϥ ⳿ ⲛⲉⲉⲁ ⳿	Sanguis	الدم
ⲛⲓⲙⲟⲩⲧ ⳿	Venæ, Arteriæ, Nerui.	العروق
ⲧⲁⲫⲉ ⳿	Caput,	الراس
ⲕⲉⲫⲁⲗⲉⲟⲛ ⳿	Cerebrum	الدماغ
ⲛⲓϥⲱⲓ ⳿	Capillus	الشعر
ⲉⲧⲣⲓⲟⲥ ⳿	Synciput, vertex, cranium	اليافوخ
ⲛⲓⲕⲉⲫⲁⲗⲱⲥ ⳿	Medulla	المخ
ⲛⲓⲕⲟⲓϫⲓ ⳿	Vena, neruus	الفرق وذجبي الغلاني

Ægyptia.	Latina.	Arabica.
ⲛⲓⲙⲟ†	Collum ceruix	العنق
ⲛⲓϧⲁϩ	Tempora	الرقبة القفا
†ⲧⲉϩⲛⲓ	Frons	الجبهة
ⲛⲓϣⲏⲣϣⲓ	Arteriæ	الاسارير
ϭⲓⲛⲉ ⲭⲣⲱϣ	Extremum pellis oculi, & aurium	الغضون
ⲛⲓⲥⲙⲁϩ	Tempora capitis	الاصداغ
ⲛⲓⲙⲉⲭⲉⲅ	Supercilia	الحواجب
ⲛⲓⲃⲁⲗ	Oculus	العين
ⲛⲓⲃⲟⲩⲅⲓ	Palpebræ	الاجفان
ⲉⲣⲗⲓⲃⲥ	Angulus oculi respiciens nasum	المحجر
ⲉⲣⲙⲃⲥ	Angulus oculi respiciens tempora	الماق
ⲛϥⲟⲣⲟⲥ	Ciliorum pili	الهدب
ⲛⲓⲟⲣⲅ	Pupilla	الناظر
†ⲁⲗⲗⲟⲩ	Pupilla	الحدقة
ⲓⲁⲛⲟⲥ	Albedo oculi	المقلة
ⲫⲣⲱⲙⲉⲙⲓⲉⲛⲓ	Homo, qui côparet in oculo respiciétibus	انسان العين
ⲃⲁⲗ		
ⲛⲓⲃⲁϩⲙⲓⲛⲧⲉⲛⲓⲃⲁⲗ	Tunicæ oculi	طبقات العين
†ⲥⲱⲟⲩⲅⲓⲧⲏⲥ	Albugo oculi	البيضة
ⲛⲓⲗⲁⲛⲟⲥ	Rubedo oculorum	الرمص
ⲛⲓⲥⲱⲓ	Nutus oculi	القبا
ⲛⲓⲉⲣⲙⲱⲟⲩⲓ	Lachrymæ	الدموع
ⲛⲓϣⲁⲓ	Nasus	الانف
†ⲟⲩⲟⲍⲓ	Maxilla	الخدن
ⲝⲉⲙⲱϣⲓ	Nares	المنخر

Ægyptia	Latina	Arabica
ⲧⲣⲉⲥⲓⲟ ⳹	Genæ	الوجنة
ⲕⲧⲩⲩⲧⲟⲥ ⳹	Cicatrix	الخال
ⲛⲓⲃⲟⲓ ⳹	Næuus, maculá nigra in facie	الشامة
ⲛⲓⲥⲙⲟⲩⲣ ⳹	Barba superioris labij, mystax	العذار الشارب
ϯⲙⲟⲣⲧ ⳹	Barba maxillaris	اللحيه
ϯⲕⲁⲥⲣⲟ ⳹	Mentum	العنفقة
ⲛⲓⲥⲭⲏⲙ ⳹	Canities. cani	الشيب
ⲡⲓⲣⲱⲥ ⳹	Os	الفم
ⲛⲓⲛⲁϫⲅⲓ ⳹	Dentes	الاسنان
ⲡⲓⲗⲁⲥ ⳹	Lingua	اللسان
ⲡⲓⲗⲟⲩⲕ ⳹	Qui habet contortum os	لشدق
ⲛⲓⲙⲙⲛⲓⲙⲙ ⳹	Spiratio ⸱	اللهاه ع
ϯϣⲃⲱⲃⲓ ⳹	Guttur, larynx ,	الحنجرة
		النريمه
ⲛⲟⲩⲟⲛ ⳹	Canalis , gula,	البلعوم
ϯⲕⲣⲗⲓⲁ ⳹	Gingiuæ	اللته وهي لحم الاسنان
ⲛⲓⲥⲫⲟⲧⲟⲩ ⳹	Labia	الشقيان
ⲛⲓⲙⲟⲧ ⳹	Ceruix, collum	العنف
ⲛⲓϣⲣⲟⲩϯ ⳹	Venæ, Arteriæ	الوريدان
ⲛⲓⲙⲙϣⲭ ⳹	Auris	الادن
ⲛⲓⲙⲟⲧ ⳹	Dorsum	القفا
ϯϯⲛⲓ ⳹	Dorsum, Spina dorsi	الصلب الصقو الوسط
ϯⲟⲥⲓ ⳹	Dorsum	الضهر

'Ægyptia .	Latina .	'Arabica. 77
ⲡⲓⲟⲩⲫⲁⲝⲓ ⳾	Iecur;	النجاع وقحي
	Hepar	الكبد
ⲡⲓⲝⲁⲫⲟⲝⲓ ⳾	Spondyle	الفقار
	& illa catena dorfi	وهي سلسله المظهر
ⲃⲛⲁⳝⲃⲓ ⳾	Humerus, fpatula	الكتف
ⲡⲓⲣϯⲧⲟⲩⲩ ⳾ ⳾	Lacertus, brachiũ	العضد
ⲡⲓⲕⲁⲩⲛⲟⲥ	Brachium	الزند
ⲡⲓⲕⲁⲗⲗⲁⲛⲕⲁⳝ ⳾	Cubitus , Axilla	المرفق
ⲡⲓⲕⲱⲓ ⳾	Cubitus	الكوع
ⲡⲓⲝⲫⲉⲓ ⳾	Brachium	الساعد
ⲡⲓⲙⲙⲁⳝ ⳾	Brachium	الذراع
ⲡⲓⲧⲟⲩ	Vola manus	الكف
ⲛⲓⲧⲉⲃ	Digiti	الاصباع الاذمله
ⲛⲓⳝⲥⲓ	Articuli , feu nodi digitorum.	المعقد
ⲛⲓⲓⲉⲃ ⳾	Vnguis	الاضافير
ⲛⲓⲓⲛⲓ ⳾	Pollex	الادهام
ⲛⲁⲛⲕⲟⲕⲓ ⳾	Digitus Annularis	البمصر
ⲡⲓⲥⲉⲗⲟⲩⲡⲓⲛ ⳾	Digitus Articularis	الخنصر
ϯⲙⲉⲥⲧⲉⲛϩⲏⲧ ⳾	Pectus	الصدر
ϯⲕⲟⲡⲓⲁ ⳾	Pectus	الترقوة
ⲡⲓⲉⲙⲛⲟⲩ ⳾	Vber , mamma	النسي
ϯⲕⲓⲥⲓ ⳾	Papilla, الحلمه	الحلمه
ϯⲃⲏⲧ ⳾	Cofta, latus	الاضلاع
ⲡⲓⲁⲥⲟ ⳾	Axilla	الابط
ϯⲛⲏⲝⲓ ⳾	Venter	البطن
ϯⲥⲉⲗⲡⲓ ⳾	Vmbilicus	السرة
		ⲧⲟⲗⲓ

Ægyptia.	Latina:	Arabica.
пιϭнт	Pulmo	الرية
ϯⳟⲗⲏϥⲓ	Cor	القلب
ⲛⲓϭⲧⲛⲁⲣ	Iecur	الكبس
ⲁⲓⲛⲁⲁϣ	Splen	الطحال
ϯϣⲟϣⲛⲓ	Stomachus	المعده
ⲛⲓⲙⲁϭⲧ	Viscera, intestina	المعارين الامعا
ⲛⲓϣⲉⲛⲙⲁϭⲧ	Viscera	الحشا
ⲧⲟϯ	Vulua, matrix.	الرحم المراه
ϯϣⲱⲓ	Sinus, pudenda	السوة
ϯⲥⲟⲭⲙⲁⲛⲓ	Genitalia	الفرح
ⲕⲟⲗⲓⲱⲛ	Virga virilis	الذكر
ϯϥⲱⲧⲃ	Anus, podex	الدبر
ⲟⲁⲣⲁⲛⲓⲥⲁ	Pecten	العانة
ⲛⲟⲣⲛⲟⲥ	Pecten	العانة
ϯⲥⲁⲙⲃⲉϫⲓ	Testiculi	الاثيان
ⲛⲓⲙⲁⲛϭⲉⲙⲥⲓ	Locus sessionis, na-tes	المقره
ϯⲗⲱⲓⲗⲓ	Idem.	الاليه
ⲓⲣⲓⲱⲟⲛ	Coxa, fæmur,	الفخن
пⲓⲕⲉⲣ	Lumbus	الورك
ϯⲕⲉⲗⲓ	Genua, crura	الركبه
ⲥⲉϐⲓⲛⲣⲁⲧϥ	Tibia, crus	الساق
ⲥⲉϐⲓⲛⲣⲁⲧϥ	Aundo pedum, seu tibia	قصب الرحلين
пⲓⲕⲟⲣⲛⲟⲥ	Calcaneus, talus	العرقوب
ⲛⲓⲃⲓϐⲥ	Talus, calcaneus	الكعب
ϯϣⲟⲛ	Pes. Vola, seu pláta	القرم
ⲛⲓⲧⲉⲗⲙⲁ	Vola pedis	الاحمس هو بطن القرم

ⲛⲓⲙⲁ

Ægyptia	Latina	Arabica
ⲛⲓⲉⲉⲙⲱⲟⲩⲧ ⁘	Pecten pedis, pars anterior ob similitudiné pectinis.	امشاط الرجلين
ⲡⲓⲕⲉⲫⲁⲗⲉⲟⲛ ⁘	*Caput VI.*	الفصل
ⲓⲙⲁϩ ⲛ̄ⲥⲉ̀ⲩⲉ̀ //	*Sextum*	السدس
ⲉⲣⲁⲛⲉ̀ⲛⲧⲟⲕ ⁘	*continet*	يشتمل علي
ⲅⲓⲛⲉ̀ⲭⲉⲛⲛⲓ ⁘	*genera*	اجناس
ⲅⲉⲛⲟⲥⲛ̄ⲧⲉ ⁘	*idiomatum,*	الغاذة
ⲛⲉⲩⲥⲡⲓⲛⲉⲙ //	*& Nationum,*	وملّة
ⲛⲉⲩⲡⲓⲉⲧⲏⲛⲉⲙ //	*& Sectarum, seu*	ومعبودة
ⲛⲉⲩⲑⲣⲓⲥⲕⲓⲁ̀ ⁘	*Religionum.*	
ⲡⲓⲅⲉⲛⲟⲥ ⁘	Genus	الجنس
ⲩⲭⲉⲟ ⁘	Species	النوع
ⲁⲥⲁ̀ⲛⲓ ⁘	Idioma	اللغة
ⲡⲓϣⲗⲱⲗ ⁘	Natio	الامة الملة
ϯⲑⲟⲱⲩⲧⲥ ⁘	Certum genus instituti, secta, religio.	المنصلك وعي بعض الملك
ⲧⲫⲩⲗⲏ ⁘	Secta, natio, familia	القبيله الحزب
ϯⲕⲗⲏⲧⲟⲥ ⁘	Cognatio, familia,	العشيره
ⲡⲓⲗⲁⲟⲥ ⁘	Populus	الشعب
ⲛⲓⲗⲁⲟⲥ ⁘	Populi	الشعوب
ⲫⲩⲗⲏ ⁘	Tribus	السبط
ⲛⲓⲫⲩⲗⲏ	Tribus, familiæ	الاسباط القبايل
ⲛⲓⲣⲉⲙ ⁘	Indigenę, ciues, domestici,	الاهل
ⲛⲏⲉⲧϧⲉⲛⲧ ⁘	Amici, cognati, vicini.	الاقربا

Ægyptia.	Latina.	Arabica.
ⲛⲓⲅⲉⲛⲟⲥ⳰	Genera	اجناس
ⲍⲉⲛⲓⲗⲁⲥ ⳽	Linguarum.	الالسن
ⲉⲃⲣⲁⲓⲟⲭⲥ ⳽	Hebraica	عبراني
ⲍⲥⲥⲩⲣⲓⲟⲥ ⳽	Syriaca	سرياني
ⲁⲣⲓⲡⲧⲓⲟⲥ ⳽	Coptita	قبطي
ⲣⲱⲙⲉⲟⲥ ⳽	Romana, Latina	رومي
ⲉ̇ⲣⲁⲃⲟⲥ ⳽	Arabica	عربي
ⲥⲕⲩⲃⲟⲥ ⳽	Barbara, Tartara	اعجمي
ⲃⲩⲟⲩⲉⲓⲛⲓⲛ ⳽	Græca	يّوذاني
ⲟⲩⲡⲉⲣⲥⲓⲥ ⳽	Persica	فارسي
ⲟⲩⲥⲟⲫⲓⲣⲟⲥ	Indica	هندي
ⲟⲩⲫⲉⲣⲉⲛⲧⲏⲥ ⳽	Francica;	فرنجي
ⲃⲁⲣⲃⲁⲣⲟⲥ ⳽	~~Barbara, feu Afri- herbera cana~~	بربري ٠
ⲟⲩⲉⲃⲟⲩⲓ̇ ⳽	Æthiopica	حبشي
ⲟⲩⲗⲃⲓⲧⲏⲥ ⳽	Nubiana, Maurica	نوبي
ⲟⲩⲙⲁⲩⲣⲏⲥ ⳽	Lingua Maurorũ,	رنجي
ⲟⲩⲃⲉⲙⲉⲁⲛⲓⲧⲏⲥ	Auſtralis	تيمني
ⲟⲩⲉ̇ⲗⲓⲛⲟⲥ	Græca	اللامي
ⲟⲩⲕⲟⲩⲍⲓⲥ	Turcica	نركي
ⲃⲩⲧⲉⲣⲧⲟⲩⲣⲟⲥ ⳽	Tartara	تنري ٠
ⲟⲩⲕⲉⲣⲓⲟⲥ ⳽	Georgiana	كرجي
ⲟⲩⲃⲉⲣⲟⲥ	Armenica	ارمني
ⲟⲩⲉⲗⲗⲟⲛⲟⲥ ⳽	Lingua Magorum, id eſt Gentilium.	المجوسي ٠ حنفي
ⲟⲩⲗⲓⲧⲟⲛ ⳽	Alia quædam idio- matis ſpecies.	لبطن وهولاسان

Ægyptia.	Latina.	Arabica.
ⲚⲒⲀⲄⲀⲢⲒⲚⲚⲈⲞⳞ ⳾	Hagarena	هجري
ⲚⲒⲈⲗⲗⲈⲀⲚⲞⳞ	Hæretica	منائي
ⲪⲈⲗⲈⳞⲦⲒⲚⲞⳞ ⳾	Palæstina	فلسطيني
ⲞⲨⲀⲙⲈⲗⲈ̄ⲦⲒⲔⲞⳞ ⳾	Amalecitica :	عمالقي
ⲚⲒⲠⲒⳞⲦⲎⳞ ⳾	*Sectæ, Religiones,*	الملل الاديان
	instituti ,	المداهب
ⲞⲨⲭⲢⲎⳞⲦⲒⲀⲚⲞⳞ ⳾	Christianus	نصراني
ⲞⲨⲒⲀⲤⲱⲂⲒⲦⲎⳞ ⳾	Iacobita	يعقوبي
ⲞⲨⲚⲈⳞⲦⲱⲢⲒⲦⲎⳞ ⳾	Nestorianus	نسطوري
ⲞⲨⲂⲀⳞⲒⲗⲒⲤⲔⲞⳞ ⳾	Græcus, Regius	ملكي
ⲞⲨⳞⲀⲢⲀⲄⲈⲚⲞⳞ ⳾	Hagarenus	هاجري
ⲞⲨⲗⲀⲙⲙⲒⲦⲎⳞ ⳾	Mahumetanus	مسلم
ⲞⲨⲔⲀⲦⲀⲫⲢⲞⲚⲒⲦⲎⳞ ⳾	Ethnicus, Hæreti-	رافضي
	cus, Impius .	
ⲞⲨⲒⲞⲨⲆⲀⲒ ⳾	Iudæus	يهودي
ⲞⲨⳞⲀⲙⲀⲢⲒⲦⲎⳞ ⳾	Samaritanus	سامري
ⲚⲞⲨⲫⲀⲢⲒⲤⲈⲞⳞ ⳾	Pharisæus, æquus	فرسي معتدل
ⲈⲗⲗⲟⲚⲎⳞ ⳾	Græcus .	اللاذي
ⲚⲎⲈⲦⲄⲈⲚⲦ ⳾	*Consanguinei .*	الاقارب
ⲪⲒⲱⲦ ⳾	Pater	الاب
ⲠⲒⳞⲞⲚⲚ̄ϢⲈⲚⲙⲁⲨ ⳾	Frater ex matre,	الاخ من الام
ⲚⲒⲭⲢⲟⲨϯ ⳾	Cognati	الاولاد الخدس
ⲠⲒϢⲈⲚⳞⲞⲚ ⳾	Cosobrinus ex par-	بن العم
	te patris, filij ex	
	duobus patribus,	
	qui fratres sunt .	

Ægyptia	Latina	Arabica
ⲡⲓⲕⲁⲥⲣⲉⲟⲥ ⳾	Patruus, siue frater patris	الجم
ⲡⲓⲑⲓⲟⲥ ⳾	Auunculus, siue frater matris.	الخال
ⲡⲱⲉⲛⲙⲙⲁⲩ ⳾	Cósobrinus ex parte matris,	ابن الخال
ⲡⲓϣⲏⲣⲓ ⳾	Filius, natus,	المولد الابن
ϯⲙⲁⲩ ⳾	Mater	الام
ϯⲕⲁⲥⲣⲉⲝ ⳾	Amita	العمة
ϯⲥⲱⲛⲓⲛϯⲙⲁⲩ ⳾	Matertera	الخالة
ϯϣⲉⲣⲓ ⳾	Filia	الابنة البنت
ⲡⲓϣⲙⲙ ⳾	Socer	الحمو الصهر
ⲫⲏⲉⲧⲁⲩⲱⲡⲓⲥⲙⲁⲩ ⳾	Desponsata	الخطيبة يعني الزوجة
ϯⲥϩⲓⲙⲓ ⳾	Mulier, vxor	الامراة
ⲡⲓϩⲁⲓ ⳾	Maritus	الزوج البعل
ϯⲡⲁⲗⲗⲁⲕⲏ ⳾	Concupina pellex	السرية الجضمينة
ⲛⲉⲩⲑⲉϣⲉ ⳾	Vicina proxima sanguine	جاره
ⲛⲉⲩϭⲩⲛⲧⲉⲭⲏ ⳾	Matrina, quæ suscipit aliqué ex baptismate.	اشبينة
ⲡⲓⲛⲧⲙⲫⲓⲟⲥ ⳾	Sponsus	الختن
ⲡⲓⲛⲁⲩϣⲉⲗⲉⲧ ⳾	Sponsus, vel sponsa	العروس

Ægyptia	Latina	Arabica
ⲡⲓⲕⲉⲫⲁⲗⲉⲟⲛ ⳾	*Caput VII.*	الفصل
ⲓⲙⲙⲁϩⲍⲉⲩϭⲉⲣ ⳾	*Septimum*	السابع
ϩⲡⲁⲛⲧⲟⲕⲧⲓⲛ ⳾	*continet*	يشتمل
ⲧ ϫⲉⲛⲛⲓⲫⲓⲣⲓ ⳾	*qualitates*	علي ذوت

ⲛⲧⲉⲁ

Ægyptia.	Latina.	Arabica.
ⲛⲧⲉϥⲣⲱⲙⲉⲓ ⁘	Hominis	الانسان
ⲛⲉⲙⲛⲉϥⲉⲩ	& laudes eius	ومن ايحته
ⲫⲙⲁⲓⲁⲛⲉⲙⲛ	& vruperia eius	وصن ماتة
ⲛⲉϥϣⲁⲩϣⲛⲉⲙⲛ	& attributa eius	ومفاتنة
ⲛⲉⲩⲥⲙⲟⲩ ⁘		
❂ ❂ ❂	Attributa laudis	صفات الحمس
ⲫⲛⲏⲃ ⁘	Dominus	السيد
ⲫⲏⲉⲧⲧⲁⲓⲏⲟⲩⲧ ⁘	Honoratus	الجليل المكرم
ⲡⲓⲁⲣⲭⲱⲛ ⁘	Princeps	الرييس
ⲡⲓⲣⲉϥⲉⲙⲓ ⁘	Sapiens	العالم
ⲫⲏⲉⲧⲉⲣϩⲱⲃ ⁘	Operans digna, no-bilissimus , insi-gnis	العامل
ⲡⲓⲡⲟⲗⲓⲧⲉⲩⲧⲏⲥ ⁘	Excellens , virtute præditus	الفاضل
ⲡⲏⲉⲩⲧⲉⲛⲟⲥ ⁘	Æstimatus, nobilis illustris	الحصيب النسيب المنعمس الشريف
ⲕⲩⲙⲛⲟⲥ ⁘	Exercitatus peritus	المتدرب
ⲡⲓⲁϣⲓⲣⲓ ⁘	Expeditus , sedulus diligens	النشيط
ⲫⲟⲩⲏⲃ ⁘	Sacerdos, Pontifex	الحبر
ⲇⲓⲉⲣⲉⲩⲥ ⁘	Sacerdos	الكاهن
ⲡⲓⲧⲉⲗⲓⲟⲥ ⁘	Perfectus	الكامل
ⲡⲁⲥⲕⲩⲧⲏⲥ ⁘	Religiosus , Asceti-cus ἀσκητικὸς	الناسك
ⲡⲓⲑⲉⲥⲡⲉⲥⲓⲟⲥ ⁘	Disciplinatus in-structus disciplina	المهذب الادييب
ⲡⲓⲥⲧⲉⲫⲁⲛⲓⲥ ⁘	Coronatus	المتوج

L 2   ⲡⲓⲣⲉⲙ

Ægyptia	Latina	Arabica
ⲡⲓⲣⲉϥⲉⲣⲥⲉⲃⲉⲥⲑⲏ ⳿	Cultor, homo ad-dictus deuotioni.	والعابد
ⲡⲓⲣⲉϥⲁ̀ⲣⲕⲁⲧⲉⲛⲉϩⲓⲥ	Humilis, defpector fui .	الخاشع
Ⳑⲓⲡⲣⲁⲕⲧⲓⲕⲟⲥ ⳿	Religiofus, cōtem-ptor rerum fecu-larium	الزاهد
ⲡⲓⲡⲁⲛⲁⲣⲓⲧⲟⲥ ⳿	Honorabilis, exem-plaris virtuofus	القناء
Ⳑⲓⲉⲩⲗⲉⲃⲓⲥⲧⲟⲥ ⳿	Diuitijs affluens	المحترم الغني
ⲡⲗⲩ ⲥⲓⲟⲥ ⳿	Excellens, honora-tus, æftimatus	الموقر
ⲫⲏⲉⲧⲛⲁⲁϥ ⳿	Laudabilis, venera-bilis gloriofus	المبجل
ⲫⲏⲉⲧⲥⲱⲧⲡ ⳿	Electus	المنتخب المصطفي المختار
ⲫⲏⲉⲧⲁⲩⲑⲁϣϥ ⳿	Singularis, difcre-tus, feparatus	المفرز
ⲫⲏⲉⲧⲁⲩⲙⲟⲩϯⲉⲣⲟϥ ⳿	Vocatus, nomina-tus.	المدعوا
ⲫⲏⲉⲧⲁⲩⲑⲁϩⲙⲉϥ ⳿	Famofus, celebris	المطلوب
ⲫⲩⲉⲧⲁⲩⲉⲣⲉⲧⲛⲙⲙⲟϥ	Poftulatus	المظلوب
ⲫⲏⲉⲧⲁϥⲟⲩⲱϣ ⳿	Cōtentus, placatus	المرتضي
ⲡⲓⲁ̀ⲅⲁⲡⲏⲧⲟⲥ ⳿	Amatus dilectus	المحبوب
ⲡⲓⲣⲉϥⲭⲟϩ ⳿	Zelotes.	الغيور
ⲍⲉⲗⲱⲧⲉⲛ ⳿	Zelum habens	الغيور
ⲡⲓⲁ̀ⲅⲱⲛⲓⲑⲉⲧⲏⲥ ⳿	Athleta, pugnator	المجاهد
ⲫⲏⲉⲧⲁⲩⲧⲁϩⲟϥ ⳿	Comprehenfor	المدرك
ⲡⲓⲣⲉϥⲕⲁϯ ⳿	Sapiens intelligens	المنفهم
		ⲫⲏⲉⲧ

Ægyptia.	Latina.	Arabica.
ⲫⲏⲉϣⲉⲛϭⲱⲡ ⳾	Illuminatus, acutus ingeniofus	الماهر
ⲫⲏⲉⲧⲁϥⲉⲣⲉⲃⲟⲗ ⳾	Qui facilè aliquid difcit, docibilis.	الغاذر
ⲫⲏⲉⲧⲁϥⲟⲩⲱϣ ⳾	Beneuolus beni- gnus.	المريد
ⲡⲓⲙⲁⲕⲁⲣⲓⲟⲥ ⳾	Beatus ὁμακάριος	الطوبان
ⲡⲓⲧⲓⲟⲙⲉⲟⲧⲟⲥ ⳾	Venerandus, reue- rendus.	المكرم
ⲫⲏⲉⲧⲫⲙⲉⲓⲧⲏⲥ ⳾	Dilectus	الحبوب
ⲡⲓⲙⲉⲉⲛⲣⲓⲧⲏⲥ ⳾	Amatus	الحبيب
ⲫⲏⲉⲧϩⲉⲛⲧ ⳾	Proximus	القريب
ⲡⲓⲙⲁⲉⲣⲟⲥ ⳾	Humanus affabilis	الانيس
ⲫⲏⲉⲧϩⲉⲙⲉⲥⲏⲟⲩⲧ ⳾ al ϧⲉⲩⲉⲥ.	Qui eft familiaris alicui, cóuerfator	الجليس
ⲫⲏⲉⲧⲣⲁⲃⲏⲟⲩⲧ ⳾	Commenfalis	الندﻳّم
ⲡⲓⲁⲛⲧⲓⲟⲥ ⳾	Præfés, côftans fibi	السمير الحاضر
ⲡⲓϣⲫⲏⲣ ⳾	Amicus, verax, fi- delis	الضد يقل الغدس
ⲡⲓⲕⲁⲑⲁⲣⲓⲟⲥ ⳾	Sincerus, purus,	الطاهر
ⲫⲣⲟⲛⲓⲥⲙⲟⲥ ⳾	Senfatus, fapiens, prudens	العاقل اللبيب
ⲡⲓⲥⲟⲫⲣⲟⲛ ⳾	Caftus, continens	العفيف
ⲡⲓⲡⲁⲛⲁⲣⲓⲧⲟⲥ ⳾	Omnibus virtuti- bus præditus πα- ναρετικός.	البارع الفضيل خدا
ⲫⲏⲉⲧⲟⲓⲛⲥⲙⲟⲧ ⳾	Exemplaris	المثيل
ⲡⲓⲕⲁⲛⲓⲕⲟⲛ ⳾	Coætaneus, con- tubernalis,	القرني

ⲡⲓⲥⲉⲩ

Ægyptia	Latina	Arabica
ⲡⲓⳋⲗⲓⲕⲓⲟⲛ ⳽	Amicus, coætaneus focius	النني
ⲫⲏⲉⲧⲧⲉ ⳽ ⲭⲉⲛⲑⲱⲓⲛⲧ ⳽	Qui fimilis eft mo-ribus alteri	الشبهة
ⲡⲓⲕⲟⲥⲉⲉⲧⲗⲟⲛ ⳽	Compopularis	التترب
ⲡⲓⳉⲛⲉⲧⲓⲟ ⳽	Propinquus, ami-cus, cognatus.	النني الشبيببي
ⲉⲃⲟⳗⳋⲉⲛⲛⲓ ⳽	*Et de*	وهن
ⲉ⳪ⲫⲟⲩⲙⲉⲓⲉⲉⳡ ∥	*Laudibus*	مديح
ⲧⲉⲛⲙⲉⲉⲩⲧⲟⲓ ⳽	Exercitus	الجند
ⲡⲓⳉⲧⲱⲛⲓⲑⲏⲥ ⳽	Miles pugnator	المجاهب
ⲫⲏⲉⲧⳉⲙⲟⲛⲓⲛⲧⲟ ∥	Miles, certator	السوابط شجاع
ⲧⲩⲅⲓⲅⲁⲥ ⳽		شريد
ⲡⲓⲟⲣⲁⳁⲗⲁⲧⲏⲥ ⳽ ⲧ|	Antefignanus	الاسفمكلام
ⲛⲓⲭⲡⲡⲓⲕⲟⲥ ⳽	Eques	الفارس الهمام
ⲡⲓⲕⲟⲣⲟⳝⲓⲧⲏⲥ ⳽	Veteranus, miles, haftifer	النبب
ⲡⲓⲣⲉⲩⳝⲱⲧⲉ ⳽	Miles, cetator	الغازري
ⲛⲓⲧⲉⲛⲛⲉⲟⲥ ⳽	Generofus ftrenuus	البطل
ⲛⲓⳝⲱⳉ ⳽	Strenuus	الشجاع
ⲡⲓⲙⲉⲉⲗⲓⲧⲟⲛ ⳽	Dux militiæ	الاصنديبن
ⲛⲓⲥⲙⲟⲧⲛ ∥	*Attributa*	صفات
ⲧⲉⲛⲓⲥⲟϣⲓ ⳽	*vituperij*	الذم
ⲛⲉⲙⲛⲓϣⲱϣ ⳽	*& ignominiæ*	والشتم
ⲡⲓⲱϣⲉⲩⲑ ⳽	Adulter	الفلجر العاهر
ⲡⲓⲣⲉⲩⲛⲱⲓⲕ ⳽	Mæchus	الفاسق
ⲛⲓⲡⲟⲣⲛⲟⲥ ⳽	Fornicator	الزاني

Ægyptia	Latina	Arabica
пιρεϥϭιουι	Fur	السارق
пιρεϥερχρωϥ	Tyrannus, oppref- for	الغاشم
пιρεϥϣωλεμ	Raptor, corruptor	الخاطف
пιρεϥϭιⲛϫοⲛϲ	Iniquus, Tyrannus	الظالم الماكر
пιρεϥτⲁⲕⲟ	Delator corruptor	المفاسى
ⲡⲓⲁⲣⲕⲱⲛ	Deceptor, dolofus, malitiofus	المغتالي
пιϲⲃⲉⲧⲱⲛ	Oppreſſor	الكتيف
пιρεϥτⲁⲕⲟ	Perdens, exitialis, pernitiofus	المهلكى
пιρεϥ϶ⲱⲛⲉⲃⲟⲗ	Effuſor ſanguinis. Homicida.	السافاكى
пιρεϥⲉⲛⲟⲙⲓⲛ	Iniquus	الاثيم
ϥⲏⲉⲧϯⲟⲩⲃⲉ	Aduerſarius	المعاذر
ⲡⲓⲁⲛⲧⲓⲕⲓⲙⲉⲛⲟϲ	Contrarius, hoſtis,	المضاد
пιϲⲧⲁϲιⲁϲⲧⲏϲ	Contentioſus	السازع
пιρεϥϥⲣⲁⲟⲛⲓⲕⲓⲁ ϼ\	Seditiofus,	المشاقف
пιρεϥϭⲟϫι	Peruerſus, iurgia mouens.	المناصب
пιρⲉϭϣⲏⲛ	Litigiofus,	الخاصم
пιⲁϲⲉⲃⲏϲ	Impius, maleficus Hæreticus	المنافف
ϥⲁⲛⲓⲕⲟⲧϲ	Callidus, verſipel- lis, machinator.	السدال
пιρεϥⲕⲁⲧⲁⲗⲁⲗⲓⲁ	Murmurator, ſu- ſurro	النمام
пιρεϥϭⲓⲛϭⲟ	Iactabudus, ſuper- bus, arrogans	المعجب

ϥⲏⲉⲧ

ⲫⲏⲉⲧϣⲟⲩϣⲟⲩ ⁘	Iactator	المفتخر
ⲡⲓⲥⲟϫ ⁘	Iracūdus, ſtolidus, veſanus	الاحمق
ⲡⲓϭⲁⲥⲓϩⲏⲧ ⁘	Iactator, elatus animo	المتكبر
ⲡⲓⲫⲑⲟⲛⲓⲧⲏⲥ ⁘	Inuidus	الحاسد
ⲡⲓⲣⲉϥϫⲓϫⲓ ⁘	Graſſator, euerſor	القاطع
ⲡⲓⲉⲣⲡⲉⲧⲫⲱⲟⲩ ⁘	Malus	الشرير
ⲡⲓϣⲟⲃⲓ ⁘	Hypocrita, ſcandalizans	المرايي
ⲏⲡⲟⲕⲣⲓⲧⲏⲥ ⁘	Hypocrita, diſſimulator	المرايي
ⲡⲓⲥⲁⲙⲉⲑⲛⲟⲩϫ ⁘	Mendax	الكداب
ⲡⲓⲣⲉϥϣⲱⲗⲉⲃⲟⲗ ⁘	Deripiens, prædator	النهاب
ⲫⲏⲉⲧⲁⲩϣⲟϣϥ ⁘	Infamis, conuictus alicuius ſceleris	المشهور المخزي
ⲡⲓⲣⲉϥϩⲓⲟⲓ ⁘	Cupidus, auarus, tenax	الطماع
ⲫⲏⲉⲧⲁⲩⲥⲟⲣⲃⲉϥ ⁘ (al. ⲱⲣⲉⲃ)	Reprobatus.	الممقوت
ⲫⲏⲉⲧⲁⲩϭⲓⲃⲟⲧϥ //	Abominabilis, re-	المكروه المبغوض
ⲙ̀ⲙⲟϥ ⁘	probus, exoſus, ſpuctus	المرذول
ⲫⲏⲉⲧⲁⲩⲉⲣⲕⲁⲧⲁ		
ⲫⲣⲱⲙⲓⲛ̀ⲙⲙⲟϥ ⁘	Eiectus, expulſus.	المرفوض
ⲫⲏⲉⲧⲁⲩϭⲟϫⲓⲛ̀ⲥⲱϥ ⁘	Amandatus, reprobatus	المطرود
ⲫⲏⲉⲧⲟⲩⲏⲟⲩ ⁘	Elongatus, exilio multatus	المبعود

Ægyptiā	Latina	Arabica
ⲡⲓⲁⲇⲓⲕⲱⲥ ✚	Fraudator, deceptor, proditor	الخاين الخوان
ⲡⲓⲕⲧⲁⲫⲣⲟⲛⲏⲥⲓⲥ ✚	Spernens, despiciês	المهين
ⲡⲓⲁⲙⲉⲗⲏⲥ ✚	Piger ignauus, incurius	الكسلان
ⲡⲓⲁⲩⲍⲓⲣ ✚	Auarus, tenax	البخيل
ⲡⲓⲁⲗⲁⲭⲓⲥⲧⲟⲥ ✚	Abiectus, pauper, vilis	الحقير
ⲡⲓⲥⲁⲙⲡⲉⲧϩⲱⲟⲩ ✚	Malus.	الردي
ⲡⲓⲕⲟⲩⲏⲣⲟⲥ ✚	Labilis, mobilis, inconstans	السروع
ⲡⲓⲣⲉϥⲗⲓⲃⲓ ✚	Dæmoniacus, ἐνερ-γούμενος	المجنون
ⲡⲓⲣⲉϥⲣⲱϭⲧ ✚	Infamis extaticus epilepticus; prostratus	المصروع
ⲡⲓⲕⲟⲗⲓⲃⲱⲛ ✚	Vituperatus, infamis	المذمّم
- ⲡⲓⲣⲉϥϫⲱϫⲉⲃ ✚	Deficiens	القاصر
- ⲫⲏⲉⲧϭⲟⲣϭ	Impotens	العاجز
ⲡⲓⲗⲁϩⲏⲧϥ ✚	Parasitus, gulæ deditus	الشره
- ⲫⲁⲛⲓϣϭⲩⲁ ✚	~~Sordidus~~ *delirus delirans*	الخرف
ⲫⲁⲛⲓⲙⲙⲉⲧⲉⲫⲗⲏⲟⲩ ✚	Fabulator, nugator	ذو الخرافات
- ⲫⲁⲛⲓϭⲗⲟⲩ ✚	Otiosus, vanus	ذو الابطيل
- ⲫⲁⲛⲓϣⲟⲩⲃ ✚	Obscænus, turpis	ذو السمجات
ⲫⲁⲛⲓⲙⲙⲟϫϫ ✚	Dissolutus	ذو النهايط
ⲡⲓⲙⲉⲁⲗⲁⲅⲟⲥ ✚	Mollis effæminatus Hermophroditus	الخنثا الموتت

M · ΠIKE//

Ægyptia	Latina	Arabica
ⲡⲓⲕⲉⲫⲁⲗⲉⲟⲛ ✣	*Caput VIII.*	الفصل
ⲙⲙⲁϩⲥⲛⲉⲩⲉⲉⲣ//	octauum	الثامن
ⲉⲡⲁⲛⲧⲟⲕⲧⲓⲛ ✣	continet (nomina diuerſarum)	يشتمل
ⲉϫⲉⲛⲛⲉⲩϩⲃⲏ ✣	operationum (hominis)	علي افعاله
ⲟⲩⲓⲛⲉⲙⲙⲛⲉⲩⲕⲓⲙ ✣	(ⲏ) motionum eius	وحركاته
ⲡⲓⲧⲱⲛϥ ✣	Statio	القيام
ⲡⲓϩⲉⲙⲥⲓ ✣	Seſſio	القعود
ⲙⲓⲉⲛⲕⲟⲧ ✣	Dormitio	الرقاد
ⲡⲓⲛⲩⲙⲉⲫⲓⲛ ✣	Vigilantia	اليقظة
ⲡⲓϭⲩⲛⲓⲙ ✣	Dormitatio	النوم
ⲡⲓⲛⲉϩⲥⲓ ✣	Expergefactio	الانتباة
ⲡⲓⲛⲓⲝⲓⲥ ✣	Nictatio	الوسن
ⲡⲓⲥⲣⲟⲙ ✣	Somnolentia	النعاس
ⲡⲓϭⲣⲉⲕⲣⲓⲕⲓ ✣	Idem	النعاس
ϯⲉⲕⲥⲧⲁⲥⲓⲥ ✣	Somnus, ſopor.	الغفلة
ϯⲉⲃϣⲓ ✣	Torpor, ſtupor	الغفلة
ⲡⲓⲉⲙⲓ ✣	Scientia	العلم
ϯⲙⲉⲧⲥⲟϫ ✣	Ignorantia,	الجهل الحماقة
ϯⲙⲉⲧⲁⲧϩⲏⲧ ✣	Idem	الجهل
ⲡⲓⲑⲉⲃⲓⲟ ✣	Humiliatio	التواضع
ⲡⲓⲙⲩⲥⲧⲏⲣⲓⲟⲛ ✣	Myſterium, Arcanum,	السر
ϯⲡⲁⲣⲣⲏⲥⲓⲁ ✣	Indicatio manifeſtatio, reuelatio	الجهراالاعلان
ⲡⲉⲧϩⲏⲡ ✣	Abſconſio	الخفي
ⲡⲉⲧⲟⲩⲱⲛϩⲉⲃⲟⲗ ✣	Apertus, planus	الظاهر

ⲡⲓⲟⲧ//

Ægyptia.	Latina.	Arabica.
- ΠΙϬΙϹϪΝΙϹ ⳹	Dubium, hæfitatio	الشكى
ΠΙⲘⲘⲞⲔⲘⲘⲈⲔ ⳹	Cogitatio	الفكر
ΠΙⲬϪⲢⲰϣ ⳹	Silentium	الصمت
- ΠΙϹϪϪΙ ⳹	Loquela, ratiocinā tio	النطق
ΠΙⲗⲞⲄⲞϹ	Verbum fermo. λόγος	الكلام
- ϮⲘⲈⲦϬϪϹⲒϨⲎⲦ ⳹	Arrogantia faftus præfumptio	الكبريا
ⳠⲈⲆⲈϹⲒϹ ⳹	Contentio, lis, iurgium.	التنافس
ⲪⲨⲗⲞⲚⲒⲦⲒϪ ⳹	Controuerfia	المشاجرة
ⲪⲨⲗⲞⲚⲂⲒϪ ⳹	Contradictio	المشاجره
ΠΙⲘⲈⲗϪϦ ⳹	Contentio, iurgiū, citatio ad ius	المخاصمه
ⲬⲨⲘⲀϹⲒϪ ⳹	Idem	المخاصمه
ϮⲘⲈⲦⲬϪϪⲬⲒ ⳹	Inimicitia, hoftilitas.	العداوة
ΠΙⲘⲘⲞϹϮ ⳹	Odium, iracundia	البغضة
ϮϬⲒⲦϪⳀⲒⲚ ⳹	Dubium, diuifio ambiguitas.	الشكى التنقسم
ϪⲘⲪⲒⲂϪⲗⲒⲚ ⳹	Dubium, negatio	الشكى النكران
ΠΙⲪⲐⲞⲚⲞϹ ⳹	Inuidia	الدسم
ⲕⲒϬⲞⲚⲒ ⳹	Obftinatio pertinacia	المصلقة العران
ⲚⲎⲈⲦϬⲒϦⲞ ⳹	Simulatio, fictio vultus	المارا الوجاهه
ϮⲔϪⲦϪⲗϪⲗⲒϪ	Sufurratio, detractio	النميمة

Ægyptia	Latina	Arabica
ϯⲁⲅⲁⲡⲏ	Amor, dilectio	المحبة
ⲡⲓⲙⲉⲓ	Dilectio	المحبي
ϯⲙⲉⲧⲙⲁⲓ	Dilectio, beneuo lentia	المودة
ⲉⲣⲁⲡⲓⲁ	Dilectio.	الود
ϯⲙⲉⲧⲙⲉⲟⲩⲉⲛ	Facilitas, lenitas	السهولة
ⲁⲛⲁⲭⲉⲥⲑⲉ	Patientia, pati	الاحتمال
ϭⲛⲟⲃⲉⲗⲗⲓⲛ	Patientia, pati	الاجتمال
ⲡⲓⲙⲧⲟⲛ	Requies, pax	الراحة
ⲡⲓϭⲛⲟⲛ	Mollis mollities	اللين
ϯⲙⲉⲧⲣⲉϥⲓⲏ	Longanimitas	الاناة التمهل طوله الروح
ⲟⲩⲛϩⲏⲧ		
ⲡⲓⲭⲱⲉⲃⲟⲗ	Remiſſio, propitia tio, indulgentia	المغفرة
ⲥⲩⲛⲭⲱⲣⲏⲥⲓⲥ	Condonatio veniæ	الصفح
ⲡⲓⲡⲁⲣⲁⲭⲱⲣⲓⲛ	Humanitas, largi tio, donatio.	المسامحة
ϯⲙⲉⲧⲭⲱⲉⲃⲟⲗ	Dimiſſio	التجاوز
ϯⲙⲉⲧⲛⲁⲏⲧ	Benignitas, clemē tia	التحنين
ⲡⲓⲛⲁⲓ	Miſericordia	الرحمه
ϯⲙⲉⲧⲣⲉϥϣⲉⲛϩⲏⲧ	Pietas, manſuetudo	الرافة
ϯⲁⲅⲁⲡⲓⲁ	Eleemoſyna, adinuicẽ conueniẽtia	الصدقة
ϯⲃⲟⲏⲑⲓⲁ	Auxiliatio, ſubuẽtio	المعوذة
ⲡⲓϯⲧⲟⲩⲩ	Mutuæ operæ col latio	المعاضده
ϯϩⲩⲡⲟⲩⲁⲕⲏ	Donatio, obſequiũ, obedientia	الطاعة الخطوع
ϯⲁⲱⲩ		

Ægyptia.	Latina.	Arabica.
ϯⲍⲱⲩⲣⲉⲁ ⁜	Largitio donatio concessio	العطية الوهيبة
ⲡⲓϯ ⁜	Idem	العطا الدفع
ⲡⲓϫⲉⲙⲙⲛⲅⲓⲛⲓ ⁜	Visitatio	الافتقاد الزيارة
ⲡⲓϫⲓⲛⲧⲁⲥⲑⲟ ⁜	Reditus, reuersio	الرجعة العوده
ϯⲙⲉⲧⲧⲁⲓⲟ ⁜	Veneratio	الكرامة
ϯⲙⲉⲧⲛⲁⲓ ⁜	Visitatio, misericordia	والافتقاد المراحمة
ⲉⲩⲁⲟⲅⲁⲍⲓⲛ ⁜	Veneratio, laudatio	التبجل التسبيح
ϯⲙⲉⲧⲡⲟⲗⲓⲧⲉⲩⲥⲑⲉ	Prælatio, eminentia, gratia	التفضيل النعمة
ϯⲉⲩⲭⲁⲣⲏⲥⲧⲓⲁ ⁜	Donum, munus, bona gratia χάϱισμα	المنه العظيمه
ϯⲙⲉⲧⲧϣⲫⲏⲣ ⁜	Amicitia	الصداقة
ϯⲙⲉⲧⲧⲟⲩϣⲃⲉⲣ ⁜	Conuersatio, necessitudo, amicitia	العشرة
ⲡⲓϫⲓⲛⲑⲙⲟⲩⲧϯ ⁜	Conuersatio	الالتيام
ϯⲙⲉⲧⲧⲫⲱⲣϫ ⁜	Separatio, remotio	الفرقة
ⲡⲓⲫⲱⲣϫ ⁜	Disiunctio, discretio.	الافتراق
ϯⲙⲉⲧⲧⲟⲩⲉⲓ ⁜	Elongatio	البعون
ⲡⲓϧⲱⲛⲧ ⁜	Vicinitas, propinquitas	القرب
ⲉⲩⲫⲙⲉⲉⲓⲉ ⁜	Laus, laudatio, fama, rumor.	المديح
ⲫⲗⲁⲥⲫⲓⲙⲉⲉⲓⲁ ⁜	Blasphemia.	التجديف
ϫⲗⲉⲩⲁⲍⲓⲛ ⁜	Conuitium, carmĕ famosum, satyra.	الهجوا

ⲫⲗⲓⲥ

Ægyptia.	Latina.	Arabica.
ϥⲗⲓⲉ̇ⲣⲟⲥ ⳥	Multiloquium	كثرة الكلام
ⲉⲣⲕⲉⲧⲁⲅⲱⲣⲓⲛ ⳥	Infamia, ignominia	السبّ
ⲡⲓϭⲱⲱϣ ⳥	Vituperiū iniuria	الشتم
ⲕⲁⲧⲏⲅⲱⲣⲓⲉ ⳥	Calumnia	القرف
ⲡⲓⲕⲁⲧⲏⲅⲱⲣⲟⲥ ⳥	Criminatio, conuitium	القدف
ⲗⲟⲍⲟⲣⲓⲉ ⳥	Calumnia, periuriā	البلب
ⲡⲓⲧⲍⲓⲟ ⳥	Liberalitas	الكرم
ϯⲙⲉⲧⲁⲩⲭⲓⲥ ⳥	Auaritia	البخل
ⲡⲓⲓⲉⲧⲥ̅ⲏ ⳥	Coniunctio, accesfio, aſſequtio	التقدم الاتصال
ⲡⲓⲕⲟⲧⲩⲉ̇ⲫⲁ̅ⲥⲟⲩ ⳥	Retrogreſſio, reuerſio	التاخر الرجوع الي ورا
ⲡⲓⲉⲩⲗⲁⲃⲓⲧⲏⲥ ⳥	Timor, fremitus, exanimatio	الخور
ⲍⲙⲉⲗⲓⲉ ⳥	Pauor vehemens	الجبن
ϯⲙⲉⲧⲍⲙⲉⲗⲏⲥ ⳥	Defidia pigritia	الكسل
ⲑⲣⲁⲥⲓⲥ ⳥	Audacia, præfumtio	الجسارة الاستجرا
ⲫⲟⲣⲟⲥ ⳥	Terror timor	الخوف
ⲉⲩⲗⲁⲃⲓⲉ ⳥	Perturbatio, ſtupor, timor	المخافة
ϯⲥⲟⲧ ⳥	Idem	الفزع
ϯⲙⲉⲧⲁⲧⲥⲟⲧ ⳥	Securitas fides	الامان
ⲑⲣⲉⲥⲕⲓⲉ ⳥	Hærefis, diuifio, χίσμα	الروع البدعة
ⲡⲓϣⲑⲟⲣⲧⲉⲣ ⳥	Idem	القلق
ⲡⲓⲥⲉⲙⲛⲓ ⳥	Quies ceſſatio	الاطمان الهدو

٢١٨٤٢

Ægyptia	Latina	Arabica
ⲣⲉⲙⲗⲓⲛⲓ ⳽	Tranquillitas, mitigatio	السكون
ϯϩⲉⲗⲡⲓⲥ ⳽	Spes exspectatio	الرجا
ⲡⲣⲟⲥⲧⲟⲕⲓⲁ ⳽	Idem	الرجا
ⲡⲓⲉⲑⲙⲉⲉ ⳽	Fides,	الامان الامل
ⲡⲓⲁⲥⲡⲁⲥⲙⲟⲥ ⳽	Pax, falus, cócordia	الصلح السلامه
ⲥⲱⲛⲧⲓⲍⲓⲛ ⳽	Confenfus, cócordatio	الموافقه
ⲥⲱⲛⲧⲟⲕⲓⲁ ⳽	Idem	الموافقة
ϯⲙⲉⲧϫⲓⲣⲏⲛⲏⲕⲟⲥ ⳽	Traditio obfidum, pacificatio	المسالمة
ⲡⲉⲧⲟⲩⲃⲏϥ ⳽	Cautio, præuifio fucceffio	الخلاف
ϯⲁϥⲱⲣⲁ ⳽	Mutatio, contrarietas retroceffio	الاختلاف
ⲕⲟⲥⲧⲁⲥⲓⲁ ⳽	Fides ficuritas	الامان
ϯⲉⲩⲕⲉⲣⲓⲁ ⳽	Opportunitas, ars, ingenium	الوسيله الحيلة
ⲡⲓⲧⲟⲡⲟⲩ ⳽	Solutio debiti, gratitudo, obitus.	الوفا
ⲡⲓⲥⲁⲅⲛⲓ ⳽	Suftentatio, fuppeditatio	الرزق
ϯⲙⲉⲧⲥⲉⲃ ⳽	Fallacia, deceptio, dolus	الخديعة
ⲡⲓⲭⲣⲟⲩ ⳽	Dolus, dolofa malitia	الحقى الغش
ⲡⲓⲣⲓⲕⲓ ⳽	Declinatio receffio	الزيغ الميل
ⲡⲓⲡⲣⲟⲡⲉⲁⲉⲧⲏⲥ ⳽	Audacia, præfumptio, arrogantia	القحة الجسارة

Coptic	Latina	Arabica
ⲥⲁⲧⲁⲥⲓⲁ ⁖	Seditio tumultus	الشغن
ⲡⲓⲡⲟⲗⲉⲙⲟⲥ ⁖	Bellum	الحرب
ϯⲅⲧⲟⲕⲉⲓⲁ ⁖	Defectio, proditio, coniuratio, rebellio	المخامر
ⲫⲓⲗⲟⲁⲣⲭⲁⲓ ⁖	Amor dominandi, Ambitio	محبه الرياسه
ϯⲙⲉⲧⲣⲉⲁⲓⲅⲟⲩⲓⲧ ⁖	Idem	الظفر المجازراه
ⲉⲣⲡⲁϭⲓⲟⲛ ⁖	Victoria, prosperitas	الغلبه الغلج
ⲡⲓϭⲣⲟ ⁖	Idem	الغلبة الفلج
ⲡⲓϯⲟⲩⲃⲉ ⁖	Oppositio, contrapositio.	المقاومة
ⲡⲓϫⲓⲛⲓⲉϧⲟⲩⲛ ⁖	Ingressus	الدخول
ⲡⲓϫⲓⲛⲓⲉⲃⲟⲗ ⁖	Egressus.	الخروج
ⲡⲓⲟⲩⲱⲙ ⁖	Comestio.	الاكل
ⲡⲓⲥⲱ ⁖	Potatio.	الشرب
ⲡⲓϧⲕⲟ ⁖	Fames.	الجوع
ⲕⲉⲁⲁϩⲓⲛ ⁖	Fames.	الجوع
ⲡⲓⲓⲃⲓ ⁖	Sitis.	العطش
ϯⲛⲏⲥⲧⲓⲁ ⁖	Ieiunium.	الصوم
ⲡⲓϣⲗⲏⲗ ⁖	Oratio.	الصلاه
ⲛⲓⲑⲉⲟⲥⲉⲃⲏⲥ ⁖	Deuotio, cultus, religio.	العباده
ⲕⲁⲧⲁⲥⲧⲁⲥⲓⲥ ⁖	Ordinatio bene viuendi	استقامه السيره
ⲕⲁⲧⲁⲛⲩⲝⲓⲥ ⁖	Humiliatus.	التخشوع
ⲥⲟⲩⲧⲱⲛ ⁖	Orthodoxus, rectus	مستقيم

Ægyptia	Latina	Arabica
ⲡⲓⲡⲣⲁⲕⲧⲓⲕⲟⲥ ⲉ	Religiofus, continens abrenútians omnibus.	الزهد
ϯⲙⲉⲧϣⲉⲙϣⲓ ⲉ	Cultus diuinus, miniſtérium facrū.	الخدمه العباده
ⲫⲓⲗⲟⲥⲟⲫⲓⲁ ⲉ	Philoſophia.	الفلسفه
ϯⲥⲟⲫⲓⲁ ⲉ	Sapiētia.	الحكمه
ⲕⲁⲧⲉⲣⲓⲁ ⲉ	Abſtinétia à rebus caducis, puritas.	العصمه
ⲕⲁⲑⲁⲣⲥⲓⲁ ⲉ	Idem.	الطهارة
ϯⲥⲱⲫⲣⲟⲥⲩⲛⲏ ⲉ	Temperantia, σωφροσύνη. caſtitas.	العفة
ⲁⲥⲕⲩⲧⲓⲕⲏ ⲉ	Religio.	نسكيات
ⲡⲓⲛⲁϩϯ ⲉ	Fides.	الامانه
ⲡⲓⲕⲁⲑⲏⲕⲏⲥⲓⲥ ⲉ	Prædicatio, inſtructio.	الوعظ
ⲛⲓⲥⲟϩⲓ ⲉ	Reprehenſio.	النبكيت
ϯⲙⲉⲧⲣⲉϥϯⲥⲃⲱ ⲉ	Doctrina, inſtructio.	التعليم
ⲛⲓⲡⲣⲟⲧⲣⲉⲡⲓⲛ ⲉ	Doctrina, eruditio.	التلقين
ⲛⲉⲥⲃⲱⲓⲛ ⲉ	Diſciplina, correptio, caſtigatio.	التادجب
ϯⲃⲉⲥⲡⲉⲥⲓⲁ ⲉ	Inſtructio.	التهديب
ⲛⲓϭⲓⲱⲓϣ ⲉ	Prædicatio, exhortatio, monitio	الاذكار
ⲡⲓⲙⲉⲧⲟⲛ ⲉ	Requies.	الراحة
ⲙⲓⲉⲙⲃⲟⲛ ⲉ	Ira, commotio.	الرجز
ⲛⲓⲱϣ ⲉ	Promiſſio.	الوعد
ϯⲙⲉⲧϣⲱϣ ⲉ	Comminatio.	الوعيد

Ægyptia	Latina	Arabica
ⲡⲓϫⲓⲛⲛⲁϥ ⳾	Admonitio.	التحذير
ⲡⲓⲕⲉⲗⲉⲩⲥⲓⲛ ⳾	Præceptû, iussum.	الامر
ⲡⲓϩⲱⲛ ⳾	Præceptum prohibitiuum.	الامر النهي
ⲥⲩⲛⲁⲟⲣⲙⲁ ⳾	Præceptum, mandatûm.	لامر
ⲡⲁⲣⲁⲅⲅⲉⲗⲉⲁ ⳾	Petitio, postulatio.	السوال الطلبية
ⲡⲓϣⲟⲓⲭⲁϩⲓⲛ ⳾	Separatio.	الافتراق
ⲡⲓⲱⲣϥ ⳾	Singularitas.	الوحده
ⲉⲟⲩⲓⲁ ⳾	Idem.	الوحدة
ⲡⲓϫⲓⲛⲑⲱⲟⲩϯ	Congregatio, vnio coniunctio.	الاجتماع
ⲡⲓϧⲉⲙⲙⲉⲣⲟⲥ ⳾	Diffidentia desperatio	الايأس
ⲡⲓϫⲓⲛⲱⲃϣ ⳾	Obliuio.	السلو النسيان
ϯⲙⲉⲧⲡⲟⲕⲓⲛⲇⲟⲥ ⳾	Concupiscentia, amor, desiderium.	العشق
ϯⲙⲉⲧⲣⲉϥⲗⲱϣⲃⲗⲉⲃ	Amor carnalis.	الشغف
ⲡⲓϭⲱⲟⲩ ⳾	Desiderium.	الاشتياق
ϯⲙⲉⲧⲡⲗⲁⲧⲓⲕⲃⲟⲥ ⳾	Requies.	الارتياح
ⲡⲓϯϩⲟ ⳾	Petitio, postulatio consolatio.	السوال العزا
ⲡⲓϫⲓⲛⲉⲣⲫⲙⲉⲩⲓ ⳾	Recordatio.	الذكر
ⲕⲁⲧⲁⲫⲣⲟⲛⲓⲛ ⳾	Abiectio, reprobatio despectio	الرفض
ⲡⲓⲃⲟⲣⲃⲉⲣ ⳾	Repulsio.	الاطراح
ⲡⲓⲟϭⲓϫⲟⲛⲥ ⳾	Iniuriâ, iniquitas.	الظلم
ⲡⲗⲁⲍⲟⲛⲉⲍⲓⲁ ⳾	Oppositio, seu violentia tenacitas.	ظلم مصاره

Ægyptia	Latina	Arabica
ⲍⲓⲁⲕⲗⲉⲉ ⳨	Agilitas folertia.	الحذه
ⲡⲓⲭⲱⲗⲉⲉ ⳨	Celeritas.	السرعة الحجلة
ⲧⲁⲭⲏ ⳨	Idem.	السرعة
ⲛⲓⲱⲥ ⳨	Idem.	السرعة
ϯⲉⲉⲧⲱⲩⲉⲉⲉⲱ ⳨	Iter, profectio;	السفر
ⲧⲉⲙⲧⲩⲉⲉⲓⲁ ⳨	Iter, profectio.	السفر
ⲅⲛⲟⲍⲓⲉⲉⲓⲁ ⳨	Peregrinatio.	الغربه
ϯⲉⲉⲉⲧⲁⲥⲱⲁⲓⲁ ⳨	Peregrinatio.	الغيبة
ⲛⲓⲍⲓⲛⲧⲁⲥⲃⲟ ⳨	Reditus.	الرجعة العوده
ⲛⲓⲟⲭⲱⲧϯ ⳨	Elongatio.	البعن
ⲡⲏⲣⲥⲟⲟⲱ ⳨	Præfentia, accurfus.	الحضور
ⲛⲓⲍⲓⲛⲓ ⳨	Aduentus.	المجي
ⲛⲓϯⲉⲃⲟⲗ ⳨	Venditio.	البيع
ⲛⲓⳍⲱⲡ ⳨	Emptio.	الشرا
ⲛⲓⲍⲉⲁⲛⲓ ⳨	Retentio.	الامساك
ⲛⲓⲧⲁ⳽ⲛⲟ ⳨	Prohibitio.	الامتناع
ⲛⲓⲭⲱ ⳨	Manumiffio, folu- tio, relictio.	التركى الاطلاق
ⲛⲓⲍⲣⲱⲛ ⳨	Sedulitas cura, ftu- dium, certamen.	الجهاد
ⲛⲓ⳽ⲓⲟⲗⲁ ⳨	Affiduitas inclina- tio	الاجتهاد السكر النمابيل
ⲥⲛⲁⲥⲃⲗⲉⲟⲛ ⳨	Pugnatio prælium.	الجهاد القتال
ⲛⲣⲟⲛⲟⲓⲁ ⳨	Cura, prouidentia.	الاهتمام العنايه علم الغيب
ⲛⲉⲣⲓⲉⲉⲉⲉ ⳨	Idem.	اهتمام
	Negligétia, incuria	التهاون المهايةe
ⲍⲉⲉⲗⲓⲁ ⳨		الكسل
ⲛⲓⲍⲉⲉⲟⲛⲓⲛⲧⲟⲧϥ ⳨	Auaritia, retentio,	الحزم

Ægyptia	Latina	Arabica
	restrictio.	
ⲑⲉⲉⲧⲁⲧ̄ⲅⲟⲏⲩ	Prodigalitas, excessus diminutio.	التفريط
ⲡⲓⲭⲉⲣⲭⲉⲣ	Ludus, iocus, vanitas.	اللهو
ⲡⲓϣⲉⲣϣⲓ	Irrisio.	المزاح
ⲡⲓⲟⲩⲛⲟⲩ	Exhilaratio.	الابتهاج
ϯⲗⲩⲡⲏ	Mæstitia, melancholia angor.	الانقباض الهم الغم
ⲡⲓⲙⲟϣⲓ	Ambulatio.	المشي
ⲡⲓⲛⲏⲛⲓ	Incessus sybariticus, id est superbi hominis, & iactabundi.	التبختر
ⲡⲓⲣⲁϣⲓ	Gaudium.	الفرح
ⲡⲓⲑⲉⲣⲙⲟⲥ	Lætitia.	السرور
ⲡⲓϯⲉⲉⲁϯ	Idem.	المسرة
ⲡⲓϥⲱⲗⲝ	Gaudium effusum.	الانبساط
ϯⲅⲣⲁⲟⲛⲏ	Oblectatio.	اللذه
ⲡⲗⲁⲧⲓⲕⲟⲥ	Relaxatio animi.	التفرج
ⲡⲗⲁⲧⲱⲥ	Idem.	الانفساح
ⲡⲓⲥⲱⲃⲓ	Lusus, risus,	اللعب الضحك
ⲡⲓⲥⲱⲃⲓ	Lusus, risus.	اللعب الضحك
ⲭⲗⲉⲃⲁϩⲓⲛ	Irrisio, illusio	الهزو والتهزير
ϩⲣⲉⲟⲛⲓⲁ	Gaudium iubilatio harmonia	فرح طرب
ⲁⲡⲥⲗⲁϣⲓⲛ	Plenitudo, iucunditas, fruitio.	التملي السعم التمتع
ⲁⲡⲁϩⲁϩⲥⲓⲥ	Idem	تملي تعيم ⲡⲓϣⲩ

Ægyptia	Latina	Arabica
ⲡⲓⲱⲕⲁϩ ⳨	Mæror angor, tristitia	النكد الحزن
ⲡⲓⲙⲕⲁϩⲟⲙ ⳨	Tristitia	الحزن السهم
ⲡⲓⲗⲉⲕⲁϩ ⳨	Passio	الالم
ⲡⲓⲡⲁϩⲟⲥ ⳨	Dolor	الوجع
ⲡⲓⲣⲓⲙⲉⲓ ⳨	Fletus, ploratus	البكا
ⲡⲓⲛⲉϩⲡⲓ ⳨	Vlulatus	العويل
ⲡⲓⲑⲣⲓⲙⲟⲥ ⳨	Lamentatio fletus	النديب
ⲡⲓⲙⲱϣⲉⲃⲟⲗ ⳨	Clamor	الصياح الصراخ
ⲡⲓϭⲗⲱⲟⲩϣ ⳨	Gemitus blandimentum, lenitas	السلس
ⲡⲓ ϧⲓⲥⲓ ⳨	Labor, fatigatio, vexatio	التعب
ⲡⲓⲉⲙⲧⲟⲛ ⳨	Quies	الراحة
ⲡⲓⲟⲕⲉⲙ ⳨	Dira facies, vultus minax, præseferés dolorem	التعبيس
ⲡⲓⲙⲟⲩⲛⲉⲃⲟⲗ ⳨	Assiduitas applicatio	الملازمة
ϯⲙⲉⲧⲣⲉϥⲉⲣⲓⲕⲁⲕⲓⲛ ⳨	Molestia, tædium fastidium.	الملل المضاجرة
ϯϩⲩⲡⲟⲙⲟⲛⲏ ⳨	Expectatio, spes patientia	الصبر
ⲡⲓⲁⲙⲟⲛⲓ ⳨	Acceptio, retentio	المسك الضبط
ϯⲉⲛⲁⲧⲏ ⳨	Mendacium dolus, deceptio.	القوايد الهروجة
ⲡⲓⲥⲟⲃϭⲉⲃ ⳨	Deceptio, fallacia	الخداع
ϯⲕⲩⲃⲓⲁ ⳨	Idem	المخادعة
ϯⲕⲟⲗⲁⲕⲓⲁ ⳨	Inflammatio	التلاهب

ϯⲙⲗ

Ægyptia	Latina	Arabica
ⲧϩⲉⲗⲏⲉⲓⲁ ⳾	Certificatio	المصادقة
ⲁⲛⲧⲓⲗⲟⲅⲓⲁ ⳾	Hypocrisis contra-dictio, dissimu-latio	المراو
ⲡⲓϧⲟⲩϧⲉⲧ ⳾	Disceptatio	المناقشة المفاوضة
ⲡⲓⲁⲣⲓⲑⲙⲟⲥ ⳾	Computus,	المعاديه
ⲧⲕⲣⲏⲥⲓⲥ ⳾	Iudicatio, lis, con-trouersia	المساذيه
ⲡⲓϩⲁⲡ ⳾	Sententia, decretũ, sanctio, iudicium	الحكم الدين القصاص
ⲟⲙⲙⲉⲗⲓⲁ ⳾	Allocutio, affatio, homilia.	الخطاب
ⲡⲓⲉⲣⲉⲧⲓⲛ ⳾	Petitio, interroga-tio	السوال
ⲡⲓⲉⲣⲟⲩⲱ ⳾	Responsio	الجواب
ⲁⲡⲟⲕⲣⲓⲥⲓⲥ ⳾	Importunitas, ἀπό-κρίσις	اللجاجة
ⲧⲕⲟⲗⲁⲥⲓⲥ ⳾	Supplicium ad ve-ritatem inquiren-dam.	العقاب
ⲧⲁⲓⲙⲱⲣⲓⲁ ⳾	Punitio, tormen-tum, supplicium	العداب
ⲡⲓⲃⲉⲭⲉ ⳾	Remuneratio mer-ces.	الاجرا الثواب
ⲡⲓⲧⲟⲩⲓⲛⲩ ⳾	Missio,	البعث
ⲧⲁⲛⲁⲥⲧⲁⲥⲓⲥ ⳾	Resurrectio	القيامه
ⲡⲓⲧϯϣⲉⲃⲓⲱ ⳾	Retributio	المجازاة
ⲏⲕⲫⲟϩ ⳾	Assecutio finis.	البلوغ
ⲑⲁⲗⲓⲕⲓⲁ ⳾	Pubertas	البلوغ
		ⲧⲱⲩ

Ægyptia	Latina	Arabica
ϯϣⲩⲣⲟ	Menstruum	الحيض
ⲡⲓⲙⲉⲃⲟⲕⲓ	Conceptio impregnatio	العبل
ⲡⲓⲡⲁⲕϭⲓ	Partus eiectio, abortus	الطلق والمخاض
ⲡⲓⲭⲫⲟ	Pofitio, partus.	الوضع
ⲡⲓⲙⲓⲥⲓ	Partus.	الولاد
ⲅⲁⲙⲟⲥⲩⲛⲏ	Nuptiæ, coitus, copula maris, & fæminæ	الجماع
ϯⲥⲩⲛⲟⲩⲥⲓⲁ	Idem.	سفاد الطاير
ⲣⲉⲩⲥⲓⲥ	Pollutio, fluxus feminis	المني الجنابة
ϯⲕⲗⲱⲓⲗⲓ	Secundina	المشيمة
ⲣⲁⲥⲟⲩⲓ	Pollutio nocturna	الاحتلام
ⲡⲓⲅⲉϯ	Fluxus defcenfus	الافزال
ⲡⲓⲡⲁⲙⲉⲟⲥ	Dolores partus	النفاس
ⲡⲓⲣⲁⲙⲟⲥ	Nuptiæ, defponfatio.	الزواج
ϯⲝⲓⲛⲧⲁⲥⲑⲟ	Receptio, reditio, reconciliatio	المرجعة
ϯⲙⲉⲧⲱⲁⲓⲣⲓ	Concubitus	المضاجعة
ⲡⲓⲁⲣⲏⲃ	Arrabon, pignus	العربون
ⲡⲓⲟⳓⲣⲏⲝⲓ	Dos	المهر
ⲡⲓⲃⲉⲭⲉ	Impofitio mercedis.	الجعل الاجرة
ⲡⲓϥⲙⲉⲓⲛϯⲥⲓⲙⲓ	Contractus matrimonij	الرفض للمراة

Ægyptia	Latina	Arabica
ⲙⲓⲛⲟⲃⲓ ⳾	*Scelera , peccata*	الخطايا
ⲡⲓϧⲱⲧⲉⲃ ⳾	Occiſio	القتل
ϯⲡⲟⲣⲛⲓⲁ ⳾	Fornicatio	الزنا
ⲡⲓⲃⲁⲥⲕⲁⲛⲟⲥ ⳾	Inuidia	الحسد
ⲡⲓⲫⲑⲟⲛⲟⲥ ⳾	Inuidia	الحسد
ϯⲕⲁⲧⲁⲗⲁⲗⲓⲁ ⳾	Murmuratio	النميمة
ⲡⲓϣⲱϣ ⳾	Calumnia, illuſio, iniuria	السب الشتم الهزو
ⲡⲓϭⲓⲟⲩⲓ ⳾	Furtum	السرقة
ⲡⲓϣⲑⲟⲣⲧⲉⲣ	Tumultus tumul-tuatio	الشجس
ⲡⲓⲑⲓϧⲓ ⳾	Ebrietas.	السكر
ϯⲙⲉⲧⲣⲉϥⲉⲛⲕⲟⲧ ⲛⲉⲙ ϩⲱⲟⲩⲧ ⳾	Sodomia, coitus cū maſculo.	مضاجقة الدكور
ⲡⲓⲙⲉⲑⲛⲟⲩϫ ⳾	Mendacium	الكذب
ϯⲙⲉⲧⲁⲥⲉⲃⲏⲥ ⳾	Infidelitas, impie-tas, hæreſis.	الكفر النفاق
ⲡⲓⲡⲉⲧϩⲱⲟⲩ ⳾	Malum	الشر
ⲡⲓϫⲱⲛⲧ ⳾	Ira, furor	الغضب
ⲡⲓⲙⲃⲟⲛ ⳾	Iracundia, com-motio vehemens.	السخط الرجز
ⲑⲩⲙⲟⲥ ⳾	Indignatio, furor, dementia.	حنق غظب جنون

Ægyptia	Latina	Arabica
ⲡⲓⲕⲉⲫⲁⲗⲉⲟⲛ ✦	Caput IX.	الفصل
ⲙⲙⲉϩⲑⲃⲉⲩⲉ	Nonum	التاسع
ⲉⲣⲉⲡⲁⲛⲧⲟⲕ//	continet	يشتمل
ⲧⲓⲛⲉⲭⲉⲙⲙⲓ	narra-	على
ⲉⲣⲫⲙⲉⲩⲓ̈ⲛ	tionem	الذكر
ⲧⲉⲛⲉⲩⲧⲁⲝⲓⲥ	ordinis militaris	مراتبة
ⲛⲉⲙⲉⲛⲉⲩⲓⲟⲡⲛ	& opificum,	وصهنة
ⲛⲉⲙⲉⲛⲉⲩϩⲃⲏⲟⲩⲓ̈	& inſtrumentorũ	وصناعتة
	eorum.	
ⲡⲓⲁⲓⲁⲧⲟⲭⲟⲥ ✦	Imperator, ſucceſ-	الخليفة
	for in imperio	
ⲡⲓⲉⲣϣⲓϣⲓ ✦	Dux, Princeps, Rex	السلطان
ⲧⲉⲝⲟⲩⲥⲓⲁ̈ ✦	Dominatus, pote-	السلطان
	ſtas.	
ⲡⲓⲣⲉϥⲥⲟϭⲛⲓ ✦	Præfectus, Cõſilia-	الوزير المشير
	rius, Conſul pro-	
	conſul	
ⲡⲓⲥⲛⲉⲃⲁⲣⲓⲟ ✦	Princeps, Rex	الامير
ⲡⲓⲭⲓⲗⲓⲁⲣⲭⲟⲥ ✦	Dux ſupra mille,	قايد الالف
	χιλίαϱχος	
ⲡⲓⲉⲕⲁⲧⲟⲛⲧⲁⲣⲭⲟⲥ ✦	Dux ſupra centũ,	قايد الماية
	ἑκατόνταϱχος	
ⲡⲓⲉⲕⲁⲧⲟⲛⲧⲁⲣⲭⲟⲥ	Dux ſupra centũ.	قايد الماية
	Centurio	
ⲡⲓⲡⲉⲛⲧⲉⲭⲟⲛⲧⲁⲣ// ⲭⲟⲥ ✦	Dux ſupra quin-	صاحب الخمسين
	quaginta	
ⲡⲓⲥⲕⲣⲓⲃⲱⲛ ✦	Ductor, cãpiductor	الاتابكك
ⲡⲓⲙⲓⲧⲁⲧⲱⲣ ✦	Præfectus copiarũ.	الحاجب

O

ⲡⲓⲓ//

Ægyptia	Latina	Arabica
ⲡⲓⲡⲟⲗⲓⲙⲉⲁⲣⲭⲟⲥ ⳽	Dux belli .	مقدم الحرب
ⲡⲓⲁⲣⲭⲉⲟⲥⲛ̄ⲧⲉⲛⲓⲙⲉⲛ̄ⲣⲱⲓ ⳽	Antefignanus exercitus, coryphæus, Dux militiæ.	مقدم الجند
ⲡⲓⲕⲟⲣⲓⲙⲉⲫⲉⲟⲥ ⳽	Idem .	المقدم المقدوة
ⲡⲓⲏⲏⲟⲩⲧⲁⲣⲓⲟⲥ ⳽	Rector , gubernator .	المدبر
ⲡⲓⲥⲧⲣⲁⲧⲓⲁ ⳽	Exercitus , militia .	الجيوش
ⲥⲧⲣⲁⲧⲓⲁ ⳽	Idem .	الجيش
ⲡⲓⲥⲧⲣⲁⲧⲉⲩⲙⲁ ⳽	Caftra , exercitus .	العساكر
ⲧⲥⲡⲏⲣⲁ ⳽	Exercitus caftra , phalanx , copiæ.	العسكر
ⲡⲓⲁ̀ⲡⲍⲃⲉⲑⲙⲟⲥ ⳽	Idem	العساكر
ⲛ̄ⲡⲟⲩⲙⲉⲣⲟⲛ ⳽	Legio .	الطلب الكرنوش
ⲛⲓⲍⲟⲩⳅ ⳽	Duces . Ægyptij Equites.	الغز
ⲛⲓⲕⲟⲩⳅ ⳽	Turcæ ; Equites.	التركي
ⲛⲓⲉⲡⲛⲓⲕⲟⲥ ⳽	Equites .	الخيالة
ⲛⲓⲥ̄ⲍ̄ⲓⲥⲃⲟ ⳽	Idem .	الفرسان
ⲡⲓ̀ⲩⲡⲉⲩⳅ ⳽	Eques .	الفارس
ⲡⲓⲑⲣⲓⲃⲱⲛⲟⲥ ⳽	Tribunus .	النقيب
ⲡⲓⲙⲁⲧⲟⲓ ⳽	Miles , exercitus .	الجندي
ⲛⲓⲙⲁⲧⲟⲓ ⳽	Milites , caftra .	الاجناد
ⲡⲓⲕⲉⲛ̄ⲧⲉⲣⲓ ⳽	Centurio .	الجاذنار
ⲡⲓϩⲩⲡⲉⲣⲉⲧⲏⲥ ⳽	Copiæ auxiliares. Campiductor.	الاعوان الشرط الخدام
ⲛⲓⲙⲟⲩⲣⲁⲧⲱⲟⲣ ⳽	Procurator .	القهرمة
ⲛ̄ⲓⲕⲟⲙⲉⲟⲧⲏⲣⲓⲟⲛ ⳽	Locus præfecti, curatoris .	موضع الولاه

Ægyptia	Latina	Arabica
ⲡⲓⲉⲩⲁⲅⲅⲏⲣⲓⲟⲛ ⳥	Locus testium.	موضع الشهداء
ⲛⲓⲇⲓⲁⲕⲟⲛ ⳥	Ministri.	الخدام
ⲛⲓⲁⲡⲟⲥⲧⲟⲗⲟⲥ ⳥	Nuncij.	الرسل
ⲡⲓⲃⲉⲣⲉⲧⲁⲣⲓⲟⲥ ⳥	Secretarius , qui præest scribēdis epistolis.	صاحب الرسالة
ⲥⲁⲑⲟⲩⲓⲛⲁⲙ ⳥	Dextra pars, siue cornu dextrum.	الميمنة
ϯⲥⲩⲛⲕⲗⲏⲧⲟⲥ ⳥	Cornu sinistrum exercitus.	الميسرة
ⲫⲙⲁⲛⲟϭⲓⲉⲣⲁⲩ ⲛ̄ⲧⲉⲙⲡⲟⲗⲉⲙⲟⲥ ⳥	Locus belli, Campus.	موضع الحرب
ⲫⲙⲁⲛ̄ⲧⲉⲙⲡⲟⲗⲉ// ⲙⲟⲥ ⳥	Locus pugnæ (occisionis.)	موضع القتال
ⲫⲙⲁⲛϯ ⳥	Locus belli, prælij.	موضع الحرب
ⲡⲓⲣⲉⲩϯⲅⲁⲡ ⳥	Iudex.	الحاكم القاضي
ⲡⲓⲣⲉϯⲥⲃⲱ ⳥	Magister legum, Iurisconsultus.	الفقيه المعلم
ⲡⲓⲙⲙⲉⲑⲣⲉ ⳥	Testis.	الشاهد
ⲥⲩⲛⲏⲡⲟⲣⲟⲥ ⳥	Iustitia æquitas.	العدل
ⲡⲓⲃⲏⲙⲁⲛ̄ⲧⲉⲡⲓ ⲙⲁⲛϯⲅⲁⲡ ⳥	Locus Iudicij, Tribunal, Cōcistoriū.	موقف القضاء
ⲡⲓⲧⲟⲧⲥⲛ̄ⲧⲉⲡⲓⲅⲁⲡ	Sedes, Thronus Iudicis, Tribunal.	كرسي الحاكم
ⲡⲓⲕⲣⲏⲧⲏⲣⲓⲟⲛ ⳥	Locus Iudicij.	المحكم
ⲡⲓⲁⲩⲩⲓⲥⲧⲁⲗⲓ ⳥	Computista , Calculator.	المحاسب

ϯⲙⲙⲉ//

Ægyptia	Latina	Arabica
ϯϫϫⲉⲧⲉⲙⲓⲥⲧⲁⲗⲓ̀	Computus,	الحسبة
ⲡⲓⲭⲁⲥⲑⲏⲥ ⳾	Iudex.	القاضي الحاكم
ⲡⲓⲡⲁⲅⲁⲛⲟⲥ ⳾	Prætorium.	الديوان
ⲡⲓⲡⲣⲟⲭⲟⲥ ⳾	Operarius domi-nator, primus.	العامل المبسط الاول
ⲛⲓⲡⲁⲅⲁⲛⲟⲥ ⳾	Curiæ.	الدواوين
ⲛⲓⲣⲉϥⲥϧⲁⲓ ⳾	Scribæ.	الكتّاب
ⲡⲓⲡⲣⲁⲙⲙⲁⲧⲉⲩⲥ ⳾	Scribæ.	الكتّاب
ⲛⲓⲣⲉϥϥⲓⲱⲡ	Computatores.	الحساب
ⲛⲓⲣⲉϥⲛⲁⲩ ⳾	Reuisores, inspe-ctores.	النظار
ⲛⲓⲉⲧⲉⲣϩⲱⲡ ⳾	Operæ.	العمّال
ⲛⲏⲉⲧⲉⲣⲃⲟⲏⲑⲓⲛ ⳾	Deputati auxilian-tes.	المعين
ϯⲙⲉⲧⲣⲉϥϣⲓ	Mensura census.	المساحة
ⲡⲓⲕⲏⲛⲥⲟⲥ ⳾	Redditus annui,	الخراج
ϯⲙⲗⲟⲥⲓⲟⲛ ⳾	Census, tributum mulcta.	الغرم
ⲛⲓϩⲉⲃⲓ ⳾	Par boum	الفدّان
ⲛⲓⲟⲓⲕⲟⲛⲟⲙⲟⲥ ⳾	Oeconomus, Tu-tor, præfectus.	الوكيل
ⲛⲏⲉⲧⲉⲛϩⲟⲧ ⳾	Cóseruatores, qui-bus res concre-duntur.	الامنا
ⲡⲉⲧⲉⲛϩⲟⲧ ⳾	Idem.	الامين
ϯⲙⲉⲧⲟⲓⲕⲟⲛⲟⲙⲟⲥ ⳾	Administratio Oe-conomia	الوكاله
ⲛⲓⲁⲣⲭⲏⲁⲧⲣⲟⲥ ⳾	Protomedicus, ἀρ-χίατρος.	ريس الاطبا

Ægyptia	Latina	Arabica
пісхіні	Medicus.	الطبيب
пивѳрапітнс ⸱	Chirurgus.	المراوي
піреч·ѱалѳб ⸱	Sanans, curans.	المشفي
піꙁѳрос ⸱	Medicus oculorū, antimoniarius, collyria præbens.	الكحال
преꙗерфꙁꙫѳрі птенiꙗꙁл ⸱	Medicus oculorū.	مراوي الاعين
піфраꙁⲙⲉⲁⲧⲉⲥ ⸱	Mercator, practicus, medicamēta vendens.	التاجر الناخوذه
піꙗⲕⲱⲧⲓⲉⲁⲓⲧⲏⲥ ⸱	Agyrta circumforaneus.	الرحاضي
піеⲩⲕⲉⲣⲟⲥ ⸱	Victum lucro querens.	المتسبب
піꙁⲧⲱⲟⲣⲓⲧⲏⲥ ⸱	Circumeūdo quærés mercatura victum, circumforaneus.	المتعيش
пісꙁⲛⲡⲗⲟⲅⲓⲥ ⸱	Mercator seminū.	البزار
пікⲟⲗⲁⲥⲧⲓⲕⲱⲥ ⸱	Grammaticus.	النحوي
піреꙗⲟⲩⲱ ⸱	Lector.	القاري
піерⲕⲁⲧⲏⲭⲓⲛ ⸱	Prædicator, concionator.	الواعظ
ннрн·ⲧⲱⲣ ⸱	Interpres.	الترجمان
пісⲧⲟⲗⲁⲁⲧⲉⲩⲥ ⸱	Qui præest epistolis componendis.	الموقع
піреꙗⲥꙫⲁⲓⲛⲧⲉⲛі· ⲧⲟⲙⲟⲥ ⸱	Historiographus,	كاتب التواقيع

Ægyptia	Latina	Arabica
ⲡⲓⲅⲣⲁⲙⲙⲁⲧⲉⲩⲥ ⳿	Scriba, Tráſcriptor, Amanuenſis.	الناسخ
ⲭⲓⲗⲓⲟⲅⲣⲁⲫⲱⲛ	Chirographum, Syngrapha.	كاتبة الدين
ⲡⲓⲁⲣⲭⲏⲧⲉⲕⲧⲱⲛ ⳿	Architectus, Geometra.	المهندس ريس البنائيين
ⲡⲓⲉⲕⲟⲧ ⳿	Fabricator.	البنا
ⲡⲓⲗⲉⲩⲧⲱⲥ ⳿	Delineator, ædificator.	المكندج
ⲡⲓⲣⲉⲩⲉⲣⲕⲟⲥⲙⲏⲥⲓⲥ ⳿	Pictor.	الدهان المصوف
ⲡⲓⲣⲉⲩϭⲓⲛⲗⲁⲍ ⳿	Strator viarum.	المبلط
ⲡⲓⲣⲉϫⲓ ⳿	Dealbator.	المبيض
ⲡⲓⲕⲁⲗⲙⲙⲧⲏⲥ ⳿	Qui facit canales pro pluuijs deducendis.	المزرب
ⲡⲓⲉⲙⲱϩ ⳿	Carpentarius, lignarius.	النجار
ⲡⲓϩⲁⲙⲕⲉⲗⲓ ⳿	Faber ferrarius.	الحداد
ⲡⲓⲃⲉⲥⲛⲏⲧ ⳿	Idem.	الجاداد
ⲡⲓⲣⲉⲩϣⲱⲣⲡ ⳿	Sartor, conſutor.	الخياط
ⲡⲓⲉⲙⲫⲁⲛⲉⲛⲧⲟⲥ ⳿	Qui vimina cóneċtit.	الرفا
ⲡⲓⲉⲙⲫⲁⲛⲉⲛⲧⲟⲥ ⳿	Viminarius. Caniſtrarius.	الرفا
ⲡⲓⲥⲁⲙⲉⲛⲗⲁϩⲕⲟⲛϫⲓ ⳿	Textor.	المقرار
ⲡⲓϣⲁⲙϣⲩ ⳿	Textor.	الحايك
ⲡⲓⲡⲣⲟⲫⲓⲃⲁⲡⲧⲟⲥ ⳿	Textor purpuræ.	دساج البرفيز
ⲡⲓⲡⲁⲣⲙⲁⲣⲓⲧⲏⲥ ⳿	Marmorarius.	المرخم
ⲡⲓⲟⲩⲱⲓⲛ ⳿	Agricola, arator.	الفلاح

Ægyptia.	Latina.	Arabica.
ⲡⲓⲣⲉ̅ⲩⲥ̅ⲭ̅ⲁⲓ ⳥	Arator.	الحراث
ⲡⲓⲕ̅ⲟⲙⲉ̅ⲁ̅ⲣ̅ⲓ̅ⲏⲥ ⳥	Vinitor villicus,	الكرام
ⲡⲓⲣⲉ̅ⲙⲙⲃⲉ̅ⲭ̅ⲉ ⳥	Conductor vineæ.	الاجير الكرام
ⲡⲓⲕⲉ̅ⲣⲉ̅ⲙⲙⲉ̅ⲥ ⳥	Tinctor .	القرموصي
ⲡⲓⲙⲙⲁ̅ⲛⲕ̅ⲅ̅ⲧ ⳥	Aurifex , Argenta-rius .	الصايغ
ⲡⲓⲣⲉ̅ⲩϥⲟⲥⲓ ⳥	Fusor.	السباك
ⲡⲓⲙⲙⲁ̅ⲕⲓⲣⲟⲥ ⳥	Venditor pinguiũ.	الظناخ
ⲡⲓⲙⲙⲁ̅ⲕⲧⲉⲗⲗⲟⲥ ⳥	Lanio.	الخرّار
ⲡⲓⲕⲉ̅ⲡⲉ̅ⲗⲱⲛ ⳥	Caupo.	الخمار
ⲡⲓⲥ̅ⲡⲟⲣⲓ̅ⲏⲥ ⳥	Fructuum seu ole-rum venditor .	الفكاة
ⲡⲓⲁ̅ⲣⲱⲙⲙⲁ̅ⲧⲓⲕⲟⲥ ⳥	Aromatarius, sepla-sarius .	العطار
ⲡⲓⲡⲱⲡⲉ̅ⲗⲟⲟ ⳥	Oenopola, qui vẽ-dit potum .	الشرابي
ⲡⲓⲕ̅ⲩⲣⲟⲛ̅ⲧ̅ⲏⲥ ⳥	Cerearius.	الشماع
ⲡⲓⲣⲉ̅ⲩ̅ⳍ̅ⲱⲣ̅ⳝ ⳥	Piscator .	الصياد
ⲡⲓⲃⲁ̅ⳍⲏⲛⲓ̅ⲧ̅ⲏⲥ ⳥	Vitriarius .	الزجاج
ⲡⲓⲁ̅ⲧ̅ⲅⲟⲣⲉ̅ⲥ ⳥	Venditor .	البياع
ⲡⲓⳝ̅ⲟⲙⲙ ⳥	Calcearius sutor.	الاسكاني
ⲡⲓⲃⲁ̅ⲕⳃ̅ⲁⲣ ⳥	Tinctor, fullo.	البدباغ
ⲡⲓⲥ̅ⲁ̅ⲙⲱⲓⲕ ⳥	Pistor.	الخباز
ⲡⲓⲣⲉ̅ⲩⲥⲟⲕⲥⲉⲕ ⳥	Exactor .	الجابي للحيسوب
ⲡⲓⲧ̅ⲉ̅ⲗⲱⲛⲓⲕⲟⲥ ⳥	Telonarius.	المكاس
ⲡⲓⲧ̅ⲉ̅ⲗⲱⲛⲏⲥ ⳥	Telonarius, publi-canus .	العشار
ⲡⲓⲙⲙⲁ̅ⲣⲉ̅ⳍ̅ⲓ̅ⲧ̅ⲏⲥ ⳥	Combustor sor-dium, stabularius.	الوقاد الزبال

ⲡⲓϧⲟⲛ

Ægyptia	Latina	Arabica
ⲛⲓϥⲟⲣⲓⲕⲟⲩⲛ ⳯	Baiulus.	الجمال
ⲡⲓⲣⲉϥϭⲓⲟⲩⲟⲃϣ ⳯	Baiulator.	الجمال
ⲡⲓⲛⲉϥ ⳯	Nauta.	النوتي
ⲡⲓⲡⲁⲥⲃⲓⲥ	Nauta; à falfedine maris, ita dictus.	الملاح
ⲛⲓⲛⲉϥ	Nautæ.	النواتية
ⲡⲓⲡⲁⲛⲧⲟⲭⲓⲧⲏⲥ ⳯	Caupo, taberna-rius.	الفندقني الحاني
ⲡⲓⲣⲉϥϭⲓⲟⲩⲓⲉϧⲟⲩⲛ	Thefaurarius.	الخازن
ⲡⲓⲁⲓⲁⲕⲟⲛⲓⲧⲏⲥ ⳯	Barbitonfor.	الدقان
ⲡⲓⲃⲟⲗⲓⲧⲓⲕⲟⲥ ⳯	Educatus in mo-nafterio.	الربينا بالدير
ϥⲏⲉⲧⲥⲱⲣ	Tabernarius, offi-cinarius. Ital. Bu-tegharo.	السواق
ⲡⲓⲣⲉϥⲟⲩⲱⲧϩ ⳯	Idem.	السقا
ⲡⲓⲥⲁⲡϭⲏⲝⲓ ⳯	Tinctor.	الصباغ
ⲛⲓⲙⲓⲟⲗⲟⲛ ⳯	Farinarius, moli-tor, pictor.	القماح
ⲡⲓⲥⲁⲛⲟⲩⲟϯ ⳯	Venditor olerum	البقال
ϥⲏⲉⲧⲛⲟⲩⲧ ⳯	Molitor.	الطيحان
ⲛⲓⲉⲛⲓⲟⲭⲟⲥ ⳯	Auriga.	الركاب
ϥⲏⲉⲧⲉⲣⲃⲃⲉⲣϣⲓⲛ ⳯	Qui naues pice illi-nit, inftaurator. Calfattatore	القلفاط
ⲛⲓⲕⲟⲛⲓⲁⲥⲧⲏⲥ ⳯	Cæmentarius, qui circa calcem oc-cupatur.	الجيار

Ægyptia.	Latina.	Arabica.
ⲡⲓⲥⲓⲟⲩⲛⲓⲧⲏⲥ ⸖	Balnearius ; qui Thermis lucrú quærit.	الحمامي
ⲡⲓⲕⲟⲡⲣⲓⲧⲏⲥ ⸖	Qui circa fimum occupatur, ftabularius.	الزبال
ⲡⲓⲙⲉⲉⲗⲓⲥⲧⲁⲣⲭⲟⲥ ⸖	Apiarius, qui curá gerit Apum.	النحال
ⲡⲓⲧⲉⲙⲟⲩⲧⲏⲥ ⸖		العلاف
ⲡⲓⲣⲁϧⲓⲧⲏⲥ ⸖	Dealbator, dilutor, fullo.	المبيض القصال
ⲡⲓⲣⲉϥϯϯ ⸖	Idem Fullo.	القصار
ⲡⲓⲣⲉϥⲫⲟⲛⲕ ⸖	Pictor. Sculptor.	النقاش
ⲡⲓⲡⲗⲓⲕⲧⲟⲥ ⸖	Sculptor, Statuarius.	النحات
ⲡⲓⲕⲁⲃⲥⲓⲧⲏⲥ ⸖	Cauearius, qui caueas facit, Auceps.	القفاص
ⲡⲓⲁⲡⲟⲩⲧⲁⲕⲣⲟⲥ ⸖	Tornator.	الخراط
ⲡⲓⲉⲣⲅⲁⲧⲏⲥ ⸖	Operarij operæ.	الفعالة
ⲓⲏⲗⲓⲑⲟⲛⲧⲏⲥ ⸖	Lapicidæ, marmorarij.	الجاربين
ⲡⲓⲣⲉϥⲗⲱⲓⲗⲓ ⸖	Natator, vrinator.	العوام
ⲥⲩⲟⲩⲣⲓⲧ ⸖	Custos, gubernator.	الحارس
ⲡⲓⲣⲉϥⲁⲣⲉϩ ⸖	Conseruator.	الحافظ
ⲡⲓⲕⲟⲡⲣⲓⲧⲏⲥ ⸖	Humilis, fubditus.	الحقير
ⲡⲓⲥⲉⲗⲉⲛⲧⲁⲣⲓⲟⲛ ⸖	Dux, Princeps militiæ.	السرادار
ⲡⲓⲙⲁⲛⲉⲥⲱⲟⲩ ⸖	Paftor.	الراعي

Ægyptia	Latina	Arabica
ⲡⲓⲁⲥⲧⲣⲟⲗⲁⲅⲟⲥ	Aſtrologus, Mathematicus.	المنجم
ⲡⲓⲁϣⲉⲃⲉⲛ ⳾	Inſtructor, Magiſter, qui ſcire facit.	العرّاف
ⲡⲓⲣⲉϥⲥⲟⲟⲩϯ ⳾	Incantatores, qui medentur morſibus ſerpentium.	الحواه
ⲡⲓⲥⲫⲣⲁⲛϣ ⳾	Incantatores, Magi, præſtigiatores.	السحرة
ⲡⲓⲍⲟⲣⲅⲓⲥⲧⲏⲥ	Exorciſtæ.	المعزمين
ⲡⲓⲣⲉϥϣⲉⲛⳝⲓⲛ ⳾	Speculator, augur, diuinator.	الناظور
ⲡⲓⲑⲉⲗⲉⲧⲏ ⳾	Præſtigiatores.	المعزبردين
ⲡⲓⲕⲁⲥⲧⲣⲓⲙⲙⲟⲥ ⳾	Pythonē habentes.	المبزدلين
ⲡⲓⲁϫⲱ ⳾	Incantator, magus.	السحّار
ⲡⲓⲁϫⲱⲟⲩⲓ ⳾	Idem in plural.	السحرة
ⲡⲓⲕⲉⲗⲁⲥⲧⲓⲕⲟⲥ ⳾	Nugator, qui nugis victum quærit.	المشعبى
ⲫⲗⲓⲁⲣⲟⲥ ⳾	Hyſtrio.	الغطافطة
ⲁⲥⲱⲓⲁ ⳾	Idem.	الغطافطة
ⲡⲓⲥⲁⲛⲙⲁϣⲓ ⳾	Méſurator, examinator, póderator.	الموازني
ⲡⲓⲣⲉϣⲓ ⳾	nator, póderator.	الكيال المسح الموزان
ⲡⲓⲉⲩϥⲓⲛⲓⲧⲏⲥⲛ	Inciſor arborum, inſitor.	مقلم الاسجار
ⲧⲉⲛⲓϣϣⲏⲛ ⳾	inſitor.	
ⲡⲓⲉⲩϥⲓⲛⲓⲧⲏⲥ ⳾	Inſector vel putator palmarum.	طلاع النخل
ⲡⲓⲧⲟⲣⲉⲩⲥ ⳾	Chirurgus, Tonſor.	المزدبن لحرايح

Ægyptia	Latina	Arabica
ⲛⲏⲉⲧⲥⲱϣⲁⲓϣ ⳾	Periti, practici, vel exercitati.	المهرقبجين
ⲡⲓⲙⲉⲥⲙⲟⲥ ⳾	Mimus, phantasta præstigiator, Hy-strio.	الخيالي
ⲡⲓⲭⲁⲣⲁⲩⲧⲏⲥ ⳾	Tympanista.	الطبال
ⲡⲓϭⲣⲱⲑⲓⲟⲛ ⳾	Qui exprimit tor-culari succos.	الاعار
ⲡⲓⲭⲁⲣⲁⲩⲏⲓ ⳾	Præco.	المشاعلي
ⲙⲓⲃⲁⲣⲟϭ ⳾	Saginatores.	العلافين
ⲡⲓⲗⲁⲙⲁⲭⲓⲧⲏⲥ ⳾	Gulosus Helluo, eo quod interius ab-scondat cibum.	الطبوني
ⲡⲓⲕⲉⲛⲉϥⲣⲧⲏⲥ ⳾	Qui circa Fornaces occupatur, pistor.	القراني
ⲡⲓⲣⲉϥϣⲓ ⳾	Mensurator, truti-nator.	الكيال الماسح الوزان
ⲡⲓⲕⲉϥⲁⲗⲉⲟⲛ	*Caput X.*	الفصل
ⲙⲙⲁϩⲅ̄ⲧⲉⲩⲉⲉⲣⲛ	*decimum*	العاشر
ⲁ̄ⲡⲁⲛⲧⲟⲕⲧⲓⲛ	*continet nomina*	علي كساه
ⲉ̄ⲝⲉⲛⲛⲉⲩⲉⲛⲧⲏⲛ	*vestimentorum*	والاة
ⲙⲁⲛⲉⲙⲙⲉⲩⲉⲣⲛ	*& instrumentorŭ*	في جميع
ⲕⲁⲗⲉⲟⲛ ϧⲉⲛ	*in omnibus*	صناعاتة
ⲛⲉⲩⲓⲟⲡⲧⲏⲣⲟⲩ	*opificijs*	واواذيہ
ⲡⲉⲙⲛⲉⲩⲥⲕⲉⲩⲟⲥ ⳾	*(†) vasis siue*	وان واذتة
ⲛⲉⲙⲙⲉⲣⲕⲁⲗⲉⲟⲛⲓⲛ	*instrumentis eorŭ.*	

Ægyptia	Latina	Arabica
ⲭⲁⲉⲛⲓⲅⲟⲛⲟⲗⲟⲛ	Et de inſtrumétis armorum,	الات السلاح
ⲁⲉⲙⲉⲛⲓⲡⲟⲗⲉⲙⲟⲥ	Et belli .	والحرب
ϯⲥⲏⲩⲓ	Enſis .	السيف
ⲡⲓⲙⲉⲣⲉϩ	Lancea .	الرمح
ⲛⲓⲥⲧⲣⲟⲙⲉⲁⲥⲧⲏⲥ	Lanceæ .	الرماح
ⲛⲉⲛⲁⲃⲓ	Soriſſæ, haſtæ præ- pilatæ .	المزاريق
ⲙⲓⲛⲁⲃⲓ,	Lancea, Sariſſa .	المزراق
ⲟⲃⲟⲗⲟⲥ	Acuta haſta, obe- lus, verutum .	الاسنان
ⲡⲓⲕⲟⲛⲧⲁⲣⲓⲟⲛ	Contus, ſeu haſta 100. librarum .	القنطارية
ϯⲗⲟⲅⲭⲏ	Lancea militaris .	الحربة
ⲡⲓⲕⲉⲗⲉⲃⲓⲛ	Securis bipennis .	الطبر كالفاس
ϯⲙⲉⲁⲭⲏⲣⲁ	Culter, machæra, enſis .	السكين
ⲡⲓⲥⲟⲑⲛⲉⲩ	Sagitta .	السهم
ⲡⲓⲥⲁϯ	Mucro :	النصل
ϯⲫⲓϯ	Arcus .	القوس
ⲡⲓⲙⲟⲟϯ	Chorda, quæ ſub- tenditur arcui .	الوتر
ⲡⲓⲕⲩⲙⲟⲟⲇ	Claua .	الدبوس
ⲡⲓⲙⲩⲉⲃⲱⲧ	Fuſtis, baculus .	العصا
ϯⲙⲩⲉⲃⲩⲓ	Scutum, clypeus .	الترس
ⲑⲩⲣⲟⲛ	Idem .	الترس
ϯⲑⲁⲣⲙⲓ	Malleus, cæſtus .	الطارقة الدارقة
ϯⲡⲉⲣⲓⲕⲉⲫⲁⲗⲉⲁ	Caſſis, galea .	الخودة
ⲡⲓⲫⲱⲣⲕ	Thorax ferrea .	الجوشن
		ⲡⲓϧⲉⲁ

Ægyptia	Latina	Arabica
ⲡⲓϩⲉⲗⲓⲃϣ	Lorica.	الدرع
ⲡⲓⲗⲉⲛⲍⲓ	Aliud armaturi, seu loricæ genus.	الكازعند
ϯⲥⲭⲁⲣⲁ	Lorica ex annulis ferri, indusium loricatum.	الزردية
ϯⲉⲉⲟⲕⲓ	Pharetra, locus Sagittarum.	الجعبة
ϯⲥϥⲉⲛϯⲟⲛⲓ	Funda.	المقلاع
ⲡⲓϩⲟⲗⲕⲓ	Aries, vel testudo	الجرخ
ⲡⲓⲙⲉⲁⲛⲕⲁⲛⲓⲕⲟⲛ	Tormenta bellica.	المنجنيق
ⲡⲓⲕⲣⲟⲥⲟⲙⲱⲛ	Sella Sagma Ephippium.	السرج
ⲥⲁⲛⲁⲗⲁⲕⲟⲛ	Stapes, la staffa Ital.	الركب
ⲛⲓⲕⲟⲩⲣⲁⲝ	Calcaria.	المهاميز
ⲡⲓⲭⲁⲗⲓⲛⲟⲩⲥ	Frænum.	اللجام
ϯⲙⲉⲁⲕⲗⲓⲃⲓ	Flagellum Scutica, ferula.	المقرعة
ⲡⲓⲕⲏⲙⲉⲟⲥ	Idem capistrum, chamus.	الزناق المقنود الحكمه
ⲛⲓⲉⲛϯⲙⲉⲁ	Vestimenta	الملابس
ⲡⲓⲥⲟⲩⲍⲁⲣⲓⲟⲛ	Pileus Turcicus, co pte sudarium, eo quod complicetur in pileum.	العمامة
ϯⲁⲛⲟⲙⲓⲥ	Pallium, epomis. Chlamys.	اللبة
		خلعه

Ægyptia	Latina	Arabica
ⲭⲗⲁⲉⲓⲥ ⳨	Indusium. Chlamys interior carnem tangens.	القميص
ϯⲥⲧⲛⲁⲧⲟⲥ ⳨	Vestis.	الثوب
ⲡⲉⲣⲓⲍⲱⲙⲁ ⳨	Vestis, perizoma.	الثوب
ⲡⲓⲥⲁⲣⲃⲁⲣⲁ ⳨	Bracca, perizomata, saraballa	السروال
ⲡⲓⲥⲩⲛⲁⲱⲛⲓⲟⲛ ⳨	Diplois, sagum, chlamys.	الملحفة الردا
ⲛⲓⲉⲁⲏⲡⲁ ⳨	Pallium, mantile, strophiolum.	المنادين الشرق
ϯⲥⲟⲩⲗⲓ ⳨	Manutergium, sudarium, vela mulierum.	المقنعت الملفة
ⲡⲓⲕⲟⲗⲗⲁⲣⲓ ⳨	Receptaculū quoddā, quo mulieres Orientales crines condunt, & post terga dimittunt.	السمراقوز
ⲛⲓⲧⲁⲗⲩⲙⲉⲉⲓ ⳨	Peplum muliebre, quo collū tegunt.	البرقع
ⲛⲓⲧⲁⲗⲩⲙⲉⲛⲟⲥ ⳨	Collarium, peplū.	البخنف
ⲛⲓⲟⲣⲭⲙⲟⲩϯ ⳨	Fascia.	القماط
ϯⲥⲧⲟⲗⲏ ⳨	Stola, vitta, pallium.	الحلى
ⲫⲟⲣⲓⲥⲙⲁ ⳨	Vestitus amictus.	الملابس
ⲛⲓⲁⲅⲅⲓⲗⲓ ⳨	Nudus.	العرى
ⲁⲥⲫⲓⲍⲓⲥⲕⲟⲥ ⳨	Fibulæ; Ital. li bottoni.	الازرار

ⲕⲁⲗⲓ//

Ægyptia	Latina	Arabica
ⲕⲁⲗⲓⲕⲓⲟⲛ ⸪	Calcei.	خف وطبة زردون
ϭⲁⲛⲕⲉⲣⲏϯ ⸪	*Aliæ vestimen-torum* species.	نوع اخر
ϯⲟⲣⲏⲛⲓ ⸪	Mitra, diadema, co-róna aurea.	التاج العصابة الذهب
ⲃⲁⲛⲕⲁⲃⲓⲛ ⸪	Pileus muliebris, ex quo nummi, & cetera ornameta vndique depedent.	الكوفية
ⲍⲉⲉϥⲓⲕⲟⲗⲉⲁ ⸪	Peplum vsque ad terra dependens.	القبا
ⲡⲓⲕⲟⲗⲟⲃⲓⲟⲛ ⸪	Simile vestimenti genus.	البغلطاق
ϯⲉⲩⲧⲣⲁ ⸪	Pileus, mitra; sumi-tur quoque pro fascijs pilei.	المنديل العمامة
ⲡⲓⲗⲟⲅⲓⲟⲛ ⸪	Rationale Sacer-dotum Hebræo-rum. Hoschen.	الطيلسان
ⲛⲓϧⲱⲣⲕ ⸪	Pallium.	الرداف
ⲡⲓⲕⲉⲍⲁⲣⲓⲥ ⸪	Cydaris, ornamen-tum capitis.	القيس ارخة
ⲍⲉⲕⲟⲗⲟⲛⲏ ⸪	Receptaculú mun-di muliebris.	قعقعة
ⲡⲓⲗⲁⲡⲓⲛ ⸪	Peplum reticulare, peplum maius.	النقاب

Ægyptia	Latina	Arabica
ⲟⲩⲃⲓⲣⲟⲥ ❧	Fasciculus orname torum, vel extre mus nodus pepli gemmis plenus.	مصدرة.
ⲡⲓⲟⲩⲛⲁ̀ⲣⲓⲟⲛ ❧	Cingulum, zona, baltheus.	الزنار
ⲡⲓⲧⲉⲗⲟⲥⲓⲥ ❧	Idem.	الزنار
ϯⲁⲓⲣⲁ ❧	Idem.	انار
ⲛⲓⲉⲛ̀ⲧⲕⲉⲉⲛ̀ⲧⲓ ❧	*Vestimenta*	ملابس
ⲛⲓⲙⲟⲛⲁ̀ⲭⲟⲥ ❧	*Monachorum.*	الرهبان
ⲡⲓⲃⲟⲩⲣⲁ̀ⲝⲓ ❧	Pallium sacrum.	التراج
ϯⲙⲉⲗⲱⲧⲏ ❧	Fibula vestis genus	المزرة
ⲡⲓⲃⲁⲗⲗⲓⲛ ❧	Vestimentum va- riegatum.	البليين
ⲡⲓⲕⲟⲩⲕⲗⲓⲟⲛ ❧	Casula, velū galea.	الغفاره
ϯⲕⲗⲁ̀ϥⲧ ❧	Cucullus monasti- cus.	القلنسوه
ⲡⲓⲉⲥⲕⲁ̀ⲣⲁ̀ ❧	Simile pileo vesti- mentum.	القرقل
ⲡⲓⲁ̀ⲛⲁ̀ⲡⲗⲓⲛ ❧	Saraballum fluxū, & sinuosū, Cap- pa Monachorū.	الكساا
ϯⲗⲓⲃⲓⲧⲟⲩ ❧	Vestimentum pœ- nitentiæ, ciliciū.	الوزرة
ⲛⲓⲡⲗⲟⲅⲓⲟⲛ ❧	Tunicæ Monacho rum.	الطيساط
ⲛⲓⲝⲩⲗⲏⲟⲩ ❧	Lintea.	الشقفي

Ægyptia	Latina	Arabica
ⲛⲓⲉⲛ̀ⲑⲏⲉⲉⲃⲛ ⳾	Vestimenta	صلابس
ⲧⲉⲛⲓⲟⲩⲏⲃ ⳾	Sacerdotum.	الكهنة
ⲡⲓⲭⲟⲩⲕⲁⲗⲓⲟⲛ ⳾	Casula, Amiculum lineum.	الغفاره
ⲕⲁⲙⲙⲁⲥⲓⲟⲛ ⳾	Cucullus, caputiũ, pileus prælongus, etiã sumitur pro quauis veste longa. Birrus.	المبرنس
ϯⲉ̀ⲫⲟⲩⲧ ⳾	Stola Sacerdotalis similis Ephod.	خلة المكهنون
ϯⲕⲟⲕⲗⲓⲃ ⳾	Summitas cuculli seu birri.	القفلة وهي راس البردوس
ⲡⲓⲙⲟⲣⲟ̀ⲛⲟⲥ ⳾	Stola quaMonachi S.Antonij distin- guuntur ab alijs.	الاسكيم
ⲡⲓⲙⲟⲣⲟ̀ⲛⲟⲥ ⳾	Stola monastica.	الاسكيم
ⲡⲓⲗⲟⲣⲓⲱⲛ ⳾	Rationale, Ephod.	الطيلسان العرض
ϯⲙⲁ̀ⲡⲡⲁ ⳾	Tunica, Mappa, linteum.	التوبيه
ⲡⲓⲥⲕⲟⲣⲁⲓⲟⲛ ⳾	Stola Sacerdotalis.	البطرشيل
ϯⲍⲱⲛⲏ ⳾	Cingulum, zona	الزوديه
ⲙⲉⲛⲓⲥⲣⲏϯ ⳾	Species, ⳨ mate- ria (vestimen- torum.)	انواعها
ⲡⲓϣⲉⲛⲥ ⳾	Sericum.	الحرير

Q   ⲡⲓⲟⲧ̅

Ægyptia	Latina	Arabica
ⲡⲓϭⲏⳃⲓ ⳽	Purpura.	الارجون
ⲡⲓⲥⲁⳁ ⳽	Acupictum, netū, filatum.	الغزل
ⲡⲓⲥⲉⲛⲛⲓ ⳽	Linum.	الكتان
ⲡⲓϣⲉⲛⲧⲱⲗⲓ ⳽	Tela.	الخام
ⲛⲓⲉⲣⲃⲓⲥⲓ ⳽	Cannabis.	القنب
ⲡⲓⲥⲟⲣⲧ ⳽	Lana, vellus.	الصوف
ⲡⲓⲕⲟⲛⲧⲓⲟⲛ ⳽	Bombax, cottum, Gossypium.	القطن
ⲡⲓⲉⲕⲗⲓⲃⲟⲥ ⳽	Idem.	القطن
ⲡⲓϥⲱⲓⲛϫⲉⲙⲟⳋⲗ ⳽	Pili Cameli.	وبر الابل
ⲛⲓϣⲁⲣ ⳽	Pelles.	الجلود
ⲛⲓⲕⲣⲓⲃⲱⲥ ⳽	Frusta, stamina.	المقاطع
ⲛⲓⲁⲣⲕⲓⲗⲓⲁ ⳽	Corrosa à tinea ,, tabida.	السواسي
ⲛⲓⲓⲉⲃ ⳽	*Ornamenta ,.*	الحلي
ⲡⲓϫⲗⲟⲙ ⳽	Corona.	الاكليل
ⲡⲓϭⲣⲏⲡⲓ ⳽	Mitra, diadema.	التاج
ⲡⲓⲡⲉⲧⲁⲗⲟⲛ ⳽	Omne id quod appenditur collo.	الطوق
ϯⲕⳋⲛⲁⲣⲓ	Monile, cingulum, fasciolæ.	القلاده
ⲡⲓⲡⲉⲣⲓⲥⲕⲉⲗⲏ ⳽	Armillæ perisceli- des.	السوار
ⲛⲓⲃⲉⲙⲗ ⳽	Aliud ornamenti genus.	الوشاح
ⲛⲓⲗⲉⲟⲥ ⳽	Inaures.	القرط في الادن
ⲡⲓϣⲟⳋⲣ ⳽	Annulus, sigillum.	الخاتم

Ægyptia	Latina	Arabica
ⲡⲓⲯⲉⲗⲓⲟⲛ	Armillæ.	الاملج
ⲡⲓⲗⲏⲗ	Idem.	الكلبين
ⲡⲓⲙⲉⲅⲛⲓⲁⲕⲏⲥ	Periſcelides, faſciæ crurales.	الخلخال
ⲡⲓⲛⲟⲣⲓⲟⲛ	Idem.	الخلخان
ⲡⲓⲑⲉⲣⲓⲗⲟⲛ	Monile aureum in forma ſemilunæ.	الهلال الذهب
ⲡⲓⲁⲗⲓⲥⲓⲧⲱⲛ	Nolæ, tintinnabula, campanulæ.	الجلجل
ⲡⲓⲟⲩⲕⲉⲗⲕⲓⲗ	Idem.	الجرس
ⲡⲓⲉⲣⲕⲉⲗⲱⲛ	_Jnſtrumenta_	الات
ⲛⲧⲉⲡⲓⲉⲙⲟⲩ̅	_Fabri Lignarij._	النجار
ⲡⲃⲁϣⲟⲩⲣ	Serra.	المنشار
ⲡⲓⲉⲙⲟⲩⲓ	Aſcia.	القدوم
ϯⲍⲛⲑⲉⲣⲁ	Malleus.	المطرقة
ⲡⲓⲉⲙϩⲟⲩⲗ	Inſtrumentum roſtratum.	المنقار
ⲡⲓⲥⲁϩ	Terebra.	المثقب
ⲡⲓⲕⲉⲗⲉⲃⲓⲛ	Securis.	الفاس
ⲡⲓϥⲱⲥⲓ	Scalprum.	الازميل
ⲡⲓⲣⲱⲕⲁⲛⲓ		الفارة
ⲡⲓⲕⲁⲡ	Filum, Chorda.	الخيط الوتر
ⲡⲓⲧⲣⲁϫⲱⲥ	Circinus.	بيكار القسمة
ⲛⲓⲉⲣⲕⲁⲗⲉⲟⲛ	_Jnſtrumenta_	الات
ⲛⲧⲉⲡⲓⲁⲣⲭⲏ	_Geometræ, ſeu Architecti._	المهندس

Ægyptia	Latina	Arabica
ⲧⲉⲕⲧⲱⲛⲡⲓⲙⲉϩϯ ⳾	Cubitus, & est mēsura viginti quatuor Keirath.	دراع القياس اربعة وعشرين قيراطا
ⲛⲓⲉⲣⲕⲁⲗⲉⲟⲛⲓ ⲛ̄ⲧⲉⲡⲓⲉⲕⲱⲧ ⳾	*Instrumenta Fabri, Aedificatoris.*	الالات البنا
ⲡⲓⲙⲉⲁϣⲓⲛ̄ⲧⲉⲡⲓⲕⲉⲛ ⳾	Perpendiculum.	ميزان الخيط
ϯⲁⲑⲉⲣ ⳾	Malleus ad lapides tundendos.	المرزابة للحجاره
ϯⲧⲱⲣⲓ ⳾	Regula, gnomon.	الطوريه
ϯⲁⲉⲉⲏ ⳾	Ligo, instrumentū terris effodiendis aptum.	المسحاه
ⲡⲓⲕⲉⲣⲁⳅ ⳾	Marra.	المعول
ⲛⲓϣⲓⲉⲓ ⳾	Bases, fundamenta.	السداميك
ϯⲗⲁⲕϩ ⳾	Angulus.	الزاويه
ϯⲥⲧⲩⲗⲏ ⳾	Angulus, Colūna, fundamentum.	
ⲛⲓⲉⲣⲕⲁⲗⲟⲛⲓ ⲧⲉⲡⲓⲣⲉϥϣⲱⲣⲡ ⳾	*Instrumenta Sartoris.*	الالات الخياط
ϯⲃⲉⲗⲟⲛⲏ ⳾	Acus.	الابره
ⲡⲓ ⲯⲁⲗⲓⲥ ⳾	Forfex.	المقص
ⲡⲓⲧⲁⲕⲧⲩⲗⲓⲟⲑⲣⲁ ⳾	Dactylotheca.	الكمستبان
ⲡⲓⲕⲉⲛ ⳾	Filum.	الخيط
ⲛⲓⲉⲣⲕⲁⲗⲟⲛⲓ ⲧⲉⲡⲓⲃⲁⲥⲛⲏⲧ	*Instrumenta Fabri Ferrarij.*	الالات الحداد

Ægyptia	Latina	Arabica
ⲡⲓⲁϫⲓ ⳽	Follis.	الكور المنفخ
ⲡⲓⲙⲉⲅⲥⲟⲗ ⳽	Lima.	المبرد
ⲡⲓⲃⲉϫⲓ ⳽	Lima.	المبرد
ⲟⲩⲁⲥⲃⲟⲗⲏ ⳽	Cos, lapis aquæ.	حجر الما
ⲡⲓⲕⲁⲙⲡⲓⲛⲟⲥ ⳽	Incus à fulciendo fic dicta.	السندان
ϯⲉϭⲟⲩ ⳽	Forcipes.	الكلبتين
ⲟⲩⲉⲕⲱⲛⲏ ⳽	Cos lapis, quo acuuntur ferraméta.	المسن
ⲙⲉⲣⲕⲁⲗⲉⲇⲛⲓⲛ	_Inſtrumenta Pictoris._	الان
ⲧⲉⲡⲓⲕⲟⲥⲙⲏⲥⲓⲥ		الدهان
ⲛⲓϭⲟϫ ⳽	Tincturæ, Colores.	الاصباغ
ⲙⲕⲟⲗⲃⲟⲥ	Phialæ, ſeu vaſa colorum.	الحقاق
ⲡⲓⲕⲁϣⲉⲉⲩⲁⲓ ⳽	Calamus pileus, Pennicillus.	القلم الشعر
ⲛⲉⲣⲕⲁⲗⲉⲇⲛⲓⲛⲧⲉ ⳽	_Inſtrumenta Textoris._	الان
ⲡⲓⲥⲁⲙⲉⲛⲗⲁⲕⲟⲛϫⲓ		القزاز
ⲡⲓⲛⲁⲧ ⳽	Licium textorium. Liciatorium.	النول
ⲡⲓϥⲱⲥⲥⲁ ⳽	Foſſa, ſeu fouea.	الحفره
ⲙⲁϣⲑⲱϯ ⳽	Pecten.	المشط
ⲡⲓⲕⲣⲓⲛⲟⲥ ⳽	Velamen.	الجليل للجايكي
ϯϥⲓⲕⲟⲅⲓ	Cylindrus textorius.	المطواه
ⲫⲏⲉⲧⲧⲁⲥⲑⲟ ⳽	Verſorium.	المرن

Ægyptia	Latina	Arabica
ⲫⲁⲛⲓⲗⲁⲥ	Instrumentú quo aliquid acuitur.	الملمس
ⲡⲓϭⲓⲕⲥ	Penſum, fuſú, lanæ liniue manipulus colo aggeſtus, qui in fila carpitur.	الجعزل
ϯϣⲉⲱⲧ	Filum.	السلبة
ⲡⲓⲛⲁϩⲛⲉⲩ	Iugum textorium.	النير
ⲡⲓⲁⲙⲟⲛⲓ	Anſa, retinaculum	المقبض
ⲛⲓϭⲩⲕⲱϯ	Gluten.	الالظاخ
ⲛⲓⲥⲉⲃⲓ	Arundines paruæ per quas fila traducuntur.	المواسجر
ⲛⲓⲁⲣⲃⲱⲧ	Curſores, panus.	الككسور
ⲛⲓⲥⲉⲃⲉⲛ	Faſciæ ligamina.	الدواسي
ϯϭⲓⲗⲓ	Foramé pani, e quo filum educitur.	السلالة
ⲡⲓⲟⲣⲙⲓⲥⲕⲟⲥ	Peſſulus, lignú, quo iungitur aliquid arbori.	الخلال
ⲡⲓϭⲩⲕ	Fouea.	الحفرة
ⲛⲓⲕⲟⲩϥⲁⲧ	Certa vaſa Textorum.	الزرابي
ⲛⲓⲉⲣⲕⲁⲗⲉⲟⲛ	*Inſtrumenta*	الالات
ⲛϯⲉⲛⲓⲟⲩⲱⲓ	*Agricolæ.*	الفلاح
ⲡⲓⲡⲉⲁⲙⲥ	Compes, ligamen, vinculum.	القةين
ϯⲭⲉⲣⲁ	Vomer.	السكة

Ægyptia.	Latina.	Arabica.
пиⲁⲥⲧⲏⲣⲓⲟⲛ ☩	Tabula quædá, quę trahitur à bobus, ad trituranda frumenta.	النورج
пиⲁⲥⲟⲉⲣⲓⲱⲛ ☩	Aratrum.	الهوجل
ϯϣⲱⲱⲩ ☩	Vannus, inftrumétum ad ventilanda frumenta.	المدراه
пиϧⲁⲓ ☩	Ventilabrum.	الرفش
ϯⲝⲁⲛⲏ ☩	Furca ad fafces colligendas.	المعزقة
пиⲭⲣⲟⲃⲓ ☩	Falx.	المنجل
пиⲅⲁⲗⲕⲟⲩ ☩	Arundo, calamus, ftimulus.	المقلم
пиⲧⲉⲧⲣⲉⲁⲕⲣⲉ ☩	Inftrumentũ quo aliquid eruitur.	المنشار الهلبي الخطاف الكلاب
пиⲕⲁⲣⲓⲣⲁ ☩	Vncinus, fibula ferrea.	خطاف حديد
ⲛⲓⲅⲧⲟⲛ ☩	Tabulæ, fiftulæ, petala, laminæ.	الصفايح
пиⲁⲗⲁⲕ ☩	Collaria quibus circundantur boues.	الاطواق
пиⲧⲣⲟⲭⲟⲥ ☩	Plauftra, currus, vehicula.	العجل
пиⲥⲁⲭⲟⲗ ☩	Inftrumentũ, quo cohibetur bos ne comedat Chamus	كمامة الثور
пиⲑⲱⲱⲩ ☩	Finis fignum, meta, terminus.	الحد الرسم

Ægyptia	Latina	Arabica
ΠΕϤϻϻ ⳨	Loca agriculturæ apta.	مواضعة
ϮΚΟΙ ⳨	Ager, cāpus, fylua.	الحقل الغيط
ΠΙϻϻΕΡΟⲤ ⳨	Terra germinibus confita.	المارس
ΠΙϬΝϢΟϤ ⳨	Area.	الاذر البيدر وهو الجرن كمثل الاندر
ϮϪΙΝϢϪϮ ⳨	Ager demeſſus.	الحصيدة
ΠΙΧΝϪϤ ⳨	Cucumeretum, locus cucumeribus aptus.	القثا
ΝΙΡϻϢΟϒΙ ⳨	Glumæ, Glebæ, ſtipulæ.	البراييب
ΠΙⲧΟϩ ⳨	Palea, ſtramen.	التبى
ΝΙΕΡΚϪλΕΟΝΙΝ ΠΙⲤϪⲎΒϪϫΚⲎΙΙⲤ	*Inſtrumenta Vitriarÿ.*	الات الزجاج
ϮϬΡϢ ⳨	Fornax, Clibanus.	التنور الاتون الكانون
ΝΙΕΡΚϪλΕΟΝΙΝ ⲧΕΠΙΚΕΡϪϻϻΕϒⲤ ΠΙϻϻϪΝΚϪΝϢΙΝ	*Inſtrumenta Expreſſoris.* Torcular.	الات القرموصي الملوين
ΝΙΕΡΚϪλΕΟΝΙΝⲧΕ ΠΙϻϻϪΝΚϬϪⲧ ⳨ ΠΙϬλϢΒΙ ⳨ ϮΒΙΝΙ ⳨	*Inſtrumenta Aurifabri.* Forfex, forceps. Crucibulum, Cuppa fuforia.	اللات الصايغ الكارم وهو كالمقتى الموتقفة

ﻣﺎ Ϯ

Ægyptia	Latina	Arabica
ϯⲁⲡⲁⲍⲏ	Lamina fusa.	السبيتكك
ⲛⲓⲭⲁⲍⲥ	Laminæ fusoriæ, moduli in quos funditur metallum.	المسابيك
ϯⲥⲩⲛⲁⲗⲗⲁⲕⲏ	Monetarium, locus vbi cuditur moneta; la Zecca.	السكك
ⲛⲓⲧⲉⲃⲥ	Signaculum, Sigillum, Character.	الطابع
ⲛⲓⲉⲣⲕⲁⲗⲉⲩⲛⲛⲧⲉ	*Instrumenta*	الالت
ⲛⲓⲥⲧⲣⲁⲗⲟⲅⲟⲥ	*Astrologi.*	المنجم
ⲛⲓⲥⲉⲣⲓⲃⲃⲟⲗⲱⲛ	Astrolabium.	الاصطرلاب
ϯⲙⲉⲉⲧⲥⲟⲩⲧⲱⲛ	Instrumenta directionis quadrás armilla.	التقويم
ⲛⲓⲉⲣⲕⲁⲗⲉⲩⲛⲛⲧⲉ	*Instrumenta*	الالت
ⲛⲓⲙⲁⲍⲁⲣⲟⲥ	*Coci.*	الطباخ
ϯϧⲩⲓⲱ	Olla?	القدر
ⲛⲓⲍⲁⲱⲛ	Vas e ſtanno.	البرام
ⲛⲓⲗⲁⲕⲉⲛⲧ	Olla, ſartago.	الطاجن
ⲛⲓⲭⲁⲗⲓⲕⲓⲛ	Caldaria, lebes, ſartago?	الخلاجين الدست
ⲛⲓⲙⲉⲏⲣⲁⲛ	Mortarium.	الهاون
ϯϭⲣⲉ	Cochlear maius.	المغرفة
ϯⲭⲉⲣⲁ	Craticula.	الشبكك

ϯⲍⲏ

Ægyptia	Latina	Arabica
ϯⲕⲉⲣⲉⲁ	Instrumentū quo raduntur ollæ.	المقعرة
ϯⲭⲏ	Paropsis, scutella.	الزبدية
ⲟⲝⲱⲉ	Idem.	زبدية
ϯⲙⲩⲥⲑⲏⲣ	Cochlear.	الملعقة
ϯⲡⲁⲣⲟⲯⲓⲥ	Paropsis, scutella, catinus.	السكرجة
ⲡⲓⲗⲓⲛⲓ	Despumatorium.	الزبدان
ϯⲁⲃⲕⲓⲗⲓ	Ignile, instrumentum ad excitandum ignem.	القراحة
ⲡⲓⲉⲣⲕⲁⲗⲉⲟⲛⲓⲧⲉ	*Instrumenta Cauponis.*	الآن
ⲡⲓⲕⲁⲡⲉⲗⲟⲛ		الخمار
ϯⲙⲉⲭⲟⲛⲟⲩ	Doliū, Lagena, Cadus.	الخابية
ⲡⲓⲕⲓⲗⲓⲕⲉⲥⲓⲟⲛ	Infundibulum.	السجريس
ϯⲙⲉⲭⲣⲏⲥ	Hydria.	الجرة
ⲱⲟⲱⲟⲩ	Idem.	الجرة
ϯϭⲣⲱⲧ	Torcular, locus torcularis, mustum.	المعصرة
ⲡⲓⲅⲩⲡⲗⲱⲟⲕ	Cacabus, cucuma.	القمقم
ⲡⲓⲁⲫⲟⲧ	Poculū, crater, calix.	القدح الكأس
ⲡⲓⲡⲟⲧⲏⲣⲓⲟⲛ	Calix vitreu.	الكاس الزجاج
ⲭⲁⲡⲁⲭⲓ	Vas quod supponitur stillicidio.	الصاع
ⲛⲉⲙⲛⲉϥϩⲃⲏⲟⲩⲓ	*Operationes eius*	واوله

Ægyptia	Latina	Arabica
ⲡⲓⲏⲣⲡ	Vinum.	الخمر
ⲁⲡⲁⲣⲭⲏ	Vinum.	الخمر
ⲡⲓⲉⲉⲃⲣⲓⲥ	Muſtum.	المسطار
ⲕⲗⲉⲩⲕⲟⲥ	Muſtum.	المسطار
ⲡⲓⲥⲕⲟⲣⲕⲉⲣ	Vinū poſt primam expreſſionem	المراز
ⲡⲓⲥⲩⲕⲓⲣⲁ	ſicera; omne quod inebriari poteſt.	المسكر
ⲡⲓⲉⲣⲕⲁⲗⲉⲟⲛⲓⲛ ⲧⲉⲧⲓⲥⲁⲛⲁⳓ	*Inſtrumentū La- nionis*	الات اللحم
ⲡⲓⲧⲁⲝ	Aſcia, tabula lanio- nis	القرمة
ⲡⲟⲩⲗⲓⲝ	Culter.	الوضم
ⲡⲓⲉⲣⲕⲁⲗⲉⲟⲛⲓⲛⲧⲉ ⲡⲓⲙⲟⲣⲧⲁⲥⲧⲓⲕⲟⲥ	*Inſtrumēta Apo- thecarij, pharma- copolæ*	الات العطار
ϯⲗⲓⲃⲓⲁ	Vas in quo condū- tur ſpecies.	البرذبة
ϯⲁⲗⲁⲃⲁⲥⲧⲣⲟⲛ	Amphora ex ala- baſtro	القنينة القارورة
ⲛⲓⲉⲉⲃⲓⲥⲱ	Medicamentū pota- bile, ſyrupus.	الاشربة
ⲛⲓⲉϫⲣⲟⲥ	Radices.	العقاقير
ⲡⲓⲡⲉⳓ	Vnguenta.	الادهان
ⲟⲩⲉⲗⲉⲱⲛ	Vnguentū, oleum	الدهن
ⲟⲩⲉⲗⲉⲟⲛ	Oleum.	الدهن

Ægyptia	Latina	Arabica
ⲙⲉⲣⲕⲁⲗⲉⲟⲛ ⳧	Instrumenta	الالن
ⲛ̄ⲧⲉⲛⲓϩⲟⲩ ⳧	Sutoris	الاسكاني
ϯⲑⲏⲣⲁⲛⲥ ⳧	Subula.	الشفا الدرفس
ϯⲙⲉⲥⲟⲃⲓ ⳧	Acus maior.	المسلـة
ϯⲕⲟⲣⲃⲓ ⳧	Scalprum.	الشقرة
ⲡⲓⲙⲉϭⲟⲩ ⳧	Forma, ſeu modu-	القالب الفهر
	lus calceorum.	
ⲙⲓⲉⲣⲕⲁⲗⲉⲟⲛⲏ̄ⲧⲉ ⳧	Instrumenta	الالن
ⲡⲓⲕⲉⲛⲉⲫⲉⲛⲓⲑⲏⲥ ⳧	Piſtoris.	القران
ⲡⲓⲕⲉⲛⲉⲫⲓⲑⲏⲥ ⳧	Piſtor.	القران
ⲡⲓϥⲟⲣⲛⲟⲥ ⳧	Furnus.	القرن
ϯⲭⲁϭⲛⲓ	Placenta, vel Fur-	الطابوذة
	nus.	
ϩⲭⲟⲗⲃⲓ ⳧	Pala qua panes mit-	المطرحة
	tuntur in fornacę.	
ⲡⲓⲑⲱⲓⲕ ⳧	Rami, ſeu ſarmenta	الحمو
	ad fornacę caleſa-	
	ciendam.	
ⲡⲓⲭⲱⲓⲝ ⳧	Panis azymus.	الخبير
ⲙⲓⲉⲣⲕⲁⲉⲟⲛⲏ̄ⲧⲉ ⳧	Instrumenta	الالن
ⲡⲓϩⲓⲕⲟⲩⲡⲉⲩⲥ ⳧	Baiuli	الحلل
ⲡⲓⲃⲁⲣⲟⲩⲥ ⳧	Ceſticillus, ſiue pā-	الكرزب
	niculus, ſuper quo	
	onera geſtantur.	
ⲙⲓⲣⲕⲁⲗⲉⲟⲛⲏ̄ⲧⲉ ⳧	Instrumenta	الالن
ⲡⲓⲛⲉⲩⲙⲉⲗⲉⲛⲓⲣⲁⲛ ⳧	Nautæ.	الملاح
		ⲛ̄ⲧⲉⲕ

Ægyptia.	Latina.	Arabica
ⲛⲧⲉⲛⲓⲕⲁⲧⲧⲟⲁ	⋇ nomina Nauis	واسما المراكب
ⲛⲓⲉϫⲏⲟⲩ	Nauis.	المراكب الصفن
ⲡⲓϫⲟⲓ	Nauis.	السفينة
ϯⲧⲣⲟⲙⲱⲛⲓⲛ	Scapha, cælox.	الدرموندة
ⲡⲓⲥⲉⲗⲗⲁⲣⲓⲟⲛ	Nauicula piscato- ria.	الشجتتور المسلوره
ϯⲕⲁⲧⲧⲟⲁ	Nauicula, italicè, Felluca.	القرقورة المدبنة
ϯⲥⲕⲁⲫⲏ ⋇ ⲃⲁⲣⲓ	Nauicula, seu sca- pha ex vna ripa ad alteram.	القارب
ϯⲥⲁⲗⲗⲁⲣⲓⲟⲥ	Aliud scaphæ genus quasi Ponto	السماردة كالحراقة
ϯⲧⲁⲓⲃⲓ	Sentina	لنقبة
ⲛⲓⲥⲕⲉⲓⲧⲓⲁ	Rates, naues planæ, pontones.	لطوف
ⲡⲓⲃⲱⲕ	Malus, arbor nauis.	الصاري
ϯⲅⲏ	Habitacula, sarcinæ	الرجل السكان
ⲛⲓⲃⲟⲥⲉⲣ	Remi.	المقاديف
ⲡⲓⲗⲁⲃⲟ	Vela, nauis, carbasa	القلع
ⲡⲓⲧⲁⲣ	Antenna	المدرا القمير
ⲡⲓⲁⲣⲃⲟⲩ	Ergatū nauis, l'ar- gana	الجاعوص
ⲡⲓⲥⲁⲛⲓⲥ	Temon, siue lignū fluctuans, index anchoræ.	الدوميس اللوح
ⲡⲓⲁⲩϫⲁⲗ	Anchora.	
ⲛⲓⲛⲟⳓ	Cordę, funes, rudē- tes	المرسا الحبال

ⲡⲓⲧⲁⲡ

Ægyptia	Latina	Arabica
ⲡⲓⲧⲁⲥⲃⲟⲛⲧⲉⲛ//	Nomina chordæ, qua dirigitur velũ italicè Burina, ſeu l'orſa.	راجع الفلع
ⲡⲓⲗⲁⲃⲟ ⳨		
ⲡⲓⲟⲩⲉⲛⲧ ⳨	Nauis vacua,	الغين
ⲡⲓⲃⲟⲗⲓⲥ	Bolis inſtrumétum ad explorandam profunditaté aquę	البوليس
⳨ⲥⲕⲁⲗⲁ ⳨	Scala.	الاسقالـــ
ⲡⲓⲕⲟⲩⲣⲟⲥ ⳨	Spóſa nauis. prora.	عروس المركب
ⲡⲓⳝⲙⲉⲟⲩ ⳨	Scalmus, quo mouetur remus.	الاخرڊطبين الوثر
ⲡⲓⲗⲁⲍⲓ ⳨	Latrina, loca communia nauis.	السنراس
ⲡⲓⲏⲟⳝ ⳨	Alterum extremũ chordæ, qua dirigitur velum.	الراجع الطرف الحبل
ⲡⲓⲁⲣⲧⲉⲙⲱⲛ ⳨	Artemon.	الارطمون
ⲡⲓⲉⲉⲣⲟⲙ ⳨	Nauis alta	الرمبروم
ⲡⲓⲥⳅⲗⲡ ⳨	Arũdinẽ faſciculus	الطبن البومس
ⲛⲓⲗⲁⲃⲟⲩⲛ ⳨	Certũ Nauis genus	اللمبان
⳨ⲣⲓⲃⲏ ⳨	Linter nauticus	الاجلاوة
ⲛⲉⲩⲙⲁ ⳨	Loca eius.	مواضعه
ⲡⲓⳅⲟⲣⲙⲉⲥ ⳨	Littus.	الساحـل
⳨ⲗⲩⲙⲉⲛⲏ ⳨	Portus.	الميبنا
⳨ⲁⲛⲉⲙⲉⲣⲟ ⳨	Portus particularis, vulgo, ridotto.	الموربه
ⲅⲁⲗⲓⲛⲓ ⳨	Quies, tráquillitas. malacia maris.	هنو صجو سكون

Ægyptia.	_Latina._	_Arabica._
ⲛⲓⲉⲣⲕⲁⲗⲉⲟⲛⲓⲓ	_Inſtrumenta_	الات
ⲧⲉⲡⲓⲅⲟⲩⲣⲉⲩⲥ ⳿	_Chirurgi._	الجرايحي
ⲡⲓⲑⲱⲕ ⳿	Raſorium, nouacu- la	الموس
ⲛⲓⲉⲉϭⲓ ⳿	Phlebotomus quo vena aperitur.	رئيس الفصاد
ⲡⲓϩ̇ⲓⲥⲧⲏⲣⲓⲟⲛ ⳿	Cucurbitula, in- ſtrumenta ſcari- ficationis	المشراط
ⲛⲓⲉⲉⲟⲗⲟⲅⲉⲁ ⳿	Epithemata, empla- ſtra.	المراهم
ⲡⲓⲉⲉⲟⲕⲓⲛⲧⲉⲡⲓⲉⲉⲟⲗⲟⲅⲉⲁ ⳿	Malagmata.	المرهمدان
ⲛⲓⲉⲣⲕⲁⲗⲉⲟⲟⲛⲓⲧⲉ ⳿	_Inſtrumenta_	الات
ⲫⲏⲉⲧⲥⲱⲛϩⲛⲉⲉ	_Captiui, &_	الاسير
ⲫⲏⲉⲧⲉⲉⲟⲕϩ ⳿	_tormentis affecti._	والعذب
ⲡⲓⲁϭⲕⲓⲥ ⳿	Compes, vinculū.	القيس
ⲡⲓⲕⲟⲗⲗⲁⲣⲓⲟⲛ ⳿	Catena.	الزدجير
ⲡⲓⲉⲉⲟⲩⲣ ⳿	Vincula.	الوثاق
ⲛⲏⲕⲁⲣⲟⲡⲉⲍⲏⲥ ⳿	Cōpedes, vincula	الكبول
ⲛⲏϩⲁⲗⲏⲥⲓⲥ ⳿	Catenæ.	السلاسل
ⲡⲓⲉⲣⲉⲉⲧⲁⲣⲓⲟⲛ ⳿	Manica ferrea.	الهنبازين
ϯⲥⲗⲏ ⳿	Loculus, feretrum	النعش
ⲡⲓⲑⲉϩⲓ ⳿	Cippus.	البقيرة
ⲛⲓⲉⲣⲕⲁⲗⲉⲟⲛⲓⲧⲉ ⳿	_Inſtrumenta_	الات
ⲡⲓⲣⲉϥϫⲱⲣϫ ⳿	_Piſcatoris._	الصياد

ⲧⲙ̅ⳅ

Ægyptia	Latina	Arabica
ϯⲱⲓⲗⲉⲉⲓ ⳾	Rete.	الشبكة
ϯⲥⲁⲕⲏⲓⲛⲓ ⳾	Esca.	الهلب
ⲡⲓⲁⲅⲕⲓⲣⲟⲧⲟⲥ ⳾	Hamus, vncinus.	الصنارة
ⲡⲓϥⲁϣ ⳾	Laqueus.	الفخ الشرك
ⲡⲓⲕⲁⲗⲓⲃⲱⲥ ⳾	Nassa, instrumentū quo capiuntur pisces.	الكوخ الخصن
ϣⲏⲉ ⳾	Rete.	الشبكة
ⲛⲓⲉⲣⲕⲁⲗⲉⲟⲏⲛⲁ	Instrumenta	الات
ⲧⲉⲛⲓⲟ ⲁⲥⲟⲩ ⳾	Curatoris	ميابس
ⲛ̄ⲧⲉⲛⲓϩⲟⲟ ⳾	Equorum.	الخيل
ϯⲕⲣⲟⲥⲟⲧⲟⲛ ⳾	Strigil, pecten	المدسغ
ϯⲁⲛⲁⲃⲁⲣⲧⲁⲛ ⳾	Operimentū equi, stragula.	عباء
ⲟⲩⲧⲁⲗⲓⲥ ⳾	Idem	جل خيمية قليبس
ⲟⲩⲃⲓⲕⲓ ⳾	Cingulū, ligamen equi.	حزام
ⲟⲩⲉⲉⲧⲁⲧ ⳾	Chamus, capistrū, frænum.	مقود رسن
ⲟⲩⲕⲣⲓⲕⲟⲥ ⳾	Compedes.	شكال
ϯⲥⲟⲩⲗⲓ ⳾	Operimentū equi, quo vtuntur viri nobiles.	مرشحة
ⲡⲓⲗⲉⲉⲕⲗⲓⲃⲓ ⳾	Vincula, quibus ligantur pedes equorum.	الكافي
ⲟⲩⲧⲁⲧⲉⲏⲏ ⳾	Pala, seu instrum. quo egerunt sordes	مجرفه

Ægyptia.	*Latina.*	*Arabica.*
	ſiue inſtr. camelorũ.	اعدة الجمال
ⲡⲓϭⲟⲕⲗⲉϥ ÷	Clitellæ camelorũ.	الكور الشاغر
ⲡⲓϭⲟⲕⲗⲉϥ ÷	Idem.	الكور الشاغر
ⲡⲓⲉⲣⲃⲓⲧ ÷	Sarcina geſtatoria.	الرحل
ⲡⲓⲕⲁⲣⲟⲩⲕⲓⲛ ÷	Ferculũ ſarcinarum geſtatorium.	المحمل
ⲡⲓⲗⲁⲙⲉⲛⲡⲁⲛⲏ ÷	Lectica quæ portatur a Camelis.	الهودج
ⲛⲓⲉⲣⲕⲁⲗⲉⲟⲛⲓⲛ//	*Inſtrumenta*	الات
ⲧⲉϯⲕⲁⲙⲉⲙⲁⲛⲏ ÷	*Rigationis.*	الساقية
ⲡⲓⲕⲟⲩⲣⲁⲝ ÷	Hauſtrum.	القرقش
ⲡⲓⲙⲉⲃⲟⲗⲓ ÷	Rota, qua hauritur aqua, rigatorium.	الدولاب
ⲛⲓⲥⲕⲓⲧⲁⲗⲓ ÷	Labrum riui.	اضراس السواقيه
ϯϫⲁⲛⲏϭⲓ	Margines riui.	الطاره
ⲡⲓⲉⲗⲃⲓϫⲓ ÷	Hauſtrum.	النهف
ⲡⲓⲕⲁⲧⲟⲥ ÷	Cadus, vas, luter.	القادوس
ⲡⲓⲗⲟⲩⲧⲏⲣ ÷	Canalis, luter.	الحوض
ⲡⲓⲣⲉϥϩⲓⲱⲓ ÷	Curſus aquarum, canales aquarũ.	السواق
ⲫⲓⲉⲧⲫⲱⲛⲙⲉ// ⲡⲓⲙⲱⲟⲩ ÷	Ruptura aquæ vbi in canali deflectere incipit.	معدول الما
ⲛⲓⲉⲣⲕⲁⲗⲉⲛⲓⲛ//	*Inſtrumentum*	الات
ⲧⲉⲡⲓⲣⲉϥⲥⲱϣ ÷	*Delineatoris.*	الرسام
ⲟⲩϩⲟⲗⲙⲉⲛ ÷	Regula	مسطره

Ægyptia	Latina	Arabica
ⲅⲛⲉⲣⲕⲁⲗⲉⲟⲛⲓⲛ ⳧	*Jnstrumenta*	الالات
ⲧⲉⲛⲓⲛⲟϫⲓ ⳧	*Restiarij.*	الحبال
ⲡⲁⲭⲁⲛⲓⲝⲓ ⳧	Villus, villi palma-	الليف
	rú, ex quib⁹ funes.	
ⲡⲓⲃⲏⲧ ⳧	Folia palmarum :	السعف
ⲡⲓⲕⲁⲗⲗ ⳧	Iúcus herba, ex qua	الحلفا
	storeæ, & funes:	
ⲡⲓⲉⲣⲃⲱⲥ ⳧	Funis ex vno filo.	السحيل
ⲛⲓϣⲟⲩⲧ ⳧	Cortex cannabis:	الشلب
ϯⲛⲉⲁϯ ⳧	Implexio, seu intor-	الضفيره
	sio filorum.	
ⲡⲓⲕⲁϥⲁⲝⲓ ⳧	Folium palmarú.	ورق الليف
ⲉⲩϣⲟⲩϣ ⳧	Contorquere, im-	يفتل يبرم
	plectere.	
ⲛⲓⲉⲣⲕⲁⲗⲉⲟⲛⲓⲛ	*Jnstrumenta*	الالات
ⲧⲉⲛⲓⲥⲁⲛⲱϣⲁⲣ ⳧	*Coriarij.*	المجلس
ϯⲗⲗⲉⲧⳓⲟⲗⲕ ⳧	Corium.	الجبك
ⳅⲁⲃⲁ ⳧	Culter coriarij.	كيمخت
ϯⲗⲗⲉⲧⲟⲓⲃⲥ ⳧	Suppedaneum.	التكعيب
ⲛⲓⲉⲣⲕⲁⲗⲉⲟⲛⲓⲛ ⳧	*Instrumenta*	الالات
ⲧⲉⲛⲓⲣⲉⲩⲕⲓⲛϯ ⳧	*Magistri, seu cu-*	المقامر
	ratoris ludorum	
ⲛⲓⲃⲟⲗⲟⲥ ⳧	Cubus, talus, tes-	النرد
	sera.	
ⲡⲓⲧⲁⲡⲗⲁ ⳧	Latrúculi, scacchi	الشطرنج
ⲡⲓⲃⲓⲝ ⳧	Tessera.	الفص
		ⲡⲓⲉⲗⲱ

Ægyptia.	*Latina.*	*Arabica.*
ⲡⲓⲥⲓⲃⲥ ⳽	Talus, globulus.	الكعب
ⲛⲓⲉⲣⲕⲁⲗⲉⲟⲛⲛⲓ	*Instrumenta Dealbatoris.*	الان المبيض
ⲧⲉⲡⲓⲣⲁϫⲓ ⳽		
ⲛⲓⲥϯϯ	Lapis fullonum.	حجر القصارين
ϯⳉⲁⲣⲱⲝⲓ ⳽	Instrumentū, quo materia cōteritur Mortarium.	المرقة السكهرة
ⲡⲓϣⲃⲱⲧⲛⲧⲉⲛⲥ ⲣⲉ ϥϯϯ	Lignum fullonum	عود القصارة
ⲛⲓⲉⲣⲕⲁⲗⲉⲟⲛⲛⲓⲧⲉ ⳽	*Instrumenta Harmonica fidicina.*	الان الملاهي
ⲛⲓⲣⲉϥⲭⲁⲩⲟⲣⲓ		
ⲡⲓⲟⲣⲅⲁⲛⲟⲛ ⳽	Organum.	الارغن
ⲕⲩⲙⲃⲁⲗⲱⲛ ⳽	Cymbalum.	الصلاصل الصنج
ⲡⲓ ⲯⲁⲗⲧⲏⲣⲓⲟⲛ ⳽	Pſalterium, Harpa.	المزمار
ⲡⲓⲕⲉⲙⲙⲕⲉⲙ ⳽	Tympanum, orbis ligneus, inſtrum. hyſtrionum.	الدف المزهر
ⲥⲓⲥⲧⲣⲁ ⳽	Siſtrum.	المزهر
ⲡⲓⲕⲁⲛⲟⲩⲛ ⳽	Monochordum, Clauicymbalum ſine manubrio.	القانون
ⲡⲓⲛⲧⲩⲙⲡⲁⲛⲟⲛ ⳽	Tympanum.	الدف
ⲡⲓⲟⲣⲅⲁⲛⲓⲥⲧⲏⲥ ⳽	Organædus.	البرغن
ⲟⲩⲃⲗⲁ ⳽	Globuli ſonori, qui manibus geſtátur,	جنك صطيل

ⲗⲩⲣⲁ

Ægyptia	Latina	Arabica
	& ſumitur etiam apud Aegyptios pro tono certo muſicali .	
ⲗⲩⲣⲁ	Lyra, Chelys.	الطنبور الرباب
ϯⲥⲙⲉⲃⲓⲕⲉ	Sambuca, Fiſtula.	القصبة الصغاره
ϯⲕⲩⲑⲁⲣⲁ	Cythara.	القيثار
ϯⲥⲁⲗⲡⲓⲅⲅⲟⲥ	Tuba , buccina , cornu, tympanũ.	البوق
	Idem.	الصفور القرن السافور
ⲙⲟⲩⲥⲓⲕⲟⲛ	Muſicus.	الموسيقي
ϯⲥⲙⲏ	Vox.	الصوت
ⲗⲁⲗⲓⲁ	Sonus, melos, harmonia.	النغمه اللحن
ϯϣⲩⲃⲱⲃⲓ	Guttur, fauces, larynx.	الحجره
ⲫⲓⲍⲱ	Cansatio, cãtilena, modulatio.	الغنا التنيتيت
ϯⲥⲩⲣⲓⲅⲅⲟⲥ	Fiſtula.	الزمور
ⲛⲓϭⲟⲥⲭⲉⲥ	Chorea, ſaltus, ſaltatio.	الرقص
ⲁⲩⲗⲟⲥ	Fiſtula.	الزمور
ⲑⲉⲙⲉⲗⲓⲕⲏ	Saltatrix, cantatrix.	الراقصه المغنيه
ⲛⲓⲉⲣⲕⲁⲗⲉⲟⲛⲓⲛ	*Inſtrumenta*	الات
ⲩⲉⲛⲓⲅⲣⲁⲙⲙⲁⲩⲉⲩ	*Scriptoris.*	الكاتب
ϯⲙⲉⲣⲁⲃ	Atramentarium.	الدواه
		[Arabic flourish]

Ægyptia	Latina	Arabica
ⲥ̅ⲫⲉⲣⲁ	Tomentum feri- cū, vel goſſipium atramentarii.	اللبقه
ⲡⲓⲭⲫⲕⲟⲩⲧ	Atramentum com poſitum.	الابرالركبي
ⲡⲓⲙⲙⲉⲗⲁ	Papyrus.	المداد
ⲡⲓⲕⲁϣ	Calamariū, pennæ feu ſcriptoris theca.	المقلم
ⲡⲓⲅⲣⲁⲫⲓⲟⲛ	Penna, ſtylus.	القلم
ⲛⲓⲕⲁⲗⲁⲙⲙⲁⲣⲓⲟⲛ	Calami, pennæ.	الاقلام
ⲛⲓⲭⲁⲣⲧⲏⲥ	Chartæ, folia.	ورق الكتابه
ϯⲍⲟⲛⲏ	Regula, lineale.	المسطره
ⲛⲓⲭⲁⲣⲧⲟⲥ	Charta, papyrus.	القرطاس
ⲛⲓⲧⲟⲙⲙⲁⲣⲓⲟⲛ	Diarium compu- tiſt. liber rationū.	الظومار
ⲡⲓⲃⲟⲗⲗⲓⲛⲓ	Delineatio chartæ.	الدرج
ⲛⲓⲧⲟⲙⲙⲟⲥ	Tomus chartæ.	الظومس
ⲛⲓⲡⲣⲟⲥⲧⲁⲅⲙⲉⲁ	Schedula.	السجل
ϯⲉⲡⲓⲥⲧⲟⲗⲟⲏ	Epiſtola.	الرسالة
ⲛⲓⲧⲟⲙⲙⲁⲣⲓⲟⲛ	Liber rationum.	الدفتر
ϯⲃⲁⲓ	Lanceola ſcriptoris	الجريده
ϯⲙⲙⲉⲧⲧⲱϭⲓⲟⲩⲛ	Cōputiſticus liber.	الجابسه
ⲡⲓⲥϫⲓ	Theca pēnaria, feu Graphiarium.	الكنز يسر التعليق
ⲛⲓⲕⲁϣⲛⲧⲉⲛⲓϫⲓⲛϭⲱϫⲓ	*Instrumenta mensurandi.*	الالن القياس
		ⲛⲓⲕⲁ

Ægyptia.   *Latina.*   *Arabica.*

Ægyptia	Latina	Arabica
ⲛⲓⲕⲁϣⲓ︦ⲛ︦ⲧⲉⲣⲓⲍⲓⲛⲟⲩⲓ	Calamus menſorius, pertica.	قصبة المساحة
ⲟⲩϣⲓⲟⲩ	Menſura quanta eſt extenſio vtriuſque brachij in longum, cui altitudo hominis æquatur.	الباع القامة
ϯⲉⲣⲧⲱ	Palmus.	الشبر
ⲡⲓⲗⲩⲕⲟⲥ	Spacium quantum eſt inter pollicem & indicem extenſum.	الفتر
ϯϭⲱⲣⲡⲥ	Manipulus, pugillus, quantum nimirum pugno capi poteſt ex rebus aridis.	القبضة
ⲡⲓϣⲓ	Menſura.	القياس المقدار
ⲛⲓⲉⲣⲕⲁⲗⲉⲟⲛⲓⲛⲧⲉ	*Inſtrumenta*	الات
ⲡⲓⲣⲉϥϣⲓⲛⲉⲙⲙⲓ	*ponderandi, ſeu ponderis*	الوزان
ⲣⲉϥⲟⲩⲱⲧⲉⲃ	*& menſurandi, ſeu menſuræ*	والكيال
ⲃⲟⲗϩⲉⲛϯⲡⲁⲗⲉⲁ	*quæ ex veteri,*	من العتيقة
ⲛⲉⲙⲉϯⲅⲉⲛⲛⲏ	*& nouo Teſtamento*	والجديد جين
		ⳑⲛⲉⲣ

Ægyptia.	Latina.	Arabica, 143

Ægyptia.	Latina.	Arabica. 143
ⲅⲛⲉⲣⲡⲟⲩⲙⲉⲣⲓⲉⲉ	attulimus hic in	اوردناهم
ⲡⲁⲓⲙⲙⲁⲉⲩⲅⲟⲩⲏϯ	vnum collecta.	هاهنا مجموعة
ⲡⲓⲕⲁⲙⲓⲛⲟⲥ	Statera.	القبان
ϯⲙⲁϣⲓ	Lanx, libra.	الميزان
ⲡⲓⲍⲓⲛϭⲱⲣ	Pondus, talentum.	الوزنة
ⲡⲓⲕⲩⲛⲁϩⲛⲉⲣⲓⲟⲛ	Centenarius, pon̄dus 100. librarū.	القنطار
ⲉⲣⲅⲁⲛⲁⲁⲣⲁ	Idem.	القنطار
ⲛⲓⲗⲩⲧⲣⲁ	Libræ.	الارطال
ⲛⲓϣⲓ	Pondera, lanx, ſiue orbis, in quo po-nuntur res pon-derandæ.	الصنج الاوزان
ⲗⲩⲧⲣⲁ	Libra, aliud menſu-ræ genus.	الرطل
ϯⲟⲛⲅⲓⲁ	Vncia.	الاوقيه
ⲡⲓⲁⲙⲛⲁ	Mina, mna.	المنو
ⲡⲓⲥⲉⲕⲗⲟⲥ	Siclus, pondus.	المتقال
ⲡⲓⲉⲣⲧⲱⲃ	Pondus. 600. li-brarum.	الاردب
ϯⲟⲩⲱⲓⲡⲓ	Epha menſura ari-dorū, modius con-tinens 3. ſata.	الربيه
ⲡⲓϣⲓ ⲡⲓⲙⲉⲟⲙⲉⲟⲣⲉ	Mēſura queliber, ſa-tū, gomor, corus.	الكيل
ⲡⲓⲕⲁⲡⲓⲍⲓ	Modius quarta ſahi	الد
ϯⲑⲁⲗⲓⲥ	Menſura 12. mo-diorum.	الغراره الطليش

ⲡⲓⲉⲣⲡ

Ægyptia	Latina	Arabica
ΠΙΚΟΜΟΡ	Gomor, 19. modiorum.	المكوك
ΠΙΑΦΟΤ	Phiala, fcyphus.	القدح
	Et fequũtur ad hęc menfuræ, quæ continentur in facro Euangelio.	وينبلو دلسك ما صمته الا جدل المقدسين من المكابيل
	Nomina ponderũ, menfurarum, & ficlorum, & vaforum.	اسما موازين ومكابيل ومتاقبيل واوعية
ΠΙΚΟΡΟCΝΚΟϮΟ	Corus, mefura, vas farinæ 4. modios continens.	الصاع الكر القمح اربعة امداد
ΠΙΒΕϮΟCΝΝΕ	Bathus olei 60. vrnarum.	القفيز الزيت ستين قسط
ΠΙΠΕϨΒΗΛΝΗΡΠ	Vter vini maior 150. batorum, feu vrnarum.	الرق للخمر الكبير ماية وخمسين قسط
ϮΑΛΑΒΑCΤΡΟΝ	Alabaftrũ vnguenti, continens batum, & libram.	قاروره الطيب تسع قسط وتسع رطل
ΠΙΚΑΠCΑΚΗCΝϮΕΗ ΛΙΑC	Menfura lecythus Eliæ continens 4. batos.	قلة ايليا ش تسع اردعـ اقساط
ΠΙΚΟΜΟΡ	Modius minor cõti nens 15. mefuras.	المد الصغير يسع خمسة عشر مد

ΝΙΝΙ//

Ægyptia	Latina	Arabica
ⲡⲓⲛⲓϣϯ ⲛ̅ⲕⲟⲗⲟⲟⲣ ⳽	Modius maior côti nés 30. menſuras.	المن الكبير ثلثين من
ϯϫⲁⲛⲓⲍⲓ ⳽	Menſura ſa a, ſeu corus	المد الصاع
	continens 22. ba tos, & huius no men eſt	جميع اثنين وعشرين قسط وهذا الاسم في
	in Apocalypſi.	الادوعا المسيحى ۞
	& meminit Elga ühari, quoniam modius menſura	ونكر الجوهري ان المن مكيال وهو رطل
	eſt libra apud Ara bes, & duæ libræ apud Aſſyrios,	عند اهل الحجاز ورطلان عند اهل العراق
	& corus continet 4. modios.	والصاع اربعة امداد ۞
ϯⲕⲁϯ ⳽	Cenſus continet mediam vnciam, & ſunt 10. qua drantes.	الجزيه نصف اوقيه وهى عشرين فلساا
ϯⲉⲁⲝⲣⲓⲥ ⳽	& Hydria conti net decem ba tos.	وهى جره تسع عشرا قساط
ⲡⲓϫⲓⲛϭⲱⲣ ⳽	Pondus, ſeu talen tum, & eſt 120. librarum,	الوزنه وهى ماىه وعسرين رطلا
ⲡⲓⲥⲉⲕⲗⲟⲥ ⳽	Siclus continet 4. vncias.	وعاجشىع ربع اوقيه

Ægyptia	Latina	Arabica
	& dicit hoc nomē etiam talentum.	وتفسير هذا الاسم ايضا مثقال
ⲡⲓⲥⲧⲁⲙⲉⲛⲇⲟⲥ	Mna, ſeu batus māna continet 4. modios.	قسط المن يسع اربعة اقساط
ⲥⲧⲁⲧⲏⲣⲁ	Stater, quem inuenit Petrus in ore.	الاستار يبر الذي وجده
	Piſcis, & eſt is mediæ vnciæ, & continet tres denarios in pecunia parua.	بطرس في فم السمكة وهي نصف اوقيه وهو ذلث الدينار بالدينار الصغير
ⲧⲟⲓⲕⲓⲧ	Cenſus quidam, & eſt quarta pars vnciæ.	الجاليه ردع اوقيه
ⲧⲝⲉⲥⲕⲓⲧ	Drachma, octaua pars vnciæ,	الدرهم ثمن اوقيه
	& in exēplari duæ tertiæ vnciæ	وفي نسخة ثلثي اوقيه
ⲡⲓⲙⲉⲙⲁ	& hæc etiam mna, continens.	وهو ايضا المن يسع
	20. vncias, & faciunt 28. denarios.	عشرين اوقيه وهي ثمنيه وعشرين دينارا
ⲡⲓⲧⲉⲃⲥ	Quadrans, octaua pars denarij.	الفلس ثمن الدينار
		ⲡⲓⲥⲧ...

Ægyptia	Latina	Arabica
ⲥⲓⲟⲩ̄ϥⲁⲍⲓⲟⲛ	Stadium	الغلوه

Stadium 65. perticas, & inuentum est in exemplari antiquo femel, quod ſtadium 85. perticarum.

خمسه وستين قصبه وقد وجد في نسخة عتيقة مره ان الغلسوه خمسه وثمانين قصبة

Et dicitur etiam, quod ſtadium 400. brachiorū, & dicitur iactus ſagittæ.

ويقال ايضا ان الغلوه اربع ماية دراعا ويقال رمية سهم

Ægyptia	Latina	Arabica
ⲙⲓⲗⲉϧⲁⲗⲓⲟⲛ	Milliare, & id 7. ſtadiorum.	الميل وهو سبع غلوات

Et ſingula 3. milliaria faciunt Paraſangam. Paraſanga autem 1400. brachiorū, & eſt ſpatium 3000. paſſuum

وكل ذلثة امبال فرسخا والفرسخ الف واربع مايه دراعا وذكون جظا ذلثه الاى حظوة

Et paſſus cubitus vnus, & vna quarta, & vna ſexta, & vna octaua, & ſeptima pars Kirat ex brachio.

والخظوه ذراعا واحدا وربع وسدس وثمن وسبع قيراط من دراع

Ægyptia	Latina	Arabica
	Parafanga vna, parafanga perfica arabizata, ita narrat Alghuari.	للفرسخ واحد الفراسخ فارسي مغرب كـذا حكاه للجوهري ۞
ⲡⲓⲉⲟⲁⲗⲓⲟⲛ ✳	Et notum eſt, quod milliare 4000. brachiorum, & parafanga, fecū dum hanc ratio nem eſt 12000. cubitorum.	والمشهـور ان الميل اربعــة الف ذراعـا والفرسخ على هذا الحكم اثني عشر الـــف ذراعـا ۞
ⲡⲓⲁⲃⲕ ✳	Congius etiam continet octo ba tos:	قسط ايضا يسع ثمنية اقساط
ⲡⲓⲁⲃⲕⲉⲃⲟⲩⲁⲃ	Congius facer cōtinet fex cōgios etiā, & hæ menfuræ in libris Regum continentur.	القسط المقدس جمع ستنة اقساط ايضا وهولاي في اسفـــار الملوك ۞
ⲡⲓⲧⲉⲙⲙⲉⲧⲣⲓⲧⲏⲥ ✳	Tres hydriæ, quæ conuertit Do minus in vinum continet vna quæque feptua ginta duos batos & dicitur, quod Saa continet	الثلث اجاجين التي ادرلهـــا السيـن خمرا تسمح كـــل واحده اثنيـين وسبعين قسطا ويقـــال ان الصاع ثلثـين

Ægyptia	Latina	Arabica
	3 0. modios, & mo dius 3. & ephę 3. menfuras minutas,	منا وامن ثلاثة ويبـــــات
ⲡⲓⲙⲉⲧⲣⲓⲧⲏⲥ ✢	quarum in Euan gelio vnaquæ- que corus; & om- nia hæc nomina fcripta funt in ve teri ; & nouo Te- ftamento, & expli cantur à Sanctis Patribus.	الثلثة احتسان وقيف التي في الاجيل كـــل واحد صـــاع وجميـــع هزة الاشنا منكتوبه في العتيقـــه ولحديدنه وفسرها الاجــــا

Ægyptia	Latina	Arabica
ⲛⲓⲕⲁⲛ ⲛ̄ⲧⲉⲛⲓ ⲉⲣⲕⲁⲗⲉⲟⲛ ⲛⲉⲙ ⲛ̄ⲧⲉⲛⲓⲙⲱⲕⲓ ✢	Nomina Inftrumento- rum, feu fuppel- lectilium.	اسما الات من الماعون
ⲡⲓⲃⲓⲕⲟⲥ ✢	Vas vinarium.	المخمر
ϯⲉⲉⲝⲁϭⲧ ✢	Craticula .	الصلايه
ⲡⲓⲙⲁⲕⲣⲟ ✢	Peluis.	الجرن الهاون
ⲡⲓⲙⲱⲕⲓ ✢	Vas, inftrumen- tum.	الاانا الوعا
ϯϩⲁⲗⲕⲟⲧ ✢	Onocrotalus, vas huius formæ.	الملسقيه
ϯⲕⲙⲓⲕⲓⲍⲓ ✢	Situla, vas ex corio fectum ad hau- riendam aquam.	الزكوجه

ⲡⲓⲃⲓⲝ

Ægyptia	Latina	Arabica
ⲡⲓⲃⲓⲛⲁϫ ⳾	Paropſis, catinus, ſcutella.	الصحن الصحفة
ϯⲟⲩⲁⲣⲓⲁ ⳾	Hydria.	الجره
ⲡⲓⲕⲟⲛⲁⲁⲣⲓⲟⲛ ⳾	Amphora, cadus.	الدن
ϯⲉⲕⲗⲟⲗⲓ ⳾	Amula, vas ex quo bibitur, hydria ſitula.	الكوز
ϯⲟ̄ⲣⲏ ⳾	Cochlear.	المغرفة
ϯⲉⲩⲥⲃⲏⲣⲓ ⳾	Cochlear.	الملعقة
ⲡⲓⲭⲗⲟⲗ ⳾	Amula.	الابريق
ⲡⲓⲭⲗⲟⲗ ⳾	Vas roſtratum, vr-ceus.	الابريق
ⲡⲓⲁ̇ⲥⲫⲓⲧⲓⲕⲟⲛ ⳾	Aliud vaſis genus.	البرج
ϯⲗⲉⲕⲁⲛⲏ ⳾	Crater.	اللقان
ⲡⲓⲕⲁⲛⲓⲕⲟⲛ ⳾	Ahenum, caldare, lebes,	الماخور
ⲡⲓⲭⲱⲓ ⳾	Idem.	الماخور
ϯⲁⲕⲗⲏ ⳾	Scyphus, crater.	اللقنبة
ϯⲕⲁⲃⲓ ⳾	Lucer. olei cũ lych.	المسرجة
ⲡⲓϩⲏⲃⲥ ⳾	Lychnus, lucerna	السراج
ϯⲗⲩⲭⲛⲓⲁ ⳾	Candelabrum.	المناره
ⲡⲓⲗⲓⲕ ⳾	Lecythus, vas olei :	كوز الزيت
ϯⲝⲟⲣⲃⲉⲥ ⳾	Paruum vas.	الصاغره
ⲟⲩⲁ̇ⲡⲗⲓⲣⲏ ⳾	Vas ad refrig. aquã.	براده تلجيم
ⲟⲩⲍⲟⲗⲉⲏ ⳾	Paropſis, ſcutella.	صحفه
ⲟⲩⲥⲕⲁⲫⲏ ⳾	Scaphula, phiala.	متزن منسف
ⲟⲩⲕⲁⲣⲓⲁ ⳾	Galea, caſſis.	ابلوجة غفاريد

ⲟⲩⲕⲗⲏ

Ægyptia	Latina	Arabica
oⲩⲕⲗⲏ ⳨	Lecythus, lagena.	زبر
oⲩⲝⲙⲉⲛⲟⲗⲓⲉ ⳨	Aliud vasis genus .	جفنه
ⲡⲓⲛⲁⲍ ⳨	Pinax,tabula , seu mensa Telonij.	عصازي
ⲡⲓⲗⲉⲕⲧⲏⲣ ⳨	Ahenum.	طفمت
oⲩⲗⲓⲝⲓ ⳨	Patina.	طاسية
oⲩϣⲛⲟⲩϥ ⳨	Corbis, canistrum.	مقطف كرامي
oⲩⲕⲟⲧ ⳨	Sporta.	زنفيل
oⲩⲣⲉⲡⲟⲩⲓⲉ ⳨	Follis, ventilabrū.	موبة مروحة
oⲩϩⲁⲧⲏⲣ ⳨	Pistillum .	دقاق
oⲩⲃⲁⲓⲣⲓ ⳨	Cophinus, corbis, canistrum.	قفة
oⲩⲕⲁⲣⲑⲁⲗⲗⲟⲥ ⳨	Cartallus, canistrū, calathus.	قرطل
oⲩⲅⲗⲟⲥⲟⲕⲟⲙⲙⲓⲛ ⳨	Cista,arca.	صندوق درج
oⲩⲕⲣⲓⲃⲱⲥ ⳨	Candelabrum.	شمعدان
oⲩⲕⲁⲍⲁϥⲓⲗⲟⲕⲓⲟⲛ ⳨	Promptuarium , gazophilacium .	خزادة
ϯⲧⲟⲧⲥ ⳨	Abacus, tabula.	دكة
oⲩⲥⲟⲕⲙⲉⲁⲝⲓ ⳨	Mensa, tabula longa.	مناجن طويله
ⲛⲓⲣⲉⲛⲛⲓⲧⲉⲩϫⲓⲛⲓ ⲕⲟⲧⲓⲉⲙ	*Nomina ædificiorum,habitationū, ⁊ vtensiliū , seu*	اسما مباني وعمابر
ⲛⲉϥⲉⲣⲕⲁⲗⲓⲁ ⳨	*instrumentorum eorum:*	والاتها

Ægyptia	Latina	Arabica
ⲕⲁⲧⲁⲕⲣⲓⲁ ⳼	Clima, Territoriū.	اقليم وذجي ذغر
ⲃⲁⲕⲓ ⳼	Ciuitas, vrbs.	مدينة
ⲟⲓⲕⲟⲇⲟⲙⲏ ⳼	Aedificium.	ذنيان
ⲭⲱⲣⲓⲟⲛ ⳼	Hortus deliciarū, Paradiſus.	بستان
ϯⲕⲟⲓ ⳼	Ager, lucus, ne- mus, ſilua.	الفقر الغيط
ⲭⲉⲣⲥⲱⲥ ⳼	Terra aſpera, & có- fragoſa.	ارض خرس
ⲭⲱⲣⲁ ⳼	Regio, prouincia.	كوره
ⲡⲉⲧⲣⲁ ⳼	Saxum, lapis, pe- tra.	صخره
ⲕⲁⲥⲧⲣⲟⲛ ⳼	Caſtrum, palatiū.	قصر
ⲡⲓⲕⲟⲃⲧ ⳼	Locus munitus, murus.	السون لحسن
ⲍⲓⲁⲃⲁⲃⲣⲁ ⳼	Pons, arcus, ſca- la	جسر قنطر
ⲡⲓⲃⲩϫⲓ ⳼	Agger.	خندق
ⲡⲉⲣⲓⲃⲟⲗⲉⲟⲛ ⳼	Murus, mœnia.	حصن سور
ⲡⲩⲣⲅⲟⲥ ⳼	Turris, πύργος.	برج
ⲡⲓⲗⲱⲃϣ ⳼	Loca, in quę reci- piuntur aduenæ, hoſpitia.	شرارجف
ⲟⲭⲓϭⲟ ⳼	Diuerſorium, Ho- ſpitium.	دار منزل
ⲟⲭⲥⲧⲟⲫⲟⲣⲓⲟⲛ ⳼	Veſtibulum.	دهليز
ⲙⲁⲛϩⲉⲙⲉⲥⲓ ⳼	Locus commodus ad ſedendum.	مجلس

ⲡⲣⲉ //

Ægyptia.	_Latina._	_Arabica._
ⲡⲣⲉⲧⲱⲣⲓⲟⲛ ✣	Prætorium, curia.	ابوان
ⲥⲧⲟⲁ ✣	Porticus, ſtoa.	رواق اصطوان
ϯⲟⲩⲁϩⲉⲉⲓ ✣	Cænaculū, ſolariū.	غرفه علیه
ⲟⲩⲕⲟⲣⲓ ✣	Cataractæ, feneſtrę.	روزنه
ⲫⲣⲟ ✣	Porta, ianua.	باب
ϣⲟⲩϣⲧ ✣	Feneſtra.	طاق کوه
ⲟⲩⲕⲁⲛⲧⲱⲗⲓ ✣	Pulpitum.	دان هنج
ⲙⲟⲩⲕⲓ ✣	Scala.	سلم
ⲟⲩⲁⲥϭⲟⲓ ✣	Tectum, tegmen, opertorium.	سقف
ⲥⲑⲉⲕⲉⲑⲉ ✣	Idem.	تغطیه
ϩⲁⲛⲧⲱⲧⲉⲣ ✣	Gradus.	درج
ⲕⲁⲧⲁⲕⲏ ✣	Latibulum, tugu- rium.	کندوج جبا
ϯϣⲏⲡⲓ ✣	Foſſa, fouea.	مغموره
ⲟⲩⲙⲉⲓ ϣⲱⲡ ✣	Tabernaculū, tugu rium, latibulum.	خباه
ⲥⲓⲱⲟⲩⲛⲓ ✣	Balneum.	حمام
ⲥⲩⲭⲓⲁ ✣	Locus ſeparatus.	خلوه
ⲡⲓⲙⲉⲉⲏⲣⲁⲛ ✣	Lauacrum, peluis.	جرن
ⲫⲟⲣⲛⲟⲥ ✣	Furnus, Fornax.	فرن
ⲡⲓϭⲣⲱⲡ ✣	Infundibulum, ca- minus.	مدخنه
ϯϭⲛⲏⲓⲛⲓ ✣	Aquæductus.	السواقیه الطاره
ⲥⲑⲩϣⲓ ✣	Curſus aquarum, riuus.	جراه
ⲙⲉⲭⲁⲛⲏ ✣	Mola, molendinū.	طاحون
ⲟⲩϩⲣⲱⲧ ✣	Torcular, prælum.	معصره

Ægyptia	Latina	Arabica
ΠΑΝΤΟΧΙΟΝ ⳾	Caupona, taberna.	فندق خن
ϮϹΧΟΛΗ⳾	Schola, locus scri- bendi .	المكتب
	Et hæc vox latina in act. Apost. & eius interpretatio, est Schola.	هذه اللفظــــ فرخجـــــ في الابر كسيتس تاويلها المدرسه وفسرت بالمكتب
ΑΠΟΘΗΚΗ ⳾	Horreum . .	اهرا
ΤΖΑΜΙΟΝ ⳾	Reconditorium.	مخزن
ΕΠΕΤΟΧΙΟΝ ⳾	Locus pereginorū, hospitale , xeno- dochium.	موضع الغرب ا مضيق
ΤΑΒΙΡΝΟΝ ⳾	Taberna,	حادوت
ΟΥΑΓΟΡΑ ⳾	Officina, Forum . .	دكان
ΟΥΠΛΑΤΙΑ ⳾	Platea.	ساحه
ΟΥϹΤΑΒΛΑ ⳾	Stabulum.	اسطبل
ΚΙΜΕΝΑϹΙΟΝ ⳾	Forum, platea (*Per- sice, & Turcicè.*)	ميدان ان
ΗΙϹΤΑΔΙΟΝ ⳾	Stadium , palæstra, hyppodromus .	ميدان
ΟΥϬΩΛΠ ⳾	Tectum, opertoriū, casa . .	سقيفة
ΟΥΖΑΛΑ ⳾	Plantatio vineę, lo- cus vitib' cõsitus.	عريشة الكرم
ΟΥϹΚΥΝΗ ⳾	Vmbraculum.	المظلة
ΟΥΖΑΛΗ ⳾	Habitaculum , vi- cus, casa.	دار

Ægyptia	Latina	Arabica
ⲙⲟⲛⲁⲥⲧⲏⲣⲓⲟⲛ ⳿	Monasterium, locus solitarius .	دير موضع الوحدا فين
ⲥⲧⲩⲗⲏ ⳿	Locus vigiliarum, columna Anachoretarum.	صومعه راقوده
ⲟⲩⲥⲧⲩⲭⲟⲥ ⳿	Idem.	راقوده
⳧ⲣⲓ ⳿	Cella Eremitarum, Eremitorium.	قلايه
ⲁⲥⲕⲉⲧⲏⲣⲓⲟⲛ ⳿	Locus deuotioni, & cultui diuino cõfecratus, afceteriũ, monafteriũ.	منسك موضع النسك
ⲁⲥⲕⲉⲧⲏⲣⲓⲟⲛ ⳿	Afcetoriũ , monafterium.	منسك موضع النسك
ⲕⲣⲓⲡⲓⲥ ⳿	Fundamentũ, crepido .	زربيه قربوص اساس
ⲃⲉⲙⲙⲉⲗⲉⲧⲓⲟⲥ ⳿	Fundamentum	اساس
ⲥⲉⲛϯ ⳿	Fundamentum .	اساس
ϥⲱⲓ ⳿	Subfellium.	مصطبة
ⲙⲓⲥⲓⲧⲟⲡⲟⲩⲛ ⳿	Suppedaneum , fcabellum .	مصطبة
ⲃⲉⲙⲙⲉⲗⲓⲥⲟⲥ ⳿	Fundamentum murorum.	اساس جدار
ⲝⲉⲛⲉϥⲱⲓⲣ ⳿	Tectum.	سداح
ⲁⲥⲧⲓⲕ ⳿	Idem.	سطح
ⲙⲁⲛⲥⲁ⳿ϯ ⳿	Culina, macellum.	مطبخ
ⲁⲩⲗⲓⲟⲛ ⳿	Habitaculũ, caula .	دارمنزل خظير
ⲡⲓⲟⲛⲅ ⳿	Domus, habitaculũ	الدار

V 2

موضع

Ægyptia	Latina	Arabica
ⲁⲉϭⲁϩ	Cœmeterium, se-pulchrum.	قبر
ⲁⲗⲓⲥⲉ		
ⲉⲙϩⲁⲁⲓⲟⲛ	Idem.	قبر
ⲧⲁⲫⲱⲥ	ταφος. Sepulchrum.	طافوس
ⲍⲉⲛⲟⲛ	Habitatio , diuer-sorium, hospi-tium .	مسكن منزل
ⲕⲉⲣⲟⲩⲥⲓⲁ	Carcer.	حبس
ⲉⲩⲧⲉⲕⲟ	Carcer.	حبس
ⲙⲁ ⲍⲉⲛⲟⲛ	Hospitale.	مارستان
ⲁⲣⲧⲓⲕⲏ	Locus separ. hosp.	حجره مارستان
ⲛⲓⲉⲣⲕⲁⲗⲉⲟⲛⲓ	*Jnstrumenta*	الات
ⲧⲉⲛⲓⲟⲓⲕⲟ⳨ⲟⲙⲉⲛ	*Habitationum,*	العماير
ⲛⲉⲙⲕⲉⲟⲩⲁⲓ	*aliorumque.*	وغيرها
ⲛⲓⲁⲥⲕⲟⲗⲏ	Fuudaméta, bases, suftentacula.	الدعايم
ⲛⲓⲥⲕⲁⲗⲁ	Scalæ, gradus.	الاساقيل
ⲛⲓⲣⲱⲟⲩ	Portæ.	الابواب
ⲛⲓⲙⲁϣ	Latrinæ, asseres	البروز الدفات
ⲛⲓⲕⲗⲟⲩⲧⲱⲓⲛ	Interiora domuú, penetralia.	الشوات
ϯⲧⲁⲓⲃⲓ	Labrum.	البقيره
ⲛⲓϥⲟⲩⲭⲓ	Trunci.	القرم الغلقات
ⲛⲓⲫⲟϣⲉⲛ	Tabulæ damascen.	الواح شق الشام
ϯⲥⲕⲉⲫⲁⲗⲓⲥ	Postis .	الاسكفه
ⲛⲓⲙⲉⲃⲓⲛϣⲛⲉ	Bractea.	الشبا بيك
ⲛⲓⲉⲛⲓϩⲟⲩⲛ	Tabula, asser.	اللوح

Ægyptia.	Latina.	Arabica.
ΠΙΣΤΥΛΗ ✦	Columnæ.	الاعمىه
ΠΙΛΑΖΛΕΖ ✦	Fornix recta, seu plana.	الباطاق القادىم
ϮΚΕϨΝΙ ✦	Fornix obliqua.	المعقىه
ϮΘΒΑΙ ✦	Limen.	العتبة
ΝΙϢΩϮ	Libræ, stateræ, vectes.	الاساطيـــــر الدهوقات
ΝΙΕΩΧΛΟΥC ✦	Valla, aggeres.	المتارىش
ΧΛΙΤΟC ✦	Palus ferreus.	الرزه
ΠΙΑΡΑ	Annulus Ianuę, car	الزرفىن
ΝΙΚΕΛΛΙ ✦	Vectes. (do.	الاضبب
ΠΑΡΕΕΑΡΑ ✦	Gypsũ marmoreũ.	جىر رخامى
ΝΙϢΕΕΙ ✦	Cœnum, calx.	الطىن
ΝΙΚΑΦΕΛΕΟΝ	*Caput XI.*	الفصـل
ΕΕΕΑϨΙΖΕΥΕ	*vndecimum con-*	الحادي عسَر
ΕΡΑΠΕΝΤΟΚΤΙΝ	*tinet narrationem*	ىشتمل
ΕΖΕΝΦϢΕΥΙ	*morborum, quæ*	هلى نكر؟
ΝΤΕΝΕΥϢϢΝΙ	*accidunt eis, oum*	امراضة
ΝΕΕΕΝΕΥΙΑΒΙ	*lætificantibus, &*	واعراضة
ΝΕΕΕΝΕΥΡΑϢΙ	*mærorem indu-*	ومفرحاةة
ΝΕΕΕΝΕΥϨΗΒΙ ✦	*centibus.*	وىحزنابة
ΦΛΕΓΕΕΑ ✦	Phlegma, pituita, catarrhus.	البلغم
ϮΙΑΒΙ ✦	Morbus, seu causa morbi,	العلة
ΠΙϢϢΝΙ ✦	Morbus, infirmitas.	المرض الضعف ΠΙϢҕ

Ægyptia	Latina	Arabica
ⲡⲓϧⲙⲟⲙ ⁘	Febris, morbus calidus.	الحما
ⲡⲓϧⲙⲉⲛⲓϧⲓ ⁘	Difficultas ſpirandi,	ضيق النفس
ⲡⲓⲛⲕⲁⲓⲛⲓ ⁘	Stupefactio, tetanus.	النهران
ⲡⲓϣⲁⲙⲉⲥⲉⲃⲟⲗ ⁘	Caligo veſpertina oculorum.	العشي
ⲡⲓⲉⲣⲅⲱⲛⲓⲧⲏⲥ ⁘	Bubo peſtifer	الطاعون
ⲡⲓⲃⲓϧⲓ ⁘	Vlcus, apoſtema, ſanies.	الورم
ϩⲓⲡⲣⲟⲡⲓⲕⲟⲥ ⁘	Hydropiſi laborãs	الامستسقا
ⲡⲓϩϫⲓⲙⲁⲧⲟⲥ ⁘	Hydrops cũ vlcere	التنرهل
ⲡⲓⲣⲟϧⲧ ⁘	Epilepſia.	الصرع
ⲡⲁⲣⲁⲫⲣⲟⲥⲓⲛⲏ ⁘	Phreneſis, dementia ex melancholia.	الوسواس
ⲡⲓⲗⲓϧⲓ ⁘	Lateris Apoſtema.	الجنرب الحزف
ⲡⲓⲥⲉϧⲧ ⁘	Lepra, vitiligo.	البرص
ⲗⲉⲃⲣⲟⲩⲥ ⁘	Lepra, elephantiaſis.	البرص
ⲕⲉⲫⲁⲗⲟⲥ ⁘	Lepra, morbus ani, exulceratio ſedis.	الجدام
ⲃⲁⲣⲁⲓⲛⲥ ⁘	Morbus ignotus, ſpurius, cuius cauſa neſcitur.	الحبه التي لايعرف
ⲡⲓⲕⲗⲁⲥⲙⲓ ⁘	Morphæa.	البهاق

ⲡⲓⲙⲟⲛ

Ægyptia	Latina	Arabica
ⲡⲓⲙⲟⲩⲧⲟⲗⲙ ⳨	Vlcerum aperitio, faniei profluuium.	النفج المنتّة
ⲡⲓϣⲑⲉⲗⲧ ⳨	Humor, perturbatio humorum.	الخلط
ⲡⲓⲉⲓϣⲱⲧⲏⲣ ⳨	Humores.	الاخلاط
ⲡⲓⲡⲉⲗⲗⲉ ⳨	Variolæ, morbus puerorum.	الجــــدري الورشكين
ⲡⲓⲉⲛⲡⲟⲩⲧⲁⲕⲣⲟⲥ ⳨	Podagræ,	النقرس
ⲡⲓⲗⲓⲃⲱⲥ ⳨	Pleuritis, morbus laterum.	المغس
ⲡⲓⲉⲍⲟⲙⲉⲗⲱⲥ ⳨	Colica.	القولنج
ⲡⲓⲭⲱ ⳨	Solutio mẽbrorũ.	الاسترجا
ⲡⲓⲃⲱⲗⲉⲃⲟⲗ ⳨	Diarrhæa, folutio ventris.	الامخلال
ⲡⲓⲟϭⲗⲉ ⳨	Paralyticus, diffolutus membris.	المخلع
ⲡⲓⲝⲱⲟⲩⲝ ⳨	Tortura oris, paralytica.	اللوقه
ⲥⲁⲑⲏⲣ ⳨	Idem.	اللوقه
ⲡⲓⲥⲛⲟϥⲉⲧⲩⲝⲧ ⳨	Phlebotomia, emif. fiofanguinis.	نزيف الدم
ϯⲙⲉⲧⲕⲟⲩⲣ ⳨	Surditas, vitium aurium.	الطراش
ϯⲙⲉⲧⲃⲉⲗⲗⲉ ⳨	Cæcitas.	العمى
ⲡⲓⲙⲉⲃⲟⲩ ⳨	Surdus.	العديم للرأس
ⲡⲓⲥⲗⲓⲭⲓⲛⲛⲁⲝⲥⲓ ⳨	Stridor dentium ex febri,	ضربان الاسنان

Ægyptia	Latina	Arabica
ⲡⲁⲣⲉⲛⲡⲗⲉⲝⲓⲁ ⳨	Phrænefis, mania.	الشرسام
ⲥϥⲏⲉⲓⳁ ⳨	Morbus, qui fpumare facit	الزبد
ⳁⲯⲱⲣⲉ ⳨	Scabies, pfora ele-elephantiafis.	الآكله الجرب
ⲅⲩⲗⲁⲕⲉⲙ ⳨	Ophtalmia, morbus oculorum.	الرمد
ⲡⲗⲩⲅⲏ ⳨	Icterus, febris icteritia.	اليرقان
ⲡⲓⲉⲟⲩⲙ ⳨	Idem.	البرقان
ⲱⲣⲓⲍⲱⲙ ⳨	Mirachia, genus morbi intercutaneum.	المراقبا
ⲱⲣⲓⲍⲱⲙ ⳨	Idem.	المراقبا
ⳁⲉⲉⲉϣⲫⲱⲙⲓ ⳨	Impetigo.	القوبة
ⲡⲓϣⲓⳁ ⳨	Vomitus, naufea ftomachi.	القي الاستفراغ
ⲡⲓⳉⲗⲓⲝⲓ ⳨	Solutio ventris.	الاسهال
ⲡⲓⲕⲁⲕⲟⲓ ⳨	Mucus, abundátia pituitæ.	المخاط
ⲡⲓⲃⲁⲩ ⳨	Saliua, fputum.	والبصاق
ⲡⲓⲛⲁⳁ ⳨	Sudor.	العرق
ⲡⲓⲥⲱⲕⲥⲉⲕ ⳨	Ofcitatio, alijs phtifis.	التثاوب
ⲡⲓⳉⲉⲣⳉⲉⲣ ⳨	Sonus per nares, ronchus.	النخير الشديد
ⲡⲓⲭⲟⲕⲥⲓ ⳨	Crepitus ventris.	الضراط

ⲡⲓ⳿

Ægyptia.	*Latina:*	*Arabica.*
ⲡⲓϭⲱⲥ	Idem.	القصا
ⲡⲓⲉⲣⲟⲧⲉⲙⲱⲟⲩ	Vrina, lotium.	البول الارقد
ⲡⲓϣⲁⲧ	Scarificatio.	السلخ
ⲡⲓⲡⲓⲉⲣϩⲟⲥ	Corporis exonera-tio, egestio.	البعوبط
ⲡⲓⲥⲕⲟⲩⲣ	Castratio, Eunu-chus,	الخصي
ⲡⲓⲗⲉⲩⲕⲙⲉⲙⲉ	Angor mortis, agonia.	النزاع
ⲡⲓⲙⲟⲩ	Mors.	الموت

Caput de contri-stantibus, & con-fundentibus:

قصل في المجزدات والمخزدات

ⲡⲟⲗⲉⲙⲓⲍⲓⲛ	Infamia, dedecus, laceraret eum.	ههكك شهره
ⲡⲁⲣⲁⲧⲓⲣⲉⲙⲉⲧⲓⲍⲓⲛ	Flagellari, virgis cædi.	جدريش
ⲟⲩϣⲓⲛⲓ	Infamatio.	هنيبده
ⲟⲩϣϥⲓⲧ	Confusio.	خزي
ⲟⲩϣⲁⲣⲓ	Cecidit, verbera-tio, percussio.	ضرب
ⲟⲩⲭⲣⲙⲱϣ	Alapa, Colaphus.	لطم لطش
ⲃⲱⲝ	Scindere, scissio, Fractio.	قطع كسر
ϩⲱⲣⲏⲥⲧⲓⲃ	Relegatio, reijcere, expellere.	دفي

كهخه

Ægyptia	Latina.	Arabica.
ⲕⲁⲧⲁⲡⲟⲛⲧⲓⲥⲙⲟⲥ ⳽	Demerſio	تغريق
ϣⲉⲡⲙⲟⲣⲧ ⳽	Tonſura barbæ ad pœnam igno-miniæ.	حلق لحيه
ϯⲙⲉⲧⲥⲱⲃⲓ ⳽	Irriſio.	ضحك سخريه
ⲟⲩϣϫⲁⲡ ⳽	Impulſio.	دكسبغ
ⲉⲣϣⲟⲩⲧ ⳽	Fætor, ſordes.	زفره
ⲭⲟⲗⲏ ⳽	Dolor, mœror.	حسره
ⲟⲩⲙⲉⲧⲁⲛⲟⲏⲩ ⳽	Pœnitentia.	ندامه
ⲟⲩⲓϣⲓ ⳽	Suſpenſio.	تعليق
ⲟⲩⲥⲧⲁⲩⲣⲱⲥⲓⲥ ⳽	Crucifixio.	صلبي
ϣⲑⲟⲣⲧⲉⲣ ⳽	Conturbatio, tu-multus, impatiē-tia, auulſio.	قلق اقزعاج تشويس
ⲟⲩⲟϫϧ ⳽	Suffocatio, ſtran-gulatio.	خنق شبق
ⲉⲇϣⲓ ⳽	Flagellatio, caſti-gatio.	دبكيت
ϫⲫⲟⲓ ⳽	Reprehenſio, ca-lúnia, accuſatio.	دويخ
ⲡⲓϭⲓⲱⲗⲓ ⳽	Flagellatio publi-ca.	تقرديج
ⲕⲣⲏⲥⲓⲥ ⳽	Iudicium, criſis, ſtatutum.	دينونه
ϥⲁⲥⲓⲥ ⳽	Sententia fina-lis.	قضيه
ⲉⲙⲃⲟⲛ ⳽	Ira, indignatio, cō-motio, zelus	خنق غضب رجز

Ægyptia.	Latina.	Arabica.
ΠΙϲΟⲧ̄ⲧⲧ ⳿	Metus, pauor, con-fternatio.	جوف جزع
ⲋ̄ⲛⲟⲗⲁⲙⲙⲥⲓⲥ ⳿	Minæ, terror.	تخويف تهديد

	PORTA III.	الباب الثالث
ⲟⲩⲟⲅⲧ̄ϩⲡⲓⲛ̄	& computat, numerat	وعدد
ⲛⲉⲩⲕⲉ⳽ⲁⲗⲉⲟⲛ ⳿	Capita	فصلوه
ⲉ̄ⲛⲓⲕⲉ⳽ⲁⲗⲉⲟⲛ ⳿	quatuor	اربعه
ⲙⲙⲉ̄ⲅ̄ⲧⲃⲉⲩⲉⲉⲣ	Caput	الفصل
ⲉ̄ⲡⲁⲛⲧⲟⲕⲧⲓⲛ ⳿	duodecimum	الثاني عشر
ⲉⲝⲉⲛⲡⲓⲉⲣ⳽ⲙⲉⲉⲓ	continet	يشتمل
ⲛ̄ⲧⲉⲛⲓϧⲏ ⫽	narrationem	على ذكر
ⲣⲓⲟⲛⲛ̄ⲁⲣⲡⲓⲟⲛ	Animalium rapacium,	الوحوش الكاسر
ⲟⲩⲟⲅⲛ̄ⲁ̄ⲣⲡⲓⲟⲛ	& cicurum, feu	وغير الكاسر
ⲍ̄ⲛⲛⲉⲙⲉⲛⲓ	non rapacium,	
ϥⲧⲉ⳽ⲁⲧⲉ	& quadru-	ودواب
ⲛⲟⲩⲣⲉⲙⲙⲅ̄ⲧ	pedum	الاربع
ⲛⲉⲙⲙⲛⲟⲩ̄ⲛ̄ϩ	licitorum, &) illici-	حلاله وحرامه
ⲑⲏⲙⲙ ⳿	torum in lege:	
ⲛⲓⲑⲏⲣⲓⲟⲛ	Animalia ferocia	الوحوش الكاسر
ⲛ̄ⲁⲣⲡⲓⲟⲛ ⳿	feu rapacia funt hæc:	وهم
ⲡⲓⲙⲙⲟⲩⲓ ⳿	Leo.	الاسق
ⲗⲉⲟⲩⲓⲛ ⳿	Leo.	الاسد

Ægyptia	Latina	Arabica
ⲡⲓⲡⲁⲛⲑⲏⲣ ⳼	Catulus leonis, panthera.	الشبل
ϯⲧⲁⲣⲉⲅ ⳼	Leæna.	اللبوة
ϯⲉⲉⲓⲉ ⳼	Leæna.	اللبوة
ϯⲗⲁⲃⲟⲓⲥ ⳼	Leæna.	اللبوة
ⲃⲉⲗⲑⲱⲓⲓ ⳼	Leo ferox.	الضرعام
ⲡⲓⲧⲉⲗⳫⲓⲛⲟⲥ ⳼	Elephas.	الفيل
ⲡⲓϫⲁⲣⲕⲓⲛⲟⲥ ⳼	Monoceros, Rhiⸯ ceros.	الكركدن
ⲡⲓⲍⲓⲕⲣⲏⲥ ⳼	Pardus, Leopardus Tigris.	النمر
ϯϣⲩⲓϯ ⳼	Taxus, melis.	الضبع
ⲡⲓⲟⲩⲁⲛϣ ⳼	Lupus.	الذيب
ⲡⲓϫⲉϫⲣⲏⲥ ⳼	Panthera.	الفهد
ϯⲃⲁϣⲟⲩⲣ ⳼	Vulpes.	الثعلب
ⲡⲓⲃⲁⲣⲥⲁⲣⲓⲁⲥ ⳼	Vulpes.	الثعلب
ⲛⲓⲡⲁⲣⲇⲁⲗⲓⲥ ⳼	Vrsus.	الدب
ϯⲃⲉⲛⲝⲓ ⳼	Proboscis Elephantis.	زلومة الفيل
	Animalia non rapacia:	الوحش غير الكاسر
ⲡⲓⲣⲁⲧϥⲓⲧ ⳼	Lepus:	الارنب
ⲥⲁⲣⲁϫ ⲟⲩϣⲧ ⳼	Lepus.	الارنب
ⲥⲁⲣⲁⲑⲟⲩⲧⲥ ⳼	Lepus.	الارنب
ϯⲟⲁⲅⲟⲓ ⳼	Hinhulus.	الغزال
ϫⲱⲓⲣⲁⲥ ⳼	Ceruus, capreola	الغزال

Ægyptia.	Latina.	Arabica
ⲡⲓⲉϭⲉⲟⲩ ⳾	Capræ.	المهاة
ϯⲁⲛⲑⲉⲣⲟⲥ ⳾	Camelopardalis, Giraffa.	الزراف
ⲡⲓⲱⲥⲱⲟⲩⲗ ⳾	Furo, martes.	النمس
ⲡⲓⲉⲛ ⳾	Simia.	القرد
ⲡⲓⲥⲟⲑⲓⲥ ⲡⲓⲥⲕⲱⲧⲓ ⳾	Canis.	الكلب
ⲡⲓⲣⲓⲣ ⳾	Porcus, sus.	الخنزير
ⲡⲓⲱⲱϣⲟⲩ ⳾	Hircus.	الينبتل
ⲭⲁⲙⲉⲛⲥⲉ ⳾	Hircus, caper.	الجدي
ⲡⲓⲱⲱⲱ ⳾	Pilus,	الوبر
ⲡⲓⲉⲱϣⲁⲩ ⳾	Sus, porcus.	الخنزير
ⲡⲓϥⲣⲛⲟⲥ ⳾	Erinacius.	اليربوع
ⲡⲓⲭⲓⲣⲟⲅⲣⲓⲗⲗⲓⲟⲛ ⳾	Chirogrillus, erinacei genus.	اليربوع
ⲡⲓⲁⲙⲉⲓⲗⲓⲱⲛ ⳾	Talpa.	الخلن
ⲡⲓⲱϣⲁⲩ ⳾	Felis.	الهر القط
ⲡⲓⲡⲁⲛⲑⲟⲗⲱⲃⲥ ⳾	Vnicornú.	وحين القرن
ⲡⲓⲡⲁⲛⲑⲟⲗⲟⲃⲥ ⳾	Vnicornu.	وحيى القرن
ϧⲁⲡⲓⲧⲁⲕⲟⲩⲱϯ ⳾	Idem.	وحيل القرن
ⲡⲓⲉⲓⲟⲩⲗ ⳾	Ceruus.	الايل
ⲡⲓⲁⲁⲓⲧⲱⲟⲩ ⳾	Afinus filuestris, onager.	حمار الوحس
ⲡⲓⲍⲱⲟⲛ ⳾	Animal.	الحيوان
ⲡⲓⲧⲉⲃⲛⲱⲟⲩⲓ ⳾	Iumenta.	البهائم
ⲡⲓⲭⲁⲙⲟⲩⲗ ⳾	Aries.	الحمل
ϯⲭⲁⲙⲉⲩⲗⲓ ⳾	Camelus, camela.	الناقة
ⲡⲓⲕⲁⲗⲟⲩⲕⲓ ⳾	Bos.	البقر
ⲡⲓϭⲣⲗⲁⲝ ⳾	Pullus.	الهجين

الوحش

Ægyptia	Latina	Arabica
ⲟⲩⲉϩⲑⲟ ⳾	Equus.	الخيل
ⲡⲓϩⲑⲟ ⳾	Equus.	الفرس
ⲡⲓⲁⲛⲑⲉⲣⲟⲛ ⳾	Equus, caballus, equus admiſſarius	الحصان
ϯⲃⲉⲥⲁⲣⲓⲁ ⳾	Leporius equus.	الحجر
ⲡⲓⲙⲉⲁⲕⲓⲗⲟⲥ ⳾	Pullus equi.	المهر
ϯⲙⲉⲁⲕⲓⲗⲏ ⳾	Pullus.	المهرة
ⲡⲓⲧⲉⲙⲑⲉⲙ ⳾	Mulus.	البغل
ⲡⲓⲉⲱ ⳾	Aſinus.	الحمار
ϯⲉϫⲉ ⳾	Vacca.	البقرة
ⲡⲓϩⲓⲏⲃ ⳾	Agnus, ouis, aries.	الخروف الحمل
ⲡⲓⲉϣⲱⲟⲩ ⳾	Taurus.	الثور
ⲡⲓⲃⲟⲩⲥ ⳾	Bos.	البقر
ⲡⲓⲙⲉⲁⲥⲓ ⳾	Vitulus :	العجل
ⲡⲓⲱⲓⲗⲓ ⳾	Hircus, caper.	الكبش
ϯⲥⲓⲉⲃⲓ ⳾	Agna, ouis.	النعجة
ⲡⲓⲉⲥⲱⲟⲩ ⳾	Agnus.	الخروف
ⲉⲁⲉⲛⲟⲥ ⳾	Agnus.	الخروف
ⲃⲁⲉⲙⲡⲓ ⳾	Hœdus, caper, capricornus:	الجدي العنز المعزي
ⲛⲓⲁⲕⲉⲗⲏ ⳾	Greges, armenta.	القطعان الادوان
ⲛⲓⲟϩⲓ ⳾	Idem :	القطعان
ⲡⲓⲃⲁⲣⲏⲓⲧ ⳾	Capræ, hirci:	البديوس

Ægyptia	Latina	Arabica
ⲛⲓⲕⲉⲫⲁⲗⲉⲟⲛ ⳾	Caput XIII.	القصل
ⲉⲙⲉⲥⲅⲓⲧⲉⲩⲉ	decimum tertium	الثالث عشر
ⲉⲣⲉⲛⲁⲛⲧⲟⲕ⳾⳾	continens	يشتمل على
ϯⲛⲉⲭⲉⲛⲛⲓ	aues,	الطاير
ⲅⲁⲗⲁϯⲛⲉⲙⲛⲓⲉⳡ⳾⳾	& partes earum.	واقسامها
ⲫⲁⲩϣ ⳾	Aues noxiæ; & im-mundæ.	الطير الجوارح
ⲛⲓⲁϩⲱⲙ ⳾	Aquila.	النسر
ⲛⲓϥⲁⲛⲓϩ ⳾	Aquila, phœnix.	النسر
ⲛⲓⲛⲉⲣⲧⲩϫ ⳾	Perdix, porphyrio, aquila.	العقاب
ⲓⲥⲩⲗⲓⲁ ⳾	Alia species aqui-læ.	الزمج كالعقاب
ⲛⲓⲃⲏϫ ⳾	Accipiter.	الصقر
ⲛⲓⲃⲁⲓⲥ ⳾	Idem.	الصقر البزي
ⲛⲓⲁⲛϯⲓⲕⲣⲟⲥ ⳾	Accipitris alia species.	السنقر
ⲛⲓⲁⲧⲣⲟⲥ ⳾	Falco.	الشاهين البازي
ⲛⲓⲛⲟϣⲉⲣ ⳾	Accipiter.	البازي
ⲛⲓϣⲟⲧⲣⲉⳡ ⳾	Idem.	البزي
ⲁ̀ⲭⲱⲣⲓⲁ ⳾	Noctua, auis soli-taria.	الكوهيه
ⲛⲓⲣⲟⲥⲓⲁⲥ ⳾	Miluus, Herodio.	الباشف
ⲛⲓⲃⲉⲭⲓ ⳾	Locusta.	الجرادي
ⲛⲓⲥⲣⲓⲙ ⳾	Caprimulgus.	المخلب
ⲕⲁⲧⲁⲛⲓⲅⲁⲗⲁϯ ⳾	Aues rapaces, rostro & vnguib. instructe	كعاجير الطيور
ϯⲑⲣⲉ ⳾	Vultur, miluus.	الحذاه
		ϯⲛⲟⲩ⳾⳾

Ægyptia	Latina	Arabica
ⲧⲛⲟⲩⲣⲓ ⳾	Ciconia.	الرخم
ⲡⲓⲙⲟⲩⲗⲁⳋ ⳾	Noctua, bubo, vlula.	البوم
ⲡⲓⲉⲃⲱⲕ ⳾	Coruus.	الغراب
ⲡⲓⲉⲧⲏϭⲩⲓ ⳾	Grus.	الكركي
ⲛⲓⲁⳝⲥⲓ ⳾	Grus:	الكركي
ⲡⲓⲕⲟⲗⲟⲩⲟⲥ ⳾	Miluus.	البجاع
ⲡⲓⲕⲁⲥⲣⲓⲟⲥ ⳾	Auis quædam aquatica.	الحبرج
ⲡⲓⲕⲉⲛⲉⲥⲱⲟⲥ ⳾	Anser.	الاوز
ⲡⲓⲁⲗⲉⲕⲧⲱⲣ ⳾	Gallus.	الديك
ⲙⲉⲣϣ ⳾	Gallinæ.	الدجاج
ⲧⲁⲛⲁⲡⲁⲓ ⳾	Gallinæ.	الدجاجه
ⲧⲉⲣϫⲱ ⳾	Gallinæ.	الدجاجه
ⲡⲓⲙⲙⲥ ⳾	Pullus.	الفرخ
ⲛⲓϭⲣⲟⲙⲡⲓ ⳾	Columbæ	الحمام
ⲛⲓϭⲣⲟⲙⲡϣⲁⲗ ⳾	Turtures.	ايمام
ⲛⲓⲕⲁϥⲓ ⳾	Coturnices, hirun-dines.	القطا
ⲡⲓⳝⲙⲏ ⳾	Pelicanus.	الغيهب
ⲡⲓⳝⲣⲙⲙ ⳾	Idem.	الغيهب
ⲕⲙⲉⲡⲓⲟⲥ ⳾	Pelicanus.	القري
ⲛⲓⲕⲁⲗⲁⲡⲏⲓ ⳾	Turdus.	السمان
ⲧⲕⲁⲙⲡⲓ ⳾	Grillus.	الصرصور
ⲓⲥⲟⲥⲉϥⲟⲥ ⳾	Merula.	الشحرور
ϣⲡⲗⲓⳋ ⳾	Coturnix.	السلوي
ⲡⲓⲕⲟⲩⲕⲟⲩϥⲉⲧ ⳾	Cucupha, vpupa.	الهدهد
ⲡⲓϭⲁⳋ ⳾	Passer.	العصفور

ⲛⲓⲕⲁⲛ

Ægyptia	Latina	Arabica
ⲛⲓⲕⲁⲣⲁⲡⲓⲡ ⳥	Vpupæ	الهزاهى
ⲙⲓⲡⲉⳓⲉⲡⲏⳓ ⳥	Idem.	الهداهن
ⳃⲉⲉⲣⲓⲁ ⳥	Psittacus.	الدرة
ⲡⲓⲟⲩⲁⳇⳇⲉⳝⲓⲣⲓ ⳥	Hirundo.	السنونوا
⳨ⲧⲣⲓⳏ ⳥	Gryphus collo lon_ go.	العنقا
ⲡⲓⲁⳇⲇⲟⲏ ⳥	Auis Indica, species Phænicis.	السمندل
ⲡⲓⳏⲉⲣⳣⲁⳃⳃⲟⲥ ⳥	Acanthis, philo- mela, luscinia.	البلبل
ⲡⲓⲕⲩⲕⲛⲟⲥ ⳥	Anser, cycnus	البط
ⲡⲓⲕⲗⲁⲣⲟⲥ ⳥	Phænicopterus.	الجامرك
ⲡⲓⲕⲁⲣⳣⲟⳃⲟⲥ ⳥	Perdix.	الكروان
ⳝⲉⲣⲥⲉⳃⲓⲁ ⳥	Mater puerorum, Caprimulgus, qui insidiatur pueris dormientibus.	ام المصاصيـــــــ الصبيان
⳨ⲕⲁⲕⲕⲁⳇⲉⲉⲅⲩⳣ ⳥	Noctua, vlula, cucuma, item ciconia	ام قويفق
ⲡⲓⳍⲁⳃⲓⲉⲉ ⳥	Pulli	الفراريج
ⲛⲓⲥⲣⲟⲩⲅⲟⲥ ⳥	Struthiocameli,	النغام
ⲛⲓⳣⲁⲟⲥ ⳥	Pauones	الطا ووس
ⲡⲓⲉⲗⳏⲱⳓ ⳥	Anas	البلشوم
ⲡⲓⲁⲙⲫⲓⳝⲁⳃⲟⲥ ⳥	Ardea, Grus.	الغرذوق
ⲡⲓⲁⲛⳣⲟⲗⲓ ⳥	Rostrum.	النورس
ⲡⲓⲥⲉⳍⳛ ⳥	Volucria, penni- gerum genus	الجناح

Ægyptia	Latina	Arabica
ⲛⲓⲧⲉⲛϩ	Aligerum genus	الجناح
ⲛⲓⲕⲁⲕϯ	Pennæ	الريش
ⲛⲓϩⲁⲗⲱⲟⲩⲗⲓ	Volatus	الطيران
ϯⲥⲱⲟⲩϩⲓ	Ouum	البيضة
ⲛⲓⲃⲓⲗⲟⲥ	Medulla, vitellum oui.	المح
ⲛⲓⲕⲙⲓⲭⲓ	Guttur, ingluuies fiue glabri.	الزبنق
ⲛⲓⲕⲉⲫⲁⲗⲉⲟⲛ	Caput XIV.	الفصل
ⲉⲙⲉⲥⲓⲍⲁⲉⲩϯⲉⲣ	decimūmquariū	الرابع عشر
ⲉⲛⲁⲛⲧⲟⲕⲧⲓⲛⲉ	continet	يشتمل
ⲭⲉⲛⲛⲓⲕⲏⲧⲟⲥ	Pifces, cœtos,	على الحيتان
ⲛⲉⲙⲉⲛⲓⲧⲉⲃⲧ	⊕ Pifces,	والاسماك
ⲛⲉⲙⲉⲛⲓⲍⲱⲟⲛ	& animalia	وحيوان
ⲛⲧⲉϥⲓⲟⲙⲉⲛⲉⲩ	maris:	البحر
ⲕⲟⲩⲝⲓⲛⲉⲙ	parua,	صغاره
ⲛⲉⲩⲛⲓϣϯ	⊕ magna	وكباره
ⲛⲓⲥⲧⲉⲃⲧⲛⲉⲙ	Pifces (fcilicei)	الاسماك
ⲛⲓⲕⲏⲧⲟⲥ	& cœtos:	ولحيتان
ⲛⲓⲩⲟⲣⲓ	Genus pifcis ex Nilo, Cephalus	البوري
ⲛⲓⲕⲁⲛⲟⲩⲩⲓ	Nariæ	البني
ⲛⲓⲗⲉⲓⲩⲓ	Squamis veftiti	اللبيش
ϯⲃⲁⲣⲓⲕⲓ	Sine fquamis	الابساريسة
	Siue glabri:	اللبيس
ⲛⲓⲕⲟⲩⲗⲅⲟⲩ	Lucius Latus.	القرموط
ⲛⲓϭⲩⲟⲩⲣ	Apua.	الزقزوق
ⲛⲓⲥⲩⲙⲟⲥ	Forella	السموس

Ægyptia	Latina	Arabica
ⲡⲓⲥⲟⲩⲭⲓ	Crocodilus	التمساح
ⲡⲓⲕⲁⲣⲧⲓⲕⲗⲟⲥ	Crocodilus	التمساح
ⲡⲓⲧⲉⲗⲫⲓⲛⲟⲥ	Delphinus	الدرفيل
ⲡⲓⲧⲟⲩⲕⲉⲗⲟⲛⲏ	Xiphias, gladiatus piscis, testudo.	القرش
ⲡⲟⲥⲧⲣⲩⲟⲛ	Testudo, Ostrea.	اللجاة
ⲡⲓⲭⲣⲟⲩⲣ	Rana	الضفدع
ⲡⲓⲣⲏⲓ	Sturio.	الراي
ⲡⲓⲕⲉⲣⲥ	Aliud genus piscis.	الشان
ⲛⲓⲣⲁⲙⲓ	Raiæ.	البلطي
ⲛⲓϣⲁⲩⲟⲩⲣⲓ	Pisces plani, Soleæ.	البلطي
ⲧⲁⲧⲣⲉⲡⲉⲣⲓ	Torpedo à tremore	الرعان
ϯⲧⲉⲗⲫⲁⲛ	Coruus maris.	القاقة
ⲛⲓⲥⲁⲗⲟⲩⲕⲓ	Lampetra, caput petræ, piscis inhærens saxis.	رأس الحجر
ϯⲩⲟⲩⲕⲁⲥⲓ	Murena, Anguilla.	ام عبينة
ⲛⲓⲍⲉⲗⲩⲁⲩ	Oxyringus:	الشلبا
ⲛⲓⲕⲟⲩⲗⲁⲍⲓ	Parui pisces.	الابرميض
ⲡⲓⲕⲏⲗ	Lepithodus:	القبيل
ϯⲉϥϣⲱⲧ	Piscis loricatus, testudo.	الترسة
ⲛⲓⲙⲙⲓⲁⲕⲏⲥ	Cochleæ	الصدف
ⲭⲟⲩⲕⲗⲓⲁⲥ	Limax, murex, ex quo purpura fit.	الحلزون

Ægyptia	Latina	Arabica
ⲡⲓⲕⲉⲫⲁⲗⲉⲟⲛ	Caput XV.	الفصل
ⲙⲙⲉⲅⲧⲉⲉⲩⲉ	decimum quintũ	الخامس عشر
ⲉⲣⲁⲡⲉⲛⲧⲟⲕⲧⲏⲛ	continẽs (nomina)	يشتمل
ⲉϫⲉⲛⲛⲓⲥⲁⲧⲩⲓ	reptilium, ſeu ſer‑	على الهوام
	pentium	
ⲉϯⲙⲉⲅⲙⲙⲉⲅⲑⲟⲩ	venenoſorum,	السمى
ⲡⲉⲙⲙⲅⲗⲓⲉⲃⲟⲗ	aliorumque omnis	وغيرة مـــن
	generis	اخناش
ⲑⲉⲛⲛⲏⲉⲧⲕⲓⲙ	vermium, ſeu	والحشرات
	venenoſorum	
	reptilium.	
ⲡⲓⲭⲁⲣⲟⲩⲕⲓ ⳥	Crocodilus, lacert⁹	الضب
ⲡⲓⲁⲛⲑⲟⲩⲥ ⳥	Stellio, lacerta	الجردون
ⲧⲉⲗⲙⲟⲛⲓⲁ ⳥	Serpens maculatus	الوزغة
ϯⲁϣⲓⲣⲁ ⳥	Chamæleon	الحرذا
ⲡⲓⲅⲟⲩ ⳥	Draco, ſerpens	الثعبان
ⲡⲓⲟⲃⲓⲟⲛ ⳥	Serpens	الحية
ⲡⲓⲙⲉⲓⲥ ⳥	Serpens	الحية
ϯⲟⲣⲏ ⳥	Scorpius	العقرب
ϯⲅⲩⲱ ⳥	Serpens, vipera.	الحية
ϯⲁⲕⲓⲗⲓⲁ ⳥	Araneus, Eruca	الرتيلا
ϯⲉϫⲟⲩ ⳥	Vipera, aſpis	الافعا
ϯⲟⲁⲗⲟⲩⲕⲥ ⳥	Scarabæus, bru‑	الخنفسا
	chus.	
ⲡⲓⲭⲁⲣⲁⲕⲓⲛⲟⲥ ⳥	Cancer	السرطان
ϯϥⲉⲛⲧ ⳥	Vermis, tinea	الدوده
ⲓⲛⲫⲉⲓ ⳥	Pulex	البرغوث
ⲕⲁⲃⲓⲣⲟⲥ ⳥	Teſtudo	السلفاه

ϯⲕⲁ//

Ægyptia	Latina	Arabica
ϯⲕⲁⲕⲟⲩ ⁕	Pediculus.	القمله
ⲟⲩⲭⲁⲣⲧⲟⲗⲟⲥ ⁕	Cimex.	ورن
ⲛⲓⲭⲟⲣⲓⲥ ⁕	Cimices	البق
ⲛⲓⲭⲉⲗⲕⲉⲥ ⁕	Idem	البق
ϯⲟⲗⲙⲉⲥ ⁕	Culex	النّاموسيه
ϯⲃⲕⲗⲏ ⁕	Muftela	العرسه
ⲛⲓⲥⲧⲁⲭⲟⲩⲁⲗ ⁕	Aranea	العنكبوت
ⲡⲓⲥϫⲉ ⁕	Locufta, cicada.	الجراد
ⲛⲓⲃⲥⲟⲩⲁⲗ ⁕	Papiliones, culices.	الفراش
ϯⲃⲁⲩ ⁕	Mufca	الذبابه
ϯϫⲁⲡϫⲓⲡ ⁕	Formica	النمله
ϯⲧⲉⲣⲥⲓⲥ ⁕	Pediculus animantium, ricinus,	القراد
ⲡⲓⲡⲛⲓϥⲟⲥ ⁕	Gryllus ferpés Euç.	الصرصور
ⲛⲓⲟⲩⲉⲣⲓⲛⲧⲉⲃⲕⲓⲛⲟⲥ ⁕	Bruchus, vermis frumenti, rofæ.	بنات وردان
ⲡⲓⲟⲩⲁⲗⲟⲩⲕⲓ ⁕	Crabro, vefpa.	الزنبور
ⲡⲓⲁϩⲟⲣⲓ ⁕	Draco, ferpens, bafilifcus.	الثعبان
ⲡⲓⲁⲕⲓⲛⲟⲥ ⁕	Cantharus.	ابوصوفه
	PORTA IV.	الباب الرابع
ⲟⲩⲟϩⲧⲏⲡⲓⲛⲛⲉⲩ	& numerat	وعدد
ⲕⲉⲫⲁⲗⲉⲟⲛ ⲅ̄	Capita 3.	فصوله ثلثه

Coptic	Latina	Arabica
ⲁⲉⲙⲉϩ ⲓ̄ⲛ	Caput XVI. decimum sextum	الفصل السادس عشر
ⲉϥⲉⲉⲣⲁⲡⲉⲛⲧⲟⲕ ⸗	continet nomina	يشتمل
ⲧⲥⲓⲛⲉⲭⲉⲛⲛⲓⲁ	Arborum,	على الاشجار
ϣϣⲏⲛⲛⲉⲙ	& fructuum,	والاغار
ⲛⲓⲕⲁⲣⲡⲟⲥ ⸗	& florum.	والازهار
ϯⲑⲣⲓⲙⲟⲥ ⸗	Sylua, nemus.	الغابه
ⲁⲟⲥⲟⲥ ⸗	Lucus.	الحرجة
ⲓⲁϣϣⲏⲛ ⸗	Nemus, Sylua.	الغابه
ⲛⲓⲩⲙⲱⲗⲥⲟⲥ ⸗	Arboretum, arborum nemus.	الشجره الغابه
ⲡⲓϣϣⲏⲛ ⸗	Arbor'.	الشجره
ⲡⲓϣϣⲏⲛ ⸗	Arbor.	الشجره
ⲛⲓⲃⲱ ⸗	Idem.	الشجره
ϯⲛⲟⲩⲛⲓ ⸗	Radix.	الاصل
ⲣⲁⲃⲧⲟⲛ ⸗	Arundo, virga, caulis.	قضيب
ⲛⲓⲕⲗⲙⲙⲁ ⸗	Cortex, ramus, virgultum, frutetum.	الغضن
ϯϯⲃⲉⲛⲓ ⸗	Palma.	النخله
ϯⲧⲭⲣⲱⲟⲩⲛⲓ ⸗	Ficus, vel alia arbor magna, Abies habens fructus instar Coryli.	السدره
ⲛⲓⲡⲗⲁⲧⲁⲛⲟⲛ ⸗	Platanus.	الدلب
ⲛⲓⲫⲟⲓⲛⲓϩ ⸗	Palmæ fæminæ.	النخل الامهات
ϩⲩⲗⲁ ⸗	Lignum.	الخطب

Ægyptia	Latina	Arabica
ⲡⲓⲑⲉⲓⲛⲟⲛ ⳾	Ebanum.	الابنوس
ⲡⲓⲁⲣⲃⲁⲛ ⳾	Buxus.	البقس
ⲛⲓⲍⲁⲃⲁⲗⲱⲛ ⳾	Pſeudoſycomorus.	الزازلخت
ⲡⲓⲥⲟⲛϯ ⳾	Pinus.	الصنوبر
ⲡⲓⲧⲣⲁⲕⲟⲛⲛⲟⲛ ⳾	Iuncus, ſuber.	الساج
ⲛⲉⲩⲕⲓⲛⲱⲛ ⳾	Lignum ſethim, lignum leuigatum.	الشمشار
ⲡⲓⲥⲩⲥⲁⲙⲉⲛ ⳾	Seſemum ex quo Ægyptij oleum conficiunt.	الفاسم
ⲛⲓⲱⲟⲛϯ ⳾	Ligna Sethim, ſantalum	الصنط
ⲡⲓⲱⲉⲛⲟⲥⲓ ⳾	Tamariſcus.	الطرفا
ⲡⲓⲧⲁⲣⲓⲛⲟⲛ ⳾	Virgultum.	الطلح
ⲡⲓⲧⲉⲣⲉⲃⲓⲛⲑⲟⲥ ⳾	Terebinthus.	البطم
ⲡⲓⲟⲣⲕⲁⲛⲟⲛ ⳾	Populus, vlmus.	الحور
ⲡⲓⲟⲣⲕⲁⲛⲓⲟⲥⲟⲥ ⳾	Cypreſſus.	السرو
ⲡⲓⲃⲁⲗⲁⲛⲟⲥ ⳾	Quercus.	البلوط
ⲁⲧⲣⲟⲛⲓⲁ ⳾	Idem, glandifera arbor, fagus.	السنديان
ⲛⲓⲕⲉⲁⲣⲟⲥ ⳾	Cedrus.	الارز
ⲡⲓⲱⲉⲛⲥⲓⲩⲓ ⳾	Cedrus.	الارز
ⲡⲓⲛⲁⲙ ⳾	Arbor ſimilis tamariſco.	الاثل
ⲛⲓⲑⲱⲣⲓ ⳾	Salices.	الصفصاف

ⲡⲓⲑ

Ægyptia	Latina	Arabica
ⲡⲓⲉⲗⲉ̅ⲫ̅ⲁ̅ⲛⲧⲓⲛⲟⲛ ⳾	Ebur.	العاج
ⲧⲣⲁⲙⲛⲟⲥ ⳾	Rhamnus, fentis, tribulus.	العوسج العوسجه
ⲡⲓⲃⲁⲧⲟⲥ ⳾	Rubus.	العليقه
ⲡⲓⲕⲗⲓⲗⲟⲥ ⳾	Palmes.	الزرجون
ⲡⲓⲕⲁⲣⲡⲟⲥ ⳾	Fructus.	الثمار
ⲗⲉⲩⲕⲉ ⳾	Amygdalus. *populus*	لوز
ⲡⲁⲛⲧⲟⲕⲓ ⳾	Auellana, corylus	بندق
ⲁⲗⲟ̅ⲱⲟⲩ ⳾	Vua paſſa.	زبيب
ⲕⲩⲡⲁⲣⲓⲥⲟⲥ ⳾	Pinus, cypariſſus.	صنوبر
ⲡⲓⲝⲓⲣⲓ ⳾	Siliquæ, glandes	خرنوب
ⲃⲁⲣⲓⲕⲁⲕⲓⲛⲁ ⳾	Hypomelis, trigonicum, arbor ſpinoſum habens fructū, quorū ſinguli 3. grana.	زعرور
ⲃⲟⲕⲕⲁ ⳾	Fructus maturus, deciduus.	مسقيط
ⲟⲩⲁⲣⲓⲇ ⳾	Piſtacium, myrobolanus.	فستقه
ⲉⲗⲡⲉⲛⲓⲟⲥ ⳾	Mala perſica.	دراا
ⲟⲩⲁⲣⲓⲉⲓⲃⲟⲥ ⳾	Hieraciū planta in Ægypto proueniēs.	شاہ افثن
ⲡⲓⲕⲁⲩⲟⲩⲗⲓ ⳾	Fructus apparens prodiens.	ثمر الواهى
ⲟⲩⲁⲗⲓⲉ̅ⲱⲛ ⳾	Matureſcens.	مليس
ⲟⲩⲕⲣⲓⲁⲧⲟⲥ ⳾	Caſtanea, meſpil	قسطل

ⲟⲩⲕⲉ⫻

Ægyptia	Latina	Arabica
ⲟⲩⲕⲉⲛⲧⲉ ⳩	Ficus	تين
ⲛⲓⲕⲟⲓ̈ⲣⲓ ⳩	Nuces	جوز
ⲟⲩⲉ̀ⲗⲟⲗⲓ	Vua	عبين
ⲟⲩⲡⲉⲣⲥⲓ ⳩	Pruna	خوخ
⳧ⲩⲛⲟⲣⲓ ⳩	Prunus	خوخ
ⲭⲉⲙⲫⲉⳓ ⳩	Malus, pomus.	تفاح
ⲡⲓⲡⲉⲗⲓⲙⲱⲛ ⳩	Pomus fyluestris	تفاح بري
ⲟⲩⲡⲁⲣⲁⲕⲟⲩⲕⲓ ⳩	Pomorum genus, vulgò pericocoli, Chryfomela.	درقوق
ⲃⲉⲣϣⲩⲗ ⳩	Dactyli immaturi.	بلح بسر
ⲫⲁⲓⲛⲓⲉ ⳩	Nucleus	عجوة
ⲉⲣⲙⲉⲛ ⳩	Pomum granatum Malū Punicum :	رمان
ⲕⲉⲛⲛⲉ̀ⲣⲓ ⳩	Alnabac, fructus minor, Sebaften:	نبق
ⲡⲓⳅⲉ ⳩	Germen, planta tenera	طلــع
ⲛⲓⲗⲉⲩ ⳩	Germina	العراجين
ⲛⲓⳓⲛⲉⲩ ⳩	Flores dactylorum, Elathæ	الشمارينخ
ⲛⲓⲉ̀ⲗⲱⲟⲩ ⳩	Idem	الشمارينخ
ⲛⲓⲁⲥⲡⲉⲃⲓ ⳩	Racemi dactylorū.	الاسابيط
ⲛⲓⲕⲉⲫⲉⲣⲓ ⳩	Caules,	الكردفان
ⲡⲓⲃⲉⲓ ⳩	Stirps	الجريد
ⲛⲓⲭⲁⲛⲓⲭⲓ ⳩	Villus	اللبيف
ⲡⲓⲃⲏⲧ ⳩	Ramus	الســعَقْ
ⲛⲓⲉ̀ⳓⲉⲗⲟⲗⲓ ⳩	Vinea	الكرم

Z   ⲛⲓⲉ̀ⲟⲩ

Ægyptia	Latina	Arabica
пıⲁ̀ⲗⲓⲗⲟⲥ ✢	Palmes	الزرجون
ⲛⲓⲕⲟⲣⲃⲟⲗⲗⲟⲥ ✢	Pyra	الكمثري
ⲁⲡⲓⲁ̇ⲁ̇ ✢	Pyrus	الكمثري
ⲁ̇ⲡⲓⲟⲥ ✢	Pyra fyluestria.	كمثري بري
ⲛⲓⲩⲉⲅⲛⲉⲉⲟⲛ ✢	Citria arbor, mala aurea	النارنج
ⲕⲟⲣ̇ⲧⲓⲩⲟⲥ ✢	Limones.	الليموا
ⲟⲩⲝⲉⲝⲣⲉ ✢	Acetofella, oxalis:	جماض
ⲟⲩⲕⲉⲧ̇ⲣⲓ ✢	Citria malus, mala citrina.	اترج
ⲟⲩⲟ̅ⲏ̅ ✢	Mala cydonia	سفرجل
ⲡⲁⲗⲗⲱⲕⲓ ✢	Morus , arbor vitæ.	موز
ⲛⲓⲉⲗⲕⲟ ✢	Genus Ficii, fyco-morus, caprificus:	جميز
ⲛⲟⲩⲕⲉⲣ ✢	Sycomorus cir-cumcifa.	ختتان الجميز
ⲡⲭⲉⲉⲩⲧⲁ̇ⲁ̇ⲗⲟⲛ ✢	Chryfomela.	مشمش
ⲟ̇ⲉⲉⲁⲧⲓⲟⲛ ✢	Morus Damafcena	توت شامي
ⲛⲓⲕⲁⲧⲉⲉⲓⲥ ✢	Morus Ægyptia.	توت مصري
ⲟⲩⲱⲃⲉ ✢	Perfea arbor facra propria Ægypto:	لبخ
ⲟⲩⲝⲱⲓⲧ ✢	Oliua, olea	زيتون
ⲩⲉⲗϣⲏⲗⲓ ✢	Succus vuæ acerbę, labrufcæ, l'agrefta.	حصرم
ⲥⲓⲥⲁ̇ⲉⲉⲏⲛ ✢	Sebaften, fefamenū	سبستان
ⲁ̇ⲓⲥⲉⲉⲓⲥ ✢	Oleum maxime ca lefactiuū, Alcherua.	خروع
		ⲍ̅ⲍ̅ⲍ̅ⲟ

Ægyptia.	*Latina.*	*Arabica.*
ⲍⲓⲍⲓⲫⲁ ⳾	Zizipha, iniuba.	عنسـاب
ⲡⲩⲧⲁⲙⲙⲁⲥⲕⲉⲛⲟⲥ ⳾	Cerafus.	قرا صيا
ⲥⲧⲣⲟⲃⲃⲓⲗⲟⲥ ⳾	Pyrus, prunus.	اجاص
ⲁⲙⲫⲟⲕⲓⲟⲛ ⳾	Labrufca.	حصرم بري
ⲛⲓϭⲣⲏⲣⲓ ⳾	*Flores.*	الازهار
ⲁⲥⲙⲓ ⳾	Gelfaminum.	ياسمين
ⲁⲥⲙⲓ ⳾	Idem.	ياسمين
ⲙⲟⲩⲧⲣⲁ ⳾	Idem.	مرسين
ⲭⲟⲩⲡⲉⲣ ⳾	Fructus, feu flos li-	ذمر حنا
ⲧⲓⲓⲁⲛ ⳾	Viola (guftri.	بنفسج
ⲟⲩⲁϣⲓⲛⲥⲟⲓ ⳾	Myrtus.	ريحان
ⲛⲓⲡⲉⲧⲁⲗⲟⲛ ⳾	Eft flos fimilis in omnibus Gel- famino, forfan rofa Damafce- na, rofa mufca- ta.	ذسر بن
ⲟⲩⲭⲣⲓⲛⲟⲛ ⳾	Lilium	سوسان
ⲟⲩⲃⲉⲣⲧ ⳾	Rofa.	ورن
ⲟⲩⲧⲣⲟⲕⲟⲛⲑⲏⲥ ⳾	Nenuphar, Nym- phæa.	ذوفر
ⲛⲁⲣⲕⲓⲟⲥⲟⲛ ⳾	Narcyffus.	نرجس
ⲁⲛⲉⲙⲙⲟⲛⲏ ⳾	Anemone.	شقايق النعمان
ⲙⲩⲥⲕⲟⲛ ⳾	Ben, Nardus, glans vnguentaria	بان
ⲥⲩⲙⲥⲩⲉⲛ ⳾	Hyacinthus.	خزام

Ægyptia	Latina	Arabica
ⲟⲩⲁⲛⲕⲓⲧⲱⲓⲛ ⳽	Viola.	منثور
ⲣⲟⲧⲟⲛ ⳽	Oleum rofarum, vnguētū rofaceū	دهن ورد
ⲡⲓⲕⲉⲫⲁⲗⲉⲟⲛ	*Caput XVII.*	الفصل
ⲓⲍ ⲉⲩⲉ	*decimum feptimū*	السابع عشر
ⲉⲣⲁⲡⲁⲛⲧⲟⲕ	*continens nomina*	يشتمل على
ⲧⲓⲛⲉⲭⲉⲛⲛⲓ	*Aromatum,*	العقاقير
ⲍⲩⲣⲟⲥⲛⲉⲉⲛⲓ	*& odoriferorum*	والاباحير
ⲥⲉⲟⲓⲛⲟⲩϭⲓ	*& fpecierum aro-maticarum*	والاطياب
ⲛⲉⲉⲛⲥⲁⲣⲙⲉⲉⲁⲧⲁ	*& omnis generis*	وكل
ⲧⲉⲉⲛⲓⲧⲣⲁⲭⲟⲥ	*fuffimentorum.*	العطور
ⲍⲩⲣⲟⲥ ⳽	Aromata	العقاقير
ⲥⲱⲟⲩⲃⲉⲛ ⳽	Herba quælibet.	الحشيش
ⲡⲓⲥⲓⲉⲉ ⳽	Omnis generis ole-ra.	الكلا البقولات
ⲓⲓⲣⲁⲓⲧ ⳽	Plantæ, vegetabi-lia:	النبات
ⲡⲓⲁⲣⲧⲟⲥⲧⲣⲟⲭⲟⲥ ⳽	Nardus aromatica.	سنبل الطيبى
ⲗⲁⲗⲟⲩⲕⲏⲛ ⳽	Arbor Indica, cu-ius folia fimilia Limonis	تنبل
ⲁⲣⲉⲥⲫⲓⲗⲱⲛ ⳽	Charyophyllum.	كباش القرنفل
ⲕⲁⲕⲟⲗⲓ ⳽	Racemi, & fru-ctus.	هستان
ⲕⲁⲥⲭⲉⲙⲱⲛ ⳽	Mochleb aromati-ca, arboris fpecies.	بحلب

Ægyptia	Latina	Arabica
ⲅⲉⲗⲓⲟⲡⲏ ⳾	Planta non absimilis Genistæ .	خلب
ⲝⲩⲗⲱⲁⲛ ⳾	Lignum	عود
ⲕⲣⲟⲕⲟⲥ ⳾	Saphran, crocus.	زعفران
ⲭⲣⲓⲕⲟⲥ ⳾	Crocus Indicus, color Indicus·	عصفر
ⲭⲁⲡⲡⲓⲣⲟⲥ ⳾	Muſcus, muſchum, ambra.	مسك
ⲁⲡⲓⲣⲟⲥ ⳾	Inexpertus, imperitus, inexercitatus	عبير وتجي غير متدرب غير عارف
ⲣⲓⲍⲟⲡⲁⲛⲁⳤ ⳾	Radix arboris, Algauuaſchir	أصل الجاوشير
ⲁⲗⲩⲩⲉⲟⲥ ⳾	Aloe.	صبر
ⲕⲁⲗⲁⲙⲟⲇⲁⲣⲟⲙⲁⲧⲓⲛ ⲕⲟⲩ ⳾	Calamus aromaticus .	قصب الدريره
ⲁⲣⲡⲟⲡⲁⲛⲁⳤ ⳾	Gummi Algauuaſir, harpopanax.	صمغ الجاوشير
ⲥⲁⲕⲁⲙⲉⲟⲛⲓⲁ ⳾	Scammonea, &illa laudata, electa.	سفوديسا وهي المحمود ه
ⲙⲟⲗⲙⲉⲛⲉⲧⲟⲩ ⳾	Diagridion, ſcamonea præparata.	محمول ه
ⲟⲩⲗⲓⲁ ⳾	Polium Romanum.	جعده روميه
ⲁⲙⲓⲛⲁⲣⲓⲥ ⳾	Galla muſcata.	سك مسكى
ⲁⲣⲛⲟⲃⲁⲛⲟⲛ ⳾	Rheubarbarum.	راوند
ⲡⲓⲥⲙⲛⲁⲣ ⳾	Myrrha.	المر

Ægyptia	Latina.	Arabica.
ⲡⲓⲥⲗⲗⲏⲡⲣⲁ ✦	Idem.	المر
ⲡⲥⲩⲏⲃⲟⲥ ✦	Caſſia, ſtorax.	السليخة
ϯⲕⲁⲥⲓⲁ ✦	Caſſia.	السليخة
ⲁⲗⲭⲉⲥⲃⲗⲓⲛ ✦	Storax liquida.	كسيلة
ⲭⲁⲗⲁⲃⲁⲛⲏ ✦	Storax, Galbanũ.	كسبلة
ⲁⲗⲗⲓⲛⲁⲕⲟⲩ ✦	Styrax.	اسطرفش
ⲥⲧⲩⲣⲁⲝ ✦	Idem.	اسطرفس
ⲁⲣⲱⲗⲗⲁⲧⲁ ✦	Aromata, Gutta aromatica.	طيب عنبر
ⲡⲓⲥⲧⲓⲣⲓⲁⲕⲏ ✦	Sandaraca.	الصنروس
ⲁⲗⲗⲉⲛⲟⲥ ✦	Thus.	كندر
ⲗⲓⲃⲁⲛⲟⲥ	Gutta, lachryma Thuris.	حصالبان
ⲡⲓⲁⲗⲗⲟⲏ ✦	Aloe.	الصبر
ⲧⲣⲁⲕⲁⲛⲑⲉ ✦	Dragacanthum, Gummi.	الكثيرا
ⲥⲁⲣⲁⲭⲟⲥ ✦	Sandalum lignum.	صندل
ⲥⲧⲁⲕⲧⲏ ✦	Stacte, gummi, quod ex inciſa arbore ſtorax fluit.	ميعة بخور
ⲕⲁⲗⲗⲁⲛⲧⲓⲧⲟⲛ ✦	Stacte liquida.	ميعه سايلة
ⲧⲣⲁⲅⲱⲣⲁ ✦	Mandragora	طباشير
ⲣⲓⲍⲟⲍⲟⲡⲓⲥⲥⲁ ✦	Sudor Camphoræ, humor, qui ex arbore fluit.	عرق الكافور
ⲡⲓⲣⲣⲟⲍⲉⲭⲗⲓⲛ ✦	Sandalum rubrum, πυρόξυλον.	صندل احمر

ⲁⲱⲁⲃ

Ægyptia.	Latina.	Arabica
ⲁⲥⲁⲣⲟⲛ ⸱	Afarum ;	اسلرون
ⲡⲓⲥⲧⲓⲕⲏ ⸱ ⲛ	Pix terebinthina , gummi, pix	غلك سمنوبر
ⲥⲁⲕⲃⲓⲛⲟⲥ ⸱	Sagapenum gummi.	سكبينج
ⲟ̀ⲛⲓⲟⲛ ⸱	Phu, opium, valeriana.	قسوه
ⲟ̀ⲛⲓⲁ ⸱	Phu.	قوه
ⲉ̀ⲗⲓⲑⲣⲓⲥⲧⲉⲛ ⸱	Idem.	قسوه
ⲕⲣⲁⲙⲉⲃⲉ ⸱	Braffica , Beta.	قرنب
ⲃⲁⲕⲕⲁⲙⲟⲩ ⸱	Brafillum.	دقسام
ⲁⲙⲟⲣⲁⲕⲟⲛ ⸱	Amaracus ruber.	اقحوان اجمر
ⲕⲟⲗⲗⲁⲛ ⸱	Gluten, gummi, vifcus.	اشراس
ⲍⲁⲍ ⸱	Idem .	اشراس
ⲁⲗⲁⲛⲟⲛ ⸱	Arundo aquatica .	خولان
ⲟ̀ⲣⲟⲃⲏ ⸱	Orobus, vitia, Orobranche.	كرسنه
ⲙⲓⲟ̀ⲗⲱⲛ ⸱	Mumia, cadauer humanum conditum.	مومينـا
ⲕⲁⲑⲟⲩⲣⲓⲱⲛ ⸱	✗ Cupreffus. castoreum	جنس بلاد شهير
ⲡⲃⲁⲣⲙⲓⲕⲏ ⸱	Ibex, ftruthium,	كندس
ⲙⲟⲥⲧⲁⲗⲓⲛ ⸱	Galla.	غاليسه
ⲃⲁⲍⲉⲣⲱⲧ ⸱	Galbanum.	قنـا
ⲕⲁⲕⲟⲛⲓⲁ ⸱	Idem.	قنـا
ⲁⲗⲑⲓⲗⲓⲁ ⸱	Afa herba, Afa fœtida .	حلتيث

Ægyptia	Latina	Arabica
ⲕⲟⲕⲉⲧⲓⲛ ⳾	Galla, quæ inditur atramento.	عفصى
ⲇⲟⲕⲣⲓⲕⲓⲟⲛ ⳾	Crocus.	كركم
ⲧⲣⲟⲫⲓⲗⲗⲁⲛ ⳾	Thus, Dhersen Arabicum.	فرمون
	Et hæc est Thus seu styrax arabica	وفي اللباذسـ المغربيسا
ⲥⲕⲟⲩⲁⲛⲑⲟⲥ ⳾	Squinanthum, ...poma.	تفاح الابجر
ⲫⲣⲓⲟⲛ ⳾	Muscus arboris.	شيبه اشنه
ⲫⲓⲗⲗⲓⲣⲁ ⳾	Idem.	شيبه اشنبه
ⲍⲁⲙⲡⲟⲗⲓⲟⲛ ⳾	Zingiber,	زنجبيل
ⲡⲉⲥⲟⲩⲣⲟⲧ ⳾	Mirobolanus, glans Ægyptia.	هليلج
ⲡⲉⲥⲟⲩⲣⲟⲧ ⳾	Myrobalanus.	هليلج كابلي
ⲧⲣⲓⲕⲟⲛⲟⲛ ⳾	Myrobalanus Indica.	هليلج هندي
ⲧⲣⲉⲯⲟⲗⲟⲛ ⳾	Mirobalanus citrini coloris.	هليلج اصفر
ⲙⲙ ⲡⲓⲕⲟⲛⲟⲛ ⳾	Cappares.	عرق الكبر
ⲯⲟⲁⲛⲑⲟⲥ ⳾	Helleborus.	خربق
ⲕⲁⲗⲁⲙⲉⲩⲛⲑⲓⲛⲏ ⳾	Menthastrum, métha, calamantum.	فوذنج
ⲟⲣⲓⲕⲁⲛⲟⲛ ⳾	Mentha montana, origanum. *calantha montana*	فوذنج جلبي
ⲥⲟⲩⲙⲟⲛⲁⲥ ⳾	Mentha fluuialis. *aquatica*	فوذنج نهري

Ægyptia	Latina	Arabica
ⲕⲩⲕⲓ ÷	Granũ Alcheruæ, forte Cherimes.	حب الخروع
ⲕⲟⲩϯⲱⲛ ÷	Granum canna- bis.	حب القنب
ⲕⲁⲙⲉⲃⲓⲩⲟⲥ ÷	Camæpythis, ~~vola Mariæ~~.	كف مريم كماڡيطوس
ⲡⲁϯⲁⲙⲟⲕⲓϯⲱⲛ ÷	Virga Paſtoris.	عصاة الراعى
ⲟⲓⲕⲟⲃⲓⲛ ÷	Tutia.	توتيا
ⲕⲁⲗⲓϯⲣⲓⲟⲛ ÷	Barba Hirci, trago- pogon.	لحية التيس الحز كوش
ⲕⲟⲗⲓⲁⲏϯⲣⲟⲛ ÷	Capillus Veneris, Adiantum.	كزبرة البير
	Et eſt ſabaar elgha baan, ſiue elbar- ſchauſchan	وهي ذبعر لجبان وهي البر شاوشان وهي جعرة القناه
	Polium criſpum, ſiue galbanum.	
ⲃⲁϯⲉⲣⲟⲛⲃⲓⲁ ÷	Meliſſa	بزر بادر نجويه
ϯⲁⲣⲭⲟⲛ ÷	Saturegia.	طرخون
ⲃⲉⲣⲛⲓⲕⲁⲣⲓⲟⲛ ÷	Saturegia ru- bra.	طرخون احمر
ⲕⲏⲣⲟⲥ ÷	Trifolium, Lotus Ægyptia	حنبل قوق
ϯⲣⲓϥⲩⲗⲗⲟⲛ ÷	Idem	حنبل قوق
ⲁⲯⲓⲛⲑⲓⲛ ÷	Abſynthium.	افستين
ⲕⲓⲕⲓϯⲟⲛ ÷	Fùm⁹ terrę, fumaria hic ſumiꝛ ꝑ ſemine	بزر سا هنرح
ⲕⲁⲣϯⲁⲙⲟⲛ ÷	Cardamũm.	خزف

Aa

Ægyptia	Latina.	Arabica.
ⲥⲧⲟⲗⲟⲡⲉⲛⲧⲣⲓⲟⲛ	Planta, pes Aquilę Scolopendria.	كف النسر
ⲉⲙⲁⲣⲧⲉⲕⲟⲩⲧⲓⲟⲛ	Sanguis draconis.	دم الاخوين
ⲃⲁⲗⲙⲟⲛⲟⲥ	Behemen rubrum.	بهمن احمر
ⲃⲁⲛⲁⲙⲟⲛⲟⲥⲟⲗⲟⲩ	Behemen albi coloris.	بهمن ابيض
ⲕⲩⲛⲁⲙⲟⲛⲟⲛ	Cinnamomum.	عبير
ⲗⲩⲧⲟⲛ	Laudanum.	لادن
ⲟⲩⲃⲁⲗⲓⲟⲛ	Bdellium.	مقل ازرق
ⲟⲝⲓⲩⲙⲓⲝ	Vnguis odorata, charyophillum	الظفر
ⲡⲓⲟⲩⲣⲓⲥ	Coſtum amarum, ſtacte myrrhata.	القسط مر
ⲭⲁⲣⲃⲁⲛⲓ	Coſtum dulce.	قسط حلو
ⲁⲗⲕⲉⲛⲉ	Coſtum maritimum.	قسط بحري
ⲙⲙⲟⲛⲓⲁⲕⲟⲛ	Sal Ammoniacum galbanum, ferulę	الكلخ الاشق
ⲗⲓⲟⲕⲟⲛⲟⲥ	Thus. (ſuccus.	كندر
ⲁⲕⲁⲕⲓⲁ	Acacia.	اقاقيا
ⲟⲑⲣⲓⲟⲗⲓⲗⲱⲛ	Alia ſpecies herbæ.	الاطريلال
ⲁⲣⲓⲥⲧⲟⲗⲟⲭⲓⲁ	Ariſtologia	الازراوند
ⲫⲩⲣⲁⲗⲗⲓⲧⲏⲥ	AlchaKengi, Solanum, Heliocacabus.	كاكنج
ⲕⲁⲥⲧⲁⲛⲟⲛ	Caſtanea	شاه بلوط
ⲕⲉⲧⲓⲥⲉⲇ	Balauſtia, flos mali granati.	جل نار

Ægyptia.	Latina.	Arabica.
ⲕⲁⲛⲁⲃⲁⲕⲟⲩⲛ ⳝ	Fumaria, fumus terræ. *Blitum*	شهدانج
ⲫⲩⲗⲩⲛⲕⲁⲣⲁⲗⲃⲁ ⲧⲣⲟⲩⲛ ⳝ	Folium Arabicum, Indica planta.	سادج هندي
ⲁⲣⲁⲙⲉⲛⲟⲩⲛ ⳝ	Indica planta.	شيطارج
ⲃⲣⲁⲟⲩⲇ ⳝ	Sauina, granum tinctorium.	الابهل حسن الفهم
ⲙⲁⲙⲉⲓⲣⲟⲩⲛ ⳝ	Lignum odoriferum.	خير عود
ⲟⲁⲣⲃⲟⲩⲛ ⳝ	Turbith.	قوربن
ⲅⲅⲁⲣⲓⲟⲟⲕⲛⲓⲕⲟⲛ ⳝ	Agaricus.	غاربقون
ⲕⲁⲣⲁⲕⲁⲛⲟⲟⲥ ⳝ	Emblicus.	ابو مليخ
ⲕⲟⲙⲙⲏ ⳝ	Gummi.	صمغ
ⲗⲓⲟⲕⲟⲛ ⳝ	Lacca, Chermes,	لسك
ⲃⲁⲗⲥⲁⲙⲟⲛ ⳝ	Balsamum.	بلسام
ⲟⲣⲓⲕⲟⲛⲟⲛ ⳝ	Ruta.	هدمل
ⲟⲛⲟⲡⲓⲟⲩⲙⲟⲛ ⳝ	Succus epithymi, Epithymum.	عصارة اقيتمون
ⲡⲉⲣⲓⲁⲧⲟⲩⲛ ⳝ	Laurus.	رند
ⲡⲉⲥⲡⲉⲩⲓⲣⲓⲛ ⳝ	Polypodium.	بسفايج وهو الاشنيوان
ⲁⲥⲟⲩⲡⲉⲣ ⳝ	Nucis certa species.	الجوزة المره
ⲡⲁⲗⲉⲛⲟⲃⲉⲣ ⳝ	Granum sponsi.	حب عروس
ⲗⲩⲥⲓⲧⲟⲩⲛ ⳝ	Mardacus.	مرزنقوس
ⲍⲟⲡⲓⲥⲥⲁ ⳝ	Camphora.	كافور
ⲗⲁⲕⲕⲁⲗⲟⲩⲗⲟⲥ ⳝ	Sarcacolla.	انزروت
ⲕⲉⲇⲣⲟⲩ ⳝ	Cera crudum.	شمع خام

Ægyptia.	Latina.	Arabica.
ϥⲁⲣⲉⲉⲁⲓⲕⲟⲩⲙ ⁚	Bdellium Indicum.	مقل هندي
ⲕⲁⲗⲁⲃⲟⲛⲓⲁ ⁚	Calophonia, refinæ fpecies.	قلفوذيه
ⲟⲩⲓⲛⲕⲓⲁ ⁚	Syfimbrium Romanum.	نمامه رومية
ⲝⲩⲗⲟⲛⲅⲧⲁⲭⲣⲟⲩ ⁚	Lignum crucis Damafcenum.	عود صليب شامى
ⲟⲩⲕⲣⲓⲕⲟⲛⲁⲗⲓⲁ ⁚	Melo, Afparagus.	قرمة هليون
ⲟⲩⲥⲟⲩⲧⲓⲟⲛ ⁚	Schakan, planta, cuius radix fimilis Cyperi.	شكاعا
ⲟⲃⲓⲁⲭⲣⲓⲃⲁⲍⲩⲛ ⁚	Succus, Ribes.	عصارة ربباس
ⲱⲝⲓⲣⲁⲥⲓⲁ ⁚	Schifrak, & hæc lachrymæ vefpethlionis.	سيبزرق وهودموع الوا طواط
ⲥⲫⲉⲣⲙⲓⲁⲣⲉⲟⲛ ⁚	Semen Mari.	بزر مرو
ⲟⲩⲁⲃⲟⲛⲓⲁ ⁚	Species hordei.	الصفيري
ⲁⲗⲟⲩⲥⲓⲥ ⁚	Planta Mechana.	شبش مكه
ⲟⲩⲁⲣⲟⲩ ⁚	Cyperus.	سعن
ⲟⲩⲁⲗⲓⲙⲓⲧⲩⲛ ⁚	Ammi.	لامى جراح
ⲟⲩⲕⲗⲓⲙⲟⲥ ⁚	Corona regis.	اكليل الملك
ⲟⲩⲛⲡⲓⲝ ⁚	Bdellium Iudaicum.	مقل اليهود
ⲟⲩⲁⲃⲓⲣⲟⲛ ⁚	Atramentum Indicum.	مداد كوفي
ⲟⲩⲥⲁⲥⲕⲉⲣⲁⲥ ⁚	Bitumen, pix.	زفت قار
ⲁⲣⲡⲟⲙⲟⲛⲟⲛ ⁚	Pix terebinthina.	علسك البطم

Ægyptia	Latina	Arabica
ⲙⲉⲩⲁⲓⲟ⳽	Crocus hortensis.	عصفر
ⲃⲁⲣⲃⲁⲣⲓⲍⲱⲛ ⳽	Emir Paris,	امير بار يس
ⲍⲁⲫⲛⲁⲓ ⳽	Pix.	القار
ⲍⲣⲉⲥⲧⲩⲭⲟⲗⲓⲍⲥ ⳽	Equi setum, hippu-ris, cauda equi.	جرد سنبو ميبنو وهوزبيث الجيل
ⲑⲣⲓⲃⲟⲗⲱⲛ ⳽	Tryphera.	اطريفل
ⲟ̀ⲯⲟⲣⲟⲅⲟⲗⲗⲓⲛ ⳽	Gluten piscium.	غرا سمك
ⲕⲁⲣⲡⲟⲍⲟⲥⲁⲗⲟⲥ ⳽	Fruct° alicuius plātę	عدبة ڊجم
ⲍⲙⲛⲍ ⳽	Manna.	من
ⲙⲓⲣⲓⲕⲏ ⳽	Fructus Tamarisci, Myrica.	ثمر طرفا
ⲕⲉ̀ⲃⲁⲛⲓⲍ ⳽	Lignum crucis, & est magnę virtutis.	عون الصليب وهوالقواذبيا
ⲍⲛⲍⲃⲍⲟⲣⲓⲍ̀ ⳽	Helleborus,	البلا نوار
ⲍⲛⲍⲃⲍⲟⲣⲓⲍ̀ ⳽	Anacardus.	البلادر
ⲍⲃⲍⲕⲓⲥⲑⲉ ⳽	Succus, vel gummi rutæ syluestris.	صمع الشراب البري
ⲫⲓⲙⲟⲗⲓⲍ̀ ⳽	Lapis Armenus.	حجرارمني
ⲗⲓⲙⲟⲧⲓⲥⲟⲥ ⳽	Terra Armena ; terra sigillata.	طين ارمني
ⲃⲁⲗⲁⲛⲥⲓⲛ ⳽	Cubebe.	كبابه
ⲃⲁ̀ⲍⲓⲥⲱⲛ ⳽	Herba, quæ festina-re facit,	المشنيعجله
ⲃⲁⲣⲉ̀ⲃⲓⲟⲛ ⳽	Pulchritudo Io-seph, herba sic dicta.	حسن ڊوسف
ⲍ̀ⲡⲗⲓⲕⲱⲛ ⳽	Folium aquaticũ, Hæmatites.	شادنه شانجنج

Ægyptia.	Latina.	Arabica.
ⲙⲁⲣⲥⲁⲃⲓⲛ ⳿	Granum myrti.	حب اس
ⲟ̀ϫⲓⲟ̀ⲛⲟⲛ ⳿	Granum herbescens.	حب كلا
ⲍⲟⲣⲟⲃⲟϯⲓⲛ ⳿	Zarumbed, planta similis Cypero.	زرنباد
ⲙⲁⲙⲓⲑⲱⲛ ⳿	Mentha.	ماميثا
ⲃⲁⲣⲁⲥⲓⲟⲛ ⳿	Marrubium. πράσιον.	فوراسيون
ⲑⲁ̀ⲣⲁ̂ⲛⲉ̄ⲓⲃⲓⲟⲛ ⳿	Manna.	ترنجبين
ⲥⲩⲣⲓϫⲱⲛ ⳿	Tribulus, ſpina.	شير خشك
ⲇⲁⲣⲁⲛⲟⲥ ⳿	Tartarus	طرطير
ⲙⲟⲗⲟⲅ̄ⲙⲱⲛ ⳿	Nicoſiana, herba vulnerũ ſanatiua,	لامى جراح
ⲁⲃⲣⲁ̀ⲥⲓⲱⲛ ⳿	Abraſchi, & hęc eſt idem, quod ſudor lilij.	الابرشا وهي عرق السوسان
ⲃⲁ̀ⲥⲁⲙⲱⲛ ⳿	Eluaſme, & hæc dicitur folium ſagittæ.	الوسمه وهي ورق النيله
ⲟⲩⲃⲟⲃⲉⲗ ⳿	Phauphel.	فوفل
ⲁⲥⲕⲑⲗⲟⲛⲟⲃϯⲓⲟⲛ ⳿	Capillus Veneris, Algol.	شعر الغول
ϯⲁⲕⲑⲟⲩⲙⲓⲟⲛ ⳿	Herba ſimilis calamentho, Thymus, thymbra.	مشكطر مشمع
ⲕⲟⲙⲟⲃⲓϯⲱⲛ ⳿	Galanga.	خولنجان
ⲟⲩⲁⲥⲕⲓⲟⲥ ⳿	Semen Goſſipij, pſilium.	بزر قطونيا

Ægyptia.	*Latina :*	*Arabica.*
ⲟⲩⲥⲥⲥⲁⲩⲍ	Chefphel, cortex radicum capparum.	الاصفل وهوقشر اصل الكبر
ⲣⲓⲙⲟⲛ	Fœnum, ftipula, herba quæuis.	هشيشة الغافت
ⲟⲩⲥⲥⲕⲟⲗⲟⲃⲉ̃ⲛⲧⲕⲓ ⲣⲓⲟⲛ	Scolopendria.	اسقولوفندلى رجون
	Et hæc eft herba aurea, vola Aquilæ, antimonium Romanum.	وهي خشيشة الذهب وهي كف النسروهي الكحل الرومى
ⲟⲩⲡⲓⲧⲍⲁ	Flos Lauri.	زهر غار
ⲃⲁⲣⲓⲕⲟⲛ	Agaricus.	غاريقون
ⲣⲉⲙⲁⲗⲟⲛ	Ammi, herbæ genus.	ذاذخوه
ⲡⲁ̈ⲣⲁⲡⲛⲓ	Piper album.	فلفل ابيض
ⲡⲉⲡⲣⲟⲥ	Piper nigrum,	قلفل اسود
ⲫⲓⲡⲣⲟⲥ	Idem.	فلفل ايضا
ⲅⲩⲛⲛⲁ̈ⲙⲟⲛⲟⲛ	Cinnamomum.	قرفه
ⲥⲩⲧⲣⲟⲛⲓⲕⲟⲥ	Maftix.	مصطكا
ⲡⲉⲡⲉⲣⲟⲛ	Piper longum,	دار فلفل
ⲥⲉⲓⲉⲟⲛⲟ	Amomum.	الحماما
ⲕⲁⲛⲁⲙⲓⲛⲟⲛ	Cinnamum.	دار صيني
ⲉⲉⲥⲧⲣⲟⲙⲁⲕⲁ	Rubus mechanus.	سبى مكي
ⲥⲡⲟⲛ	Flos, Viola.	زهر بنفسج
ⲫⲟⲓⲛⲓⲁⲛⲕⲟ	Fructus Indicus, Dactyli Indici.	ثمر هندي

Ægyptia	Latina	Arabica
ⲙⲓⲍⲁⲛⲁⲣⲧⲟⲩ	Sebeſten.	شبستان
ⲃⲟⲩⲅⲗⲱⲥⲥⲁⲛ	Bugloſſa.	لسان ثور
ⲟ̀ⲡⲓⲉⲥ	Althea.	خطميه
ⲕⲓⲕⲓⲍⲱⲛ	Succus glycyrrizę.	عرق سوس
ⲕⲗⲓⲕⲟⲩⲕⲁⲗⲁⲙⲱⲛ	Caſſia, fiſtula, cala-mus dulcis.	خيار شنبر
ⲣⲟⲗⲍⲓⲟⲛ	Oleum roſarum.	دهن ورد
ⲍⲁⲙⲛⲁⲕⲟⲛ	Oleum liliorum.	دهن زنبق
ⲙⲟⲥⲕⲁⲗⲍⲓⲟⲛ	Oleum de Ben, Nardo.	دهن بان
ⲡⲓ̄ⳡⲣⲓⲙ	Seriphium, abſyn-thium marinum.	الشيح
ⲡⲓⲕⲟⲩⲁⲛⲟⲥ	Chamomilla	بابونج
ϯⲃⲉⲣⲥⲓⲧⲁ	Bellyrici, fructus ſi-miles auellanis.	بليلج
ⲟⲩⲗⲓⲛ ⲭⲟ̀ⲛⲥⲟ̀ϥⲣⲓ// ⲧ̄ⲏⲥ	Color Indicus.	نيل هندي
ⲡⲓⲩⲉ̄ⲛⲗⲁⲃⲁⲥ	Lignum lunare.	العود القماري
ⲡⲓⲕⲉϥⲁⲗⲉⲟⲛ	*Caput XVIII.*	الفصل
ⲙⲙⲉⲍ ⲓ̄ⲏ ⲉⲩⲉⲉⲣ	*decimum octauū,*	الثاني من عشر
ⲁ̀ⲡ̀ⲁⲛⲧⲟⲕⲧⲓⲛⲉ	*continet nomina*	يشتمل
ⲝⲉⲛⲛⲓⲩⲃⲓⲛ//	*Leguminum,*	على الحبوب
ⲛⲉⲙⲛⲓ ⲭⲣⲟ̀ⲝ	*& Olerum*	والبقول
ⲛⲉⲙⲛⲓⲛⲁϥⲣⲓ	*& ſeminum.*	والمزدرعات
ⲛ̄ⲓⲥⲟⲩⲟ	Farina. *far:*	القمح ⲡⲓⲉⲛ//

Ægyptia.	Latina.	Arabica
ⲁⲓⲉⲙⲣⲁⲓ ⳥	Farina Iaufephi-na.	الفرح اليوسفي
ⲡⲓⲓⲱⲧ ⳥	Hordeum.	الشعير
ⲡⲓⳕⲁⳝⳝⲁ ⳥	Faba .	الفول
ⲡⲓⲁⲗⲓ ⳥	Faba	الفول
ⲡⲓⳕⲉⲗⲓ ⳥	Faba,	الفول
ⲡⲓⲟⳟⲣⲱ ⳥	Faba .	الفول
ⲡⲓⲉⲣϣⲓϣ ⳥	Cicer.	الحمص
ⲡⲓⲁⲣϣⲓⲛ ⳥	Lens	العدس
ϯⲭⲣⲓⳝⲓⲥ ⳥	Orobus ᾿οϱοβϱαγχη.	الكرسنة
ⲡⲓⳟⲟⳟⳟ ⳥	Cicercula.	الجلبان
ⲁⲓⳝⲁⲙⲉⲏ ⳥	Cuminum al-bum	الكمون الابيض
ⲡⲓⳝⳝⲓⲙⲟⳟⲛ ⳥	Cuminum mon-ranum.	الكمون الجبالي
ϯⲡⲉⲕⲁⲏⲟⲥ ⳥	Idem	الكمون الجبالي
ⲡⲓⲡⲉⲗⳕⲓⲟⲛ ⳥	Cuminum ni-grum.	الكمون الاسود
ⲡⲓⲗⳕⲏⲧⲓⳕⲉ ⳥	Idem	الكمون الاسود
ϯⲗⳕⲕⲟⲛⳕⲉ ⳥	Pifum .	البسلة
ⳕⲁⲛⲥⲟⲛ ⳥	Anifum.	الانيسون
ⲡⲓⳕⲁⲛⲉⲟⳟⲙⲟⲣ ⳥	Fœniculum.	الشمار
ⲙⲁⲗⳕⳟⲡⲟⲛ ⳥	Fœniculum fylue-ftre.	الشمار البري
ⲡⲓⲭⲟⳟⳝⳝ ⳥	Cartamus, fe-men croci fylue-ftris,	القرطم
ⲡⲓⲕⲣⳕⲙ ⳥	Cartamus fylueftr.	القرطم البري

Ægyptia	Latina	Arabica
ⲛⲓϫⲁⲕⲓ ⳼	Sesamium	الشمشم
	Oleum sesami	الشيرج
ⲛⲓⲁⲣⲣⲟⲥ ⳼	Oryza.	الرز
ⲛⲓϫⲉⲙⲉⲥ ⳼	Triticū maturū, sed adhuc in spicis.	الفريكي
ⲛⲓⲑⲁⲣⲙⲟⲥ ⳼	Lupinus	الترمس
ⲛⲓⲗⲓⲛⲉϩⲣⲓⲟⲛ ⳼	Lupini sylue- stres.	الترمس البزي
ⲛⲓϣⲉⲗⲧⲁⲙ ⳼	Rapa, napus.	السلجم
ⲛⲓⲑⲉⲣⲉϣ ⳼	Semen lini.	بزر الكتان
ⲛⲓⲟⲗⲏⲓⲉⲙ ⳼	Nasturtium:	الرشاد
ⲛⲓϥⲓⲣϥⲓⲟⲛ ⳼	Carui,	الكراوريا
ⲛⲓⲣⲟⲩⲍⲓⲛ ⳼	Sumach	السماق
ⲟⲩⲣⲟⲥ ⳼	Sumach, rhus co- riaria.	السماق
ⲉⲗⲡⲉⲛⲓⲟⲥ ⳼	Sagina	الدرا
ⲉⲗⲡⲉⲛⲓⲟⲥ ⳼	Idem	الدرا
ⲛⲓⲁⲛϣⲓⲣⲓ ⳼	Herba medica; *Mach Lucern wax*	الماش
ⲧⲣⲁⲙⲁⲧⲁ ⳼	Legumina, fruges.	قطاني ثمره غله
ⲛⲓⲟⲕⲃⲟϯ ⳼	Olera	البقول
ⲛⲓⲟⲕⲃⲟϯ ⳼	Endiuia.	الهندبا البقل
ⲛⲓⲛⲟⲩⲛⲓ ⳼	Raphanus:	الفجل
ⲣⲁⲛⲁⲛⲟⲛ ⳼	Raphanus	الفجل
ⲛⲓⲉⲙϫⲱⲗ ⳼	Cœpa.	البصل
		ⲛⲓⲃⲉⲣ//

Ægyptia.	_Latina._	_Arabica_
ⲡⲓⲃⲉⲣⲥⲓ ⳥	Blitum, chryfalo-canne.	البقط سيف الـسرميف
ⲡⲓⲉⲉⲧ ⳥	Apium,	الكرفس
ⲡⲓⲕⲣⲁⲉⲉ ⳥	Apium fylue-ftre.	الكرفس البري
ⲡⲓⲥⲉⲣⲓⲛⲟⲩ ⳥	Petrofelinum	البقدوذهن
ⲡⲓⲥⲧⲁⲡⲓⲛⲁⲣⲓ ⳥	Paftinaca, daucus.	الجزر
ⲡⲓⲉⲉⲉⲥⲓ ⳥	Mentha.	النعناع
ⲡⲓⲁⲩⲥⲟⲛ ⳥	Mentha monta-na.	النعناع الجبلي
ⲡⲓⲉⲉⲓⲣⲟⲛ ⳥	Arum	اللوفه
ⲡⲓⲃⲁⲩⲟⲩⲩ ⳥	Ruta	السراب
ⲡⲓⲉⲉⲧⲟⲧⲩ ⳥	Ruta fylueftris.	السـراب البري
ⲡⲓⲃⲉⲧⲩⲕⲉ ⳥	Melongena fyluе-ftris, poma amoris Mandragora.	الباذنجان البري
ⲁⲗⲉⲉⲓⲛⲧⲁⲗⲱⲙⲧ ⳥	Idem	الباذنجان
ⲡⲩⲕⲧⲓⲧ ⳥	Beta	السلق
ⲡⲓⲕⲟⲗⲟⲅⲓⲛⲑⲉ ⳥	Colocynthis,	اليقطين
ⲁⲧⲣⲓⲃⲗⲁⲕⲟⲛⲟⲛ ⳥	Colocynthis fyluе-ftris.	اليقطين البري
ⲡⲓⲕⲟⲗⲁⲕⲓⲛⲟⲛ ⳥	Spinachia, Inty-bus.	الاسفاناخ
ⲉⲟⲗⲟⲭⲓⲁ ⳥	Maluæ genus	الملوخيه
ϯⲃⲁⲕⲓⲛⲟⲛ ⳥		البامية

ⲡⲓⲱⲃ

Ægyptia	Latina	Arabica
ⲡⲓⲁⲩⲃ	Lactuca	الخس
ⲡⲏⲍⲓ	Porrum	الكرات
ⲡⲓⲉⲱⲡⲉⲓⲗⲏ	Rapum.	اللفت
ⲡⲓⲃⲉⲣϣⲩⲉⲩ	Coriandrum:	الكزبره
ⲡⲓⲉϩⲇⲱⲟⲩ	Eruca.	الجرجير
ϯⲥⲁⲉⲟⲩⲕⲭⲟⲥ	Buglossa, lingua tauri.	الكحلا
ⲡⲓⲁⲛⲛⲟϣⲉⲣ	Endiuia syluestris.	هندبا برى
ⲡⲓⲕⲉⲩⲣⲓⲟⲉ	Ruta montana.	سذاب جبلى
ⲡⲓⲕⲁⲛⲟⲡ	Ruta hortensis.	سذاب بستانى
ⲡⲓⲉⲁⲣⲓⲥ	Herba folijs porri, Asarum.	الناردين
ⲡⲏⲕⲁⲧⲟⲩⲗⲓ	Malua	الخبيز
ⲡⲓⲭⲁⲩⲗⲉⲏⲓ	Papauer, *scolymus*	الخلاج
ϣⲛϯⲣⲁⲕⲓⲛ	Portulaca	الباقلة الحمقا
ⲡⲓⲧⲣⲓⲙⲓ	Adiantum.	القرط البرسيم
ϯⲍⲁⲗⲉⲙⲉⲍⲟⲥ	Portulaca	الرجلة
ϯⲉⲙⲉϩⲙⲟⲩⲅⲓ	Idem.	الرجلة
ⲡⲓⲕⲣⲁⲥⲧⲉⲙ	Rubus:	العليقة
ⲡⲓⲗⲉⲡⲥⲁⲛⲓ	Ellebsan,	اللبسان
ϯⲁⲣⲧⲉⲙⲉⲥⲓⲥ	Artemisia	الشسبكة
ⲃⲟⲩⲗⲗⲉⲣⲓⲟⲥ	Phlium,	الغليا
ⲭⲟⲩⲕⲁⲟⲥ	Sinapi album:	خردل ابيض

Ægyptia.	Latina.	Arabica.
ⲃⲟⲣⲡⲟⲥ ⳥	Hyſſopus	غاسوله
ⲃⲟⲣⲡⲓⲥⳇ ⳥	Idem.	غاسوله
ⲟⲁⲟⲃⲓⲟⲟⲥ ⳥	Phaſeoli:	لوديــخاٌ
ⲗⲓⲃⲓⲧⲏ ⳥	Conuoluulus	ـبلادٍ
ⲡⲓⲗⲍⲙⲙ ⳥	Arboris Arabicæ genus.	العشار
ⲡⲓⲉⲛⲣⲁⲥⲟⲩ ⳥	Abrotanum	القيصوم
ⲡⲓⲕⲁⲡⲁⲛⲟⲛⳇ ⳥	Capparis.	القبار
ⲡⲓⲕⲟⲣⲕⲏⲥⲓ ⳥	Colocaſia, Arum Ægyptium.	القلقاس
ⲡⲓⲕⲟⲛⲓⲍⲁ ⳥	Cicuta,	السوكران
ⲛⲓⲟⲥⲕⲉⲛⲉⲙⲙⲟⲩ ⳥	Hyoſciamus.	البنج
ⲡⲓⲙⲙⲏⲕⲟⲥ ⳥	Papauer	الخشخاش
ⲡⲓⲥⲓⲥⲁⲙⲏⲛ ⳥	Seſamum.	السمسم
ⲡⲓⲥⲓⲙⲙⲍⲙ ⳥	Quædam herba peculiaris Ægypto.	الكنبيج
ⲡⲓⲭⲟⲣⲧⲟⲥ ⳥	Fœnum, herba	الحشيش
ⲡⲓⲭⲓⲩⲧ ⳥ H /	Melenium.	الرعراع
ⲍⲛⲟⲉⲙⲓⲥ ⳥	Chamomilla	البابونج
ⲡⲓⲡⲉⲗⲡⲉⲙⲉⲛⲓⲛⲅⲟⲩⲩ ⳥	Melo citrinus, Pepo.	بطيخ
ⲡⲓⲡⲉⲗⲡⲓⲉⲡⲉⲛⲁⲙⲙⲓⲛ ⲗⲟⲛ ⳥	Melo, ſiue pepo viridis, cucumer.	بطيخ اخضر
ⲥⲓⲑⲩⲙⲡⲓ ⳥	Cucumeres.	القثوث
ⲙⲍⲥⲡⲓⲉⲡⲟⲩⲛ ⳥	Citrellus.	الخياز
ⲡⲓⲕⲟⲩⲕⲗⲟⲥ ⳥	Zizania, lolium.	الزوان
ⲛⲓⲉⲛⲧⲏⲍ ⳥	Lolia.	الزوان

Ægyptia	Latina	Arabica
ⲙⲉⲁⲡⲓⲉⲛⲟⲛⲉⲥ ⳿	Cucumer asini-nus.	اقثاء الحمر
⳿ⲫⲁⲗⲗⲟⲓⲥ ⳿	Aloë,	الصبارة
ⲡⲓⲣⲟⲙⲉⲥⲓⲛ ⳿	Arundo, Betæ.	القصاب
ⲛⲓⲁⲗⲓⲁ ⳿	Asparagus.	الهليون
ⲡⲓⲕⲟⲣⲧⲉⲛ ⳿	Sedum, semperui-uum.	حى علم
ⲡⲓⲉⲣⲃⲓⲛ ⳿	Biblus, iuncus, pa-pyrus,	البردي
ⲉⲩⲗⲟⲥⲧⲟⲩⲁⲉⲛⲟⲩ ⳿	Arnoglossum, lin-gua ouis.	لسان الحمل
ⲡⲓⲁⲛⲓⲍⲟⲛ ⳿	Anethum.	الشبت
ⲛⲓⲁⲙⲓⲧⲟⲛ ⳿	Sisymbrium.	النمام
⳿ⲫⲃⲟⲩⲧⲉⲛⲏ ⳿	Thymbra,	الرونقة
ⲥⲱⲙⲁⲛⲁⲥ ⳿	Dracanthea; Ocymum Cro-codili.	
ⲛⲓⲟⲩⲥⲉⲃⲓⲛ ⳿	Apium syluestre, fœniculum,	
ⲡⲓⲥⲕⲩⲗⲗⲁ ⳿	Scillæ, cæpa muris.	بصل الفار
ⲉⲧⲣⲟⲩⲭⲏⲟⲛ ⳿	Vua Vulpis.	عنب الثعلب
ⲡⲉⲗⲉⲙⲙⲓⲛ ⳿	Vua Lupi.	عنب الذيب
ⲟⲩⲗⲁⲕⲙⲉⲟⲩ ⳿	Colocynthis.	حنظل
ⲛⲓⲟϯⲛⲥ ⳿	Granum, bacca	البت
	Fructus plantæ arboris cuiuscuq.	

Ægyptia	Latina	Arabica
oⲩⲁⲥⲕⲓⲗⲓ ✦	Squilla.	بصل العنصل
ⲣⲁⲙⲛⲟⲥ ✦	Rhamnus.	عوسج
oⲩⲱⲗⲁⲓⲝ ✦	Caulis.	كرنب
ⲭⲁⲣⲟⲃoⲛⲏ ✦	Charabone	جرمه
ⲃⲁⲣⲛⲁⲃⲓⲛ ✦	Herba Ægyptia.	درنوف
ⲡⲓⲡⲓⲍⲩⲗoⲛ ✦	Fumus terræ, fuma-	شاهبرج
	ria.	
ⲥⲁⲣⲙⲓⲣⲁ ✦	Nerium, Rhododẽ	دقلا
	drum, leander.	
oⲩⲕⲣⲓⲙⲃoⲛ ✦	Origanum.	زعتر
oⲩⲕoⲣⲃoⲙⲙ ✦	Allium masculum,	ثوم ن كر وهودوم
	& hoc allium ser-	لحيه
	pentis.	
ⲛⲓⲙⲙⲁⲕⲩⲥⲟⲥ ✦	Allium syluestre.	الثوم البري

	Caput continens	فصل يشتمل
	aliqua comestibi-	على بعض
	lium genera:	الماكل
ⲡⲓⲱⲓⲕ ✦	Panis	الخبز
ⲁⲣⲧⲁⲛ ✦	Panis	الخبز
ⲡⲓⲁϥ ✦	Caro	اللحم
ⲛⲓⲧⲉⲃⲗ ✦	Pisces.	السمك
ϯϩⲣⲉ ✦	Cibus,	الطعام
	esca.	
ⲡⲓⲕⲏⲛⲓ ✦	Mellis, fauus,	الشهد

ⲡⲓⲁⲛ

Ægyptia	Latina.	Arabica.
ⲡⲓⲉⲗⲙⲉⲉⲓ	Caseus.	الجبن الحالوم
ⲡⲓϭⲉⲗⲓ	Lac coagulatum	البيراف
ⲙⲉⲣⲱⲧⲡ	Oleum, aroma.	زيت طبين
ⲛⲓⲕⲉⲃⲓ	Fauus	اقراص الشهد
ⲟⲩⲗⲟⲃⲟⲥ	Adeps, pinguedo.	شحم
ⲡⲓⲱⲧ	Idem.	الشحم
ⲡⲓϩⲙⲉⲝ	Acetum.	الخل
ⲛⲉⲙⲉⲟⲛⲏ	Salſamentum.	صحنا
ⲟⲩⲧⲁⲣⲁⲭⲟⲛ	Bottarga.	بطارخ
ⲟⲩⲉⲗⲓⲍ	Ptiſana, puls.	هرويسه
ⲟⲩⲉⲣⲱϯ ⲅⲉⲗⲁ	Lac	لبن
ⲟⲓⲛⲉⲛⲑⲉ	Conſperſio ſimilæ.	نضوح
ⲟⲩⲉⲃⲓⲱ	Mel.	عسل
ⲛⲟⲩⲕⲓⲁ	Fæx ſeſami	طحينه
ⲡⲓⲃⲉⲕⲓⲁ	Oleum ſeſami.	شيرج
ⲍⲓⲣⲁⲕⲥ	Pulmentum hordeaceum.	مري سعير
ⲡⲓⲍⲓⲣ	Certum edulij genus, Ægyptijs vſitatum.	صغير
ⲫⲟⲓⲛⲓⲁ	Dactyli permaturi.	هجرة
ⲕⲟⲩⲥⲙⲟⲣⲓⲁ	Paſſeres ſaliti.	عصفور مالح
ⲡⲓⲕⲉⲣⲓ	Butyrum.	سمن
ⲗⲁⲕⲟⲛⲟⲛ	Laganum.	ملة
ⲕⲓⲣⲉⲗⲗⲓⲁ	Torta, collyrida.	كعك
ⲕⲁⲧⲁⲕⲟⲛⲧ	Placentæ	طباهجة
		ⲗⲉⲡⲛ

Ægyptia	Latina	Arabica
ⲗⲉⲡϯⲟⲛ	Subcineritius panis.	جردق
ⲗⲁⲗⲁⲅⲅⲓⲁ	Laganum frixum cum oleo, & melle.	قطايف
ⲗⲟⲩⲕⲁⲛⲓⲕⲟⲛ	Farcimen, lucanica	ذقانف
ⲟⲡⲧⲟⲛ	Aſſum.	شوي
ⲟⲍⲟⲍⲟⲙⲟⲛ	Edulium acidum, acetarium.	سكباج
ⲟⲍⲓⲕⲟⲛ	Idem.	سكباج
ⲙⲉⲥⲓⲥⲕⲗⲓⲁ	Caro ſalita.	شرايح

Ægyptia	Latina	Arabica
ⲟⲩⲟⳝⲧⲏⲡⲓⲛⲛⲉⲩ	**PORTA V.**	الباب الخامس
ⲕⲉⲫⲁⲗⲉⲟⲛ ⲃ̅ ⲛⲉⲩ	_& numerat_	وعدد
ⲡ̅ⲓⲕⲉⲫⲁⲗⲉⲟⲛ	_Capita_ 2.	فصوله اثنان
ⲱⲙⲉⳅ ⲓⲃ ⲉⲩⲉⲉⲣ	_Caput XIX._	الفصل
ⲁⲡⲁⲛⲧⲟⲕ̅ⲧⲓⲛ	_decimum nonum_	التاسع عشر
ⲉⲍⲉⲛⲓⲓⲡⲏⲉⲏ	_continet (nomina)_	يشتمل
	mineralium	على المعادن
ⲉⲩⲧⲏ̅ⲛⲥⲛⲉⲙⲉⲛⲏ	_concretorum &_	الجامدة
	fluidorũ liquorũ,	والسايلة
ⲉⲩⳝⲁϯⲛⲉⲙⲉⲛⲓ	_& lapidum, &_	والاحجار
ⲱⲛⲓⲛⲉⲙⲉⲛⲓⲟⲩⲙ	_colorum :_	والاصباغ
ⲛⲓⲛⲟⲩⲃ	Aurum.	الذهب
ⲙⲉⲧⲁⲗⲓⲕⲟⲛ	Aurum obrizum.	الابريز

Ægyptia	Latina	Arabica
ⲡⲟⲃⲣⲓⲍⲱⲛ ⳽	Idem.	الابريز
ⲍⲩⲣⲟⲥ ⳽	Aurum chimicū, fuſum, Alchimia.	الكيميا الاكسير
ⲙⲉⲧⲟⲗⲓⲅⲱⲛ	Idem.	الكيميا
ⲁⲕⲗⲓⲙⲏⲥ ⳽	Calamites	الاقليميا
ⲁⲛⲍⲉⲙⲓ ⳽	Gemma, marga-rita, lapis pretio-ſus,	جوهر
ϯⲥⲁⲃⲉⲏⲣⲓ ⳽	Nummus, dena-rius.	الدينار
ϯⲥⲩⲁⲗⲗⲁⲕⲏ ⳽	Monetarium, nū-mus cuſus.	السكة
ⲡⲓⲧⲉⲃⲥ ⳽	Annulus, ſigil-lum.	الختم
ⲡⲓⲕⲁⲧ ⳽	Argentum.	الفضة
ⲡⲓⲁⲛⲍⲉⲙⲓ ⳽	Gemma, marga-rita.	الجوهر
ⲉⲁⲣⲁⲟⲛⲓⲍ ⳽	Sardonix.	الياقوت
ⲟⲩⲕⲁⲣⲕⲉⲁⲱⲛ ⳽	Chalcedonius lapis	الجادي
ⲟⲩⲍⲟⲡⲁⲍⲓⲟⲛ	Topatius	كسيس جوهر
ⲟⲩⲁⲙⲉⲧⲓⲥⲧⲟⲥ ⳽	Amethiſtes.	كبير كهن
ⲟⲩⲁⲛⲑⲣⲁⲕⲍ ⳽	Carbūculus, Ἄνθραξ	البلخش
ⲟⲩⲉⲛⲓⲭⲓⲟⲛ ⳽	Onychinus lapis, Smaragdus	الزمرد
ⲥⲙⲉⲣⲅⲟⲩⲫⲣⲁⲍ ⳽	Σμυρφυραξ.	البنفش
ⲥⲁⲛⲫⲓⲣⲟⲥ ⳽	Saphyrus.	العقيق
ⲙⲁⲣⲅⲁⲣⲓⲧⲏⲥ ⳽	Margarita, perla, vnio.	اللولو

Ægyptia	Latina	Arabica
ⲟⲩⲥⲙⲁⲣⲁⲧⲟⲥ	Smaragdus.	الزمرجن
ⲟⲩⲃⲉⲣⲁⲗⲓⲱⲛ	Oculus Lincis,	عين الهر
	Lyncurius	
ⲟⲩⲃⲉⲣⲓⲗⲗⲟⲥ	Beryllus	المها البكور
ⲟⲩⲓⲁⲥⲛⲓⲥ	Iaſpis.	البشب خمشتة
ⲟⲩⲁⲭⲉⲧⲉⲥ	Achathes,	البشت
ⲟⲭⲓⲱⲛ	Turcois.	الفيروزج
ⲟⲩⲃⲉⲣⲁⲗⲓⲱⲛ	Coralium.	المرجان
ⲟⲩⲁⲁⲙⲉⲥ	Adamas.	الماس
ⲟⲩⲥⲁⲣⲁⲏⲟⲛ	Sardinus lapis,	الماس
	Adamas.	
ⲟⲩⲁⲅⲉⲣⲛⲓⲧⲓⲟⲥ	Magnes, ferri tra-	المغنطيس
	ctor.	
ⲟⲩⲭⲣⲓⲥⲟⲛⲁⲣⲟⲥ	Chryſopraſus.	يرك
ⲟⲩⲉⲍⲁⲣⲟⲥ	Smyris.	السنباذج
ⲣⲟⲧⲩⲛ	Lazulus, Chryſo-	اللازورد
	beryllus.	
ⲡⲓⲙⲁⲣⲙⲁⲣⲟⲛ	Marmor.	المرمر
ⲡⲓⲙⲁⲭⲧⲟⲥ	Marmor	الرخام
ⲛϩⲟⲙⲧ	Æs.	النحاس
ϩⲁⲗⲕⲟ	Æs,	النحاس
ⲡⲓⲧⲁⲧⲅ	Plumbum.	الرصاص
ⲡⲓⲑⲣⲁⲛ	Stamnum.	القصدير
ⲧⲩⲃⲉⲛⲓⲡⲓ	Ferrum.	الحديد
ⲡⲓⲥⲧⲁⲗⲓ	Chálybs.	الفولاد
ⲡⲓⲑⲣⲓⲙ	Argentum viuum.	الزيبق
ⲟⲛⲁⲡⲉⲣⲟⲛ	Sulphur rubrum,	الكبريت الاحمر
ⲡⲓⲑⲏⲛ	Sulphur cōmune.	الكبريت

Ægyptia	Latina	Arabica
ⲁⲛⲑⲟⲣⲕⲏⲁ	Arſenicum ru-brum .	زرنيخ احمر
ⲥⲁⲧⲁⲣⲇⲟⲭⲟⲥ	Arſenicum com-mune	زرنيخ
ⲛⲓⲕⲁⲣⲗⲁⲧⲟⲥ	Vitriolum, atramē-tum ſutorium.	الزاج
ⲛⲓϩⲙⲟⲩ	Sal	الملح
ⲛⲓϩⲟⲥⲉⲙ	Nitrum .	النطرون
ⲛⲓⲱϫⲉⲛ	Alumen .	الشب
ⲛⲓⲥⲧⲩⲯⲓⲛ	Alumen Nama-næum.	الشب اليماني
ⲛⲓⲙⲉⲭⲣⲟⲥ	Naphta.	النفط
ⲛⲓⲗⲁⲙⲭⲁⲛⲧ	Pix.	الزفت
ⲃⲣⲏϭ	Bitumen.	القار
ⲗⲓⲕⲁⲛⲟⲛ	SeliKun, certa mi-neralis ſpecies.	السيليقون
ⲥⲉⲗⲓⲕⲟⲛ		السيليقون
ⲛⲓϩⲁⲗⲕⲟⲛⲣⲟⲥ	Flos æris, æru-go .	الزنجفر
ⲛⲓⲛⲁⲣⲁⲕⲁⲛⲑⲟⲥ	Calx præſtantior communi.	الاصفيداج
ⲛⲓⲥⲧⲏⲙⲉ	Stibium, ſeu antimonium ni-grum.	الكحل الاسود
ⲛⲓⲃⲁⲥⲟⲩⲣ	Antimonium, ſeu ſtibium.	الاثمن
ⲛⲓⲟⲙⲉⲥⲧⲧⲟⲃ	Terra ſigillata.	الطين المختوم
ⲛⲓⲃⲁⲣⲁⲕⲟⲛ	Spuma nitri, borax,	البورق
ⲛⲓⲕⲣⲓⲟⲛ	Sal Ammoniacum	النوشادر

Ægyptia	Latina	Arabica
ⲛⲓⲥⲁⲗⲉⲛⲓⲧⲏ	Talcum, Selenittes,	الطلقب
...	glaciés Mariana.	...
...	ſtella terræ, lutum	...
...	Samium.	...
ⲥⲟⲛⲛⲉⲡⲅⲗⲉⲧ	Fæx metallorum .	البراسخت
ⲛⲓⲁⲗⲓⲍⲓ	Spuma metalloⲣ̄.	الطفل
ⲛⲓⲃⲁⳉⲏⲓⲛⲓ	Vitrūm.	الزجاج
ⲛⲓⲁⲗⲉ	Lapilli, vniones	الجنا
ⲡⲓⲁⲣⲁⲙⲁⲛⲟⲩⳉ	Sal nitrum.	الملح النوراني
ⲛⲓⲃⲉⲣⲕⲓⲣⲟⲛ	Lythargyron.	المرتك
ⲡⲓⲙⲉⲥⲓⲟⲥ	Ærugo	الزنجار
ⲛⲓⳉⲏⲛⲟⲥ	Idem	الزنجار
ⲡⲓⲗⲓⲃⲁⲣⲕⲉ	Panis argenti.	خبرفضه
ⲡⲓⲁⲛⲓⲕⲁⲙ	Calcanthum, Vi-	القلقند
...	triolūm.	...
ⲛⲓⲕⲁⲗⲉⳉⲥⲟⲥ	Calcitides , ſpecies	للقطار
...	Vitrioli.	...
ⲛⲓⲕⲣⲁⲕⲟⲩ	Salis ſpecies.	الحرت
ⲡⲓⲭⲁⲗⲟⲩⲁⲛ	Album in Atra-	القلقندش
...	mento, Calcitis.	...
ⲡⲓⲕⲉⲫⲁⲗⲉⲟⲛ	*Caput X X.*	الفصل
ⲙⲙⲉⳉⲕⲉ ⲩ̄ⲉⲉⲣ	*Vigeſimum,*	العشرين
ⲁⲡⲁ ⲛ̄ⲧⲟⲕⲧⲓⲛ	*continet nomina*	يشتمل على
ⲉⳉⲉⲛⲛⲓⳉⲟⲩⲓⲁ//	*Colorum,*	الالوان
ⲃⲁⲛⲡⲉⲙⲉⲣⲓⲁⲗⲙⲉⲉⲥ	*&T incturarum.*	والصبغات
ⲫⲏⲧⲟⲃⳉⳅ	Album, candidum.	الابيض
		ⲟⲣⲉ//

Ægyptia	Latina	Arabica
ⲉⲣⲉϣϣⲟϣ	Rubrum.	الاحمر
ⲕⲟⲕⲕⲟⲥ	Rubrum.	الاحمر
ⲡⲓⲛ̄ϩⲝⲓ	Viride, virescens.	الاخضر
ⲉⲧⲟⲩⲉⲧⲟⲩⲱⲧ	Idem.	الاخضر
ⲡⲓⲁⲟⲩⲓⲛ	Fuluus, flauus, ci-trinus.	الاصفر
ⲡⲓⲭⲁⲙⲏ	Nigrum.	الاسود
ⲡⲓⲉⲥⲓⲗⲱⲛ	Glaucus, cæsius, cæruleus.	الازرق
ⲕⲉⲕⲧⲟⲥ	Variegatū, consper osum maculis,	الابلق
ⲡⲓⲕⲉⲣⲟⲩⲥ	Rufus.	الاشقر

Ægyptia	Latina	Arabica
ⲉⲩⲉⲉⲣⲁⲡⲁⲛⲧⲟⲕ	**PORTA VI.**	الباب السادس
ϯⲓⲛⲧⲉⲭⲉⲛⲓⲕⲉ	*continet*	يشتمل على
ⲫⲁⲗⲉⲟⲛⲁⲙⲙⲁⲥ	*Caput XXI.*	الفصل
ⲕⲁϩⲉⲛⲛⲝⲓⲛ	*primum*	الحادي
ⲉⲣⲫⲙⲙⲉⲩⲓⲓⲛⲓ	*& vigesimum,*	والعشرون
ⲕⲁⲧⲁⲕⲣⲓⲁⲛⲉⲙⲉ	*de narratione*	في ذكر
	Climatum, &	الاقاليم والبلاد
	Regionum, seu	
	Vrbium,	
ⲛⲓϯⲱⲛⲉⲛⲧⲱⲟⲩ	*& Montium.*	والجبال
ⲭⲏⲙⲓ	Ægyptus.	مصر
ⲁⲗⲉⲝⲁⲛⲇⲣⲓⲁ	Alexándria.	الاسكندرية
ⲣⲁⲕⲟϯ	Idem.	الاسكندرية

٣٢٨

Ægyptia.	Latina.	Arabica.
ⲧⲁⲙⲓⲁⲧ ✦	Damiata, olim Pelusium.	دمياط
ⲙⲉⲉⲗⲉⲝ ✦	Masil, & ipsa est Phueh antiqua vrbs Ægypti.	مصيل وهي فوه
ⲡⲧⲓⲙⲉⲉⲛϩⲱⲩ ✦	Demanhur	دمنهور
ⲣⲁϣⲓⲧⲧⲉ ✦ —	Raphchit, Rosetto, vrbs Ægypti.	رسيد
ϩⲣⲃⲁⲧ ✦	Gharbat, Arbat vrbs Ægypti,	خرتبا
ⲭⲉⲣⲉⲩⲥ ✦	Elcheriun, vrbs Ægypti.	الكريون
ⲧⲉⲣⲉⲛⲟⲩϯ ✦	Trenutha, vrbs Ægypti.	طرنوط الطرانه
ⲛⲓⲕⲓⲟⲩⲥ ✦	Nakius, vrbs Æg.	فقجيوس ورغرا
ⲣⲁⲣⲟⲧⲁ ✦	Rahdo, Ragotha antiquis.	رغرا
ⲥⲁⲛⲉⲙⲥⲁⲧⲩ ✦	Sausaghaf.	ضاوصاعف
ⲧⲁⲗⲁⲛⲉⲟⲡⲉ ✦ —	Thueh, vrbs Æg.	طوه
ⲧⲁⲩⲃⲁ ✦	Thueh, vrbs Æg.	ظوه
ⲫⲉⲣⲥⲩⲛⲏ ✦	Sarsa, vrbs Æg.	صرصي
ⲡⲁⲛⲟⲩϥϩⲏⲧ ✦	Manuph, Memphis inferior.	منوب السفلى
ⲕⲁⲛⲟⲩϥⲣⲏⲥ ✦	Manuph, Memphis superior.	منوب العليا
ⲝⲉⲟⲥ ✦	Schaga, antiquis Xeos, Sais.	سجا
ⲥϣⲟⲩ ✦	Idem, Sais.	سا
		ϯϣⲁⲓⲁ

Ægyptia	Latina	Arabica
ϯⲱⲥⲁⲓⲣⲓ	Elmaghle, vrbs antiqua.	المحلة
ⲡⲁⲛⲁϩⲟ	Banaha, Nobe	بنها
ⲡⲁⲛⲁⲃⲁⲛ	Banaban.	البنوان
ⲛⲉⲣⲟⲩⲟⲩⲥⲓⲛⲉⲟⲩ	Tebta, & eſt Elpha-raagſchin.	تبسدرا والفراجين
ⲡⲓϣⲓⲛⲓⲉⲩ	Neſtarauhe.	دستراوه
ϯⲕⲱⲟⲩ	Atkou.	انكوا
ϯⲁⲛⲟϣⲉⲣ	Tanoſar, τέντυρα.	دنوشر
ⲛϯⲉⲛⲉⲑⲱⲡⲉ	Danuthis	دنطها
ⲝⲁⲡⲁⲥⲉⲛ	Sabaſch.	شباس
ⲡⲓϣⲁⲣⲱⲧⲁ	Baſrutha.	البشروط
ⲡⲁⲣⲁⲗⲗⲟⲩ	Borles arenoſa.	البرلس الرمل
ⲛⲓⲕⲉⲍⲱⲟⲩ	Idem	البرلس
ⲑⲉⲛⲉⲥⲓⲡⲉ	Tanis	تفيس
ⲛⲁⲛⲟⲗⲉⲓ	Neballaieh	نبلايه
ⲑⲱⲛⲓ	Toneh	تونه
ⲝⲉⲙⲛⲟⲩϯ	Semanutha.	سمنودي
ⲛⲁⲛⲁⲩ	Bana, παύπολις.	بنطاو
ϯⲙⲉⲉⲣⲓ	Demirah.	دميره
ⲥⲁⲛϩⲱⲣⲓ	Schanhur.	صنهور
ⲡⲏⲓⲉⲙⲡϣ	Tripolis	بيت الثلثه
ⲡⲏⲓⲉⲙⲡϣ	Beit tſaltſe, ideſt tres domus & illa Machle pul-chra.	وبيت الثلثه وهي محلة سدر
ⲧⲱⲛⲥⲓⲣⲓⲁ	Denſchaie,	دنساية شموش

Ægyptia	Latina	Arabica
ϣⲙⲟⲩⲛⲉⲣⲁⲙⲁⲛⲓ	Esmuan Raman.	اشمون الرمضان
ⲑⲙⲟⲩⲛⲁⲛⲉ	Manieh taneh.	منية طانه
ⲃⲟⲩⲥⲓⲣⲓ	Busiris.	بوصير
ⲧⲁⲛⲉ	Tane,	طانه
ⲕⲁⲗⲓⲛ	Kalin.	قلين
ⲑⲣⲉⲃⲓ	Atrib, Threbis, Atribis.	اتريدج
ⲡϭⲩⲓⲧⲉⲗⲉⲧ	Sandoleth.	مشندلات
ⲧⲉⲙⲥⲓⲱⲛϯ	Domesis, κυνόπολις.	دمسيس
ⲡⲁⲑϣⲱⲡⲓ	Sahargeth	صهرجت
ϫⲁⲛⲓ	Sani	صان
ⲑⲙⲟⲩⲓ	Thmui.	المورده
ⲙⲉⲣⲓⲱⲧⲏⲥ	Meriotis	مريوط
ⲫⲁⲓⲁⲧ	Abydus.	مريوط
ⲱⲛⲛⲉⲙⲑⲃⲁⲃⲣⲗⲱⲛ	Mesra, & oculus Solis, Heliopolis, Babylon antiqua.	مصر وعين سمس
ⲡⲁⲣⲙⲟⲛⲓ	Barmun	البرمون
ⲁⲃⲓⲟⲣ	Abior,	ابيار
ⲡϣⲓⲛⲅⲉⲣⲓ	Schenghaar.	سنجار
ⲃⲁⲣⲙⲁⲓⲁ	Barme.	برما
ⲃⲉⲣⲁⲙⲟⲩⲛ	Baramone.	البرما
ⲫⲉⲗⲉⲃⲉⲥ	Philebes.	بلبيس
ⲫⲁⲣⲃⲁⲓⲧ	Idem, Pharbethus.	بلبيس
ⲡⲓⲥⲟⲕ	Idem.	بلبيس
ϯⲉⲣⲁⲃⲓⲁ	BelKe in Palestina est & alia, quæ paret Æthiopibus,	البلقا بالشام من بلاد السواد

Ægyptia	Latina	Arabica
ⲡⲉⲥⲉⲣⲡ ⳽	Sedes tempore timoris belli.	كرسي بالخوف خراب
ⲙⲉⲩⲓ ⳽	Monf, & ipfa eft Mefra, feu Memphis antiqua.	منف وهي مصر القديمة
ⲕⲁ ⲗⲓⲱⲡⲉ ⳽	Keliub, Aprodifiopolis.	قليوبية
ϯⲅⲉⲃⲓ ⳽	Dagueh.	دجوة
ϯⲫⲣⲉ ⳽	Defra,	دفرا
ⲃⲟⲩⳙⲉⲙ ⳽	Aufchim.	اوسيم
ϯⲁⲗⲓⲕⲓⲁ ⳽	Meligh	مليج
ⲡⲉⲧⲡⲉ⳵ ⳽	Atphiegh	اطفيح
ϯⲡⲉⲣⲥⲓⲟⲓ ⳽	Perfepolis	الجيزه
ⲫⲓⲟⲙ ⳽	Elphium, Pheftad.	الفيوم
ϯⲗⲱⲙ ⳽	Dellers	دلاص
ⲡⲉⲙⲙⲏ ⳽	Elbehenfa	البهنسا
ⳤⲡⲉⲥ ⳽	Ahanaas.	اهناس
ⲛⲓⲕⲁⲫⲟⲣ ⳽	Caphur.	الكفور
ⲕⲁⲓⲥ ⳽	Kais. (fena.	القيس
ⲁⲛϯⲛⲁⲟⲩ ⳽	Anĩnoopolis, AnTagha, Toi.	انصنا طحا
ⳙⲉⲙⲟⲩⲛⲃ ⳽	Ellefmunin, ciuitas duplex.	الاشمودين
ⳙⲉⲙⲓⲛ ⳽	Achmim.	اخميم
ⲡⲁⲛⲁⲥ ⳽	Idem	اخميم
ⲕⲟⲥⲕⲁⲙ ⳽	Cofcam	قسقام
ⲥⲓⲱⲟⲩⲧ ⳽	Afiuth, Thebe.	اسيوط
⳧ⲟⲓ ⳽	Abafai.	ابصاي
		ⳙⲱⳅⲏ

Ægyptia	Latina	Arabica
ϣϣⲁⲧⲁ	Schatab.	شطب
ⲛⲧⲉⲡⲉⲛⲉ	Tanedum.	تنطوا
ⲥⲟⲩⲡⲉ	Hau.	هو
ⲧⲭⲟⲃⲓ	Kak, ipſa Cha-raab.	قاق هي خراب
ⲕⲉⲛⲧⲱⲣⲓ	Dandareh.	بقدره
ⲟⲁⲅ	Elyah.	الواح
ⲫϩϣⲟⲩ	Etphua.	ادفوا
ⲕⲟⲥⲃⲓⲣⲃⲓⲣ	Kauts, antiquis Coſbirbir.	قوص
ⲕⲉϥⲧ	Cophtus, Coptus vrbs.	قفط
ⲡⲗⲁⲕ	BalaK	بلاق
ⲉⲣⲙⲟⲛⲧ	Armont, λυϰόπολις.	ارمفت
ⲗⲁⲧⲟⲛ	Aſna,, Latono-polis.	اصنا
ⲕⲙⲱⲗⲓ	Cimolia.	قمولك
ⲥⲟⲩⲁⲛ	Soan, διόσπολις.	اصوان
ϯⲗⲩⲃⲏ	Nubia, Lybia.	النوبه
ⲡⲓϩⲉⲛⲧⲟⲩ	India.	الهند
ⲥⲱⲫⲓⲣ	India, Ophir.	الهند
ⲙⲉⲕⲁ	Mecha	مكه
ⲕⲟⲥⲧⲁⲛⲧⲓⲛⲟⲥ	Constantinopolis	قسطنطينيه
ⲉⲫⲉⲥⲟⲥ	Epheſus.	افيسس
ⲣⲱⲙⲉⲏ	Roma	روميه
ⲕⲟⲣⲓⲛⲑⲟⲥ	Corynthus.	قرنثيا
ⲭⲁⲗⲕⲓⲍⲁⲛ	Chalcedon.	حلقدونيه
ⲥⲉⲃⲉⲥⲧⲁ	Sebaſta.	سبسطيه

Ægyptia	Latina	Arabica
ⲛⲓⲕⲉⲁ	Nicea.	قيفيية
ⲕⲟⲛⲏ	Conea.	قوديية
ⲅⲁⲗⲁⲧⲏⲥ	Galatia.	غلاطيية
ⲅⲁⲛⲅⲁⲣⲉⲙⲁ	Ganeh, Cana.	عانه
ⲁⲑⲉⲛⲛⲁⲥ	Athenæ	اثنـاس
ⲕⲩⲡⲣⲟⲥ	Cyprus	قبرس
ⲡⲧⲟⲗⲉⲙⲁⲓⲥ	AKre , Ptole-	عكـيـه
	mais.	
ⲁⲛⲧⲓⲟⲭⲓⲁ	Antiochia	اطاكيه
ⲓⲟⲡⲏ	Ioppe	يافـا
ⲥⲉⲗⲉⲩⲕⲓⲁ	Seleucia	سلوقيه
ⲗⲩⲇⲁ	Lidda	لد
ⲇⲓⲟⲥⲡⲟⲗⲓⲥ	Lidda,Diospolis:	لد
ⲑⲁⲣⲥⲟⲥ	Tharsus	طرسوس
ⲛⲉⲟⲁⲡⲟⲗⲓⲥ	Neapolis	نابلس
ⲑⲣⲓⲡⲟⲗⲓⲥ	Tripolis Syriæ.	اطرابلس
ⲇⲁⲙⲁⲥⲕⲟⲥ	Damascus	دمشق
ⲇⲟⲙⲉⲥⲧⲓⲕⲟⲥ	Damascus .	دمشق
ⲃⲉⲣⲟⲓⲁ	Alepum, Beræa	حلب
ⲁⲣⲁⲃⲓⲁ	Arabia,& est AraK	ارابيا وهي العراق
ⲉⲙⲙⲁⲧⲉⲛ	Emath	امث
ⲁⲛⲧⲁⲣⲁⲇⲟ	Alepum	حلب
ⲥⲓⲛⲗⲓⲟⲡⲟⲛ	Sina mons.	صين الصين
ⲥⲉⲓⲧⲥⲓⲛ	Idem	الصينة
ⲕⲟⲩⲫⲁ	Cupha:	الكوفة
ⲕⲟⲩⲫⲁ	Kupha	الكوفة
ⲓⲉⲣⲁⲡⲟⲗⲓⲥ	Hierapolis .	منبيج
ⲃⲁⲕⲧⲁⲛ	Bagded,Babylon.	بغدان

Ægyptiæ.	Latina.	Arabica.
ⲃⲟⲥⲧⲣⲁ	Basara,	البصره
ⲛⲉⲥⲉⲃⲓⲛ	Nisibis.	نصيبين
ⲧⲟⲥⲡⲁⲛⲓⲁ	Hispania,	اسبانيا
ⲥⲁⲙⲁⲍⲁⲧⲟⲛ	Samosatum	شميصات
ⲉⲧⲉⲥⲥⲁ	Edessa Syriæ.	الرها
ⲗⲓⲥⲑⲉⲛⲟⲗⲓⲥ	Ciuitas Horra,	المدينة الحره
	ϩ ⲉⲗⲉⲩⲑⲉⲣⲟⲡⲟⲗⲓⲥ.	
ⲡⲓⲉⲙⲉⲃⲁⲕⲓ	Quinque ciuitates	الخمس مدن
ⲉⲛⲧⲉⲙⲙⲉⲛⲧ	Africæ.	الغربيه
ⲡⲉⲣⲕⲉ	Barca	برقا
ϯⲟⲛⲓⲥ	Tunis, Tunetum,	تونس
	Carthago anti-	
	qua.	
ⲑⲣⲓⲡⲟⲗⲓⲥⲡⲉⲙ	Tripolis Africæ,	اطرابلس الغرب
	Biserta	
ⲡⲓⲕⲩⲣⲓⲛⲛⲉ	Cyrene	القيروان
ϯⲫⲣⲩⲕⲓⲁ	Algeriū Aphricæ,	افريقيا
	Præter hæc	غير ذلك
ϯⲁⲥⲓⲁ	Asia,	اسيا
ⲗⲁⲟⲇⲁⲓⲕⲓⲁ	Laodicea	اللاذيقيا
ϯⲅⲩⲧⲁⲗⲓⲁ	Italia	ايطاليا
ⲁⲥⲕⲁⲗⲱⲛ	Ascalon	عسقلان
ⲗⲩⲥⲧⲣⲕ	Listra	لسطره
ϯⲕⲩⲗⲓⲕⲓⲁ	Cilicia	قيليقيا
ⲕⲉⲥⲁⲣⲓⲁ	Cæsarea	قيسارية
ⲛⲓⲁⲙⲉⲥⲓⲟⲩⲛⲉⲙ	Maria,	البحار
ⲛⲓⲓⲁⲣⲱⲟⲩ	& Flumina.	والانهار
ⲫⲩⲥⲱⲛ	Schion, Phison.	شيحون

Ægyptia	Latina	Arabica
пικεωп	Gheon, & is Nilus est,	جيحون وهو النيل
пιτιгκρος	Tigris.	الدجلة
пιⲉⲩⲫⲣⲁⲧⲏⲥ	Euphrates.	الفرات
ⲫιⲙⲙⲉⲧⲉⲙⲟⲗϩ	Mare falfum.	البحر المالح
пιⲱ̄κⲉⲁⲛⲟⲥ	Mare circumitus, Oceanus:	البحر المحيط
ⲫιⲟⲙϣⲭⲁκι	Mare nigrum.	بحر الظلمات
пιⲁⲓⲙⲉⲛ	Lacus, Stagnum.	البحيرة
ϯⲁⲛⲁⲃⲁⲗⲗⲟⲩⲥ	Viuarium, pifcina,	بركة النطرون
ϯⲁⲍⲭⲁⲙⲁⲛⲏ	Pifcina.	البركة
ϯⲉⲣⲃι	Diuerticulum fluminis, pelagus, ftagnum.	الغدير
пιⲙⲟⲩⲛⲥⲱⲣⲉⲙ	Vadum,	الوادي
ϯ̄ⲅⲉⲗⲗⲟⲧ	Idem	الوادي
пιⲁⲩⲁⲛⲁ̄ι	Idem	الوادي
пιⲁⲭⲓⲙⲁⲣⲟⲥ	Idem, torrens.	الوادي
пιⲅⲉⲗⲟⲥ	Idem,	الوادي
ϩⲓⲉⲣⲱⲛ	Torrens.	السيل
пⲣⲟⲃⲉϫⲟⲛ	Idem,	السيل
пιⲉⲣⲉⲛⲧⲏⲥ	Fluuius Ellarmot,	نهر الارمط
ϯⲕⲣⲉⲛⲉ	Fons	العين
ϯⲙⲉⲙⲓⲣι	Nilus	النيل
пιⲁⲣⲩⲧⲏⲥ	Nilus.	النيل
пιⲉⲣⲇⲱⲛ	Iordanes.	الاردن

Ægyptia.	Latina.	Arabica.
ⲡⲟⲇⲓⲱⲃⲓⲣⲓⲁ	Cisterna, rece- ptaculum pluuia- rum.	كبزو الامطار
ⲛⲓⲧⲱⲟⲩ	Montes	الجبال
ⲛⲓⲍⲁⲭⲣⲓⲉ	Spelunca.	الكهف
ⲧⲉⲣⲃⲓⲁ	Ora.	الكهف
ϯⲡⲉⲧⲣⲁ	Petra.	الصخرة
ⲡⲓⲃⲉⲇ	Tumulus	التل
ⲥⲡⲉⲇⲉⲱⲛ	Spelunca	المغارة
ⲛⲓⲭⲱⲓⲛⲧⲉⲡⲕⲁϩⲓ	Foramina Terrae	شقوق الاوض
ⲓⲉⲉⲛⲟⲥ	Arena.	رمل
ⲛⲓⲁⲙⲙⲟⲩⲛ	Arena	الرمل
ⲓⲁϣⲩϣⲏⲛ	Sinus.	القاب

PORTA VII.

الباب السادح

ⲉⲩⲉⲉⲣⲡⲁⲛⲧⲟⲕ	continet	يستمل
ⲧⲓⲛⲉⲍⲉⲛⲡⲓⲕⲉⲩ	Caput XXII.	على الفصل
ϥⲁⲇⲉⲟⲛ ⲙⲙⲁⲥ	secundum	الثاني
ⲕ̄ⲃ ϫⲉⲛⲡⲍⲓⲛ	& vigesimum,	والعشرين
ⲉⲣϥⲉⲉⲣⲓⲛϯ ⲉⲁ	de narratione	في ذكر
ⲕⲁⲛⲥⲓⲉⲉⲑⲟⲩ	Ecclesiæ	البيعة
ⲁⲃⲛⲉⲉⲙⲉⲥⲃⲁ	sanctæ	المقرسة
ⲥⲓⲥⲛⲉⲙⲙⲉⲥⲧⲁⲃ	& locorum eius	واوضاعها
	& rituum eius	
ϩⲓⲥⲛⲉⲙⲉⲥⲛ	& ordinum eius	وطقوسها
ⲉⲣⲧⲁⲇⲉⲟⲛ	& instrumenta- rum eius.	والاتها

ϯⲉⲕⲁ

Ægyptia.	Latina.	Arabica
ⲧⲉⲕⲕⲗⲏⲥⲓⲁ	Ecclesia,	الكنيسه البيعه
ⲧⲕⲟⲛⲕⲓ	Tabernaculum.	القبه
ⲧⲉⲉⲗⲱⲧ	Idem	القبه
ⲧⲥⲕⲏⲛⲏ	Idem.	القبه
ⲡⲓⲃⲁⲥⲓⲗⲓⲕⲟⲥ	Basilica.	الجملون
ⲡⲓⲉⲣⲫⲉⲓ	Templum	الهيكل
ⲡⲓⲉⲗⲁⲙ	Porticus	الرواق
ⲡⲓⲥⲧⲩⲗⲗⲟⲥ	Columnæ.	الاعمه
ⲡⲓⲃⲁⲥⲓⲥ	Bases	القواعد
ⲛⲓⲗⲉⲙⲏⲓ	Imagines.	الصور
ⲛⲓⲟⲓⲕⲟⲛⲓ	Habitacula.	القون
ⲛⲓϫⲱⲙ	Liber	الكتب الاسفار
ⲧϫⲓⲥⲕⲟⲥ	Discus, patena, scu-tella.	الصينيه
ⲁⲡⲟⲧⲏⲣⲓⲟⲛ	Calix	الكاس
ⲧⲕⲟⲭⲗⲓⲁⲣⲓⲟⲛ	Cochleare.	الملعقه
ⲧⲉⲉⲥⲃⲭⲣⲓ	Idem	الملعقه
ⲧⲉⲛϫⲁⲓⲧⲏ	Nauicula in-censi.	الجزقه الرزقان
ⲧⲉⲛⲁⲅⲅⲉⲗⲓⲁ	Lectio.	القرايه
ⲡⲓⲧⲉⲣⲣⲓⲥ	Opertorium.	العشا
ⲡⲓⲉϣⲓⲣ	Acerra, pixis, seu vas thuris, Thuri-bulum.	جق المبخور
ⲧⲉⲛⲧⲓⲉⲉⲓ	Amictus, indu-mentum.	الكسوه
ⲡⲓⲥⲧⲁⲩⲣⲟⲥ	Crux	الصليب
ⲡⲓⲉⲫⲣⲓⲟⲕⲉⲗⲓ	Sedes Calicis.	كرسي الكاس

Ægyptia	Latina	Arabica
ⲕⲩⲣⲟⲛ ⳨	Cereus tortus, in-flexus.	الشمع المسبوكى
ⲕⲩⲣⲱⲛ ⳨	Idem	الشمع المضبوكى
ϯⲁⲙⲫⲁⲛⲓⲁ ⳨	Theca Candela-rum.	قعليقة القناديل
ⲡⲓⲕⲁⲛⲟⲩⲛ ⳨	Corbis oblationis.	تسلة القربان
ⲡⲓⲗⲟⲩⲧⲏⲣ ⳨	Luter, vas ma-gnum, in quo aqua ponitur.	حوض البغطيه
ⲛⲓⲥⲧⲓⲟⲛ ⳨	Tegumenta, vela-menta, vela.	الستنايدر
ⲡⲓⲁⲣⲓⲧⲓⲟⲛ ⳨	Locus quidam sa-cer, Sacrarium.	الهراندون
ϯⲕⲟⲗⲩⲙⲃⲩⲁⲣⲁ ⳨	Baptisterium, lauacrum.	المعموديـــة المغطس
ⲛⲓⲣⲓⲡⲓϯ ⳨	Flabella.	المراوح
ⲛⲓⲁⲃⲁⲗⲗⲟⲛ ⳨	Lintea, strophiola.	البزا قات
ⲛⲓⲧⲩⲧⲥ ⳨	Sedes erecta.	كرسي القائم
ϯⲫⲩⲁⲗⲏ ⳨	Phiala, seu acerra, in qua carbones ponutur ad incẽf.	المجمره
ⲛⲓⲁⲃⲁⲗⲗⲟⲛ ⳨	Lintea, strophiola.	البزا قات
ⲡⲓⲥⲧⲓⲣⲓⲁⲕⲉ ⳨	Consistorium, con-sessus. συνέδριον.	الصندروس
ⲛⲓⲥⲱⲣⲧⲓϫⲓⲛ ⳨	Fissura templi	شقاق الهيكل
ⲡⲓⲕⲟⲣⲃⲉⲛ ⳨	Munus, oblatio, sa-crificium.	القربان
ⲛⲓⲁⲡⲁⲣⲭⲏ ⳨	Vinum.	الخمر

Ægyptia	Latina	Arabica
ⲡⲓⲏⲣⲡ ⳥	Vinum.	الخمر
ⲡⲓⲕⲁⲑⲉⲇⲣⲟⲥ ⳥	Sedes Episcopalis .	كرسي الاسقف
ϯⲃⲩⲃⲗⲏⲑⲏⲕⲏ ⳥	Bibliotheca,	خزانة الكتب
ϯⲕⲁⲑⲉⲇⲣⲁ ⳥	Cathedra.	القندرة
ⲡⲓⲭⲁⲣⲓⲕⲓⲟⲛ ⳥	Campanæ.	الناقوس
ⲛⲉⲥⲧⲁⲍⲓⲥ ⳥	*Ordinēs eius*	طقوسها
ⲡⲓⲡⲁⲧⲣⲓⲁⲣⲭⲏⲥ ⳥	Patriarcha .	البطريرك
ⲡⲓⲓⲣⲟⲫⲁⲛⲧⲏⲥ ⳥	Antistes, maior Prophetarum, Hierophantes.	كبير الانبيا
ⲡⲣⲟⲧⲟⲥ ⳥	Primus, Caput.	الاول الراس
ⲡⲓⲙⲉⲧⲣⲟⲡⲟⲗⲓⲧⲏⲥ ⳥	Metropolites, Decanus.	المطران
ⲡⲓⲉⲡⲓⲥⲕⲟⲡⲟⲥ ⳥	Episcopus .	الاسقف
ⲡⲓϩⲩⲅⲟⲩⲙⲉⲛⲟⲥ ⳥	Dux, *ἡγούμενος*,	القمص
ⲡⲓⲡⲣⲉⲥⲃⲩⲧⲉⲣⲟⲥ ⳥	Presbyter.	القسيس
ⲡⲓⲟⲩⲏⲃ ⳥	Sacerdos.	الكاهن
ⲙⲁⲣⲭⲏⲇⲓⲁⲕⲱⲛ ⳥	Archidiaconus, Præses ministrorū	الارش دياقس كبير الشمامسه
ⲡⲓⲇⲓⲁⲕⲱⲛ ⳥	Minister.	الشماس
ⲩⲡⲟⲇⲓⲁⲕⲱⲛ ⳥	Subdiaconus.	الابودياقس
ⲡⲓⲁⲛⲁⲅⲛⲱⲥⲧⲏⲥ ⳥	Anagnostes, seu Lector.	الاغنشطس
ⲡⲓⲯⲁⲗⲧⲏⲥ ⳥	Psaltes, cantator, Intonator.	المرتل
ⲡⲓⲡⲓⲥⲧⲟⲥ ⳥	Fidelis, *πιϲτός*	البسطس الامين

Ægyptia.	Latina.	Arabica
ⲡⲓⲉⲙϩⲟⲩⲧ	Stans, ianitor, mi- nister portarum, oftiarius.	القايم للسرحم البواب
ⲡⲓⲕⲁⲑⲏⲭⲟⲩⲙⲉⲛⲟⲥ	Cathegumenus. Exorcifta.	الواعظ
ⲭⲓⲣⲟⲇⲱⲛⲓⲁ	Impofitio manuũ.	وضع اليد
ⲥⲫⲣⲁⲅⲓⲍⲓⲛ	Signare, Chrif- mare vulgò.	الرشم
ⲥⲡⲣⲟⲇⲱⲛ	Signatus	الرسوا
ⲕⲉⲑⲁⲣⲓⲛ	Excommunicare abfcindere.	لحرم المسح القطع
ⲡⲓⲍⲓⲛϣⲱⲉⲥ	Confirmatio.	التمييب
ⲡⲓⲍⲓⲛϯⲭⲗⲟⲙ	Coronatio, Infulæ impofitio.	التكليل
ϯⲙⲉⲧⲣⲉⲙⲥⲉ	Idem	التحليل
ϯⲁⲛⲁⲫⲟⲣⲁ	Missa, Liturgia.	القداس
ϯⲥⲩⲛⲁⲍⲓⲥ	Communio, Sy- naxis.	القداس
ⲡⲓⲁⲅⲓⲁⲥⲙⲟⲥ	Sanctificatio.	القداس
ϯⲡⲣⲟⲥⲉⲩⲭⲏ	Oratio,	الصلاه
ⲡⲓϣⲗⲏⲗ	Oratio	الصلاه
ⲡⲓⲍⲓⲛⲉⲣⲯⲁⲗⲓⲛ	Pfalmodia.	الترتيل
ⲡⲓⲥⲙⲟⲩ	Benedictio	البركه
ϯⲉⲩⲗⲟⲅⲓⲁ	Idem	البركه
ⲡⲓⲧⲩⲡⲧⲓⲭⲟⲛ	Interpretatio.	الترحيم
ⲗⲁⲧⲣⲓⲁ	Diuiuus cultus, latria.	خدمـه دبيحه
ⲏⲡⲉⲣⲉⲥⲓⲁ	Idem.	دبيحه خدمه

ⲑⲣⲟⲩ//

Ægyptia	Latina	Arabica
ⲑⲣⲟⲛⲓⲥⲙⲉⲟⲧ ⳿	Confeſſio.	تجلبيش
ⲯⲏⲫⲟⲥ ⳿	Suffragia, calculus.	تزكيه
ⲥⲏⲥⲧⲁⲇⲓⲕⲏ ⳿	Conſtitutio, traditio.	تقليد
ⲡⲉⲩⲥⲩⲛⲕⲁⲑⲉⲇⲣⲟⲥ ⳿	Seſſio, impoſitio ſupra ſedem, thronum.	تجليس هلى الكرسي
ⲥⲩⲛⲁⲣⲓⲟⲛ ⳿	Congregatio, Concilium.	مجمع محفل
ⲡⲁⲛⲓⲅⲩⲣⲓⲥ ⳿	Feſtum rituum, ſeu cæremoniarũ, panegyris.	الحج الموسم
ⲭⲁⲣⲙⲟⲥⲓⲁ ⳿	Feſtum publicum, celebritas, feſtum.	حج مقدس عيد

PORTA VIII الباب الثامن

Ægyptia	Latina	Arabica
ⲉⲩⲉⲉⲣⲁⲡⲁⲛⲧⲟⲕ	continet	يشتمل
ⲧⲓⲛⲉⲭⲉⲛ ⲅ̅	tria	على ثلث
ⲕⲉⲫⲁⲗⲉⲟⲛ	capitula,	فصول
ⲡⲓⲣⲏⲧⲟⲛⲙⲙ	Caput XXIII:	الفصل الثالث
ⲙⲙⲁ̅ ⲕ̅ⲅ̅ ⲥⲉⲛ//	vigeſimum tertiũ	والعشرين
ⲥⲁⲛⲣⲁⲛⲛⲧⲉ	de nominibus	في اسما
ⲛⲓⲟⲧϯⲙⲙⲉ	Patrum, Adam	الابا ادم
ⲡⲉⲙⲉⲛⲉⲩϣⲏⲣⲓ	(†) filiorum eius.	وبنيه
ⲡⲉⲙⲉⲛⲓⲫⲩⲗⲏ	(†) Tribuum	والاسباط
ⲡⲉⲙⲥⲁⲛⲕⲉⲟⲩⲟⲛ	(†) reliquis	وغيرهم
ⲛⲏⲉⲑⲛⲏⲟⲩ	populis	مماورن

ⲥⲉⲛ//

Ægyptia	Latina	Arabica
Ϩⲉⲛⲛⲓⲧⲣⲁ	quæ continentur in Scriptura	في الكتب
Ⲫⲏⲧⲟⲩⲁⲃ ✦	Sacra :	المقدسه
ⲁⲇⲁⲙ ✦	Adam significat terram.	ادم تفشير الارض النراب
ⲉⲩⲁ ✦	Eua mater viuentium .	حوا ام الاحيا
ⲙⲁⲣⲓⲁⲙ ✦	Maria, Domina,	مرتم سيده
ⲕⲁⲓⲛ ✦	Kain, Æmulator, zelotes.	قابين الغيور
ⲥⲏⲑ ✦	Seth, constitutus	شيت القيام
ⲉⲛⲱⲭ ✦	Enoch, dedicatio, instauratio.	اخنوخ التجديد
ⲁⲃⲉⲗ ✦	Abel, agnus, ouis.	هابيل الحمل
ⲉⲛⲱⲥ ✦	Enos, productus in lucem.	انوس المنشي
ⲙⲁⲑⲟⲩⲥⲁⲗⲁ ✦	Mathusalem.	منوشلح
ⲛⲱⲉ ✦	Noë, quies.	يوح الراحه النياح
ⲥⲉⲙ ✦	Sem, perfectus.	سام الكمال
ⲭⲁⲙ ✦	Cham, qui non viuus conseruatur.	حام السدي لايستحي
ⲓⲁⲫⲉⲧ ✦	Iaphet, positus, dilatatus.	يافت المنشح
ⲙⲉⲗⲭⲓⲥⲉⲇⲉⲕ ✦	Melchisedech :	ملكزاداق ⲁⲃⲣⲁ//

Ægyptia	Latina.	Arabica.
	Rex pacis, Rex iuſtitiæ.	ملك الᴵᴵᴵ ملك العدل
ἐϐρʒʒλεε꙳	Abraham pater Domini.	ابراهيم ابسو الرب
λωτ꙳	Loth, qui libera- uit	لوط الذي خلص
cắppʒ꙳	Sara, domina.	ساره الرئيسه
ἰcʒʒκ꙳	Iſaak, gaudium, riſus.	اسحق الفرح الضحكي
ἰʒ̀κωϐ꙳	Iacob, qui tenet calcaneum.	يعقوب الذي ياخذ العقب
pογϐεεϲ꙳	Ruben, filius pul- cher, bonus.	روبيم الابن الحسن
ιωϐ꙳	Iob, pater	ايوب الاب
λεγι꙳	Leui, venit ad me.	لاوي الاتي الى
ʒʒn꙳	Dan, iudex	دان الحكم
ἐϕογʒλεε	Nephtali, aſſocia tus in aduentu.	نفتاليم الشريك في المضي
ἀcнp꙳	Aſer, diues, locu- ples.	اشير الغني
cнχắp꙳	Iſſachar, Mercena- rius.	سوخار الاخير
ʒʒϐογλωn꙳	Zabulon, longus,	زابلون الطويل
ιωcнϕ꙳	Ioſeph, gaudium cordis.	يوسف فرح القلب
ϐεnιʒλεεn꙳	Beniamin, filius dextræ.	بنيامين ابس اليمين
ʒεωϲснс꙳	Moſes, extractus.	موسي المنتوسل
		ʒʒpon

Ægyptia	Latina	Arabica
ⲁⲁⲣⲟⲛ ✣	Aaron, mifericordia.	هارون الرحمة
ⲙⲁⲛⲁⲥⲥⲏ ✣	Manaſſes, obliuio.	منصا النسيان
ⲁⲛⲛⲁ ✣	Anna, mifericordia.	حنة الرحمة
ⲏⲥⲁⲏⲁⲥ ✣	Iſaias, auxilium, ſalus.	اشعيا المعان
ⲓⲉⲍⲉⲕⲓⲏⲗ ✣	Ezechiel, fortitudo Dei.	حزقيال عز الله
ⲥⲁⲙⲟⲩⲏⲗ ✣	Samuel, poſtulatus à Deo.	شموال المسول من الله
ⲇⲁⲛⲓⲏⲗ ✣	Daniel, ſapiens Dei.	دانيال حاكم الاله
ⲓⲉⲣⲉⲙⲓⲁⲥ ✣	Ieremias, eleuatus, excelſus.	ارميا التعالى
ϯⲅⲉⲛⲏ ✣	*Nouum Teſtamentum :*	لحديثة
ⲃⲁⲣⲛⲁⲃⲁⲥ ✣	Barnabas, ſapientia.	برنابا الحكمة
ⲥⲩⲙⲉⲱⲛ ✣	Simon, auditus.	سمعون المستمع
ⲛⲁⲑⲁⲛⲁⲏⲗ ✣	Nathanael, rogans Deum.	ناثانايل الطالب التي الله
ⲁⲛⲇⲣⲉⲁⲥ ✣	Andreas, fortitudo, audacia.	اندراوس الشجاع
ⲛⲓⲕⲟⲇⲏⲙⲟⲥ ✣	Nicodemus, vincẹs multitudinem.	نيقوديموس غالب الجماءه
ⲙⲁⲧⲑⲉ ✣	Matthæus, Electus,	متي المصطفي

ⲡⲓⲥⲁⲩ

Ægyptia	Latina	Arabica
ⲡⲓⲥⲁⲧⲁⲛⲁⲥ ✚	Sathanas, contra veritatem.	ضد الحق
ⲛⲉⲥⲧⲣⲁ ✚	Efra, fcriba.	عزرا الكاتب
ⲍⲁⲭⲁⲣⲓⲁⲥ ✚	Zacharias, patiens.	زكريا الصابر
ⲓⲟⲩⲍⲁⲥ ✚	Iuda, puritas.	يهودا الطهور
ⲥⲁⲟⲩⲗ ✚	Saaul, mutuo datus.	شاوول معطي القرض
ⲡⲁⲩⲗⲟⲥ ✚	Paulus, fortis, robuftus, potens.	بولس القوي
ⲡⲉⲧⲣⲟⲥ ✚	Petrus, petra.	بطرس الطخره
ⲑⲱⲙⲁⲥ ✚	Thomas, admirabilis, geminus.	ذوما العجيب ذوماني
ⲙⲁⲣⲕⲟⲥ ✚	Marcus, robuftus, athleta.	مرقس المجبر
ⲓⲱⲁ ✚	Ioannes, benignus, gratiofus.	يوحنا ذعمت علويه
ⲫⲓⲗⲓⲡⲡⲟⲥ ✚	Philippus, amans equorum.	فيلبس محب للخيل
ⲅⲉⲱⲣⲅⲓⲟⲥ ✚	Georgius, Agricola.	جرجس الفلاح
ⲫⲓⲗⲟⲑⲉⲟⲥ ✚	Philotheus, amans Dei.	فيلوثاوس محب الله
ⲃⲁⲥⲓⲗⲓⲟⲥ ✚	Basilius, Regius,	باسيليوس الملكي
ⲥⲟⲗⲟⲙⲱⲛ ✚	Salomon, Pacificus, Pax.	سلمن السلامه
ⲙⲁⲕⲁⲣⲓ ✚	Macarius, victor, Beatus.	مقاري المغبوط الطوداني

Ægyptia	Latina	Arabica
ⲕⲉⲫⲁⲗⲉⲟⲛ	*Caput* **XXIV**.	الفصل
ⲙⲉⲅ ⲕ̄ⲇ̄ ⲅⲉⲛ	*quart.* & *vigesimū*	الرابع وعشرين
ⲅⲉⲛⲣⲁⲛⲉⲧⲭⲏⲣ	*de nominibus*	في اسما
ⲉⲃⲟⲗ ⲅⲉⲛⲛⲓ ⲡⲣⲟ⫽	*varijs*	متفرقه
ⲫ̄ⲏⲧⲏⲥ ⲛⲉⲙ	*Prophetarum,*	من الانبيا
ⲛⲓⲥⲁⲃⲉⲩⲛⲉⲙ	& *Sapientum,*	والحكما
ⲅⲁⲛⲕⲉⲇⲩⲟⲛ ⸭	& *reliquorùm* .	وغيرهم
ⲫⲩⲗⲓⲅ ⸭	Phylix , amans pe-regrinationis.	محب الغربا
ⲁⲣⲓⲟⲡⲁⲅⲓⲧⲏⲥ ⸭	Ariopagites , habés intelligentes.	دوالفهمين
ⲉⲇⲣⲉⲓⲟⲩⲥ ⸭	Hebræus , qui non accipit .	الري لايخذ
ⲕⲟⲣⲃⲁⲛ ⸭	Corban , & eſt the-ſaurus .	قربسان وهي للخزانه
ⲉⲫⲟⲩⲧ ⸭	Ephod , ſtola pecto-ralis Sacerdotum Hebræorum.	خله
ⲡⲓⲧⲁⲃⲓⲣ ⸭	Pitabir , Præto-rium.	الايوان
ⲃⲏⲑⲏⲗ ⸭	Bethel , Domus Dei.	بيت الله
ⲃⲁⲣⲁⲕ ⸭	Barac , benedi-ctio.	باراق البركه
ⲃⲁⲍⲟⲣ ⸭	Baſor , ſplendor oculorum.	لحد دوصار
ⲡⲓⲥⲗ ⸭	Iſrael , Viſio Dei.	اسرييل الذاطرالله

ⲉⲭⲱⲙ

Coptic	Latina	Arabica
ⲉⲍⲱⲉⲉ ⳯	Edom, puluis, terra.	ادوم التـــراب الارض
ⲧⲟⲗⲉⲟⲟⲉ2 ⳯	Golgotha, Cranium.	الجمجمة الجاجله
ⲕⲱⲉ̀ ⳯	Ioa, qui non accipit,	الذي لاقبض
ⲕⲉ⳽ⲁ̀ⲥ ⳯	Cephas, Petra, Princeps, Caput.	الصخره الراس
ⲉⲉⲁⲣⲓⲉⲉⲟ̀ ⳯	Marimatha, Dominus videns.	الرب نظر
ⲡⲓⲣⲁⲕ ⳯	PiraK, femen.	الزرع
ⲥⲁⲗⲓⲉⲉ ⳯	Salim, pax,	السلامة
ⲟⲟⲁⲉⲉ ⳯	Thaman, Auſter, plaga Meridionalis.	القبله التيمن
ⲕⲁⲗⲧⲏⲥ ⳯	Caldas, Sanctitas.	قدس القدس
ⲕⲏⲁⲁⲣ ⳯	Cedar, tenebræ.	قيدار الظلمة
ⲃⲁⲃⲩⲗⲱⲛ ⳯	Babel, vocis confuſio, cóturbatio.	بابل القلـــق الاضطراب
ⲃⲁⲣⲛⲏ ⳯	Barne, portans.	الحامل
ⲉⲉⲁⲛⲏ ⳯	Mane, particeps	المشارك
ⲟⲗⲉⲉⲉⲡⲓⲁⲥ	Olympias, annus.	السنة
ⲫⲁⲥⲉⲕ ⳯	Phaſe, Paſcha.	الفصح
ⲥⲉⲭⲏⲣⲟⲥ ⳯	Seuerus, amans veritatis.	محــــب لحق
ⲍⲓⲟⲥⲕⲟⲣⲟⲥ ⳯	Dioſcorus, rectus.	المستقيم

Ægyptia.	Latina.	Arabica.
ⲅⲣⲏⲅⲟⲣⲓⲟⲥ ⳾	Gregorius, vigilás, custoditus.	المستيقظ الحافظ
ⲁⲑⲁⲛⲁⲥⲓⲟⲥ ⳾	Athanaſius, priuatus morte.	عديم الموت
ⲑⲉⲟⲇⲱⲣⲟⲥ ⳾	Theodorus, donum Dei:	هبة الله
ⲧⲓⲙⲟⲑⲉⲟⲥ ⳾	Timotheus, reuerentia Dei.	كرامة الله
ⲕⲩⲣⲓⲗⲗⲟⲥ ⳾	Cyrillus, ſeruus Domini,	عبد الرب
ⲭⲣⲓⲥⲧⲟⲇⲟⲩⲗⲟⲥ ⳾	Chriſtodulus, ſeruus Chriſti,	عبد المسيح
ⲥⲧⲉⲫⲁⲛⲟⲥ ⳾	Stephanus, coronatus	المتوج
ⲇⲟⲩⲗⲓⲕⲉ ⳾	Seruus Domini.	عبد الرب
	Nomina Sapientum.	اسما الحكما
ⲅⲅⲉⲗⲓⲛⲟⲥ ⳾	Galenus.	جالينوس
ⲡⲓⲟⲙⲉⲣⲟⲥ ⳾	Homerus.	همرس
ⲁⲣⲓⲥⲧⲟⲧⲉⲗⲟⲥ ⳾	Ariſtoteles.	ارسطليس
ⲃⲁⲑⲗⲓⲙⲟⲥ	Ptolomæus.	بطليموس
ⲩⲡⲟⲣⲣⲁⲑⲏⲥ ⳾	Hippocrates.	ابقراط
ⲥⲟⲣⲣⲁⲑⲏⲥ ⳾	Socrates.	سقراط
ⲁⲡⲗⲁⲧⲱⲛ ⳾	Plato.	افلاطون
ⲥⲩⲕⲟⲛⲧⲁⲥ ⳾	Secandes.	سكنداس

Ægypta.	Latina.	Arabica.
ⲡⲓⲕⲉⲫⲁⲗⲉⲟⲛ	*Caput XXV.*	الفصل
ⲙⲙⲁⲁϩ ⲕⲉ ⲉⲩⲉ//	*quintum, &*	الخـــامس
	vigefimum,	والعشرين
ⲉⲣⲁⲡⲁⲛⲧⲟⲕⲧⲓⲛ	*continet*	يشتمل على
ⲉⲝⲉⲛⲛⲓⲥⲁⲝⲓ	*voces*	كلمات
ⲉⲧⲁⲏⲣⲉⲃⲟⲗⲙ̅	*varias*	متفرقه لم
ⲡⲟⲩⲓⲛϣⲟⲣⲡ		ذرد متقدما
ⲡⲁⲣⲙⲙⲓⲥⲓⲁ ⳽	Confolatio	التعزيه
ⲡⲟⲅⲅⲟⲥ ⳽	Statura, ætas.	القامه السمن
ⲑⲉⲙⲙⲉⲗⲓⲥⲟⲥ ⳽	Fundamenta ge-	اساس الولاده
	nerationis.	
ⲟ̇ⲙⲙ̅ⲟⲛⲛⲓⲥⲁⲉⲟⲥ⳽	Ita, etiam.	هكس ا ايضا
ⲉⲗⲑⲏⲛ ⳽	Venit illa.	جات
ⲉⲗⲑⲟⲛⲧⲏⲥ ⳽	Venerunt illi.	جاوو
ⲉⲍⲱⲛ ⳽	In, vbi, quo.	في اين
ⲁ̇ⲛⲁⲃⲁⲓⲛⲏⲓ ⳽	Abijt illa.	مضت
ⲁ̇ⲡⲟⲕⲣⲓⲑⲉⲓⲥ ⳽	Veniam ad eos.	اجابهم
ⲉϥⲙⲙ ⳽	Super eos.	عليهم
ⲧⲟⲩⲧⲉⲥⲧⲓⲛ ⳽	Sic ifte.	هكذاهو
ⲙⲙⲁⲕⲣⲟⲙⲙⲓⲥⲓⲁ ⳽	Longanimis, lon-	طـول الروح
	ganimitas.	
ⲓ̇ⲙⲙⲛ ⳽	Vobis.	لكم
ⲧⲣⲓⲧⲟⲛ ⳽	Tertius.	الثالث
ⲁⲓⲁⲑⲉⲥⲓⲥ ⳽	Difpofitio, forma,	حال
	habitus.	
ⲙⲙⲟⲛⲓⲁ	Singularitas.	وحذانيه
ⲍⲉⲩⲧⲉⲣⲟⲛ ⳽	Iteratio, repetitio.	الاستثنى
		ⲉⲍⲟ//

Ægyptia	Latina	Arabica
ⲉϩⲟⲧⲩⲁⲛⲧⲟⲛⲥⲣⲁⲏⲗ	Exitus filiorum Ifrael.	خروج بسني اسراييل
ⲑⲣⲉⲥⲕⲓⲁ	Hærefis, fecta.	بندعه
ⲕⲩⲛⲏⲥⲓⲥ	Commotio, motio.	حركه
ⲥⲩⲛⲧⲟⲅⲙⲁ	Præceptum, infti- tutum:	الامر
ⲕⲁⲡⲁⲧⲱⲥ	Cum amplitudine, latitudine.	باذماع
ⲙⲙⲩⲥⲧⲓⲕⲟⲛ	Myfteriofum, arca- num.	السري
ⲑⲩⲥⲁⲩⲣⲟⲥ	Thefaurus.	كنز مطلبي
ⲙⲁⲣⲧⲩⲣⲓⲁⲗⲟⲛ	Teftifica- tio.	ميمر الشهاده
ⲥⲩⲛⲁⲓⲕⲭⲁⲛⲓⲛ	Locutio, allocutio.	مخاطبه
ⲁⲧⲁϩⲓⲁ	Sine ordine, *ἄτακτον* inordinatum.	بغير ترتيب يغير ظام يغير ظقس
ⲑⲣⲟⲛⲟⲥ	Generatio, mores, inftituta,	جيل
ⲉϩⲉⲣⲉⲁⲟⲥ	Potius, magis, præ- cipuè.	بالاكثر
ⲑⲁⲩⲙⲁⲥⲓⲁ	Miraculum, por- tentum.	ايه اعجوبه
ⲡⲁⲣⲁⲧⲓⲥⲑⲉ	Fortem, & contrif- tem effe.	الاستعفا
ϯⲉⲥⲓⲥ	Votum, preces,	فدر طلبه
ⲥⲩⲣⲉϥⲉⲥⲑⲉ	Cooperire, tegere,	النحاف ⲕⲉⲩ

Ægyptia	Latina	Arabica
ⲕⲉⲩⲥⲓⲥ ⳾	Guſtus.	مدراقة طجميه
ⲥⲩⲛⲑⲏⲕⲏ ⳾	Teſtamentum.	عهد
ⲁⲛⲁⲥⲧⲣⲟⲫⲏ ⳾	Conſuetudo, mos,	تصرفه سيرتِه
ⲥⲭⲏⲥⲓⲥ ⳾	Dulcedo bona.	حلاوه طيبه
ⲉⲡⲟⲙⲉⲩⲥⲧⲓⲕⲟⲛ ⳾	Monſtratio, illu-ſtratio, ſignifi-catio.	دلال
ⲉⲩⲥⲁⲕⲏⲧⲟⲥ ⳾	Omne id quod ſtillatim fluit.	كل ما ينقط
ⲟⲛⲟⲙⲁⲟⲥⲓⲁ ⳾	Famoſus, nomi-natus.	مسمى
ⲧⲣⲓⲫⲏ ⳾	Gratioſus.	نعيم نملى
ⲁⲡⲟⲕⲣⲓⲫⲱⲛ ⳾	Liber myſticus, arcanus.	كتاب السر
ⲡⲁⲣⲁⲗⲓⲡⲟⲩⲙⲉⲛⲟⲛ ⳾	Reliquum, ſu-perfluum.	الفصلات
ⲕⲁⲧⲁⲣⲧⲱⲙⲁ ⳾ *ⲕⲁⲧⲓⲣⲑⲩⲙⲁ*	Impoſſibilia.	المعجزات الاستقامه
ⲡⲓⲁⲗⲱⲙⲁ ⳾	Poſſeſſiones, ſub-ſtantiæ,	الاموال الامنه النحف
ⲟⲛⲟⲙⲉⲗⲓⲁ ⳾	Sermocinatio mu-tua.	حديث مناجاه
ⲥⲧⲟⲣⲓⲁ ⳾	Hiſtoria noua, re-latio, nuncium.	قصص سير اخبار
ⲟⲩⲍⲉⲕⲏⲥⲓⲥ ⳾	Donum	عطا
ⲟⲩⲍⲁⲥ ⳾	Conſolatio.	عزى
ⲡⲣⲟⲥⲉⲣⲉⲥⲓⲥ ⳾	Conſcientia,	ذمه قريحه
ⲛⲓⲅⲫⲱⲓⲣⲓ ⳾	Gigantes.	الجبا بره

ⲉⲩⲥⲉⲛ

Ægyptia.	*Latina.*	*Arabica.*
ΕϤϨΕλολι ⳾		طايش
ΠΙϨΟΥ ⳾	Vter.	الزق
ΠΡΟⲤⲦΟΚΙϨ ⳾	Mola.	الرحا
ΕϤⲦϨⲦϨΗΟΥⲦ ⳾	Congregatus.	مجتمع
ΕϤⲤΕϨΗΗΟΥⲦ	Discretor, reuelator.	مميز جايس واظح
ΕⲤⲦϨϨϨⲤΕϤ ⳾		مسحوه بالفارة
ΕϤϢⲦϨⲙⲙΗΟΥⲦ ⳾	Clausus.	مغلوق
ϨⲨⲤⲐⲞⲤ ⳾	Absconderunt eam.	سترزوها
ϢϨⲢϭⲞⲤ ⳾	Exercuerunt se.	ينفقوايصرفوا
ΕⲨⲞⲗϨⲙⲙ ⳾	Combusti sunt.	يوقدوا
ⲪⲓλⲟⲡⲟⲛⲟⲤ ⳾	Amicus laboris.	محب النعب
ϮϨⲱϢⲙⲙ ⳾	Linum, Myxus.	الفتبيله
ϨⲨⲭⲱⲙⲕ ⳾	Cortex.	قشر
ΠΙϢϨϨϢϢΕϨ ⳾	Putridum, tabidum.	الشضف الفقن
ϨⲢϨⲚϨⲒ ⳾	Benefecerunt, benigni fuerunt.	هسنوا
ⲚⲞⲨϨ ⳾	Sectatores, æmulatores.	ذايدعين
ΕⲐⲚϨϨⲎϦ ⳾	Lucerna cum oleo, & lychno.	المشروده المسروجه
ΕⲨⲈⲢⲔϨⲦϨⳜⲒⲚ ⲙⲙⲙⲱⲞⲨ ⳾	Fames eorum.	جوعوهم
ⲙⲙϨⲢⲟϭϨⲦⲨ ⳾	Soluant eum :	فليذرموه
ϨⲢϢϨⲦⲟⲨ ⳾	Soluite eos,	غرموهم
ΠΙⲤⲂⲞⲨⲒ ⳾	Pauper, vilis.	البايس الحقير

Ægyptia	Latina	Arabica
ⲭⲡⲟⲑⲉⲥⲓⲥ ⁖	Hypothefis.	عنوان
ⲡⲣⲟⲥⲟⲯⲓⲥ ⁖	Profpectio.	حظوة طلعه
ⲥⲁⲛⲗⲟⲣⲟⲥ ⁖	Corrigia calcea- mentorum.	سيور
ⲡⲓⲙⲉⲁⲥⲅⲁⲥⲩ ⁖	Amicus laboris.	حمب التعب
ⲟⲩⲟⲩⲗⲏ ⁖	Veftigium.	اثر خطوه خطة
ⲥⲁⲕⲉⲗⲗⲁ ⁖	Domus diuitiarŭ, repofitorium.	بيت المال
ⲥⲁⲕⲉⲗⲗⲁ ⁖	Repofitorium, magazenum.	بيت المال
ⲉⲩⲣⲉⲕⲣⲱⲕ ⁖	Putridum, tabidŭ effe mœrore.	مقمر عفن
ⲉⲕⲣⲧⲙⲉⲣⲱⲙⲉ ⁖	Afper, Tetricus.	غبش خشن
ⲟⲩⲟⲥⲁⲡ ⁖	Pugillus, vola manus.	قبضه كمشة حفنة
ⲉⲩⲟϭⲧ ⁖	Stillat, guttatim fluit.	يقطر بدراسف ينقط
ⲉⲭⲉⲣⲯⲟⲩϣⲓⲧⲥ ⁖	Sibilarunt, vt fer- pentia.	وصفروا
ⲛⲓⲭⲏⲡⲓ ⁖	Abundantia, fe- ctio,velum.	الجزلات الهبـر القطع
ⲡⲁⲣⲁⲥⲕⲉⲩⲁⲍⲓⲛ ⁖	Præparatio, præ- parare, efficere.	يصطنع يستر
ⲁⲩϯϣⲁⲣⲱ ⁖	Præcepit, vouit, promifit.	اوصا عاهن نذر
ⲁⲩⲥⲁⲙⲉⲉ ⁖	Emit.	اشترا
ⲁⲩϯⲣⲱⲩ ⁖	Promifit, vouit.	عاهن نذر
ⲁⲩϭⲓϯ ⁖	Decorticauit.	سلح عرك قشر قلع

Ægyptia	Latina	Arabica
ⲁⲓϭⲓⲥⲟⲗⲁ ⳥	'Allaboraui, con-tēdi, follicitus fui.	اجتهـدت شاجطان
ⲁⲓϭⲓϩⲟⲣⲉⲩ ⳥	Exfpectaui.	استنظرت
ⲟⲩⳝⲇ?ⲥⲥⲁ ⳥	Fofſa, fouea.	حوفره جوره
ⲁⲓϣϣⲉⲣ ⳥	Fulciui .	نسنلت
ⲉϥⲕⲉϭ ⳥		
ⲁϥⲛⲟϭ ⳥	Saltauit , in-filijt.	وثب ظط قفز
ⲁϥⲃⲉⲣϣⲱⲩ ⳥	Increpauit eum, arguit eum.	وثبه وبخه
ⲧⲁⲣⲁⳉⲏ ⳥	Tumultus, pertur-batio, moleſtia.	انزعاج قلــق ذشوجش
ⲉϥⲕⲏⲕ ⳥	Decorticans .	مقشر
ⲉⲩⲧⲁⲣϣⲟ ⳥	Multipiicamini , æmulamini.	اكثروا اشرهوا
ⲁⲗⲟⲕ ⳥	Vola , planta.	كف امسك
ⲁϥⳉⲱ ⳥	Solutus eſt , eua-fit.	انحل ارتها
ⲛⲓⲃⲟⲩⲱⲧ ⳥	Idola, fimulacra .	الاوثان الاصنام
ϯϥⲣⲱϣⲓ ⳥	Sollicitudo, depre-catio .	الهمه الدعوه
ⲙⲓⲟⲕ ⳥	Cępiſti, non ne-glexiſti,	اجدت ما اقصرت
ⲧϭⲏⲙ ⳥	Stipendium,mer-ces .	الكرا الاجره
ⲁⲩⲥⲉⲕⲥⲉⲕ ⳥	Numerarunt, collegerunt.	خسبوا لقطوا
ⲁϥⲃⲟⲛϣ ⳥	Obiurgatus eſt.	اذتهـر

Ægyptia	Latina	Arabica
ⲁⲩϭⲉⲛⲓ ⳾	Percuſſi ſunt, obiurgarunt.	تضاربوا ذخاصموا
ⲁⲩϭⲩⲁⲓⲣⲓ ⳾	Dicútur, dicti ſunt·	قيلوا
ⲡⲓϣⲉⲛϩⲟⲛ ⳾	Malum.	الشـــر
ⲁⲩⲧⲟⲛⲟ ⳾	Molitus eſt, per-cuſſit,	يطش ضرب
ⲉⲩⲗⲱϧϣ ⳾	Combuſtus eſt.	مشوط محروق
ⲉⲩⲁⲛϣ ⳾	Attonitus, otioſus, quietus.	صاهي باهـت سابت
ⲉⲩⲛⲟϩⲉϧ ⳾	Declarat, cófirmat·	يسرج يبش
ⲡⲓⲁⲛⲍⲁⲗⲉⲥ ⳾	Multitudo, turba, vulgus, cógregatio.	الجمع الجمهور
ⲉⲩϧⲉⲣϭⲉⲣ ⳾	Sonum per na-res emittit, ῥογχίζει .	ينخر يشخبر
ⲉⲩⲥⲭϭⲉⲗⲗ ⳾	Expreſſus eſt.	معصور
ⲛⲁϥⲟⲣⲟⲛ ⳾	Caminus, infumi-bulum·	معص الدخان
ϭⲛⲟⲗⲉⲛⲕⲉⲓ ⳾	Reminiſcẽtia, me-moria, recordatio	ذكره
ⲁⲩⲛⲟⲛⲓ ⳾	Vaſtatus eſt, de-iectus eſt.	انهدم سقط
ϣⲁⲣⲕⲉ ⳾	Penuria, fames, ſterilitas.	غلا قحط
ⲁⲥϥⲁⲗⲓⲥⲉⲓ ⳾	Ligamen, vinculú,	وثاق
ⲧⲟⲗⲉⲉⲣⲟⲥ ⳾	Præcurrés, antici-pans.	جري مقدام
ⲗⲟⲁⲟⲣⲓⲁ ⳾	Similitudo, forma,	النعت

KD//

Ægyptia	Latina	Arabica
ⲕⲟⲡⲣⲟⲥ ⲭ	Stercus, fimus, ex-crementum.	زبل
ⲉⲩⲫⲩⲙⲓⲁ ⲭ	Rumor, fama, laus, honor.	حبهمنادنا
ⲕⲟⲥⲙⲟⲡⲟⲓⲁ ⲭ	Creatio mundi.	خلقة العالم
ⲁⲛⲧⲓⲃⲉⲥⲓⲥ ⲭ	Sine additione, oppofitio.	بغير زياده
ⲕⲃⲉⲥⲓⲥ ⲭ	Cum additione, pofitione.	بزياده
ⲑⲣⲓⲛⲟⲛ ⲭ	Sors, pars, viciffi-tudo, fagitta,	قرعه ذوده سهم
ⲛⲁⲙⲉⲧⲣⲟⲛ ⲭ	Sine menfura, immenfus.	بغير مقدار
ⲕⲗⲁⲥⲙⲁ ⲭ	Extremitas, fif-fura.	حافة قطع
ⲁⲡⲁⲅⲁⲡⲗⲟⲥ ⲭ	Iuxta commodi-tatem.	على الجملة
ⲩⲡⲟⲡⲟⲇⲓⲟⲛ ⲭ	Sub, fub pedi-bus, infra, fubter.	تحت دون
ⲁⲗⲗⲟⲧⲣⲓⲟⲛ ⲭ	Res aliena, mutuo accepta.	قراض
ⲩⲡⲟⲇⲩⲅⲙⲁ ⲭ	Exemplar, fimili-tudo.	مثل أذمودج
ⲃⲟⲛⲓ ⲭ	Nocumentum.	مضره
ⲛⲧⲟⲭⲟⲥ ⲭ	Pauper, egenus, inops	فقير مسكين
ⲃⲉⲥⲓⲥ ⲭ	Augmentum, ad-ditio.	زياده

Ægyptia	Latina	Arabica
ⲱⲃⲓⲍ ⳾	Salus.	العوث
ⲍⲡⲟⲥⳓⲉⳉⲏⲥ ⳾	Diligentia, ſtudiũ, inquiſitio.	للفظالدرس الننلوه
ⳓⲣⲟⲡⲟⲥ ⳾	Similitudo, forma, proprietas.	صفه مثال
ⳝⲛⲟⲏ ⳾	Spiratio, flatus.	نسمه
ⲡⲗⲏⲣⲟⳝⲟⲣⲓⲛ ⳾	Sufferentia, ſufferre multum.	الاستبيناق
ⲉⲡⲡⲓⲕⲟⲥ ⳾	Locus ludi, phæri- ſteriũ, hypodrom⁹	ملعب
ⲡⲓⲡⲡⲟⲕⳉⲙⲉⲛⲟⲛ ⳾	Caput narrationis, ſeu hiſtoriæ.	باب الشرح
ⲥⲕⳉⳍⲣⲟⲥ ⳾	Labor, difficultas, ſollicitudo.	تفت تعنا تكلف
ⲕⲣⳍⲥⲓⲥ ⳾	Mixtio, commixtio ſterilitas.	تعكير تخليط
Ⳍⲣⲉⲟⲥ ⳾	Iudicium, ſecta.	دين
ⲉⲣⲟⲱⲛⲓⲛ ⳾	Erectio, erigi, ſtare.	تقويم
ⳍⲉⲙⲟⲥ ⳾	Populus, turba, cœtus.	جمع
ⲡⲗⲓⲥⲙⲟⲛⲏ ⳾	Multitudo, perfe- ctio finis.	الكثره الكمال
ⲥⳉⲙⲙⲉⳍⳘⲟⲥ ⳾	Adiuuans, confir- mans, concertás.	مغاض مساعى
ⲉⳉⳝⲣⲟⲥⳉⲛⲏ ⳾	Tẽperantia, iñcũ- ditas, ſimplicitas.	بشاشه

Ægyptia	Latina	Arabica
ϭⲉⲗⲗⲉⲥⲓⲟ ⳾	Acceptatrix, obfte-trix.	قابله دايـه
ⲭⲁⲓⲟⲛ ⳾	Proprietas, eſſentia, propriū, eſſentiale	خاصيّة ذاتيـه
ⲭⲛⲟⲥⲧⲁⲥⲓⲟ ⳾	Perſona, ſubſiſten-tia, ὑπόϛασις ,	القنوم
ⲡⲁⲣⲁⲙⲉⲩⲑⲓⲁ ⳾	Conſolatio, affabili-tas.	التعزيه
ⲡⲟⲗⲗⲁⲕⲓⲥ ⳾	Vice, vicibus, ſæpe ſæpius.	عده دفوع
ⲉⲥⲥⲓ ⳾	Dimidium, mediū.	نصف
ϭⲉⲣⲡⲉⲉⲥⲓ ⳾	Quartus.	ربای
ⲁⲡⲁⳓ ⳾	Vna vice, ſemel.	مره دفعه
ⲅⲗⲱⲧⲑⲓⲁ ⳾	Lingua diſerta ـ, eloquentia	اللسان الفصيح
ⲛⲟⲙⲟⲑⲉⲥⲓⲁ ⳾	Legumlatio , νομοθεσία	تقرير الناموس
ⲉⲡⲉⲛⲟⲥ ⳾	Laus, laudatio.	مديح فخر
ⲉⲩⲫⲩⲙⲉⲓ ⳾	Celebratus, hono-ratus, laus, honor.	المديح
ⲅⲉⲛⲉⲑⲗⲓⲁ ⳾	Diligentia, ſtudiū, concertatio.	تجاهده
ⲁⲡⲓⲣⲟⲥ ⳾	Inexpertus, ſine ـ cognitione, & ſcientia .	غير عارف
ⲙⲉⲓⲥⲧⲁⲣⲱⲡⲟⲥ ⳾	Secretum, arcanū , μυϛαγωγός	السر الخفي
ⲥⲩⲛⲏⲁⲕⲥⲓⲥ ⳾	Conſcientia.	النيه
		ⲟⲛⲟ//

Ægyptia	Latina.	Arabica.
ⲟ̄ⲛⲟⲉⲉⲉⲗⲓⲉ̀ ✣	Collocutio, fermo- cinatio mutua.	حديث مناخذاه تاويل
ⲟⲛⲟⲛⲟⲓⲉ̀ ✣	Sufpicio, cogitatio.	تامل فكر تمييز
ⲫⲣⲉⲧⲉ̀ ✣	Quæftus, lucrum.	كسب ذهب
ⲫⲣⲉⲧⲉ̀ ✣	Quæftus, lucrum, acquifitio.	كسب ذهب غنيمه
ⲥⲟⲛⲉⲧⲟⲭⲟⲥ ✣	Progenies, fuccef- fio, particeps, amicus.	خليفه صاحب
ⲥⲣⲉⲉⲍⲟⲉⲉⲓⲉ̀ ✣	Propofitū, coniun- ctio.	الامضا الافضال
ⲃⲉⲁⲧⲣⲟⲛ ✣	Theatrū, confiliū. Synagoga.	معقل منظر وتجي الخلقه
ⲃⲱⲟⲩϯ ✣	Cœtus, congrega- tio.	مجمع
ⲡⲓⲅⲓⲉ̀ⲗⲗⲉ̀ ✣	Multitudo verborū mulãloquium.	كثرة الكلام
ⲭⲓⲉⲉⲁⲣⲟⲥ ✣	Torrens, calx,	الجيز

	PORTA IX:	الباب التاسع
ⲉⲩⲟⲓⲛⲕⲉⲫⲉ̀ ∥	*et) illa*	وهو
ⲗⲉⲟⲛ ⲃ̄	*duo capita.*	فصلين
ⲡⲓⲕⲉⲫⲉ̀ⲗⲉⲟⲛ	*Caput XXVI;*	الفصل
ⲉ̀ⲉⲉⲉⲅ̄ⲕⲉ̄ ⲉⲩⲉ̀ ∥	*fextum et vige-* *fimum*	السادس والعشرين
ⲉⲣⲁⲛⲁⲛⲧⲟⲕⲧⲓⲛ	*continet*	يشتمل على
ⲉⲍⲉⲛⲡⲓⲉⲣⲉⲉⲧ ✣	*interpretationem*	تفسير

Ægyptia	Latina	Arabica
ⲛⲉⲩⲓⲛⲓⲛⲥⲁⲝⲓ	vocum	كلام
ⲉⲃⲟⲗϩⲉⲛϯⲁⲥ	ex lingua	من اللغة
ⲡⲓⲙⲙⲉⲧⲉⲃⲣⲉ //	Hebræa,	العبرانية
ⲟⲥⲛⲉⲙⲙⲃⲁⲛ	& Græca, quæ	والأماسية
ⲛⲉⲟⲥⲉⲧⲥϩⲏ //	reperiūtur ſcripta	المكتوب
ⲟⲩϩⲅⲉⲛⲛⲓⲅⲣⲉ	in Scriptura	في الكتب
ⲫⲛⲉⲑⲟⲩⲁⲃ	ſacra,	المقدسه
ⲛⲉⲙⲛⲓⲉⲩⲁⲅ //	& Euangelijs,	والاذاجيل
ⲅⲉⲗⲓⲇⲛⲁⲩⲉⲣ	eaque interpreta- tus eſt	فسرهم
ⲙⲉⲛⲉⲩⲓⲛⲉⲉ	Pater	الاب
ⲙⲱⲟⲩⲛⲝⲉ	Sanctus	القديس
ⲡⲓⲁⲅⲓⲟⲥ ⲉⲡⲓⲫⲁⲛⲓⲟⲥ	Epiphanius	اديفاذيوس
ⲡⲓⲉⲡⲓⲥⲕⲟⲡⲟⲥ	Epiſcopus	اسقف
ⲛⲧⲉ ⲕⲩⲡⲣⲟⲥ ⁖	Cypri:	قبرس
ⲁϩⲱⲛⲁⲓ ⲉⲧⲉⲫⲁⲓⲡⲉ // ⲡ̅ⲟ̅ⲥ̅	Quia ipſe Domi- nus,	الدي هوالرب
ⲙⲉⲥⲓⲁⲥ ⲡ̅ ⲭ̅ⲥ̅ⲛⲉ ⁖	Ipſe Meſſias Chriſtus.	هوالمسيح
ⲥⲁⲃⲁⲱⲑ ⲛⲧⲉⲛⲓⲍⲱⲙⲉ	Qui potens in exercitu	الدي المقوات
ⲣⲉⲙⲉϩⲅⲉⲛⲛⲟ̄ⲥⲓ ⁖	In excelſo,	في العلا
ⲃⲁⲣⲓⲱⲛⲁⲡϣⲏⲣⲓ // ⲛ̄ⲱⲛⲁ ⁖	Filius Ionæ.	ابن يودا
ⲣⲁⲕⲁⲍⲉϩⲱⲕ ⁖	Tu etiam, væ tibi ò ſtultè.	انت ايضا والك ويا الحمق
ⲙⲉⲣⲁⲛⲁⲃⲁ ⲍⲉⲡ̄ⲟ̄ⲥ̄	Si Dominus	ان الرب

Ægyptia	Latina.	Arabica.
ⲛⲏⲟⲩ ⳨	Venit	ان …
ⲉϥϥⲱⲧⲉⲃ ⳨ ⳨ⲉⲁⲟⲩⲱⲛ	Aperi, aperito.	افتح انفتح
ⲕⲉⲛⲧⲉⲣⲓⲟⲛ ⳨ ⲉⲡⲓ ⲡⲓⲉⲕⲁⲧⲟⲛⲧⲁⲣⲭⲟⲥ ⳨	Dux super centũ, Centurio.	قايس المايـة
ⲃⲟⲁⲛⲉⲣⲅⲉⲥ ⳨ ⲛⲉⲛϣⲏ ⲣⲓⲛ†ⲅⲁⲣⲁⲃⲁⲓ ⳨	Filij promiſſionis alij legunt رعد Tonitrui.	ابنا الرعـد
ⲕⲟⲣⲃⲁⲛ ⳨ ⲡⲓⲕⲁⲍⲟ ϥⲓⲗⲁⲕⲓⲟⲛ ⳨	Corbona, locus oblationis, Gazo- phylacium.	الخزانة
ⲓ̄ⲗ̄ⲏ̄ⲙ ⳨ ⲟⲩⲟⲣⲁⲥⲓⲥ ⲛ†ϭⲓⲣⲏⲛⲏ ⳨	Ieruſalem, reue- latio, ſeu viſio pacis.	وحى السلامه
ⲃⲉⲑⲗⲉⲙ ⳨ ⲡⲏⲓⲙⲙ ⲛⲱⲓⲕ ⳨	Bethlehem, domus panis.	بيت الخبـز
ⲛⲁⲍⲁⲣⲉⲑ ⳨ ϥⲏⲙ ⲑⲟⲩⲁⲃ ⳨	Nazareth, ſanctus, purus, caſtus, flo- ridus.	القديـس القدوس
ⲑⲉⲙⲉⲛ ⳨ ⲡⲓⲙⲁⲛϣⲱ ⲡⲓ ⳨	Habitaculum.	\ المسكن
ϥⲁⲣⲁⲛ ⳨ ⲡⲉⲓⲉⲃⲧ	Pharàn, pars Orientis,	ناحية المشـرق
ⲡⲓⲉⲗⲁⲙ ⳨ ⲡⲓⲡⲣⲟⲙ ⲛⲑⲗⲱⲙ ⳨	Pielam, porta, quæ eſt prima portarum, ſicut porta tabernaculi &c.	الباب الدي هـو اول الابواب مثل بـاب الدار وغيره

ⲡⲓⲙⲙⲁⲑⲛ

Ægyptia	Latina	Arabica
ⲡⲓⲁⲃⲃⲓⲣ ⲧ ⲡⲓⲁⲟⲕⲝⲉⲗ ⲣⲓⲟⲛ	Feneſtra, quę	الطاقات التي
ⲛⲉⲉⲧⲭⲏⲉⲡⲉⲗ ⲉⲟⲗⲉ	è regione altaris. Scriptor	قبالة المدرج الكبت
ⲡⲓⲗⲉⲁⲛⲉϣⲱⲟⲣϣⲓ	legaliũ, locus eius ante altare.	الناموسية الموضوع أمام المدرج
ⲕⲏⲁⲃⲣ ⲧ ⲡⲣⲓⲉⲓⲛⲉ ⲓⲉⲡⲓ ⲥ︤ⲏⲃⲓ	fletus, lamentum; vel triſtitia, mœror.	هو البكا أو الحزن
ⲡⲓⲉⲫⲟⲩⲧ ⲧ ⲟⲩⲝⲁⲗⲉⲗ ⲡⲉⲛⲉⲗⲉⲟⲩ	Ephod, fuit liber, vel	هو كتـــاب أو
ⲉ̇ⲡⲓⲥⲧⲟⲗⲏⲓ̇	Epiſtola	ورسالة
ⲓ̇ⲉ̇ⲣⲁⲧⲏⲕⲏ	Sacerdotalis.	كهنـوتية
ⲡⲓ̇ⲯⲁⲗ̇ⲧⲏⲣⲓⲟⲛ ⲧ ⲡⲓ ⲟⲣⲅⲁⲛⲟⲛ ⲉⲗⲗⲟⲩⲥⲓ ⲕⲟⲛ	Organum, Pſalterium muſicum.	أرغن الموسيقي
	Nunc (Muſicum) eſt res maior pſalterio, & in ipſo omnia inſtrumenta luſoria.	لان الموسيقي هو شي أعظم من الارغـــن وفيه اجميــع اله اللهـو
ⲯⲁⲗⲉⲟⲥ ⲧ ⲡⲓⲁⲓⲛ ⲕⲩⲗⲉ ⲉⲗⲗⲟⲩⲥⲓⲕⲟⲛ ⲧ ⲁⲗⲗⲏⲗⲟⲩⲝ ⲧ ⲥⲗⲉⲟⲩ ⲉ̇ⲡⲟⲥ	Iubilus muſicus: commotio. Alleluia, Benedicite Dominum	تهريـــك الموسيقي باركوا الرب
ⲁⲓⲁ̇ⲯⲁⲗⲉⲁ ⲧ ⲭⲉⲛ ⲥⲏⲟⲩⲛⲓⲃⲉⲛ	omni tempore.	كل حين

H h   خلمي

Ægyptia	Latina	Arabica
ⲁⲙⲏⲛ ⲝ ⲉⲥⲉϣⲱⲡⲓ ⲝ	Amen, fis, fiat.	يكون
ⲟⲩⲟϩⲟⲛⲝⲉ ϯⲕⲱⲣ	Et etiam iurare.	وايضا اقسم
ⲙⲙⲁⲩⲁⲧⲥⲉⲙⲙⲟⲩ ⲝ	Vnica, ipfa.	بذاتى وحدى
ⲁⲥⲉⲙⲉⲕ ⲝ ⲑⲃⲁⲕⲓ	Ciuitas Solis.	من بينة الشمس
ⲉⲛⲡⲓⲣⲏ ⲝ	Significat oculum Solis. ἡλιόπολις.	يعني عين شمس
ⲫⲁⲥⲉⲕⲁ ⲝ ⲝⲉⲛⲡⲁ// ⲥⲭⲁ ⲝ	Pafcha.	الفصح
ⲛⲓⲥⲥⲱⲡⲟⲥ ⲝ ⲉⲩⲟⲓⲁ// ⲫⲣⲏϯ ⲝ	Hyffopus. Hyffo-pus eft quædam	هومثل
ⲛⲟⲩⲓⲍⲱⲥⲁⲃⲱⲧⲛ// ⲛⲏⲟⲩϣ	res ex herba, & aqua,	شي من الحساويس وما
ⲫⲁⲙⲟⲩⲁⲛⲧⲉⲛⲉⲩ// ⲍⲱⲃⲓ	& folium eius	وورقه
ⲁⲉⲫⲣⲏ ϯⲛⲟⲩⲥⲛⲟⲩ ⲝ	figura Smaragdi & dicitur, quod ea fit eluadne.	مثل الزمرد وقيل اذ الونذه
ⲁⲛⲡϣⲱ ⲝ ⲝⲉ ϯⲛⲟⲩ ⲝ	Nunc, quia.	الان
ⲃⲁⲃⲩⲗⲱⲛ ⲝ ⲝⲉⲛⲓϣ// ⲑⲟⲣⲧⲉⲣ ⲝ	Babylon, confufio, Conturbatio. Turbatus.	القلق الاضطراب
ⲛⲓⲛⲉⲩⲏ ⲝ ϯⲡⲣⲉⲩ// ϯϩⲟ ⲝ	Niniue, preces, pe-titio poftulatio.	نينوي السايله الطالبه
ⲙⲁⲛⲛⲁ ⲝ ⲝⲉⲟⲩⲡⲉⲫⲁⲓ	Manna, Quid eft hoc?	ماهو هنا
ⲙⲓⲭⲁⲏⲗ ⲝ ⲫⲁ ⲧⲝⲟⲙ// ⲙ̄ⲫϯ ⲝ	Michael, particeps virtutis Dei.	صاحب قوة الله

Ægyptia	Latina	Arabica
ⲅⲁⲃⲣⲓⲏⲗ ⲫ̅ϯⲟⲩⲟ⳪ ⲫⲣⲱⲙⲓ ⳨	Gabriel, Deus, & homo :	الله واﻧﺴﺎن
	Finit interpretatio vocum Hebrai-	كمل ﺗﻔﺴﻴــــﺮ الكلام العبراﻧﻲ
	carŭ cŭ auxilio Dei , & ſequitur	بعـون الله وﻳﺘﻠﻮﻩ أﻳﻀـــا
	interpretatio vocum Græca-	ﺗﻔﺴﻴﺮ كـــلا م الاﻳﻨﺎﺳﻴﻦ
	nicarum .	
ⲛⲁⲓ ⲥⲱⲟⲩ ⲅⲁⲛ ⲃⲱⲗⲛⲉⲛⲧⲉⲛⲓ ⲥⲁⲭ̅ⲛⲁ ⲑⲉⲛⲉ ⲇⲥⲛⲧⲉⲛⲓⲣⲣⲁⲫ ⳨ ⲉ̅ⲅⲇⲩⲁⲃ ⳨	Hæ illæ ſunt interpretationes vocum Patrum Græcorŭ , qui ſunt in ſcriptu- ra ſancta	ﻫﻮلا هم ﺗﻔﺎﺳﻴﺮ الكلام الاﻧﺘﺎﺑﻲ الــﺬي للكتب المقدسه اكرات
ⲡⲉⲣⲓⲕⲁⲑⲉⲣⲙⲁ ⳨ ⲉ̅ⲧⲉⲛⲁⲓⲛⲉⲛⲓ ⲟ̅ⲗⲟ// ⲓⲛⲟⲩ// ⲃⲓⲛⲧⲉⲛⲓⲕⲟⲩⲁⲓ ⳨	luſus. Pilæ luſoriæ. quæ pueris paruulis , ſuntq. ſphæræ, ſeu globuli, quibus lu- dunt paruuli.	اكرات اللعب اللبدﻳﻦ للاطفل الصغار الاكرات الﺘﻲ ﺗﻠﺘﺐ بهــا الصغيـــار الا طفال
ⲛ̅ⲁⲗⲱⲟⲩⲓ ⳨ ⲉ̅ⲡⲓⲃⲁⲛⲁ ⲧⲓⲟⲥ ⳨ ⲛⲏⲉⲧ ⲥⲱⲟⲩ ⲓ̅ⲉ̅ⲛ ⲅⲁⲛ ⲙ̅ⲫⲙⲟⲩⲧⲉⲛⲓⲕⲁⲧⲁ // ⲧⲓⲕⲟⲥ ⳨	Iudicio damnati ad mortem. vel ad tormenta mortis.	المطرحين بحكم الموت او لعقـــوب الموت
ϯⲉⲉⲛⲧⲣⲁ ϯⲉⲉⲛⲣⲁ̅ ⲫⲉⲛⲛⲟⲩⲃ ⲧⲉ ⳨	Mitra, vitta aurea, Mitra.	عصابه ذهب

Ægyptia.	Latina.	Arabica.
ⲡⲉⲣⲓⲍⲱⲙⲁ ∴	περίζωμα, vestis	ثوب كتان
ⲟⲩϩⲃⲟⲥⲛ̄ⲓⲁⲩ ∴	linea.	
ⲡⲟⲧⲏⲣⲓ ∴	Poder, ipsa est	هي ثوب
ⲟⲩϣⲑⲏⲛⲧⲉ//	vestis	
ⲉⲥⲛⲏⲟⲩ ⲉϩⲣⲏⲓ ⲉ	protensa vsque	سابله على
ϫⲉⲛⲛⲉⲛϭⲁⲗⲁⲩϫ	ad pedes hominis.	رجلي الانسان
ⲙ̀ⲡⲓⲣⲱⲙⲓ ∴	idest, subucula,	اعني دراعه
	tunica, camisia,	
ϯⲉ̀ⲡⲱⲙⲓⲥ ∴	Epomis	هي مثل
ⲉⲥⲟⲓ ⲙ̀ⲫⲣⲏϯ	est instar pallii	المنديل والعرضي
ⲛ̀ⲟⲩⲗⲉⲛⲧⲓⲟⲛ ∴	& sudarij dilatata.	
ϯⲇⲟⲗⲱⲥⲓⲥ ∴	δολώσις, est	
ⲉⲥⲟⲓ ⲙ̀ⲫⲣⲏϯ	instar	هي مثل
ⲛ̀ⲟⲩⲟⲣⲁⲣⲓⲟⲛ ∴	Balthei.	الزنار
ϯⲕⲏⲇⲁ̀ⲣⲓⲥ ∴	κήδαρις	
ⲉⲥⲟⲓ ⲙ̀	est sicut	هي مثل
ⲫⲣⲏϯ ⲛ̀ⲥⲟⲩϣⲑⲏⲛ ⲙ̀	vestis capilli, coro-	ثوب شعر
ϥⲱ̀ⲓ ∴	λόγιον (næ.	
ⲡⲓⲗⲟⲅⲓⲟⲛ ∴		هي مثل
ⲉϥⲟⲓ ⲙ̀	est ficut	الغفاره
ⲫⲣⲏϯ ⲛ̀ⲟⲩⲫⲩⲗⲟⲛⲏ ∴	propitiatorium, seu	
	rationale	اذسا
ⲡⲓⲃⲓⲕⲟⲥ ∴ ⲟⲩⲙⲟⲕⲓ	Vas	خزف
ⲙ̀ⲃⲉⲗϫⲡⲉⲉⲣⲉ̀ⲛⲓⲙⲁ	Testa, Argilla,	دودخين
ϣϫⲧⲟⲓⲉ̀ⲣⲟϥ ∴		العقل
ϩⲏⲅⲉⲙⲱⲛⲓⲕⲟⲛ ∴ ⲡⲓⲛⲟⲩⲥ	ἡγεμωνικὸν mens,	المتيقظ
ⲉⲧⲣⲏⲥⲡⲉ ∴	ratio euigilans	

Ægyptia	Latina	Arabica
ⲡⲓⲣⲓⲉⲣⲅⲟⲥ ⳾	περίεργος Scrutans	الفاحص جدّا لا كثر
ⲡⲓⲣⲉϥϭⲟⲧϭⲉⲧⲓⲛ ϭⲟⲧⲟ ⳾	multum, plurimum inue-stigans.	المفتّش بزيادة
ⲁ̄ⲡⲁⲛⲁⲕⲧⲏⲥ ⳾	ἀγανάκτης, reprehensio,	النبيكيت
ⲡⲓⲭϥⲟⲛⲉⲡⲓⲧⲁϭⲟⲉ ⲣⲁⲧϥ ⳾	vel insurrectio.	او القيام
ⲡⲓⲩⲗⲁⲥⲧⲏⲣⲓⲟⲛ ⳾	θυλαστήειον, Altare.	المذبح
ⲡⲓⲉⲉⲁⲛⲉⲣϣⲱⲟⲩϣⲓ ⳾		
ⲛⲓⲥⲟⲩⲇⲁⲣⲓⲟⲛ ⳾	ντουδάειον, Vestes,	تياب اللبـاس
ⲛⲓϭⲃⲱⲥⲓⲕⲇⲟⲗ ϭⲛⲉ ⳾	indumenta, fu-dariola pallia.	والمناديل
ⲛⲓⲥⲭⲉⲉⲓⲕⲩⲛⲃⲓⲛⲟⲛ ⳾	νιουμικούθιον, ve-stimenta interio-ra adhærentia	النياب الملتصقة بجسم الإنسان
ⲡⲥⲱⲉⲉⲁ̀ⲉⲛⲓⲣⲱⲉⲉ		
ⲛⲓϣⲃⲏⲛⲉⲧⲧⲟⲩⲉⲓⲉ	corpori homini, & vocantur.	من داخل ثيابه وتسمى
ⲥⲁϭⲟⲩⲛⲛⲉϥϭⲃⲱⲥ ⳾	in Arabico Elschaad,	بالعربيه الشعار
ⲛ̄ⲉ̄ⲱⲕⲉⲣⲟⲥ ⳾	νεώκερος, Ornamen-ta, templa, pyra-mides maiores.	مزينة
ϯⲣⲉϥⲥⲟⲗⲥⲉⲗⲓ̀ⲛⲧⲉ		الهيكـــل
ⲛⲓⲉ̀ⲣϥϩⲟⲩⲓ ⳾		البراي
ⲛⲓⲉ̄ⲱⲓⲕⲟⲩⲣⲓⲟⲥ ⳾	Se mutuo iuuan-tes.	المعاضدين
ⲛⲓⲥⲭⲉⲉⲉⲉⲉϫ̄ⲓⲛⲉ ⳾	se auxiliantes,	المساعدين
ϯⲥⲡⲏⲣⲁ ⳾	σπῆρα, Congrega-tio exercituum,	جمع العساكر
ⲫⲗⲉⲛϣⲏⲧⲉⲛⲓⲥⲧⲣⲁ ⲧⲉ̀ⲉⲉⲁ ⳾	hoc est, turmæ.	اعني الحلقه

Ægyptia	Latina	Arabica
ϩⲟⲡⲉϩⲥ ⳿ ⲡⲓⲣⲉϥϭⲱⲣⲉⲙⲉⲛⲉϥ	*ἰππάς* Eques, & significat consiliarium	الفارس وقجي المشير
ⲡⲓϣⲟⲙⲧⲁⲃⲉⲣⲛⲟⲛ ϯ ⲛ̄ⲣⲟⲙⲉϥ⳿ϯⲏⲣⲡⲉⲛ ⲉⲃⲟⲗ ⳿	*τρυωταβέρνου* Tres viri vendentes vi- num .	ذلك رجال يبيعون الخمر
ⲛⲓⲥⲧⲟⲓⲭⲟⲥ ⳿ ϩⲁⲛⲣⲱⲙⲉϥϩⲉ ⲛⲟⲩⲧ̈ ϩⲓⲥⲛⲉϩⲟⲩⲥⲓⲁ ⳿	*νίσοιχος* Viri funt in ordine principatus, proximi à Rege.	هم اناس في رتبة السلطنة قريبين من السلطان
ϯϫⲓⲛⲗⲟⲓⲥ ⳿ ⲟⲩⲥⲧⲟⲗⲏⲧⲉ ⲉⲥⲟⲓⲛ ⲕⲟⲩⲕⲓⲥⲛⲟⲩϯ ⳿	*ποϊσλοις* Stola Phrygio opere elaborata, yt duo aucto- res interpretan- tur .	هي حلة ذكسون مضربه اذ فسروها المبطنة المضربه
ⲡⲓⲗⲏⲙⲙⲁ ⳿ ⲡⲓⲥⲁϫⲓ ⳿	*πλήμμα* Verbum eft, feu cafta locutio.	هي الكلمة
ⲁⲧⲉϥⲁⲛⲉϥ ⳿	Videte.	اذظروا
ⲁⲛⲑⲗⲏⲙⲁ ⳿ ⲡⲓⲕⲁϫⲓ ⳿ ⲙⲙⲁϩϩⲙⲱⲟⲩ ⳿	*αἰθλήμα* eft fitula aquæ, feu inftrumenta, quo hauriuntur aquæ .	دلو لملوا الما
		ἐλεου

Ægyptia	Latina	Arabica
ⲉⲗⲉⲱⲓⲥⲛⲁⲕ	Ecce tu es	هوذا انت
ⲭⲟⲩⲟⲭⲡⲉ	fanus, incolumis,	معافا
ⲟⲣⲙⲉⲛⲥⲕⲟⲥ	ὁρμίσκος	
ⲡⲓⲙⲉⲁⲙⲓⲕⲕⲏⲥⲡⲉ	Torques, circulus.	الطفقه والطوق
ⲁⲍⲉⲡⲓⲁ	ἄξεπιᾳ	هو المنزل
ⲡⲓⲙⲉⲁⲛⲍⲱⲗⲓⲡⲉ	Eft habitaculum, locus peregrino-rum, hofpitium.	موضع العربا
ⲛⲓⲡⲣⲉⲥⲃⲩⲁ	νιπρεσβυα	مخبرين
ⲍⲁⲡⲩⲁⲓⲱⲓⲛⲓ	Annunciatores, nuncij, tabella-rij, Internuncij,	شفعا رسل الهنايه
⳨ⲕⲩⲃⲩⲁ	πκύβα	هي الحريجعه
⳨ⲡⲁⲡⲟⲩⲣⲓⲁ	Eft dolus, & dece-ptio, ac opus ma-lignitatis.	والحيله وفعل الخبث
ⲡⲓⲥⲩⲕⲓⲣⲁ	πισυκιρα	هوالخمر المخلوط
ⲡⲓⲁⲣⲡⲉⲧⲭⲱⲓⲧⲛⲉⲙ	Eft vinu mixtu cu multis aromatib.	مع اطيبات
ⲟⲩⲙⲉⲛϣⲓⲛⲥⲑⲟⲓ	Aromatites.	كنبره
ⲁⲛⲟⲕⲥⲉⲭⲉⲍⲉⲛⲛⲁⲓ	Si in hoc,	ان في هذا
ⲁⲥⲧⲱ ⲭⲉⲭⲁⲥ	vt	لكي حتي
ⲁⲥⲧⲓⲟⲥ	ἄστος	هوالحسن الجميل
ⲫⲏⲉⲑⲛⲉⲥⲱⲩⲡⲉ	Eft pulcher, deco-rus, vrbanus.	المليح
ⲣⲏⲧⲟⲃ	Palam; manife-ftè, in propatulo.	باعلان جيبان
ⲍⲉⲛⲟⲩⲱⲛⲍⲉⲃⲟⲗ		بظهور

Ægyptia	Latina	Arabica
ⲧⲉⲣⲣⲓⲥ ⲡⲓⲟⲩⲁⲣⲓⲥⲕⲩⲛⲏⲡⲉ	τὶ τέῤῥις est pellis taber- naculi.	هو جلس القبة
ⳉⲉⲛⲥⲓⲥ ⲟⲩ ⲧⳝⲟ	ἄῆⲟⲓⲥ Preces, oratio.	ظلبة سوال
ⲟⲩⲗⲟⲅⲓⲟⲥ ⲫⲏ ⲉⲧⲥⲁⳉⲓⳉⲉⲛⲟⲩ ⳉⲉⲧⲣⲏⲉⲉⲛⳉⲏⲧ	ὑ λόγⲓⲟⲥ Loquens sapienter corde sensato, hoc est Logicus.	المتكلم بفهم القلب اعني المنطيقي
ⲕⲣⲁⲑⲏⲣ ⲡⲓⲕⲁⳉⲓⲡⲉⲓⲉⲡⲓⲥⲓⲁⲗⲉ	κρⲓⲧⲏⲅ est paropsis, seu catinus.	هو اليا طية او الصطل
ⲡⲣⲟⳉⲉⲡⲟⲥ ⲁⲗⲱⲓⳉⲓⲥ	σⲟⳉέⲛⲟⲥ Causa, occasio.	سبب علة
ⳉⲉⲣⲉⲧⲟⲥ ⲛ ⳉⲟⲩⲟ	ξⲉⲣέ ⲧⲟⲥ Maxime, præcipue, magis.	بالا كثر بالافضل
ⲕⲩⲣⲓⲟⲥ ⳉⲉⲛⲟⲩⳉⲉⲉⲃⲉⲉⲏⲓ	κύῤⲓⲥ In veritate.	بالحقيقة
ⲡⲓⲡⲛⲟⲏⲧⲟⲥ ⲡⲓⲣⲉⲩⲉⲣϣⲟⲣⲡ ⲛ̄ⲉⲉⲓⲥ	πⲓ πⲛⲟⲏ ⲧⲟⲥ Victor, sa- piens	سابق العلم
ⲡⲓⲉⲩⲥⳉⲉⲗⲗⲩⲛ ⲛⲓⲣⲉⲩ ⲧϭ ⲥⲛⲛⲉ	ⲛⲓⳉ ⳉέⲙⲱⲛ Ipsi infestantes, quærentes.	هم الطالبين
ⲉⲩⲥⲧⲣⲁⲡⲉⲗⲟⲥ ⲧⳉⲉ ⲧⲣⲉⲩⲉⲣϣⲉⲣϣⲓ	ⲉ̀ⲥⲉ ⲁ ⲡⲉⲗⲟⲥ Illusio, irrisio,	التهزي التلاعب

ⲁⲛⲉⲩ //

Ægyptia.	*Latina.*	*Arabica.*
ⲁⲛⲑⲩⲡⲁⲧⲟⲥ ⁘	*αὐθύπατος*	الوالى الحاكم
ⲡⲓⲣⲉϥϯϩⲁⲡ ⁘	Iudex, decisor.	القاضي
ⲛⲏⲥⲧⲣⲁⲧⲏⲥ ⁘	*ὑϚεάτης*	هم المقدمين
ⲛⲓⲥⲁϣⲏⲣ̄ⲟⲩⲥ ⁘	Ipsi primi, Antiqui, præcedentes.	
ⲕⲣⲁⲧⲟⲓⲥⲃⲉ ⁘	*κϱάτοιϑο*	العزيز
ⲫⲏⲉⲧϫⲙⲙⲁⳉⲓ ⁘	Qui fortis, & robustus est.	القوي
ⲡⲓⲣⲏⲧⲱⲣ ⁘ ⲫⲏⲉⲧ// ⲥⲁϫⲓ ⳅⲉⲛϯⲥⲃⲱ// ⲉⲧⲥⲁⲃⲟⲗ ⁘	*πϱήτωϱ*	المتكلم بالحكمة البراذ وتفسير ه الترجمان الخطيب
	Qui loquitur peritè, & sapienter, & purè, & significat Interpretem sermonis.	
ⲁⲗⲗⲟⲅⲉⲛⲟⲥ ⁘	*ἀλλόγϱοϚ*	جنس أخر
ⲉⲥⲟⲩⲁⲓⲛⲅⲉⲛⲟⲥ ⁘	Alienigena.	
ⲉ̀ⲡⲓⲧⲣⲟⲡⲟⲥ ⁘	*ἐπίτϱοϚος*	الوكيل المدبر
ⲡⲓⲟⲓⲕⲟⲛⲟⲙⲟⲥ ⁘	Custos, procurator, gubernator, œconomus.	القهرمان
ⲃⲣⲁⲃⲓⲟⲛ ⁘	*βϱάβιον*, Fænus.	العوض المجازاه
ⲡⲓϯϣⲉⲃⲓⲱ ⁘	Remuneratio.	
ⲁ̀ⲡⲁⲑⲗⲟⲛ ⁘	*ἄπαϑλον*	الغلبه
ⲡⲓⳟⲣⲟ ⁘	Victoria.	
	Præmium, quod ex victoria quis assequitur.	

Ægyptia	Latina.	Arabica.
ⲑⲉⲥⲡⲉⲥⲓⲟⲥ ⲫ ⲡⲉ ‖	Sanctus.	القدوس
ϧⲟⲇⲁⲃ ⲫ	Finis interpreta-	كمل تفسير
	tionis vocum He-	الكلام العبراني
	braicarum , &	والكــــلام
	Græcanicarum ,	الاثنـــاسي ,
	pax à Deo.	بسلام مـــن
	Amen.	الرب امـــين

PORTA   X: الباب العاشر

Ægyptia	Latina.	Arabica.
ⲉⲩⲉ̅ⲉⲣ̅ⲁⲡⲉⲛ̅ⲧⲛⲕⲟ	continens	يشتمل
ⲧⲓⲛⲉⲭⲉⲛ ⲅ̅ ⲛ̅	tria	على ثلث
ⲕⲉ̅ⲫ̅ⲁⲗⲉⲟⲛ	capita.	فصول
ⲙⲙ̅ⲉⲥ ⲕⲏ̅ ⲛ̅ⲥ̅ⲣⲏⲥ	Caput XXVIII:	الفصول الثامن
	octauum & vi-	والعشرين
ⲥⲉⲛⲛⲓⲉⲑⲛⲏⲟⲩ	gefimum	
ⲥ̅ⲉⲛ̅ⲧ̅ⲁⲥ̅ⲛ̅ⲛ̅	in quo afferûtur ea	فيما ورد
ⲧⲉⲛ̅ⲧⲓⲇⲥⲉⲛ‖	quæ in idiomate	في اللغة
ⲥⲱⲟⲩⲧⲛ̅ⲥ̅ⲣⲏⲥ	Cophto	القبطيه
ⲍⲉ̅ⲥⲉⲛ̅ⲧ̅ⲙⲙⲉⲧⲁ	mafculina ,	منكرا
ⲣⲁ̅ⲃⲁⲥⲉⲩⲥ̅ⲥ̅ⲓⲙⲙ̅	(t) in Arabico	وفي العربيه
	fœminina funt,	موذتا

Mafculina.		Fœminina,
ⲡⲓⲥ̅ⲁⲧ ⲫ	Argentum	الفضه
ⲡⲓⲭ̅ⲣⲱⲙ ⲫ	Ignis.	النار
ⲡⲓⲣⲏ ⲫ	Sol.	الشمس
ⲡⲓⲕⲁ̅ϣ ⲫ	Arundo.	القصبه
ⲡⲓⲕⲁ̅ϩⲓ ⲫ	Terra.	الارض
ⲡⲓϣ̅ϣⲏⲛ ⲫ	Arbor	الشجره

ⲡⲓⲕⲉⲛ‖

Ægyptia	Latina.	Arabica.
ⲛ̄ⲕⲉⲗⲉⲃⲓⲛ ⳾	Securis, bipennis.	القاس
ⲛ̄ⲥⲱⲟⲩ ⳾	Retentio, restrictio.	الحصويدر
ⲛ̄ⲛⲏⲟⲩ ⳾	Ventus, aër, flatus, odor,	الريح
ⲛ̄ⲃⲉⲣϣⲉⲩ ⳾	Coriandrum.	الكزبرة
ⲛ̄ⲟⲩⲧⲁϩ ⳾	Fructus.	الثمره
ⲛ̄ⲥⲉⲉϩⲓ ⳾	Alcia.	القدوم
ⲛ̄ⲃⲁⲗ ⳾	Oculus.	العين
ⲛ̄ϣⲃⲱⲧ ⳾	Baculus.	العصاه
ⲛ̄ⲛⲟⲃⲓ ⳾	Peccatum,	الخطيه
ⲛ̄ⲁⲫⲟⲧ	Calyx	الكاس
ⲛ̄ⲥⲧⲁⲝⲟⲩⲗ ⳾	Aranea.	العنكبوت
ⲛ̄ⲁⲗⲱϫ ⳾	Coxa, fæmur, perna.	الفخذ
ⲛ̄ⲛⲁϩϯ ⳾	Fides.	الامانذ
ⲛ̄ϩⲩⲧⲁⲣ ⳾	Iecur.	الكبس
ⲛ̄ⲏⲣⲡ ⳾	Vinum,	الخمر
ⲛ̄ⲱⲛϩ ⳾	Vita.	الحياه
ⲛ̄ϩⲁϩ ⳾	Collum, ceruix.	الرقبه
ⲛ̄ϯⲙⲓ ⳾	Ciuitas, pagus, rus, vicus.	القريه البلس
ⲛ̄ⲥⲙⲟⲩ ⳾	Benedictio.	البركه
ⲛ̄ϣⲟⲩϣⲧ ⳾	Fenestra,	الطاق
ⲛ̄ϣⲱⲟⲧ ⳾	Ceruical.	الوسادﮤ
ⲛ̄ⲗⲏⲉⲛⲓ ⳾	Imago, figura.	الصوره
ⲛ̄ⲙⲁϩⲓ ⳾	Brachium.	الدراع
ⲛ̄ⲗⲩⲙⲏⲛⲓ ⳾	Portus.	المينـا

Ægyptia	Latinā.	Arabica.
ⲡⲓⲭⲛⲁⲩ	Cucumes.	القثــــا
ⲡⲓϣⲱⲙⲉⲉ	Æſtas.	الصيف
ⲡⲓⲟⲩⲱϣ	Voluntas.	الارادة المشيه
ⲛⲓϩⲙⲟⲙ	Febris.	الحمى
ⲡⲓϣⲁⲓ	Naſus,	الانف
ⲡⲓⲙⲟⲩⲛϩⲱⲟⲩ	Pluuia, imber.	المطر
ⲡⲓⲧⲱⲃϩ	Oratio, deprecatio.	الظلمه
ⲡⲓⲧⲁⲣ	Ventilabrum.	المدرا
ⲡⲓⲑⲱϣ	Næuus.	الشامه
ⲡⲓϣⲟⲩϣⲱⲟⲩϣⲓ	Immolatio, Sacrifi- cium.	الدبيحــــه الضحيه
ⲡⲓϩⲑⲟ	Equus.	الفرس
ⲡⲓⲃⲓⲛⲁⲩ	Scutella.	القصعه الصحفه
ⲡⲓⲥⲟⲩⲇⲁⲣⲓⲟⲛ	Sudarium, velum, pilei Turcici, vulgò Turbante.	العمامه
ⲡⲓⲭⲓⲛϭⲱⲣ	Talentum, pondus	الوزنه
ⲡⲓⲕⲉⲫⲁⲗⲉⲟⲛ ⲙⲙⲁϩ ⲕⲑ ⲛ	*Caput XXIX.* *nonum & vige- ſimum.*	الفصل التاســع والعشرين
ⲅⲡⲉⲓϩⲉⲛⲛⲏ ⲉⲃⲛⲏⲟⲩϩⲉⲛ	*in quo* *afferuntur quæ- dam , quæ*	قيما ورد في
ⲅⲩⲛⲧⲓⲟⲥ ⲉⲩ ⲛ ⲟϭⲓⲉⲓⲓⲛϩⲫⲓ ⲁⲉϩⲉⲛϯⲁⲣⲁⲛ ⲃⲟⲥⲉⲩϩⲙⲟⲩ	*in Cophto* *fæmina ſunt,* *& in Arabico* *maſculina .*	القبطي موذّنا وفي العربي مذكرا ϯⲃⲉⲛ

Ægyptia	Latina	Arabica
Fæminina.		*Masculina.*
ϯⲃⲁϣⲟⲣ	Vulpes.	الثعلب
ϯⲗⲉⲟⲩⲕⲓ	Scala.	السلم
ϯⲥⲉⲱⲓⲟϫⲓ	Ager,	القل
ϯⲥⲏⲩⲓ	Enſis.	السيف
ϯⲗⲁⲕⲁⲛⲏ	Vas æneum; Crater.	اللقان
ϯⲁⲉⲉⲛⲓⲣⲓ	Color Indicus.	النيل
ϯⲓⲱϯ	Ros, roris.	الندا
ϯⲩⲝⲓⲣⲓ	Cubile.	المضجع
ϯⲁⲣⲁⲃⲓⲁ	Arabia, AraK.	العراق
ϯⲗⲩⲣⲁⲣⲁ	Libra.	الرطل
ϯⲥⲁⲧⲉⲣⲓ	Statera, Denarius.	الدينار
ϯⲍⲉⲕⲓϯ	Drachma.	الدرهم
ϯⲕⲟⲛⲓⲁ	Calx.	الجير
ϯⲃⲁⲕⲧⲏⲣⲓⲁ	Arundo, virga.	القصيب
ϯⲥⲉⲗⲗⲟⲩ	Vadum, torrens, riuus, amnis.	الوادي
ϯⲧⲟⲓ	Sors, portio, pars, donum, beneficium,	الخط النصيب
ϯϯⲛⲓ	Dorſum, lumbus.	الظهر الحقو
ϯⲫⲁϣⲓ	Dimidium.	النصف
ϯϭⲏⲓⲃⲓ	Vmbra.	الظل
ϯⲉⲣⲧⲱ	Palmus, cubitus.	الشبر

ϯⲕⲁⲃ

Ægyptia	Latina	Arabica
ⲧⲕⲁⲑⲉⲇⲣⲁ	Sedes, Cathedra, Thronus.	المنبر الكرسي
ⲧⲥⲁⲣⳅ	Corpus.	البطن
ⲧⲡⲁⲭⲛⲏ	Gelu.	الجليد
ⲧⲡⲩⲗⲏ	Porta.	الباب
ⲧⲉⲭⲙⲁⲗⲱⲥⲓⲁ	Captiuitas.	السبي
ⲧⲥⲙⲏ	Vox.	الصوت
ⲧϩⲉⲗⲡⲓⲥ	Spes, confidentia.	الرجا التوكل
ⲧⲁⲛⲟⲙⲓⲁ	Iniquitas, iniustitia.	الاثم
ⲧⲥⲧⲏⲣⲁ	Exercitus.	العسكر
ⲧⲅⲉⲛⲉⲁ	Generatio, ætas.	الجيل
ⲧⲅⲉⲉⲛⲛⲁ	Gehenna.	جهنم
ⲧⲥⲁⲗⲡⲓⲅⲅⲟⲥ	Fistula, Tibia.	البوق
ⲧⲕⲁⲓⲥⲓ	Linteamen, quo inuoluitur cadauer.	الكفن
ⲧⲥⲙⲏ	Pheretrum.	النعش
ⲧⲛⲟⲩⲛⲓ	Radix.	الاصل
ⲧⲟⲩⲥⲓⲁ	Possessio, diuitiæ, bona.	المال

ⲡⲓⲕⲉⲫⲁⲗⲉⲟⲛ// ⲙⲙⲁϩ ⳡ ⲉⲩⲉ ⲉⲣⲉⲡⲁⲛⲧⲟⲕ//	*Caput XXX: Trigesimum continet eas voces,*	القصل الثلاثون يشتمل
ⲧⲓⲛⲉϥⲏⲉⲧ	*quæ*	على ما
		ⲧⲉⲛ//

Ægyptia	Latina	Arabica
ⲧⲉⲛⲧⲱⲛⲩⲏⲍⲉ	æquantur quidem	ڬنبشابـــ
ⲛⲉⲩⲥⲁⲍⲓ	quoad pronuncia- tionem	لفظه في
ⲥⲉⲛϯⲗⲉⲉϯ	& lineamenta (ſeu ſcriptionem	الخط
ⲥⲥⲉⲛⲉⲗⲉⲛⲓ//	vel in	او في
ⲗⲟⲅⲟⲥⲟⲣⲟⲥ	punctis)	النطق
ⲩⲛⲁⲱⲓⲃϯⲏ//	mutationes au- tem	وتغيرت
ⲍⲉⲛⲉⲩⲉⲛⲓⲅⲉⲉⲁ	ſignificationis col: liguntur ex	معانيهم
ⲉⲩⲃⲟⲣⲟⲧⲩⲉ//	Cophto	مماجمع من
ⲃⲟⲗⲥⲉⲛⲅⲩⲛϯⲓ//	&	القبطي
ⲟⲥⲛⲉⲉⲉⲛⲓⲣⲱⲉⲉⲟⲥ	Romæo.	والرومي
ⲟⲩⲱⲱⲉⲛ ⳽	Anethum.	شبث
ⲱⲩⲱⲱⲉⲛ ⳽	Ligamen. *Lilium vel Hyacinthus*	خزام
ⲉⲉⲁⲣⲏⲥ ⳽	Puluis terræ.	صعيد
ⲉⲉⲁⲣⲡⲏⲥ⳽	Hydria.	جــرة
ⲉⲉⲣⲟⲥ ⳽	Portio.	نصيب
ⲟⲩⲱⲟⲗⲥⲥ⳽	Cadauer.	جنــة
ⲟⲩⲱⲩⲟⲗⲥⲥ⳽	Peccatum.	خطه
ⲟⲩⲱⲩⲗⲥⲥ⳽	Triſtitia, mœror.	حزن غم
ⲟⲩⲱⲩⲟⲗⲥⲥ⳽	Acupictor.	رقم
ⲍⲩⲧⲟⲛⲧⲩ ⳽	Suauis fuit.	تبسم
ⲍⲩⲛⲟⲩⲧⲩ ⳽	Apoſtema, vlcus.	انتفخ ورم طخ
ⲡⲓⲥⲍⲟⲗ ⳽	Nebula, caligo.	الضباب
ⲡⲓⲥⲗⲟⲩⲗ ⳽	Calceamentum.	الخفاف

Ægyptia.	Latina.	Arabica.
ⲛⲓⲣⲱⲟⲩ ⳾	Portæ.	الأبواب
ⲛⲓⲣⲱⲟⲩⲓ⳾	Strues lapidum.	البراقب القصل
ⲥⲏϥⲓ ⳾	Gladius, Sica.	سيف
ⲥⲓϥⲓ ⳾	MKitran, Gummi Cedri,	قطران
ⲛⲓϣⲱⲧ ⳾	Sciſſio, Conciſio.	القطع الدبح
ⲛⲓⲉⲛϣⲟⲧ ⳾	Securis, Bipennis.	القاس
ⲛⲓϣⲟⲧϣⲧ ⳾	Inuolucrum.	الطاق
ⲛⲓϣⲱϣⲧ ⳾	Prohibitio.	الامتناع
ⲛⲓⲛⲁⲃⲓ ⳾	Lancea.	المـــزراق
		السفوت
ⲛⲓⲛⲟⲃⲓ ⳾	Peccatum.	الطبه
ⲛⲓⲉϩⲓ ⳾	Vita, ætas, æuum, tempus.	العمر
ⲛⲓⲟϩⲓ ⳾	Grex.	القطيح
ⲛⲓⲁⲓϩⲓ ⳾	Alueare, Sufflatorium.	الكور المنفح
ⲛⲓⲗⲓⲃⲁⲛⲟⲥ ⳾	Calix, poculum.	الكاس الضاع المجمره
ⲛⲓⲗⲓⲃⲁⲛⲟⲥ ⳾	Libanus, Thus, Olibanum.	اللبان
ⲛⲓⲉⲗⲗⲟⲏ ⳾	Aloë.	الصبر
ⲛⲓⲉⲗⲗⲟⲩⲏ ⳾	Alia ſpecies Aloë:	الصبر السمندل
ⲛⲓⲟⲗⲉϩ	Blitum herba.	القطف
ⲛⲓϣⲗⲉϩ ⳾	Triſtitia, mœror.	الحزن الغم
		ⲛⲓⲛⲁⲧ

Ægyptia	Latina	Arabica
ⲁⲓⲛⲁϯⲥ	Textor.	المنسج
ⲡⲓⲥⲛⲟⲩϯⲥ	Sartago.	الطجين
ⲡⲓⲁⲭϥⲟⲥ	Filia, gnata, fub- ftantia, vtilitas.	الولاده الاقسا الربح الفايده
ⲡⲓⲁⲭϥⲓⲟ	Caftigatio :	التبكيت
ⲟⲩⲱⲏⲓⲃⲓ	Pica.	صبا
ⲟⲩⲱⲏⲟⲩⲓ	Statua, fimulacrū, Idolum.	قصبة الاصنام
ⲡⲓⲗⲟⲅⲟⲥ	Sermo.	الكلمة الميمر
ⲡⲉⲗⲁⲅⲟⲥ	Pelagus.	الجه
ϯⲱⲗⲡⲓ	Stamen.	السده
ϯⲟⲟⲗⲃⲓ	Culpa, flagitium.	الفروه
ⲡⲓⲧⲱⲉⲓ		الالتصاق
ⲡⲓⲧⲟⲉⲓ	Villus, villi.	اللايف
ⲡⲓⲥⲟⲡ	vice, vicibus.	المره الدفعه
ⲡⲓⲥⲱⲡ	Rebellis, ferox.	المرين
ϯϭⲟϯ	Macies.	المخافه
ϯϭⲱⲓϯ	Baptifmus, immer- fio.	الصبعه
ⲡⲓⲥⲁⲧ	Cauda,	الذنب
ⲡⲓⲥⲁⲧ	Stercus, fimus.	الزدل
ϯϭⲓⲉ	Via.	الطريق
ϯϭⲟⲏ	Velum, nauis.	رجل المركب
ⲡⲓⲁⲩⲗⲏⲟⲩ	Fiffura, foramen.	الشقف
ⲡⲓⲁⲗⲏⲟⲩ	Fiffura, foramen.	الشقف
ⲡⲓⲁⲩⲗⲏⲟⲩ	Periodus, Circulus.	الدور
ⲡⲓⲱⲁⲩ	Felis, Cattus.	القط الهر
ⲡⲓⲉⲱⲁⲩ	Porcus.	الخنزير

Kk

Ægyptia	Latina	Arabica
ϩⲉⲗⲟⲥ	Vadum,	وادي
ϩⲟⲗⲱⲥ	In ſumma, ſummatim.	راها بالجملة
ϩⲉⲃⲓ	Par Boum, vel iugerum.	فدان
ϩⲏⲃⲓ	Triſtitia, mœror.	حزن غم
ⲛⲓϭⲱⲡⲓ	*Puto legendū* الفقوس : الفقسوس Pepo, cucumer longiſſimus in Syria proueniẽs, ac in Ægypto.	
ⲛⲓϣⲱⲡ	Paroxyſmus, vices.	النوب
ⲛⲓϭⲟⲗ	Vindemiæ.	القطاف
ⲛⲓϣⲱⲗ	Præda, direptio.	النهب
ⲛⲓϣⲁⲗ	Myrrha, vel amarus.	المر
ϯⲥⲏⲃⲓ	Vas, in quo ponitur ſtibium,	المكحلة
ϯⲥⲉⲃⲓ	Crus, tibia, arundo pedis.	الساق قصبة الرجل
ϯⲥⲟⲛⲓ	Fur fæmina.	اللصة
ϯⲥⲱⲛⲓ	Soror.	الاخت
ⲛⲓⲙⲟⲩ	Mors.	الموت
ⲛⲓⲙⲟⲩϩ	Splendor, fulgor, lampas.	اللميع
ⲛⲓⲉⲛⲉϩϯⲙⲙⲟⲥ	Exercitus,	العساكر
ⲛⲓϥϯⲙⲙⲟⲥ	Gradus.	الدرج

ⲡⲓⲙ

Ægyptia.	Latina.	Arabica
ⲡⲓϭⲗⲟϫ ⳾	Lectus, thorus.	السرير
ⲡⲓϣⲗⲱϫ ⳾	Ricinus, hedera, cucurbita lógior.	البقطين
ⲡⲁⲣⲁⲅⲟⲥⲓⲥ ⳾	Præceptũ, mãdatũ.	وصايا اوامر
ⲡⲁⲣⲁⲅⲓⲥⲟⲥ ⳾	Paradiſus.	فردوس
ⲡⲓϩⲟⲥ ⳾	Filum,	الخيط
ⲡⲓϣⲱⲥ ⳾	Tympanum.	الطبل
ⲡⲓϣⲱⲥ ⳾	Laudatio.	التسبيح
ⲟⲩϣⲉ ⳾	Palus, trabs.	خشبه
ⲟⲩϭⲏ ⳾	Cydonium malũ.	سفرجله
ⲟⲩϫⲉ ⳾	Peluis.	طردديه
ϯϣⲛⲉ ⳾	Hortus olerum, Fabetum.	المبقله
ϯϣⲛⲏ ⳾	Rete, laqueus, caſſis.	الشبكه
ϩⲁⲛⲛⲟⲩϯ ⳾	Dij.	الالهه
ϩⲁⲛⲛⲱⲟⲩϯ ⳾	Viciſſitudines.	اطناب مياقيط
ⲡⲓϭⲟⲩⲩ ⳾	Cicercula, deco-cta.	الجلبان المطبوح
ⲡⲓϭⲟⲩⲩ ⳾	Serpens.	الهيه
ϯϣⲁⲓⲣⲓ ⳾	Cubile.	المضجع
ϯϣⲁⲓⲣⲓ ⳾	Caſtra, exercitus.	المسكله
ϯϣⲣⲱ ⳾	Menſtruum.	الحيض
ϯϭⲣⲟ ⳾	Victor.	اغلب
ⲡⲓⲃⲟⲕ ⳾	Nouacula.	الموس
ⲡⲓⲃⲱⲕ ⳾	Malus, arbor nauis.	الصارى
ⲡⲓⲃⲟϭ ⳾	Sterilitas.	التنكير

Ægyptia	Latina	Arabica
ⲡⲓⲧⲟⲩϩ	Palea, stramen.	التبن
ⲡⲓⲁⲗ	Grando.	الرد لحما
ⲡⲓⲁⲗⲓ	Fœnum Græcum, vel emulsio. vide p. 197.	الحلبة αϱϕαϱαγιϛ
ⲡⲓϩⲟⲩⲧ	Vter.	اللزق
ⲡⲓϩⲁⲧ	Argentum.	الفضه
ⲡⲓⲣⲱϣⲓ	Sufficientia, abundantia.	الكفاف
ⲡⲓⲣⲁϣⲓ	Gaudium.	الفرح
ⲡⲓⲥⲟⲓ	Paries.	الحايط
ⲡⲓϩⲱⲓ	Vinculum.	الماجور
ⲡⲓϣⲱϥⲧ	Error	الغلط
ⲡⲓϣⲉⲩϥ	Adulter, scortator,	الفاجر
ⲡⲓϣⲱϥ	Pugillus, pugnus.	عفنة كمشة
ⲡⲓϣⲟ	Mille.	لالف
ⲡⲓⲥⲱ	Furfur.	النخاله
ⲡⲓϣⲱ	Arena.	لرمل
ⲡⲓϩⲟⲟ	Ala, axilla.	لابط
ⲛⲓϥⲉⲓ	Pulices.	لبراغيث
ⲛⲓϥⲱ	Locus editior ad sedendu instructus	لمساطب
ⲡⲓⲙⲏⲣⲁⲛ	Piscina, lauacrum.	لحوض الجرن
ⲡⲓⲙⲉⲣⲣⲟⲛ	Chrisma, naphta.	ليرون النفط
ⲡⲓⲧⲱⲧⲥ	Sedes.	الكرمي
ⲡⲓⲧⲟⲧⲥ	Stratum lapideum	النرصيع
	Fundamenta.	التسمير
ⲛⲓⲗⲱⲃϣ	Fundamenta.	الاساسات
ⲗⲉⲃϣ	Stipula.	قش

Ægyptia	Latina	Arabica
ⲛⲓⲗⲱⲃϣ ⳾	Interpretationes.	التفاسير
ⲛⲓⲗⲟⲃϣ ⳾	Pinnæ, acumina.	الشراريف
ⲡⲓⲙⲟⲣⲗϫ ⳾	Virgultum, propa-go, ramus.	الفرع الغصن
ⲡⲓⲙⲟⲗϫ ⳾	Amplexus, ample-xatio.	البغادنق
ⲡⲓⲟⲣⲱϣⲉⲙ ⳾	Responsio.	الجواب
ⲡⲓⲟⲣⲱϣⲉⲙ ⳾	Declaratio.	التاويل
ⲡⲓⲣⲟⲕⳍ ⳾	Combuftio, incen-dium.	الاحتراق
ⲡⲓⲣⲟⲕⳍ ⳾	Lignum.	الحطب
ⲛⲓⲙⲉⲩⳍ ⳾	Fraus, Dolus.	المهلو وتجي الغش
ⲛⲓϭⲉⲙⳍ ⳾	Finis, confumma-tio.	التمام الوقيس الكمال
ⲡⲓϭⲡⲟⲩⲩ ⳾	Malleus ferreus.	التشقيل
ⲡⲓϭⲡⲟⲩ ⳾	Decerpens, vinde-mians.	المقطف
ⲛⲓⳍⲟⲣⲙⲉⲥ ⳾	Littora	السواحل
ⲛⲓⳍⲟⲣⲙⲏ ⳾	Caufæ, motiones.	الاسباب للحركات
ⲡⲓⲗⲟⲙ ⳾	Tabes, μαεαϲμός.	البدول
ⲛⲓⲧⲟⲩⲝ ⳾	Turca, Arabs.	التركي الغربي
ⲛⲓⲑⲟⲩⲝ ⳾	Percuffio, confof-fio.	النخره الطعنه
ⲉⲩⲭⲏ ⳾	Orantes, fubiecti, preces	موضوع سين وتجي الصلاه
ⲉⲩⲭⲉ ⳾	Debiles, rela-xati.	مرخيين

مس//

Ægyptia.	Latina.	Arabica
Ϭⲩⲗⲉⲉⲓ	Conculcatio.	دوس تخبطا
Ϭⲩⲗⲉⲉⲓ	Cateruæ, turmæ,	افواج
ⲔⲈⲔⲤ	Cortices,	قشيور
ⲬⲎⲔⲤ	Rimæ manus,	تقويق بالبين
ⲙⲙⲉϭⲓ	Lanceola Phlebo-tomiæ.	ريشي الفصاد
ⲙⲙⲉⲝⲓ	Cubitus.	دارع
ⲙⲙⲉⲝⲩⲓ	Libra, Bilanx	ميزان
ⲙⲙⲉⲓⲩⲓ	Prœlium, concer-tatio.	حرب ضرب
ⲙⲉⲟⲩⲓ	Ambulatio, ambu-lauit.	مشيبي
ⲙⲉⲟⲩⲓ	Ambulauit, vel ambulatio.	مشي
ⲟⲩⲔⲎⲗⲓ	Vectis, Sera.	ضمه
ⲟⲩⲔⲈⲗⲓ	Genu:	ركبه
ⲟⲩⲝⲔⲈⲗⲎ	Grex, turma,	قطيع سرب ضفه
ⲙⲉⲝⲔⲓⲤ	Præfectus.	والى
ⲙⲉⲟⲅⲓⲤ	Magis, vix tantum	بالحري
ⲡⲓⲱⲛⲓ	Lapis,	الجر
ⲡⲓⲟⲛⲓ	Similitudo, exem-plum.	الشبه المثال
ⲡⲓⲤⲉⲙⲙⲎ	Pax, quies, tran-quillitas.	الشرط الهدو
ⲡⲓⲤⲉⲙⲙⲓ	Pudicitia, castitas, mundities.	العفاى الطهر

Ægyptia	Latina	Arabica
ⲟⲩϭⲛⲏⲓⲛⲓ ✢	Grauiter inceſſit.	تخطر رفق في المشي
ⲟⲩϭⲛⲏⲓⲛⲓ ✢	Potus exhibitus hoſpiti.	سقاية خطارة
ⲛⲓⲃⲁⲓ ✢	Ramus palmarum	السعف
ⲟⲩⲁⲓ ✢	Vnum.	واحد
ⲛⲓⲟⲩⲱⲓ ✢	Villicus, agricola.	الفلاح
ⲛⲓⲟⲩⲟⲓ ✢	Væ, heu.	الويل
ⲛⲓⲭⲁⲗ ✢	Ramus, thyrſus,	الغصن
ⲛⲓⲭⲟⲗ ✢	Fluctus,	الموج
ⲕⲟⲣⲟⲥ ✢	Corus, menſuræ genus,	صاع كر
ⲕⲁⲩⲙⲓ ✢	Fumus.	دخان
ⲕⲉⲣⲟⲥ ✢	Tempus.	حين زمان
ϯⲃⲁⲕⲓ ✢	Ciuitas,	المدينه
ϯⲃⲁⲩⲕⲓ ✢	Ancilla, puella.	الامه الجارية
ⲛⲓⲭⲟⲩⲭ ✢	Cartamus, Croci hortenſis ſemen.	القرطم
ⲛⲓⲭⲱⲭ ✢	Malua.	القلى للخبيز
ⲛⲓⲉⲗⲕⲟⲩ ✢	Onocrotalus,	البلسقيبه
ⲛⲓⲉⲗⲕⲟⲩ ✢	Fermentum. vel ſi eſtq. ſycomo- خميز	للخمير
ⲛⲓⲥⲓⲟⲩ ✢	Stellæ (rus.	النجوم
ⲛⲓⲥⲏⲟⲩ ✢	Tempora,	الازمان
ⲛⲓⲗⲁⲥ ✢	Lingua.	اللسان
ⲛⲓⲗⲁⲟⲥ ✢	Populus.	الشعب
ⲛⲓⲉⲣϣⲓϣⲓ ✢	Poteſtas, domina- tio, princeps.	السلطان

Ægyptia.	Latina.	Arabica
ⲛⲓⲉⲡϣⲓϣ	Cicer,	الحمص
ⲛⲓⲉⲃⲓⲱ	Mel.	العسل
ⲛⲓⲉⲃⲓⲟ	Mutus.	الاخرس
ⲛⲓⲣⲓⲣ	Sus.	الخنزير
ⲛⲓⲉⲣⲓⲣ	Furnus.	التنور
ⲛⲓⲟϯ	Patres	الابا
ⲛⲓⲱϯ	Humores, hume- ctatio.	الاذنبه
ⲛⲓⲉⲗⲱⲟⲩⲓ	Pueri	الصبيان
ⲟⲩⲏⲓ	Domus.	بيت
ⲟⲩⲉⲓ	Repudium.	طلاق يعن
ⲛⲓϩⲟ	Facies,	الوجه
ⲛⲓⲁϩⲟ	Repofitorium, Magazinum.	الكنز
ⲥⲱⲧⲏⲣ	Saluator	مخلص
ⲥⲟⲧⲏⲣ		مخنك ملووق مشطر
ⲛⲓⲗⲉϫⲙ	Ramus, propago.	الغضن
ⲛⲓⲗⲱϫⲙ	Beta.	السلبق
ⲛⲓⲃⲁⲥⲓⲥ	Columnarum bafes.	قواعد الاعمده
ⲛⲓⲃⲉⲥⲓⲥ	Bafes, hominis pedes.	قوايم الاذسان
ⲛⲓϣⲁϣⲧ	Claues	المفاتيح
ⲛⲓϣⲟⲩϣⲧ	Feneftræ	الطاقات الكوى
ⲛⲓⲛⲟⲃⲣ	Fumus.	الدخان الدخام
ⲛⲓⲟϣⲟⲩⲣ	Annulus, figillum.	الخاتم
ⲛⲓϣⲟⲏⲣ	Merces.	الاجره الكرا

Ægyptia	Latina	Arabica
ⲛⲓⲥⲟⲛⲧ ⳓ	Theriaca	الدرياق
ⲛⲓⲥⲙⲏⲧ ⳓ	Pinus	الصنوبر
ⲁⲟⲅⲟⲁⲟⲥ ⳓ	Cypreſſus.	خرج خروح
ⲥⲕⲟⲧⲟⲥ ⳓ	Morſus	عضه
ⲉⲅⲱⲧⲟⲥ ⳓ	Vt plurimum	بالاكثر
ⲛⲓⲁⲗⲱⲟⲩⲓ ⳓ	Pueri, infantes	الاطفال
ⲧⲱⲃⲓ ⳓ	Tobeh, nomen Menſis Ægyptiorum	طوبه اسم شهر
ⲧⲟⲃⲓ ⳓ	Tegula, later,	طوب لبن
ⲧⲟⲟⲩⲓ ⳓ	Aurora, mane, diluculum	سحر باكر بالغداه صباح
ⲛⲓⲱⲃϣ ⳓ	Albedo	البياض
ⲛⲓⲱⲃϣ ⳓ	Obliuio	النسيان
ⲛⲓⲟⲃϣ ⳓ	Incuria, torpor, (quidam)repentè, ſubitò	الغفله
ⲛⲓⲟⲣⲱⲧ ⳓ	Fruges, plantæ, vegetabilia ,	النبات
ⲛⲓⲟⲩⲣⲱⲧ ⳓ	Iucunditas, gaudium,	البهجه الفرح
ⲛⲓⲝⲓⲛⲓⲡⲓ	Opera,	الاعمال الانفعال
ⲛⲓⲝⲓϯⲡⲓ ⳓ	Siliqua,	لقردوب
ⲛⲓⲧⲱⲧ ⳓ	Temperamentum	المزاج
ⲛⲓⲧⲱⲧ ⳓ	Fauor, petitio	الرضا الطلبه
ⲛⲓϧⲱϧ ⳓ	Ceruix; Collum	الرقبه القفا
ⲛⲓϧⲱϧ ⳓ	Tractio	الشد
ⲛⲓϧⲱⲧ ⳓ	Vena, arteria, *Sudor*	العرق

Ægyptia	Latina	Arabica
ⲡⲓϥⲱⲧ ⳽	Deletio, eradicatio.	القصوالمستح الاستيصال
ⲭⲱⲣⲟⲥ ⳽	Ordines, feries.	صفوف
ⲭⲱⲣⲓⲥ ⳽	Præter.	سوي ماخلا
ⲕⲣⲡⳅ ⳽	Præco,	المنادي
ⲕⲣⲡ⳿ⲝ ⳽	Species herbæ fimilis rapo.	القرقس الطودس
ⲡⲓⲕⲱⲃ ⳽	Geminatio, duplicitas, vel debilitas.	الضعف
ⲡⲓⲕⲱⲡ ⳽	Fermentum.	الخمير
ⲡⲓⲉⲱⲣϣ ⳽	Rufus, impetigo	الاشقر الادمش
ⲡⲓⲉⲉⲣϣ ⳽	Semen lini.	بزر الكتان
ϯⲉⲫⲟⲩⲧ ⳽	Stola Sacerdotalis, Ephod,	كلة الكهنوت
ϯⲉⲫⲱⲧ ⳽	Clypeus, fcutum	القرص منع
ⲡⲓⲃⲓ ⳽	Ebrietas.	السكر الري
ⲡⲓⲧⲃⲓ ⳽	Grus	الكركي
ⲡⲓⲉⲡⲓⲥⲕⲟⲡⲟⲥ ⳽	Epifcopus	الاسقف
ⲡⲓⲥⲕⲟⲡⲟⲥ ⳽	Propofitum, intentio, fpeculator.	القصد وتجي التكبرزبان
ϯϣⲟⲛϯ ⳽	Fulcrum.	السنطه
ϯϣⲉⲛϯ ⳽	Clitellæ.	البرذعه
ⲛⲓⲉⲃ ⳽	Ornamentum aureum, torques aurea	طلى الدهن
ⲛⲓⲉⲃ ⳽	Vngulæ, vngues.	الاظافير
ⲡⲓϣⲱⲧⲛ ⳽	Occafus.	الغرب
ⲡⲓϣⲱⲧⲛ ⳽	Fauor, beneplacitū	الرضا الاتصال

Ægyptia	Latina	Arabica
ⲡⲓⲅϫⲟⲛ ⳾	Offensio, offensa, delictum.	الهجرة
ⲡⲓⲣⲏⲧⲱⲣ ⳾	Eloquens, interpres, rhetor,	الخطيب الترجمان
ⲡⲓⲣⲏⲧⲱⲛ ⳾	Sectio, caput.	الفصل
ⲡⲓⲙⲉⲥⲓ ⳾	Partus.	الولاده
ⲡⲓⲙⲉⲙⲥⲓ ⳾	Vitulus, iuuencus.	العجل
⳻ⲏⲙⲙⲟⲥⲓ⳺ ⳾	Publicè, manifestè.	جهرا علانية
⳻ⲏⲙⲙⲟⲥⲓⲟⲛ ⳾	Vectigal, census, tributum,	خراج قدم
ⲡⲓⲃⲱϣ ⳾	Nuditas.	العري
ⲡⲓⲟⲩⲱϣ ⳾	Voluntas	الاراده المشيه
ⲡⲓⲉⲣⲓⲛⲟⲥ ⳾	Lamentationes.	المرثيات
ⲡⲓⲉⲣⲟⲛⲟⲥ ⳾	Sedes, sedilia.	الكراسي
ⲡⲓⲕⲱϯ ⳾	Inquisitio, inuestigatio.	الطلبه التفتيش الاحاطه
ⲡⲓⲕⲁϯ ⳾	Intellectus,	الفهم
ϯⲛⲏⲥⲟⲥ ⳾	Insula	الجزيره
ϯⲛⲉⲥⲱⲥ ⳾	Beneficium	النعمه
ⲡⲓⲥⲧⲟⲓⲭⲟⲥ ⳾	Elementa	العناصر
ⲡⲓⲥⲧⲩⲭⲟⲥ ⳾	Modulationes.	الالحان
ⲡⲓϭⲣⲟ ⳾	Victoria.	الغلبه
ⲡⲓϭⲣⲟϫ ⳾	Impotentia, inertia, defectus	العجز
ϯⲙⲉⲥⲓⲏ ⳾	Statura, passus, vlna, ætas.	القامه
ϯⲙⲉⲓⲏ ⳾	Leæna.	اللبوه

Ægyptia	Latina	Arabica
ⲡⲓⲕⲫⲱϣ ⳾	Pars, portio, diuisio	القسمة
ⲡⲓⲕⲫⲁϣ ⳾	Laqueus	الفخ
ⲡⲓⲕⲗⲏⲣⲟⲥ ⳾	Sacerdotes	الكهنة
ⲡⲓⲕⲗⲉⲣⲟⲥ ⳾	Portio, hæreditas.	النصيب الوارث
ⲡⲓⲫⲱⲣⲕ ⳾	Pallium.	الرداء
ⲡⲓⲫⲟⲣⲕ ⳾	Velum nauis.	القلع
ⲁϥϥⲓⲣⲓ ⳾	Indicat, annun- ciat.	اخبر
ⲁϥϥⲓⲣⲓ ⳾	Floruit, vel frondes emisit.	ازهر اورق
ⲥⲓⲣⲓ ⳾	Errauit.	تاه ضل
ⲥⲟⲣⲓ ⳾	Reprehendit, arguit.	وبخ اودكت وذمّ
ⲡⲓⲥⲭⲏⲙⲁ ⳾	Canities,	الشيب
ⲡⲓⲥⲭⲏⲙⲁ ⳾	Figura, forma, ha- bitus, exemplar.	الشكل
ⲉⲧⲥⲏ ⳾	Ante, coram	قدّام
ⲧⲥⲟ ⳾	Peius	اشرّ اردا
ⲡⲓϭⲏⲏⲛ ⳾	Aduersarius, con- tentiosus, litigator	المخاصم المحارب المماري
ⲡⲓϭⲛⲟⲛ ⳾	Mollis, lenis.	اللين الناعم الرخيم
ⲃⲓⲭⲓ ⳾	Tortura, contorsio membrorum.	كسر تعويج
ⲟⲩⲟⲭⲓ ⳾	Fines, termini, fe- sta cerimoniæ,	حدود
ⲥⲑⲏⲙ ⳾	Stibiũ, antimoniũ.	كحل
ⲥⲑⲉⲙⲁ ⳾	Via, iter, spatium	يعني مسافة

Coptic	Latin	Arabic
ⲛⲟⲥⲓ	Dorſum, tergum, vel meridies.	الظهر
ⲛⲟⲥⲓ	Vlcus	العقرة
ⲡⲓⲛⲟⲥⲓ	Celſitudo, altitudo, eminentia.	العلو
ⲉⲣⲙⲁⲛ	Pomum Granatū; malum Punicū.	رمان
ⲁⲉⲣⲙⲱⲛ	Hermon mons.	حرمون جبل
ⲡⲓⲗⲉⲉⲓ	Apium,	الكرفس
ⲡⲓⲗⲉⲏⲧ	Decem.	العشرة
ⲛⲓϣⲱϯ	Maſſa.	العجين
ⲛⲓϣⲓⲧ	Vomitus	القي النفوج
ⲧⲟⲩⲅⲟ	Peius	اردا اشر
ⲧⲟⲩⲅⲱ	Taga ciuitas.	طها المدنية
ⲛⲓⲛⲉϩ	Oleū, vnguentum	الزيت الدهن
ⲛⲓⲛⲉϩϥ	Expulſio ſuperfluitatum.	النفض التدرية
ⲟⲩⲣⲱⲧ	Germina	ذبات
ⲟⲩⲣⲟⲧ	Gaude, lætare,	اقرحى ابهجي
ⲛⲓⲥⲟⲩⲃⲉ	Cōciſio, circūciſio.	الختان
ⲛⲓⲥⲃⲉ	Porta.	الباب
ⲛⲓⲙⲉⲟⲩϣⲧ	Scrutinium, inquiſitio.	النطواف التفتيش
ⲛⲓⲙⲉⲟⲙⲧ	Temperamentum cōplexio, cōmiſtio	الامتزاج الاختلاط
ⲛⲓⲕⲱϣ	Fractio,	الكسر
ⲛⲓⲕⲁϣ	Calamus.	القلم القصبة
ⲟⲩϩⲙⲟⲣ	Salſum factum eſt.	صير ملوحة

Ægyptia.	Latina.	Arabica.
ⲟⲭⲁⲓⲣⲓ ⳪	Siliqua.	الخروب
ⲭⲉⲣⲉⲃ ⳪	Forma, figura, fi-militudo,	شكل
ⲭⲱⲣⲉⲃ ⳪	Horeb mons.	خوريب
ⲛⲓⲧⲏⲃ ⳪	Digitus:	الاصبع
ⲛⲓⲧⲁⲡ ⳪	Cornu.	القرن
ⲧⲟϯ ⳪	Matrix, vulua, viſcera.	رحم
ⲧⲟⲧⲉ ⳪	Tunc, eodem tempore.	حينيين
ⲭⲉⲣⲉ ⳪	Pax, ſalus.	السلام
ϭⲉⲣⲉ ⳪	Ignis, flamma.	وقين
ⲡⲓⲁⲙⲩ ⳪	Sopor, ſtupor.	السبات البهتة
ⲡⲓⲟⲭⲁⲙⲩ ⳪	Lupus.	الديب
ϯϭⲏⲡⲓ ⳪	Nubes,	السحابه
ϯⲩⲡⲓⲓ ⳪	Turpitudo, vitium.	القضيحه
ⲡⲓϩⲑⲟ ⳪	Equus,	الفرس
ⲡⲓϭⲧⲟⲡ ⳪	Offenſa, delictum	العثره
ϯⲫⲣⲉ ⳪	Dafer, nomen pro-uincię.	دفرا جلس
ϯⲫⲣⲱ ⳪	Hyems.	الشتــا
ⲡⲓⲗⲁⲃⲱⲓ ⳪	Velum.	القلع
ⲡⲓⲗⲁⲃⲱⲓ ⳪	Thus, olibanum, compoſitum.	لبان المركب
ⲡⲓⲙⲟⲛⲏ ⳪	Habitaculũ, hoſpi-tium, manſiones.	المناوات المنازل
ⲡⲓⲙⲟⲛⲓ ⳪	Paſcua, vel indul-gentes.	المراعى

ص٧٨

Ægyptia	Latina	Arabica
ϩⲟⲛⲓⲍ	Aquila.	نسر
ϩⲟⲓⲛⲓⲍ	Palmæ fæminæ, matres.	نخل امهات
ⲛⲓⲉⲣϣⲩⲓⲛ	Pallium, Syndon,	الرداء
ⲛⲓⲉⲣϣⲩⲓⲛ	Lens.	العمس
ⲛⲉⲙⲙⲁⲛ	Nobiscum	معنا
ⲛⲉⲙⲙⲁⲛ	Papauer	دعمان
ⲥⲟⲩ	Potiones	اشربة
ⲥⲙⲩ	Polluta.	نجسة
ⲛ̄ⲥⲙⲩ	Ab eo, ex illo.	عنه
ⲛ̄ⲥⲙⲩ	Ab illo, ex illo.	عنه
ⲛ̄ⲥⲁⲩ	Heri.	امس
ⲛⲓⲣⲙⲧ	Plantæ, semina	النبات الزروع
ⲛⲓⲉⲣⲙⲧ	Lac.	اللمس
ⲧⲃⲱⲕⲓ	Ancilla, puella, iuuencula	الامة الجارية
ⲧⲉⲉⲃⲟⲕⲓ	Gerens vterum, prægnans.	الحبلا الحامل
ⲛⲓⲟⲩⲉⲙⲁ	Mandata, decreta,	الاوامر السجلات
ⲛⲓⲟⲩⲁⲣⲉⲙⲁ	Ordines, turmæ.	الطغمات الرتب
ⲉⲱⲗⲓ	Tolle, aufer.	احمل انزع ارفع
ⲉⲱⲗⲓ	Aries	كبش
ⲡⲟⲗⲗⲟⲕⲓ	Musa, arbor.	موز
ⲡⲟⲗⲁⲣⲓⲥ	Vt plurimum, subinde.	بالاكثر
ⲛⲓⲃⲁⲣⲟⲥ	Grauitas, onus, pondus.	الثقل
ⲛⲓⲃⲉⲣⲟⲥ	Armenus, Iberus.	الارمني

٣١٥

Ægyptia.	Latina.	Arabica
ⲛⲓϭⲱⲣ ⳾	Somnia.	الاحلام المنامات
ⲛⲓϭⲟⲣⲓ ⳾	Mugil	البوري
ⲥⲙⲟⲩ ⳾	Benedic,	بارك
ⲁⲥⲙⲟⲩ ⳾	Mortua eſt.	ماتت

تم وكمل السلم المشرح بعون الله فالناسخ المسكين الذليل الخاطي يسجن لكل واقفا عليه يدعى له بمغفرة خطاياه والسيد المسيح يعوضه في ملكوت السموات امين

Finita tandem eſt Scala exacta; ope Dei, & Interpres eius pauper, vilis peccator, omnes adorando deprecatur, vt petant ei remiſsionem peccatorum ſuorum, & vt Dominus Chriſtus retribuat ei Regnum Cælorum.

Amen.

SECTIO III.

SCALA ELECTA

Hoc est,

LEXICON

ÆGYPTIACO-ARABICVM

Cum Interpretatione Latina.

Athanasij Kircherj Societatis IESV.
Φιλολόγου.

❧

Præfatio Interpretis ad Lectorem.

IN, *Candide Lector, exhibemus tibi in hac tertia parte Lexicon alterum Aegyptiaco-Arabicum, in quo voces eo disponuntur ordine, vt non secundum ordinem dutaxat Alphabeticum ponantur in principio, sed & in fine; quem quidem modum apud nullum adhuc Lexicographum vsitatum me reperisse memini.* Habet quidem simile quid celebre illud *Arabum Lexicon, Chamus* dictum, sed à fine tantum eum desinentium literarum ordinē tenet, quē in vtroque extremo observat hoc præsens Lexicon. In Autographo singulis vocibus apposita cernuntur quędam literæ Arabicæ significantes, è quibus Sacrę Scripturæ libris voces depromptę sint; verbi gratia, huic voci ⲁⲛⲇⲣⲉⲓⲁ, has litteras appositas reperias ﲎ ⲁⲛⲇⲣⲉⲓⲁ quę significant hanc vocem Coptam in *S. Mattheo* reperiri. *Verum*

Mm   *cum*

cum hęc citatio oppidò rudis, & indistincta sit, meliusque Concordan-
tium Bibliorum, ope similium vocum loca haberi possint, consulciò, ne
Typothetam labore prorsus inutili grauaremus, omittendas duximus,
de quibus te prius Lector monitum voluimus, ne nos in Autographo
minus ingenuè progressos esse criminareris. Usus autem huius Dictio-
narij hic est: sit, videlicet, data vox quæpiam ٮحلصوحݛ , quę cum
desinat in ٮ, caput desinentium nominum in ٮ quęrito, & in eodem
capite literarum ordinem à principio vsque ad ݛ, literam. (Nam secunda in voce qualibet litera vt plurimum secundum Alphabeticum ordinem accipienda est). & statim se se offeret vox, vna cum
interpretatione Arabico-Latina. Sed his sic pręmisis, nunc ipsum
Lexicon aggrediamur.

PRAEFATIO
Abu-Ishaak Ebnolaaffel.

قبتدي بمعوذه الله وحشن ارشاده الى كتب السلم المقـــفي
والدهب المضفي الدي عمله الشيح الريس الفاضل القديس الزهـد
الزاهد العابد الموذمن ابو اسحف ابن الشيح الريس فخزالرولد
ابي المفضل ابن العسل ذيجـوالله ذفسه مع جميع قديسيـة
امـــين

Incipimus cum adiutorio Dei, & bona directione eius Librum Scalæ electæ, & auri finceri, quod operatus eft Senex, Princeps excellens, fanctus, religiofus, deuotus, pretiofus Abu Ifaak filius fenis Principis, gloria principatus Abi Almephotfal Eben Alaafel, requiefcere faciat Deus animam eius cum omnibus fanctis. Amen.

Nomina Coptica, definentia in Ⲙ ⲝ a.

Ægyptia.	Latina.	Arabica.
Ⲙ	Sine,	غــير
ⲉ̀ⲃⲃⲁ	Pater nofter,	ابنـــا
ⲉ̀ⲧⲧⲩ	Sancta.	المقس

Ægyptia	Latina	Arabica
ⲁⲗⲓⲕⲓⲁ ⁖	Iniquitas.	ظلم
ⲁⲕⲝⲉⲟⲩⲁ ⁖	Blafphemafti, ex-probafti.	جدفق
ⲁⲗⲗⲁ ⁖	Sed, verumtamen.	بل لكن
ⲁⲗⲗⲏⲅⲟⲣⲓⲁ ⁖	Allegoria, dictio obfcura.	كلام غريب
ⲁⲛⲧⲗⲏⲙⲁ ⁖	Situla, exhauftio.	دلو
ⲁⲛⲟⲙⲓⲁ ⁖	Iniquitas, iniuftitia.	اثم خطيه
ⲁⲛⲧⲓⲗⲟⲅⲓⲁ ⁖	Antilogia, contra-dictio.	مقاوفه مخاصمه
ⲁⲛⲧⲓⲡⲁⲑⲓⲁ ⁖	Antipathia, paffio.	مجاهرة الالام
ⲁⲛⲧⲓⲁ ⁖	Difpofitio, ordina-	نصاده
ⲁⲛⲁⲛⲧⲓⲙⲁ ⁖	Quęftio, petitio (tio	طلب السوال
ⲁⲩⲙⲟⲟⲩⲓⲛⲥⲁ ⁖	Secuti funt.	تبعوا
ⲁⲩⲉⲣⲕⲁⲩⲙⲁ ⁖	Exaruerunt calore, combufti funt.	احترقوا
ⲁⲛⲭⲁⲗⲁ ⁖	Altitudo, Aquarius, exhauftio.	دلوا
ⲁⲫⲫⲁⲑⲁ ⁖	Epphetha, adape-rire.	افاذا! افتح
ⲁⲥⲉ ⁖	Imò, ita, profectò.	نعم
ⲃⲉⲑⲁⲛⲓⲁ ⁖	Domus humilita-tis, Bethania.	بيت عني
ⲃⲏⲩⲥⲁⲓⲇⲁ ⁖	Domus pifcatorũ, Bethfaida.	بيت صيدا
ⲅⲁⲃⲃⲁⲑⲁ ⁖	Gabbatha, locus ftratus lapidibus,	غباثا وهي نصيف الحجاره
ⲅⲉⲉⲛⲛⲁ ⁖	Gehenna.	جهنم

ⲅⲉⲛⲏ⫽

Ægyptia.	_Latina._	_Arabica._
ⲅⲉⲛⲏⲉⲉⲥ	Fruges, fructus, opes.	القلّه التمره
ⲅⲟⲗⲅⲟⲑⲁ	Golgotha, vbi mul ta caluaria.	الجلجلة لاجله
ⲅⲟⲙⲟⲣⲣⲁ	Gomorrha	غامورا
ⲇⲁⲗⲙⲁⲛⲟⲩⲑⲁ	Dalmanutha, no- men vrbis Æg:	طاطيبا
ⲉⲟⲩⲁ	Gloria,	المجس
ⲍⲱⲣⲉⲁ	Donatio, donum, præmium.	موهبه عطيه
ⲉⲃⲟⲗⲅⲁ	De, in, ex,	من
ⲉⲉⲣⲁⲛⲁⲃⲉⲗⲗⲁ	Si, vel vt prohibeã vetem,	ان احرم امنع
ⲉⲓⲉⲃⲁⲣⲟⲩϣⲉⲁ	Conteram, feu cõ- fringam eos.	اسحقهم
ⲉⲕⲗⲏⲥⲓⲁ	Ecclefia	الكنيسه
ⲉⲅⲁⲡⲓⲛⲁ	Repentinus, re- pentè.	بغته فجاه
ⲉⲡⲧⲁ	Septem.	السبعه
ⲉⲣⲅⲓⲁ	Actus, effectus, opus.	فعل
ⲉⲩⲍⲉⲛⲓⲁ	Domiciliũ, diuer- forium, hofpitiũ.	منزل الغربا
ⲉⲩϥⲱⲉⲉⲓⲁ	Laus, laudatio.	مدايح
ⲉⲩⲉⲛⲩⲁ	Digni.	مستحقين
ⲉⲩⲥⲁϭⲥⲁ	Confricant.	يفركوا
ⲏⲉⲉⲁ	Sanguis,	دم
ⲑⲁⲗⲁⲥⲥⲁ	Mare, lacus,	بحيره بحر

Ægyptia	Latina	Arabica
ⲧⲃⲁ ⳥	Decem millia.	رجوه
ⲧⲩⲙⲓⲁ ⳥	Deſideriū, concupiſcentia	شهوه
ⲧⲩⲥⲓⲁ ⳥	Oblatio, ſacrificium.	دبیحه قربـان
ⲓⲁ ⳥	Lauato, lauate.	اغسـل اغسلوا
ⲓⲧⲁ ⳥	Etiam	ايضـا
ⲕⲁⲧⲏⲅⲟⲣⲓⲁ ⳥	Accuſatio, calumnia.	سعايه قرف
ⲕⲁⲧⲁⲕⲣⲓⲥⲓⲁ ⳥	Supplicium, tormētum.	عقوبه
ⲡⲁⲧⲥⲓⲗⲓⲁ ⳥	Omnis poſitio, ſitus, ſeu locus.	كـل موضع كـل مكان
ⲕⲉⲧⲁ̇ⲅⲧⲁ̇ ⳥	Cum, quamuis, ſimul ac	معما
ⲕⲏⲥⲁⲣⲓⲁ ⳥	Cæſarea, vrbs Palæſtinæ.	قيساريـه
ⲕⲗⲏⲙⲁ ⳥	Thyrſus, virgultū.	غصـن
ⲕⲟⲗⲩⲙⲃⲏⲑⲣⲁ ⳥	Baptiſterium, piſcina, labrum.	فسقيه
ⲕⲟⲡⲣⲓⲁ ⳥	Sterquilinium, cloaca,	مزبله
ⲗⲓⲧⲣⲁ ⳥	Libra, pondus, ſtatera.	رطل
ⲗⲩⲇⲇⲁ ⳥	Lydda, nomen vrbis in Syria,	لداسم مدينه في الشام
ⲥⲓⲁ ⳥	Da, præbe.	اعط

ⲥⲓⲁ⫶//

Ægyptia	Latina	Arabica
ⲉⲉ₰ⲣⲉⲛⲍ₰ⲃ₰⳽	AduentusDomini.	بجي الرب
ⲉⲉ₰ⲗⲓⲥⲧ₰⳽	Maximè, propriũ, proprietas.	لاسيما حاصة
ⲉⲉ₰ⲏⲧ₰⳽	Cum ?	مع
ⲉⲉⲉⲉⲉ₰⳽	Suffimentũ, aroma	عطر
ⲉⲉⲛⲱ₰⳽	Dignus.	مستحق
ⲉⲉⲛ₰ⲓⲉⲉ₰⳽	Hic	هاهنا
ⲉⲉⲫⲗ₰ⲉⲉ₰⳽	In ofculo.	بقبله
ⲛ₰ⲡ₰ⲣⲭ₰⳽	Principium operis, primus effectus, feu actus .	اول العمل
ⲡⲓⲉⲉⲛⲓⲡⲛ₰⳽	Et fpiritus.	والروح
ⲛⲉ́ⲧ₰⳽	Caufa, princi- pium, res.	علة سبب حجة
ⲡⲉⲧⲉⲛⲛ₰ⲣⲉ́ⲛⲛ ⲧⲱⲩ ⲉⲉ₰⳽	Lapfus, crimi- na veftra .	زلاتكم غلطاتكم
ⲛⲉⲥⲡⲗ₰ⲧ₰⳽	Plateæ eius.	شوارعها
ⲛⲉ́ⲧⲏⲉⲉ₰⳽	Pax, fecuritas. conditio .	الاملاني الاطماني الكوني
ⲛⲉⲥⲡⲣⲉⲥⳝ₰⳽	Interceffione fua, precibus eius.	شفاعاته توسلاته طلاباته
ⲛⲉⲕⲉⲧⲏⲉⲉ₰⳽	Defiderium tuum.	شهوة شهواتك
ⲛⲓⳓ₰ⲓⲕⲉⲣⲉⲉ₰⳽	Quicambia tractat Nummularius .	الصيارف
ⲛⲓⲉ́ⲡⲓⲟⲩⲉⲉⲓ₰⳽	Defideria	الشهوات
ⲛⲓⲥⲱⲉⲉ₰⳽	Corpora	الاجساد الابدان
ⲛⲓ₰ⲧⲱⲣ₰⳽	Forum, Plateæ,	الاسواق

Ægyptia	Latina	Arabica
ⲛⲓⲭⲱⲣⲁ ⳓ	Loca , Regiones.	الكور القسرة البلاد
ⲛⲓⲛⲗⲁⲧⲓⲁ ⳓ	Plateæ, compita	الازقة
ⲛⲓⲡⲟⲣⲛⲓⲁ ⳓ	Fornicatio.	الزناة
ⲛⲓϩⲩⲡⲁⲣⲭⲟⲛⲧⲁ ⳓ	Subſtátia, dominia, facultates, opes.	القنية الاموال الارزق
ⲛⲓⲕⲁⲑⲉⲇⲣⲁ ⳓ	Cathedræ, ſedes.	الكراسي المقاعد
ⲛⲓⲥⲧⲣⲁⲧⲉⲩⲙⲁ ⳓ	Caſtra , exer- citus .	العسا كر القوم الجيش
ⲛⲓⲕⲟⲩⲥⲧⲱⲇⲓⲁ ⳓ	Cuſtodiæ.	الحراس الجند
ⲛⲓⲭⲣⲏⲙⲁ ⳓ	Pecuniæ, dominiũ, opes, diuitiæ.	الاموال
ⲛⲓⲭⲏⲣⲁ ⳓ	Viduæ.	الارامل
ⲛⲓⲉⲍⲟⲩⲥⲓⲁ ⳓ	Poteſtas , Rectores, Imperatores.	السلاطين
ⲛⲓⲁⲛⲁⲑⲉⲙⲁ ⳓ	Sceleſti, crudeles, excommunicati	المجارم
ⲛⲓⲕⲁ ⳓ	Victoria.	غلبة
ⲛⲓⲡⲁⲣⲁⲛⲧⲱⲙⲁ ⳓ	Delicta, offéſiones.	الزلات هفوا
ⲛⲓⲥⲁ ⳓ	Partes mundi, climata.	النواحى الاقاليم
ⲛⲓⲙⲁ	Loca.	الاماكن المواضع
ⲛⲓⲧⲟⲩⲙⲁ ⳓ	Præcepta, leges, tra- ditiones, dogmata.	الاوام ن الاعتقاداة
ⲛⲓⲙⲉⲙⲃⲣⲁⲛⲓ	Membranæ, per- gamena	الرقواق
ⲛⲓⲑⲉⲗⲏⲙⲁ ⳓ	Voluntates.	الاراداة
ⲛⲓⲡⲁⲧⲣⲓⲁ ⳓ	Patres.	الادوان الابا

ⲛⲓⲉ⫻

Ægyptia	Latina	Arabica
ⲟⲩⲁϩⲥⲁϩⲛⲉ	Præcepit.	امر
ⲟⲩⲁⲍⲓⲁⲕⲱⲛ	Minifter, Diaconus.	خادم
ⲟⲩⲁⲛⲟⲩϣⲉⲗⲉⲗⲗⲱⲓⲧⲉⲛ	Gaudete, epulemini, deliciamini.	افرحوا تنعموا
ⲟⲩⲁⲛⲉⲣⲁϣⲟⲩⲧⲱⲛ	Non exibit.	لیش تخرج
ⲟⲩⲛⲡⲣⲟⲥⲱⲡⲟⲛ	Facies, perfona.	شخص وجه
ⲟⲩⲕⲣⲏⲧⲏⲣⲓⲟⲛ	Tribunal, locus iudicij,	موضع القضا
ⲟⲩⲕⲟⲗⲗⲁⲣⲓⲟⲛ	Collarium.	دزور
ⲟⲩⲁⲗⲓⲃⲁⲛⲟⲛ	Thuribulum.	صاع مجمره
ⲟⲩⲕⲟⲛϯⲧⲟⲛ	Saccarum.	سكر
ⲟⲩⲁⲗⲁⲃⲁⲥⲧⲣⲟⲛ	Alabaftrum, vafis genus.	قاروره
ⲡⲁⲥⲟⲛ	Frater meus.	اخى
ⲡⲁⲗⲓⲛ	Etiam, iterum	ایضا
ⲡⲁⲁⲣⲓⲥⲧⲟⲛ	Conuiuium meũ, cæna mea.	ولیمتي
ⲡⲁϥⲙⲉⲁⲛ	Talis	فلان
ⲡⲁⲓⲟⲩⲱⲧⲉⲛ	Hæc origo, hæc gutta.	هذا النبع هذا النقط
ⲡⲁⲣⲓⲭⲓⲙⲁⲍⲓⲛ	Hyemát, hybernát.	تشتوا
ⲡⲁⲧⲏⲣⲟⲛⲏⲙⲱⲛ	Patres noftri,	اجهادنا
ⲡⲁⲗⲁⲧⲓⲟⲛ	Palatium.	القصور
ⲡⲁⲙⲉⲁⲛⲉⲙⲉⲧⲟⲛ	Locus requiei meę quietis meæ.	موضع راحتي
ⲡⲁⲣⲭⲱⲛ	Primus, princeps.	ریس
ⲡⲉϥⲣⲁⲛ	Nomen eius.	اسمه

ⲡⲉϥ//

Ægyptia	Latina	Arabica
ⲟⲩⲥⲕⲓⲣⲁ ⳨	Sicera, muſtum, & omne, quod ine- briare poteſt.	اوسكر
ⲟⲩⲡⲣⲉⲥⲃⲓⲁ ⳨	Suffragium, inter- ceſſio, deprecatio	شفاعة
ⲟⲩⲡⲟⲣⲫⲏⲣⲁ ⳨	Porphyrites, lapis, purpura	ﺟﺮﺧﻴﻦ
ⲟⲩⲥⲩⲕⲟⲙⲟⲣⲉⲁ ⳨	Genus ficus, ſyco- morus, ſycaminũ	الجميزة
ⲟⲩⲉⲡⲟⲣⲓⲁ ⳨	Obſtupuit.	تحير
ⲟⲩⲗⲩⲙⲙⲁ ⳨	Plaga, percuſſio, modus, forma.	ضربه
ⲟⲩⲡⲣⲟⲥⲫⲟⲣⲁ ⳨	Oblatio, ſacrificiũ.	قربان
ⲟⲩⲥⲣⲁⲧⲓⲁ ⳨	Religio, ſanctitas, diuinus cultus, continentia	نسك
ⲟⲩⲉⲭⲙⲁⲗⲱⲥⲓⲁ ⳨	Captiuitas, præda, ſpolia.	سبي
ⲟⲩⲇⲓⲕⲟⲛⲟⲙⲓⲁ ⳨	Oeconomia, admi- niſtratio, regimen	تدبير
ⲟⲩⲥⲙⲏⲣⲓⲁ ⳨	Myrrha.	مـر
ⲟⲩⲕⲉⲣⲉⲁ ⳨	Litera, apex, iota.	حرف خطه
ⲟⲩⲕⲁⲥⲓⲁ ⳨	Caſia, ſtorax.	سليخة
ⲟⲩⲁⲛⲧⲓⲗⲟⲅⲓⲁ ⳨	Diſceptatio, con- tentio, Apologia	الاحتجاج
ⲟⲩⲕⲉⲙⲉⲣⲁ ⳨	Fornix, pons.	القنطره
ⲟⲩⲙⲟⲗⲟⲅⲓⲁ ⳨	Morbi ſpecies.	مراهم ادويه

Ægyptia	Latina	Arabica
ⲡⲁⲥⲭⲁ	Pascha.	فصح
ⲡⲁⲣⲣⲏⲥⲓⲁ	Eloquentia, facundia, authoritas, praeminentia.	دالة
ⲡⲁⲣⲟⲓⲙⲓⲁ	Prouerbium, similitudo exemplú.	مثل
ⲡⲁⲛⲟⲩⲣⲅⲓⲁ	Malitia, machinatio.	لابث
ⲡⲁⲛⲁⲅⲓⲁ	Sancta.	القديسة
ⲡⲉϥⲥⲱⲙⲁ	Corpus eius.	جسده
ⲡⲉϥⲕⲁⲕⲓⲁ	Iniquitas eius, malitia eius.	شره ظلمه
ⲡⲉϥⲥⲧⲣⲁⲧⲉⲩⲙⲁ	Castra eius.	عشكره
ⲡⲉⲕⲉⲙⲛⲁ	Optatum votum.	مناك
ⲡⲉⲣⲓⲕⲁⲑⲉⲣⲙⲁ	Purgamenta, eictamenta, sphæra, rota.	التفايد الاكره
ⲡⲏⲣⲁ	Baltheus.	هميان
ⲡⲓⲅⲧⲟⲛⲡⲁⲛⲓⲭⲁ	Augur.	المنظر
ⲡⲓⲙⲁ	Locus.	المكان الموضع
ⲡⲓⲁⲝⲓⲱⲙⲁ	Celsitudo, dignitas ordo.	الشرف الرتبة
ⲡⲓⲙⲁⲛⲛⲁ	Manna.	المن
ⲡⲓⲕⲗⲏⲙⲁ	Thyrsus, baculus, virgultum,	الغصن
ⲡⲓⲙⲉⲅⲙⲱⲛⲓⲁ	Diuitiæ, opes, substantiæ. (riú.	المال
ⲡⲓⲝⲉⲟⲩⲁ	Blasphemia, vitupe	التجديى الفيرا

Ægyptia.	Latina.	Arabica.
πιβημεεɜ ⳓ	Locus iudicis, dicasterium, tribunal.	المنبر موضع الحكم
πικαϯⲁⲡⲉⲧⲁⲥⲙⲉɜ ⳓ	Velamen, velum.	لحب السترو
πιεεⲙⲁ ⳓ	Fideles, fides.	الامنا
πιⲥⲭⲏⲙⲉɜ ⳓ	Forma, figura, similitudo, species.	الشكل
πιⲅⲁⲗⲩⲙⲉⲙⲁ ⳓ	Velum faciei.	البرقع
πιⲥⲧⲣⲁⲧⲉⲩⲙⲉⲁ ⳓ	Castra, exercitus.	العسكر
πιϩⲁⲣⲙⲉⲁⳓ	Currus	المركبة
πιⲁⲣⲟⲙⲉⲁⲧⲁ ⳓ	Aromata, gutta.	العنبر
πιϭⲟⲣⲟⲙⲉⲁ ⳓ	Visio somni, vel somnium.	الرويا الحلم
πιⲥⲡⲉⲣⲙⲉⲁ ⳓ	Semen, stirps, propago.	الزرع الدريه النسل
πⲧⲱⲓⲟⲣⲏⲥⲓⲛⲁ ⳓ	Mons Sinai.	لجبل سنيا
ⲣⲁⲙⲉⲁ ⳓ	Rama, nomen loci.	رامه
ⲣⲉⲕⲁ ⳓ	RaKa, Amentia, stultitia.	رقا الحمق
ⲥⲁ ⳓ	Pars.	ناحية
ⲥⲁⲛⲟⲗⲁ ⳓ	Angustia, pressura.	شدة
ⲥⲁⲃⲁ ⳓ	Saba, nomen Regionis.	صابا
ⲥⲉⲙⲡϣⲁ ⳓ	Oportet, necesse est	ينغي يسمكى

Ægyptia	Latina	Arabica
ϲⲉⲣⲉⲃⲧⲁ ✥	Sarepta,	ﺳﺎﺭﻓﻴﻪ
ⲥⲕⲩⲛⲏⲡⲟⲅⲓⲁ ✥	Feſtum tabernacu-lorum .	ﻣﻈﻞ
ⲥⲟⲍⲟⲙⲙⲁ ✥	Sodoma	ﺷﺪﻭﻡ
ⲥⲧⲉⲃⲗⲁ ✥	Peruerſus, tortus, curuus.	ﻣﻌﻮﺝ ﻣﻠﺘﻮﻱ
ⲥⲩⲙⲫⲱⲛⲓⲁ ✥	Conſenſus, vel con cordatio vocum	ﺍﻟﻨﻔﺎﻕ
ⲥⲩⲛⲟⲩⲥⲓⲁ ✥	Concubitus, con-greſſus, coitus.	ﻣﺒﺎﺿﻌﻪ
ⲥⲫⲟⲣⲁⲛⲧⲉϯⲉⲡⲓⲑⲩⲙⲓⲁ ✥	Fructus, ſeu pomũ deſiderabile, cupi (do	ﻓﺎﻛﻬﺔ ﺍﻟﺸﻬﻮﻩ
ⲥⲱⲧⲏⲣⲓⲁ ✥	Salus,	ﺣﻼﺹ
ⲧⲁⲩⲧⲁ ✥	Hic, ſi.	ﻫﺬﺍ ﺍﻥ
ⲧⲁⲉⲕⲕⲗⲏⲥⲓⲁ ✥	Eccleſia mea .	ﺑﻴﻌﻲ
ⲧⲁⲭⲁ ✥	Forſitan, fortaſſis, an, nunquid.	ﻟﻌﻞ ﻋﺴﻲ
ⲧⲁⲅⲙⲙⲁ ✥	Ordo, exercitus, Legiones	ﻃﻐﻤﻪ ﺭﺗﺒﻪ
ⲧⲁⲕⲗⲏⲣⲟⲛⲟⲙⲙⲓⲁ ✥	Hæreditas mea.	ﻣﻴﺮﺍﺗﻲ
ⲧⲉⲥϩⲩⲁⲣⲁ ✥	Hydria.	ﺟﺮﺫﻫﺎ
ⲧⲉⲕⲃⲁⲕⲧⲏⲣⲓⲁ ✥	Baculus tuus.	ﻋﺼﻚ
ⲧⲉⲕϣⲃⲱⲧⲥ ✥	virga tua	ﺍﻳﻀﺎ ﻗﻀﻴﺒﻚ
ⲧⲉϥⲕⲗⲏⲣⲟⲛⲟⲙⲙⲓⲁ ✥	Hæreditas eius.	ﻣﻴﺮﺍﺛﻪ
ⲧⲉϥⲉⲡⲓⲛⲟⲓⲁ ✥	Cauſæ, vel ſuppel-lectiles eius.	ﺍﺳﺒﺎﺑﻪ
ⲧⲉⲥϭⲏⲣⲁ ✥	Venatio eius, cibus eius (fçm.íc.)	ﺻﻴﺪﻫﺎ

Ægyptia.	Latina.	Arabica
Ⲧⲉϥⲟⲩⲥⲓⲁ	Subſtantia eius, (maſ. ſc.)	مالها
Ⲧⲉⲥⲧⲁⲍⲁ	Theſaurus eius, (fæm. ſc.)	خزائنها
Ⲧⲉⲥⲡⲁⲣⲑⲉⲛⲓⲁ	Virginitas eius,	بتوليتها
Ⲧⲕⲁⲛⲁ	Kana Galilææ,	قانا
Ⲧⲟⲩⲭⲱⲣⲁ	Regio, locus eorū, prouincia eorum, vrbs eorum.	كورتهم
Ⲧⲟⲛⲁⲁⲣⲛⲱⲥⲉⲁⲁ	Differentia, diſcuſ-ſio, capitulum, ſectio	فصل
Ⲧⲟⲛⲑⲩⲥⲓⲁ	Puluis terræ, aſcen-	الصعيد
Ⲧⲡⲟⲣⲛⲓⲁ	Fornicatio. (ſio	الزنا
Ⲧⲡⲁⲣⲟⲩⲥⲓⲁ	Demonſtratio, præſentia.	الظهور
Ⲧⲥⲁⲙⲁⲣⲓⲁ	Samaria	السامره
ⲫⲁ	Etiam, tum, de-inde.	ثم ايضا و
ⲫⲁⲛⲧⲁⲥⲓⲁ	Phantaſma, ſpectrū ſpecies, ſeu vm-bra rei.	خيال
ⲫⲛⲟⲙⲓⲥⲙⲁ	Numiſma, num-mus, denarius.	سكة الدينر
ⲭⲁⲛⲁⲛⲉⲁ	Chananæa, ex vrbe Cana, ſeu pro-uincia Canæ.	كنعانيه
ⲭⲁⲣⲓⲥⲙⲁ	Gratia beneficium.	نعمه
		انعام

Ægyptia	Latina	Arabica
ⲱⲥⲁⲛⲛⲁ ✢	Ofanna, feu, fal- ua nos.	اوضغنا
ⲱϣⲁ ✢	Ad, vſque, donec, dum.	الى حتي
ⲱϣⲁⲩⲭⲁ ✢	Relinquet.	يتترك
ⲩⲉⲣⲭⲣⲓⲁ ✢	Egenus, indigus, inops.	محتاج
ⳋⲁ ✢	Gens, plebs, fami- lia : O, eia.	معشر ايها
ⳋⲉⲛϩⲁⲛϩⲁⲣⲙⲁ ✢	In exercitu, turma, in curru, in naui.	بالمراكب
ⳋⲉⲛϩⲁⲛⲟⲃⲁ ✢	In decem millibus	بر بوات
ϭⲁ ✢	Ad, vſque.	الى
ϭⲁⲣⲁ ✢	Poſt me.	اثري
ϭⲁⲛⲕⲟⲩⲥⲧⲱⲁⲓⲁ ✢	Cuſtodiæ,	حراس
ϭⲁⲛⲟⲃⲁ ✢	Decem millia.	ربوات
ϭⲁⲙⲁ ✢	Ad locum.	الى مكان
ϭⲁⲛⲡⲛⲁ ✢	Spiritus,	ارواح
ϭⲁⲛⲝⲙⲟⲛⲟⲗⲟⲅⲓⲁ ✢	Côfeſſiones, laudes	اعترافات
ϭⲓⲛⲁ ✢	Vt	لكي
ϭⲓⲁⲣⲓⲁ ✢	Hydria.	جرة
ϭⲓⲁⲟⲩⲙⲁⲁ ✢	Idumæa prouincia	ادون
ⲟⲧⲥⲕⲛⲭⲃⲁ ✢	Arbor,	شجرة
ϯⲁⲇⲓⲕⲓⲁ ✢	Iniquitas, iniuſtitia	الظلم
ϯⲁⲡⲁⲅⲅⲉⲗⲓⲁ ✢	Promiſſio, repro- miſſio, teſtamētū	الميعس
ϯⲁⲣⲁⲃⲓⲁ ✢	Arabia,	ارابيا
ϯⲁⲧⲛⲓⲁ ✢	Puritas, pura.	الطهار

Ægyptia	Latina	Arabica
ϯⲁⲛⲟⲗⲟⲅⲓⲁ ⳿	Responſio, diſceptatio, dimicatio, contentio,	الجواب الاحتجاج
ϯⲁⲛⲟⲙⲓⲁ ⳿	Iniuria, iniquitas, peccatum, ſcelus.	الاثم
	Galilæa.	الجليل
ϯⲅⲁⲅⲁⲗⲓⲗⲉⲁ ⳿	Generatio, progenies, ætas.	الجيل
ϯⲅⲉⲛⲉⲁ ⳿		
ϯⲅⲉⲉⲛⲛⲁ ⳿	Gehenna, Infernus.	جهنم
ϯⲇⲓⲁⲕⲟⲛⲓⲁ ⳿	Miniſtratio.	الخدمه
ϯⲇⲓⲙⲱⲣⲉⲁ ⳿	Supplicium, pœna, iudicium, condemnatio.	العقوبة
ϯⲉⲩⲗⲟⲅⲓⲁ ⳿	Benedictio, laus.	البركه
ϯⲉⲣⲙⲉⲛⲓⲁ ⳿	Interpretatio.	التفسير
ϯⲉⲕⲕⲗⲏⲥⲓⲁ ⳿	Eccleſia.	الكنيسه
ϯⲑⲉⲱⲣⲓⲁ ⳿	Theoria, ſpeculatio, viſus, vultus, facies, perſona.	منظر
ϯⲓⲟⲩⲇⲉⲁ ⳿	Iudæa, Iudaiſmus.	الديونيه
ϯⲕⲁⲕⲓⲁ ⳿	Malitia, malum.	الشر
ϯⲕⲟⲡⲣⲓⲁ ⳿	Sterquilinium.	المزبله
ϯⲕⲁⲧⲁⲗⲁⲗⲓⲁ ⳿	Detractio, ſuſurratio.	النميمه
ϯⲕⲩⲑⲁⲣⲁ ⳿	Cythara.	الكيتار
ϯⲕⲩⲃⲓⲁ ⳿	Fraus, dolus	الخاله الخلاعه

ϯⲕⲟⲛ

ⲧⲕⲟⲛⲓⲁ	Gypſus, cæmentũ, calx, epithema, cataplaſma.	الجير الطــلى الكلـس
ⲧⲗⲩⲭⲛⲓⲁ	Candelabrum.	المنارة
ⲧⲙⲉⲧⲁⲛⲟⲓⲁ	Pœnitentia, reſipiſcentia.	التوبا
ⲧⲙⲉⲏⲧⲣⲁ	Viſcera, venter.	الاحشا البطن
ⲧⲙⲉⲗⲁ	Atramentariũ, pugillaris tabula.	الدواة
ⲧⲙⲉⲥⲟⲡⲟⲁⲟⲙⲉⲓⲁ	Meſopotamia, regio inter duo flumina, Inſula, Muhumedis exilium,	الجزيرة بــين النهرين
ⲧⲙⲟⲥⲓⲁ	Manifeſtè, publicè, apertè, palam.	جهرا ظاهرا
ⲧⲙⲉⲣⲥⲧⲁⲣⲓⲱⲛⲓⲁ	Myſterium, arcanum, occultum, abſconditum.	السر الخفي
ⲧⲙⲉⲥⲉⲧⲓⲁ	Medietas, medium.	الوساطة
ⲧⲛⲏⲥⲧⲓⲁ	Ieiunium.	الصوم
ⲧⲛⲟⲙⲟⲑⲉⲥⲓⲁ	Legiſlatio, legum conditio, ſeu traditio, præceptum.	شريعة وصية
ⲧⲟⲙⲟⲗⲟⲅⲓⲁ	Confeſſio.	الاعتراف
ⲧⲟⲩⲥⲓⲁ	Subſtantia.	الجوهر المال
ⲧⲟⲓⲕⲟⲛⲟⲙⲉⲓⲁ	Oeconomia, regimē, adminiſtratio	التدبير
ⲧⲟⲛⲧⲁⲥⲓⲁ	Defectio, impietas.	العتو

O o

ⲧⲡⲉⲛ

Ægyptia	Latina	Arabica
ϯⲟⲫⲉⲗⲓⲁ ⳾	Vtilitas, lucrum.	الربح الفايده
ϯⲡⲉⲧⲣⲁ ⳾	Saxum, petra.	الصخره
ϯⲡⲟⲗⲓⲧⲓⲁ ⳾	Virtus bona, gratiæ superfluitas, ex-cellentia.	الفضيله
ϯⲡⲁⲣⲁⲗⲓⲁ ⳾	Littus, regio mari proxima, Portus.	الساحل
ϯⲡⲣⲟⲫⲏⲧⲓⲁ ⳾	Prophetia, prædi-ctio, Vaticinatio.	النبوه
ϯⲡⲉⲣⲓⲕⲉⲫⲁⲗⲉⲁ ⳾	Galea, Ouũ, testa.	الخوده البيضه
ϯⲡⲁⲣⲟⲓⲕⲓⲁ ⳾	Peregrinatio, inco-latus.	الغربه
ϯⲡⲣⲟⲛⲟⲓⲁ ⳾	Prouidẽtia, solli-ci-tudo, cura, studiũ.	العنايه
ϯⲡⲁⲗⲉⲁ ⳾	Antiqua, vetus.	العتيقه
ϯⲥⲩⲛⲏⲑⲓⲁ ⳾	Consuetudo, mos, vsus.	العاده
ϯⲥⲡⲏⲣⲁ ⳾	Phalanx, Cyclus.	الحلقه
ϯⲥⲟⲫⲓⲁ ⳾	Sapientia.	الحكمه
ϯⲥⲧⲣⲁⲧⲁ ⳾	Via, semita.	الطريق
ϯⲥⲩⲙⲫⲱⲛⲓⲁ ⳾	Symphonia, con-sensus vocum.	السفاره
ϯⲥⲩⲣⲁ ⳾	Syria	السوريه الشام
ϯⲧⲣⲁⲡⲉⲍⲁ ⳾	Mensa.	المايده
ϯⲧⲁⲗⲉⲡⲱⲣⲓⲁ ⳾	Miseria, calami-tas.	الشقوه
ϯⲭⲣⲓⲁ ⳾	Negotium, causa, controuersia.	الحاجة

Nomina	in B ß. b	desinentia
Ⲁⲕⲟⲩⲱⲧⲉⲃ ⳿	Transtulisti.	نقلت
ⲁⲣⲓⲥⲱⲃ ⳿	Fac, facite, ope- ramini.	اعمل اعملوا
ⲁⲩⲟⲩⲱⲧⲉⲃ ⳿	Transtulit se, mi- grauit,	انتقل
ⲁⲩϭⲱⲧⲉⲃ ⳿	Occidit.	قتل
ⲁⲩⲉⲣⲥⲱⲃ ⳿	Fecit, operatus est.	عمل
ⲁⲩϫⲉϫⲉⲃ ⳿	Breuiatus, attenua- tus, defecit, impe- diuit, neglexit.	قصر
ⲁⲩϫⲟⲃⲧⲩⲛϫⲉⲣⲉⲃ ⳿	Transfiguratus est, apparuit.	تجلى
⳿ ⲃⲱⲩⲁⲃ	Sanctus, purus.	القدوس
⳿ ⲃⲱⲛⲁⲧⲱⲃ	Defunctus est, de- fecit.	تختم توفي
ⲉⲣⲥⲱⲃ ⳿	Fac, facite	اعمل اعملوا
ⲉⲥⲧⲟⲃ ⳿	Signata, clausa, consolidata.	مختومه
ⲉⲧⲟⲩⲱⲧⲉⲃ ⳿	Translatio.	الانتقال
ⲉⲧⲟⲓⲛⲛⲏⲃ ⳿	Dominabitur.	يسود
ⲉⲩⲕⲏⲃ	Infirmus.	مضعف
ⲓⲉⲃ ⳿	Vnguis, implicatio.	اضفار
ⲕⲱⲃ ⳿	Infirmitas.	ضعف
ⲛⲁⲧⲏⲃⲓ ⳿	Digiti mei.	اصابعي

Ægyptia	Latina	Arabica
ⲛⲁϭⲏⲓⲃ ⳽	Oues meæ.	خرافي
ⲛⲉϥⲧⲏⲃⳫ	Digiti eius.	اصابعه
ⲛⲏⲉⲑⲣⲱⲧⲉⲃ ⳽	Accúbétes, inuitati	المنكيـــين
ⲛⲏⲉⲃⲟⲩⲁⲃ ⳽	Sancti.	القديسين
ⲛⲥϭⲱⲧⲉⲃ ⳽	Occiſio, cædes.	القتل
ⲛⲓⲣⲉϥϭⲱⲧⲉⲃ ⳽	Cædes.	القتله
ⲛⲁⲧⲕⲱⲃ ⳽	Azymus.	الفطير الفطير
ⲛⲓⲕⲱⲃ ⳽	Infirmitares.	الاضعاف
ⲛⲓⲉⲃ ⳽	Funés perplexi, vngues.	الاضـافير
ⲛⲓⲟⲩⲏⲃ ⳽	Sacerdotes, diui-ni.	الكهنة
ⲛⲛⲉⲕϭⲱⲧⲉⲃ ⳽	Non occides.	لاتقتل
ⲛⲟⲩⲧⲉⲃ ⳽	Digiti eorum.	اصابعهم
ⲛⲥⲉϭⲱⲧⲉⲃ ⳽	Vt occidant,	ان يقتلوا
ⲛⲧⲉϥⲟⲩⲱⲧⲉⲃ ⳽	Vt tranſierat ſe; migret.	ليـنتقل
ⲟⲩⲣⲉϥϭⲱⲧⲉⲃ ⳽	Ouis, agnus.	خروف
ⲟⲩϭⲓⲏⲃ ⳽	Pugna, certa-men.	قتال
ⲟⲩⲃⲏⲃ ⳽	Spelunca, cauer-na.	مغاره
ⲟⲩⲛⲟⲩⲃ ⳽	Aurum.	ذهب
ⲛⲁⲛⲏⲃ ⳽	Dominus meus.	سنيدي
ⲛⲁⲧⲏⲃ ⳽	Digitus meus.	اضبعي
ⲛⲉⲑⲟⲩⲁⲃ ⳽	Sanctus,	قدوس

ⲛⲓⲟⲩⲏⲃ

Ægyptia	Latina	Arabica
ⲡⲓⲟⲩⲏⲃ ⳨	Sacerdos.	الكاهن
ⲡⲓⲧⲏⲃ ⳨	Digitus tuus.	الاصبك
ⲡⲓⲑⲱⲗⲉⲃ ⳨	Impudicitia, pol- lutio, fordes.	نفس
ⲡⲓⲣⲉⲙⲛⲅⲱⲃ ⳨	Miſſi.	المرسلون
ⲡⲓⲣⲉⲙⲛⲭⲏⲙⲓ ⳨	Ægyptius	المصري
ⲛⲓⲁⲝⲓⲱⲙⲁ ⳨	Ordo, dignitas,	الرذبه
ⲛⲓⲱⲝⲉⲃ ⳨	Gelu, pruina.	اصقيع البرن
ⲥⲱⲛⲧⲉⲗⲓⲁ ⳨	Conſummatio, Deſtructio. Excidium.	الاڧڅا
ⲡⲓⲭⲃⲟⲃ	Quies, planta pe- dis, vola.	راحة
ⲡⲓⲁⲣⲏⲃ ⳨	Arrhabo.	الاردون
ⲡⲓⲉⲗⲝⲟⲃ ⳨	Noctua, Vlula.	البلشون الهان
ⲥⲟⲩⲁⲃ ⳨	Sancta, pura, immaculata.	مقدسه طاهره
ⲥⲟⲡⲥⲉⲃ ⳨	Dolus, fraus, de- ceptio.	المكر لخدعه
ⲧⲁⲙⲉⲧϫⲱⲃ ⳨	Infirmitas mea, languor meus.	ضعفي
ⲧⲉⲧⲉⲛⲟⲩⲁⲃ ⳨	Puri, ſancti.	اطهار
ⲧⲉⲩⲙⲉⲧⲟⲩⲏⲃ ⳨	Sacerdotum eius.	كهنوته
ⲧⲉⲛⲙⲉⲧϫⲱⲃ ⳨	Infirmitas no- ſtra.	ضعفنا

ⲧⲁⲟ

Ægyptia	Latina	Arabica
ⲧⲁⲛⲉⲣϩⲱⲃ ✦	Faciemus, opera- bimur.	نعمل
ⲭⲃⲟⲃ ✦	Quies.	راحة
ϣⲡⲉⲃ ✦	Reprobatus.	مرد ول
ϥⲟⲩⲁⲃ ✦	Sanctus, mun- dus.	قدس طاهر
ⲃⲉⲛⲧⲟⲩⲙⲉⲧⲥⲉⲃ ✦	In fraude, & dolo eorum.	بخدر ثيعتهم
ϩⲉⲛⲟⲩⲏⲃ ✦	Sacerdotes.	كهنة
ϩⲱⲃ ✦	Res, aliquid.	شي اشيا
ⲭⲁⲣⲉⲃ ✦	Incuruati, humi- liati, depressi.	من لولين منكسمين
ϯⲉⲣϩⲟⲃ ✦	Operare.	اعمل
ϯⲉⲁϥⲧⲥⲉⲃ ✦ ⲉ /	Dolus, & falla- cia.	المكر لدي يعه
ϯⲙⲉⲧⲟⲩⲏⲃ ✦	Sacerdotium.	الكهنوت
ϯⲙⲉⲧϫⲱⲃ ✦	Infirmitas, debili- tas, morbus, du- plum.	الضعف

Nomina   in ⲅ ⲅ g   desinentia.

Ægyptia	Latina	Arabica
ⲅⲱⲅ ✦	Gog,	هاجوج
ⲛⲙⲙⲁⲅⲱⲅ ✦	& Magog.	وماجوج

Nomina   in Ⲉ ⲉ   desinentia:

Ægyptia	Latina	Arabica
Ⲁⲅⲉ	Vide.	اذظر
ⲁⲙⲉⲧⲙⲉⲧⲣⲉ	Testatus est.	شهدت
ⲁⲕⲧⲁⲙⲉ	Cognoscere fecisti, vel feci.	اعلمت
ⲁⲛⲁⲭⲉⲥⲃⲉ	Patientia. (gati	الاحتمال
ⲁⲛⲉⲣⲱⲃⲉ	Facti sumus cógre-	صرذا مكنومين
ⲁⲛⲁⲥⲃⲓⲧⲉ	Surgant.	فليقومون
ⲁⲡⲟⲗⲟⲅⲓⲥⲃⲉ	Responsum.	للجواب
ⲁⲣⲓⲁⲣⲱⲛⲅⲉⲥⲃⲉ	Elaborauerunt, Solliciti fuerunt.	اجتهدوا
ⲁⲣⲓⲁⲥⲡⲁⲍⲉⲥⲃⲉ	Salutauerunt, exceperunt.	سلموا اقبلوا
ⲁⲣⲓⲭⲁⲣⲓⲍⲉⲥⲃⲉ	Benefacit, gratiam contulid.	انعم هبت
ⲁⲣⲓⲛⲟⲗⲓⲧⲉⲩⲥⲃⲉ	Sese subiecerunt, seruierunt.	تعبدوا
ⲁⲥⲧⲁⲙⲉ	Cognouit, nouit. fæm.	اعلمت
ⲁⲩⲉⲣⲁⲛⲟⲣⲓⲉⲥⲃⲉ	Conturbati, attoniti.	تحيروا
ⲁⲩⲟϭⲃⲓⲉ	Mutarunt, permutarunt.	بدلوا غيروا
ⲁⲩⲧⲟⲡⲉ	Quieuerunt.	ودعوا

ⲉⲩⲡ

Ægyptia	Latina	Arabica
ⲁϥⲙⲉⲛⲣⲉ ⳽	Viuificauit.	احى
ⲁϥϫⲫⲉ ⳽	Genuit , indu-rauit.	ولد اقسى
ⲁϥⲉⲣⲁⲛⲟⲩⲁⲍⲉⲥⲑⲉ ⳽	Siuit, permifit, in otio vixit.	ودع ذقض
ⲁϥϫⲉⲣⲉ ⳽	Significat, videli-cet , fcilicet.	اعنى
ⲁϥⲉⲣⲡⲁⲣⲁⲃⲟⲗⲓⲛ ⲡⲉⲩⲥⲑⲉ⳽	Contempfit, atte-nuatus eft	استهن
ⲁϥⲧϣⲟⲩⲉ ⳽	Exficcauit , aruit.	يبس
ⲁϥⲉⲣⲙⲉⲑⲣⲉ ⳽	Teftatus eft, tefti-ficatus eft.	شهن
ⲃⲱⲓⲕⲉⲛⲧⲉ ⳽	Ficus.	التين التين
ⲇⲉ ⳽	&	و ف
ⲉ ⳽	Ad , in ; e, ex, cum.	الى فى من أه
ⲉⲉⲣⲡⲣⲟⲥⲉⲩⲭⲉⲥⲑⲉ ⳽	Vt oret, prece-tur,	ليصلى
ⲉⲑⲃⲉ ⳽	Propter.	من اجل
ⲉⲛⲁⲣⲉ ⳽	Qui fuifti , qui fuit.	الذي كنت الذي كان
ⲉⲛⲉⲥⲉ ⳽	Pulchritudo, boni-tas, charitas.	حسن جميل
ⲉⲛⲉ ⳽	Si effet.	لوكان
ⲉⲡⲓⲕⲁⲗⲉⲥⲑⲉ ⳽	Propofitum, po-ftulatio.	عزبه طلبه
ⲉⲣⲁⲧⲉⲛⲇⲓⲛⲥⲁⲃⲉ ⳽	Eftote prudentes,	كوذوا حكما

Ægyptia	Latina	Arabica
ⲉⲣⲉⲃⲟⲗⲍⲉ ✶	Aer, ſpacium, terra inculta , deſer-tum.	لجوالبرو
ⲉⲧⲓⲕⲉ ✶	Poſt.	بعن
ⲉⲧⲁⲩⲭⲁⲗⲉ ✶	Qui cómendaue-rúnt, depoſuerút.	الدين اون دعوا
ⲉⲧⲁⲙⲩⲩⲉ ✶	Multiplicati ſumus abundauimus.	اكثرنا
ⲉⲭⲙⲉⲧⲙⲉⲉⲃⲣⲉ ✶	Teſtificari, teſti-monium.	الشهاده
ⲉⲩⲉ ✶	Tandem.	هوى
ⲉⲩⲉⲣⲉⲥⲃⲏⲥⲟⲉ ✶	Seruient, colent, adorabunt.	يعبدون
ⲉⲩⲭⲁⲣⲓⲥⲧⲓⲥⲟⲙⲏⲛⲟ ⲧⲟⲛⲕⲉ ✶	Confitemini Do-mino.	اشكروا الرب
ⲭⲣⲏⲥⲙⲉⲉⲛⲥⲉ ✶	Baptiſmus, chara-cter, ſignaculum.	رشم المعمونيه
ⲉⲩⲥⲉⲅⲛⲉ ✶	Rectum , & planū faciet.	يسهل
ⲉⲩⲉ ✶	Bos, vacca.	بقر
ⲉⲩⲟⲩⲉ ✶	Plus, maius, magis, præſtantius.	افضل اكثر
ⲉⲧϯⲃⲣⲉ ✶	Vt det eſcam,	ليعطي طعاما
ⲃⲣⲓⲉⲣⲃⲁⲉ ✶	Indigebit me.	يعوزني
ⲥⲃⲓⲍⲉ ✶	Sitiam poſtea	اعطش بعد
ⲓⲃⲉ ✶	Vel, aut.	او
ⲓⲉ ✶	In, & .	وف
ⲓⲥⲭⲉ ✶	Si fuiſti, ſi fuiſtis.	ان كنت ان كنتم

Ægyptia	Latina	Arabica
ⲓⲧⲉ ⳾	Si fuit, aut,	ان إكان ام
ⲕⲉ ⳾	Etiam, &	ايضا و
ⲕⲉⲩⲥⲧⲉ ⳾	Etiam	ايضا
ⲕⲗⲁⲛⲁⲃⲉ ⳾	Adorate, inclinate,	اسجنوا
ⲕⲣⲁⲧⲓⲥⲃⲉ ⳾	Religiofus, fortis.	عزيز ذالمسك
ⲙⲁⲩⲩⲉⲛⲉ ⳾	Abi, apage, difce- de.	إدهي امضي
ⲙⲁⲧⲁⲓⲉ ⳾	Honora, vel hono- ratior.	اكرم
ⲙⲃⲉⲗⲗⲉ ⳾	Cæcus.	أعمى
ⲙⲉⲛⲣⲉ ⳾	Ama, amate.	حب حبوا
ⲙⲉⲛⲟⲩⲛⲉϫⲉ ⳾	Tolerantia, prolon gatio, fpatium.	مهلا
ⲙⲉⲏⲛⲟⲧⲉ ⳾	Ne forte, ne, ne quando.	ليلا
ⲙⲉⲛⲉ ⳾	Non, haud.	لم
ⲙⲉⲛⲁⲧⲉ ⳾	Antequam.	قبل ان
ⲙⲉⲛⲁⲣⲉ ⳾	Non eft.	ليس
ⲙⲉⲛⲓϫⲟⲥⲛⲉ ⳾	Nonne dixi tibi.	الم اقل لـسـك
ⲙⲉ ⲛⲁⲩⲟⲉⲣⲉ ⳾	Incombuftibile.	لايوقد
ⲛⲁⲩⲧⲉⲛϭⲟⲩⲧⲉⲃⲟⲩ ϥⲉⲣⲙⲟⲩⲁⲛⲛⲉ ⳾	Non æftimabat eos,	لم يكن يثمنهم
ⲛⲁⲧⲫⲉ ⳾	Cæleftia	السما وبات
ⲛⲁⲩⲟⲩⲱϣⲟⲩⲁⲛⲛⲉ ⳾	Volebant.	كادوا يريدون
ⲛⲁⲩϯⲟⲩⲛⲛⲉ ⳾	Aduerfati funt, contrarij fuerunt.	عاندوا ضادوا
ⲙⲁϣⲉ ⳾	Multiplex, multa.	كثيره

Ægyptia.	Latina.	Arabica.
ⲛⲁⲣⲉⲧⲉⲛⲛⲁⲣⲁϣⲓⲛⲉ ⳩	Vt gaudeatis, læti sitis.	لكنتر دفرحون
ⲛⲉ ⳩	Fuit, illi, tibi.	كان هم لسك
ⲛⲉⲓⲥⲟⲛⲉⲓⲡⲉ ⳩	Vt essent, esset, igitur, cum.	لكانوا لكانت انا
ⲛⲉⲣⲡⲁⲣⲁⲧⲓⲥⲉⲉ ⳩	Vt abundetis,	ان تستنمنوا
ⲛⲉⲥⲓⲉ ⳩	Charitas, pulchritudo, bonitas, lenitas.	حسنه حفيفه
ⲛⲓⲕⲉⲛⲧⲉ ⳩	Ficus.	التين
ⲛⲓⲣⲉϥⲉⲣⲛⲟⲃⲓⲧⲕⲏ ⲣⲟⲩ ⳩	Omnes peccatores terræ	جميع خطاه
ⲓⲛⲧⲉⲡⲓⲕⲁϭⲓⲁⲓⲟⲛⲟⲩ ⳩	reputaui eos contrarios	الارض اعددتهم
ⲍⲉϭⲁⲛⲛⲁⲣⲁϩⲁⲧⲏ ⲥⲛⲉ ⳩	& peruersos.	مخالفين
ⲛⲛⲟⲏⲧⲉ ⳩	Mansuetudo, intellectus, prudentia,	تعليم
ⲛⲣⲉⲙϩⲉ ⳩	Liberi.	احرارا
ⲛⲣⲉϥⲧⲁϩⲉ ⳩	Venatores, piscatores.	صيادين
ⲛⲥⲁⲃⲉ ⳩	Prudens, sapiens.	حكيم عاقل
ⲓⲛⲧⲉϥⲉⲙⲧⲟⲣⲉ ⳩	Vt testetur, vt testimonium perhibeat.	ليشهن
ⲓⲛⲧⲉ ⳩	Qui.	الذي
ⲓⲛⲧⲉϥϣⲉ ⳩	Abibit, abijt, discedet.	يمضي يذهب

ⲓⲛⲧⲉϥ

Ægyptia	Latina	Arabica
ⲛⲧⲉⲩϫⲟⲥⲥⲉ	Narrauerunt, vt narrarent, narrét.	فقالوا
ⲛⲧⲟⲙⲉⲣⲃⲉⲗⲗⲉ	Vt cæci fint.	ليبلوا
ⲛⲧⲁϧⲁⲥⲃⲧⲉ	Vt parem, vt dem,	لاهيب
ⲛⲧⲉⲧⲉⲛⲉⲣⲥⲕⲁⲛⲁⲁ ⲗⲓⲍⲉⲥⲑⲉ	Ne fortè fcandali- zent	لىلا يشكوا
ⲛⲧⲁⲛⲁϫⲉ	Vt pifcer.	لاصيد
ⲛⲧⲟⲩⲥⲟⲩⲃⲉ	Vt timeant.	ليخنوا
ⲛϧⲁⲉ	Poftremus, vltim⁰.	الاخبر
ⲛϧⲣⲏⲓⲍⲉ	Er, in	وفي
ⲛϫⲁⲛⲉ	Delicatus, amænus, mollis, iucun- dus.	الناعم
ⲟⲩⲓⲍⲉ	Cum, num, quia.	فاما الان
ⲟⲩⲧⲉ	Er, non, ne.	و لا
ⲟⲩϣⲫⲉ	fratus, commotus	جزاك
ⲟⲩⲣⲉⲗⲥⲉ	Argilla, procidit.	حر
ⲡⲉϥ	Ille.	فو
ⲡⲉϫⲉ	Locutus es, lo- quere, dixifti, dic.	قلت قل قال قالت
ⲡⲉⲧⲉⲛⲃⲉϫⲉ	Remuneratio veftra, merces veftra.	الجزم
ⲛⲥⲁϫⲓⲛⲉ	Verbum, fermo, loquela.	كلام

Ægyptia	Latina	Arabica
ⲡⲓϣⲁϭⲩⲉ	Campeſtria, deſertum, ſolitudo.	المروجة القفر
ⲡⲓⲃⲉϫⲉ	Merces, remuneratio.	الاجرة
ⲡⲓⲥⲃⲉ	Ianua.	الباب
ⲡⲓⲣⲉⲙⲃⲉϫⲉ	Mercenarius, conductus.	الاجير
ⲡⲓϣⲛⲉ	Locus, vbi naſcuntur olera, Fabetum.	الا المبقلة
ⲡⲓϩⲁⲙϣⲉ	Faber lignarius.	النجار
ⲡⲓϣⲉ	Trabs, lignum.	الخشبة العود
ⲡⲓⲥⲙⲉ	Cuſtos, côſeruator.	الحارس
ⲡⲓⲟⲩϩⲉ	Abortus.	السقط
ⲡⲓⲙⲟⲩⲉ	Splendor, fulgor.	اللميع
ⲡⲏⲁⲗⲉⲉϥⲉ	Frigus, grando.	البرد
ⲡⲣⲟⲥⲉⲩϫⲁⲥⲑⲉ	Orate, precemini.	صلوا
ⲥⲉ	Imò, profectò,	نعم
ⲥⲃⲁⲃⲓⲧⲉ	Date, tradire, mittite, *vel in tertia perſona præt.*	فقفوا
ⲥϣⲉ	Oportet.	ينبغي
ⲧⲁϥⲉ	Caput.	راس
ⲧⲁϩⲣⲉ	Cibus meus	طعامى
ⲧⲁⲁϥⲉ	Caput meum.	راسي
ⲧⲉⲩⲙⲉⲧⲙⲉⲑⲣⲉ	Teſtimoniû eius.	شهادته
ⲧⲉⲥⲁϥⲉ	Caput eius. fæm.	راسها
ⲧⲉⲕⲁϥⲉ	Caput tuum. maſ.	راسك

ⲧⲉⲩϥ

Ægyptia	Latina	Arabica
ⲧⲉϥϭⲣⲉ ⲁ	Cibus eius.	طعامه
ⲧⲉϥⲉⲥⲉ ⲃ	Vacca eius.	بقرته
ⲧⲉⲕϭⲣⲉ ⲃ	Cibus tuus.	طعامك
ⲧⲟⲧⲉ ⲃ	Tunc, deinde.	حينيذ
ⲧⲟⲩϣⲉ ⲃ	Extenfa fuit ma-nus eius.	امتدت يده
ⲧⲟⲃⲗⲉⲯⲁⲧⲉ ⲃ	Videte.	اظروا
ⲧϥⲉ ⲃ	Cælum.	السما
ⲧϭⲁⲉ ⲃ	Finis, terminus. vltima.	اخره
ⲭⲁⲙⲉ ⲃ	Niger, nigredo.	اسود سودا
ⲭⲉⲣⲉ ⲃ	Salus, pax, falu-e,	السلم
ⲭⲛⲁⲧϥⲉ ⲃ		
ⲭⲣⲁⲥⲃⲉ ⲃ	Vfus, mos, confue-tudo.	الاعمال
ⲭⲣⲓⲥⲙⲙⲉⲛⲥⲉ ⲃ	Vngam te.	ادهنكي
ⲯⲁⲗⲗⲁⲧⲉ ⲃ	Laudate, pfallite.	رتلوا
ϣⲁⲥⲉⲣϭⲉⲗϫⲉ ⲃ	Soluerunt.	يحلوا
ϣⲉ ⲃ	Per vitam, & ve-rum.	وحق
ϣⲛⲉ ⲃ	Rete, caffis, la-queus.	شبيكه
ϥⲉⲣⲥⲩⲛⲁϭⲉⲥⲃⲉ ⲃ	Congregare, con-uocare.	يجمع
ϭⲁⲛⲃⲉⲗⲗⲉⲩ ⲃ	Cæci.	عميان
ϭⲏⲡⲡⲉ ⲃ	Ecce.	هودا

ϭⲏ

Ægyptia.	*Latina:*	*Arabica.*
ϭⲏⲡⲓⲛϩⲉ	Tegumentum, clauſura, manſiuncula.	طباق
ϭⲏϩⲉ	Quare, tam, aliquando.	لما وقن
ϭⲗⲗⲉ	Pelicanus.	الغيهب
ϭⲱⲥϩⲉ	Cum fuit.	فاكان
ⲭⲉ	Quia tu, quia illa, quia illi.	لان لانك لانها لانهم
ϯϩⲫⲉ	Caput.	الراس
ϯⲣⲉⲛⲛⲉ	Noua, nouella, primitiæ.	الحديثة
ϯⲗⲗⲉⲧⲣⲉⲗⲗϭⲉ	Famula.	الحرية
ϯⲗⲗⲉⲧⲗⲗⲉⲉⲃⲣⲉ	Teſtificatio.	اشهاده
ϯⲗⲗⲉⲧϭⲟⲝⲗⲉ	Claudus	العرج
ϯⲡⲉⲛⲧⲏⲕⲟⲥⲧⲏ	Dies feſtus, Pentecoſtes	عيد الخمسين
ϯⲥⲉⲣⲭⲛⲧⲁⲍⲉⲥⲃⲉ	Vniuit te, vnitus tibi.	اتحد بك
ϯϭⲣⲉ	Alimentum, cibus.	الطعام

Nomina in H ⲏ *deſinentia:*

ⲁⲗⲗⲏ	Sublimis, dignus, eminens.	تعالى
ⲁⲛⲁⲅⲕⲏ	Neceſſitas, neceſſe eſt.	ضرورة شدة

Ægyptia	Latina	Arabica
ⲁⲡⲟⲥⲧⲟⲗⲓⲕⲏ ⳨	Apoſtolica,	رسولية
ⲁⲣⲭⲏ ⳨	Initium, caput princeps.	راس ذرو رييس
ⲁⲩⲉⲣⲧ ⲏ ⳨	Appropinquarunt	ققن ميوا
ⲁⲩⲑⲗⲏ ⳨	Pluit, pluere.	مطرت نفطت
ⲁⲩϭⲣⲏ ⳨	Appropinquabit,	ققن م
ⲃⲏⲁⲃⲅⲭⲏ ⳨	Bethphage, nomen loci.	بيت فاجى
ⲃⲗⲁⲃⲏ ⳨	Nocumentum, ſulcus, ruptura.	المتالم
ⲅⲛⲱⲙⲉⲉⲛ ⳨	Conſilium, ſen-tentia, opinio.	راى مشورة
ⲉⲛⲁⲩⲭⲏ ⳨	Qui fuit	الدى كان
ⲉⲛⲁⲕⲭⲓ ⳨	Si fuiſti.	لوكنت
ⲉⲛⲉⲥⲉⲧⲟⲩⲥⲙⲉⲏ ⳨	Bonitas vocum eorum.	حسنة اصوا اذهم
ⲉⲛⲓⲁⲏ ⳨	Poſtquam, nunc, quia.	لان
ⲉⲧⲧⲏ ⳨	Is, ille.	ن اكى
ⲉⲧⲭⲏ ⳨	Loca poſita, ſubie-cta, ſoluta.	الموضوعه الموخيه
ⲑⲏ ⳨	Quæ	الاى
ⲑⲗⲩⲡⲟⲩⲙⲉⲛⲏ ⳨	Afflicti, preſſi, an-guſtiati.	المحزوذون
ⲑⲙⲉⲗⲉⲧⲏ ⳨	Meditatio.	تلاوة
ⲓⲉⲣⲁⲧⲓⲕⲏ ⳨	Sacerdotalis.	الكهنوتيه
ⲓⲟⲡⲏ ⳨	Ioppe ciuitas Palæ-ſtinæ.	يافا

Ægyptia	Latina.	Arabica.
ⲕⲁⲧⲁⲇⲓⲕⲏ	Tormentú mortis,	عقوبة الموت
ⲕⲁⲑⲟⲗⲓⲕⲏ	Catholica, cógreg.	الجامعة
ⲕⲁⲧⲏⲭⲟⲩⲙⲉⲛⲏ	Inſtructi in fide.	موعوظين
ⲕⲉⲙⲏ	Et non.	وليس
ⲕⲣⲓⲧⲏ	Creta Inſula.	اقريطش
ⲗⲁⲕⲁⲛⲏ	Laganum, crater, lebes, labrum.	لقان قصرية
ⲗⲁϫⲙⲏ	Buccella, bolus	لقمه
ⲗⲟⲅⲭⲏ	Lancea. (mea	حربه
ⲙⲁϩⲑⲏ	Corona mea, coma	اذصىي
ⲙⲉⲧⲥⲉⲃⲏ	Stult⁹,ſtupid⁹, méte	تدبير
ⲙⲏ	Num,vtrũ. (capt⁹	هل
ⲙⲟⲣⲫⲏ	Figura, ſpecies, ſi- militudo,exéplar.	الشكل
ⲙⲟⲗⲟⲭⲏ	Arbor,	الشجره
ⲛⲁϥⲭⲏ	Exiſtens, fiens, fu- turus.	كان كاىن يكون
ⲛⲁⲅⲁⲑⲏ	Bona. (tudo	صالحات
ⲛⲁⲁⲛⲁⲅⲕⲏ	neceſſitas mea, ęgri	ضرورا
ⲛⲉⲥϭⲏ	Terminus eius f.g	تخومها
ⲛⲉⲕⲉⲛⲧⲟⲗⲏ	Præcepta tua, man- data tua.	وصاياك
ⲛⲓⲥⲩⲛⲁⲅⲱⲅⲏ	Sinagogæ,conuen- ticula, concilia.	المجامع
ⲛⲓϩⲁⲙⲏ	Quies,tranquillitas ſerenitas,malacia.	الهدو والصحو
ⲛⲓϩⲩⲗⲏ	Ianuæ, portæ.	الابواب

Q q

Ægyptia	Latina	Arabica
ⲛⲓⲫⲩⲗⲏ ⳾	Tribus, familiæ.	القبايل
ⲛⲓⲃⲏ⳾	Sepulchra, monu-menta,	المدافن
ⲛⲓⲥⲧⲟⲗⲏ ⳾	Stolæ, velamina.	الجلل
ⲛⲓϩⲩⲍⲟⲛⲏ ⳾	Voluptates, dele-ctationes.	اللذات
ⲛⲓⲉⲡⲓⲥⲧⲟⲗⲏ ⳾	Epiſtolæ.	الرسايل
ⲛⲓϭⲗⲏ ⳾	Scorpiones.	العقارب
ⲛⲓⲁⲣⲉⲧⲏ ⳾	Virtutes, merita.	الفضايل
ⲛⲓⲡⲁⲣⲉⲙⲃⲟⲗⲏ⳾	Caſtra, exercitus.	العساكر
ⲛⲓⲡⲁⲣⲉⲃⲟⲗⲏ⳾	Prouerbiũ, parabo-la, ſimilit. exẽplũ.	المثال
ⲛⲓϩⲟⲣⲙⲏ ⳾	Caulæ, motus:	الاسباب الحركات
ⲛⲓⲉⲡⲓⲃⲟⲩⲗⲏ⳾	Conatus, aggreſſio-nes, molimina.	الغى
ⲛⲟⲩⲥⲓⲛⲑⲏⲕⲏ ⳾	Pactum, ſeu fœdus eorum.	عهدهم
ⲛⲍⲓⲛⲍⲏ ⳾	Fruſtra, gratis, Cly-pei, ſcuta.	مجان باطل
ⲟⲩⲥⲙⲏ ⳾	Vox.	صوت
ⲟⲩⲁⲗⲟⲏ ⳾	Aroma, bonum,	طيبي
ⲟⲩⲍⲟⲕⲓⲙⲏ ⳾	Tentatio, proba-tio.	تجنبه
ⲟⲩⲥⲗⲏ ⳾	Scorpio.	عقرب
ⲟⲩⲥⲧⲉⲛⲧⲱⲙⲏ ⳾	Imbecillitas mẽtis, & conſilij.	معنى رأي
ⲟⲩⲍⲓⲁⲑⲏⲕⲏ⳾	Depoſitum, teſta-mentum, fœdus	وديوعة عهد

ⲟⲩⲍ

Ægyptia	Latina	Arabica
ⲟⲩⲉⲩⲭⲏ ⳾	Preces, oratio.	صلاة
ⲟⲩⲥⲧⲁⲕⲧⲏ ⳾	Stacte, gutta, ſtilla , ſtactis,	ميعة
ⲡⲓⲛⲧⲓⲕⲟⲥⲧⲏ ⳾	Pentecoſte, quin- quagenariũ tẽpus.	الخمشين
ⲡⲓⲥⲧⲓⲕⲏ ⳾	Excellens, eminẽs, ſpecioſus.	فايق
ⲡⲓϭⲉⲏ ⳾	Cuſtos .	الحارس
ⲡⲓⲙⲟⲛⲏ ⳾	Habitaculũ, man- ſio, diuerticulum·	المنزل
ⲡⲓϣⲓⲏ ⳾	Longitudo	الطول
ⲡⲓⲣⲏ ⳾	Sol,	الشمس
ⲡⲓⲥⲧⲏ ⳾	Fidelis, fæm.	مرمنة
ⲡⲟⲣⲉⲩⲥⲧⲉⲛⲏⲣⲏⲛⲏ ⳾	Ite in pace .	امضوا بسلام
ⲣⲉϥϩⲓⲗⲟⲩⲭⲏ ⳾	Haſtati, lanceis ar- mati.	اضحاب للجراب
ⲥⲉⲉⲣⲓⲟⲛⲏ ⳾	Operabuntur, fa- cient.	يعملون
ⲥⲕⲁⲫⲏ ⳾	Parua nauis, ſcapha.	قارب
ⲥⲩⲛⲑⲉⲧⲓⲕⲏ ⳾	Compoſi- tum.	مركب
ⲧⲁⲣⲭⲏ ⳾	Principium, initiũ, caput,	بدون راس
ⲧⲁϩⲓⲣⲏⲛⲏ ⳾	Pax mea .	سلامى
ⲧⲁⲯⲩⲭⲏ ⳾	Anima mea.	نفسي
ⲧⲉⲩⲥⲙⲏ ⳾	Vox eius f.	صوتة
ⲧⲉⲥⲑⲏⲕⲏ ⳾	Pactum eius. f.	عهنة

Ægyptia	Latina	Arabica
ⲦⲈⲔϪⲀϬⲎ	Siniſtra tua.	شمالك
ⲦⲈϤⲘⲈⲢⲒⲎ	Statura eius. m.	قامته
ⲦⲈϤⲈⲚⲦⲞⲖⲎ	Teſtamentum eius mandatum eius.	وصيته
ⲦⲈⲦⲈⲚϩⲒⲢⲎⲚⲎ	Pax veſtra,	سلام مكم
ⲦⲈϤϪⲀϬⲎ	Siniſtra eius, f.	شماله
ⲦⲈϤϤⲰⲚⲎ	Vox eius.	صوته
ⲦⲈϤⲮⲩⲬⲎ	Anima eius. f.	نفسه
ⲦⲒⲘⲈⲎ	Pretium. (tio.	ثمن
ⲦⲔⲀⲦⲀⲂⲞⲖⲎ	Cōpoſitio, cōſtitu-	انشا
ⲦⲞⲨ ϤⲨⳠⲒⲔⲎ	Natura eorum	
ⲦⲞⲨⲤⲞⲚⲀⲅⲰⲅⲎ	Concilium, ſyna- goga eorum .	بجمعهم
ⲦⲎⲈⲢⲀⲤⲔⲈⲨⲎ	Præparatio	تهيء
ⲦϤⲨⲖⲎ	Tribus, familia.	سبط قبيله
ⲦⲀϤⲨⳠⲒⲔⲎ	Natura eorū, ſub- ſtantia eorum.	طبيعتهم جوهزهم
ϤⲎ	Ille, qui,	ذلك داك الذي
ϤⲞⲒⲚⲒⲔⲎ	Laurinum, de Lauro, aut palma.	من الغفور
ϤⲨⲖⲞⲚⲎ	Propitiatio, remiſsio .	الغفاره
ϤⲨⲀⲖⲎ	Phyala, crater, vas vinarium, men- ſuræ genus.	جاج مزمز
ϪⲖⲞⲎ	Viriditas, viror, color viridis.	خضره
ⲯⲦⲎ	Hic hinc.	هنا

Ægyptia.	Latina.	Arabica.
ⲉ̄ⲙⲧ̄ⲅ̄ϩⲏ ⳝ	Ante, coram.	قدام
ϩⲉⲛϩⲁⲛⲡⲁⲣⲁ ϥ ⲃⲟⲗⲏ ⳝ	In parabolis, & si-militudinibus	بامثال
ⲅ̄ⲛ̄ⲟⲩ̄ϩⲏ ⳝ	Mercenarij, operæ	فعله
ⲅ̄ⲙⲙⲏ ⳝ	Ibi .	هناك
ⲅ̄ⲙⲙⲉⲉⲗⲱ̄ⲧⲏ ⳝ	Cilicia, veftes afpe-ræ pilofæ.	مسوح
ⲅ̄ⲏ ⳝ	Principium, ini-tium .	بدو
ⲅ̄ⲏⳅⲏ ⳝ	Ecce.	هوذا
ⲅ̄ⲉⲏⲩⲭⲏ	Curam habens,	متوكل
ⲅ̄ⲓⲕⲏ ⳝ	Fruftra, gratis, ina-ne, vanum .	باطل مجان
ⲭⲉⲉⲏ ⳝ	Nonne eft	الیس
ⲟⲓⲥⲉⲉⲏ ⳝ	Audi, aufculta.	اصمت
ⲟⲓⲧ̄ϩⲁⲡⲁⲛⲏ ⳝ	Expendit, impen-fas, expenfæ.	ذبقف النفقه
ϯϩ̄ⲙⲟⲑⲏⲕⲏ ⳝ	Apotheca , rece-ptaculum, repofi-torium, horreum.	الاهرا المخزن
ϯϩ̄ⲙ̄ⲁⲧⲏ ⳝ	Perfuafio falfa, deceptio, fallacia dolus.	للذ يخدع
ϯϩ̄ⲙ̄ⲁ̄ⲧⲟⲗⲏ ⳝ	Oriens.	المشرق
ϯϩ̄ⲙⲟⲩ̄ⲣⲁⲫⲏ ⳝ	Scriptum, fcriptu-ra, fcriptio, defcrip-	الكتبه
ϯϩ̄ⲙⲁ̄ⲣⲭⲏ ⳝ	Vinum, caput (tio	الخمر
ϯϩ̄ⲙ̄ⲧⲩⲗⲏ ⳝ	Timor, terror,	الخوف
		ϯϩⲙⲟ

ϯⲇⲓⲁⲑⲏⲕⲏ ⳿	Pactum, fœdus	العهس
ϯⲇⲁⲡⲁⲛⲏ ⳿	Sumptus, expen-ſæ	النفقه الموؤخه
ϯⲇⲟⲕⲓⲙⲏ ⳿	Peuuria, tenta-tio.	المحنه
ϯⲇⲩⲕⲉⲟⲥⲩⲛⲏ ⳿	Iuſtitia	العىل
ϯⲉⲛⲧⲟⲗⲏ ⳿	Præceptum, man-datum	الوصىه
ϯⲉⲣⲙⲉⲏ ⳿	Lachrimæ	الرمعه
ϯⲉⲡⲓⲥⲧⲟⲗⲏ ⳿	Epiſtola	الرساله
ϯⲍⲱⲛⲏ ⳿	Zona	المنطقه الزوذىه
ϯⲗⲓⲙⲉⲉⲛⲏ	Lacus, mare, Portus maritimus	البحىره
ϯⲗⲩⲡⲏ ⳿	Dolor, cura, anxie-tas, ſollicitudo,	الحزن العصه
ϯⲙⲉⲅⲇⲁⲗⲏⲛⲏ ⳿	Magdalena	المجرلانىه
ϯⲙⲉⲉⲓⲏ ⳿	Statura	القامه
ϯⲟⲓⲕⲟⲩⲙⲉⲛⲏ ⳿	Orbis habitatus	المسكوذه
ϯⲡⲩⲗⲏ ⳿	Porta	الباب
ϯⲡⲁⲣⲁⲥⲉⲩⲏ ⳿	Paraſceue, feria ſex-ta, dies Veneris, pa-negyris,	الجمعه
ϯⲡⲗⲁⲛⲏ ⳿	Error,	الضلاله
ϯⲡⲁⲣⲁⲑⲏⲕⲏ ⳿	Depoſitum, pro-miſsio, pignus.	الوديعه
ϯⲡⲣⲟⲥⲉⲩⲭⲏ ⳿	Oratio, deprecatio.	الصلاه
ϯⲡⲁⲭⲛⲏ ⳿	Chryſtallus, gelu, frigus	الجلىد

Ægyptia.	Latina.	Arabica. 311
ⲧⲥⲕⲩⲛⲏ ⳿	Tabernaculum, tentoriũ, thalam⁹, scena, casa :	القبة الخيمة الخبا المضرب
ⲧⲥⲕⲗⲏ ⳿	Loculus, pheretrum.	النعش
ⲧⲥⲧⲟⲗⲏ ⳿	Stola, vitta.	الحلة
ⲧⲥⲁⲙⲃⲓⲕⲏ ⳿	Sambuca, arundo, canna, fistula,	القصبة
ⲧⲥⲙⲉⲫⲣⲟⲥⲩⲛⲏ ⳿	Continétia, téperá-	العفة
ⲧⲥⲭⲟⲗⲏ ⳿	Emporium, (tia schola .	الاسقالة استادة
ⲧⲧⲉⲃⲛⲏ ⳿	Iumentum.	البهيمة
ⲧⲅⲩⲡⲟⲙⲟⲛⲏ ⳿	Spes, patientia, ex- pectatio.	الصبر
ⲧⲅⲱⲁⲏ ⳿	Laudatio.	التسبحة
ⲧⲅⲩⲗⲏ ⳿	Funis, materia prima.	الهيولب الغايه
ⲧⲅⲩⲏ ⳿	Pes nauis, carina.	الرخل المركب
ⲧⲭⲏ ⳿ ⲝ|	Paropsis .	الزبدية
ⲧⲟⲣⲏ ⳿	Aratio.	التفليح
ⲧⲟⲩⲩⲏ ⳿	Viri graues, fiducia, confi- dentia.	الاتكال

Nomina	in Θ ⲑ	desinentia.
ⲅⲉⲛⲛⲉⲥⲁⲣⲉⲑ ⳿	Genesareth,	جاذاشر
ⲛⲁⲍⲁⲣⲉⲑ ⳿	Nazareth.	ناصره
		Na-

Nomina   in I ς *desinentia.*

Ægyptia	Latina	Arabica
ⲁⲓⲓ ⳾	Veni, *prima persona.*	اقبيت
ⲁⲓϣⲉⲛⲏⲓ ⳾	Abij, iui,	مضيت
ⲉⲓ ⳾	Omni tempore	كل اوان
ⲁⲓⲓⲱⲓ ⳾	laui.	غسلت
ⲁⲓϣⲁⲛⳝⲓⲥⲓ ⳾	Cum extollar,	ادا ارتفعت
ⲁⲓⲓⲃⲓ ⳾	Sitiui,	عطشت
ⲁⲓⲉⲣⲛⲟⲃⲓ ⳾	Peccaui.	اخطأت
ⲁⲓⳝⲱⲍⲓ ⳾	Plantaui	غرصت
ⲁⲓⲛⲁⲉⲣⲝⲁⲃⲓ ⳾	Timui,	احاف
ⲁⲓⲛⲉⲥⲓ ⳾	Excitatus sum	استيقظت
ⲁⲕⲟ⳩ⲍⲓ ⳾	Sanatus, curatus es, castus factus es,	تعافيت
ⲁⲕⳝⲁⲟ⳩ⲟⲓ ⳾	Mifisti me.	ارسلتني
ⲁⲗⲓⲟ⳩ⲓ ⳾	Porta, tolle.	اجمل ارفع
ⲁⲗⲟⲗⲓ ⳾	Vua	عنب
ⲁⲗⲓϥⲁⲓ ⳾	Tolle hoc.	ارفع هذا
ⲁⲉⲱⲓⲛⲓ ⳾	Venite.	تعالوا
ⲁⲙⲟ⳩ⲉ Ⳝⲣⲏⲓ ⳾	Defcende	انزل
ⲁⲙⲟⲓ ⳾	Vtinam,	ليت
ⲁⲙⲁⲥⲓ ⳾	Profectio, vnguentum, pinguedo.	الصرف الدهن
ⲁⲙⲟⲛⲓ ⳾	Tene, apprehende	ارع امسك
ⲁⲛⲓⲟ⳩ⲓ ⳾	Accedite appropin	قدموا
ⲁⲛⳝⲓ ⳾	Accepimus. (quate	احبرنا

Ægypti	Latina.	Arabica.
ⲁⲛⲍⲓⲉⲉⲓ	Inuenimus.	وجد فا
ⲁⲛⲁⲥⲟⲏⲧⲉ	Terga verte- runt, expectate	اقفوا
ⲁⲛⲁⲥⲧⲉⲓ	Surrexit.	قام
ⲁⲛⲗⲱⲓⲗⲓ	Patruelis no- ster.	عنا
ⲁⲣⲉⲧⲉⲛⲥⲓ	Satiati estis,	شبعتم
ⲁⲣⲓⲉⲉⲓ	Scite, discite.	اعلموا اقدموا
ⲁⲣⲓⲃⲟⲏⲑⲓⲛⲉⲣⲟⲓ	Idest, scilicet, audi me, adiuua me, cu ram habe mei,	اعني
ⲁⲣⲓⲁ̄ⲟⲕⲓⲉⲉⲍ̄ⳅ̄ⲉⲉⲉⲟⲓⲥ	Tentauit me, pro- bauit me.	جربني
ⲁ̄ⲥⲟⲧⲉⲓ	Marsupium, saccu- lus, pera.	كيس
ⲁ̄ⲥⲟⲓ	Accepit, f.	أخذت
ⲁ̄ⲥⲁⲓⲁⲓ	Dormiuit.	نمت طعنت
ⲁ̄ⲥⲓⲁⲓ	Timuit.	خفت
ⲁ̄ⲥⳋⲓⲧⲥⲉ⳽ⲣⲏⲓ	Hæsit, attonita, obstupuit,	حرت
ⲁ̄ⲥⲱⲁⲛⲟⲧⲓ	Inuenit eũ cũ fuis- set præsens, libera- uit, saluauit.	واحضره اداحضرت خلعت
ⲁ̄ⲥⲟⲧⲍⲁⲓ	Errauit, inumbra- uit.	ظللت
ⲁ̄ⲥⲉⲣ⳽ⲛⲓⲃⲓ		
ⲁ̄ⲧⲉⲛⲉⲛⲧⲉⲉⲉⲉⲟⲓ	Nutriuistis me, alui stis me, cibastis me.	المعينوتي
ⲁ̄ⲧⲟⲟⲛⲟⲧⲓ	Sine me. absq. me.	بغيري

Ægyptia	Latina.	Arabica.
ⲀⲦⲈⲦⲈⲚⲦⲤⲞⲒ ⳽	Potaſtis me, dediſtis mihi bibere.	اسقيتموني
ⲀⲦⲈⲦⲈⲚⲌⲈⲰⲰⲦⲚⲌ// ϢⲒⲚⲒ ⳽	Viſitaſtis me.	افتقس تموني
ⲀⲦⲞⲞⲨⲒ ⳽	Mane, diluculo, aurora.	الغداه ياكـــر الفجر
ⲀⳝϢⲰⲠⲒ ⳽	Facti ſunt.	كانوا صاروا حلوا
ⲀⲨⲒⲚⲒ ⳽	Acceſſerunt. præſentarunt ſe.	قدموا
ⲀⲨⲤⲒ ⳽	Satiati ſunt.	شبعوا
ⲀⲨⲐⲒϦⲒ ⳽	Inebriati ſunt.	سكروا
ⲀⲨⲈⲢⲪⲈⲈⲨⲒ ⳽	Recordati ſunt, cogitauerunt, mentionem fecerunt.	دكروا فكروا
ⲀⲨⲈⲢϢⲪⲎⲢⲒ ⳽	Admirati ſunt,	تعجبوا
ⲂⲨ ϩⲒⲤⲒ ⳽	Laborauerunt, fatigati ſunt.	تعبوا
ⲀⲨⲀⲖⲎⲒ ⳽	Equitarunt, proceſſerunt,	ركبوا
ⲀⲨⲞⲨⲈⲒ ⳽	Elongati ſunt, receſſerunt, remoti ſunt.	تباعدوا
ⲀⲨⲤⲞϬⲚⲒ ⳽	Præceperunt.	امروا
ⲀⲨⲒϢⲒ ⳽	Appenderunt, ſuſpenderunt, crucifixerunt.	علقوا صلبوا
ⲀⲨϬⲒ ⳽	Acceperunt.	اخدوا

Ⲁ⳽⳽//

Ægyptia	Latina	Arabica
ⲁⲩⲟⳝⲭⲓⲛⲟⲥⲱⲓ ⳨	Expulerunt me, persecuti sunt me.	طردوني
ⲁⲩⲥⲱⲃⳐ ⳨	Irriserunt, subsannarunt.	ضحكوا استهزوا
ⲁⲩⲛⲁⳛⲟⲧ⳨	Defatigati sunt, lassati sunt, comederunt, comedet.	كالوا يكال
ⲁⲩⳛⲙⲱⲟⲓ ⳨	Aruerunt, arescent.	يبشوا
ⲁⲩ⳽ⳛ ⳨	Portauerunt	حملوا
ⲁⲩⲫⲱⲓⳐ	Olfecerunt.	اشتقوا اشقدا
ⲁⲩⲉⲉⲟⲛⲓ ⳨	Proiecerūt anchoram, applicarunt, appulerunt.	ارسوا
ⲁⲩⲁⲓⲁⳐ ⳨	Prouecti sunt, creuerunt, mouerūt, profecti sunt, dormierunt.	ظعنوا نمبوا
ⲁⲩⳝⲭⲓⲉⲉⲓ ⳨	Inuenerunt.	وجدوا
ⲁⲩⲉⲗⲕⲱⳝⲓ ⳨	Irriserunt, calumniati sunt.	استهزوا محتنوا
ⲁⲩⲧⳜ̇ⳝⲛⲟⲕⲉⲉⲟⲓ ⳨	Prohibuerunt me.	منعوني
ⲁⲩⲣⲓⲕⲓ ⳨	Errauerūt, declinauerūt, dimoti sunt.	خادوا زاعوا
ⲁⲩ†ⲧⲉⳞⲓⲁⲛⲏⲓ ⳨	Dederūt mihi dexteram, securitatē mihi iurauerunt.	عطوني يميننا

Ægyptia	Latina	Arabica
ⲁⲩⲉⲣϣⲩⲏⲥⲃⲓ	Percufferunt, dire-xit, conduxit, li-gare.	ضربوا هري تقسر
ⲁⲩⲭⲁⲩⲉⲥⲣⲏⲓ	Deftruxerunt, de-uaftarunt.	هدموا
ⲁⲩϭⲱⲉⲉⲓⲉⲭⲱⲓ	Conculcauerunt me.	داسوني
ⲁⲩⲥⲱⲓⲥⲓ	Deftruxerunt.	هدموا
ⲁⲩⲟϭⲓⲥⲓ	Extulerunt, eleua-runt.	رفعوا
ⲁⲩⲟⲩⲉⲓ	Elongati funt.	بعروا
ⲁⲩⲉⲣⲟⲩⲱⲓⲛⲓ	Illuxit.	اضا
ⲁⲩⲓ	Venit.	إنا جا
ⲁⲩⲟϭⲓ	Manfit, perftitit, durauit, ftabili-uit.	ثبت
ⲁⲩϣⲱⲓⲛⲓⲁⲩⲉⲣϣⲟⲣⲡⲡⲉⲣⲟⲓ	Fuit ante, præcef-fit, vicit, antici-pauit me,	كان قبل سبقني
ⲁⲩⲥⲁⲝⲓ	Locutus eft, pronū-ciauit, indicauit, narrauit.	تكلم نطق اخبر
ⲁⲩⲭⲓⲱⲓ	Inuenit,	وجد
ⲁⲩⲭⲉⲱϯⲡⲓ	Guftauit.	ذاق
ⲁⲩⲥⲉⲱⲥⲓ	Sedit.	جلس
ⲁⲩⲑⲓⲥⲓ	Laborauit, defati-gatus eft.	تعسب
ⲁⲩⲙⲟϣⲓ	Ambulauit.	مشي
		ⲁⲩϣⲓ

| --- | --- | --- |
ⲁϥⲟⲩⲗⲓ ⳾	Portauit, tulit.	حمل
ⲁϥⲓⲉϧⲣⲏⲓ ⳾	Caſtrametatus eſt deſcendit	نزل
ⲁϥⳉⲱⲗⲓ ⳾	Reſecauit, abſcidit.	قطع
ⲁϥϣⲁⲛⲓ ⳾	Cum venerit.	ادا جا
ⲁϥⲥⲓⲛⲓ ⳾	Præterijt, tranſijt.	عبر جاز
ⲁϥⲉⲣⲛⲟⲃⲓ ⳾	Peccauit.	اخطا
ⲁϥⳉⲱⲉϧⲣⲏⲓ ⳾	Poſuit, reliquit.	وضع ترك
ⲁϥⲣⲓⲕⲓ ⳾	Inclina, inclinauit.	امال اطرق
ⲁϥϭⲓ ⳾	Accepit.	اخذ
ⲁϥⲩϥⲓ ⳾	Portauit, tulit.	حمل
ⲁϥϣⲁⲓ ⳾	Ortus eſt, illuxit.	اشرق
ⲁϥⳍⲉⲣⲓ ⳾	Quieuit, direxit, cõ duxit, compeſcuit quieſcere fecit.	هدي سكت
ⲁϥⲟⲩⲁϩⲥⲁϩⲛⲓ ⳾	Præcepit.	امر
ⲁϥϣⲱⲕⲓ ⳾	Fodit.	حفر
ⲁϥⲁⲙⲟⲛⲓ ⳾	Tenuit, traxit, continuit, abſtinuit.	امسك
ⲁϥϭⲟⳉⲓ ⳾	Feſtinauit.	اسرع
ⲁϥⲫⲱⳉⲓ ⳾	Fiſſura, ruptura, rima, rumpere, ſcindere.	شق فلق
ⲁϥⳉⲉⲙⲡϣⲓⲛⲓ ⳾	Viſitauit.	افتقد
ⲁϥⲅⲓⲧϥⲉϧⲣⲏⲓ ⳾	Proſtratus eſt.	خر اطرح
ⲁϥϯϣⲓⲡⲓ ⳾	Confundar.	اخزي
ⲁϥⳍⲁⲗⲁⲓ ⳾	Volauit.	طار
ⲁϥϭⲓⲙⲱⲓⲧ ⲛⲏⲓ ⳾	Deduxit me.	هداني
		يهدي

Ægyptia	Latina	Arabica
ⲁⲩⲉⲣϧⲁⲣⲁⲃⲁⲓ ⁘	Tonauit.	ارعد
ⲁⲩⲃⲉⲃⲓ ⁘	Eructauit, effu-dit.	فاض
ⲃⲉⲃⲓ ⁘	Eructabit,	ينبع
ⲃⲱⲛϩⲗⲟⲃⲓ ⁘	Honorauit, hone-ſtas, humanitas, bonitas.	كرم
ⲅⲏⲥⲉⲙⲁⲛⲓ ⁘	Getſemane, Hebr. Vallis oliuarum, pinguedinis.	الجسمانية
ⲁⲩⲧⲁⲟⲩⲟⲓ ⁘	Miſit me, ſuſcitauit me.	ارسلني بعثني
ⲃⲣⲉϭⲓ ⁘	Trochea, rota. vitu-lus, iuuencus,	عجل بكر دورج
ⲉⲉⲣϩⲏⲃⲓ ⁘	Vt fleant, lamentē-tur,	ان ينوحوا
ⲉⲃⲛϩⲱⲗⲓ ⁘	Attollere, eleua-re.	يرفع
ⲉⲃⲛⲁϣⲱⲡⲓ ⁘	Sunt, erunt.	يكون يكودون
ⲉⲃⲛⲁⲥⲱϫⲓⲙⲉⲟⲓ ⁘	Corripit me. in-quinabit me ·	يودحني
ⲉⲃⲙⲙⲉⲓ ⁘	Amo, volo, re-ſpondit.	احب
ⲉⲃⲛⲁϣⲉⲙϣⲓⲙⲙⲉⲟⲓ ⁘	Miniſtret mi-hi.	يخدمني
ⲉⲃⲛⲁⲥⲓ ⁘	Et ſequatur me,	فليتبعني
ⲉⲃⲛⲁⲣⲉⲟⲛⲓ ⁘	Exſpectat, ſperat.	يصبر
ⲉⲓⲛⲁϣⲉⲛⲏⲓ ⁘	Abi, diſcede.	امضي اذهب

ⲉⲕⲓ//

Ægyptia	Latina	Arabica
ⲈⲔⲒⲢⲒ ⳽	Facies tu.	ۇجهعك
ⲈⲔⲈⲈⲗⲉⲥ ⳽	Scito, ſcias.	تعلم ستعلم
ⲈⲔⲈⲗⲗⲉⲥⲒ ⳽	Innocens eſt, in-fons.	تزكّي
ⲈⲔⲞⲂⲒ ⳽	Sitibundus.	عطشان
ⲈⲖⲱⲒ ⳽	Deus meus.	الاهي
ⲈⲚⲀⲤⲀⲪⲒ ⳽	In verbo meo.	بكلامي
ⲈⲌⲈⲤⲦⲤⲒⲚⲎⲎⲤ ⳽	Mihi poteſtas, do-minium	فى سلطان
ⲈⲚⲈϭⲀⲒ ⳽	Maritus tuus, do-minus tuus.	بعلــك
ⲈⲢⲈⲦⲈⲚⲈⳡⲱⲦ ⳽	Crucifigetis.	تصلبون
ⲈⲢⲈⲦⲈⲚⲚⲀⲒ ⳽	Accipietis.	تاخدون
ⲈⲢⲔⲞⲨⲀⲒ ⳽	Defeciſti, abbreuia tus es,impedit⁹ es.	قصرت
ⲈⲢⲈⲦⲈⲚⲈ ϫ Ⲓⲉⲥ ⳽	Definietis, inue-nietis.	تجدون
ⲈⲈⲢ ϭ Ⲏ Ⲃ Ⲓ ⳽	Flebitis, plora-bitis.	تنوحون
ⲈⲢ ϥ Ⲃ Ⲉ ⲱⲦ ⳽	Dimidiabis.	تنصف
ⲈⲨⲒⲚⲒ ⳽	Si tranſierit, cum tranſierit.	ان يجوز ان يعبر
ⲈⲤⲢⲒⲉⲥ ⳽	Flens, fletus, lamentum.	باكية
ⲈⲤⲤⲱ ϧ Ⲓ ⳽	Textus, contex-tus.	منسوج
ⲈⲤ ⲗ ⲉ Ⲃ ⲞⲔⲒ ⳽	Prægnans, fœta, grauida:	حبلى

Ægyptia	Latinā	Arabica
ECEⲗⲗICI ⸱	Pariet illa,	هتنلی
ECEⲣⲂOKI ⸱	Concipiet.	تحبل
EⲦⲂOCI		
OⲨONNIⲂENⲦⲂOCI ⸱	Quicumque laborauit, feſſus fuerit.	كل من تعب
EⲦⲌENENNⲀⲰI ⸱	Qui confiditis, qui comeditis.	الذي تكيملون
EⲦⳘWOⲨI ⸱	Sarcinæ, onera.	الاخمال
EⲦCI ⸱	Satiabis.	ة شباع
EⲦI ⸱	Nunc, etiam.	الان ايضا
EⲦOⲨⳘⲗⲗOⲒ ⸱	Lactantes.	الرضعان
EⲦⲟⲟⳆINCⲰI ⸱	Expellent me. perſequentur me	يطردوني
EⲦⲀKI ⸱	Veni.	ايذيين
EⲦⲒⲣI ⸱	Facies, facit.	تعمل
EⲨNⲂENⲰI ⸱	Aſcendent.	يصضعون
EⲨOⲗI ⸱	Portabunt, ferent.	يحملون
EⲨⳆEⲗⲗCI ⸱	Sedendo.	جلوسا
EⲨEⲰWⲒI ⸱	Erunt.	يكودون
EⲨⲣⲒⲗⲗ ⸱	Plorantes, flentes.	باكيين
EⲨⲗⲗOⲒⲒ ⸱	Paſcent.	يرعون
EⲨOⲒCⳄⲒⲗⲗ ⸱	Vxores ducent, nubent.	يتزوجون
EⲨOⲒⳆⲂI ⸱	Vxores dant.	يزوجون
EⲨEⲰⲖHⲖOⲨI ⸱	Laudabūt, exultabunt, vociferabūt	هللوا تجلبوا

Ægyptia.	Latina.	Arabica.
ⲉⲣⲙⲉⲟⲛⲓ ⳨	Appulfi, ftantes in portu-	مرسيين
ⲉⲣⲣⲱϫⲓ ⳨	Lauabunt.	يغسلون
ⲉⲣⲉⲟⲧϣⲓⲧⲓ ⳨	Confundentur.	يخزون
ⲉⲣⲉϥⲓⲣⲓ ⳨	Florebunt.	يزهرون
ⲉⲩⲓⲁⲓ ⳨	Longus.	الطويل
ⲉⲩⲓⲁⲧⲉⲉⲑⲛⲁⲓ ⳨	Si credam, fi eleemofynam elargiar.	ان اتصدق
ⲉⲩⲉⲉⲉⲩⲓ ⳨	Vt feruiam.	ان اخدم
ⲉⲩⲉⲉⲟⲩⲓ ⳨	Ambulando, ambulantem.	ماشيا
ⲉⲩⲥⲁⲝⲓ ⳨	Loquentem, pronunciantem.	ناطقا متكلما
ⲉⲩⲉⲓⲃⲓ ⳨	Sitiet.	يعطش
ⲉⲩⲉⲟⲧϥⲉⲓ ⳨	Eructabit.	ينبع
ⲉⲩⲩⲁⲧⲉⲉⲑⲛⲁⲓ ⳨	Emendicat, & eme dicabit, iuftificabit feipfum.	يتصدق
ⲉⲩⲉⲥⲟⲩⲓ ⳨	Arguit, increpat, caftigat.	يبكّت ويوبخ
ⲉⲩⲩⲁⲓ ⳨	Ferens, portans, onus.	حامل
ⲉⲩⲥⲟⲥⲓ ⳨	Superexaltatus.	مرتفع عال
ⲉⲩⲉⲣϥⲉⳝⲣⲓ ⳨	Sanat.	يشفي
ⲉⲩⲉⲛϣⲁⲩⲓ ⳨	Amarus, ab amaritudine,	مرا من المرار
ⲉⲩⲩⲱⲟⲭⲓ ⳨	Cadet,	ساقط

S f

ⲉⲩⲯ

Ægyptia.	Latina.	Arabica.
ⲉⲩϭⲱⲁⲓ ✦	Arat.	يحرث
ⲉⲩⲥϧⲁⲓ ✦	Scribit.	بكتب
ⲉⲩⲉⲟⲣⲱⲓ ✦	Percutit.	يضرب
ⲉⲩⲥⲓ ✦	Confiderat, quærit, meditatus, ftudet, terit, triturat.	يدرس
ⲉⲩϩⲱⲧⲉⲉⲓ ✦	Calcare, triturare.	يطي يدوس
ⲉⲩⲫⲟⲟⲓ ✦	Fufus, expanfus, diductus.	مسبوك
ⲉⲩⲁⲧⲉⲉⲩⲧⲉⲉⲉⲟⲓ ✦	Seruit mihi.	يخدمني
ⲉϧⲣⲏⲓ ✦	Infra.	استفل
ⲉϩⲣⲏⲓⲉϫⲱⲓ ✦	Super.	على
ⲉⲟⲓϭⲓⲉⲉⲓ ✦	Vt accipiat vxorem.	لياخذ امراة
ⲉϭⲱⲧⲓ ✦	Vt colligat, fumat, appre-hendat:	ان يتقبض
ⲉⲧϩⲉⲗⲓ ✦	Terruit, minatus eft.	اخوف اهدد
ⲏⲕⲁⲑⲏⲉⲉⲛⲓ ✦	Sedentes, fe-dens.	لجلوس
ⲏⲡⲓ ✦	Summa, numerus, computus.	العدد
ⲑⲁⲓ ✦	Hic, hæc, hoc.	هذه
ⲑⲃⲁⲕⲓ ✦	Vrbs, ciuitas, op-pidum.	مدينة

Ægyptia.	Latina.	Arabica.
ⲃⲕⲉⲧϩⲩⲟⲩⲓ ⳩	Missa soluta, ab-soluta,	المطلقه
ⲃⲛⲉⲭⲓ ⳩	Venter.	بطن
ⲃⲁⲛⲁϯⲩⲱⲟⲩⲛⲏⲓ ⳩	Laudat me, glori-ficat me.	يمجدني
ⲃⲛⲟⲩⲛⲓ ⳩	Radix.	أصل
ⲃⲟⲩⲁϩⳝⲟⲓ ⳩	Tectum.	سقف
ⲃⲟⲩⲁⲃⲛⲓ ⳩	Perforauit, inter-rupit.	ثقب حزم
ⲃⲩⲟⲟⲩⲓ ⳩	Valde, mehercule, oppidò.	خطا
ⲕⲁⲗⲡⲉⲣϥⲉⲓ ⳩	Furtempli, facri-legus.	سارق الهيكل
ⲕⲉⲣⲁⲧⲁⲡⲁⲛⲉⲉⲉⲟⲓ ⳩	Num diligis me?	أتحبني
ⲕⲉⲣⲙⲓ ⳩	Cinis.	رماد
ⲕⲉⲧⲟⲓ ⳩	Peculiariter.	لاتيما
ⲕⲉⲝⲉⲙⲩⲧⲉⲧⲉⲛⲙⲉⲩⲓ ⳩	An nos putatis?	لعلكم تظنون
ⲕⲉⲇⲩⲓ ⳩	Alius,	اخري
ⲭⲟⲩⲭⲓ ⳩	Paruus, finifter.	صغير يسير
ⲭⲁⲩⲗⲓ ⳩	Accipies, crucia-bis.	تاخذ تعذب
ⲗⲁⲙⲉⲓⲥⲁⲃⲁⲭⲑⲁⲛⲓ ⳩	Quare reliquifti me?	لماذا تركتني
ⲗⲉⲗⲉⲭⲉⲙⲓ ⳩	Vulnera.	الجراح
ⲗⲱⲓⲝⲓ ⳩	Cauſa, ratio, prin-cipium, res.	العلة السبب الحجه
ⲙⲁⲣⲉϥⲟⲩⲁϩⳝⲩⲛⲥⲱⲓ ⳩	Sequatur me.	فليتبعني

Ægyptia	Latina	Arabica
ⲙⲙⲁϭⲙⲙⲙⲟⲧⲓ	Catulus leonis.	جرو الاسد
ⲙⲙⲁⲧⲟⲩⲁⲟⲓ	Libera me, vindica me, redime me	اتقنني
ⲙⲙⲁϭⲓ	Vituli.	عجول
ⲁⲛⲕⲱⲧⲉⲣⲟⲓⲛⲭⲉⲟⲩ// ⲧⲟⲙⲙⲙⲙⲁϭⲓ	Circumdederunt me,	احاط في
	Species vitulorum.	انواع عجول
ⲙⲙⲁϭⲥⲁⲙⲛⲕⲓ	Indica mihi.	احكم لي
ⲙⲙⲁⲣⲉⲥⲓ	Vt veniam.	لناتي
ⲉⲉⲃⲉⲣⲓ	Nouus.	حديس
ⲉⲉⲃⲣⲉϭⲓ	Oblinimen-tum.	الطلى
ⲙⲙⲉⲧⲅⲁⲧⲥⲉⲃⲓ	Præputium; cir-cumcifio.	الغرله
ⲙⲙⲧⲅⲙⲙⲅⲧⲟⲓ	Copiæ, milites, turmæ.	جنون
ⲙⲙⲉⲛⲉⲛⲥⲱⲓ	Poft me.	بعدي
ⲙⲙⲁⲃⲣⲓ	Meridies, vel tem-pus meridia-num.	طهيره
ⲙⲙⲉⲛⲧⲟⲓ	Nunc.	الان ان
ⲙⲙⲉⲧⲩⲟⲃⲓ	Vfura, fimulatio	الريا
ⲙⲙⲉⲧⲟⲩⲁⲓ	Singularitas, vnio,	وحد انيه
ⲙⲙⲏⲧⲓ	Vtrum, ac for-fan.	هل لعل
		ⲙⲙⲙ *ß*

Ægyptia	Latina	Arabica
ⲙ̀ⲙⲏⲛⲓ ⁘	Omni die, quotidie.	كل يوم
ⲙ̀ⲙⲓⲥⲓ ⁘	Natus, genitus, editus.	مولود
ⲙⲟⲩⲙⲓ ⁘	Fons, ſcaturigo.	ينبوع عين
ⲙⲟⲓⲛⲏⲓ ⁘	Dato, da,	اعطي
ⲙⲟϣⲓⲛⲥⲱⲓ ⁘	Sequere me, ſecutus eſt me, in bonum, & malum.	اتبعني
ⲙⲟϣⲓ	Ambul a:	امش
ⲙⲟⲓ ⁘	Dato.	اعط
ⲙ̀ⲡⲉⲣⲉⲣϣⲫⲏⲣⲓ ⁘	Non admiraberis, ne mireris.	لا تعجب
ⲙ̀ⲡⲉⲣⲉⲣⲛⲟⲃⲓ ⁘	Ne pecces.	لا تخطي
ⲙ̀ⲡⲉⲧⲉϩⲛⲏⲓ ⁘	Voluntas mea, beneplacitum meum.	مشيئتي مسرتي
ⲙ̀ⲡⲉⲣϭⲓⲛⲉⲙⲙⲏⲓ ⁘	Ne tangas me, ne palpes me.	لا تدنيني لا تلمسيني
ⲙ̀ⲡⲉϥϩⲉⲓ ⁘	Non cadet, non cecidit.	لم يسقط
ⲙ̀ⲡⲉϥⲱⲓ ⁘	In capillo.	بشعر
ⲙ̀ⲡⲉⲣϥⲱϫⲓ ⁘	Ne trahas, non accipias.	لا تخذ
ⲙ̀ⲫⲛⲟⲃⲓ ⁘	Peccatum.	خطية
ⲛⲁⲡⲕⲁϩⲓ ⁘	Terrena, terreſtria.	الارضيات

Ægyptia	Latina	Arabica
ⲛⲁⲓ ⳧	Isti, illi,	هـــــولا
ⲛⲁⲩϭⲟⲥⲓ ⳧	Fuerunt afflicti, perfequebantur:	كانوا يضطهدون
ⲛⲁϥⲓⲣⲓ ⳧	Facit	وبصنع
ⲛⲁϥⲙⲉⲉⲓ ⳧	Amans erat.	كان محبا
ⲛⲁⲙⲉⲉⲥⲓ ⳧	Vituli mei.	عجولي
ⲛⲁⲓϣⲱⲛⲓ ⳧	Eram infirmus.	كنت مريضا
ⲡⲁⲛⲓⲫⲏⲟⲩⲓ ⳧	Cæleftia.	السمايات
ⲛⲉⲧⲉⲛⲛⲟⲃⲓ ⳧	Peccata veftra.	خطايا كم
ⲛⲉⲙⲡϣⲏⲣⲓ ⳧	Et filius.	والابن
ⲛⲉⲙⲙⲉⲩⲱⲛϧ ⳧	Verè, certò, profe-ctò, per vitam,	وبحق
ⲓⲉϥϩⲃⲏⲟⲩⲓ ⳧	Opera eius.	اعماله
ⲛⲉϥϣⲏⲣⲓ ⳧	Filij eius	بنوه
ⲛⲉϥⲕⲉⲗⲓ ⳧	Genu eius	ركبه
ⲛⲉⲥϣⲏⲣⲓ ⳧	Filij eius, fæm.	بنوها
ⲛⲉϥⲙⲁⲛⲙⲟϣⲓ ⳧	Semitæ eius, viæ eius,	مسالكه سبله
ⲛⲉⲧⲉⲛϫⲁϫⲓ ⳧	Inimici veftri.	اعداوكم
ⲛⲉⲧⲉⲛⲁⲛⲁⲙⲏⲓ ⳧	Natura veftra, margaritæ veftræ.	جواهركم
ⲛⲉⲛϣⲱⲛⲓ ⳧	Infirmitates no-ftræ;	امراضنا
ⲛⲉⲛⲓⲁⲃⲓ ⳧	Dolores, languo-res noftri:	اوجاعنــا اسقامنا
ⲛⲉⲕⲛⲟⲃⲓ ⳧	Peccata tua	خطاياك
ⲛⲉϧⲓⲟϯ ⳧	Dominus campi.	رب حقل

Ægyptia	Latina	Arabica
ⲛⲉⲧⲉⲛⲥϩⲓⲙⲉⲓ ⁖	Mulieres ve-ſtræ.	نساوكم
ⲛⲉϭϣⲏⲣⲓ ⁖	Filij tui.	جنوك
ⲛⲉⲥϩⲁⲧϥⲓ ⁖	Argentum eius, folium eius, epi-ſtolæ ſuæ.	اورا قهم
ⲛⲉⲛϫⲁϫⲓ ⁖	Inimici noſtri,	اعداوزا
ⲛⲉⲥⲛⲟⲃⲓ ⁖	Peccata eius,fæm.	خطاياها
ⲛⲉⲃϩⲓ ⁖	Longitudo tempo-rum,ætatum.	طول الاعمار
ⲛⲉⲥⲉⲣⲙⲱⲟⲩⲓ ⁖	Lachrymæ eius, f.	دموعها
ⲛⲉⲥⲣⲱⲟⲩⲓ ⁖	Portæ eius, f.	ابوابها
ⲛⲏⲓ ⁖	Mihi	لى
ⲛⲏⲉⲧϣⲱⲛⲓ ⁖	Infirmi , infirmi-tas,dolor.	المرضا
ⲟⲩⲁⲓ ⁖	Vnus, ſingula-ris.	واحد
ⲁⲩⲁ ϣⲉⲛⲏⲟⲩⲛⲥⲱⲓ ⁖	Sequimini me,ſe-quere me.	تبعوني
ⲟⲩⲥϩⲓⲙⲓ ⁖	Fæmina	امراه
ⲟⲩϫⲟⲓ ⁖	Nauis,paries.	السفينه جايط
ⲟⲩⲟⲙⲓ ⁖	Lutum	طين
ⲟⲩⲣⲉϥⲉⲣⲛⲟⲃⲓ ⁖	Peccator.	خاطني
ⲟⲩⲣⲉϥϭⲓⲟⲩⲓ ⁖	Fur.	سارق
ⲟⲩⲥⲟⲛⲓ ⁖	Fur,latro.	لض
ⲟⲩⲟⲛⲧⲏⲓ ⁖	Mihi, ad me.	لى
ⲟⲩϧⲁⲣⲁⲃⲁⲓ ⁖	Tonitru, tremor.	زعن
ⲟⲩⲥⲏϥⲓ ⁖	Enſis.	سميف

ⲟⲩⲣⲁ ⫽

Ægyptia.	Latina.	Arabica
ⲟⲩⲣⲃⲁⲕϫⲓ ✚	Lignum.	خشب ظمي
ⲟⲩⲟϫⲓ ✚	Ager, campus.	حقل
ⲟⲩϣⲟⲩϣⲱⲟⲩϣⲓ ✚	Sacrificium, obla-tio, immolatio.	ذبيحة
ⲟⲩⲙⲙⲟⲕⲓ ✚	Vas, vasa.	اوعاء اذا
ⲟⲩⲑⲙⲉⲏⲓ ✚	Iustus, bonus, pu-rus, fanctus.	صديق بار
ⲟⲩⲣⲁⲥⲟⲩⲓ ✚	Somnium, fomnia-uit, benignitas, modestia.	حلم
ⲟⲩⲣⲓⲙⲓ ✚	Fletus, fleuit, plo-rauit	بكا
ⲟⲩⲛⲉϩⲡⲓ ✚	Vlulatus, gemitus, lamentatio, fle-tus, & clamor.	عويل
ⲟⲩⲓ ✚	Vna	واحده
ⲟⲩⲟⲓ ✚	Væ, heu	ويل
ⲟⲩⲁⲡⲓⲛⲓ ✚	Reprehensio, cor-rectio,	وجس لوم
ⲟⲩⲥϯ ✚	Congregatio, vni-tio; propinquitas.	كتاب
ⲟⲩⲛⲁⲁϫⲓ ✚	Dens,	صن
ⲟⲩⲟⲩⲟⲓ ✚	Impetus, ir-ruptio, faltus,	قفزه ووثبة
ⲟⲩϣⲉⲣⲓ ✚	Filia, gna-ta.	ابنة
ⲟⲩⲙⲉⲏⲓⲛⲓ ✚	Signum, miraculũ, portentum,	ايه علامة

ⲟⲩⲁⲃ

Ægyptia	Latina	Arabica
ⲟⲩⲛⲁⲫⲣⲓ ⳥	Granum,	حبة
ⲟⲩⲥⲃ̅ⲏⲓⲛⲓ ⳥	Rete, laqueus.	شبكة
ⲟⲩⲟϩⲏⲓⲓ ⳥	Nebulæ, nubes.	سحابة
ⲟⲩⲉⲧⲛⲓ ⳥	Spes, quies.	رجاء
ⲟⲩⲃⲱⲕⲓ ⳥	Serua, ancilla, famula.	عبده أمة
ⲟⲩⲁϩⲥⲁϩⲛⲓ ⳥	Præcepit, iuffit, mandauit.	أمر
ⲟⲩⲱⲓⲛⲓ ⳥	Certum menfuræ genus, idē quod Hebr. Ephi.	وقية مكيال
ⲟⲩⲁⲣⲉⲗⲓ ⳥	Legio, crypta, difpofitio,	جوقة مسرب صفة
ⲟⲩⲉⲁⲥⲓⲉⲃⲁⲧⲉⲉⲛⲓ ⳥	Hœdus, Capricornus.	الجدي
ⲟⲩⲉⲃⲱⲓ ⳥	Stupor, torpor, ecftafis.	سهو غفلة هجعة
ⲟⲩⲭⲓ ⳥	Non.	ليس
ⲟⲩⲥⲉⲃⲓ ⳥	Circumcifio	ختان
ⲟⲩⲣⲉⲩⳉⲉⲙⲉⲧⲃⲁⲏⲓ ⳥	Verum, certum.	محقق
ⲟⲩⲉⲁⲥⲑⲟⲓ ⳥	Venenum, foramen.	سم
ⲟⲩⲉⲙⲉⲧⲃⲉⲣⲓ ⳥	Præfinitio, menfuratio, terminatio.	تحديد
ⲟⲩⲥⲓⲉⲫⲟⲩⲱⲓ ⳥	Seminatio, aratio.	زراعة تفليح
ⲃⲩⲥⲱⲟⲩϩⲓ ⳥	Ouum, Tefticulus.	بيضة

Tt ⲟⲩⲟⲧ

Ægyptia	Latina.	Arabica.
ⲟⲩⲟⲝⳠⲓ ⳽	Suffocatio.	ﺧﻨﻘﺔ
ⲟⲩⲣⲉⲙⲛⲕⲁϩⲓ ⳽	Terrenus, humi proſtrat⁹, mēdicus	ﺗﺮﺍﺑﻲ
ⲟⲩⲙⲟⲛⲓ ⳽	Lactatrix, Nu-trix.	ﻣﺮﺿﻌﺔ ﻣﺮﺑﻴﺔ
ⲟⲩⲟ⳽ⲟⲩⲝⲙⲃ̅ⲓ ⳽	Carta, epiſtola,	ﻭﻭﺭﻗﺔ
ⲟⲩⲉⲙⲙⲟⳡ ⳽	Lactatio, infans, lactens,	ﺍﻟﺮﺿﺎﻉ
ⲟⲩⲉⲙⲟⲧⲛⲱϣ̅ⲓ ⳽	Humerus eius . f.	ﻣﻨﻜﺒﺎﻫﺎ
ⲟⲩⲣⲱⲙⲓ ⳽	Vir, homo.	ﺭﺟﻞ ﺍﻟﻨﺴﺎﻥ
ⲟⲩⲓⲟⲩⲝⲁⲓ ⳽	Iudæus.	ﻳﻬﻮﺩﻱ
ⲡⲁⲣⲁϣⲓ ⳽	Gaudium meum, lætare, gaude.	ﻓﺮﺣﻲ
ⲡⲁⲣⲉϥϣⲉⲙⲉⲱⲓ ⳽	Seruus meus, famu lus, & miniſter meus	ﺧﺎﺩﻣﻲ
ⲡⲁⲙⲉⲩⲓ ⳽	Memoria mea.	ﺫﻛﺮﻱ
ⲡⲁⲧⲣⲓ ⳽	Pater.	ﺍﻻﺏ
ⲡⲁⲣⲉϥ ϯⲉ⳽ⲣⲏⲓⲉⲛ ⲝⲱⲓ ⳽	Defenſor meus, propugnans pro me, occiſor, dicit ét Saturn. ab effec.	ﺍﻟﻤﻘﺎﺗﻞ ﻋﻨﻲ
ⲡⲁⲥⲁⲓ ⳽	Decor meus, ſplen dor.	ﺑﻬﺎﻳﻲ
ⲡⲁⲑⲱⲟⲩⲓ ⳽	Calceus meus.	ﺟﺮﺍﻱ
ⲡⲉϥⲑⲱⲟⲩⲓ ⳽	Calceus eius.	ﺟﺮﺍﻩ
ⲡⲉϥⲏⲓ ⳽	Domus eius.	ﺑﻴﺘﻪ
ⲡⲉϥϣⲏⲣⲓ ⳽	Filius eius.	ﺍﺑﻨﻪ

ⲡⲉⲛ//

Ægyptia	Latina	Arabica
ⲡⲉⲧⲉⲛϣⲏⲣⲓ ⳽	Filius vester.	ابنكم
ⲡⲉⲛϣⲏⲣⲓ ⳽	Filius noster.	ابننا
ⲡⲉⲕϣⲁⲓ ⳽	Festum tuum.	عيرك
ⲡⲉϥⲓⲁϩⲁⲗⲟⲗⲓ ⳽	Vinea eius.	كرمة
ⲡⲉⲧⲉⲛⲛⲟⲃⲓ ⳽	Peccatum vestrú.	خطيتكم
ⲡⲉⲥϣⲱⲓ ⳽	Capilli eius.	شعرها
ⲛⲉⲥϩⲁⲓ ⳽	Maritus eius, vir eius.	بعلها زوجها
ⲡⲉⲕϫⲁϫⲓ ⳽	Inimicus tuus	عدوك
ⲡⲉⲕϫⲓⲛⲓ ⳽	Aduentus tuus,	مجيبك
ⲡⲉϥϫⲓⲛⲓ ⳽	Aduentus eius.	مجيبة
ⲡⲉⲧⲉϥⲱⲓ ⳽	Possessio mea, quod meum est.	مالى الذي لى
ⲡⲉϥⲛⲁⲓ ⳽	Misericordia eius.	رحمتة
ⲡⲉⲥⲏⲓ ⳽	Domus eius.	بيتها
ⲡⲉⲧⲥⲁϩⲛⲓ ⳽	Largitor, dator, donum, munus, id quod datum est.	الرازق المعطي
ⲡⲉϥϫⲫⲟⲓ ⳽	Brachium eius.	دراعة
ⲡⲉⲣⲓ ⳽	Alimentum, cibus, esca.	طعاما
ⲡⲉϣⲏⲣⲓ ⳽	Filius tuus.	ابنسك
ⲡⲉϥⲏⲓ ⳽	Domus eius.	بيتسه
ⲡⲉⲕⲥⲉⲃⲓ ⳽	Circumcisio tua, gener tuus, cognatus tuus.	ختانك
ⲡⲏⲓ ⳽	Domus.	بيت
ⲡⲓⲟⲩⲱⲓⲛⲓ ⳽	Lux.	النور

Ægyptia	Latina.	Arabica.
ⲡⲓⲭⲁⲕⲓ	Tenebræ.	الظلمة
ⲡⲓⲉⲣϣⲓϣⲓ	Dominator , dux poteſtaté habens, Imperator.	السلطـــان
ⲡⲓϣⲁⲓ	Dies feſtus, folem- nia.	العيـــد
ⲡⲓⲙⲉⲓⲥⲓ	Natus, genitus , natiuitas.	المولود
ⲡⲓⲓⲟϩⲓ	Campus, ager, vil- la; terra.	الحقل القريه
ⲡⲓϧⲓⲥⲓ	Labor, fatigatio, cura.	النعب
ⲡⲓⲟⲩⲝⲁⲓ	Salus , falutem ad- ferens.	الخلاص
ⲡⲓⲣⲱⲙⲓ	Homo, vir.	الرجل الانسان
ⲡⲓⲥⲁⲝⲓ	Verbum.	الكلمة
ⲡⲓⲍⲟⲓ	Nauis.	السفينة
ⲡⲓⲕⲁϩⲓ	Terra .	الارض
ⲡⲓⲥⲁϩⲟⲩⲓ	Maledictio, execra- tio, anathema.	اللعنـــه
ⲡⲓϣⲱⲛⲓ	Morbus , infirmi- tas.	المرض
ⲡⲓϯⲙⲓ	Villa, ciuitas, cam- pus, vrbs.	القريـــه
ⲡⲓⲏⲓ	Domus.	البيـت
ⲡⲓⲥⲑⲟⲓ	Quies , tranquilli- tas.	الراحه

ⲡⲓϫⲉⲓ

Ægyptia	Latina	Arabica
ⲡⲓϩⲉⲓ	Cafus, ruina, abortus, id quod decidit, eijcitur.	السقوط
ⲡⲓⲧⲟⲓ	Pars. portio, fors.	النصيب
ⲡⲓⲙⲁⲛϣⲱⲡⲓ	Habitaculum.	المسكن
ⲡⲓⲟⲩⲱⲓ	Arator, agricola.	الفلاح
ⲡⲓϣⲉⲛⲥⲓϥⲓ	Plantator, infitor.	الغارس
ⲡⲓⲥⲟⲩⲣⲓ	Spina, tribuli.	الشوكة
ⲡⲓⲙϩϩⲓ	Brachium.	الدراع
ⲡⲓⲏⲡⲓ	Summa, numerus, computus.	العدد
ⲡⲓϧⲁⲓ	Ventilabrum.	الرفش المذراه
ⲡⲓⲓⲛⲓ	Cóparatio, fimilitudo, qui comparat.	الشبه
ⲡⲓϫⲏⲓ	Herba	الحشيشة
ⲡⲓⲥⲟⲓ	Feftuca.	القدا
ⲡⲓϣⲟⲃⲓ	Hypocrita.	المراي
ⲡⲓⲉⲣⲫⲉⲓ	Templum.	الهيكل
ⲡⲓⲥⲟϭⲛⲓ	Confilium.	المشوره
ⲡⲓϩⲓϣⲉⲛⲛⲟⲩϥⲓ	Annunciatio.	البشاره
ⲡⲓⲛⲉⲃⲏⲓ	Dominus domus, pater familias.	رب البيت
ⲡⲓⲕⲉⲣⲙⲓ	Cinis,	الرماد
ⲡⲓⲙⲁⲛⲉⲣϣⲱⲟⲩϣⲓ	Altare.	المدبح

Ægyptia	Latina	Arabica
ⲡⲓⲝⲱⲡⲓ ⳿	Fortis, potens, robuſtus.	القوي
ⲡⲓⲝⲁⳉⲓ ⳿	Inimicus.	العدو
ⲡⲓⲁ̇ⲅⲉⲗⲟⲗⲓ ⳿	Vinea	الكرم
ⲡⲓⲁⲟ̇ⲓⲛⲥⲃⲟⲓ ⳿	Myrtus, bon⁹ odor.	الريحان
ⲡⲓⲁⲙⲙⲓⲥⲓ ⳿	Mentha, herbæ genus, guttur.	النعنع
ⲡⲓⲛⲁⲓ ⳿	Miſericordia	الرحمة
ⲡⲓⲣⲱⲟⲩⲓ ⳿	Sufficientia, abundantia, annona	الكفاف
ⲡⲓⲥⲃⲟⲓⲛⲟⲩ̈ⲩⲓ ⳿	Thymiama, incéſum, odor	البخور
ⲡⲓⲁ̇ⲙⲁϩⲓ ⳿	Fortitudo, maieſtas, conſolatio-	العزة
ⲡⲓⲙⲉ̇ⲩⲓ ⳿	Mas, memoria.	الذكر
ⲡⲓϣⲟⲣⲡⲙⲁⲥⲓ ⳿	Bos,	البكر
ⲡⲓϣⲓ ⳿	Menſura.	الكيل
ⲡⲓⲥϩⲃⲓ ⳿	Iugum boum, ager rura, aratrum.	الفدان المحراث
ⲡⲓⲉ̇ⲙⲓ ⳿	Scientia, cognitio	العلم المعرفة
ⲡⲓⲝⲓⲣⲓ ⳿	Siliqua.	الخرذوب
ⲡⲓⲙⲁⲥⲓ ⳿	Vitulus	العجل
ⲡⲓⲧⲱⳉⲓ ⳿	Plantatio.	الغرس
ⲡⲓⲕⲉⲛⲓ ⳿	Pinguis, ſuauis, delectabilis, delicatus.	الدسم اللذ يذ يذ
ⲡⲓⲣⲉϥϭⲟϫⲛⲓ ⳿	Conſiliarius, cóful.	المشير الوزير

Ægyptia	Latina	Arabica
ⲡⲓⲧⲱⲟⲗⲉⲓ ⳨	Adhæsio.	الالتصاق
ⲡⲓⲑⲓⲭⲓ ⳨	Ebrietas, ebrius, te-mulentus.	السكـــــر
ⲡⲓϣⲉⲙϣⲓ ⳨	Seruitus, ministe-rium.	الخرمه
ⲡⲓⲣⲉϥⲉⲣϩⲉⲗ ⳨	Princeps, guberna-tor, rector.	الرييس المدبر
ⲡⲓϭ̄ⲉⲗⲓ ⳨	Butyrum, caseus.	السمن لحبن
ⲡⲓⲥⲉⲃⲓ ⳨	Concisio, circum-cisio.	لختان
ⲡⲓⲃⲓⲭⲓ ⳨	Confractio, con-torsio	الكسر البعويج
ⲡⲓⲣⲉⲙⲛ̄ϫⲱⲓⲗⲓ ⳨	Transiens, incola, viator, hospes.	الخابر الدخيل الضيف
ⲡⲓϭⲓⲥⲓ ⳨	Altitudo, excelsi-tas, humanitas.	العلو الارتفاع
ⲡⲓⲟⲇⲝϩⲉⲙⲙⲓⲥⲓ ⳨	Natiuitas, nouū, innouatio.	الميلاد الجديد
ⲡⲓⲣⲉϥϯⲧⲉⲛϣⲓ ⳨	Increpás, perturbat. tus, contumelios⁹.	منتهر
ⲡⲓⲛⲏⲃⲓ ⳨	Natatio, nauis, nauta.	العـــوم
ⲡⲓⲃⲉⲛⲓⲡⲓ ⳨	Dies festi, fer-rum.	الجديد
ⲡⲓⲙⲉⲓⲣⲱⲙⲓ	Amator hominū.	محب البشر
ⲡⲓⲣⲏⲓⲥⲓ ⳨	Puluis, puluis mi-nutus, atomus.	الهبا الغبار
ⲡⲓⲙⲉⲗⲝⲓ ⳨	Securis, ascia.	القدوم

ⲡⲓⲃⲉⲛ

Ægyptia	Latina	Arabica
ΠΙΒΕΝΙ	Palma arbor;	النخل
ΠΙΒΒΧΗΙΝΙ	Vitrum.	الزجاج
ΠΙΟΗΗΙΝΙ	Grauis inceſſus. tremor, definitio, proſcriptio.	البخطر
ΠΙΟΗΙΝΙ	Medicus.	الطبيب
ΠΙΒΒΙ	Palmites, palma- rum rami, depre- catio, preces,	السعف
ΠΚΒϩΙ	Terra.	أرض
ΠΟΥΗΙ	Domus eorum.	بينهم
ΠΟΥϢΒΙ	Naſus eorum,	أنفهم
ΠΙΟΕΠΙ	Reliquum, reſi- duum.	البقية
ΠΙϢΩΙ	Super, ſupra,	فوق
ΠΙϢΙ	Menſura.	الكيل
ΠΙϢΤΩΡΙ	Fideiuſſor.	الكفيل
ΠΙΧΙΝΙ	Aduentus.	مجي
ΠΙΧΙΝΜΕΙΟΙ	Natiuitas.	ميلاد
Π†ϯⲉⲉⲓ	Pagus, vicus, vrbs.	قرية
ΡΒϢΙ	Gaude, gaudete.	افرح افرحوا
ΡΒΒΟΥΝΙ	Gaude. f.	افرحي
	O magiſter, doctor.	يا معلم
ΡΟΥϩΙ	Veſper,	عشية مسا
ΡΩΙ	Et ipſa.	فهي
ΡΩΟΥΙ	Cannæ, arundines,	قصين بزرابب
ΟΒϴΗΡΙ	Denarius,	دينار
ΟΒⲘⲘΒΙ	Ecce,	هاهنا

Ægypti	Latina.	Arabica
ⲋⲁⲙⲙⲉⲛⲟϩⲓ ⳨	Post me, retro me.	خلفي
ⲋⲁⲡⲣⲁⲛⲓ ⳨	Phtyſis, tabes.	زديل سرقاخبة
ⲋⲁⲛⲅⲏⲙⲓ ⳨	Mercator purpurę, vermiculus coccineus, purpura.	بياغة الارجوان
ⲋⲉⲣⲛⲟⲩⲣⲓ ⳨	Conuenientia, concordia.	الاصلح الاوفق اللايق
ⲋⲉⲕⲓⲕⲓ ⳨	Creſcit, augetur.	ينمى يشي
ⲇⲉϧⲟⲥⲓ ⳨	Laborat, fatigatur.	ينتعب
ⲋⲉⲙⲟⲙⲓ ⳨	Ambulant.	يمشون
ⲋⲉⲯⲓⲛⲓ ⳨	Extrahit, euaginat,	ينزل
ⲋⲉⲝⲱⲙⲓ ⳨	Scindunt, reſecant	يقطعون
ⲋⲉⲯⲓⲛⲓ ⳨	Viſitat, quærit, curam habet.	ينيفقد
ⲋⲉⲙⲓ ⳨	Intercedit, trahit.	يشيفسح
ⲥⲓⲕⲓ ⳨	Stultitia, amentia, infamia.	جمف
ⲥⲩⲛⲓ ⳨	Comparatum eſt, comparatio.	ششبه
ⲥⲟⲣⲁⲓ ⳨	Kalendæ, caput menſis.	راس الشهر المستهل الشهر
ⲥⲟⳝⲓ ⳨	Reprehenſio.	تبكيت
ⲥⲱⲕⲓ ⳨	Congrega, congregate.	اجمع اجمعوا
ⲥϧⲁⲓ ⳨	Scribe.	اكتني
ⲥϫⲉⲙⲥⲓ ⳨	Conſedit, ſedet.	جالسه

Ægyptia	Latina	Arabica
ⲛⲏⲉⲧⲟⲃⲓ ⳩	Sitientes.	العطاش
ⲛⲓⲉⲑⲟⲩⲉⲙϭⲓ ⳩	Infantes, lactentes.	الرضعان
ⲛⲏⲉⲧⲑⲟϧⲓ ⳩	Ebrij.	المسكيرين
ⲛⲏⲏⲉⲧ⳩ⲏⲓ ⳩	Portantes.	الحاملون
ⲛⲏⲉⲧⲉⲙⲃⲟⲕⲓ ⳩	Fœta, grauida.	الحبالى
ⲛⲓⲕⲉⲧ⳪ⲟⲓ ⳩	Infantes, lactentes.	الرضعان
ⲛⲏⲉⲧⲑⲙⲙⲟ ⳩	Confolantes, ex-hortantes.	الاعزا
ⲛⲓⲏⲛⲓ ⳩	Mel, fauus mellis.	العسل الشهى
ⲛⲏⲉⲑⲙⲙⲟⲥⲓ ⳩	Lactati,	المرضعات
ⲛⲏⲉⲧⲉⲛⲇⲟⲓ ⳩	Creata, propria.	خواص
ⲛⲓⲥⲓⲛⲱⲟⲓ ⳩	Latrones, fures.	اللصوص
ⲛⲓⲁⲥⲡⲓ ⳩	Idiomata, linguæ.	اللغات
ⲥⲅϩⲓⲟⲙⲓ ⳩	Mulieres.	النسا
ⲛⲓⲃϩⲓⲛⲓ ⳩	Calcei,	الحذا
ⲛⲓⲛⲁⲕϥⲓ ⳩	Liberator, folutio,	الطلق المخلص
ⲛⲓⲕⲟⲩⲝⲓ ⳩	Paruuli.	اصغار
ⲛⲓⲗⲉⲩⲗⲉⲩⲓ ⳩	Frufta.	الفتات
ⲛⲓϭⲓⲟⲓ ⳩	Platea, crura.	السوقات
ⲛⲓⲁⲛⲁⲙⲏⲓ ⳩	Perfone, naturæ, Margarite.	الجواهر
ⲛⲓⲥⲟⲩⲣⲓ ⳩	Spinæ,	الشوكى
ⲛⲓ⳨ⲉⲙⲓ ⳩	Ciuitates, villæ.	القبرية
ⲛⲓⲃⲁⲕⲓ ⳩	Vrbes.	المدن
ⲛⲏⲩⲓ ⳩	Vilauem.	ان اغسل

ⲛⲓⲡⲟϥ

Ægyptia.	Latina.	Arabica.
ⲛⲓⲟⲩⲇⲁⲓ Ⳬ	Iudæi .	اليهود
ⲛⲓⲙⲉⲉⲓⲛⲓ Ⳬ	Portenta, miracula, ſigna.	الايات العلامات
ⲛⲓϣⲫⲏⲣⲓ Ⳬ	Mirabilia·	العجايـــب
ⲛⲓⲣⲱⲉⲉⲓ Ⳬ		المعجزات
ⲛⲓⲣⲉϥⲉⲣⲛⲟⲃⲓ Ⳬ		العجايب
ⲛⲓⲣⲱⲙⲓ Ⳬ	Homines, viri.	الرجال
ⲛⲓⲣⲉϥⲉⲣⲛⲟⲃⲓ Ⳬ	Peccatores .	الطاة
ⲛⲓⲁⲗⲱⲟⲩⲓ Ⳬ	Habitantes :	المساكين
ⲛⲓⲟⲩⲇⲁⲓ Ⳬ	Milites, turmæ.	الجند
ⲛⲓⲃⲉⲉⲓ Ⳬ	Pueri.	الضبيان الفتيان
ⲛⲓⲟⲩⲁⲓ Ⳬ	Termini ,	الحدون
ⲛⲓϣⲟⲃⲓ Ⳬ	Iuſti, ſancti. ———	الصديقين الابرار ——
ⲛⲓⲥⲟⲛⲓ Ⳬ	Iniqui.	الظالمون
ⲛⲓⲥⲫⲏⲣⲓ Ⳬ	Hypocritæ.	المراوون
ⲛⲓⲥⲉⲣⲟⲩⲁⲓ Ⳬ	Latrones, fures·	اللصوص
ⲛⲓⲛⲁⲁ Ⳬ	Flores	الازهار
ⲛⲓϭⲟⲩⲓⲉⲉⲓ Ⳬ	Sentes, rubi.	العوسج
ⲛⲓⲙⲉⲉⲁⲛϩⲟⲩⲁⲓ Ⳬ	Dentes	الاسنان
ⲛⲓⲧⲉⲃⲛⲱⲟⲩⲓ Ⳬ	Vada, fluctus.	الامواج
ⲛⲓⲟⲩⲁⲩⲓ Ⳬ	Ortus, orientes.	المشارق
ⲛⲓϣⲉⲛⲧⲁⲧⲥⲓ Ⳬ	Species auis.	البهايم
ⲛⲓⲥⲁϭⲛⲓ Ⳬ	Noctua, vlula,	الهوام
	Veſtigia	الاثار
ⲛⲓⲟⲩⲁϭⲥⲁϭⲛⲓ Ⳬ	Dona , largitores.	المواهب الارزاق
	Mandata, præci-	الاوامر
ⲛⲓⲙⲉⲟⲩⲓ Ⳬ	pientes.	
	Beſtiæ, feræ.	السباع

Ægyptia	Latina	Arabica
ⲛⲓⲉϣⲟⲧ	Cursus , fluxus, ca-nales:	المجاري
ⲛⲓϣⲃⲟⲩϫⲓ	Palpebræ	الاخفان لخطان
ⲛⲓⲉⲉⲓⲧⲱⲟⲩⲓ	Viæ, femitæ.	الطارق السبل
ⲛⲓϩⲟⲩⲟⲓ	Nauis, currus .	المجارى المراكب
ⲛⲓⲉⲥⲫⲓⲣⲱⲟⲩⲓ	Latera .	الجوانب
ⲛⲓⲧⲉⲗⲧⲓⲗⲓ	Stilla, gutta.	القطر النقط
ⲛϣⲃⲓⲛⲑⲱⲓⲣⲓ	Salix	الصفصاف
ⲛⲓⲉⲫⲏⲟⲩⲓ	Cæli	السموات
ⲛⲓϩⲟⲩⲟⲓ	Pifcatores.	الصيادين
ⲛⲓⲥⲃⲏⲟⲩⲓ	Operæ	الاعمال
ⲛⲓⲉⲣⲙⲱⲟⲩⲓ	Lachrymæ.	الدموع
ⲛⲛⲉⲩϫⲉⲙϯⲡⲓ	Non guftabunt	لايذوقون
ⲛⲛⲉⲥϣⲱⲡⲓ	Ne fitis.	لاتكون
ⲛⲟⲩϩⲃⲏⲟⲩⲓ	Opera eorum	اعمالهم
ⲛⲟⲩⲕⲉⲗⲓ	Calcaneus eorum	ركبهم
ⲛⲟⲩϣⲃⲱⲃⲓ	Guttur eorum, fau-ces eorum	حناجرهم
ⲛⲟⲩⲙⲙⲟⲕⲓ	Pharetra eorum	اوعيتهم جعابهم
ⲛⲟⲩⲙⲁⲙⲙⲟⲛⲓ	Pafcua	مزعى
ⲛⲟⲩⲉⲓ	Poft eos .	بعدهم
ⲛⲣⲟⲙⲡⲓ	Annus.	سنة
ⲛⲧⲉⲧⲉⲛϫⲙⲙⲉⲛⲙⲱ	Vt nunciet	لتخبر
ⲟⲩⲓⲛⲓ	Dum ,	
ⲛⲧⲉϥⲟϩⲓ	Et permanet	ويثبت
ⲛⲧⲉϥⲉⲙⲓ	In veritate	دالحق
ⲛⲧⲉⲩϭⲓⲧⲧⲉⲫⲣⲏⲓ	Proiecit me .	ويلقيني
		ⲛⲧⲁⲩ

Ægyptia	Latina	Arabica
ⲛⲧⲁⲓⲣⲓ	Opera.	لاعمل
ⲛⲧⲉⲥⲣⲓⲙⲓ	Vt fleas,	لنبكي
ⲛⲧⲉϥϣⲧⲉⲙⲟⲩⲓ	Non possibile.	لايمكن
ⲛⲧⲟⲓ	Portio, pars,	نصيب جزو
ⲛⲧⲉⲧⲉⲛϣⲱⲓ	Vt refecent.	ليقلعوا
ⲓⲥⲧⲉⲣⲟⲙⲡⲓ	Omni anno.	كل سنة
ⲛⲧⲁⲍⲓϣⲉⲛⲛⲟⲩϥⲓ	Vt nunciem	لابشر
ⲛⲧⲁⲙⲉⲧⲟⲛⲙⲙⲟⲓ		لابسترح
ⲛⲧⲁϩⲁⲗⲁⲓ	Vt volem.	لاطير
ⲛⲧⲉϥϭⲓⲟⲩⲓ	Vt furetur.	ليبسرق
ⲛϣⲁϣⲓ	Amaritudo.	مرارة
ⲟⲩϭⲣⲟⲙⲡⲓ	Columba:	حمامة
ⲧⲁⲫⲙⲏⲓ	Verè	حقا
ⲧⲁⲓ	Ecce; hinc	هاهنا
ⲧⲁϣⲉⲣⲓ	Filia mea:	ابنتي
ⲧⲁⲕⲟⲛⲓ	Soror mea	اجي
ⲧⲁⲧⲟⲓ	Pars mea, portio mea, fors mea	نصيبي
ⲧⲁϭⲓⲥⲓ	Dorſum meum	ظهري
ⲧⲁⲙⲉⲧⲧⲣⲉⲙⲛϫⲱⲓⲗⲓ	Peregrinatio mea	غربتي
ⲧⲁⲓ		
ⲧⲁⲓ	Veniet f: venies	جاتي
ⲧⲉⲧⲉⲛⲟⲧ	Accipietis	تقبلون تاخذون
ⲧⲉⲧⲉⲛⲙⲉⲩⲓ	Cogitatis, putatis	تظنون
ⲧⲉⲧⲉⲛⲥⲉⲃⲓ	Circumciſio veſtra, circumciditis	ختانكسم تختنون
ⲧⲉⲧⲉⲛⲉⲙⲓ	Scietis , noſtis.	تعلمون

Ægyptia	Latina	Arabica
ⲧⲉⲧⲉⲛⲕⲱ ϯ ⲛⲥⲱⲓ	Quæritis me, postu stulatis à me, rogatis me	تطلبوني
ⲧⲉⲧⲉⲛⲛⲁϣⲓ	Potestis venire, venitis:	تقدرون تاتين
ⲧⲉⲧⲉⲛϭⲓϣⲱⲙⲙⲟⲓ	Cbiurgatis me:	تشتمزدني
ⲧⲉⲧⲉⲛⲛⲁϩⲥⲓⲱⲛⲓⲉ ⲭⲱⲓ	Miseremini mei	قر حمودني
ⲧⲉⲥⲥⲱⲛⲓ	Soror eius	اختها
ⲧⲉⲧⲉⲛⲙⲉⲉⲩⲓ	Cogitatis, putatis:	تظنون
ⲧⲉⲧⲉⲛⲛⲁⲣⲓⲙⲓ	Fletis:	تبكون
ⲧⲉⲧⲉⲛⲛⲁⲉⲣϩⲏⲃⲓ	Fletis, ploratis	تنوحون
ⲧⲉⲕⲥϩⲓⲙⲓ	Sponsa tua, mulier tua:	خطيبتك
ⲧⲉϥϯⲡⲓ	Lumbus eius	حقوة
ⲧⲉⲃⲓ	Quadrans, moneta	فلس
ⲧⲉⲕⲟⲩⲟⲝⲓ	Maxilla tua:	حنكك
ⲧⲉϥϣⲱⲙⲓ	Socrus eius, m. nurus eius, m:	حماته
ⲧⲉⲥϣⲱⲙⲓ	Socrus eius, f. nurus eius, f.	حماتها
ⲧⲉϥⲧⲟⲓ	Pars eius, sors eius.	نصيبه
ⲧⲉϥϩⲏⲟⲩ	Lucrum eius	ارباح ربحه
ⲧⲉⲛⲥⲱⲛⲓ	Soror nostra.	اختنا
ⲧⲉⲕⲥⲟⲩⲣⲓ	Stimulus tuus, aculeus tuus.	شوكتك
ⲧⲉϥⲥⲟⲩⲣⲓ	Stimulus eius.	شوكته

ⲧⲉϥ

Ægyptia	Latina	Arabica
ⲧⲉϥⲉⲣⲃⲓ	Atrium eius, habi-taculum eius,	جاره
ⲧⲉⲣⲁⲙⲓⲥⲓ	Parturies f partu-rientes.	جلديجين
ⲧⲉⲣⲓ	Elatus est, extollite, exaltate.	تعالك
ⲧⲉⲣⲁⲟⲧⲥⲓ	Elata fuisti, exalta-tio mea.	ارتفعجي
ⲧⲟⲭⲙⲉⲧⲩⲟⲃⲓ	Hypocrisis eorum, simulatio eorum.	رياهم
ⲧⲟⲧⲟⲭⲟⲥⲓ	Manus eorum ac-cepit, tenuit,	بين هم اخنت
ⲧⲟⲭⲟⲥⲓ	Tergora eorum ..	ظهورهم
ⲧⲟⲧⲛⲁⲅⲃⲓ	Ceruices eorum .	عنقهم
ⲧⲟⲧⲛⲉⳉⲓ	Ventres eorum..	بطوذهم
ⲧⲟⲭⲩⲃⲱⲃⲓ	Guttura eo-rum .	حناجرهم
ⲧⲟⲭⲃⲁⲕⲓ	Ciuitas eorum..	من جنةهم
ⲧⲥⲱⲛⲓ	Soror	اخت
ⲧⲥⲱⲛⲓ	Sinus, gremium	جيب
ⲧⲫⲁⲩⲓ	Dimidium	نصف
ⲧⲩⲉⲣⲓ	Filia .	ابنه
ⲧⲑⲏⲓⲃⲓ	Vmbra..	ظلال
ⲫⲁⲓ	Hic	هذا
ⲫⲉⲗⳉⲉ	Assumétum, vete-rascens.	تجاليه خلق
ⲫⲏⲉⲧⲟⲃⲓ	Sitibundus.	العطشان
ⲫⲓⲟⲙⲛϣⲁⲣⲓ	Mare rubrum.	البحر الاحمر ⲫⲓⲟⲙ

ⲫⲙⲁⲛ̀ⲥⲉⲙⲛⲓ ⳿	Scabellum, consentiens.	موطي مستقر
ⲫⲣⲏⲁ̀ϥⲙⲉⲓϣⲓ ⳿	Sol eclypsatus, sol eclypsim passus.	الشمس كسفت
ⲫⲱⲓ ⳿	Mihi ,	لي
ⲭⲏⲙⲓ ⳿	Ægyptus	مصر
ⲱ̀ⲛⲓ ⳿	Lapis.	حجر
ϣⲁϥϣⲱⲟⲩⲓ ⳿	Arescit, siccatur.	ييبس
ϣⲁⲣⲟⲓ ⳿	Ad, ad me.	الي
ϣⲁϣⲏⲓ ⳿	Possedit	اقتنا
ϣⲁϯⲙⲉⲑⲛⲁ̀ⲓ ⳿	Eleemosinam elargitur.	يتصدق
ϣⲁ̀ϥϭⲓ ⳿	Accipit, sumit.	ياخذ
ϣⲁϥϫⲓⲙⲓ ⳿	Inuenit , reperit , restaurat .	يجد
ϣⲉⲛⲥⲉⲣⲃⲉⲛⲓ ⳿	Compunctio , aculeus, stimulus .	منخاس
ϣⲉⲣϣⲓ ⳿	Meditatus est.	هذ
ϣⲉⲛ̀ϩⲗⲟⲗⲓ ⳿	Palmes, malleolus, sarmentum .	زرجون
ϣⲏⲣⲓ ⳿	Filij.	بنون
ϣⲏϣⲓ ⳿	Dolor eius	اهنه
ϣⲏⲟⲩⲓ ⳿	Statua, Idola.	دمية الاصنام
ϣⲓⲛⲓ ⳿	Pete, petite	اسئل اسالوا
	Pete f.	اسلي
ϣⲱⲡⲓ ⳿	Esto , estote .	كن كونوا
ϥⲁⲓ ⳿	Extolle, extollite.	ارفع ارفعوا
ϥⲉⲙⲓ ⳿	Scit, sciat, nouerit,	يعلم

Ægyptia	Latina	Arabica
ϥⲗⲟⲃⲓ ⸙	Dæmoniacus, amens.	مجنون موسوس
ϥⲙⲉⲓ ⸙ ⸙	Amat.	يحب
ϥⲙⲉⲟⲥϯⲙⲙⲉⲓ ⸙	Odio me habet, odit me.	يبغضني
ϥⲙⲉⲓⲙⲙⲙⲟⲓ ⸙	Amat me.	يحبني
ϥⲛⲓϥⲓ ⸙	Flat, fpirat.	ذهب ينفخ
ϥⲛⲁⲟⲥ ⸙	Accipit.	ياخذ
ϥⲣⲁϣⲓ ⸙	Gaudet, lætatur.	يفرح
ϥⲥⲁⲡϣⲱⲓ ⸙	Altior, fuperior.	اعلا
ϥⲧⲟⲙⲓ ⸙	Conuenit, proiicit	يليق
ϥϧⲟⲥⲓ ⸙	Tentat, probat, implicat, intricat.	يجرب يسبك
ϥϣⲱⲛⲓ ⸙	Infirmatus, ægrotus.	مريض
ϧⲉⲛⲟⲩϣⲓ ⸙	In menfura.	بالكيل
ϧⲉⲛⲟⲩⲙⲙⲉⲧⲁⲧⲟⲩ// ⲭⲁⲓ ⸙	Imbecillitas, debilitas, fine viribus.	ضعيش يوح بغير قوه
ϧⲟⲁⲓ ⸙	Craffities, pinguedo.	غلظ
ϧⲣⲏⲟⲩⲓ ⸙	Suftentaillum. *cibi*	اطعمه
ϫⲁⲛⲱⲛⲓ ⸙	Lapides, faxa.	حجاره
ϫⲁⲣⲟⲓ ⸙	Mihi	لي
ϫⲁⲛⲥⲁϫⲓ ⸙	Verba.	كلمات
ϫⲁⲛⲃⲁⲓ ⸙	Palma, ramus	نخل سعف
ϫⲁⲛⲃⲉⲛⲓ ⸙	Idem.	نخل
ϫⲁⲛⲥⲟⲩⲣⲓ ⸙	Spinæ (res.	شوك
ϫⲁⲛⲟⲩⲟϩⲓ ⸙	Pifcatores, venato-	صيادين

X x

ϫⲁⲛ#

Ægyptia	Latina.	Arabica.
ⲥⲁⲛϣⲏⲣⲓ ⁘	Filij.	إينبا
ⲥⲁⲛⲗⲗⲉⲛⲓⲣⲓ ⁘	Fafciculi, manipu-li, cingula.	حزم حرز
ⲥⲁⲛⲁⲗⲗⲉⲣⲓ ⁘	Immaculata, pu-rificata.	الطهيرة
ⲥⲁⲛⲗⲗⲟⲕⲓ ⁘	Vafa, receptacula, farcinæ.	اوعيسة
ⲥⲁⲛⲁⲧⲟⲟⲩⲓ ⁘	Mane, in pran-dio.	بالغذاء
ⲥⲁⲛⲭⲱⲃⲓ ⁘	Folia, chartæ.	اوراق
ⲥⲁⲗⲗⲉⲛⲁⲓ ⁘	Hic, hoc loco	هاهنا
ⲥⲁⲛⲧⲟⲓ ⁘	Diuifiones, par-tes.	اقسام
ⲥⲁⲛⲣⲉⲗⲗⲛⲭⲱⲓⲗⲓ ⁘	Viatores, hofpi-tes.	ضيوف جايلون
ⲥⲁⲛϥⲉⲗϣⲓⲣⲓ ⁘	Adolefcentes	الشباب
ⲍⲁⲛϥⲉⲗϣⲁⲣⲓ ⁘	Puellæ	الفتيات
ⲛⲟⲥⲓⲗⲗⲉⲓ ⁘	Attulit ei.	قداورد
ⲥⲁⲛⲣⲱⲟⲩⲓ ⁘	Feftuca, fragméta.	البيراعيب الهشيم
ⲥⲁⲛⲟⲩⲛⲱⲟⲩⲓ ⁘	Futurum, obuians, adueniens.	المقبل الاتي
ⲥⲁⲛⲕⲉⲭⲱⲟⲩⲛⲓ ⁘	Alij.	اخرين
ⲥⲓ ⁘	In,	في
ⲥⲓⲟⲩⲓ ⁘	Reijce, abijce.	اطرح القي
ⲥⲓⲟⲓ ⁘	Inquifiuit, ri-matus eft, fcru-tatus eft.	البحث
ⲥⲗⲓ ⁘	Res, aliquid.	شي

Ægyptia	Latina	Arabica
ϩⲟⲧⲟⲇⲉϣ ⲟ	Multiplicat, apponet ornatum, retribuens.	يكثر الزينين
ϩⲩⲕⲓ ⲟ	Status tuus.	حالتك
ϩϥⲩⲓⲛⲕⲁⲩⲣⲓ ⲟ	Afpis, ferpens furdus, beftia muta.	لاية الصما
ⲭⲁⲙ̄ ⲟ	Sahan, clamores.	صاعصان
ⲭⲁⲡⲁⲭⲓ ⲟ	Extenfio, vel modius.	مد
ⲭⲉⲗⲉϯⲡⲓ ⲟ	Guftate.	دوقوا
ϭⲁⲥⲛⲁϭⲃⲓ ⲟ	Exaltatio, feu eleuatio colli, eleuat collum.	ارتفاع العنق
ϭⲣⲉϣⲓ ⲟ	Cruditas, immaturitas.	فجاجه
ϯⲃⲁⲕⲓ ⲟ	Ciuitas, oppidum, caftrum.	المدينه
ϯⲃⲁⲓⲛⲁⲗⲟⲗⲓ ⲟ	Vitis, vinea.	الكرمه
ϯⲉⲧⲉϣⲓ ⲟ	Pediculus.	القمل
ϯⲓⲣⲓ ⲟ	Fac, operare.	اصنع اعمل
ϯⲕⲟⲓ ⲟ	Campus, ager, rus, fylua.	لاقبل البر الغيط
ϯⲕⲁⲓⲥⲓ ⲟ	Syndon, linteamē, funus, fepultura,	الكفن
ϯⲗⲱⲓϫⲓ ⲟ	Laqueus.	الوحل
ϯⲗⲁϭⲟⲓ ⲟ	Leæna.	واللبوة
ϯⲉⲁϣⲓ ⲟ	Statera, libra, pondus.	الميزان

Ægyptia	Latina	Arabica
ⳁⲍⲉⲛⲏⲧ ⳓ	Portentum', fignú, miraculum .	الابوية الاكملا
ⳁⲗⲉⲉⲧⳤⲁⲧⲥⲉⳝⲓ ⳓ	Præputium .	الغرله
ⳁⲗⲉⲉⳤⲝⲁⲝⲓ ⳓ	Inimicitia , hoftili-	العياوه
ⳁⲗⲉⲉⳤⲩⲁⲍⲉⲓⳝⲓ ⳓ	Virginitas . (tas,	البكوريه
ⳁⲗⲉⲟⳑⲕⲓ ⳓ	Scala.	السلم
ⳁⲛⲟⳑϫⲓ ⳓ	Morus arbor, fyco- morus.	النوقه
ⳁⲛⲉⲓ ⳓ	Tempus confti- tutum .	الميقات
ⳁⲛⲉϫⲓ ⳓ	Venter.	البطن
ⳁⲛⲁⲩⲉⲛⲏⲓ ⳓ	Abi, difcede.	امضي
ⳁⲛⲁϥⲣⲓ ⳓ	Granum.	الحبـه
ⳁⲛⲟⳑⲛⲓ ⳓ	Radix.	الاصـل
ⳁⲛⲁⲩⲉⲣⲓ ⳓ	Percute.	اضرب
ⳁⲟⳑⲉⲣⳒⳑⲓ ⳓ	Vigilia,	الهجعه
ⳁⲟⳑⲥⲓ ⳓ	Iactura.	الجسراف
ⳁⳝⲥⲟ ⳓ	Beneuolentia,com miferatio,condo- natio ,	الشفقتـه
ⳁⳝⲏⳝⲉⲛⲁⳝⲓ ⳓ	Sine peccato, purus.	بغير خطيه
ⳁⲟⳑⲧⲏⲱⲥⲓ ⳓ	Latitudo .	العرض
ⳁⲟⳑⲣⲁⲅⲉⲓ ⳓ	Contignatio fupe- rior, cęnaculum, cubiculum .	الغفقه الغرفه
ⳁⲧⲓ ⳓ	Lumbus, dor- fum.	الصلب الظهر

ⳁⲣⲁ//

Ægyptia	Latina	Arabica
ⲧⲣⲁϣⲓ	Gaude	اقرح
ⲧⲣⲟⲙⲡⲓ	Annus, sæculum.	السنه العام
ⲧⲥⲱϣⲓ	Ager, campus	الحقل
ⲧⲥϩⲓⲙⲓ	Mulier	الامراه
ⲧⲥⲏϥⲓ	Ensis, gladius.	السيف
ⲧⲛⲱⲃϯ	Ouum,	البيضه
ⲧⲥⲉⲙⲛⲓ	Casta, pudica, san-cta.	العفيفه
ⲧϩⲟ	Frons, facies.	الجبهه
ⲧⲫⲓ	Auster, oriens osculum.	القبله
ⲧϣⲉⲙϣⲓ	Ministeriū, seruitus	الخسمه
ⲧⲟⲩⲓⲗⲓ	Hamus, vncinus.	الصناره
ⲧⲟⲩϭⲓ	Resiste, co-ge,	اقمع
ⲧϣⲫⲏⲣⲓ	Miraculum, admi-ratio.	الاعجوبه
ⲧϣⲟⲙⲓ	Socrus, gener.	الحماه الصهر
ⲧϣⲓⲡⲓ	Confusio.	الخزي
ⲧϣⲁⲣⲓ	Cubile.	المضجع
ⲧϣⲉⲃϣⲓ	Clypeus, scutum.	الترس
ⲧϣⲟⲩⲙⲓ	Stomachus, ven-triculus.	المعده
ⲧϣⲫⲉⲣⲓ	Amica, dilecta, co-mitatus, societas, amicitia.	الصاحبه الخليله
ⲧϩⲟⲗⲓ	Tinea, paruus ver-miculus.	السوس

ⲧⲥⲟⲩ

Ægyptia	Latina	Arabica
ⳟⳅⲝⲟⲗⲓ ⳾	Pruritus, cancer, gangrena, herpes.	الاكله
ⳟ ⳾	Genus tineæ.	خنش مسس السوس
ⳟⳅⲙⲓⲗⲓ ⳾	Peregrinatus eſt.	الغرب
ⳟⲟⳝⳓⲥⲓ ⳾	Dama , cerua, hinnulus.	الغزاله

Nomina　　*in* **K** ⲕ　　*deſinentia.*

Ægyptia	Latina	Arabica
Ⲁ ⲓⲛⲁⲣⲉⲡⲟⲕ ⳾	Vidi te.	رايتنك
ⲁⲓⳝⲁⲕ ⳾	Poſui te.	جعلتنك
ⲁⲓⲧⲟⲩⲛⲟⲥⲕ ⳾	Conſtitui te, ere-xi te.	اقنىتك
ⲁⲓⳅⲫⲟⲕ ⳾	Genui te.	ولں ترسك
ⲁⲕⳝⳅⲧⲛⲥⲱⲕ ⳾	Reliquiſti me.	ترككتفي
ⲁⲛⲟⲕ ⳾	Ego .　　　　(te?	انا
ⲁⲛⳅⲙⲙⲙⲟⲕ ⳾	Nonne cibauimus	اطعمناك
ⲁⲛⳅⲥⲟⲕ ⳾	potauimus te .	سقوذاك
ⲁⲛⳓⲟⲃⲥⲕ ⳾	Veſtiuimus te, te-ximus te.	كسونــاك ستردذاك
ⲁⲥⲙⲙⲟⲩⲛⲕ ⳾	Compleuiſti, exa-minaſti, probaſti.	فرغت
ⲁⲥⲙⲙⲟⲕⲙⲙⲕ ⳾	Cogitaſti.	فكرت
ⲁⲩⳡⳅⲛⲟⲩⳑⲕ ⳾	Aluerunt te , lacta-runt te.	ردوك رضعوك
ⲁⲩⲟⳡⲓⲗⲕ ⳾	Tetenderunt , fre-quentarunt.	مدوا اوثروا

٢٤٥

Ægyptia	Latina	Arabica
ⲁ̀ⲩⲣⲉⲕ ⳽	Inclinauit;	ظاطا امسال الطرق
ⲁ̀ⲩϣⲱⲕ ⳽	Fodit, perforauit.	حفر
ⲁⲩϣⲥⲕ ⳽	Tardauit	ابطا
ⲁⲩⲱⲣⲕ ⳽	Iurauit	حلف
ⲁ̀ⲩϨⲋϭⲕ ⳽	Vnxit te, fac-cus tuus, cilicium tuum.	مسحك
ⲁ̀ⲩⲥⲉⲛⲕ ⳽	Lac fuxit, ablacta-tus eſt.	ارثضع
ⲁ̀ⲑⲟⲕ ⳽	Quid putas? quid tibi?	ما بالك
ⲉⲁ̀ϣⲕ ⳽	Vt crucifigam te.	ان اصلبك
ⲉϨ̀ϩⲏⲧⲕ ⳽	Propter te.	من اجلك
ⲉⲓⲉ̀ⲥⲉⲕ ⳽	Traxit, tentatus eſt.	اجتذب
ⲉⲗⲉⲱⲥⲛⲁⲕ ⳽	Abſit à te	حاشاك
ⲕⲉⲛⲕ ⳽	Sinus tuus, gremiũ tuum.	حضنك
ⲉⲣⲟⲕⲥⲁⲛⲁⲁⲗⲓϩⲓⲛⲉ̀ⲉ̀ ⲙⲟⲕ ⳽	Scãdalizaſti te, irre-tiuiſti te, perplexũ reddidiſti te.	شككتك
ⲉ̀ⲣϭⲱⲕ ⳽	Coluit, ſeruiuit.	يعبد
ⲉⲧⲟⲗⲙⲕ ⳽	Voracitas, deuora-tio, comeſtio.	الابتلاع الاكل
ⲉ̀ϥⲉⲛⲧⲁⲕ ⳽	Tuum, quod tibi.	الري لك

Ægyptia	Latina	Arabica
ετϩΛΗκϩ ⁘	Pinguis, craſſus, humidus.	الله بقين الرطب
ευϲϲεⲟⲩϯεⲣⲟκ ⁘	Vocant te.	بين عوضك يدرعا
ευέϥιϯκ ⁘	Ferunt te, portant te.	يجملونك
ετϭⲏκ ⁘	Ligati. anguſtiati.	مربوطين مشدودين
ευϥϲϲⲟⲩϯεⲣⲟκ ⁘	Inuocant te, inuitant te, vocant te.	يدعوك
εϭⲟⲃⲃεκ ⁘	Vt excipiat te.	ان يقبلك
κϣⲟⲩϣⲟⲩϲϲϲⲟⲩκ⁘	Gloriaris	تفتخر تفخر
κϯⲛιϩϯκ ⁘	Percipe, conſidera, attende.	تامل تفطن
ϲϲϲϣεⲛϩκ ⁘	Abi, vade.	امض اذهب
ϲϲⲡεⲛεⲣⲃκ ⁘	Non colis nos, non ſeruis nobis.	لم تعبدنا
ϲϲⲛϩϭⲟⲉκ ⁘	Non congreges, ne congreges.	لا تجمع
ⲛϩκ ⁘	Tibi.	لك
ⲛεϥⲃιϩικ ⁘	Serui eius.	عبيده
ⲛεϲϲϩκ	Tecum.	معك
ⲛⲏετϯϣϥιⲧⲛϩκ ⁘	Opprobrium tuú, improperiú tuú.	معيرتك
ⲛⲏετϣⲏκ ⁘	Profunda	الاعماق
ⲛⲏετϭϩⲉⲟⲩϣⲓκ ⁘	Socij tui, comites tui.	اصحابك
ⲛⲃⲟκϩ ⁘	Tu	انت
ⲛιεⲃιϩκ ⁘	Serui, famuli.	العبيد

ⲛⲓϩⳠ

Ægypti	Latina	Arabica
ⲛⲓⲁⲃⲱⲕ	Corui, peregrini, alieni.	الغربان
ⲛ̄ⲛⲉⲕⲉⲣⲛⲱⲓⲕ	Non mœchaberis.	لاتزن
ⲛ̄ⲛⲉⲕⲉⲣⲱⲣⲕ	Ne iures.	لاتحلف
ⲓⲛⲛⲱⲓⲕ	Adulter, adulteriũ, fornicatio.	الفاسق
ⲛⲟⲩⲙⲟⲕⲙⲉⲕ	Cogitationes corũ.	افكارهم
ⲛ̄ϯⲟⲩⲕ	Ex te, à te.	منك
ⲟⲩⲱⲓⲕ	Panis.	خبز
ⲟⲩⲟⲃⲃⲉⲕ	* *	اثيقل
ⲟⲩⲃⲱⲕ	Seruus.	عبد
ⲟⲩⲧⲱⲕ	Inter te.	بينك
ⲟⲩⲱⲓⲕ	Fouea, locus profundus.	حفرة جسورة عمق
ⲟⲩⲱⲩϭⲛⲣⲱⲕ	Dilata os tuum.	اوسح فاك
ⲡⲉⲧⲥⲃⲟⲕ	Vilis, abiectus, tremor, despectus.	الدون الناقص الحقير
ⲡⲉⲧⲉϩⲛⲁⲕ	Voluntas tua.	ارادتك
ⲡⲉⲧⲉⲙⲙⲟⲕ	Quod tibi.	الزي لك
ⲡⲉⲕⲃⲱⲕ	Seruus tuus.	عبدك
ⲡⲉⲧϣⲏⲕ	Profundum, profunditas.	عمق قاع
ⲡⲉϥϭⲱⲕ	Zona eius.	منطقته
ⲡⲓⲱⲓⲕ	Panis.	الخبز
ⲡⲓⲃⲱⲕ	Seruus.	العبد
ⲡⲓⲁⲓⲕ	Dies festus, solemnia.	العبد للعيد الخدين

Ægyptia	Latina	Arabica
ⲧⲱⲙⲕ	Tarditas, pigritia.	البطو
ⲙⲥⲟⲗⲉⲕ	Suppliciū, angustia, coarctatio.	التضييق
ⲙⲧⲥⲙⲕ	Loquela, baltheus, zona.	النطقة
ⲙⲥⲟⲕⲕ	Saccus ex pilis, cilicium, cilicinus saccus.	المسح الشعر
ⲙⲥⲟⲕ	Nouacula.	الموس
ⲧⲉⲧⲉⲛⲉⲉⲕⲙⲉⲕ	Cogitatis.	تفكروس
ⲧⲏⲣⲕ	Tu totus, omnis: tuus.	كلنك
ⲧⲱⲛⲕ	Surge.	قم
ⲭⲁⲣⲙⲕ	Tace.	اسكن
ⲟⲱⲛⲓⲁⲧⲕ	Beatus tu.	طوياك
ⲱⲛⲅⲩⲟⲕ	O stulte.	يا الاحمق
ⲱⲁⲣⲟⲕ	Adte.	اليك
ⲱⲁⲣⲥⲉⲕ	Congregant.	يجتمعون
ⲱⲏⲕ	Profunda.	عميقة
ⲱⲙⲕ	Abi, vade.	امض
ⲃⲁⲭⲙⲕ	Ante te, coram te.	قدامك قبلك
ⲃⲓⲧⲕ	Proijce te, præcipitate.	اطرح القى
ⲃⲟⲩⲕⲁⲕ	Prædica, voca, clama.	نادي
ϩⲟⲁⲕ	Vnguis, cilicium	اظفاير

Ægyptia	Latina	Arabica
Ⲱⲙⲕ	Natatio, mersio.	الغرق
ϯⲙⲉⲧⲣⲉϥⲉⲣⲫⲉ̀ⲣ ⲡⲓⲏⲅⲕ	Medicamentū magicum, philtrum.	مداواة السحر
ϯϣⲉⲡϩⲙⲟⲧ ⲛⲱⲕ	Benedico tibi, laudo te, gratias ago.	اشكرك

Nomina   *in* ⲗ ⲗ   *desinentia.*

Ægyptia	Latina	Arabica
ⲗ ⲕⲛⲉ̀ⲣⲉ̀ⲉⲃⲟⲗ	Num vidisti?	ابصرت
ⲁⲙⲟⲩⲣⲉ̀ⲃⲟⲗ	Educo, vel egredi facio.	اخرج
ⲁⲛⲝⲱⲟⲩⲛⲉ̀ⲃⲟⲗ	Discessimus, separauimus, excidim⁹.	اقلعنا فارقنا
ⲁ̀ⲥϭⲱⲗ	Rimatus est, inquisiuit.	بهث
ⲁ̀ⲥϭⲉⲉⲃⲟⲗ	Dispensaui, erogaui.	انفقن
ⲁⲩ̀ⲅ̀ⲧⲟⲩϥⲉ̀ⲃⲟⲗ	Eiecerunt eum.	اخرجوه
ⲁⲩⲉⲗ	Texuerunt.	قناولوا
ⲁⲩⲱϣⲉ̀ⲃⲟⲗ	Clamauerunt.	صرخوا
ⲁⲩⲥⲱⲗⲥⲉⲗ	Ornauerunt.	زينوا
ⲁ̀ⲩⲓⲉ̀ⲃⲟⲗ	Egressus est, ortus est.	خرج طلع
ⲁ̀ⲩϥ̀ⲅ̀ⲧⲟⲩⲣⲉ̀ⲃⲟⲗ	Eiecit eos.	اخرجهم ابرزهم
ⲁ̀ⲩⲙⲱⲕⲕⲉⲃⲟⲗ	Perfecit, compleuit.	تم كمل فني

Ægyptia	Latina	Arabica
ⲁϥⲛⲁⲩⲉⲃⲟⲗ ⸪	Vidit.	أبصر
ⲁϥⲱϣⲉⲃⲟⲗ ⸪	Clamauit.	صرخ
ⲁϥϫⲱⲗⲉⲃⲟⲗ ⸪	Negauit.	جحد انكر
ⲁϥⲧⲏⲓϥⲉⲃⲟⲗ ⸪	Tradidit eum, vendidit eum.	اسلمه اباعه
ⲁϥϭⲱⲗ ⸪	Abijt.	مضي
ⲁϥϫⲱⲓⲣⲉⲃⲟⲗ ⸪	Diuifit, feparauit.	فرق خلاه
ⲁϥⲕⲉⲗ ⸪	Beatitudo,	طوبي
ⲁϥⲉⲣϩⲁⲗ ⸪	Seduxit, errare fecit.	اطغي اضل
ⲁϥⲥⲱⲓⲣⲉⲃⲟⲗ ⸪	Separauit, diuidit.	فرق
ⲃⲉⲗ ⸪	Solue, refolutio,	حل
ⲃⲉⲣⲍⲉⲃⲟⲗ ⸪	Beelzebub.	باعلزبول
ⲃⲱⲗⲉⲃⲟⲗ ⸪	Solue, difcute.	حل اتقضى
ⲉⲃⲏⲗ ⸪	Cum, non, præter, fed, nifi.	اد لا سوي الا لولا
ⲉⲉⲣⲉⲃⲟⲗ ⸪	Vt diftinguamini, adipifcamini.	ان تقوزون
ⲉⲃⲉⲗⲏⲗ ⸪	Vt perdas.	ان تهلك
ⲉⲃⲛⲁⲓⲁⲣⲁⲧⲉⲃⲟⲗ ⸪	Lauabis pedes meos.	تغسل رجلاي
ⲉⲛϧⲟⲗϧⲉⲗ ⸪	Ad mactandum, offerendum.	للدبح
ⲉⲧⲁϫ⸝ϯⲫⲟⲛⲩⲉⲃⲟⲗ ⸪	Effufus, qui effundit.	المسفوكى الدي اهرق
ⲉⲧⲱϣⲉⲃⲟⲗ ⸪	Qui vociferantur.	الصارخ

Ægyptia	Latina	Arabica
ⲉⲩϯⲉ̄ⲃⲟⲗ	Emptio.	الباعسه
ⲉⲩϭⲓⲧⲅ̄ⲉ̄ⲃⲟⲗ	Eiecerunt ipsum foras	اطرحوه جرجا
ⲉⲩϫⲏⲕⲉ̄ⲃⲟⲗ	Perfecti, complentes, perficientes.	تخلع
ⲉⲩϫⲁⲝⲉ̄ⲃⲟⲗ	Si dimittat te	ان اطلقك
ⲉⲩⲛⲁⲩⲉ̄ⲃⲟⲗ	Videns:	باصر
ⲉⲩϣⲏⲗⲉ̄ⲃⲟⲗ	Fractus, paralyticus, concuſſus ner (uis	مخلع
ⲉⲩⲥⲉⲗⲥⲱⲗ	Ornatus.	مزيس
ⲉⲩⲃⲉⲗ	Solutus	محلـول
ⲉⲩϣⲁϣⲩⲉ̄ⲃⲟⲗ	Allidit illum, deuoret eum,	يهشمه
ⲉⲩϫⲏⲗ	Coopertum.	ملتحف
ⲉⲩⲕⲟⲩⲗⲱⲗ	Inuolutum.	ملفوف
ⲉⲩⲱϣⲉ̄ⲃⲟⲗ	Clamans	صـارخ
ⲑⲉⲗⲏⲗ	Occidis, perdis.	تهلـك
ⲙⲁϩⲃⲉⲗ	Turris columbarum, columbariū	ابراج الحمام
ⲙⲁⲣⲟⲩⲟⲩⲱⲛϩⲉ̄ⲃⲟⲗ	Gratias agant, benedicant, cófiteāt	فليشكروا فليعترفوا
ⲙⲁⲣⲉⲩϫⲟⲗⲩⲉ̄ⲃⲟⲗ	Abneget ſemetipſum, neget ſemetipſum:	فلينكر ذفسه فليكفر داتة
ⲙⲏⲓⲧⲟⲩⲉ̄ⲃⲟⲗ	Vendite eos, date eis.	بيعوهـم اعطوهم
ⲙⲛⲁⲩϭⲉⲗ	Ne carpat, decerpat:	لايقطف

Ægyptia.	Latina.	Arabica.
ⲙ̄ⲡⲉⲥⲭⲁⲧⲟⲩⲥⲉⲛ ⲃⲟⲗ ⳨	Non cessat, non otiosus est.	لم تقصر لم تكف
ⲙ̄ⲡⲉϥϫⲱⲗⲉⲃⲟⲗ ⳨	Non negauit.	لم ينكر
ⲙ̄ⲡⲉⲣⲧⲁⲥⲑⲟⲩⲉⲛ ⲃⲟⲗ ⳨	Ne reijcias eū, ne malum facies ei.	لا تصرده
ⲛⲁⲩϯⲉⲃⲟⲗ ⳨	Fuerunt venden- tes.	كانوا يبيعون
ⲛⲉⲧⲉⲛⲃⲁⲗ ⳨	Oculi vestri, oculus vester.	اعينكم
ⲡⲉϥⲃⲁⲗ ⳨	Oculus eius.	عينه
ⲛⲉⲕⲃⲁⲗ ⳨	Oculus tuus.	عينك
ⲛⲉⲥϫⲁⲗ ⳨	Rami eius f.	اغصانها
ⲡⲉϥϣⲱⲗ ⳨	Præda eius	غنايمه
ⲛⲏⲉⲧϣⲏⲗⲉⲃⲟⲗ ⳨	Paralytici.	المخلعون
ⲛⲓϫⲟⲗ ⳨	Fluctus, vndæ.	الامواج
ⲛⲓϫⲁⲙⲟⲩⲗ ⳨	Cameli	الجمال
ⲛⲓϭⲗⲓⲗ ⳨	Holocausta com- busta.	المحرقات
ⲛⲓⲁⲗ ⳨	Frigus, glacies, grando,	البرد
ⲛⲓϣⲱⲗ ⳨	Prædæ,	الغنايم
ⲛⲓϭⲣⲟⲙⲡⲓ ⳨	Columbæ	الحمام
ⲛ̄ⲛⲕⲓⲉⲃⲟⲗ ⳨	Ne exeas	لا تخرج
ⲛ̄ⲛⲁⲅⲓⲧⲩⲉⲃⲟⲗ ⳨	Non educo eum,	اخرجه
ⲛⲟⲩⲃⲁⲗ ⳨	Oculi eorum,	عينهم
ⲛ̄ⲧⲟⲩⲟⲩⲱⲛϩⲉⲃⲟⲗ ⳨	Vt appareant, mun dentur,	ليظطروا
ⲛ̄ⲧⲉϥϫⲱⲕⲉⲃⲟⲗ ⳨	Vt compleat	ليكمل

Ægyptia.	Latina.	Arabica
ⲟⲩⲟⲛⲅ̄ⲕⲉⲃⲟⲗ ⳨	Oftende teipfum, effentiam tuam.	اظهر داتك
ⲟⲩⲥⲟⲗ ⳨	Lucerna.	سراج منار
ⲟⲩⲁⲣⲟⲙⲡϣⲁⲗ ⳨	Turtur	يمامسة
ⲟⲩⲣⲓⲕⲓⲉⲃⲁⲗ ⳨	Nictus, palpitatio oculi.	طرفة عين
ⲟⲩⲱϣⲁⲗ ⳨	Myrrha, amarus.	مر
ⲟⲩⲉⲓⲟⲩⲗ ⳨	Ceruus	ايل
ⲡⲉⲑⲟⲩⲁⲡⲅ̄ⲉⲃⲟⲗ ⳨	Purus, fanctus.	الطاهر
ⲡⲉⲛϣⲗⲟⲗ ⳨	Natio noftra, gens noftra.	امتنبسا
ⲡⲓⲍⲱⲣⲉⲃⲟⲗ ⳨	Separatio, diuifio.	التفريق
ⲡⲓⲟⲩⲁⲧⲉⲃⲉⲃⲟⲗ ⳨	*	
ⲡⲓⲭⲁⲙⲟⲩⲗ ⳨	Camelus	الجمل
ⲡⲓⲭⲓⲛⲓⲉⲃⲟⲗ ⳨	Exitus, egreffus.	الخروج
ⲡⲓⲙⲁⲩⲭⲁⲗ ⳨	Portus, anchora.	المرسا
ⲡⲓⲅⲗⲟⲗ ⳨	Nebula, caligo.	الضباب القتام
ⲡⲓⲙⲟⲩⲛⲉⲃⲟⲗ ⳨	Perpetuitas, dura- tio.	الملازمة المداومة
ⲥⲁⲃⲟⲗ ⳨	Extra, egreffus.	جارج
ⲥⲁⲭⲟⲗ	Philacteria, amu- leta cujus.	كمامسا
ⲥⲉⲭⲏⲛⲁⲕⲉⲃⲟⲗ ⳨	Penitétia, propitia- tio, remiffio.	مغفورة
ⲥⲉⲛⲁⲩⲉⲃⲟⲗ ⳨	Videbunt.	يحضرون
ⲥⲉⲗⲥⲓⲗ ⳨	Confolator	معزي مسلى
ⲥⲧⲁⲭⲟⲩⲗ ⳨	Aranea, araneus.	العنكبوت
ⲥⲧⲁⲭⲟⲩⲗ ⳨	Araneus.	العنكبوت
ⲧⲉⲧⲉⲛⲭⲟⲣⲉⲃⲟⲗ ⳨	Separabuntur	ينفرقون

Ægyptia.	Latina.	Arabica.
ⲧⲉⲧⲉⲛⲛⲁϣⲉⲣⲉⲃⲟⲗ	Poſſunt fugere, euadere	يقفسسدرون يفلتون
ⲧⲉⲧⲉⲛⲥⲉⲗⲥⲉⲗ	Ornati ſunt.	تزجنون
ⲫⲃⲁⲗ	Oculus	العنين
ⲫⲏⲉⲧϫⲱⲗⲉⲙⲙⲟⲓⲉⲃⲟⲗ	Qui negauerit me	من يجحبل في
ⲫⲱⲛⲉⲃⲟⲗ	Effundet	يهراق
ϣⲁϥⲉⲛⲟⲩⲉⲃⲟⲗ	Educit eos, eijcit eos.	يخرجهم
ϣⲁϥϫⲟⲣⲟⲩⲉⲃⲟⲗ	Diuidit inter eos, deſpondet.	يفرق بينهم يردهم
ϣⲁⲉⲃⲟⲗ	Ad finem, conſumationem.	الى التمــام الى فقصا
ϣⲉⲗϣⲉⲗ	Cribratio.	النغردبل
ϣⲟⲣⲟⲩⲉⲃⲟⲗ	Euacuatio,	الاسفراغ
ϣⲟⲩⲱⲓⲉⲃⲟⲗ	Scaturit, oritur.	ينبع
ϩⲉⲛⲟⲩⲱⲛϩⲉⲃⲟⲗ	Apertè, coram	باعلان
ϩⲁⲛϫⲁⲗ	Rami.	افصــان
ϩⲁⲛϧⲟⲗϧⲉⲗ	Sacrificia, victi-mæ.	دبايح
ϩⲓⲧⲟⲩⲉⲃⲟⲗ	Eduxit eos	اخرجهسم
ϫⲁϫⲓⲑⲱⲗ	~~Furatio, ſeu fur-~~ ~~tum,~~ Stupa	سراقة
ϯⲁⲗ	Mulier, ſpeculum,	المراه مـــراه الوجــــة

Nomina　　　in U æ　desinentia.

Ægyptia	Latina	Arabica
Ⲁⲣⲉϥⲧⲉⲗⲗ ⁖	Si, cum, non.	اذالم
ⲁⲣⲓⲧⲉⲛⲥⲱⲧⲉⲗⲗ ⁖	Audiſtis.	سمعتم
ⲁⲣⲉⲧⲉⲛⲥⲱⲣⲉⲗⲗ ⁖	Erraſtis.	ضللتم
ⲁⲥⲥⲱⲧⲉⲗⲗ ⁖	Audiſti,	سمعت
ⲁⲩⲥⲱⲧⲉⲗⲗ ⁖	Audierunt.	سمعوا
ⲁⲩⲟⲩⲱⲙⲉⲗⲗ ⁖	Comederunt.	اكلوا
ⲁⲩϭⲓⲛⲓⲗⲗ ⁖	Dormitarunt, dor-mierunt.	نعسوا ناموا
ⲁⲩⲟⲩⲱⲣⲉⲗⲗ ⁖	Conſuluerunt, ven diderunt.	اشاروا
ⲁⲩϣⲱⲗⲗ ⁖	Clauſit, obſerauit.	غلق طمس
ⲁⲩⲥⲱⲣⲉⲗⲗ ⁖	Errauit,	اضل
ⲁⲩϣⲉⲗⲉⲗⲗ ⁖	Raſit	جرد
ⲁⲩϭⲱⲣⲉⲗⲗ ⁖	Innuit .	اشراوى
ⲁⲩⲛⲟⲅⲉⲗⲗ ⁖	Liberauit, ſeruauit.	خلص
ⲁⲩϥⲓⲁϩⲟⲗⲗ ⁖	Ingemuit, ſpirauit.	تنهد
ⲁⲩϣⲱϣⲉⲗⲗ ⁖	Defæcauit, Elegit.	اصفـا
Ⲃⲏⲑⲗⲉⲉⲗⲗ ⁖	Domus panis, Bethlehem .	بيت لحم
ⲉⲃⲁⲅⲉⲗⲗ ⁖	Si vocauerint, vt vocent.	ان ادعوا
ⲉⲣⲙⲟⲛⲓⲗⲗ ⁖	Hermon mons.	حرمون
ⲉⲥϭⲏⲉⲗⲗ ⁖	Excelſa.	رفيعـه
ⲉⲥⲃⲏⲉⲗⲗ ⁖	Febricitans ſ calefacta.	محموه

Z z　　　　　　　　　٤٣٨

Ægyptia	Latina	Arabica
ⲉⲧⲥⲱⲣⲉⲙ ⳿	Errans, f. errauit, ſeduxit.	الضالة
ⲉⲧⲟⲩⲁϩϭⲉⲙ ⳿	Vocatus.	المدعوا
ⲉⲭⲉⲕⲓⲙ ⳿	Mouetur,	ترتجʼ يتحرك
ⲉⲧⲥⲱⲣⲉⲙ ⳿	Errantes.	ضالون
ⲉⲧⲓⲙⲱⲣⲉⲙ ⳿	Attoniti.	داهشون باهتون
ⲉⲩⲥⲱⲣⲉⲙ ⳿	Decipientes, ſedu- centes.	مضلون
ⲉⲫⲑⲁⲗⲓⲙ ⳿	Nephtali.	نفتالى
ⲉⲩⲥⲱⲧⲉⲙ ⳿	Audiens.	سامع
ⲉⲩⲉⲛⲟϩϭⲉⲙ ⳿	Saluum faciet, liberabit.	يخلص
ⲉⲩⲟⲩⲱⲙ ⳿	Comedet.	ياكـل
ⲉⲩϫⲉⲙϫⲱⲙ	Contritus	منسحق
ⲁⲩⲉϫⲟⲙϫⲉⲙ ⳿	Idem.	منسحق
ⲉⲩϫⲉⲙϫⲉⲙ ⳿	Viſitabit.	يزبر
ⲙⲉⲧⲁⲧⲥⲱⲧⲉⲙ ⳿	Traſgreſſio, inobe- diẽtia, præuaricatio.	المعصيه
ⲑⲱⲙ ⳿	Claudit, obſerat,	اسد اغلق
ⲓⲟⲙ ⳿	Mare,	بحر
ⲕⲁⲫⲁⲣⲛⲁⲟⲩⲙ ⳿	Capharnaum	كفرناحوم
ⲕⲥⲱⲧⲉⲙ ⳿	Audis, audies.	تسمع
ⲗⲉϭⲗⲉⲙ ⳿	Fit, fio.	صار صير
ⲙⲁⲩϣⲑⲁⲙ ⳿	Claude, clauſum.	اغلق معلق
ⲉⲛⲉⲧⲉⲛⲥⲱⲧⲉⲙ ⳿	Nonaudiemus.	لم تسمع
ⲛⲁⲩⲟⲩⲱⲙ ⳿	Murmurauerunt.	تقفقوا
ⲛⲁⲩⲉⲣⲭⲣⲉⲙⲉⲣⲉⲙ ⳿	Fuerunt comeden-	كاذوا يا كلون
ⲛⲁⲩⲟⲩⲱⲙ ⳿	tes, comedebant:	

نهى"

Ægyptia	Latina	Arabica
ⲛⲉⲩϫⲟⲙ ⳿	Virtus, potentia robur eius.	قواه
ⲉⲥⲃⲁⲗⲙⲉⲉ ⳿	Sulci eius. Arauit eam. hac phrasi dicunt Arabes, cum fæminam concepisse dicunt.	حرثها خطوطها
ⲛⲉⲙⲙ ⳿	Cum	مع
ⲛⲛⲏⲉⲧⲟⲩⲉϩⲥⲉⲙⲙ ⳿	Vocati, inuitati.	المدعوون
ⲛⲓⲉⲙⲙ ⳿	Ex, de, a, e.	من
ⲛⲓⲭⲗⲟⲙⲙ ⳿	Coronæ.	الاكاليل
ⲛⲓϫⲱⲙⲙ ⳿	Libri.	الكتب الاسفار
ⲛⲓϫⲟⲙⲙ ⳿	Virtutes.	القوات
ⲓⲛⲁϩⲱⲙⲙ ⳿	Aquilæ.	النسور
ⲓⲙⲙⲟⲩⲛⲥⲁⲓⲡⲉⲙⲙ ⳿	Riuus, fluuius, torrens, amnis.	الاودية
ⲓⲛⲓⲧⲉⲙⲙⲟⲩⲙⲙ ⳿	Muli,	البغال
ⲓⲛⲛⲟⲩⲧⲉⲙⲙ⳿	Pinguis, delicatus.	اللين الدسم
ⲛⲟⲩⲓⲛⲁⲙⲙ ⳿	Dextera.	اليمين
ⲓⲡⲣⲉⲩϭⲱⲗⲉⲙⲙ ⳿	Rapiens.	خاطف
ⲓⲡⲣⲉⲩⲟⲩⲱⲙⲙ ⳿	Helluo, vorax, comedam.	اكول
ⲛⲧⲉⲧⲉⲛⲛⲟϩⲉⲙⲙ ⳿	Vt liberemini.	لتخلصوا
ⲛⲧⲟⲩⲟⲩⲱⲙⲙ ⳿	Vt comedant,	لياكلوا
ⲛⲧⲉⲩϭⲱⲗⲉⲙⲙ ⳿	Vt rapiat.	ليخطف
ⲛϫⲱⲙⲁⲙⲙ ⳿	Celeriter, festinanter.	سريعا عاجلا

Z z 2

Ægyptia.	Latina.	Arabica
ⲟⲩⲣⲉⲙ ⳪	Domesticus, indigena, inquilinus.	من اهل
ⲟⲩⲟⲛϣϫⲟⲙ ⳪	Poteſt, valet, poſſibile	يمكن يستطع
ⲟⲩⲱⲙ ⳪	Manduca, manducate.	كن كلوا
ⲟⲩⲥⲓⲙ ⳪	Herba, pabulum.	عشب قرط
ⲟⲩⲭⲗⲟⲙ ⳪	Corona,	اكليل
ⲟⲩⲟⲅⲓ̈ⲛⲟⲩϣⲱⲗⲉⲙ ⳪	Et non odorabunt.	ولا يشمون
ⲡⲉϥⲟⲩⲱϩⲉⲙ ⳪	Conuerſio, interpretatio eius.	تاويله
ⲡⲉϥϣⲱⲙ ⳪	Hortus eius.	بستانه
ⲧⲓϧⲙⲟⲙ ⳪	Febris, calor véhemens.	الحمى الحرارة
ⲡⲓⲥⲓⲙ ⳪	Herba, gramen, pabulum.	العشب القرط
ⲡⲓϩⲓⲛⲓⲙ ⳪	Somnus, dormitio.	النوم
ⲡⲓⲗⲱⲙ ⳪	Panis	الخبز
ⲡⲓⲙⲟⲩⲛⲥⲱⲣⲉⲙ ⳪	Vadum.	الوادي
ⲡⲓⲟ̄ⲱⲙ ⳪	Hortus, viridarium vbi olera creſcũt.	البستان المبقله
ⲡⲓϫⲱⲙ ⳪	Liber, codex.	السفر الكتاب
ⲡⲓϫⲣⲱⲙ ⳪	Ignis.	النار
ⲡⲓϫⲁϫⲣⲓⲙ ⳪	Rupes, extremitas.	الكهف الحرف
ⲡⲓϫⲓⲛⲕⲓⲙ Ⳬ	Motus, commotio.	التحريك

ⲡⲓⲟ#

Ægyptia	Latina	Arabica
ⲡⲓⲟⲩⲁϧⲉⲗⲗ ⳾	Inſtauratio, dedi- catio, encænia.	النجدين الثاني
ⲡⲓϣⲱⲗⲗ ⳾	Æſtas	الصيف
ⲡⲓⲟⲩⲱϣⲉⲗⲗ ⳾	Maſſa, Piſtor.	العجين
ⲡⲓϣⲃⲟⲗⲗ ⳾	Veſtibulum.	الرهليز
ⲡⲓϣⲟⲗⲉⲗⲗ ⳾	Odoratus, olfactus.	الشم
ⲡⲓⲕⲉⲗⲗⲕⲉⲗⲗ ⳾	Tympanũ, inſtru- mentum muſicũ.	الدف
ⲡⲓϫⲉⲛⲱϣⲁⲗⲗ ⳾	Autumnus, vas, te- gula.	الخريف
ⲡⲓⲗⲁϧⲉⲗⲗ ⳾	Ramus	الغصن
ⲡⲓⲛⲟϧⲉⲗⲗ ⳾	Salus, liberator, li- beratio.	الخلاص
ⲡⲱⲟⲗⲗ ⳾	Socrus, gener.	حموا صهر
ⲡ ⲭⲟⲗⲗ ⳾	Liber, volumen.	كتاب سفر
ⲥⲁⲗⲏⲉⲗⲗ ⳾	Salem, ſanus, ſoſpes incolumis.	ساليسم
ⲥⲉⲥⲱⲧⲉⲗⲗ ⳾	Audiunt.	يسمعون
ⲥⲉϭⲁϧⲉⲗⲗ ⳾	Inquinat, maculat.	ينجس
ⲥⲣⲟⲗⲗ ⳾	Somnus, ſomno- lentus, nictatio.	نعاس
ⲥⲩⲗⲱϧⲉⲗⲗ ⳾	Siloè, miſſus, ar- mat ſe.	يسلوحا
ⲧⲉⲕⲟⲩⲓⲛⲁⲗⲗ ⳾	Dextra tua.	يمينك
ⲧⲉⲧⲉⲛⲗⲗⲁϣⲃⲁⲗⲗ ⳾	Clauditis.	تغلقون
ⲫⲏⲉⲧⲁϥϧⲙⲕⲉⲗⲗ ⳾	Qui calefit, lotus eſt.	الذي استحم
ⲫⲓⲟⲗⲗ ⳾	Mare.	البحر

ش ٢٤//

Ægyptia	Latina	Arabica
ϣⲁⲧⲟⲩⲕⲉⲗⲗⲥ	Triſtitia ſunt af-fecti.	يمشتون
ϣⲉⲗⲧⲥⲗⲗⲥ	Sinapi	خردل
ϣⲟⲧⲥⲗⲗⲥ	Cochlear, clauſio. obturatio.	معلقة
ϣⲁⲧⲥⲗⲗⲥ	Clauſus	مغلق
ⲉⲏⲁⲗⲱⲗⲗⲥ	Tabeſcit, tabe-ſcet.	يربل
ϧⲟⲗⲗϧⲥⲗⲗⲥ	Confregit, con-triuit.	احطم اسخف
ⲅⲱⲗⲉⲗⲗⲥ	Rapior	اخنطف
ⲟⲩⲅⲥⲗⲗⲥ	Inquino, maculo.	نجس
ϯⲛⲁⲧⲟⲩⲕⲉⲗⲗⲥ	Stagnum.	احم
ϯⲝⲓⲛⲓⲉⲃⲗⲗⲏϯⲗⲩ ⲧⲉⲛⲓⲃⲱⲗⲗⲥ	Diſtinguens, clau-dens, prohibens.	الحاجز

Nomina   *in* N   *deſinentia.*

Ægyptia	Latina	Arabica
ⲗⲍⲁⲛⲧⲟⲩⲛⲥ	Infirmitas, morbus	المرضا
ⲁⲏⲣⲟⲩⲛⲥ	Aër.	الهوا
ⲁⲓⲱⲁⲛⲥⲉⲛⲥ	Cum traieceris.	اذا جاوزت
ⲁⲓⲛⲁⲟⲩⲁⲛⲥ	Aperi	افتح
ⲁⲕⲗⲗⲉⲛⲥ	Vſque nunc.	الى الان
ⲁⲕⲟⲗⲟⲩⲃⲓⲛⲥ	Ordinati, ſe-qui, imitari.	متربون الشبع
ⲁⲕⲟⲩⲥⲱⲗⲗⲉⲛⲥ	Auſcultate, attendite, au-dite.	اصنوا

ⲁⲕⲏ

Ægyptia	Latina	Arabica
ⲀⲔⲂⲀⲤⲦⲈⲚ ⳽	Electa nostra, ele-gisti nos.	صفيتنا
ⲀⲔⲙⲈⲟⲚⲙⲙⲈⲚ ⳽	Motus es, moui-sti	زلزلت
ⲀⲙⲙⲎⲚ ⳽	Veritas, verum.	الحق
ⲀⲙⲱⲓⲚⲓⲈϪⲟⲩⲚ ⳽	Introduxerunt, ingredi fecerunt.	ادخلوا
ⲀⲚ ⳽	Non	لا
ⲀⲚⲞⲚ ⳽	Nos.	نحن
ⲀⲚⲚⲀϣⲈⲚⲀⲚ ⳽	Abibimus, disce-dimus.	نمضي
ⲀⲚⲀⲤⲦⲀⲤⲓⲚ ⳽	Resurrectio.	القيامه
ⲀⲚⲈⲢⲐⲈⲀⲦⲢⲓⲌⲎ ⳽	Facti sumus, spe-ctaculum,	صرنا المناظرا
ⲀⲚⲈⲢⲡⲢⲟⲫⲎⲦⲈⲩ ⲩⲚ ⳽	Vaticinati sumus.	تنبياناً تنبأينا
ⲀⲌⲓⲞⲚⲔⲈⲆⲓⲔⲈⲞⲚ ⳽	Dignum, & iustum est.	مستحق بالحقيقة
ⲀⲚⲞⲆⲀⲙⲙⲟⲩⲓⲚ ⳽	Viatores, speciosi, pulchri.	المسافرين
ⲀⲚⲞⲤⲦⲟⲖⲞⲚ ⳽	Apostolica, omne quod mittitur	الرسوليه
ⲀⲡⲈⲖⲡⲓⲌⲓⲚ ⳽	Ne resecetis spem, ne desperetis.	لاتقطعوا رجا
ⲀⲢⲓⲙⲈⲦⲀⲚⲞⲓⲚ ⳽	Pœnitentiam agi-te.	توبوا
ⲀⲢⲓⲔⲖⲎⲢⲟⲚⲞⲙⲓⲚ ⳽	Miserti sunt, peper-cerunt, indulserút	رذوا

Ægyptia	Latina	Arabica
ⲁⲣⲓⲡⲣⲟⲫⲏⲧⲉⲩⲓⲛ ⳾	Prophetari.	تنبا
ⲁⲣⲭⲏⲧⲉⲕⲧⲱⲛ ⳾	Architectus	المهنس رييس البنادين
ⲁⲣⲓⲯⲁⲗⲓⲛ ⳾	Pſalmum dixerũt.	رتلوا
ⲁⲣⲓⲛⲧⲉⲉⲫⲓⲛ ⳾	Euigilabis	تيقظ
ⲁⲣⲓⲥⲧⲛⲭⲱⲣⲓⲛ ⳾	Ignoſcam, ignoſce	اصفح
ⲁⲣⲓⲡⲣⲉⲥⲃⲉⲩⲓⲛ ⳾	Poſtula ſ.	اشفعى
ⲁⲣⲭⲏⲉⲣⲉⲛⲙⲙⲓⲛ ⳾	Archipresbyter,	رييس الكهنة
ⲁⲣⲓⲭⲱⲣⲓⲭⲓⲛ ⳾	Reijce, repelle	ادفى
ⲁⲣⲓⲁⲧⲥⲛ ⳾	Tentabo, explo-rabo.	امتحن
ⲁⲣⲓⲉⲧⲓⲛ ⳾	Pete, petite.	سل سلوا
ⲁⲥⲓⲟⲩⲛ ⳾	Venit.	فجاات
ⲁⲥⲙⲙⲟⲛⲙⲙⲉⲛ ⳾	Commota eſt.	رتهب تزلزلت
ⲁⲥⲉⲣⲁⲅⲁⲛⲁⲛ ⳾	Deligere,	احيب
		اشتنقامت
ⲁⲥⲥⲱⲟⲩⲧⲉⲛ ⳾	Directa eſt, mota	
ⲁⲥⲡⲁⲥⲙⲙⲟⲛ ⳾	Reconciliatio, au-ſpicium. (ta.	التنقيل
ⲁⲥⲉⲣⲁⲟⲕⲓⲛ ⳾	Domita eſt, exerci-	تراضت
ⲁⲩⲉⲣⲁⲓⲉⲃⲁⲗⲓⲛ ⳾	Compreſſerunt	عزروا
ⲁⲩϭⲛⲟⲛ ⳾	Gemuerunt, triſta-tiſunt.	لاذوا
ⲁⲩⲧⲁⲟⲩⲟⲛ ⳾	Miſerunt nos.	ارسلوـنا
ⲁⲩⲭⲉⲙⲙⲉⲛ ⳾	Inuentus eſt.	ذوجـ
ⲁⲩⲓⲟⲩⲛ ⳾	Et venerunt.	فجاأو
ⲁⲩⲟⲩⲟⲛ ⳾	Aperuerunt.	فتهوا افتتهوا

ⲁⲩⲕⲟⲛ

Ægyptia	Latina	Arabica
ⲁ̇ⲩⲕⲟⲥⲉⲛⲟⲧⲛ ⳾	Contriuimus.	دقنا
ⲁ̇ⲩϣⲟⲛϩⲉⲛ ⳾	Infecuti funt nos,	تعقوفنا
ⲁ̇ⲩⲉⲣⲉⲡⲓⲑⲩⲙⲓⲛ ⳾	Concupiuerunt.	استهوا
ⲁ̇ⲩⲉⲣⲁ̇ⲃⲉⲧⲓⲛ ⳾	Expulerunt.	رفضوا
ⲁ̇ⲩⲉⲣⲕⲁⲧⲁⲅⲓⲛⲱⲥ// ⲕⲓⲛ ⳾	Cogitauerunt.	لاموا
ⲁ̇ⲭⲙⲁⲗⲁⲛⲧⲱⲟⲛ ⳾	Spoliati, captiui.	المسبيون
ⲁ̇ⲩⲉⲣⲥⲫⲅⲁⲅⲓⲍⲓⲛ ⳾	Signare,	ختم
ⲁ̇ⲩⲉⲣⲁ̇ⲛⲁⲭⲱⲣⲓⲛ ⳾	Soluere, feparare.	فحصول
ⲁ̇ⲩⲟⲩⲱⲛ ⳾	Aperuit	فتح
ⲁ̇ⲩϩⲟⲛϩⲉⲛ ⳾	Imperauit, iuffit,	امر
ⲁ̇ⲩⲉⲣⲡⲣⲟⲫⲏⲧⲉⲩⲓⲛ ⳾	Prædixit, vaticinatus eft. (re.	تنبا
ⲁ̇ⲩⲉⲣⲥⲩⲙⲙⲉⲛⲓⲛ ⳾	Significare, affirma	دل قرر
ⲁ̇ⲩⲉⲣⲛⲏⲥⲧⲉⲩⲓⲛ ⳾	Ieiunare	صام
ⲁ̇ⲩⲕⲏⲛ ⳾	Terreri, turbari,	فزرغ
ⲁ̇ⲩⲉⲣⲉⲡⲓⲧⲩⲙⲁⲛ ⳾	Concupifcere.	استهها
ⲁ̇ⲩⲉⲣⲟⲙⲟⲗⲟⲅⲓⲛ ⳾	Confiteri.	اعترف
ⲁ̇ⲩ ⲉⲣⲁ̇ⲛⲁⲅⲕⲁⲍⲓⲛ ⳾	Cogere, præcipere cum imperio.	اضطر كلف
ⲁ̇ⲩⲉⲣϩⲟⲙⲟⲗⲟⲅⲓⲛ ⳾	Gratias agere.	شكر
ⲁ̇ⲩⲑⲉⲁϣⲧⲉⲛ ⳾	Signauimus.	وسمنا
ⲁ̇ⲩⲓⲣⲉ̇ⲭⲙⲁⲗⲱ// ⲧⲉⲩⲓⲛ ⳾	Captiuare.	شبي
ⲁ̇ⲩⲉⲣⲡⲗⲁⲍⲓⲛ ⳾	Creauit, fecit.	خلق صنع
ⲁ̇ⲩⲉⲣⲗⲁⲙⲉⲛⲓⲛ ⳾	Illuxit, fulgurauit.	لمع برق
ⲁ̇ⲩⲉ̇ⲃⲟⲛ ⳾	Iratus eft, odio habuit, reliquit.	حمق غضب
	Aaa	ⲁ̇ⲩⲉ//

Ægyptia	Latina	Arabica
ⲁⲩⲉⲣⲁⲡⲁⲛⲧⲁⲛ ⳿	Remiſit.	القا
ⲁⲥⲟⲧⲉⲛ ⳿	Quid in vobis.	ما بالكم
ⲁⲥⲟⲩⲝⲉⲡⲗⲏⲛ ⳿	Omninò, quocum-	على كل حال
	que modo ſit.	
ⲃⲁⲃⲓⲗⲱⲛ ⳿	Babylon.	بابل
ⲃⲁⲥⲓⲗⲓⲕⲟⲛ ⳿	Reges.	الملوك
ⲃⲓⲟⲧⲓⲕⲟⲛ ⳿	Mundanus.	الدنياني
ⲃⲗⲁⲡⲧⲓⲛ ⳿	Nocumentum.	المضره
ⲅ̅ⲛ̅ⲧⲁⲃⲉⲣⲛⲟⲛ ⳿	Tria tabernacula.	ثلثه حوانيب
ⲇⲁⲭⲟⲩⲧⲉⲣⲟⲛ ⳿	Tranſgreſſi ſunt.	استدلوا
ⲇⲓⲁⲁⲥⲁⲛ ⳿	Secabunt, (niũ.	يقطعون
ⲇⲓⲁⲕⲣⲓⲛⲓⲛ ⳿	Inquiſitio, ſcruti-	تفتيش
ⲇⲟⲡⲁⲍⲓⲟⲛ ⳿	Topatius, gemma.	الجوهر
ⲇⲱⲣⲟⲛ ⳿	Oblatus munus.	القربان
ⲉⲃⲟⲗϩⲓⲧⲉⲛ ⳿	E, in, de.	من بن
ⲉⲃϩⲱⲧⲉⲛ ⳿	Si diſſolues.	ان تخلع ان
		ينشعري
ⲉⲃⲟⲗϩⲉⲛ ⳿	A, ex, de.	من
ⲉⲑⲛⲁϯⲥⲃⲱⲛⲁⲛ ⳿	Docebis nos, diſce-	تعلمنا
ⲉⲑⲛⲁⲉⲣⲕⲁⲧⲏⲅⲱⲣⲓⲁ	mus:	
ⲛⲉⲣⲱⲧⲉⲛ ⳿	Dubitare vos faciét	يشككوكم
ⲉⲑⲥⲙⲟⲧⲉⲛ ⳿	Planum, rectum.	اسهل ابسر
ⲉⲛⲉⲥⲟⲩⲧⲉⲛ ⳿	Extendes.	تبسط تنس
ⲉⲕⲉⲣⲛⲏⲥⲧⲉⲩⲓⲛ ⳿	Ieiunabis.	تصوم
ⲉⲕⲧⲟⲛⲉⲕⲣⲓⲟⲛ ⳿	A mortuis.	من الاموات
ⲉⲗⲉⲩⲥⲉⲟⲛⲏⲙⲙⲁⲛ ⳿	Nobiſcum venit.	جا معنا
ⲉⲗⲉⲱⲛ ⳿	Oleum.	زيت ذهن

Ægyptia	Latina	Arabica
ⲉⲡⲓⲛⲟⲓⲛ ⳾	Intelligit, cogitat.	قعابل
ⲉⲣⲧⲁⲁⲛ ⳾	Honorat, colit, reueretur .	يكرم
ⲉⲣⲕⲁⲧⲏⲅⳉⲣⲓⲛⲉⲣⲱⲧⲉⲛ ⳾	Accufabo vos.	اشكوكم
ⲉⲣⲥⲩⲙⲙⲉⲛⲓⲛ ⳾	Significat, profitetur, fatetur.	يقرر يدل
ⲉⲣⲥⲕⲁⲛⲇⲁⲗⲓⳅⲓⲛⲙⲙⲱⲧⲉⲛ ⳽	Scandalizat vos, offendit vos.	يشككم كيفتنكم
ⲉⲣⲧⲟⲗⲙⲁⲛ ⳾	Audet, audebit.	يجسر
ⲉⲣⲕⲗⲏⲣⲟⲛⲟⲙⲓⲛ ⳾	Hæreditabunt,	يرثون
ⲉⲣⲕⲁⲧⲁⲑⲉⲙⲁⲧⲓⳅⲓⲛ ⳾	Maledicet, interdicet	يحرم يلعن كـ
ⲉⲣⲥⲧⲣⲉⲃⲗⲟⲓⲛ ⳽	Torquebitis, plorabitis .	تعوجوا
ⲉⲣⲥⲩⲛⲓⲥⲧⲉⲛⲓⲛ ⳾	Teftificamini, reftificantes.	تشهدون
ⲉⲣⲟⲛⲟⲙⲁⳅⲓⲛ ⳾	Denominatio.	التسميه
ⲉⲣⲭⲱⲣⲉⲩⲓⲛ ⳾	Laudatio, pfalmus.	التسبيح الترنيل
ⲉⲣⲙⲁⲛ ⳾	Mala granata, mala punica.	الرمـان
ⲉⲣⲇⲟⲕⲓⲙⲁⳅⲓⲛ ⳾	Tentabo, probabo.	اجرب
ⲉⲣⲕⲁⲧⲁⲛⲧⲁⲛ ⳾	Occurrit.	يلتقي
ⲉⲥⲟⲩⲏⲛ ⳾	Aperta.	مفتوحه
ⲉⲥⲃⲏⲧⲏⲣⲓⲟⲛ ⳾	Senfus interni, fenfus.	حـــواس معقولات

Ægypti	Latina.	Arabica.
ⲉⲧⲉⲛⲧⲁⲛ ⁖	Quod nobis, qui nobis.	الذي لنا
ⲉⲧⲁⲣⲉⲧⲉⲛⲭⲁϥ// ⲃⲱⲛ ⁖	Vbi posuistis eum? vbi reliquistis eū.	أين وضعتموه أين تركتموه
ⲉⲧⲉⲣⲉⲧⲓⲛ ⁖	Interroget eum.	يسله
ⲉⲧⲁⲩⲉⲣⲕⲁⲑⲏⲭⲓⲛ ⁖	Instructi, per-suasi.	الموعوظين
ⲉⲧⲉⲥⲧⲟⲓⲛⲱⲧⲉⲛ ⁖	Vobis dabo	لكم أعطي
ⲉⲧⲁⲕⲟⲛ ⁖	Vt perdas nos, vt interficias nos.	لتهلكنا
ⲉⲩⲉⲥⲇⲝⲓⲛⲱⲧⲉⲛ ⁖	Persequentur vos	يطردوكم
ⲉⲩⲉⲁⲟⲩⲱⲛ ⁖	Aperiunt,	يفتحون
ⲉⲩⲉⲣⲛⲏⲥⲧⲉⲩⲓⲛ ⁖	Ieiunant	يصومون
ⲯⲓⲛ ⁖	Lenis, mollis, gra-tia, lenitas, facili-tas, rectitudo.	ناعم ملساكا سهله هينه
ⲉⲩⲉⲣⲗⲩⲧⲁⲛⲉⲭⲓⲛ ⁖	Occurrunt, proij-ciunt, orát proni.	يبتلقون
ⲉⲩⲉⲣⲕⲩⲣⲓⲍⲓⲛ ⁖	Clamant, præco-nizant.	يهفون
ⲉⲩⲗⲟⲅⲓⲥⲟⲛ ⁖	Benedixerunt, vel benedicite:	باركوا
ⲉⲩⲉϯⲛⲱⲧⲉⲛ ⁖	Dati sunt.	يعظوا
ⲉⲫⲟⲥⲟⲛ ⁖	Dū, semper, igitur.	دام ام
ⲉⲭⲱⲙⲙⲉⲛⲕⲣⲟⲥⲧⲟⲏⲕⲛ̄	Est apud dominū illa, habemus ad Dominum.	هي عند الرب
ⲉϣⲉⲛⲱⲧⲉⲛ ⁖	Vt eatis.	ان تذهبوا ⲉϥⲉ//

ⲉϥⲉⲥⲱⲟⲩⲉⲛ ⲛ̀	Cognoſcit.	يعرف
ⲉϥϩⲉⲛϩⲱⲛ	Affluens, præfectus.	فايض
ⲉϥⲫⲉⲛⲫⲱⲛ	Superabundans, liquefactum, ſolutũ	مندفق
ⲉϥϣⲉⲃⲏⲟⲩⲧ ⲧⲏ̀ⲧⲟ// ⲧⲁⲛ	Non relinquetur apud me.	ليس تخلف عندي
ⲉϥⲉⲙⲟⲩⲛ	Manebit, perſeuerabit.	يدوم
ⲉϥⲉⲣⲑⲁⲣⲓⲛ	Pendens, ligatus, vinctus.	منزلا معلق
ⲉϥⲥⲉⲛⲥⲉⲛ	Inuit, putat	يظن يضوت
ⲉϥⲉⲣⲙⲉⲛⲛⲉⲩⲓⲛ	Interpretatur, explicat.	يفسر
ⲉϥⲉⲣⲕⲗⲏⲣⲟⲛⲟ̀ⲙⲓⲛ	Hæreditat, parcit, indulget	يرث
ⲉϥⲉⲣⲁⲛⲧⲓⲗⲉⲅⲓⲛ	Murmurare, contradicere	ممار
ⲉϩⲣⲏⲓ ⲉ̀ϫⲉⲛ	Super	على
ⲍⲁⲃⲟⲩⲗⲱⲛ	Zabulon	زبلون
ⲏⲉⲙⲱⲛ	Quæ	التي
ⲑⲉⲟⲗⲟⲅⲓⲕⲟⲛ	Theologus, ratiocinans in theologicis, de rebus diuinis:	الناطق بالاهوت
ⲑⲏⲛ	Sulphur	كبريت
ⲑⲟⲛⲧⲉⲛ	Potens, comparauit eam	مقدار يشبه

Ægyptia	Latina	Arabica
ⲑⲱⲕⲓⲛ ⸬	Assimilant nos; comparant nos.	يشبّهوننا
ⲑⲱⲛ ⸬	Vbi	اين
ⳝⲅ ϭⳡϣⳡⲕⲛ ⸬	Densitas arborum, sylua, nemus.	الغاب
ⲓⲟⳃⲉⲛ ⸬	De, ex, ab.	مـــن منذ
ⲓⲥⲅⲉⲛⲉⲟⲛ ⸬	A sæculo, à generatione.	من جيل
ⲓⲅⲉⲛ ⸬	Terra.	تراب
ⲕⲁⲅⲁⲛⲟⳗⲣⲁⲛ ⸬	Sicut, vel secundū nomina eorum.	كاسمائهم
ⲕⲁⲅⲁⲅⲁⲥⲁⲙⲁⲣⲁ ⲅⲓⲁⲥⲥⲩⲉⲙⲱⲛ ⸬	Et non secundum peccata nostra.	ولاكن خطايانا
ⲕⲁⳡⲓⲛⲓⲕⲟⲛ ⸬	Certantes, pugnãtes, prœliantes.	المجـــاهدون
ⲕⲉⲇⲉⲫⲓⲅⲉⲛ ⸬	Placentæ, & vidit me.	قرائي
ⲕⲉⲡⲉⲅⲓⲛ ⸬	Petit, postulat.	تســـأل
ⲕⲉⲛⲓⲛ ⸬	Quia, nunc.	الان
ⲕⲉⲁⲛⲁⳗⳡⲉⲙⳗⲓⲛ ⸬	Ascensio,	الصعود
ⲕⲉⲛⲁⲛⲧⲟⲛ ⸬	Et omnis, omne, omnia.	وكل
ⲕⲉⲅⲟⳗⲑⲱⲛ ⸬	Illi, isti, hi.	هـــولا
ⲕⲉⲓⲥⲅⲓⲛ ⸬	Fuit, est.	كان
ⲕⲉⲅⲉⲛⲉⲟⲛ ⸬	Et in generationem.	والى جيـــل
ⲕⲏⲛⲉⲣⲟⲛ ⸬	Æstimauimus,	حسبنـــا

Ægyptia	Latina	Arabica
ⲔⲎⲚ ⳨	Æstimatio, ratio, iudicium.	حسب كفاف
ⲔⲒⲚⲆⲒⲚⲈⲨⲒⲚ ⳨	Pressura, periculū, angustia.	شدة ضايقة
ⲔⲈⲗⲒⲒⲐⲈⲚⲦⲞⲚ ⳨	Requiescentes.	المتنحيـــن
ⲔⲨⲢⲒⲀⲔⲞⲚ ⳨	Dies Dominica.	يوم الرب
ⲔⲨⲙⲂⲀⲗⲰⲚ ⳨	Cymbalum, instrumenti genus.	صنج صلصل
ⲔⲨⲙⲚⲀⲌⲒⲚ ⳨	Exercitium, instructio.	التدرب الالتزام
ⲔⲨⲢⲒⲞⲚ ⳨	Dominus,	الرب
ⲔⲰⲗⲒⲚ ⳨	Prohibita.	الامتناع
ⲔⲰⲗⲀⲌⲒⲚ ⳨	Supplicium, tortura.	العــذاب
ⲖⲈⲄⲒⲞⲚ ⳨	Legio,	جوق
ⲖⲈⲂⲦⲞⲚ ⳨	Quadrans.	فلس
ⲖⲞⲄⲒⲔⲞⲚ ⳨	Rationalis, ratiocinans.	ناطق
ⲖⲞⲒⲦⲞⲚ ⳨	Et, etiam.	وايضا
ⲙⲀⲢⲞⲚ ⳨	Abeamus.	فلنمض
ⲙⲀⲗⲗⲞⲚ ⳨	Maximè, cum excellentia, cum diligentia.	بالافضــل بالاجري
ⲙⲈⲦⲌⲀⲙⲞⲚ ⳨	Significa nobis,	ارذا اعلمنـــا
ⲙⲀⳓⲞⲚⲦⲈⲚ ⳨	Videte, & considerate.	اظـــروا وأملوا
ⲙⲀⲄⲆⲀⲗⲒⲚ ⳨	Magdal, castrum.	مجدل
ⲙⲀⲒⲤⲞⲚ ⳨	Amor fraternus.	محبة الاخوة
		ⲙⲀⲢⲏ

Ægyptia	Latina	Arabica
ⲙⲉⲣⲡⲟⲩϣⲉⲛ ⁑	Petant,	فليسالوا
ⲙⲉⲕⲣⲟⲥⲃⲉⲛ ⁑	* *	النجيل
ⲙⲉⲏⲁⲛ ⁑	Non, nequaquam.	لاليس
ⲙⲉⲧⲗⲓⲕⲁⲟⲛ ⁑	Lucania, nomen loci.	اللوقادية
ⲙⲉⲧⲁⲡⲁⲛⲧⲟⲛ ⁑	Cum omnibus vobis.	مع جميعكم
ⲙⲉⲏⲧⲓⲁⲛ ⁑	Forſitan, vtrum, an.	لعل
ⲙⲙⲟⲛ ⁑	Non:	لا
ⲙⲙⲉⲧⲟⲩⲉⲓⲛⲓⲛ ⁑	Græcè, Ionicè.	باليوذاديه
ⲙⲇⲓⲛⲁⲛ ⁑	Da nobis.	اعطنا
ⲙⲛⲉⲣϯⲉϩⲟⲩⲛⲉϩⲣⲉⲛ ⁑	Ne contradica- tis:	لاتقاوموا
ⲙⲛⲉⲣϭⲓⲟⲩⲓⲉϩⲟⲩⲛ ⁑	Ne congregatis, theſaurizetis.	لا يكنزوا
ⲙⲫⲱⲣⲉⲣⲟⲛ ⁑	Non nobis.	ليس لنا
ⲛⲁϣⲉⲛ ⁑	Nuncium, annun- ciatio	تخبير
ⲛⲁϥϩⲁⲣⲧⲟⲛ ⁑	Sine corruptione, incorruptus.	فير الفاسد
ⲛⲁϥⲟⲩⲛⲥⲟⲩⲛ ⁑	Fuit, erat cognita, nota.	كان معرفة
ⲛⲁⲅⲣⲓⲟⲛ ⁑	Belluarum more, feritas.	وحشية
ⲛⲁⲱⲣⲁⲧⲟⲛ ⁑	Inuiſibilis,	عبر مريه
ⲛⲁⲩⲉⲣⲁϩⲓⲟⲓⲛ ⁑	Excellitis, præſtatis	تفطلوا
ⲛⲁⲩⲥⲱⲟⲩⲛ ⁑	gratiestis, beneuoli	اذعوا
		ⲛⲁⲩ

Ægyptia	Latina	Arabica
ⲛⲁϥⲥⲱⲟⲩⲛ ⳾	Fuit cognoscens, dignoscens.	كان عارفا
ⲛⲁϣⲉⲣⲭⲱⲣⲓⲛ ⳾	Continet, portat.	يشمل يحمل
ⲡⲁⲛ ⳾	Nobis,	لنا
ⲛⲁϩⲙⲉⲛ ⳾	Libera nos, saluum fac nos.	نجنا خلصنا
ⲛⲁⲓⲛⲁⲛ ⳾	Miserere nobis.	ارحمنا
ⲛⲁⲕⲁⲑⲁⲣⲧⲟⲛ ⳾	Immunda, polluta, inquinata.	النجسة
ⲛⲁⲕⲁⲩⲃⲉⲛ ⳾	Gressus mei, peccata mea.	خطواتي
ⲛⲁϥⲉⲣⲡⲣⲟⲕⲟⲛⲧⲓⲛ ⳾	Oriebatur, crescebat, augebatur,	كان ينشوا
ⲛⲁⲛⲧⲁϩⲟⲙⲙⲟⲛ ⳾	Constituimus nosmetipsos.	نقيم ذواتنا
ⲛⲉⲙⲙⲱⲧⲉⲛ ⳾	Vobiscum	معكم
ⲡⲉϥⲃⲉϣⲉⲣⲟⲩⲛ ⳾	Proximi eius vero.	فاما جيرانه
ⲛⲉⲧⲉⲣⲟⲛ ⳾	Super nos. (mus	علينا
ⲛⲉⲣⲥⲩⲛⲕⲣⲓⲛⲓⲛ ⳾	Mesuramus, queri-	نقايس نفتش
ⲛⲉϥⲧⲁϥϫⲓⲧⲟⲩϥ ⲟⲁⲛ ⳾	Non accepit,	لم ياخذ
ⲛⲉⲥⲉⲅⲅⲱⲙⲓⲟⲛ ⳾	Altaria eius f.	مذابحها
ⲛⲉⲥⲡⲃⲥⲧⲁⲫⲟⲣⲓⲟⲛ ⳾	Vestibula eius.	دهاليزها
ⲛⲏⲉⲧⲉⲣⲉⲩⲑⲉⲛⲓⲛ ⳾	Abundantes, fertiles.	المخصبون
ⲛⲓⲃⲉⲛ ⳾	Omnis, totus, multus.	كل جميع

Ægyptia	Latina	Arabica
ⲛⲓⲁⲣⲭⲱⲛ ⳿	Capita, primi, principes.	الروسا
ⲛⲓⲟⲩⲉⲓⲛⲓⲛ ⳿	Græci .	اليودادييين
ⲛⲓϣϣⲏⲛ ⳿	Arbores.	الاشجار
ⲛⲓⲇⲉⲙⲱⲛ ⳿	Dæmones.	الشياطين
ⲛⲓⲅⲟⲩⲙⲉⲙⲱⲛ ⳿	Primus, dux. plur. num.	الولاه
ⲛⲓⲙⲩⲥⲧⲏⲣⲓⲟⲛ ⳿	Mysteria.	الاسرار السرايرِ
ⲛⲓⲥⲕⲁⲛⲇⲁⲗⲟⲛ ⳿	Scandala.	الشكوك
ⲛⲓⲟⲩⲟⲛ ⳿	Vulgus, gens, multitudo gentium.	القوم
ⲛⲓⲫⲩⲗⲁⲕⲧⲏⲣⲓⲟⲛ ⳿	Phylacteria, amuleta	الاردجه الحروزا الفلقطيريات
ⲛⲓⲧⲁⲙⲉⲓⲟⲛ ⳿	Conclauia, penetralia.	المخادع
ⲛⲓⲥⲁⲃⲃⲁⲧⲟⲛ ⳿	Sabbatha,	السبوت
ⲛⲓⲑⲏⲣⲓⲟⲛ ⳿	Feræ, Animalia.	الوحوش
ⲛⲓⲟϥⲓⲟⲛ ⳿	Serpentes.	الحيه
ⲛⲓⲟⲯⲱⲛⲓⲟⲛ ⳿	Escæ, portio, statuta alimenta.	الارزاق الاقطاعات
ⲛⲓⲧⲁⲛⲓⲍⲓⲛ ⳿	Fæneratio, mutuum.	القرض السلف
ⲛⲓⲓⲇⲱⲗⲟⲛ ⳿	Idola.	الاوثان الاصنان
ⲛⲓⲥⲁⲣⲕⲓⲕⲟⲛ ⳿	Corporea, carnalia.	الجسدانيون
ⲛⲓⲡⲛⲁⲧⲓⲕⲟⲛ ⳿	Spiritualia.	الروحنيون
ⲛⲓⲥⲧⲟⲓⲭⲓⲟⲛ ⳿	Elementa	العناصر
ⲛⲓⲍⲱⲟⲛ ⳿	Animalia .	الحيوادان

Ægyptia	Latina	Arabica
ⲛⲓⲥⲡⲉⲗⲉⲟⲛ ⳾	Speluncæ, antra.	المغاير
ⲛⲓⲥⲩⲙⲃⲟⲗⲱⲛ ⳾	Confilia	المشورات
ⲛⲓⲁⲕⲧⲓⲛ ⳾	Fulgores, radij, iubar.	الاشعة
ⲛⲓⲅⲧⲟⲛⲟⲛ ⳾	Turpe, fœdum, vile.	القبيح
ⲛⲓⲙⲟⲛⲁⲥⲧⲏⲣⲓⲟⲛ ⳾	Monasteria, ha-biracula.	الديارات
ⲛⲓϣⲉⲛⲑⲉⲓⲛⲟⲛ ⳾	Lignum Sethinŭ.	خشب الساج
ⲛⲓⲉϥⲉⲗⲁⲛⲧⲓⲛⲟⲛ ⳾	Ebur	العاج
ⲛⲓⲁⲓⲁⲕⲱⲛ ⳾	Famulus, minister.	الخدام
ⲛ̄ⲕⲟⲕⲕⲓⲛⲟⲛ ⳾	Rubrum, coccinus.	الاحمر
ⲛ̄ⲛⲉⲩϭ̄ϣⲟⲧⲕⲛ ⳾	Non litigat, non contradicit.	لا يماري
ⲛ̄ⲛⲟⲙⲓⲕⲟⲛ ⳾	Scripta	الكتابية
ⲛ̄ⲛⲟⲙⲓⲙⲉⲟⲛ ⳾	Legalia.	الناموسية
ⲛⲟⲩⲉϣⲉⲛ ⳾	Sine, absque.	بغير
ⲛ̄ⲥⲉⲉⲣⲙⲉⲗⲓⲥⲑⲉⲁⲛ ⳾	Non illum angit, non habet curā.	لا يهمه
ⲛ̄ⲧⲉⲩⲉⲣⲕⲁⲧⲁϥⲣⲟⲛ/ⲛⲓⲛ ⳾	Spernit, proijcit, expellit.	يرفض
ⲛ̄ⲧⲉⲩⲉⲣⲙⲉⲁⲗⲁⲍⲓⲛ ⳾	Inflectet fe, incli-nabit fe, mollietur	يعطف
ⲛⲱⲧⲉⲛ ⳾	Vobis,	لكم
ⲛ̄ϧⲣⲏⲓ̈ⲛϧⲏⲧⲉⲛ ⳾	In nobis.	فينا
ⲛ̄ⲥⲟⲩⲧⲉⲛ ⳾	Proficiscuntur, ex-pediunt fe.	ينسلق
ⲛ̄ⲥⲟⲩⲧⲉⲛ ⳾		ينشور
ⲛ̄ϯⲝⲉⲙⲙⲉⲑⲛⲟⲩⲭⲁⲛ ⳾	Non mentiar.	لا اكذب

Bbb 2　　　　ⲟⲛ

Ægyptia	Latina	Arabica
ⲟⲛ	Etiam, &	ايضـــا
ⲟⲣⲅⲁⲛⲟⲛ	Organum	الارفن
ⲟⲥⲡⲉⲣⲓⲛ	Qualis, quales.	ميلمـا
ⲟⲩⲟⲛⲛⲓⲃⲉⲛ	Omnis qui, vnuſ-quiſque.	كل مــن
ⲟⲩⲍⲅⲁⲃⲟⲛ	Bonus, bonitas.	خير صلاح
ⲟⲩⲙⲟⲛⲟⲛ	Non ſolum.	ليس فقط
ⲟⲩⲟⲛⲛⲩϫⲟⲙⲙⲱⲧⲉⲛ	Poteſtis,	تقدرون
ⲟⲩⲍⲉⲙⲱⲛ	Dæmon.	شيطان
ⲟⲩⲥⲟⲩⲍⲁⲣⲓⲟⲛ	Sudarium, faſcia, pilei Turcici	عمامة منديل يسل
ⲟⲩⲍⲓⲡⲛⲟⲛ	Conuiuium, cęna, epulum ſolemne.	وليمة ضيبع عشا
ⲟⲩⲗⲉⲛⲧⲓⲟⲛ	Lumbare, perizo-ma, velum.	ميزر امندبل
ⲟⲩⲙⲓⲗⲓⲟⲛ	Milliare	ميل
ⲟⲩⲟⲡⲛ·ⲧⲉⲛ	Miſimus, vel miſit nos.	ارسلنـا
ⲟⲩϣϣⲏⲛ	Arbor	شجــرة
ⲟⲩⲙⲟⲩⲗⲱⲛ	Mola, molendinŭ.	رحا
ⲟⲩⲥⲧⲛⲍⲱⲛⲓⲟⲛ	Stola, velum, ſyn-don, vitta, veſtis ſacerdotalis.	حلــة
ⲟⲩⲉⲩⲟⲭⲏⲙⲱⲛ	Glorioſus, habens gloriam.	دو وقار
ⲟⲩⲍⲟ́ⲣⲏⲛ	Sterilis, genus ve-ſtimenti, ſudariŭ.	عاقر
		ⲟⲩ‍ⲅⲱⲛ

Ægyptia	Latina	Arabica
ⲟⲩϫⲱⲛ ⳩	Præcepit.	امر
ⲟⲩⲇⲓⲁⲕⲱⲛ ⳩	Minister, Diaco-nus.	خادم
ⲟⲩⲛⲟϥⲉⲉⲉⲱⲧⲉⲛ ⳩	Gaudete, epulemini, deliciamini.	تنعموا افرحوا
ⲟⲩⲛⲁⲣⲁⲧⲟⲩⲧⲱⲛ ⳩	Non exibit.	ليش تخرج
ⲟⲩⲡⲣⲟⲥⲱⲡⲟⲛ ⳩	Facies, perſona.	شخص وجه
ⲟⲩⲕⲣⲏⲧⲏⲣⲓⲟⲛ ⳩	Tribunal, locus iudicij,	موضع القضا
ⲟⲩⲕⲟⲗⲗⲁⲣⲓⲟⲛ ⳩	Collarium.	دزور
ⲟⲩⲗⲓⲃⲁⲛⲟⲛ ⳩	Thuribulum.	صاع بجمره
ⲟⲩⲕⲟⲛⲧⲓⲧⲟⲛ ⳩	Saccarum.	سكر
ⲟⲩⲁⲗⲁⲃⲁⲥⲧⲣⲟⲛ ⳩	Alabaſtrum, vaſis genus.	قاروره
ⲡⲁⲥⲟⲛ ⳩	Frater meus.	اخى
ⲡⲁⲗⲓⲛ ⳩	Etiam, iterum	ايضا
ⲡⲁⲁⲣⲓⲥⲧⲟⲛ ⳩	Conuiuium meũ, cæna mea.	وليمتي
ⲡⲁϥⲉⲉⲁⲛ ⳩	Talis	فلان
ⲡⲁⲓⲟⲩⲱⲧⲉⲛ	Hæc origo, hæc gutta.	هذا النبع هذا النقط
ⲡⲁⲣⲓⲭⲓⲉⲉⲍⲓⲛ ⳩	Hyemāt, hybernāt.	دشتنوا
ⲡⲁⲧⲏⲣⲟⲛⲏⲉⲉⲱⲛ	Patres noſtri,	اجهاذنا
ⲡⲁⲗⲁⲧⲓⲟⲛ ⳩	Palatium.	القصور
ⲡⲁⲉⲉⲁⲛⲉⲗⲉⲧⲟⲛ ⳩	Locus requiei meæ quietis meæ.	موضع راحتي
ⲡⲁⲣⲭⲱⲛ ⳩	Primus, princeps.	رييس
ⲡⲉϥⲣⲁⲛ ⳩	Nomen eius.	اسمه

ⲡⲉϥ //

Ægyptia.	Latina.	Arabica
ⲡⲉϥⲥⲟⲛ ⸭	Frater eius. m.	اخوة
ⲡⲉⲥⲥⲟⲛ ⸭	Frater eius, f.	احوهـا
ⲡⲉⲥⲟⲛ ⸭	Frater tuus.	اخوك
ⲡⲉⲕⲁⲱⲣⲟⲛ ⸭	Oblatio tua, munus tuum.	قربانك
ⲡⲉⲕⲉⲣϣⲱⲛ ⸭	Pallium tuum, tunicam tuam.	رداك
ⲡⲉⲕⲧⲁⲙⲓⲟⲛ ⸭	Conclaue tuum.	مخزنعك
ⲡⲉⲕⲣⲁⲛ ⸭	Nomen tuum.	اسمك
ⲡⲉⲧⲉⲛⲉⲣⲛⲏⲥⲧⲉⲩⲓⲛ ⸭	Ieiunium vestrum	صومكم
ⲡⲉⲧⲉⲧⲉⲫⲱⲛ ⸭	Qui vobis.	الذي لكم
ⲡⲉⲩⲙⲁⲛⲉⲙⲧⲟⲛ ⸭	Locus requiei eius m.	موضع راحتك
ⲡⲉⲩⲕⲓⲛⲟⲛ ⸭	Amygdalus.	اللوز
ⲡⲉϥⲟⲩⲗⲱⲛ ⸭	Porta, ianua eius m.	بابه
ⲡⲓⲕⲁⲍⲁⲫⲓⲗⲟⲕⲓⲟⲛ ⸭	Gazophylacium, repositorium.	الخزانة
ⲡⲓⲥⲁⲃⲃⲁⲧⲟⲛ ⸭	Sabbatum.	السبت
ⲡⲓⲥⲱⲭⲉⲛ ⸭	Aroma, bonus.	الطيب
ⲡⲓⲅⲗⲟⲥⲥⲟⲅⲟⲙⲱⲛ ⸭	Arca, cista	الصندوق
ⲡⲓⲗⲉⲛⲧⲓⲟⲛ ⸭	Lumbare, perizoma	المبزر المنديل
ⲡⲓⲗⲩⲑⲟⲥⲧⲣⲟⲧⲟⲛ ⸭	Stratum lapidibus, lithostroton,	رصيف لحجاره
ⲡⲓⲕⲣⲁⲛⲓⲟⲛ ⸭	Caluaria	الجمجمـة لجاحله
ⲡⲓⲕⲉⲗⲉⲃⲓⲛ ⸭	Securis, bipennis.	الفاس

Ægyptia	Latina	Arabica
ⲡⲓⲉⲩⲁⲅⲅⲉⲗⲓⲟⲛ ⁜	Euangelium.	الانجيل
ⲡⲓⲧⲉⲗⲱⲛⲓⲟⲛ ⁜	Decimatio, prefect⁹ fiue locus telonij,	العشر التمكيس
ⲡⲓⲉⲙⲧⲟⲛ ⁜	Requies, ceſſatio à labore.	الراحة قالــــه النعب
ⲡⲓⲕⲁⲩⲥⲱⲛ ⁜	Æſtus, calor.	الحر السموم
ⲡⲓⲁⲣⲓⲥⲧⲟⲛ ⁜	Conuiuium, cæna mea.	الوليمتي
ⲡⲓⲑⲁⲡⲉⲛ ⁜	Cuminum.	الكمون
ⲡⲓϭⲛⲟⲛ ⁜	Delicatus, mollis. recens.	الرخو اللـــــين الخضوع
ⲡⲓϩⲏⲅⲉⲙⲟⲛ ⁜	Præfectus, dux.	الوالي
ⲡⲓⲕⲟⲣⲃⲁⲛⲟⲛ ⁜	Oblatio, munus, ſacrificium.	القربان
ⲡⲓⲭⲓⲱⲛ ⁜	Nix	الثلج
ⲡⲓⲉⲱⲛ ⁜	Sæculum, æternitas.	الدهر
ⲡⲓϩⲃⲱⲛ ⁜	Penuria, fames.	الغلا الجوع
ⲡⲓⲁⲟⲩⲁⲛ	Color.	اللون
ⲡⲓⲡⲁⲛⲧⲟⲭⲓⲟⲛ ⁜	Caupo, caupona.	الفندق
ⲡⲓⲭⲓⲛⲓⲉϧⲟⲩⲛ ⁜	Ingreſſus.	الدخول
ⲡⲓⲥⲱⲟⲩⲛ ⁜	Cognitio, ſcientia.	المعـــرفه
ⲡⲓⲑⲏⲛ ⁜	Sulphur,	الكبــريت
ⲡⲓⲕⲁⲕⲓⲛ ⁜	Torpedo, pigritia, loquens.	الملل
ⲡⲓⲉⲣⲙⲉⲗⲉⲧⲁⲛ ⁜	Meditatio, ſtudium, cura, follicitudo.	التـــلاوة

Ægyptia	Latina	Arabica
ⲡⲓⲟⲩϫⲁϫⲓⲛ ⳨	Segregatio, singulare,	البفسرد
ⲡⲓⲕⲱⲧⲣⲓϫⲓⲛ ⳨	Insitio, plantatio, conceptio, vnitio.	الغرس الانغمام
ⲡⲓⲥⲧⲁⲇⲓⲟⲛ ⳨	Stadium.	الميدان
ⲡⲓⲕⲁⲛⲟⲛ ⳨	Canon, regula, terminus.	القانون الحد
ⲡⲓⲙⲃⲟⲛ ⳨	Ira,	الغضب
ⲡⲓⲁⲅⲱⲛ ⳨	Agon, certamen, studium.	الجهاد
ⲡⲓϫⲏⲟⲩⲧⲣⲁⲙⲙⲱⲛ ⳨	Exemplum, similitudo, proprietas, dispositio.	المثال الصفة
ⲡⲓⲕⲉⲫⲁⲗⲉⲟⲛ ⳨	Caput	الراس
ⲡⲓⲑⲩⲗⲁⲥⲧⲏⲣⲓⲟⲛ ⳨	Altare, locus veniæ.	المذبح موضع الغفران
ⲡⲓⲕⲟⲓⲧⲟⲛ ⳨	Lectus, cubile, penetrale.	القيطون
ⲡⲓⲁⲟⲩⲓⲛ ⳨	Onus, nauis conscensio,	الوسق
ⲡⲓⲥⲩⲙⲃⲟⲗⲁⲩⲛ ⳨	Consiliarius. interpres.	المشير المترجم
ⲡⲓⲕⲩⲙⲓⲗⲗⲓⲟⲛ ⳨	Vasa, cimelia.	الوعا الانا
ⲡⲓⲉⲣⲅⲁⲥⲧⲏⲣⲓⲟⲛ ⳨	Opus, locus laboris, officina.	المعمل
ⲡⲓϫⲟⲕⲕⲩⲛⲉⲓⲛⲟⲛ ⳨	Coccus, vermicul⁹ coccineus, carmesinus.	القرمز

ⲡⲓⲕⲓⲛ

Ægyptia.	Latina.	Arabica.
ⲡⲓⲕⲓⲛⲁⲙⲉⲟⲛⲱⲛ ⳿	Lignum thymia-matis, Thuris,	عود البحسور
ⲡⲓϣⲣⲯⲉⲥⲟⲥⲛ ⳿	Infixio clauorum, zona, cingu-lum.	التبرنمبر
ⲡⲓⲟⲩⲛⲁⲣⲓⲟⲛ ⳿	Zona, cingulum.	الزنار
ⲡⲓⲍⲁⲣⲁⲕⲱⲛ ⳿	Draco.	التنين
ⲡⲓⲉⲑⲣⲓⲟⲛ ⳿	Posticum, porta, sterilis.	معقبه البيت
ⲡⲓⲱⲣⲓⲟⲛ ⳿	Stella cæli, statio	نجوم السما
ⲡⲓⲛⲡⲣⲉⲧⲱⲣⲓⲟⲛ ⳿	Prætorium.	الايوان
ⲡⲓⲥⲧⲉⲩⲟⲙⲉⲛ ⳿	Credemus, credi-mus.	نومسن
ⲡⲓⲁⲣⲧⲉⲙⲱⲛ ⳿	Artemon.	الارظمون
ⲡⲓⲑⲩⲥⲓⲁⲥⲧⲏⲣⲓⲟⲛ ⳿	Altare.	المدبح
ⲡⲗⲁⲥⲧⲟⲛ ⳿	Verbum effectum, artificiale.	كلام مصنسوع
ⲡⲗⲉⲓⲛ ⳿	Profectio, expedi-tio.	المسير
ⲡⲗⲏⲛ ⳿	Sed	لكن
ⲡⲟⲩⲥⲟⲛ ⳿	Frater eorum	اخوهم
ⲡⲟⲩⲣⲁⲛⲓⲟⲛ ⳿	Cælestis.	السماوي
ⲡⲣⲟⲥⲭⲩⲙⲉⲉⲛ ⳿		
ⲡⲣⲟⲥⲫⲉⲣⲓⲛ ⳿	Attollite, afferte, vti-lè esse, conducere	الرفعوا ارفعوا
ⲡⲣⲟⲥⲫⲟⲣⲁⲛⲧⲟⲛ ⳿	Sacrificium, obla-tio.	القربان
ⲡⲥⲟⲛ ⳿	Frater.	اخ

ⲡⲓⲥⲁ⫽

Ægyptia	Latina	Arabica
ⲡⲓⲥⲁⲃⲃⲁⲧⲟⲛ ⳧	Sabbatum.	سبت
ⲡⲥⲱⲟⲩⲧⲉⲛ ⳧	Rectitudo,	استقامه
ⲡⲧⲓⲛⲟⲡⲟⲣⲟⲛ ⳧	Autumnus.	الخريف
ⲣⲁⲱⲧⲉⲛ ⳧	Sufficit nobis, fat est, fepeliet nos.	يكفينا
ⲧⲉⲓⲥⲡⲉⲛⲏⲥⲁⲙⲙⲓⲛ ⳧	Domina noftra.	سيدتنا
ⲧⲏⲣⲉⲛ ⳧	Omnes nos	كلنا
ⲧⲟⲛⲉⲩⲭⲁⲣⲓⲥⲧⲏⲙ ⲣⲓⲟⲛ ⳧	Et gratias agimus. benedicimus.	ونشكر
ⲧⲟⲗⲟⲅⲟⲛ ⳧	Verbum, fermo, loquela.	الكلمه
ⲥⲁⲙⲉⲛⲥⲏⲛ ⳧	Poft nos, reliquimus, fuccellimus, refidui fumus.	خلفنا
ⲥⲁⲯⲟⲩⲛ ⳧	Intrò, intus.	باخـل
ⲥⲉⲙⲙⲉⲛⲟⲩⲙⲙⲉⲛ ⳧	Laudamus te, adoramus te.	نسجدك
ⲥⲉⲛⲁⲍⲉⲙⲙⲉⲛ ⳧	Inuenimus	نوجد
ⲥⲉⲧⲓⲕⲉⲥⲛⲁⲛ ⳧	Affligentes nos, Colaphyzát nos, refiftunt nobis.	يقمعوذنا
ⲥⲉⲣⲙⲙⲉⲗⲓⲛ ⳧	Significat,	تعني
ⲥⲉⲛⲁⲉⲣⲙⲙⲁⲥⲧⲓⲅⲟⲩⲙ ⲛⲙⲙⲱⲧⲉⲛ ⳧	Percutient vos.	يضر دوفكم
ⲥⲉⲉⲣⲡⲁⲣⲁⲃⲉⲛⲓⲛ ⳧	Transgrediuntur.	ينعدون
ⲥⲉⲛⲁⲉⲣⲙⲙⲁⲕⲁⲣⲓⲍⲓⲛ ⳧	Dantes beatitudinem.	يعطون الطوبي

Ægypti	Latina	Arabica
CEϢOΠAN ⳾	Visitati sunt.	مفقودون
CEEPEϪⳆODⳌⳆⳌIN ⳾	Laudabūt, laudati.	يمجدون
CⲐOIϦⲒⲒⲚ ⳾	* *	زايده تسين
CIⲒⲒⲚ ⳾	Sion.	صهيون
CIⲒⲒIⲔⲨⲚⲐⲨⲚⲞⲚ ⳾	Assumenta, fasciæ vittæ, rupturæ.	خرق عصايب
CIEⲨⳍⲀⲢICⲦOⲒⲒEⲚ ⳾	Benedicim⁹ te, gratias agimus tibi.	نشكرك
CIEⲨⲖOⲅOⲨⲒⲒEⲚ ⳾	Benedicimus te.	نباركك
CⲔEⲚ ⳾	Larus, reprobus.	جناسب
CⲒⲒOⲦEⲚ ⳾	Facilior, clarior. cóplanauit, rectū fecit	ابسر اسهل
CDⲨⳐⲨⲒⲒ ⳾	Complanate, parate.	شهلوا اعبوا
EⲒⲒOⲨϦEⲚ ⳾	Herba, pabulum.	عشب
CⲨϦICDⲒⲒEⲚ ⳾	Salus perpetua.	خلاص دايم
CⲦⳆⲦIOⲚ ⳾	Agon, campus.	ميدان
CⲦOⲒⲒEⲚ ⳾	Tradite, date, expectate, sperate	قفوا
CⲨⲚ ⳾	Cum, &.	مع و
CⳆⲒⲒⲦⳆⲖIOⲚ ⳾	Simila.	سمينن
CⳆⲒⲒⲚDCIⲀⲚ ⳾	Nationes, familiæ sectæ, symposium.	طوايف رداجح
CⳍEⳆⲨⲒⲒ ⳾	Vsque ad, donec.	حتى
ⲦⳆⲢⲔEϤⳆⲖⳆCⲎ⫽ ⲒⲒⲒIⲚ ⳾	Inclinate capita vestra.	طاطوا روسكم

Ægypia.	Latina.	Arabica.
ⲧⲁⲛⲅⲉⲗⲟⲩⲙⲉⲛ	Annunciamus.	ذبشر
ⲧⲉⲧⲉⲛⲛⲁϣϥⲁⲥ̇ⲃⲁⲗ ⲣⲙⲟⲩⲁⲛ	Non poteſtis illud ſoluere.	لاتطيفقراجله
ⲧⲉⲛⲉⲣⲛⲏⲥⲧⲉⲩⲓⲛ	Ieiunamus.	ذصوم
ⲧⲉⲛϭⲓⲛⲟⲩⲛⲁⲓⲉⲣⲟⲛ	Nos miſeri, infelices.	نحن اشقا
ⲧⲉⲛⲕⲁⲗⲓⲛ	Vocatis.	ذبدعوا
ⲧⲉⲕϣⲑⲏⲛ	Induſium tuum, ſubucula tua.	قميصك
ⲧⲉⲛⲟⲓⲙⲙⲁⲓⲧⲁⲓⲟⲛ	Laudamus nos-ipſos.	ذمدح اذفسنا
ⲧⲙⲙⲁⲓⲟⲛ	Honorabilis, verecúdus, reuerédus.	المكرم
ⲧⲟⲛⲉ̇ⲱⲛⲟⲛ	Sæculum, ſæcula	الداهرين
ⲧⲟⲛⲭⲱⲣⲟⲛ	Ordo, ſeries, acies, turma.	صف الضفان جماعه
ⲧⲟⲛⲥⲩⲛ	Cum	مع
ⲧⲟⲛⲕⲁⲣⲡⲟⲛ	Fructus	الثمر
ⲧⲥⲓⲁⲱⲛ	Sidon, vrbs Palæſtinæ.	صيدا
ⲧⲱⲕⲉⲍⲉⲏⲑⲱⲙⲉⲛ	A domino petamus.	من الرب ذطلب
ⲫⲉⲛ	Effudit.	صفك
ⲫⲛⲟⲩⲛ	Profunditas.	العمق
ⲫⲟⲩⲁⲧⲉⲛ	Foramen.	خرم ثقب
ⲫⲣⲁⲅⲓⲗⲗⲓⲟⲛ	* *	قرقله
ⲫⲣⲁⲕⲧⲟⲛ	Infelix, infortu-natus.	فبر منجح

Ⲭ̇ⲟⲩ

Ægyptia	Latina	Arabica
ⲭⲟⲣⲁⲍⲓⲛ ⳾	Curozaim, nomen vrbis.	اكورزين
ⲭⲟⲗⲓⲛ ⳾	Prohibitio.	الامتناع
ⲯⲩⲭⲓⲕⲟⲛ ⳾	Animatus, animo- fus.	نفساني
ⲩⲁⲩⲁⲟⲩⲟⲛ ⳾	Portat, fert, tol- lit.	يحمل يرفع
ⲩⲁⲩⲁⲟⲩⲱⲛ ⳾	Aperit.	يفتح
ⲩⲁⲩⲥⲟⲩⲉⲛ ⳾	Cognofces, fcie- tis,	تعرف تعرفون
ⲩⲁⲩⲉⲣⲁⲕⲙⲉⲛ ⳾	Adiuuat,	ينصر
ⲩⲁⲩⲉⲣⲃⲁⲗⲡⲓⲛ ⳾	Alit, fuftentat?	يربي
ⲩⲁⲧⲉⲛ ⳾	Excepto, præter.	ماخلا
ⲩⲛⲁⳝⲟⲛⳝⲉⲛ	Præcipit, iu- bet.	يامر يوصي
ⲩⲟⲩⲉⲥⲃⲱⲛ ⳾	Latus, fpatiofus, largus.	واسع
ⲩⲥⲱⲟⲩⲛ ⳾	Sciens, cognofcens	عارف
ϧⲁⲍⲉⲛ ⳾	Ante	قبل
ϧⲁⲧⲉⲛ ⳾	Apud	عند
ϧⲁⲭⲱⲧⲉⲛ ⳾	Omnes vos.	قلكم
ϧⲁⲣⲓϧⲁⲣⲱⲧⲉⲛ ⳾	Ex vobifmetipfis, de perfonis ve- ftris.	من ذاتكم
ϧⲉⲛ ⳾	In, de.	في ب
ϧⲉⲛⲫⲣⲁⲛ ⳾	In nomine.	بسم
ϧⲉⲛⲟⲩⲥⲱⲟⲩⲧⲉⲛ ⳾	In directione, re- ctitudine.	باستقامة

يض‖

Ægyptia.	Latina.	Arabica.
ϩⲁⲛⲟⲩⲟⲛ ⳨	Populi, gentes,	قوم
ϩⲁⲛⲥⲉⲃⲉⲛ ⳨	Margines, falsciæ.	حواسي لفايف
ϩⲁⲛⲇⲓⲟⲥⲕⲟⲣⲟⲥ ⳨	Dioſcorus.	ديسقرس
ϩⲁⲛϭⲟⲡⲗⲟⲛ ⳨	Miſſile, Arma.	سلاح
ϩⲁⲛϩⲱⲣⲟⲛ ⳨	Proximi, affines;	قرابين
ϩⲁⲛⲙⲟⲛⲙⲉⲛ ⳨	Terræmotus, commotio, motiones, concuſſiones,	زلازل
ϩⲁⲛⲥⲁⲛⲁⲁⲗⲓⲟⲛ ⳨	Calcei, ſaudalia,	ذمال
ϩⲁⲛⲭⲁⲗⲕⲓⲟⲛ ⳨	*	خلاقين
ϩⲁⲛⲣⲉϥϥⲱⲱϣⲉⲛ ⳨	Miniſtri, famuli.	خدام
ϩⲓⲧⲉⲛ ⳨	Ex eò quòd, à, ab, propter, ex, à parte.	من جهه من قبل ب
ϩⲓϫⲉⲛ ⳨	Supra, ad, iuxta.	على
ϩⲩⲥⲟⲡⲁⲙ ⳨	Caulis hyſſopi, iuncus.	قصبه زوف
ϩⲱⲧⲉⲛ ⳨	Vos etiam	انتم ايضا
ϫⲁϫⲃⲱⲛ ⳨	Mali, reprobi.	الاشرار
ϯⲉⲣⲁⲥⲕⲓⲛ ⳨	Subiectus es, ſeruiuiſti, coluiſti.	ذعبدت
		ϯⲉⲉⲉⲛ

Ægyptia.	Latina.	Arabica. 391
ⲧⲉⲉⲧϭⲟⲩⲉⲗⲗⲱⲛ ⸱	Præfectura, magi-ſtratus.	الولايه
ⲧⲉⲉⲧⲟⲩϫⲉⲉⲩⲉⲓⲍⲱⲛ ⲗⲟⲛ ⸱	Cultus idolorum, idololatria.	عبادة الاوثان
ⲧⲛⲁⲉⲣⲯⲁⲗⲓⲛ ⸱	Canta, pſalle, can-tabo, pſallam.	ارذل
ⲧⲱⲉⲉⲥⲉⲉⲱⲧⲉⲛ ⸱	Baptizo vos.	اعمدكم
ⲧⲅⲟⲕⲱⲛ ⸱	Imago, forma, ſi-militudo, natura.	الصوره

Nomina	in ⳉ ϫ	deſinentia.
Ⲁ ϥⲃⲟⲩϫ ⸱	Perfodit, transfixit, diſcedere, proficiſci	طعن
ⲕⲁⲧⲁⲥⲁⲣϫ ⸱	Corporaliter.	جسديا ذيا
ⲉⲉⲭⲥⲧⲓⲣϫ ⸱	Plage, morbi, flagel la, percuſſio, dána	ضربات من العاهات
ⲛⲓⲑⲉⲇⲛⲓϫ ⸱	Theologi, lo-quentes de Deo,	المتكلمين في الآله
ⲛⲟⲩⲗⲓϫ ⸱	Velum, operi-mentum.	حجاب
ⲟⲩⲥⲁⲣⲁⲟⲛⲓϫ ⸱	Sardonyx lapis,	ياقوت
ⲡⲓⲕⲩⲣⲓϫ ⸱	Præco.	المنادي
ⲡⲗⲁϫ ⸱	Tabula,	لوح
ⲥⲁⲣϫ ⸱	Corpus.	جسم
ⲧⲁⲥⲁⲣϫ ⸱	Corpus meum,	جسمي

Ægyptia	Latina	Arabica
ⳁⲉⲩⲥⲁⲣⳅ ⳾	Corpus, caro eius.	الجسده
ⳁⲥⲁⲣⳅ ⳾	Corpus.	جسس
ⳁⲥⲁⲗⲡⲓⳝ ⳾	Buccina, tuba, cornu, fistula.	البوق
ⳁⲉⲕⲥⲁⲗⲡⲓⳝ ⳾	Tuba tua, cornu tuum.	بوقك
ⳁⲉⲩⲥⲁⲗⲡⲓⳝ ⳾	Tuba eius.	بوقه

Nomina   in O ο   desinentia.

Ægyptia	Latina	Arabica
ⲁⲓϭⲣⲟ ⳾	Vicisti, superasti.	غلبت
ⲁⲓϭⲕⲟ ⳾	Famelicus fuisti.	جعت
ⲁⲥⲑⲙⲁⲓⲟ ⳾	Iustificatus es.	تبررت
ⲁⲧⲉⲧⲉⲛⲉⲣⲣⲁⲙⲁⲟ ⳾	Diuites facti estis.	استغنيتم
ⲁⲧⲉⲧⲉⲛⲉⲣⲟⲩⲣⲟ ⳾	Regnastis. ں	ملكتم
ⲁⲩⲧⲥⲟ ⳾	Rigauit, potauit,	سقي
ⲁⲩⲣⲟⲕⲣⲟ ⳾	Incenderunt, succenderunt.	اوقدوا
ⲁⲩⲧⲁⲕⲧⲟ ⳾	Circumdederunt, peccauerunt.	احاطوا
ⲁⲩϭⲕⲟ ⳾	Famet, famem passus est.	جاع
ⲁⲩⲧⲟⲩⲃⲟ ⳾	Sanctificauit, purificauit.	طهــر
ⲁⲩϭⲟ ⳾	Plantauit,	غرس
ⲁⲩⲕⲧⲟ ⳾	Ædificauit.	بني
ⲁⲩⲧⲁⲥⲑⲟ ⳾	Reuersus est.	رجع

ⲍ ⲩⲉⲣ⫽

Ægyptia	Latina	Arabica
ⲁⲩⲉⲣⲡⲉⲧⲥⲁⲍⲓⲛⲉⲉⲉ ⳾	Sanctificauit te.	قد سكى
ⲁⲩⲧⲁⲛⲱⲟ ⳾	Multiplicauit.	اكثر
ⲁⲩⲧⲟⲩⲝⲟ ⳾	Liberatus eſt, libe-rauit, ſaluauit.	نجي
ⲁⲩⲑⲁⲙⲓⲟ ⳾	Creauit, fecit, fin-xit, plaſmauit.	خلق صنع جبل
ⲁⲫⲟ ⳾	Quid putas? quid in te? quid vis? quid mihi, & tibi?	ما بدالك
ⲉⲑⲛⲁⲧⲁⲕⲟ ⳾	Perditus, perditio, occiſio.	الهالس الهالك
ⲉⲣϩⲟⲩⲟ ⳾	Abundaſti, auxiſti, excelluiſti.	زادت فضلت
ⲉⲥⲟϭ ⳾	Plantata.	مغروسه
ⲉⲩⲉⲣϩⲁⲥⲇ ⳾	Parcit, condonat, beneuolus eſt.	الدى يظهر
ⲉⲧⲧⲟⲩⲃⲟ ⳾	Qui purificat	يشفف
ⲉⲟⲓⲥⲕⲉⲛϩⲟ ⳾	Hypocriſis, ſimu-latio.	المراجاه الا فهار
ⲑⲫⲏⲛⲑⲟ ⳾	Calcitratio, calci-trans.	البطر
ⲕⲁⲧⲁⲛⲧⲟⲩⲃⲟ ⳾	Secundum purifi-cationem.	كنتطهير
ⲕⲁⲧⲁϩⲟ ⳾	In facie eius.	بالوجوه
ⲙⲁⲣⲉⲩⲧⲟⲩⲃⲟ ⳾	Sanctificatus, ſan-ctificetur.	يتقدس
ⲙⲁⲧⲟⲩⲃⲟ ⳾	Mundauit, purifi-cauit.	طهر

Ægyptia	Latina	Arabica
ⲙⲉⲧⲣⲉⲩϭⲓϩⲟⲩ	Accepit faciem, vel perſonam eius.	جاد بالوجوه
ⲙⲡⲉⲩⲥⲁⲃⲟ	Non didicit.	لم يتعلم
ⲙⲛⲟⲩⲙⲉⲃⲟ	Ante eos, coram eis.	قدامهم
ⲙⲡⲉⲙⲃⲟ	Ante	قدام
ⲛⲁⲩⲧϭⲙⲟ	Se calefaciunt.	يصطلوا
ⲛⲁⲧϭⲉⲛⲟ	Non extinguitur. inextinguibilis.	لا تطفا
ⲛⲁⲩϭⲟ	Plantati fuerant.	كادوا انغرسوا
ⲛⲃⲟ	Tu	انت
ⲛⲓⲣⲉⲩⲧϭⲙⲙⲕⲟ	Tortores, cruciati, torti, afflicti .	المعذبون
ⲛⲓⲕⲁⲗⲁⲙⲫⲟ	Colles.	الاكام
ⲛⲓⲣⲙⲙⲟ	Diuites	الاغنيا
ⲛⲛⲉⲩϩⲕⲟ	Non fames .	لا تجوع
ⲛⲟⲩⲧⲉⲛⲛⲟ	Confregit eos,	كسرهم
ⲛⲟⲩⲙⲉⲧⲣⲙⲙⲟ	Diuitiæ eorum.	غناهم
ⲛⲧⲉⲩϣⲧⲙⲙⲧⲁⲕⲟ	Ne forte pereat.	لبلا يهلك
ⲛⲧⲁϩⲧⲉⲃⲓⲟ	Ne perdas.	لا تضيع
ⲛⲧⲉⲩⲧⲁⲟⲩⲟ	Vt mittat.	ليرسل
ⲛⲧⲉⲕϭⲣⲟ	Vt vincat,	ليغلب
ⲟⲩⲙⲉⲧⲟⲩⲣⲟ	Regnum.	مملكة
ⲟⲩⲉⲃⲟ	Surdus, mutus.	اخرس
ⲟⲩϩⲕⲟ	Fames.	جوع
ⲟⲩⲣⲙⲙⲟ	Diuitiæ, diuité eſſe.	غني
ⲟⲩⲙⲙⲟⲩⲛⲓⲕⲁⲗϩⲟⲩ	Non lauit fa-ciem	ما غسل الوجه

Ægyptia	Latina	Arabica
ⲡⲁϩⲟ ⳿	Facies mea, vultus meus.	وجهي
ⲡⲉⲕϩⲟ	Facies tua	وجهك
ⲡⲉϥϩⲟ ⳿	Facies eius.	وجهه
ⲡⲉⲕⲟⲩⲣⲟ ⳿	Rex tuus.	ملكك
ⲡⲉⲧⲉⲛⲧⲁⲓⲟ ⳿	Reuerentia tua, honor tuus, vinea tua	كرامتكم
ⲡⲉⲕⲣⲟ ⳿	Porta tua .	بابك
ⲡⲉⲕⲁϩⲟ ⳿	Thefaurus tuus.	كنزك
ⲡⲉⲧⲉⲛϩⲟ ⳿	Facies veftræ	وجوهكم
ⲡⲓϣⲧⲉⲕⲟ ⳿	Ergaftulum, carcer	السجن
ⲡⲓⲭⲣⲟ ⳿	Littus	الشط
ⲡⲓϩⲟ ⳿	Facies vultus.	الوجه
ⲡⲓⲣⲟ ⳿	Porta	الباب
ⲡⲓϩⲉⲙⲙⲟ ⳿	Peregrinus,	الغريب
ⲡⲓⲥⲟⲩⲟ ⳿	Farina, triticum.	القمح الحنطه
ⲡⲓⲧⲁϩⲛⲟ ⳿	Prohibitio.	المنع الامتناع
ⲡⲓⲉⲃⲟ ⳿	Surdus, mutus.	الاخرس
ⲡⲓⲧⲁⲓⲟ ⳿	Honor, reuerentia, veneratio.	الكرامه
ⲡⲓϩⲕⲟ ⳿	Fames.	الجوع
ⲡⲓⲁϩⲟ ⳿	Thefaurus, gaza.	الكنز
ⲡⲓⲧⲁⲝⲣⲟ ⳿	* *	السبات
ⲡⲓⲧⲁⲗϭⲟ ⳿	Sanitas, falus.	الشفا
ⲡⲓⲓⲁⲣⲟ ⳿	Flumen.	النهر
ⲡⲓⲙⲁϩⲣⲟ ⳿	Aratio, feminatio,	التفقليح الزراعه
ⲡⲓⲑⲙⲁⲓⲟ ⳿	Iuftificatio.	التبرر

Ægyptia	Latina	Arabica
πιⲧⲁⲥ	Pietas, miferatio, clemétia,benig ni-	الشفقه
πιⲭⲫⲓⲟ	Correptio. (tas.	النوبخ التبكين
πⲟⲩⲣⲟ	Rex eorum.	ملكهم
πⲟⲩϩⲟ	Vultus eorum, facies eorum.	وجوههم
πⲣⲟ	Porta.	باب
πⲏⲅⲉⲙⲙⲟ	Pereginus.	غريب
πⲥⲟⲩⲟ	Magis, plus, am-plius,quáto magis.	اكثر بزيادة
ⲥⲉⲛⲁⲧⲁⲕⲧⲉⲕⲁ ϣⲉⲣⲟ	Vallauit te, prote-git te, circum-dat te.	يحوط بك
ⲧⲁⲙⲉⲧⲟⲩⲣⲟ	Regnum meum.	مملكتي
ⲧⲁⲧϩⲟ	Tenuit ,ligauit. Carcer.	حبس
ⲧⲁⲙⲉⲧϧⲉⲗⲗⲟ	Senectus mea, in-digebunt.	شيخوخى
ⲧⲉϥⲧⲁⲕⲟ	Peribit.	يهلك
ⲧⲉⲡⲣⲟ	Os tuum.	فمك
ⲧⲉⲕⲙⲉⲧⲟⲩⲣⲟ	Regnum tuum.	مملكتك
ϥⲩⲗⲟ	Amor, charitas, di-lectio.	محبه
ⲭⲉⲛϣⲟ	Neglectio.	اهمال
ϣⲟ	Mille.	الف
ϥⲛⲁⲉⲣⲟⲩⲣⲟ	Regnat.	يملك
ϥⲧϧⲙⲟ	Se calefacit.	يصطلى
ϧⲉⲗⲗⲟ	Senex.	شيخ

٢٣ تم

Ægyptia	*Latina.*	*Arabica.*
ϩⲉⲛⲟⲩⲧⲁⲝ ⲣⲟ ⳾	Con ſtanter, ſolidè, firmiter.	ثبات
ϩⲁⲛⲁⲛϣⲟ ⳾	Millia.	الالاف
ϩⲁⲛⲧⲁⲓⲟ ⳾	Honores, vineæ,	كرامات
ϩⲉⲟ ⳾	Equus,	فرس
ⲝⲫⲟ ⳾	Lucrum, vtilitas.	كسب ربح فايده
ϭⲗⲟ ⳾	Seps, maceria, mu-rus.	سياج
ⲧⲉⲉⲧⲟⲩⲣⲟ ⳾	Regnum,	الملكوت
ⲧⲉⲉⲧⲣⲁⲙⲁⲟ ⳾	Diuitiæ.	الغني
ⲧⲛⲁⲧⲁⲕⲟ ⳾	Perditio, interitus	ابيرا الهلكي
ⲧⲧⲁⲣⲕⲟ ⳾	Adiurauit, iurauit.	استحلف اقسم

Nomina in Π π deſinentia.

ⲁ ⲕϣⲟⲡ ⳾	Eſt, erit,	تكون
ⲁⲕⲧϩⲁⲡ ⳾	Iudicaſti, conſtituiſti iudicem	حكمت
ⲁⲥϭⲟⲡⲛ ⳾	Tētata eſt, probata.	جلبت
	Miſerunt, mittite.	ارسلوا
ⲁⲩⲟⲩⲱⲣⲛ ⳾	Decreuerunt, deter	سنوا حدوا
ⲁⲩϣⲱⲛϣⲉⲛ ⳾	minarunt.	
ⲁⲩⲁⲛ ⳾	Deſponſata eſt.	خطبت
ⲁⲩϣⲱⲛ ⳾	Emit,	اشتري
ⲁⲩϭⲱⲣⲛ ⳾	Oſtendit, manifeſtauit.	اعلن اظهر

Ægyptia	Latina	Arabica
ⲋⲩⳡⲅⲁⲛ⳥	Iudicauit.	حكم دان
ⲁⲍⲡ⳥	Hora	ساعـه
ⲝⲓⲛϭⲩⲟⲡ⳥	Quatuor vices, feu viciſſitudines (temporum)	اربع ذوب
ⲉⲛⲛⲁⲟⳡϫⲁⲛ⳥	Cum iudicatus fueris, cum iudicaueris.	اذا حوكت
ⲉⲥⳡⲏⲡ⳥	Accepta	مقبولـه
ⲉⳁⲥⲱⳁⲡ⳥	Electa.	المختاره
ⲉⳁⳡⲟⲡ⳥	Exiſtentes.	موجـودون
ⲉⲭⳝϭⲱⳁⲡ⳥	Victi, fuperati.	مغلوذون
ⲉⳡⲱⲡ⳥	Cum	انا
ⲉⳃⲓⲱⲡ⳥	Computas, reputas.	تحاسب
ⲉⳃⲥⲉⳝⲟⳁⲟⲏⲣⲡ⳥	Multiplicatus, auctus ex potu vini. Bibax.	مكثر من شرب الخمر
ⲑⲱⲓⲣⲡ⳥	Sutura	خياطه
ⲕⲉⲥⲟⲡ⳥	Alia vice.	مره اخري
ⲙⲁϫⲁⲛ⳥	Iudica.	احكـم
ⲙⲁⳝⲑⲱⲓⲣⲡ⳥	Acus.	ابـره
ⲙⲉⲛⲉⲣⳁϫⲁⲛ⳥	Ne iudicetis.	لاتدينوا
ⲙⲉⲛⲉⲣⳡⳁⲁⲛ⳥	Ne remaneatis.	لاتبقـوا
ⲙⲉⲛⲉⲣⲛⲟⳁⳡⲡ⳥	Ne timeatis, ne terreamini.	لاتخفـاوا لاتزعدوا
ⲙⲉⲛⲁⳃϭⳁϭⲣⲟⲡ⳥	Non offendit,	لم تعثر
ⲛⲁⳃⲥⲟⲡ⳥	Fuit, eſt.	كان
ⲛⲁⳁⲏⳁⲱⳁⲡ⳥	Proiecti, abiecti.	مطروحـين

Ægyptia	Latina	Arabica
ⲛⲁⲉⲩⲱⲡ ⧧	Erant ementes,	كادوا يشترون
ⲛⲉⲩⲥⲱⲧⲡ ⧧	Electa	مختاره
ⲛⲓⲉⲉⲛⲥⲱⲧⲡ ⧧	Occidens, occasus.	المغارب
ⲛⲓⲉⲉⲛϯⲥⲁⲛ ⧧	Loca iudicij. δικαςήριον.	المحافل مواضع الحكم
ⲛⲓⲥⲱⲧⲡ ⧧	Electi	المختارون
ⲛⲓϣⲟⲡ ⧧	Palma pedis anterior pars, pecten pedum , vola pedum .	الاقدام امشاط الرجلين
ⲛⲥⲟⲗⲡ ⧧	Resecant, abscindunt.	يقطعون
ⲛⲟϥⲑⲏⲣⲡ ⧧	Potator vini.	شريب الخمر
ⲛⲧⲉⲩϯⲥⲁⲛ ⧧	Vt iudicet.	ليديسن
ⲛⲧⲟⲩϣⲱⲡ ⧧	Vt emant, vt vendant.	ليبتاعوا
ⲛϣⲟⲣⲡ ⧧	Primò	اولا
ⲟⲩⲅⲟⲡ ⧧	Nuptiæ, thalamus.	عرس
ⲟⲩⲥⲁⲡ ⧧	Iudicium, vel iudicauit.	حكم
ⲟⲩⲧⲁⲡ ⧧	Cornu	قرن
ⲟⲩⲕⲁⲡ ⧧	Capillus , phlebotomus.	شعره
ⲡⲁⲥⲁⲡ ⧧	Iudicium meum	دنني حكمى
ⲡⲉⲧϩⲏⲡ ⧧	Arcanum occultũ, sacramentum.	السر الخفى
ⲡⲓⲏⲣⲡ ⧧	Vinum.	الخمر

       Latina.   *Arabica.*

Ægyptia	Latina	Arabica
ⲡⲓϩⲁⲡ ⳨	Iudicium, senten-tia finalis, con-demnatio.	الحكم الديمونة
ⲡⲓϩⲱⲣⲡ ⳨	Ephialtes	الملسك العظط
ⲛⲓⲧⲁⲡ ⳨	Cornu.	القرن
ⲡⲓϩϫⲟⲡ ⳨	Offendiculum.	العتره
ⲛⲟⲩϣⲁⲡ ⳨	Mutuum, fœnus.	قرضه
ⲡⲥⲱϫⲡ ⳨	Residuum, reli-quus, superstes.	بقيه
ⲥⲉⲏⲡ ⳨	Numerata, com-putata, parata.	معدوده بجضاه
ⲭⲱⲡ ⳨	Occultauit, ab-scondit, celauit.	خفي
ⲩⲱⲡ ⳨	Eradicate, eradica, exscindite, siue vela date.	اقلعوا اقلح
ⲩⲱⲣⲡ ⳨	Manè.	باكر
ⲩⲩ ϩⲡ ⳨	Combustio, flâma.	الشواط اللهيب
ϩⲓⲱⲡ ⳨	Sors, portio.	قرعــه
ϩⲱⲧⲡ ⳨	Ordinauit, præpa-rauit, direxit.	اصلح
ϭⲣⲟⲡ ⳨	Offensio, delictum	عثره
ϭⲱⲣⲡ ⳨	Ostensio, manife-statio.	اظهور اعلان
ϯⲙⲉⲧⲥⲱⲧⲡ ⳨	Electio.	الخيره
ϯⲡⲁϭⲉⲡ ⳨	Intingere, camelus, color.	ابل اصبغ

Nomina　　*in* P p　*desinentia.*

Ægyptia	Latina	Arabica
ⲁⲓⲉⲣⲕⲟⲩⲣ ⳾	Obtinui, coniun-ctus, obstinatus, obturatus sum.	اصامضن
ⲁⲥϥⲟⲣϥⲉⲣ ⳾	Defluxit, decidit.	قنادرت
ⲁⲩⲥⲉⲣ ⳾	Promulgarunt, se-quimini, vocate.	اشاعوا اناعوا
ⲁⲩϥⲉⲣ ⳾	Factum est, fecit.	صار صنع
ⲁⲩϣⲑⲟⲣⲧⲉⲣ ⳾	Conturbatus, com-motus.	اضطرب
ⲁⲩϯⲛⲟⲩⲕⲟⲩⲣ ⳾	Alapam impegit, colaphizauit.	لطم
ⲁⲩⲃⲟⲣⲃⲉⲣ ⳾	Proiecit, mersit:	طرح غرق
ⲁⲩⲥⲕⲉⲣⲕⲉⲣ	Reuoluit.	بدحرج
ⲁⲩⲝⲉⲣ ⳾	Dispersit, diuisit.	بدد فرق
ⲁⲩⲏ̄ⲣⲓⲣ ⳾	Caro porcina.	لحم لخنازير
ⲁⲩⳝⲣⲟⲩⲣ ⳾	Quieuit, habitauit, mitigauit, didu-xit.	مكن هدي
ⲁⲅⲁⲣ ⳾	Agar.	هاجر
ⲃⲉⲗⲓⲁⲣ ⳾	Diabolus, Dæmon, Sathanas.	الشيطان
ⲅⲁⲣ ⳾	Quia, si, nam, enim.	لان
ⲉⲉⲣ ⳾	Vt fiant.	ان يصيروا
ⲉⲕ⳽ⲱⲕⲉⲣ ⳾	Famelicè, famelic⁹.	جايعا

E e e　　　　ⲉⲣ

Ægyptia	Latina	Arabica
ⲉⲣ ⳩	Fac.	اصنــع
ⲉⲩⳅⲧⲉⲣⲑⲱⲣ ⳩	Perturbati, vacillátes, commoti, agitati.	معطربين
ⲉⲩⳅⲟⲕⲉⲣ ⳩	Famelici.	جياع
ⲉⲩϣⲟⲣϣⲉⲣ ⳩	Destruunt, sunt destruentes, vastant.	يهدمون
ⲉϥⲙⲙⲏⲣ ⳩	Inuolutum, ligatū.	ملفوف مربوط
ⲉⲝⲉⲣ ⳩	Vt exaspetent.	ابن يجسسوا
ⲑⲣⲓⲣ ⳩	Clibanus, fornax.	التنور
ⲓⲉⲁⲧⲏⲣ ⳩	In vobis.	فيكم
ⲕⲉⲡⲉⲣ ⳩	Cum, quamuis, vltra.	معمــا
ⲕⲟⲥⲙⲟⲕⲣⲁⲧⲱⲣ ⳩	Tenens mundum.	ضابط العالم
ⲕⲣⲁⲧⲏⲣ ⳩	Capita angulorum.	البواطي روس الزوايا
ⲙⲙⲏⲣ ⳩	Vinculum.	الربــاط
ⲙⲟⲩⲣ ⳩	Liga, accinge.	اربط ثقلد
ⲙⲉⲡⲉⲣ ⳩	Non.	لا
ⲙⲉⲩⲧⲁⲧⲱⲣ ⳩	Custos, tutor, fideiussor, obses.	الحاجب الكفيل
ⲙⲉϥⲱⲣ	Non.	لا
ⲛⲉϥϣⲫⲏⲣ ⳩	Amici eius, comites eius, socij eius.	اصحابه

Ægyptia	Latina	Arabica
ⲗⲉⲥⲕⲣⲁⲧⲏⲣ ⳾	Bases candelabri, Lucerna eius, cá-delabrum eius.	قواعس للمنارة
ⲛⲏⲉⲧ̅ⲩⲟⲕⲉⲣ ⳾	Famelici,	الجياع
ⲛⲓⲟⲩϩⲟⲣ ⳾	Canes,	الكلاب
ⲛⲓⲃⲁⲱⲟⲣ ⳾	Vulpes	الثعالب
ⲛⲓⲣⲓⲣ ⳾	Sues	الخنازير
ⲛⲓⲕⲟⲩⲣ ⳾	Surdus,	الطرش الصم
ⲛⲓⲃⲓⲣ ⳾	Cophini, corbes, canistra.	القفف الأقراب
ⲛⲓⲃⲁⲱⲟⲩⲣ ⳾	Serræ	المناشير
ⲛⲓⲭⲉⲣ ⳾	Exploratores , in-quisitores,	الجواسين
ⲛⲓⲅⲑⲱⲓⲣ ⳾	Equi	الخيل
ⲛⲓϥⲱⲓⲣ ⳾	Somnia.	الاحلام
ⲛⲓⲧⲱⲓⲧⲉⲣ ⳾	Gradus scalæ.	الدرج السلم
ⲛⲟⲩⲩϥⲏⲣ ⳾	Amici eorum, so-cij eorum.	شركاهم
ⲛⲟⲩⲝϩⲱⲓⲣ ⳾	Vasa eorum	أوعيتهم
ⲛⲩⲩⲁⲣ ⳾	Percussit , flagella-uit, cutis, pellis, corium.	جلس
ⲟⲩⲙⲟ ⲭⲥⲉⲣ ⳾	Deduxit	سير
ⲟⲩⲩⲉⲙⲏⲣ ⳾	Fermentum,	خمير
ⲑⲩⲕⲉⲛⲟⲩⲁⲧⲱⲓⲣ ⳾	Gladiator	سياق
ⲟⲩⲭⲥⲑⲉⲣⲧⲉⲣ ⳾	Tremor, tonitru	رعدة
ⲟⲩⲩⲟⲟⲩⲣ ⳾	Annulus, sigillum,	خاتم

      Latina.   *Arabica.*

Ægyptia	Latina	Arabica
ⲡⲁⲧⲏⲣ ⳾	Pater	الاب
ⲡⲁⲥⲫⲓⲣⲓ ⳾	Latus meum	جنبي
ⲡⲉⲛϣⲫⲏⲣ ⳾	Amici noſtri	صديقنا
ⲡⲉϥⲥⲫⲓⲣ ⳾	Latus eius.	جنبه
ⲡⲉⲕϣⲫⲏⲣ ⳾	Proximus tuus	قريبك
ⲡⲉ.ϣⲟⲩⲣ ⳾	Merces eius.	اجرته كراه
ⲡⲓⲁⲗⲉⲕⲧⲱⲣ ⳾	Gallus gallinaceus:	الديك
ⲡⲓⲥⲑⲉⲣⲧⲉⲣ ⳾	Tremor, ſtridor	الرعده الصريّر
ⲡⲓⲭⲉⲛⲉⲫⲱⲣ ⳾	Pauimentum teſtaceum, rectum expanſum	السطح
ⲡⲓⲭⲓⲛⲓⲟⲣ ⳾	Trans, tranſiens, conſiderans, exponens	العبر
ⲡⲓϧⲓⲣ ⳾	Forma, platea, biuium	الزقاق الشارع
ⲡⲓⲡⲣⲁⲕⲧⲱⲣ ⳾	Adiutor, exactor, eductor	المستخرج
ⲡⲓⲃⲁϣⲟⲣ ⳾	Vulpes.	الثعلب
ⲡⲓⲟϣⲟⲩⲣ ⳾	Annulus.	الخاتم
ⲡⲓⲭⲉⲣⲭⲉⲣ ⳾	Ludus, iocus, nugatio.	اللهو
ⲡⲓⲁⲏⲣ ⳾	Aer, ventus	الهوا
ⲡⲓⲙⲟⲩⲣ ⳾	Ligamen.	الرباط
ⲡⲓⲃⲁⲕϣⲁⲣ ⳾	Coriarius.	الدباغ
ⲡⲓⲣⲏⲧⲱⲣ ⳾	Rhetor, interpres, eloquens	الطبيب الترجمان

ⲡⲓⲁⲥ

Ægyptia	Latina	Arabica
ⲡⲓϩⲙⲉⲏⲣ ⳪	Sinus, gremium	لاحضن
ⲡⲓⲭⲁⲣⲁⲕⲧⲏⲣ ⳪	Persona, idea, cha- racter, figura, fi- militudo.	الشخص الشبه
ⲡⲓⲭⲣⲟⲩⲣ ⳪	Rana	الضفضع
ⲡⲓⲛⲟⲩϣⲉⲣ ⳪	Accipiter.	الباري
ⲡⲓⲭⲟⲩⲡⲉⲣ ⳪	Liguſtrum, fructus liguſti	الحنا ثمرحنا
ⲡⲥⲱⲧⲏⲣ ⳪	Saluator, Re- demptor.	مخلص
ⲡϣⲫⲏⲣ ⳪	Amicus verus, fi- delis, certus.	صديف صاحب
ⲥⲉⲙⲟⲩⲣ ⳪	Ligat, vincit,	يربط
ⲥⲩⲭⲁⲣ ⳪	Sichar, nomen loci	سوحار
ⲙⲡⲉⲣ ⳪	Propter	من اجل
ϥⲭⲟⲣ ⳪	Robuſtus, fortis, ro- borauit, cófortauit,	قوي
ϩⲁⲛϩⲱⲣ ⳪	Theſauri, gazæ.	كنوز
ϩⲁⲛⲕⲟⲩⲣ ⳪	Surdus	صم طرش
ϩⲁⲛⲥⲓⲟⲩⲣ ⳪	Eunuchi, caſtrati.	خصيان
ϩⲁⲛϥⲍⲓⲣ ⳪	Auari,	بخلا
ϩⲁⲛϩⲱⲣ ⳪	Equi,	خيل
ϭⲟⲩⲣ ⳪	Terror	جوف
ⲍⲓⲛϭⲱⲣ ⳪	Talentum	وزنه
ϭⲁϣⲉⲙⲏⲣ ⳪	Fermentatus eſt.	اختمر
ϯⲉⲣ ⳪	Fac.	اصنع
ϯⲛⲁϣⲟⲣϣⲉⲣ ⳪	Vaſta, deſtrue, corrumpe.	الهدم

Nomina   in C c   *desinentia.*

Ægyptia	Latina	Arabica
ⲀⲄⲀⲠⲒⲤ ✣	Amor, charitas, affectio.	المحبة
ⲀⲄⲒⲞⳠ ✣	Sanctus.	قدوس
ⲀⲌⲎⲘⲰⳠ ✣	* *	أزدود
ⲀⲐⲀⲛⲀ⳦ⲞⳠ ✣	Immortalis	الذي لايموت
ⲀⲒⳆⲞⳠ ✣	Locutus fum, dixi	قلت
ⲀⲕⲢⲒⲂⲰⳠ ✣	Cum diligentia, diligenter.	باجتهاد
ⲀⲕⲉⲢⲉⲞⳠ ✣	Quietus, mode-ſtus, tranquillus, pacificus.	ودعا
ⲀⲕⲀⲐⲀⲢ⳦ⲞⳠ ✣	Impurus, immun-dus.	نجس
ⲀⲕⲉⲢⲞⳠ ✣	Sine tempore.	بغير زمان
ⲀⲕⲖⲉⳠ ✣	Contriuifti, con-quaſſafti.	سحقت
ⲀⲖⲎⲐⲰⳠ ✣	In veritate, verè.	بالحقيقة
ⲀⲖⲖⲟⲫⳤⲖⲞⳠ ✣	Alienigena, pere-grinus, externus.	غريب الجنس
ⲀⲖⲖⲎⲖⲞ⳦Ⳡ ✣	In lætitia, & iu-bilo.	بتهليل
ⲀⲖⲀⳉⲒ⳦ⲞⳠ ✣	Pauper, vilis.	مساكين
ⲀⳠⲀⳤ⳦Ⲁⳤ⳧Ⳡ ✣	Refurrectio	قيامة
ⲀⳠⲀⳘⲀ⳧⳧Ⳡ ✣	Requies, ceſſatió, tranquillitas.	راحة نياح

ⲀⳠⲀ

Ægyptia	Latina	Arabica
ⲁⲛⲁϩⲉⲙⲱⲛⲧⲁⲥ// ⲕⲁⲣⲇⲓⲁⲥ ⁙	Tollite corda ve-stra, sursum corda vestra.	ارفعوا قلوبكم
ⲁⲛⲁⲡⲁⲩⲥⲉⲟⲥ ⁙	Requiescentes.	المتنيحون
ⲁⲛⲟⲙⲉⲣⲟⲥ ⁙	Sinistra portio, mors	يسير جز
ⲁⲡⲁⲑⲏⲥ ⁙	Sine paſſione, im-paſſionatus.	بغير الم
ⲁⲡⲟⲥⲧⲟⲗⲟⲥ ⁙	Apoſtolus, delega-tus, nuncius.	رسول
ⲁⲣⲭⲓⲥⲧⲛⲁⲅⲱⲧⲟⲥ ⁙	Archipresbyter, princeps ſynag.	ريس الجماعه
ⲁⲣⲭⲓⲉⲣⲉⲩⲥ ⁙	Princeps Sacerdo-tum, ἀρχιερεύς Papa, epiſcopus.	ريش الكهنة
ⲁⲥϣⲉⲛⲁⲥ ⁙	Abijt, diſceſſit, f.	ذهبت مضت
ⲁⲥⲑⲁϩⲥ ⁙	Vnxit, leniuit.	دهنت
ⲁⲥⲧⲱⲛⲥ ⁙	Surrexit. f.	قامت
ⲁⲥⲙⲉⲥ ⁙	Genuit f.	ولدت
ⲁⲥϥⲟⲛϩⲥ ⁙	* * *	النبغتت
ⲁⲥⲕⲇⲥ ⁙	Vter.	رق
ⲁⲥϥⲁⲗⲱⲥ ⁙	Vinxerunt, ſtrin-xerūt, legerūt eū.	اوثقوه
ⲁⲥⲕⲇⲧⲥ ⁙	Reuerſa fuit.	رجعت عادت
ⲁⲥⲉⲣϩⲏⲧⲥ ⁙	Incepit.	ابتدات
ⲁⲥϭⲟϭⲭⲉⲥ ⁙	Saltauit.	رقصت

Ægyptia	Latina	Arabica
ⲁⲩⲥⲉⲙⲉⲛⲏⲧⲥ ⲁ	Stabilierunt, defpexerunt eam, refocillati funt eam.	قرروها
ⲁⲩⲓⲥ ⲁ	Attulit, intulit, adfer.	هات
ⲁⲩϫⲉⲙⲥ ⲁ	Inuenerunt eam, inueni.	وجدوها وجدت
ⲁⲩⲥⲟⲑⲙⲉⲥ ⲁ	Audierunt eam.	سمعوها
ⲁⲩⲑⲟⲙⲉⲥ ⲁ	Sepelierunt eam.	دفنوها
ⲁⲩⲉⲣⲁⲙⲉⲗⲏⲥ ⲁ	Neglexerunt inertes, pigri, tardi facti funt.	تكاسلوا
ⲁⲩⲟⲡⲥ ⲁ	Cogitauit, putauit, reputauit f	حسبت
ⲁⲩⲟⲓⲥⲁⲛⲓⲥ ⲁ	Conquefti funt, accufarunt.	شكوا
ⲁⲩⲁⲟⲝⲓⲥ ⲁ	Dominatio, poteftas, gubernatio.	سلط
ⲁⲩⲉⲩⲗⲥ ⲁ	Defponfati funt.	اتعرسوا
ⲁⲩⲭⲱⲡⲥ ⲁ	* * * *	جافوا ذبنوا
ⲁⲩⲙⲉⲛⲏⲧⲥ ⲁ	Corruperunt eam, vitiarunt.	اعسدوها
ⲁⲩⲉⲣϣⲣⲱⲓⲥ ⲁ	Vigilarunt	سهروا
ⲁⲩⲑⲣⲟⲙⲙⲟⲥ ⲁ	Pofuit eam.	جعلها
ⲁⲩⲁⲓⲥ ⲁ	Fecit eam.	صنعها
ⲁⲩⲉⲣϩⲏⲧⲥ ⲁ	Incæpit, inchoauit.	بدي ابشي

Ægyptia	Latina	Arabica
ⲁϥϭⲟⲕⲙⲉⲥ ⳾	Timorem incuſ-ſit ei.	جرده انقضاه
ⲁϥⲥⲧⲙⲉⲥ ⳾	Vidit, ortus eſt, emicuit.	نظر تطلع
ⲁϥⲥⲁⲧⲥ ⳾	Plantauit eam, conſeuit eam.	زرعها
ⲁϥⲥⲉⲙⲛⲏⲧⲥ ⳾	In conditioné ini-uit, pactum fecit.	قرور شرط
ⲁϥⲣⲟⲕϩⲉⲥ ⳾	Combuſſit eam, corrumpit eam, tranſijt per eam.	احرقها
ⲁϥϫⲟⲥ ⳾	Dixit.	قال
ⲁϥⲟϫⲥ ⳾	Prohibuit eam.	منعها
ⲁϥⲧⲟⲩⲛⲟⲥ ⳾	Erexit.	اقام
ⲁϥϭⲱⲥ ⳾	Coagulatus eſt, congelatus,	نجمس
ⲁϥⲟⲗⲥ ⳾	Accepit eam, ſol-uit eam.	اخذها حلها
ⲁϥϫⲱⲙⲧ ⳾	Fœtuit, côputruit.	نتن جافى
ⲁϫⲟⲥ ⳾	Dicite, dic.	قولوا قل قولى
ⲃⲁⲥⲓⲗⲓⲕⲟⲥ ⳾	Rex, dominus, præ-fectus, prorex.	الوزير الملك صاحدن
ⲃⲁⲧⲟⲥ ⳾	Batus, menſuræ genus.	قفيز قسط
ⲃⲁⲥⲓⲗⲓⲥⲕⲟⲥ ⳾	Rex ſerpentum, regulus.	ملسكى لايات
ⲃⲉⲣⲓⲁⲁⲟⲥ ⳾	Tiberiadis,	طبريه
ⲃⲱⲧⲥ ⳾	Pugnauit, occidit.	قاتل جارب

Fff

Ægyptia	Latina	Arabica
ⲅⲉⲣⲅⲉⲥⲉⲛⲟⲥ ⳥	Gerasenus.	الجرجسين
ⲅⲉⲛⲛⲏⲑⲓⲥ ⳥	Natus, filius,	ولد
ⲅⲉⲛⲛⲏⲥⲉⲟⲥ ⳥	Exiftentes.	الكاينين
ⲅⲛⲟⲫⲟⲥ ⳥	Nebula, caligo.	ضباب
ⲇⲁⲝⲓⲥ ⳥	Ordo, feries, τάξις.	طقس
ⲇⲟⲕⲓⲙⲟⲥ ⳥	Probus. perfectus, vtilis.	ممتحن
ⲇⲓⲇⲓⲙⲟⲥ ⳥	Gemini, gemelli, pares.	التوم الازدواج
ⲇⲓⲱⲅⲙⲟⲥ ⳥	Perfecutio, myfti-cum arca-num,	اضطهاد
ⲇⲓⲏⲙⲁⲥ ⳥	Propter nos.	من اجلنا
ⲇⲓⲏⲁⲓⲕⲓⲛⲉⲉⲡⲓⲕⲟⲥⲙⲟⲥ ⳥	Gubernatio mūdi, adminiftratio mundi.	تدبير العالم
ⲇⲓⲁⲑⲏⲥⲓⲥ ⳥	Augumentum, ap-pofitio.	الزياده
ⲇⲓⲱⲕⲧⲏⲥ ⳥	Perfecutor.	طارد مضطهد
ⲉⲃⲛⲁ+ⲩⲙⲉⲥ ⳥	Baptizat.	يعمد
ⲉⲃⲣⲉⲥⲭⲍⲛⲉⲥⲙⲁⲥ ⳥	Vbi ponunt pullos fuos.	حيث يضعن فراخهن
ⲉⲗⲉⲟⲥ ⳥	Mifericordia.	رحمه
ⲉⲗⲉⲏⲥⲟⲛ ⲏⲙⲁⲥ ⳥	Miferere noftri.	ارحمنا
ⲉⲙⲙⲁⲓⲟⲩⲥ ⳥	Emaus, Caftelli nomen.	غمواس
ⲉⲛⲁⲁⲥ ⳥	Præftantius.	افضل

Ægyptia	Latina.	Arabica.
ⲉⲛⲟⲓⲥ ⳿	Cum	فلما
ⲉⲛⲉⲥⲉⲟⲥ ⳿	Laudatio.	تسبحة
ⲉⲡⲓⲥⲧⲟⲧⲟⲛⲟⲥ ⳿	ἐπιστοτόνος	الهندوان
ⲉⲡⲓⲕⲗⲏⲥⲓⲥ ⳿	Gauiſus eſt, denominatio, ſecretũ, arcanũ, gaudere.	سر
ⲉⲥⲉ̇ⲕⲟⲧⲥ ⳿	Reuertetur illa.	ترجع
ⲉⲧϩⲱⲙ̀ⲙⲟⲥ ⳿	Dimitte eam, relinque eam.	اضعها اتركها
ⲉⲩⲗⲟⲅⲓⲧⲟⲥ ⳿	Benedictus, benedicta	مبارك مباركة
ⲉⲩⲗⲟⲅⲓⲙⲉⲛⲟⲥ ⳿	Benedicens, vel benedictus.	مبارك
ⲉⲩⲭⲏⲁⲥ ⳿	In orationibus.	بصلوات
ⲉⲩⲑⲁⲧⲏⲥ ⳿	Crudelis, durus.	قاسي معاند
ⲉⲩϫⲱⲙ̀ⲙⲟⲥ ⳿	Dicentes.	قايلين
ⲉⲩⲕⲱⲥ ⳿	Sepeliunt.	يدفنون
ⲉⲩⲕⲟⲗⲁⲥⲓⲥ ⳿	Cruciatus hominum.	العذاب
ⲉⲩϩⲱⲥ ⳿	Laudant,	يسبحون
ⲉⲩⲓⲏⲥ ⳿	Properantes.	مسرعين
ⲉⲩϫⲟⲣϫⲥ ⳿	Ad piſcationem, ad venationem.	لصيد
ⲉⲩⲣⲏⲥ ⳿	Vigilantes,	ساهرين
ⲉⲩⲁ̀ⲛⲉⲕⲙⲏⲥⲓⲥ ⳿	Cõbuſtio, pruritus.	حرقة
ⲉⲩⲉ̇ⲥⲑⲏ̇ⲥⲓⲥ ⳿	Intellectus, mens,	عقل
ⲉⲩⲕⲉⲣⲟⲥ ⳿	Commodè, opportunè cũ tempore.	في وقت

Ægypia	Lattina	Arabica
ⲉϭⲗⲁⲃⲱⲥ ⁘	Cum timore.	بخوف
ⲉⳁⲁⲥ ⁘	Si, vel, vt ponam relinquam eam.	ان اضعها ان اتركها
ⲉⲁⲓⲛⲁⲥ ⁘	Seculum.	دهر
ⲉⳒⲧⲉⲗⲗϯⲛⲟⲙⲙⲱⲟⲥ ⁘	Nisi decertet pro legibus, pro reli- gione .	ادالم يجاهدفن السنه
ⲉⲩⳜⲱⲙⲙⲟⲥ ⁘	Dicens.	قايلا
ⲉⲩⲉⲧⲁⲕⲟⲥ ⁘	Perdet eam.	يهلكها
ⲉⲩⲁⲣⲉϭⲉⲣⲟⲥ ⁘	Conseruet , custo- dit eam .	يحفظها
ⲉⲩⲟⲓⳡⳜⲣⲉⲙⲧⲥ ⁘	Languet , dicitur de lucerna, vel si- mili , cum penè extinguitur.	يطفطف
ⲉⲩϭⲏⲥ ⁘	Coagulatus.	المنجبن
ⲉϭⲓⲧⲥ ⁘	Si acceperit eam.	ان اجدها
ⲉⳁϯⲙⲙⲉⲥ ⁘	Vt baptizem.	لاعمد
ⳅⲏⲧⲏⲥⲓⲥ ⁘	Dispositio, disputa- tio, lis, contentio.	مشاجره مناظرة
ⲏⲣⲏⲛⲏⲥ ⁘	Pax,	السلامه
ⲑⲉⲟⲥⲉⲃⲏⲥ ⁘	Cultus Dei , pie- tas.	عباده الاله
ⲑⲉⲟⲧⲟⲕⲟⲥ ⁘	Genitrix Dei.	والده الاله
ⲑⲉⲟⲥ ⁘	Deus.	الله
ⲑⲉⲟⲡⲣⲉⲡⲟⲥ	Conueniens Deo.	اللايق بالاله

ⲑⲗⲩⲓⲓ

Ægyptia.	*Latina.*	*Arabica.*
ⲑⲗⲟⲯⲓⲥ⳽	Dolor, tribulatio, anguſtia, afflictio.	شدّة ضيقة ضنقة
ⲑⲱϩⲥ⳽	Vnge, vngite.	ادهنوا انهن
ⲓⲥⲧⲟⲯⲥ⳽	Dux, præfectus, &, ad, vſque.	والي
ⲓⲥⲭⲩⲣⲟⲥ⳽	Fortis, robuſtus, potens.	القوي
ⲓⲥⲁⲛⲁⲧⲟⲗⲁⲥ⳽	Ad Orientem,	الى الشرق
ⲓⲱⲥ⳽	Propera.	اسرع
ⲕⲁⲗⲱⲥ⳽	Pulcher, bonus,	حسن جيّد
ⲕⲁⲕⲱⲥ⳽	Malus, malignus.	ردي شرير
ⲕⲁⲡⲛⲟⲥ⳽	Summus.	دخان
ⲕⲁⲧⲁⲃⲁⲥⲓⲥ⳽	Commiſeratio.	التعطف
ⲕⲁⲧⲁⲛⲓⲯⲓⲥ⳽	Pœnitudo, dolor.	التاسف
ⲕⲁⲑⲏⲕⲉⲥⲉⲟⲥ⳽	Exhortatio, prædicatio, inſtructio.	موعظة
ⲕⲉⲁⲛⲉⲗⲑⲱⲥ⳽	Et holocauſtum, & ſublimauit eam aſcêdere fecit eã	وصعيده
ⲕⲉⲭⲱⲣⲁⲥ⳽	Prouincię, regio.	الكورَ
ⲕⲉⲕⲱⲙⲉⲓⲥ⳽	Vrbs, vicus, compitum.	القري
ⲕⲏⲛⲥⲟⲥ⳽	Cenſus, tributum.	خراج غرامة
ⲕⲏⲕⲥ⳽	Cortices.	قشور
ⲕⲏⲙⲟⲥ⳽	Sapientia.	ﻤﺤﻜﻤﻪ
ⲕⲟⲣⲟⲥ⳽	Corus, ſaa, genus menſuræ.	كرصاع
ⲕⲟⲗⲁⲥ⳽	Furtum.	سرقـة
		KON⳽

Ægyptia	Latina	Arabica
ⲕⲟⲛⲧⲣⲁⲧⲏⲥ⳯	Duo ceratia .	قيرا طين
ⲕⲩⲣⲓⲛⲛⲉⲟⲥ⳯	Villicus, Cyreneus.	قرياني
ⲕⲱⲕⲕⲟⲥ⳯	Coccus, rubeus. color coccineus .	اجمر
ⲕⲝⲱⲙⲙⲟⲥ⳯	Dicit	يقول
ⲛϯⲱⲙⲥ⳯	Baptizas.	تعمى
ⲗⲟⲅⲟⲥ⳯	Sermo, oratio, lo- quela, responsū .	ميمر قول جواب
ⲗⲟⲓⲙⲟⲥ⳯	Itrisor, illudens, pestilens.	مستهزي
ⲗⲩⲧⲟⲩⲣⲅⲟⲥ⳯	Minister, diaconus	خدام
ⲙⲁⲣⲟⲩⲃⲱⲙⲥ⳯	Vt sepeliant .	ليدفنوا
ⲙⲁⲥⲧⲣⲓⲁⲥ⳯	Sine via, inuium.	غير المسلك
ⲙⲁⲧⲁⲕⲧⲟⲉⲣⲟⲥ⳯	Operuit, protexit eam, sub alis tuta- tus est eam.	اكتنفوها
ⲙⲉⲃⲟⲩⲗⲉⲩⲧⲥ⳯	Habens consilia, consiliarius.	ذو مشورة
ⲙⲉⲃⲣⲓⲥ⳯	Mustum .	مطار
ⲙⲉⲥ⳯	Nascitur	جواد
ⲙⲉⲧⲥⲓⲥⲉⲃⲏⲥ⳯	Religio, cultus.	عبادة
ⲙⲉⲧⲣⲛⲏⲥⲓⲟⲥ⳯	Proprius, legiti- mus. (stellas,	خاصي
ⲙⲉⲧⲡⲉⲣⲓⲉⲣⲅⲟⲥ⳯	Scrutatus, scrutans	الفحص النجامه
ⲙⲏⲡⲱⲥ⳯	Ne, ne forte .	لئلا
ⲙⲙⲉⲧϩⲉⲃⲣⲉⲟⲥ⳯	Hebraice,	بالعبرانية
ⲙⲙⲉⲧⲣⲱⲙⲉⲟⲥ⳯	Latinè, Romanè.	بالرومية
ⲙⲟⲣⲓⲁ⳯	Præsertim,	بالحري
		ⲙⲟⲛ

Ægyptia	Latina	Arabica
ⲙⲟⲛⲏⲕ ⳾	Vnus, folus,	الواحد
ⲙ̄ⲡⲉⲛⲑⲣⲉⲛ⳽ϩⲟ⳽	Non diuidamus eam.	لا نشقها
ⲛ̄ⲥⲉϭⲱⲙⲉⲥ ⳾	Innituntur, vel baptizantur.	يعتمدوا
ⲛⲁⲥ ⳾	Ei, illi, f.	لها
ⲛⲁⲙⲁⲑⲏⲧⲏⲥ ⳾	Difcipuli mei.	تلاميدي
ⲛ̄ⲁⲡⲟⲥⲩⲛⲁⲅⲱⲅⲟⲥ ⳾	Extra fynagogam.	خارج الجماعة
ⲛ̄ⲁⲡⲁⲥ ⳾	Antiquus	قديم
ⲛⲁϫⲥⲟⲛⲥ ⳾	Viderunt, profpexerunt, viderunt, orti funt.	ذظروا تطلعوا
ⲛ̄ⲁⲙⲉⲗⲟⲥ ⳾	Membra mea.	اعضاي
ⲛⲁⲥⲩⲅⲅⲉⲛⲏⲥ ⳾	Cognati mei, qui genere me attingunt.	انسباي
ⲛ̄ⲁⲛⲁⲃⲁⲧⲏⲥ ⳾	Equites, afcenfores	الركبان
ⲛⲁⲡⲟⲥⲧⲁⲧⲏⲥ ⳾	Apoftatæ.	مارق
ⲛⲁⲥⲱⲙⲁⲧⲟⲥ ⳾	Incorporeus.	غير خسراني
ⲛⲉϥⲙⲁⲑⲏⲧⲏⲥ ⳾	Difcipuli eius.	تلاميده
ⲛⲉϥϩⲃⲱⲥ ⳾	Veftimenta eius.	ثيابه
ⲛⲉϥⲁⲅⲅⲉⲗⲟⲥ ⳾	Angeli eius	ملايكيه
ⲛ̄ⲉⲙⲡϣⲁ ⳾	Dignus, condignus, merens.	مستوجب
ⲛ̄ⲉⲕⲙⲉⲗⲟⲥ ⳾	Membra tua.	اعضاوك
ⲛⲉϥⲥⲕⲉⲩⲟⲥ ⳾	Vafa eius.	اوانيه امتعنته
ⲛⲉϥⲙⲁϩⲥ ⳾	Pulli eius.	فراخه

Ægyptia.	Latina.	Arabica.
ⲛⲉⲙⲙⲁⲥ ⳾	Cum ea.	معها
ⲛⲉⲗⲁⲇⲧⲓⲙⲟⲥ ⳾	Dialecticus, Lo-gicus.	منطيقي
ⲛⲉⲩⲙⲡⲟⲗⲓⲧⲏⲥ ⳾	Inquilinus, ciuis, indigenæ eius.	اهل من بلده
ⲛⲉⲩⲃⲁⲥⲓⲥ ⳾	Pedes eius, veſtigia eius.	قوايمه
ⲛⲉⲥⲕⲁⲗⲙⲓⲥⲕⲟⲥ ⳾	Baculus eius, arun-do eius, tibiȩ, cru-ra eius.	قصباذها
ⲛⲉⲙⲙⲁⲕⲁⲣⲓⲥⲙⲟⲥ ⳾	Beatitudo tua.	طوباذمتك
ⲛⲉⲩⲥⲧⲩⲗⲁⲟⲥ ⳾	Baptizauit eum, baptiſmus eius.	عمده
ⲛⲏⲉⲧⲅⲱⲟⲧⲓⲙⲉⲛ ⲁⲏⲥ ⳾	Ligati, compedi-bus ſtricti.	المقيدين
ⲛⲉⲧⲅⲁⲗⲓⲗⲉⲟⲥ ⳾	Inclyti, glorioſi, Galilæi.	الجليلين
ⲛⲓⲁⲣⲭⲓⲉⲣⲉⲩⲥ ⳾	Summus Sacerdos.	روسا الكهنة
ⲛⲓⲫⲁⲣⲓⲥⲉⲟⲥ ⳾	Phariſæi.	الفريسين
ⲛⲓⲣⲱⲙⲉⲟⲥ ⳾	Romani, vel Græci.	الروم
ⲛⲓⲙⲉⲅⲟⲥ ⳾	Magi.	المجوس
ⲛⲓⲉⲑⲛⲟⲥ ⳾	Gentes.	الامم
ⲛⲓⲁⲣⲭⲉⲟⲥ ⳾	Principes.	الالون
ⲛⲓⲧⲉⲗⲱⲛⲏⲥ ⳾	Publicani, telo-narij.	العشارون
ⲛⲓⲉⲑⲛⲓⲕⲟⲥ ⳾	Gentiles.	الاميون
ⲛⲓⲉⲣⲅⲁⲧⲏⲥ ⳾	Operarij.	الفعله

Ægyptia	Latina	Arabica
ⲛⲓⲡⲁⲣⲁⲇⲟⲥⲓⲥ	Traditiones, præcepta, mandata.	الوصايا
ⲛⲓⲡⲣⲉⲥⲃⲩⲧⲉⲣⲟⲥ	Seniores, presbyteri.	القسوس المشايخ
ⲛⲓⲡⲟⲣⲛⲟⲥ	Fornicatores, mœchi.	الزناة
ⲛⲓⲕⲁⲕⲱⲥ	Mali, reprobi.	الارديا
ⲛⲓⲏⲣⲱⲇⲓⲁⲛⲟⲥ	Herodiani.	الهيرودسيين
ⲛⲓⲁⲥⲡⲁⲥⲙⲟⲥ	Salus, pax.	السلام
ⲛⲓⲕⲁⲥ	Ossa.	العظام
ⲛⲓⲙⲁⲥ	Pulli.	الفراخ
ⲛⲓⲡⲁⲣⲑⲉⲛⲟⲥ	Virgines.	العذاري
ⲛⲓⲃⲱⲧⲥ	Bella.	الحروب
ⲛⲓⲧⲣⲁⲡⲉⲍⲓⲧⲏⲥ	Nummularij, quod Itali dicunt Banchieri.	اصحاب الموائن
ⲛⲓⲙⲩⲥⲧⲟⲇⲧⲏⲥ	Mercenarij, eōducti, amātes lucri.	الاجرا اصحاب الشياك
ⲛⲓⲕⲇⲙⲟⲡⲟⲗⲓⲥ	Ciuitas alia.	المدن الاخر
ⲛⲓϩⲁⲗⲏⲥⲓⲥ	Catenæ	السلاسل
ⲛⲓⲡⲉϩⲥ	Compedes.	القيود
ⲛⲓⲁⲓⲱⲧⲙⲟⲥ	Tribulationes, pericula.	الشدايد
ⲛⲓⲕⲩⲗⲁⲃⲓⲥⲧⲏⲥ	Nummularij, fusores.	الصيارف
ⲛⲓⲡⲟⲗⲉⲙⲟⲥ	Bella.	الحروب
ⲛⲓⲉⲭⲙⲁⲗⲱⲧⲟⲥ	Captiui.	المسبيين

Ægyptia	Latina.	Arabica.
ⲛⲓⲡⲟⲛⲏⲣⲟⲥ	Maleuoli, malitiosi peruersi.	الخبثا
ⲛⲓⲛⲟⲙⲓⲕⲟⲥ	Legales, legisla tores.	الناموسيون
ⲛⲓⲥϥⲣⲁⲅⲙⲟⲥ	Sepes, sepimenta, maceriæ.	السياجات
ⲛⲓⲥⲁⲧⲏⲅⲟⲩⲥ	Saducæi,	الزنادقة
ⲛⲓⲕⲁⲕⲟⲩⲣⲅⲟⲥ	Operarij mali, machinatores peruersi.	فاعلوا الشر
ⲛⲓⲡⲣⲁⲝⲓⲥ	Historiæ, gestorū descriptiones, opera, gesta, facinora,	السير القصص الاعمال
ⲛⲓⲁⲛⲟⲏⲧⲟⲥ	Insipientes, sine mente, & ratione.	غير العقلا
ⲛⲓⲃⲁⲣⲃⲁⲣⲟⲥ	Barbari.	البربر
ⲛⲓⲡⲁⲑⲟⲥ	Passiones.	الالام
ⲛⲓⲗⲁⲟⲥ	Populi,	الشعوب
ⲛⲓⲙⲉⲗⲟⲥ	Membra.	الاعضا
ⲛⲓⲁⲅⲓⲟⲥ	Sancti.	القديسون
ⲛⲓⲡⲛⲉⲩⲙⲁⲧⲓⲕⲟⲥ	Spiritales, spiri- tuales. (næ.	الروحانيون
ⲛⲓⲙⲁⲅⲉⲗⲗⲟⲥ	Macella, carnifici-	المجزرة
ⲛⲓⲙⲁⲗⲁⲕⲟⲥ	Fæminei, effæmi- nati, molles.	المؤنثين
ⲛⲓⲗⲁⲥ	Linguæ.	الالسن
ⲛⲉⲛⲓⲥⲕⲟⲡⲟⲥ	Episcopi.	الاساقفة

Ægyptia	Latina	Arabica
ⲛⲓⲁⲛⲧⲓⲕⲓⲙⲉⲛⲟⲥ ✥	Aduerſarij, inimici	المضـــــادون
ⲛⲓⲉⲥⲑⲏⲥⲓⲥ ✥	Senſus.	الجواس
ⲛⲓⲁⲣⲁⲃⲟⲥ ✥	Arabes.	العرب
ⲛⲓⲡⲁⲣⲟⲓⲙⲓⲁⲥⲧⲏⲥ ✥	Eccleſiaſtes, qui in Parabolis lo- quitur.	الامثالى
ⲛⲓⲕⲣⲏⲧⲏⲥ	Critici, iudices.	الحكـــــام الاقريطيبيشين
ⲛⲓⲉⲡⲓⲕⲟⲩⲣⲓⲟⲥ ✥	Qui faciunt ſa- pienter,	الصباع للحكما
ⲛⲓⲥⲧⲓⲭⲟⲥ ✥	Lictores.	اصحاب العصى
ⲛⲓⲫⲣⲟⲛⲏⲧⲟⲥ ✥	Operarij pruden- tes.	الصناع للحكما
ⲛⲓⲁⲅⲟⲣⲉⲩⲥ ✥	Artifices, mercato- res, tabernarij.	السوقة
ⲛⲓⲡⲁⲧⲣⲓⲁⲣⲭⲏⲥ ✥	Patriarchæ.	البطاركـــة روسا الابا
ⲛⲓⲕⲁⲧⲁⲫⲣⲟⲛⲓⲧⲏⲥ ✥	Hæretici.	المنوافينـــون الارفاض
ⲛⲓⲁⲛⲁⲅⲛⲱⲥⲧⲏⲥ ✥	Lectores.	القريا
ⲛⲓⲙⲉⲧⲁⲗⲱⲥ ✥	Carceres, ergaſtula	السجون
ⲛⲓⲗⲁⲓⲕⲟⲥ ✥	Seculares, munda- ni, laici.	العلمانيون
ⲛⲓⲁⲥⲱⲙⲁⲧⲏⲥ ✥	Incorporei, imma- teriales	غير المتجسدين
ⲛⲓⲍⲟⲛⲁⲙⲓⲥ ✥	Virtutes, poteſtates exercitus,	الجنود، القوات

Ægyptia	Latina	Arabica
ⲛⲓⲕⲁⲧⲁⲣⲁⲕⲧⲏⲥ ⸱	Torrentes, cataractæ.	السيول
ⲛⲓⲧⲣⲟⲭⲟⲥ ⸱	Trochlea, plaustra.	العصل البكرات
ⲛⲓⲁⲗⲗⲟⲫⲩⲗⲟⲥ ⸱	Alienigenæ, externi, peregrini.	قبايل الغربا
ⲛⲓϩⲁⲣⲁϭⲱⲟⲩⲧⲥ ⸱	Lepores.	الارانب
ⲛⲓⲉⲃⲣⲟⲩⲭⲟⲥ ⸱	Pediculi, bruchi, scarabæi.	القمل الدبساب لجندب
ⲛⲓⲱⲟⲭⲗⲟⲩⲥ ⸱	Aggeres, peltarij, loricarij.	المتاريس
ⲛⲓⲕⲩⲛⲁⲓⲛⲟⲥ ⸱	Tribulationes, pericula.	الشدايد
ⲛⲓⲡⲁⲣⲁⲛⲟⲙⲟⲥ ⸱	Iniqui, exleges, sine lege.	المناقيون ادمرافقيبي
ⲛⲓⲙⲱⲁⲃⲓⲧⲏⲥ ⸱	Moabitæ	المواببين
ⲛⲓⲃⲉⲣⲉϭⲱⲟⲩⲧⲥ ⸱	Currus.	مراكب
ⲛⲓϭⲩⲛⲁⲧⲟⲥ ⸱	Domini eius.	البساره
ⲛⲓⲧⲟⲡⲁⲣⲭⲏⲥ ⸱	Primarii, primi, Toparchæ.	المقدمون
ⲛⲓⲧⲩⲣⲁⲛⲛⲟⲥ ⸱	Dominantes, Imperatores, Tyranni.	المسلطون
ⲛⲓⲁⲩⲧⲙⲟⲥ ⸱	Inopes mente, infani, infipientes.	العانى العقل
ⲛⲓⲕⲟⲗⲁⲥⲧⲏⲥ ⸱	Stulti, infipientes.	الجهال
ⲛⲓⲟⲛⲟⲙⲁⲥⲧⲟⲥ ⸱	Iurifperiti, docētes, prædicantes,	الشرعيين

ⲛⲓⲃⲟⲛ

Ægyptia	Latina	Arabica
ⲛⲃⲟⲗⲟⲥ	Pelta, clypeus.	الدرق
ⲛⲃⲉⲣⲓⲟⲥ	Renouatio, nouus.	الـ
ⲛⲅⲟⲣⲅⲓⲥⲑⲏⲥ	Incantantes, exorcizantes.	يعزمون
ⲛⲟⲣⲑⲟⲇⲟⲝⲟⲥ	Orthodoxi	الاردن كـ
ⲛⲟⲩⲗⲁⲙⲡⲁⲥ	Lampades eorum.	مصابحهم
ⲛⲟⲩⲟⲙⲟⲟⲩⲥⲓⲟⲥ	Coæquales, æquales substantiæ.	المتساوي
ⲛⲟⲙⲟⲑⲉⲑⲏⲥ	Legislator,	واضح الناموس
ⲛⲥⲩⲛⲁⲍⲓⲥ	Synaxis, sacrificium.	القداس
ⲛⲧⲟⲩⲟⲧⲉⲥ	Tollit,	يرفع
ⲛⲧⲁⲃⲟⲓⲧⲥ	Vt recipiat eam.	لاخذها
ⲛⲧⲟⲩϣⲃⲥ	Dant,	يعطون
ⲛⲧⲁⲑⲱⲙⲉⲥ	Vt sepeliam, non sepeliuit.	لادفن
ⲛⲙⲙⲉⲥ	Diuidit, separat, secat.	يفرق
ⲛϭⲩⲥⲟⲥ	Æqualis.	مساوي
ⲛⲝⲟⲛⲥ	Rapuit, vim intulit oppressit.	غصب ظلم
ⲟⲁⲛⲁⲥⲧⲁⲥ	Qui resurgit.	الدي قام
ⲟⲉⲣⲭⲟⲛ	Qui venit, veniens	الاتي
ⲟⲓⲛⲟⲣⲫⲁⲛⲟⲥ	Orphani	الـيتام
ⲟⲕⲩⲣⲓⲟⲥ	Dominus.	الرب
ⲟⲙⲟⲥ	Iam, dum, verò.	قد
ⲟⲩⲁⲅⲁⲑⲟⲥ	Bonus,	صالح
ⲟⲩⲥⲣⲁⲏⲗⲓⲧⲏⲥ	Ifraelita,	اسرائيلي

ⲟⲩⲙⲉ

Ægyptia	Latina	Arabica
ⲟⲩⲙⲁⲑⲏⲧⲏⲥ ⳾	Difcipulus.	قلميل
ⲟⲩⲥⲱⲟⲩⲧⲥ ⳾	Congregatio, coetus.	مجمع
ⲟⲩⲁⲛⲁⲣⲧⲟⲥ ⳾	Nardinum, vel cubiforme.	داردين
ⲟⲩⲁⲅⲅⲉⲗⲟⲥ ⳾	Angelus.	ملاكي
ⲟⲩⲥⲩⲅⲅⲉⲛⲏⲥ ⳾	Cognatus, inclytus, nobilis, illuftris, proximus,	قريب بنسب
ⲟⲩⲕⲁⲥ ⳾	Os, offis.	عظم عظيم
ⲟⲩⲅⲩⲧⲟⲩⲙⲉⲛⲟⲥ ⳾	Primus, interior, coniunctus.	مقدم والى
ⲟⲩⲁⲗⲓⲃⲁⲛⲟⲥ ⳾	Thus.	لبان
ⲟⲩⲥⲏⲃⲥ ⳾	Splendor, lychnus.	سراج
ⲟⲩⲱⲱⲩⲥ ⳾	Largus, amplus.	واسع رحب
ⲟⲩⲁⲕⲁⲧⲟⲛⲧⲁⲣⲭⲟⲥ	Centurio.	قايد مايه
ⲟⲩⲧⲱⲓⲥ ⳾	Affumentū, pānus.	يخرقه
ⲟⲩⲧⲉⲗⲱⲛⲏⲥ ⳾	Telonarius, intentus marfupio.	عشار مكاس
ⲟⲩⲧⲉⲗⲓⲟⲥ ⳾	Completus, finitus, perfectus.	كامل
ⲟⲩⲛⲉⲫⲣⲟⲥ ⳾	Turris.	برج
ⲟⲩⲅⲁⲛⲗⲟⲩⲥ ⳾	Simplex.	سلم
ⲟⲩⲛⲟⲙⲓⲕⲟⲥ ⳾	Lex.	ناموس
ⲟⲩⲉⲑⲛⲟⲥ ⳾	Gens, populus, natio.	امه
ⲟⲩⲁⲥⲑⲉⲛⲏⲥ ⳾	Infirmus, debilis, vel æger.	ضعيف

Ægyptia	Latina	Arabica
ⲟⲩⲫⲑⲟⲛⲟⲥ ⳨	Inuidia, zelus, æmulatio.	حسد
ⲟⲩⲇⲓⲕⲉⲟⲥ ⳨	Amicus, iuſtus, biuerus.	حسن يتقي
ⲟⲩⲇⲁⲛⲓⲥⲧⲏⲥ ⳨	Mutuum dans, deciſus, inciſum, manſum.	مقارض
ⲟⲩⲥⲁⲙⲁⲣⲓⲧⲉⲥ ⳨	Samaritanus	سامري
ⲟⲩⲙⲁⲕⲁⲣⲓⲟⲥ ⳨	Beatus.	طوباني
ⲟⲩ ⲭ̅ⲣ̅ⲥ̅ ⳨	Meſſias, vnctus, bonus, benignus.	مسيح صالح حلوا
ⲟⲩⲙⲉⲣⲟⲥ ⳨	Pars,	جزر
ⲟⲩⲙⲉⲗⲟⲥ ⳨	Membrum	عضو
ⲟⲩⲇⲓⲱⲅⲙⲟⲥ ⳨	Perſecutio, ſtrictura, preſſura, anguſt.	اضطهاد شده
ⲟⲩⲁⲡⲟⲗⲉⲩⲑⲉⲣⲟⲥ ⳨	Manumiſſus, liber.	معتوق
ⲟⲩⲉⲃⲣⲉⲟⲥ ⳨	Hebræus	عبراني
ⲟⲩⲙⲉⲥⲓⲧⲏⲥ ⳨	Mediator, medius	واسطة وسيط
ⲟⲩⲁⲥⲧⲓⲟⲥ ⳨	Politus, decorus, pulcher.	جميل
ⲟⲩⲉⲅⲕⲣⲁⲧⲏⲥ ⳨	Religioſus, fortis, potens, illuſtris, nobilis.	ناسك عزيز
ⲟⲩⲉⲣⲉⲧⲓⲕⲟⲥ ⳨	Hæreticus, contrarius, peruerſus, nocens, ſectator.	مخالف صاحب بدعه
ⲟⲩⲧⲟⲙⲟⲥ ⳨	Merces, mercimonium, inſtitores.	بضاعه

ⲟⲩⲓⲱ

Ægyptia.	Latina.	Arabica.
ⲟⲩⲓⲁⲥⲡⲓⲥ ⳨	Iaſpis.	حصبه
ⲟⲩⲥⲙⲁⲣⲁⲕⲧⲟⲥ ⳨	Smaragdus,	زمرجن
ⲟⲩⲭⲣⲓⲥⲟⲗⲓⲛⲟⲥ ⳨	Chriſolythus, Onichinus.	مهـا
ⲟⲩⲃⲏⲣⲓⲗⲗⲏⲥ ⳨	Berillus	جمشت
ⲟⲩⲭⲣⲓⲥⲟⲡⲣⲁⲥⲟⲥ ⳨	Chryſopraſus.	يركى
ⲟⲩⲥⲙⲉⲑⲓⲥⲧⲟⲥ ⳨	Amethiſtus	كركهن
ⲟⲩⲝⲟⲥ ⳨	Dimidium	نصف
ⲟⲩⲣⲁⲛⲟⲥ ⳨	Cælum	السمـا
ⲡⲁⲟⲥ ⳨	Dominus meus.	سيدي ربي
ⲡⲁⲕⲱⲥ ⳨	Sepelitio mea.	دفني تكفيني
ⲡⲁⲗⲁⲟⲥ ⳨	Populus meus.	شعبي
ⲡⲁⲛⲧⲱⲥ ⳨	Verum, forſan	لعل
ⲡⲁⲛⲟⲩⲣⲅⲟⲥ ⳨	Malitia, dolus, verſutia, verſatus.	خبث مكر
ⲡⲁⲣⲁⲫⲩⲥⲓⲥ ⳨	Præter naturam	بخلاف الطبيعه
ⲡⲁⲣⲁⲃⲁⲥⲓⲥ ⳨	Peruerſitas.	مخالفه
ⲡⲁⲁⲅⲁⲡⲏⲧⲟⲥ ⳨	Dilectus meus	حبيبي
ⲡⲁⲧⲣⲓⲥ ⳨	Patria	الابوه الوطن الاول
ⲡⲁⲛⲑⲏⲥ ⳨	Cógregatio, turba,	جماعه
ⲡⲉⲭⲁⲥ ⳨	Dixit f.	قالت
ⲡⲉⲛⲧⲟⲡⲟⲥ ⳨	Habitatio noſtra locus noſter	سكنا موضعنا
ⲡⲉⲛⲛⲟⲙⲟⲥ ⳨	Lex noſtra	ناموسنا
ⲡⲉⲩⲃⲓⲃⲥ ⳨	Calcaneus eius	كعبه عقبه
ⲡⲉⲩⲉⲡⲉⲛⲧⲓⲧⲏⲥ ⳨	Lumbare, perizoma	ميزره
ⲡⲉⲩⲥⲧⲁⲩⲣⲟⲥ ⳨	Crux eius.	صليبه

ⲡⲉⲣⲓ

Ægyptia	Latina.	Arabica
ⲡⲉⲣⲓⲭⲱⲣⲟⲥ ⳾	Prouincia.	الكور
ⲡⲉⲧⲉⲛⲟⲥ ⳾	Domini vestri.	ربكم سيدكم
ⲡⲉⲩⲟⲥ ⳾	Dominus eius.	سيده ربه
ⲡⲉⲕⲟⲥ ⳾	Dominus tuus.	ربك سيدك
ⲡⲉⲥⲧⲉⲛⲟⲥ ⳾	Genus eius f.	جنسها
ⲡⲉⲩⲗⲁⲥ ⳾	Lingua eius	لسانه
ⲡⲉⲣⲡⲉⲣⲟⲥ ⳾	Difficile, & arduũ est, barbarum est, temerarius, per- peram agit .	يه حسم
ⲡⲉⲧⲉⲛⲧⲣⲟⲡⲟⲥ ⳾	Mores vestri, con- uersatio vestra .	تقلبكم سيرتكم
ⲡⲉⲩⲗⲁⲟⲥ ⳾	Populus eius.	شعبه
ⲡⲓⲕⲟⲥⲙⲟⲥ	Mundus	العالم
ⲡⲓⲛⲟⲙⲟⲥ ⳾	Lex	الناموس
ⲡⲓⲙⲟⲛⲟⲅⲉⲛⲏⲥ ⳾	Vnigenitus	الوحيد
ⲡⲓⲡⲣⲟⲫⲏⲧⲏⲥ ⳾	Propheta	النبي
ⲡⲓⲓⲟⲣⲇⲁⲛⲏⲥ ⳾	Iordanes	الاردن
ⲇⲓⲇⲓⲁⲃⲟⲗⲟⲥ ⳾	Diabolus,	ابليس
ⲡⲓⲓⲥⲕⲁⲣⲓⲱⲧⲏⲥ ⳾	Iscriotes.	الاسخريوطي
ⲡⲓⲉⲑⲛⲟⲥ ⳾	Populus	الامه الشعب
ⲡⲓⲁⲅⲓⲟⲥ ⳾	Sanctitas, sanctus.	القدس
ⲡⲓⲛⲁⲍⲱⲣⲉⲟⲥ ⳾	Nazaræus.	الناصري
ⲡⲓⲭⲓⲗⲓⲁⲣⲭⲟⲥ ⳾	Chiliarcha	قايد الالف
ⲡⲓⲣⲓⲙⲁⲣⲓⲙⲁⲑⲉⲁⲥ ⳾	Incola Arimatheæ	من اهل الرامه
ⲡⲓⲁⲛⲧⲓⲇⲓⲕⲟⲥ ⳾	Aduersarius, com- petitor. vindex .	الغريم الخصم
ⲡⲓⲕⲣⲓⲧⲏⲥ ⳾	Iudex	القاضي الحاكم

Hhh

ⲡⲓ⳾

Ægyptia	Latina	Arabica
ⲡⲓϩⲃⲟⲥ ⳼	Veſtis	الثوب
ⲡⲓⲙⲁⲑⲏⲧⲏⲥ ⳼	Diſcipulus.	التلميذ
ⲡⲓϭⲟⲥϫⲉⲥ ⳼	Saltans	الرقص
ⲡⲓϩⲏⲉⲥ ⳼	Spica, ſignum cæ- leſte Virginis	السنبل
ⲡⲓⲕⲏⲧⲟⲥ ⳼	Cete, piſces.	الحوت
ⲡⲓⲧⲉⲧⲣⲓⲁⲣⲭⲏⲥ ⳼	Dux, primus qua- ternionis Tetrar- cha	رئيس الربع
ⲡⲓⲣⲉϥϯⲱⲙⲥ ⳼	Baptiſta.	المعمدان
ⲡⲓⲧⲉⲗⲱⲥ ⳼	Tributum	العشر
ⲡⲓⲉⲡⲓⲧⲣⲟⲡⲟⲥ ⳼	Procurator cuſtos, protector, diſpen- ſatio, præpoſitus.	الوكيل
ⲡⲓⲡⲩⲣⲅⲟⲥ ⳼	Turris.	البرج
ⲡⲓⲕⲗⲏⲣⲟⲛⲟⲙⲟⲥ ⳼	Hæres, ſuperſtes.	الوارث
ⲡⲓⲫⲁⲣⲓⲥⲉⲟⲥ ⳼	Phariſæus.	الفريسي
ⲡⲓⲕⲁⲥ ⳼	Os, oſſis	العظم
ⲡⲓⲕⲁⲧⲁⲕⲗⲩⲥⲙⲟⲥ ⳼	Cataclyſmus, dilu- (uium	الطوفان
ⲡⲓⲡⲓⲥⲧⲟⲥ ⳼	Fidelis	الامين
ⲡⲓⲥⲟⲫⲟⲥ ⳼	Sapiens, prudens.	الحكيم
ⲡⲓⲣⲁⲥⲙⲟⲥ ⳼	Tentatio, probatio	التجربة
ⲡⲓⲕⲉⲣⲁⲙⲉⲩⲥ ⳼	Figulus	الفاخوري
ⲡⲓⲫⲑⲟⲛⲟⲥ ⳼	Inuidia, æmulatio.	الحسد
ⲡⲓⲡⲗⲁⲛⲟⲥ ⳼	Errans.	الضال
ⲡⲓⲅⲉⲛⲟⲥ ⳼	Genus.	الجنس
ⲡⲓⲗⲁⲥ ⳼	Lingua	اللسان
ⲡⲓⲃⲁⲧⲟⲥ ⳼	Rubus, ſentis	العليقة العوسج

ⲡⲓⲙⲁⲛ

Ægyptia	Latina	Arabica
ⲡⲓⲣⲉⲛⲉⲙⲱⲟⲩ ⲥ	Pax, ſalus.	السلام
ⲡⲓⲛⲁⲅⲓⲥ ⲥ	Tabula	اللوح
ⲡⲓϭⲱⲥ ⲥ	Laudatio.	التسبيح
ⲡⲓⲥⲩⲣⲟⲥ ⲥ	Damaſcenus.	الشامى
ⲡⲓⲱⲟⲡⲥ ⲥ	Conuiuium, cęna.	الوليمة
ⲡⲓⲡⲁⲛⲧⲟⲭⲉⲟⲥ ⲥ	Tabernarius.	القمن قاني
ⲡⲓⲇⲓⲕⲟⲛⲟⲙⲟⲥ ⲥ	Oeconomus, diſpẽ ſator, procurator.	الوكيل
ⲡⲓⲑⲟⲩⲣⲏⲥ ⲥ	Ventus Auſtralis.	الريح القبلية
ⲡⲓⲣⲁⲏⲕⲱⲥ ⲥ	Tyrannus, iniquus	الظالم
ⲡⲓⲱⲉⲛⲥ ⲥ	Sericum.	الحرين
ⲡⲓⲁⲗⲗⲟⲩⲉⲛⲟⲥ ⲥ	Alienigena, peregrinus.	الغرين الحسن
ⲡⲓϭⲣⲟⲩⲙⲉⲛⲟⲥ ⲥ	Primus, dux.	المقدم الوالي
ⲡⲓⲡⲁⲣⲁⲇⲓⲥⲟⲥ ⲥ	Paradiſus.	الفردوس
ⲡⲓⲡⲁⲣⲁⲃⲁⲧⲏⲥ ⲥ	Peruerſus	المخالف
ⲡⲓⲧⲁⲗⲉⲡⲱⲣⲟⲥ ⲥ	Miſer, infelix	الشقي
ⲡⲓⲙⲙⲁⲕⲁⲣⲓⲥⲙⲟⲥ ⲥ	Beatitudo.	التطويب
ⲡⲓⲭⲓⲃⲥ ⲥ	Carbo	الجمر
ⲡⲓⲁⲅⲁⲡⲏⲧⲟⲥ ⲥ	Dilectus, charus	الحبيب
ⲡⲓⲃⲓⲟⲥ ⲥ	Vita, ætas, æuum, tempus	العمر الدهر
ⲡⲓⲅⲁⲙⲟⲥ ⲥ	Nuptiæ, coniugiũ,	الزيجة
ⲡⲓⲃⲁⲣⲃⲁⲣⲟⲥ ⲥ	Barbarus, Latinus.	البردري الاعجمى
ⲡⲓⲗⲱⲧⲏⲥ ⲥ	Idiota.	الامي الابلد
ⲡⲓⲁⲛⲧⲓⲕⲓⲙⲉⲛⲟⲥ ⲥ	Hoſtis, contrarius	المضاد
ⲡⲓⲃⲁⲅⲕⲁⲛⲟⲥ ⲥ	Inuidia,	الحسن
ⲡⲓⲙⲙⲉⲥⲓⲧⲏⲥ ⲥ	Mediator.	الوسيط

Ægyptia	Latina	Arabica
ⲡⲓⲕⲗⲏⲣⲟⲥ ⳨	Pars, portio, ſors.	النصيب الجودة
ⲡⲓⲛⲟⲩⲥ ⳨	Mens, ratio.	العقل
ⲡⲓⲧⲉⲭⲛⲓⲧⲏⲥ ⳨	Aurifex, artifex.	الصايغ
ⲡⲓⲅⲛⲟⲫⲟⲥ ⳨	Nebula, caligo.	الضباب
ⲡⲓⲉⲡⲓⲥⲕⲟⲡⲟⲥ ⳨	Epiſcopus.	الاسقف
ⲡⲓⲙⲁⲕⲁⲣⲓⲟⲥ ⳨	Beatus, felix.	الطوباني
ⲡⲓⲭⲁⲗⲓⲛⲟⲩⲥ ⳨	Frænum,	اللجام
ⲡⲓⲧⲣⲟⲭⲟⲥ ⳨	Rota, Trochlea.	للعجلة البكره
ⲡⲓⲛⲟⲙⲟⲑⲉⲧⲏⲥ ⳨	Legiſlator	واضع الناموس
ⲡⲓⲡⲁⲣⲁⲕⲗⲏⲧⲟⲥ ⳨	Conſolator	المعزي
ⲡⲓⲁⲛⲧⲓⲭⲣⲥ ⳨	Antichriſtus.	ضد المسيح
ⲡⲓⲁⲛⲑⲩⲡⲁⲑⲟⲥ ⳨	Præfectus, dux	الوالى المقدم
ⲡⲓⲁⲣⲓⲟⲡⲁⲅⲟⲥ ⳨	Conſeſſus Philoſophorum.	مجلس الفلاسفه
ⲡⲓⲁⲣⲓⲟⲡⲁⲅⲓⲧⲏⲥ ⳨	Princeps Philoſophorum.	رئيس الحكما
ⲡⲓⲅⲣⲁⲙⲙⲁⲧⲉⲩⲥ ⳨	Scriba, ſcriptor	الكاتب
ⲡⲓⲭⲣⲓⲥⲧⲁⲗⲟⲥ ⳨	Nix, cryſtallus,	الثلج
ⲡⲓⲁⲍⲓⲟⲥ ⳨	Eſſentialis, proprius	الذاتي
ⲡⲓⲑⲉⲟⲣⲓⲙⲟⲥ ⳨	Theologus, videns ſpeculans.	ناظر الالهيات
ⲡⲓⲭⲣⲏⲥⲟⲥⲧⲟⲙⲟⲥ ⳨	Os aureum, Chryſoſtomus.	فم الذهب
ⲡⲓⲕⲁⲧⲁⲡⲟⲛⲧⲓⲥⲙⲟⲥ ⳨	Merſio, merſus.	الغرق
ⲡⲓⲉⲍⲟⲩⲥⲓⲁⲥⲧⲏⲥ ⳨	Dominans	السليط
ⲡⲓⲙⲁⲣⲅⲁⲣⲓⲧⲏⲥ ⳨	Margarita.	اللولوا

ⲡⲓⲁⲛ

Ægyptia	Latina	Arabica
ⲡⲓⲁ̅ⲭⲱⲣⲓⲧⲟⲥ ⳿	Incomprehensus	غير النحوي
ⲡⲓⲛⲩⲙⲫⲓⲟⲥ ⳿	Sponsus	العريس لاختن
ⲡⲓⲁⲅⲱⲛⲓⲑⲉⲧⲏⲥ ⳿	Agonothetha, athletha, pugnator.	المجاهس
ⲡⲓⲕⲏⲡⲟⲥ ⳿	Vas vnguenti, hortus.	اذا الطيب البستان
ⲡⲓⲁⲗⲏⲑⲓⲛⲟⲥ ⳿	Verus	الحقيقي
ⲡⲓⲁⲭⲙⲓⲟⲩⲣⲅⲟⲥ ⳿	Creator, plasmator	الخالق
ⲡⲓⲕⲩⲕⲗⲟⲥ ⳿	Sphæra, reuolutio spæræ,	دور الفلك
ⲡⲓⲗⲁⲕⲕⲟⲥ ⳿	Cisterna, lacus.	الجب
ⲡⲓⲭⲓⲙⲁⲣⲟⲥ ⲁ	Torrens,	الوادي
ⲡⲓⲉⲓⲃⲥ ⳿	Calcaneus, calx, posterior pars pedis.	العقب الكعب
ⲡⲓⲁⲧⲣⲓⲙⲟⲥ ⳿	Campestria, deserta.	البريسه
ⲡⲓⲁⲛⲁⲃⲁⲑⲙⲟⲥ ⳿	Exercitus, castra.	العسكر
ⲙⲓⲡⲣⲟⲇⲣⲟⲙⲟⲥ ⳿	Præcedens, præcursor, prodromus.	السابق
ⲡⲓⲱⲙⲥ ⳿	Baptismus, mersio,	الغطاس العماد
ⲡⲓⲯⲁⲗⲙⲟⲇⲟⲥ ⳿	Cantor, psaltes.	المرتل
ⲡⲓⲟⲣⲙⲓⲥⲕⲟⲥ ⳿	Paruum monile,	حلار الرقم
ⲡⲓⲉⲥⲡⲟⲇⲏⲥ ⳿	Dominus	السيد
ⲡⲓⲡⲉⲗⲁⲅⲟⲥ ⳿	Pelagus.	اللجه
ⲡⲓⲡⲁⲣⲁⲑⲗⲓⲥ ⳿	Vrsus	الدب
ⲡⲗⲏⲣⲓⲥ ⳿	Plena.	مملوه
ⲡⲣⲟⲥⲩⲗⲏⲥⲧⲟⲥ ⳿	Peregrinus, aduena	غريب

ⲡⲣⲟⲩⳡ

Ægyptia.	Latina.	Arabica.
ⲡⲣⲟⲍⲟⲧⲏⲥ ⳨	Dans, tradens	نافع مسلم
ⲡⲣⲟⲉⲥⲧⲟⲥ ⳨	Princeps bonus, pulcher, decens.	ارپس لحسـن الاميره
ⲡⲣⲟⲝⲉⲛⲟⲥ ⳨	Caufa	سبب
ⲡⲣⲉⲥⳝⲩⲥ ⳨	Intercedens, poftulans, fuffragium.	الشفعـا
ⲡⲥⲁⲇⲁⲛⲁⲥ ⳨	Diabolus	الشيطان
ⲡⲧⲩⲡⲟⲥ ⳨	Similitudo, typus, exemplar.	مثل رسم
ⲡⲧⲟⲗⲉⲙⲁⲓⲥ ⳨	Ptolemais.	عكا
ⲡⲱⲥ ⳨	Quomodo.	كيـف
ⲡϣⲉⲛⲥⲓϥⲓⲛⲧⲉⲛⲓ ⲗⲓⳝⲁⲛⲟⲥ ⳨	Cedrus Libani.	ارز لبنـان
ⲣⲁⲡⲧⲟⲩⲭⲟⲥ ⳨	Caducifer, virgâ in manu tenens.	اصحاب العصي
ⲣⲉϥϫⲁⲥⲕⲉⲥ ⳨	Nutus eius, annuentes.	غمازين
ⲣⲏⲧⲟⲥ ⳨	Palam, manifefte,	جهرا
ⲣⲱⲓⲥ ⳨	Vigilate, excubate.	اسهروا
ⲥⲁⲡϥⲓⲣⲟⲥ ⳨	Gemma, lapis pretiofus. Arabicè Achates	عقيـف
ⲥⲁⲣⲏⲥ ⳨	Aufter, auftralis.	قبلي التيمن
ⲥⲁⲧⲟⲧⲥ ⳨	Statim, tempore fuo.	لوقتهـا
ⲥⲁⳝⳝⲁⲧⲓⲥⲙⲟⲥ ⳨	Sabbathum, quies.	سبوت راحة
ⲥⲁⲣⲇⲓⲥ ⳨	Sardis,	دشويـط

ⲥⲉⲟⲧ //

Ægyptia	Latina	Arabica
ⲥⲉⲟ̄ⲓ̄ⲙ̄ⲙⲟⲥ̄ⲛⲍⲟⲛⲥ ⳹	Furore concitatus est, excanduit, vindicat, rapit.	تَغضَبَ
ⲥⲉⲉⲣⲕⲩⲃⲉⲣⲛⲓ̄ⲧⲏⲥⲉⲙ̄ⲣⲟⲥ ⳹	Gubernate eam.	دبروها
ⲥⲕⲩⲑⲟⲥ ⳹	Scytha, barbarus.	اعصى
ⲥⲟⲙⲉⲟ̄ⲕⲉⲣⲟⲥ ⳹	Religiofiffimus, cultui diuino totus deditus.	خالص العباده
ⲥⲟⲩⲁⲟ̄ⲍⲓⲥ ⳹	Ex gloria tua.	من مجدك
ⲥⲡⲟⲩⲁⲉⲟⲥ ⳹	Diligenter.	باجتهان
ⲥⲡⲉⲣⲙⲉⲗⲟⲅⲟⲥ ⳹	Seminator verborum.	زارع الكلام
ⲥⲩⲛⲉⲟ̄ⲣⲟⲛⲟⲥ ⳹	Affeffor, affecla.	صاحب الكرسى
ⲥⲩⲙⲡⲁⲛⲧⲁⲥ ⳹	Cum omnibus, cum toto.	مع كل
ⲥ̄ⲫⲟⲛⲅⲟⲥ ⳹	Spongia.	اسفنجة
ⲥⲱⲧⲏⲣⲁⲥ ⳹	Salus noftra, liberauimus.	خلصنا
ⲧⲁⲣⲧⲁⲣⲟⲥ ⳹	Tartarus, infernus.	اسفل السافلين
ⲧⲁⲩⲧⲏⲥ ⳹	Hæc, ifta, illa.	هذه
ⲧⲉⲧⲉⲛⲍⲩⲙⲙⲙⲟⲥ ⳹	Dicunt	يقولون
ⲧⲉⲧⲉⲛⲉⲣ̄ⲅⲉⲗⲡⲓⲥ ⳹	Sperant.	يتوكلنون
ⲧⲉⲥⲓⲅⲅⲉⲛⲏⲥ ⳹	Cognata tua.	نسيبتك
ⲧⲉⲥⲙⲉⲧⲡⲁⲣ ⳹	Virginitas eius.	بتوليتنها
ⲧⲁⲩⲫⲩⲥⲓⲥ ⳹	Natura eius, complexio eius.	طبيعتها

Ægyptia	Latina	Arabica
ⲧⲉⲩϩⲩⲡⲟⲥⲧⲁⲥⲓⲥ ⳾	Substantia eius, sub- sistentia eius .	اقنومه
ⲧⲉⲩϫⲱⲣϫⲥ ⳾	Venatio eius, rete eius,	صيده فرجسيته
ⲧⲉⲃⲥ ⳾	Signum, titulus.	خاتم رسم
ⲧⲉⲗⲓⲁⲥ ⳾	Completū, cōpleta.	الكامل الكاملة
ⲧⲏⲥⲟⲣⲁⲛⲟⲩⲥ ⳾	Cæli.	السموات
ⲧⲏⲥⲛⲥ ⳾	Terra	الارض
ⲧⲏⲥⲁⲗⲏⲑⲓⲁⲥ ⳾	Veritas	لحق
ⲧⲓⲧⲗⲟⲥ ⳾	Titulus, tabula li- gnea.	لوح خشب
ⲧⲓⲭⲁⲣⲓⲥ ⳾	Gratia, honestas, benignitas.	نعمه
ⲧⲟⲛⲟⲣⲑⲟⲥ ⳾	Recta	المستقيمه
ⲧⲟⲗⲟⲥ ⳾	Dolus.	غش
ⲧⲟⲩⲫⲩⲥⲓⲥ ⳾	Natura eorum.	طبيعتهم
ⲧⲟⲩⲥⲩⲛⲏⲍⲏⲥⲓⲥ ⳾	Voluntas , effectus. conscientia eorū.	فيتهم
ⲧⲟⲧⲥ ⳾	Clauus, conclaua- tio.	التسمير
ⲧⲣⲓⲁⲥ ⳾	Trinitas.	الثالوث
ⲧⲣⲓⲥⲧⲁⲧⲏⲥ ⳾	Triginta .	الثلثين
ⲧⲣⲉⲕⲗⲓⲛⲟⲥ ⳾	Cōuiuæ, accubátes.	النكاه
ⲧⲭⲉⲙⲥ ⳾	Tenebrosus, te c- bræ.	غلس
ⲭⲟⲥ ⳾	Filius.	ابن
ⲫⲁⲣⲙⲁⲅⲟⲥ ⳾	Veneficus, phar- copæus:	ساحر

ⲫⲃⲁⲇ

Ægyptia.	Latina.	Arabica.
ⲫⲃⲁⲣⲟⲥ ⁖	Onus, grauitas, mo	ثقل
ⲫⲓⲗⲟⲥⲟⲫⲟⲥ ⁖	Philo- (leſtia ſophus.	فيلسوف محب الحكمه
ⲫⲗⲁⲕⲕⲟⲥ ⁖	Lacus, ſtagnum, ciſterna.	لجب
ⲫⲗⲓⲁⲣⲟⲥ ⁖	Loquax, multorum verborum.	كثره الكلام الهذر
ⲫⲗⲉⲃⲏⲥ ⁖	Aenum, calda- rium .	القدر الخلقين
ⲫⲣⲁⲅⲙⲟⲥ ⁖	Sepes.	السياج
ⲭⲁⲥ ⁖	Dimitte, relinque eam	اتركها دعها
ⲭⲗⲁⲙⲓⲥ ⁖	Camiſia, induſium ſubucula.	قميص
ⲭⲟⲣⲟⲥ ⁖	Tympanum.	دف مزهر
ⲭⲣⲟⲛⲟⲥ ⁖	Tempus.	دف مان
ⲭⲣⲏⲙⲁⲧⲓⲥⲙⲟⲥ ⁖	Viſio, ſomnium.	الرويا الحلم
ⲭⲣⲏⲥⲓⲥ ⁖	Vſus.	اللذيذ
ⲭⲣⲏⲥⲧⲓⲁⲛⲟⲥ ⁖	Chriſtianus.	مسيحي
ⲭⲱⲣⲓⲥ ⁖	Excepto, præter, abſque, ſine.	سوي غير ماخلا
ⲱⲗⲓⲙⲙⲟⲥ ⁖	Exue, amoue eam .	انزعها
ⲱⲛⲧⲟⲥ ⁖	Leuiter.	خفا
ⲱⲁⲧⲅⲁⲣⲟⲥ ⁖	Fluit ab ea, ſtillauit ab ea.	يجري منها
ⲟⲁⲣⲁⲧⲥ ⁖	Infra, ſub. infra eã, ſub eam.	تحت تحتها

Ægyptia.	Latina.	Arabica.
ϩⲉⲛⲟⲩϩⲓⲥ	Celeriter, cum ve-locitate, citò.	بسرعه
ϩⲁⲛⲥⲁⲣⲕⲓⲕⲟⲥ	Corporei, mate-riales.	جيشن اخيون
ϩⲁⲛⲗⲉⲩⲓⲧⲏⲥ	Leuitæ	لاويون
ϩⲁⲛⲁⲅⲅⲉⲗⲟⲥ	Angeli.	ملايكه
ϩⲁⲛϩⲩⲡⲉⲣⲉⲧⲏⲥ	Spiculatores, li-ctores.	شرط اعوان
ϩⲁⲛⲙⲁⲑⲏⲧⲏⲥ	Discipulus, disci-puli.	تلاميذن
ϩⲁⲛⲫⲁⲛⲟⲥ	Lanternæ, explo-ratores.	مشاعل قوانيس
ϩⲁⲛⲗⲁⲙⲡⲁⲥ	Lucernæ.	مصابيح
ϩⲁⲛⲙⲁⲅⲟⲥ	Magi.	مجوس
ϩⲁⲛⲉⲝⲉⲥⲧⲏⲥ	Cultor iustitiæ, & veritatis, veritas, iustitia, æquitas.	اقساط
ϩⲁⲛⲭⲟⲣⲟⲥ	Tympana, Nolæ.	طبول مزاهر
ϩⲁⲛⲏⲓⲥⲣⲁⲏⲗⲓⲧⲏⲥ	Ifraelitæ.	اسراييليون
ϩⲁⲛϩⲉⲃⲣⲉⲩⲥ	Hebræi.	عبراذيون
ϩⲁⲛⲥⲧⲩⲗⲟⲥ	Columnæ	اعمده
ϩⲁⲛⲁⲕⲏⲥ	Lumbare, perizo-mata,	ميازر
ϩⲁⲛⲙⲟⲛϩⲍⲩⲙⲙⲉⲛⲟⲥ	Turres	ابراج
ϩⲁⲛⲯⲁⲗⲙⲟⲥ	Pfalmi	مزامير
ϩⲁⲛⲥⲁⲛⲓⲥ	Ligna, Teftudo, inftrumentum muficum,	اعيدان
		ϩⲁⲛ

Ægyptia.	*Latina :*	*Arabica.*
ⲅⲁⲛⲧⲁⲩⲣⲟⲥ	Tauri, boues.	ذيران
ⲅⲁⲛⲁⲥⲕⲟⲥ	Vtres.	زقاق
ⲅⲁⲛⲡⲩⲣⲅⲟⲥ	Turres.	إدراج
ⲅⲉⲣⲉⲥⲓⲥ	Hæresis.	بدعة خلاف
ⲅⲉⲗⲡⲓⲥ	Spes, fiducia, expe-ctatio .	رجا اتكال
ⲅⲉⲝⲓⲥ	Præcepta, ftatuta,	فرائض
ⲅⲏⲁⲏⲩⲓⲥ	Libenter, cum de-fiderio.	بشهوة
ⲅⲓⲩⲁⲩⲥ	Fatigatus, ftipatus, labor, moleftia.	الخندق التعب
ⲅⲓⲡⲉⲩⲥ	Eques	الفارس
ⲅⲟⲥ	Dummodo.	مادام
ⲅⲟⲗⲩⲓⲥ	Omnino planè, potiffimum.	راسا بالجمل
ⲅⲟⲇⲁⲩⲓⲥ	Combuffit.	وقد
ⲅⲟⲣⲁⲥⲓⲥ	Vifio	الرويا
ⲅⲏⲁⲣⲟⲡⲓⲕⲟⲥ	Hydropicus.	مستسقي
ⲅⲩⲕⲁⲛⲟⲥ	Dignus, meritus	مستوجب
ⲅⲩⲡⲟⲥⲧⲁⲥ ⲓⲥ	Perfona, fubfi-ftentia.	اقنوم
ⲭⲉⲃⲥ	Morbus, è rubedi-ne, & carbone fic dictus Erefipelas.	جمرة
ⲭⲟⲭⲥ	Excide eam.	اقطعها
ϭⲉⲥ	Leuauit, tulit, exaltauit, fum-pfit.	رفع

Ægyptia	Latina	Arabica
ϯⲁⲛⲁⲥⲧⲁⲥⲓⲥ	Refurrectio.	القيامه
ϯⲁⲛⲁⲗⲏⲙⲯⲓⲥ	Afcenfio.	الصعود
ϯⲁⲡⲟⲫⲁⲥⲓⲥ	Decretum, diftinⲧio, decifio, paⲧum, confenfus.	القضيه للحكم
ϯⲅⲛⲱⲥⲓⲥ	Cognitio, fcientia	المعرفه
ϯⲇⲓⲡⲗⲱⲓⲥ	Diplois, fagum	اللحاف
ϯⲓⲣⲓⲥ	Beneuolentia, com miferatio.	الشفقه
ϯⲕⲣⲓⲥⲓⲥ	Damnatio, iudicium.	الذي يتموت
ϯⲕⲁⲥⲥ	Confuetudo.	العاده
ϯⲕⲁⲃⲱⲧⲟⲥ	Theca, arca.	التابوت السفينه
ϯⲕⲁⲧⲁⲛⲩⲝⲓⲥ	Compunctio, fubiectio, humiliatio.	التبخشح
ϯⲕⲣⲏⲡⲓⲥ	Fundamentum, crepido.	الاساس
ϯⲕⲧⲏⲥⲓⲥ	Creatio mundi.	للخليقه الدنيا
ϯⲙⲉⲧⲥⲁⲛⲕⲟⲧⲥ	Contorfio, peruerfitas.	الالتوي
ϯⲙⲉⲧⲟⲓⲕⲟⲛⲟⲙⲟⲥ	Difpenfatio, œconomia.	الوكاله
ϯⲙⲉⲧⲁⲡⲟⲥⲧⲟⲗⲟⲥ	Epiftola	الرساله
ϯⲙⲉⲧⲉⲡⲓⲕⲏⲥ	Vocatio.	الدعوه
ϯⲙⲉⲧⲥⲁⲡⲗⲟⲩⲥ	Simplicitas	البساطه
ϯⲙⲉⲧⲣⲉϥⲧⲣⲁⲙⲉⲗⲟⲥ	Iocus, illufio, irrifio.	الهز

ϯⲙⲙⲟ

Ægyptia	Latina	Arabica
ϯⲉⲉⲧⲉⲡⲓⲥⲕⲟⲡⲟⲥ	Epiſcopalis, epiſcopatus.	الاسقفية
ϯⲛⲏⲥⲟⲥ	Inſula	الجزيرة
ϯⲛⲁⲓⲁⲧⲥ	Præſtolatio, ſpes, felicitas.	التيامل السعادة
ϯⲛⲁⲣⲑⲉⲛⲟⲥ	Virgo.	العذري
ϯⲡⲣⲟⲥⲧⲁⲥⲓⲥ	Intercedens. f.	الشفيعة
ϯⲡⲣⲟⲑⲉⲥⲓⲥ	Oblatio, præpoſitio	البقرمة
ϯⲛⲁⲣⲟⲯⲓⲥ	Paropſis	السكرجة
ϯⲡⲣⲟⲫⲏⲧⲏⲥ	Prophetiſſa,	النبية
ϯⲛⲁⲣⲁⲃⲁⲥⲓⲥ	Hæreſis, peruerſitas	المخلفة
ϯⲣⲁⲙⲛⲟⲥ	Rubus, rhamnus.	العوسجة
ϯⲥⲁⲗⲡⲓⲅⲅⲟⲥ	Tuba, cornu.	الصافور
ϯⲥⲩⲣⲓⲅⲅⲟⲥ	Fiſtula, canna, ſyrinx.	الزمر
ϯⲫⲩⲥⲓⲥ	Natura, cóplexio.	الطبيعة
ϯϣⲟⲗⲙⲉⲥ	Legalitas.	الناموسة
ϯϩⲟⲣⲡⲥ	Acceptio, pugillus, quantũ manu ap prehendi poteſt.	القبضة
ϯϩⲉⲗⲡⲓⲥ	Spes, confidentia.	الرجا التوكل
ϯϫⲟⲣⲁⲥ	Venatio, piſcatio, inſidiatio.	الصيدة الكمن
ϯϫⲱⲙⲙⲟⲥ	Dicam.	اقول
ϯϭⲟⲗϫⲥ	Cadauer,	الجثة

Ægyptia. Nomina	*Latinā.* in Τ ϭ	*Arabica* desinentia.
ⲁⲧ ϭ	Sine.	بغيـت
ⲁⲛⲥⲉⲃⲉⲥⲏⲧ	Descendi.	نـزلت
ϫⲕⲩⲉⲧ	Deleuisti.	محوت
ⲁⲣⲉⲧⲉⲛⲕⲟⲧⲡⲧ	Elegistis me	اختـرتموني
ⲁⲩⲙⲉⲥⲧⲉⲛϧⲏⲧ	Pectus, scaturijt	صـدر
ⲕⲉⲛⲓⲱⲟⲩⲧ	Pinguedo	الدسـم
ⲗⲁⲙⲉⲭⲁⲛⲧ	Bitumen, pix	زفت
ⲙⲁⲛⲕϩⲁⲧ	Aurifex, argenta-rius	صليغ فضة
ⲙⲁⲛϣⲱⲡⲧ	Locus tentationis	موضع التجربة
ⲙⲁⲉⲩⲟⲧⲉⲧⲟⲩⲱⲧ	Locus viroris, vi-ridarium	موضع الخضرة
ⲙⲉϣⲧ	Circumitio, per-ambulatio	قظــوان
ⲙⲉⲧⲣⲉⲩⲱⲟⲩⲛⲟ ϩⲏⲧ	Tolerantia, pro-longatio.	امهــال
ⲙⲙⲁⲁⲧⲁⲧ	Ego solus.	وحدي
ⲙⲟⲩⲭⲧ	Commisceatur, se miscentes.	يختلطون
ⲙⲡⲉⲣⲃⲉⲣⲃⲱⲣⲧ	Ne proijcias me.	لاتطرحنى
ⲙⲡⲉⲩⲭⲁⲧ	Non dimisit me.	لم يدعني
ⲙⲡⲓⲟⲩⲁϩⲧ	Non sequar.	لم اتبع
ⲙⲡⲉⲣϯⲉⲛϣⲟⲩⲧ	Non effunduntur.	لا يقشوا
ⲙⲡⲉⲣϣⲟⲩⲧ	Ne erres, labaris	لاتغلـط
ⲙⲫⲓⲱⲧ	Pater	الاب

Ægyptia	_Latina._	_Arabica 439_
ⲛⲁⲃⲟⲧ	Menſis, menſes	شهور شهر
ⲛⲁϩⲙⲉⲉⲧ	Libera me, ſalua me .	نجني خلصني
ⲛⲁⲩⲕⲱⲧ	Ædificabant	كادوا يبنون
ⲛⲁⲩⲣⲁⲃϩⲟⲩⲧ	Erant afflicti, ſubiecti	كادوا مذلولين
ⲛⲉⲁⲧ	Cardines	اقامي قطار
ⲛⲉⲧⲉⲛϩⲏⲧ	Corda veſtra	قلوبكم
ⲛⲏⲉⲑⲙⲱⲟⲩⲧ	Mortui	الاموات
ⲛⲏⲉⲧⲥⲙⲁⲣⲱⲟⲩⲧ	Benedicti	المباركون
ⲛⲏⲉⲧⲥϭⲟⲣⲱⲣⲧ	Maledicti	الملاعبين
ⲛⲏⲉⲧⲑⲉⲃⲓⲏⲟⲩⲧ	Humiles, ſubiecti	المتواضعون
ⲛⲏⲉⲧⲧⲉⲛⲛⲏⲟⲩⲧ	Contriti, conquaſ-ſati	المنسحقون
ⲛⲏⲉⲧϯϫⲱⲛⲧ	Iracundi.commoti ira, indignatione	المغضبون
ⲛⲏⲉⲧⲕⲱⲧ	Ædificatiui, ædi-ficatores	البناوون
ⲛⲏⲉⲧⲧⲁⲕⲧⲏⲟⲩⲧ	Veſtimenta eorum	ارديتهم
ⲛⲓⲣⲉϥⲟⲩⲱϣⲧ	Incuruantes, proci-dentes, adorantes	الساجدون
ⲛⲓⲧⲉⲃⲧ	Altus, procerus,	السهك
ⲛⲓⲓϥⲧ	Claui	المسامير
ⲛⲓⲛⲁϩⲧ	Matrix, vulua, vi-ſcera, intima	الرحما
ⲛⲓⲣⲉϥⲙⲱⲟⲩⲧ	Mortui	الاموات
ⲛⲓⲕⲁⲕⲥⲉϭⲧ	Lepra, ſtruma, vitiligo	البرص

Ægyptia	Latina	Arabica
ⲛⲓϣⲟϣⲧ ⳿	Claues, aperientes, apertores.	المفاتيح
ⲛⲓⲍⲱⲓⲧ ⳿	Fornicatores, adulteri.	الزنيون
ⲛⲓⲉⲣϧⲟⲧ ⳿	Vulnera, plagæ, percussiones.	الضربسات للراحات
ⲛⲓϭⲁⲥⲓϧⲏⲧ ⳿	Se superbè geren-tes, elatè contu-maces.	المستكبرون
ⲛⲓⲁⲧⲥⲓⲧ ⳿	Stulti, ignorantes.	الجهال
ⲛⲓⲗⲗⲟⲩⲧ ⳿	Venæ, arteriæ.	العروق
ⲛⲓⲃⲁⲣⲏⲓⲧ ⳿	Hyrci	التيوس
ⲛⲓϭⲗⲟⲧ ⳿	Renes.	الكلا
ⲛⲟⲩⲁⲓⲧ ⳿	Vnus.	واحد
ⲛⲟⲩⲣⲉⲯⲙⲙⲟⲩⲧ ⳿	Mortui eorum	موتاهم
ⲛⲟⲩⲗⲗⲟⲧ⳿ ⳿	Vomer.	جديرة الحرث
ⲛ̄ϯⲟⲧ ⳿	Fluxus feminis, gonorrhæa.	مني
ⲓⲧⲥⲉⲯϣⲱⲓⲧ ⳿	Secet, abscindet, extirpet,	ليقطع
ⲓⲧⲥⲟⲗⲗⲧ ⳿	Stupidus.	داهش ساه
ⲓⲧϣⲱⲓⲧ ⳿	Merces	ةجارة
ⲓⲧϣⲟⲧ ⳿	Mensus est	قاس
ⲓⲧⲥⲫⲏⲓ ⲛ̄ϧⲏⲧ ⳿	In	في
ⲟⲩⲗⲗⲉⲛⲧ ⳿	Mensura	مكيال
ⲟⲩⲗⲗⲉⲃⲛⲁ⳾ⲧ ⳿	Eleemosyna, be-neficium.	صدقة رحمة
ⲟⲩⲕⲁⲕⲥⲉϧⲧ ⳿	Leprosus.	ابرص

Ægyptia	Latina	Arabica
ⲟⲩϩⲁⲧ	Argentum.	فضة
ⲟⲩϩⲟⲙⲧ	Æs, æramentum.	فضاس
ⲟⲩϣⲃⲱⲧ	Virga, fuftis.	عمود
ⲟⲩϩⲙⲟⲩⲧ	Memoria, maf.	نكر
ⲟⲩϩⲣⲱⲧ	Torcular.	معصره
ⲟⲩϩⲁⲗⲏⲧ	Volucris, gallina.	طاير دجاج
ⲟⲩϣϣⲟⲩ	Ceruical, vadum.	مخده ومساده
ⲟⲩϥⲉⲛⲧ	Vermis.	دوده
ⲟⲩⲧⲱⲙⲧ	Perterruit eum, perturbari, expanefcere, trepidare.	دهشه
ⲟⲩⲱϣⲧⲟⲩⲏⲧ	Flaua bilis.	صفره
ⲟⲩⲑⲙⲁⲓⲏⲟⲩⲧ	Iuftificata.	مبرره مصدقه
ⲟⲩⲣⲁϣⲧ	Gaude, lætare, iucundare.	ابهجي افرحي
ⲡⲁⲓⲱⲧ	Pater meus.	ابي
ⲡⲁⲙⲉⲛⲣⲓⲧ	Diligit me.	حبيبي
ⲡⲁϩⲏⲧ	Cor meum.	قلبي
ⲡⲁⲙⲁⲛⲫⲱⲧ	Refugium meum.	ملجاي
ⲡⲉϥⲓⲱⲧ	Pater eius,	ابيه
ⲡⲉⲧⲉⲛⲓⲱⲧ	Patres veftri.	ابوكم
ⲡⲉⲓⲉⲃⲧ	Oriens,	المشرق
ⲡⲉϥⲥⲉϩⲧ	Lepra eius.	برصه
ⲡⲉⲙⲉⲛⲧ	Occafus, Occidens.	المغرب
ⲡⲉⲧⲉⲛⲫⲱⲧ	Fuga veftra.	هربكم
ⲡⲉϥⲥⲙⲟⲧ	Comparauit eam.	شبهه
ⲡⲉⲛⲓⲱⲧ	Pater nofter.	ابو ذا
ⲡⲉⲙϩⲓⲧ	Expedit, decet,	بحري شمال

πεⲣ/ ا

بحري شمالي

Ægyptia	Latina	Arabica
ⲡⲉⲣⲟⲩⲟⲧ	Gaudium, lætitia, iucunditas.	البهجة الفرح
ⲛⲓⲡⲁⲧϣⲉⲗⲉⲧ	Nuptiæ, sponsus, paranymphus.	العريس
ⲛⲓⲙⲱⲓⲧ	Via, semita.	الطريق
ⲛⲓⲏⲓⲱⲧ	Hordeum.	الشعير
ⲛⲓⲉⲙⲛⲟⲩⲧ	Ianitor.	البواب
ⲛⲓϧⲁⲉⲧ	Finis, nouissimus, vltimus.	الاخر
ⲛⲓϣⲗⲁϩⲛ̄ϩⲏⲧ	Tremor cordis, spasmus.	خفقان القلب
ⲛⲓⲁⲫⲟⲧ	Poculum, calix, crater.	الكاس
ⲛⲓϩⲟⲩⲓⲧ	Primus	الاول
ⲛⲓϫⲱⲛⲧ	Ira, furor.	الغضب الرجز
ⲛⲓϩⲏⲧ	Cor	القلب
ⲛⲓⲛⲱⲓⲧ	Subtile, minutum, farina, polenta.	الرقيق
ⲛⲓϩⲁⲧ	Argentum	الفضه
ⲛⲓⲫⲉⲛⲧ	Vermes	الدود
ⲛⲓⲥⲱⲛⲧ	Creatura	الخليقه
ⲛⲓⲙⲟϣⲓ	Circumitio, perambulatio.	التطواف
ⲛⲓⲁⲧⲥⲏⲧ	Ignarus, stultus	الجاهل
ⲛⲓⲧⲱⲓⲧ	Apparatus	التعدين
ⲛⲓϩⲙⲟⲧ	Amita	العمه
ⲛⲓⲥⲟⲃⲧ	Murus	السور
ⲛⲓⲕⲱⲧ	Ædificium, fabrica	البنيان

ⲛⲓⲃⲉⲛ

Ægyptia	Latina	Arabica
ⲡⲓⲃⲉⲥⲛⲏⲧ ⳾	Faber ferrarius.	الحداد
ⲡⲓⲣⲉϥⲥⲱⲛⲧ ⳾	Creator	الخالق
ⲡⲓⲙⲁⲥⲟ̅ⲟ̅ⲣⲓⲧ ⳾	Amás principatus.	محب الرياسة
ⲡⲓⲃⲏⲧ ⳾	Auxilium, adiuto- rium, frondes palmarum:	سعف
ⲡⲓⲱⲧ ⳾	Adeps, pinguedo	الشحم
ⲡⲓⲥⲟⲣⲧ ⳾	Lana, vellus.	الصوف
ⲡⲓϣⲁϥⲧ ⳾	Adulter, scortans.	الفاجر
ⲡⲓⲃⲉⲣⲧ ⳾	Rosa	الورد
ⲡⲟⲩϩⲏⲧ ⳾	Corda eorum:	قلوبهم
ⲡⲛϩⲏⲧ ⳾	Cor	قلب
ⲡⲁⲱⲛⲧ ⳾	Iratus est, indigna- tus, commotus ira	غضب
ⲥⲁϥϩⲏⲧ ⳾	Impurus corde.	نجس القلب
ⲥⲉⲥϧⲏⲟⲩⲧ ⳾	Scribentes, scri- bunt.	يكتبون
ⲥⲉⲧⲟⲩⲃⲏⲟⲩⲧ	Mundant	يطهرون
ⲥⲉⲛⲁϣϥⲓⲧ	Verentur,	يستحيون
ⲥⲉϣⲁⲧ ⳾	Immolata	من بوحه
ⲥⲉⲥⲉⲃⲧⲱⲓⲧ ⳾	Parata, prompta.	معدة
ⲥⲉⲛⲧ ⳾	Exprobrat mihi.	يعيرني بتجاوزني
ⲥⲉⲛⲥⲟⲧ ⳾	Verax, eleemosyna beneficium.	صادقه
ⲥⲉⲥⲣⲓⲧ ⳾	Collectio	اللقاط
ⲥⲉⲥⲅⲟⲩⲟⲣⲧ ⳾	Maledictus	ملعون
ⲥⲁⲙⲟⲧ ⳾	Similitudo.	شبه

Ægyptia	Latina	Arabica
ⲥⲟⲣⲧ	Lana, vellus.	صوف
ⲥⲣⲱϣⲧ	Cessarunt, vacarunt	تفرغوا
ⲥⲥϧⲏⲟⲩⲧ	Scriptum, scriptura.	مكتوب
ⲧⲁⲭⲣⲏⲟⲩⲧ	Firmus, stabilis; solidus	ثابت
ⲧⲉⲛϭⲟⲩⲧ	Crede in me	صدقيسني امني بي
ⲧⲉⲧⲉⲛⲭⲁⲙⲉⲧ	Placuerunt mihi.	قجدوذني
ⲧⲉⲃⲧ	Graffities altitudo, piscis.	سمك
ⲧⲉⲧⲉⲛⲙⲉⲧⲛⲁϣⲧ ϩⲏⲧ	Duritia cordium eorum vestrum	قساوه قلوبهم
ⲧⲉϥⲓⲉⲃϣⲱⲧ	Merces eius.	ذجارته
ⲧⲉⲧⲉⲛⲕⲱⲧ	Ædificatis; ædificantes.	تبنون
ⲧⲉⲥⲙⲁⲣⲱⲟⲩⲧ	Benedicta.	مباركه
ⲧⲉⲧⲉⲛϣⲉⲃⲧ	Immutati; æmulantes.	تيغرون
ⲧⲉⲛⲧⲁⲕⲏⲟⲩⲧ	Nos perimus.	نحن والكون
ⲧⲥⲙⲁⲙⲁⲧ	Benedicta,	مباركه
ⲧϭⲉⲙⲕⲏⲟⲩⲧ	Ægroti; male habentes.	المستوعون
ⲫⲏⲛⲧⲁⲡⲓⲟⲩⲱⲧ	Vnicornu; Monoceros.	وحيد القرن
ⲫⲏⲉⲧϭⲙⲏⲧ	Expertus.	المجرب
		ⲫⲉⲙⲙⲧ

Ægyptia	Latina.	Arabica.
ⲫⲉⲙⲟⲩⲧ	Via, ſemita.	طريق
ⲫⲣⲉⲙⲏⲧ	Decimæ, decem.	عشر
ⲫⲱⲧ	Fuge, fugite. fuge fæm:	اهرب اهربوا / اهربي
ⲙⲁϥⲫⲱⲧ	Fugit.	يهرب
ⲙⲁⲛⲑⲙⲁϩⲧ	Miſericordia	رحمة تعطف
ⲙⲉⲛⲙⲁϩⲧ	Viſcera	الامعا
ⲙⲫⲏϣ	Reprehenſio.	الملامة
ⲙⲉⲛⲉϥⲁⲧ	Conculcauit, ven-tilabrum.	رفس
ⲙⲉⲟⲩⲧ	Annuentes.	ونقنا مزوا
ⲙⲟϩⲧ	Commutati, im-mutati, transfor-mati.	تغيروا اتبيدلوا
ϥⲛⲁϣⲧ	Durus, diffi-cilis.	صعب قاس
ϥⲣⲱⲟⲩⲧ	Promptus, para-tus, rogans,	مستعد را
ϥⲥⲉϥⲧⲱⲧ	Promptus, paratus.	مستعد
ϥⲥⲙⲁⲣⲱⲟⲩⲧ	Benedictus.	مبارك
ϥⲧⲁⲓⲏⲟⲩⲧ	Remiſſio, honeſtas veneratio.	مكرم
ϩⲉⲗⲗⲟⲩ	Riuus, fluuius, tor-rens, vadum.	اودية
ϩⲟⲩϩⲉⲧ	Scrutare, ſcruta-bimini.	فتش فتشوا / فتشي
ϩⲁⲛⲕⲁⲧϩⲁⲧ	Auiditas. (tates	فهما
ϩⲁⲛϭⲁⲣⲙⲟⲩⲧ	Inſtruentes, exhor-	بدرشوا / ...

Ægyptia	Latina	Arabica
ϩⲁⲛⲁϥⲱⲧ ⳽	Calices, crateres.	كووس
ϩⲁⲛϭⲱⲛⲧ ⳽	Lites, contentiones.	خصايم
ϩⲁⲛⲁ⳽ⲃⲟⲧ ⳽	Menses.	شهور
ϩⲙⲟⲧ ⳽	Gratia, benignitas.	نعمة
ϩⲙⲟⲧ ⳽	Brachium, statura.	باع قامة
⳽ϥⲛⲟⲩⲧ ⳽	Insitum, confectú, compositum.	مركب
ϭⲣⲏⲟⲩⲧ ⳽	Victor.	غالب
ϯⲃⲏⲧ ⳽	Costa	الضلع
ϯⲉⲉⲛⲟⲩⲧ ⳽	Ostiaria, ancilla	البوابة
ϯⲉⲉⲛⲡⲓⲧ ⳽	Dilecta.	الحبيبة
ϯⲉⲉⲧⲓⲱⲧ ⳽	Paternitas,	الابوة
ϯⲉⲉⲧϭⲁϭⲓⳤⲏⲧ ⳽	Arrogantia, fastus.	الكبرجا
⳨ⲉⲉⲧϭⲱⲟⲩⲧ ⳽	Mercimonium.	التجارة
ϯⲉⲉⲟⲣⲧ ⳽	Barba.	اللحية
ϯⲛⲁⲱⲟⲩⲛⳤⲏⲧ⳽	Sustine, tolera.	اصبر
ϯⲛⲁⲧⲱⲛⲧ ⳽	Surgam.	اقوم
ϯⲭⲱⲛⲧⲟⲧ ⳽	Desiderium, spes.	المن
ϯⲭⲟϭⲛϭⲱⲧ ⳽	Sitis vehemens.	العطشا
ϯⲧⲩⲉⲛϩⲙⲟⲧ ⳽	Confitebor.	اشكر
ϯⲧⲩⲟⲩϣⲧ ⳽	Fenestra	الطاقة الكوة
ϯϩⲣⲱⲧ ⳽	Torcular.	المعصرة

Nomina	in Υ	desinentia.
Δινιδτ	Vidi, testatus sum	رايت شاهدت
διογερπθημιογ	Misi vos, mitto vos	ارسلتكم
διсεтπθημιογ	Elegi vos.	اخترتكم
διсовшεογ	Audiui eos.	سمعتهم
διсотπογ	Elegi eos	اخترتهم
διχιδθημιογ	Relinquam vos.	ادعكم
δεχφωογ	Aquisiui eos.	كسبتهم
διϩεμϩεμϩημιογ	Precepi vobis.	امرتكم
διοτωϣωογ	Desideraui, concupiui.	اشتقت
δλογ	Puer.	طفل فتي
δωογ	Veni.	تعال
δρεϭτογ	Accepi, assumpsi eos.	اخذتيهم
δρμογ	Forsan, vtrum, non.	لعل
δρεϭερωογ	Custodiam eos, seruabo eos.	احفظهم
δριδττεμϩημιογ	Conemini, allaborate, contendite.	اجتهدوا
δϲϥογτογ	Vnxi eos.	مسحتهم
δϲϣϣογ	Leuis	خفبف
δϲερϣιдτ	Abundaui.	اخصبت

Ægyptia	Latina	Arabica
ⲁⲩⲛⲁⲩ	Viderunt.	راو نظروا
ⲁⲩⲙⲟϩⲟⲩ	Impleuerunt eos.	ملوهم
ⲁⲩϣⲉⲛⲱⲟⲩ	Difcefferunt, abierunt.	ذهبوا امضوا
ⲁⲩⲟⲩⲁϣⲟⲩ	Sibi complacuerũt in eis.	ارتضوهم ارادهم
ⲁⲩⲣϩⲟⲩⲃϩⲟⲩ	Incubuerunt, inni-xi funt.	اتكوا
ⲁⲩⲙⲟⲩ	Mortui funt	ماتوا
ⲁⲩⲧⲁⲙⲱⲟⲩ	Nunciarunt eis, fi-gnificarunt eis.	اعلموهم اخبروهم
ⲁⲩⲥϧⲏⲧⲟⲩ	Scripferunt eos.	كتبوهم
ⲁⲩⲟⲩϭⲟⲩ	Strangulati funt.	اختنقوا
ⲁⲩϣⲓⲉⲣⲱⲟⲩ	Sufpenfi funt.	متعلقين
ⲁⲩⲣⲏⲧⲟⲩ	Fines, cardines eor.	اقضاهم اقطارهم
ⲁⲩⲧⲱⲟⲩⲛⲟⲩ	Steterunt, furre-xerunt.	قاموا
ⲁⲩⲃⲧϭⲏⲧⲟⲩ	Condierunt.	طيبوا
ⲁⲩⲉⲓⲧⲟⲩⲧⲟⲩ	Inceperunt.	ابتدوا
ⲁⲩⲟⲩⲟⲩⲁⲛⲟⲩ	Deftruxerunt eos.	هدموهم
ⲁⲩⲕⲉⲥⲱⲏⲛⲟⲩ	Sepelierunt vos.	دفنوكم
ⲁⲩⲃⲓⲥⲟⲩ	Extenderunt eos, fecuerunt eos.	نشروهم
ⲁⲩⲥⲓϥⲙⲉⲟⲩ	Inquinati funt, polluti funt, profa-narũt, inquinarũt	تدنسوا
ⲁⲩⲙⲁϫⲱϣⲁⲙⲉϭⲡⲉⲛ// ⲛⲛⲏⲉⲧϩⲃⲛⲛⲧⲱⲟⲩ	Coagulati funt adi pes eorum.	تعقدت شدومهم

Ægyptia.	Latina.	Arabica.
ⲁⲭⲉⲙⲁϩϫⲏⲧⲟⲩ	Impleuerunt ventres eorum.	ملوا بطونهم
ⲁⲭⲙⲉⲗϫⲓⲁⲧⲟⲩ	Considerarunt, cótemplati sunt.	تأملوا ميزوا
ⲁⲭⲉⲣⲁⲩⲱⲏⲁⲩ	Infelix, sine prosperitate.	غير مفلحين
ⲁⲭⲣⲃⲏⲧⲟⲩ	Pura, sancta.	الطاهره
ⲁⲩϯⲛⲱⲟⲩ	Dedit eis, da eis,	اعطاهم
ⲁⲩⲉⲣⲟⲩⲱⲛϩⲛⲁⲩ	Respondit eis.	اجابهم
ⲁⲩⲛⲁⲩ	Vidit, prospexit.	راي نطر
ⲁⲩⲛⲁⲩⲉⲣⲱⲟⲩ	Vidit eos.	راهم
ⲁⲩϥⲟⲛϫⲟⲩ	Vertit eos, inuertit eos.	اقلبهم
ⲁⲩⲁⲓⲧⲟⲩ	Fecit eos.	صنعهم
ⲁⲩϥⲟⲛⲟⲩ	Frigus eorum.	برد هم
ⲁⲩⲥⲓⲛⲓⲱⲟⲩ	Transijt, præterijt.	عبر جاز
ⲁⲩⲙⲟⲩ	Mortuus est.	مات
ⲁⲩⲧⲁⲙⲱⲟⲩ	Notum fecit ipsis, annunciauit ipsis	اعلمهم خبرهم اراهم
ⲁⲩⲉⲣⲫⲁϩⲣⲓⲉⲣⲱⲟⲩ	Sanauit eos.	شفاهم
ⲁⲩϥⲁⲩϣⲟⲩ	Diuisit eos.	قسمهم
ⲁⲩⲥⲟⲛⲧⲟⲩ	Creauit eos,	خلقهم
ⲁⲩϯⲣⲉⲛⲟⲩ	Nomina eorum.	اسماءهم
ⲁⲩⲥⲉⲛⲟⲩ	Præterijt eos, transijt eos.	عبرهم
ⲁⲩϭⲓⲧⲟⲩⲩⲏⲥⲱⲟⲩ ⲁⲩⲥⲟⲥⲟⲩ	Suffocarunt eos, destruxit eos.	اغتنقوهم هلكهم
ⲁⲩⲥⲙⲟⲩ	Benedixit.	بارك

Ægyptia	Latina	Arabica
ⲁ̅ϥϯⲛⲧⲉϥⲯⲏⲟⲩ ⁖	Tradidit Spiritum suum.	اسلم روحة
ⲁ̅ϥϣⲁϣⲧⲟⲩ ⁖	Prohibuit eis,	منعهم
ⲁ̅ϥⲥⲟⲣⲙⲟⲩ ⁖	Seduxit eos	اضلهم
ⲁ̅ϥⲉⲣⲁⲅⲓⲁⲍⲓⲛⲙⲙⲱ ⲙⲙⲟⲩ ⁖	Sanctificauit eos.	قدسهم
ⲃ̅ⲁⲡⲧⲓⲥⲧⲟⲩ ⁖	Baptista.	المعمدان
ⲉ̅ⲛⲁⲛⲉⲩ ⁖	Beneficiũ , gratia.	حسان
ⲉ̅ⲛⲉⲥⲓⲱⲟⲩ ⁖	Bonus, pulcher, decorus,	حسان
ⲉ̅ⲛⲟⲡⲓⲟⲛⲕⲟⲩ ⁖	Coram te.	امامك
ⲉ̅ⲃⲟⲗⲏ̅ϧⲏⲧⲟⲩ ⁖	Ab ipſis , ex illis,	منهم
ⲉ̅ⲑⲛⲏⲟⲩ ⁖	Veniens.	الاتي
ⲉ̅ⲑⲃⲉⲑⲏⲛⲟⲩ ⁖	Propter vos.	من اجلكم
ⲉ̅ⲑⲛⲁⲁⲩ ⁖	Præſtans , excellens.	الفاضلة
ⲉ̅ⲕⲉⲛⲁⲩ ⁖	Videbis.	تنظر
ⲉ̅ⲕⲉϣⲟϣϥⲟⲩ ⁖	Conteres eos.	تسحقهم
ⲉ̅ⲕⲉⲟⲙⲥⲟⲩ ⁖	Submerges eos.	تغرقهم
ⲉ̅ⲛⲟⲩϧⲟⲩ ⁖	Demeret eos.	يحصدانهم
ⲉ̅ⲛⲁⲓⲧⲟⲩ ⁖	Faciet eos, facit eos	يصنعهم
ⲉ̅ⲣⲉⲧⲉⲛⲛⲁⲩ ⁖	Videbitis.	تنظرون
ⲉ̅ⲣϥⲑⲏⲛⲟⲩ ⁖	Euitabitis, declinabitis, effugietis, euitabitis , elongamini.	تجنبوا

Ægyptia	Latina	Arabica
ⲉⲥⲟⲩⲟⲩ ⳩	Arietes, agni.	كباس خران
ⲉⲥϩⲱⲟⲩ ⳩	Mala, peſſima.	شرير ة
ⲉⲥⲟⲩⲏⲟⲩ ⳩	Diſtans ſ. in feſtiui-tate eius.	بعيد ة
ⲉⲥϥⲉⲣⲓⲱⲟⲩ ⳩	Pulchra, elegans, decor eius, pul-critudo eius.	جملة حسنة
ⲉⲥϧⲉⲙϣⲟⲩ ⳩	Profanauit vicinũ ſuum.	نجسة مقاربه
ⲉⲩⲁⲭⲙⲉⲥⲟⲩ ⳩	Genuerunt.	ولدوا
ⲉⲩⲧⲉⲕⲏⲁⲛⲁⲩ ⳩	Vides.	ترى
ⲉⲩⲧⲉⲗⲗⲗⲗⲁⲩ ⳩	Hæc, illa, ipſa.	تلك ناك
ⲉⲩⲧⲭⲏⲟⲩ ⳩	Anguſtia, preſſura,	الضيق
ⲉⲩⲧⲟϧⲟⲩ ⳩	vt ſoluat,	ليوفي
ⲉⲩⲧⲉⲥⲧⲟⲓⲛⲱⲟⲩ ⳩	Dant,	يعطون
ⲉⲩⲛϯⲱⲟⲩ ⳩	Laudent	يحمدون
ⲉⲩϣⲟⲩⲙⲟⲩ ⳩	Timebunt, areſcẽt.	يابسون خاڧون
ⲉⲩⲉⲣⲟϧϧⲟⲩ ⳩	Accumbent	ينكون
ⲉⲩⲉ ϧⲟϧϧⲟⲩ ⳩	Occident	يقتلون
ⲉϥⲗⲏⲟⲩ ⳩	Fruſtra, in vanum	باطل
ⲉϣⲧⲉⲗⲗⲕⲟⲩⲧⲟⲩ ⳩	Niſi conuertantur	الا يرجعوا
ⲉⲩⲛⲏⲟⲩ ⳩	Aduentans, adue-niens	مقبلا اتيا
ⲉⲩϥⲁⲛϯⲗⲗⲗⲱⲟⲩ ⳩ ⲉⲩⲉⲟⲩⲁ ϧⲟⲩ ⳩	Vnget eos	يمشدهم
ⲉⲩϧⲟⲩⲣⲱⲟⲩ ⳩	Tranquillus, quietus	هادم ساكن
ⲉⲩⲉⲥⲱϧⲓ ⲗⲗⲱⲟⲩ ⳩	Irridebit eos	يضحك بهم

LII 2

Ægyptia	Latina	Arabica
ε ϭϼⲁⲩ	Ante eos	قين امهم
εⲍⲱⲟⲩ	Super eos, ad eos.	عليهم
ⲃεⲟⲩ	Deus	الله
ⲃⲏⲟⲩ	Ventus, aër, Fla-tus.	ريح
ⲃⲗⲗⲁⲩ	Mater	ام
ⲕεⲩⲃⲏⲛⲟⲩ	Reuertentes,	ترجعون
ⲕεⲩϭⲁⲩ	Sinus vester.	حضوفكم
ⲕεⲩⲟⲛⲁⲅⲓⲁⲛⲥⲟⲩ	Corruent, reducet facies eorum	يرن وجوههم
ⲕεⲩⲱⲣⲓⲃⲅⲩⲟⲫⲟⲩ	Et in sanctitate tua.	وبمقدس سنبك
ⲡⲓⲗⲗⲟⲩ		
ⲕⲩⲟⲩ	Indutus spiritu,	ولابس الروح
ⲗⲗⲁⲩⲟⲩⲃⲩⲟⲩ	Purificauit eos. sanctificauit eos.	طاهرهم قين سهم
ⲗⲗⲁⲓⲁⲩⲧεⲛⲃⲏⲛⲟⲩ	Desiderarunt.	تأملوا
ⲗⲗⲁⲩⲧⲟⲩⲛⲟⲥⲟⲩ	Erigam eos,	اقدمهم
ⲗⲗεⲥⲩⲧεⲃⲏⲛⲟⲩ	Odi vos.	ابعضكم
ⲗⲗⲉⲩⲅⲁⲫⲱⲃⲟⲩ	Cum timore,	بخوف
ⲁⲗⲗⲁⲩ	Despexit te, hic, illic	هافك
ⲗⲗⲟⲓϭⲓⲃⲏⲛⲟⲩ	Vestimini, vestie-runt se, induerũt, ornarunt	البسوا
ⲁⲙⲟⲩϣⲟⲡⲩⲉ ⲡⲩⲟⲩ	Non acceperunt.	لم يقبلوا
		ⲁⲛⲉ

Ægyptia.	Latina.	Arabica.
ⲙⲡⲉⲣⲙⲟⲩ	Lunatici, offendunt in indigenis	المغتنربين في الاهله
ⲙⲡⲉⲥⲙⲟⲩ	Non mortua est	لم تمت
ⲙⲡⲉⲣⲧⲁϩⲛⲟⲙⲙⲙⲟⲩ	Ne prohibeatis eos	لا تمنعوهم
ⲙⲡⲓⲥⲧⲟⲩ	Fides	امانك
ⲙⲫⲟⲟⲩ	Hodie	اليوم
ⲛⲁⲩⲛⲏⲟⲩ	Egrediebantur	كانوا يخرجون
ⲛⲁⲣⲁϣⲟⲩ	Sufficit ipſis	يكفيهم
ⲛⲁⲩ	Menſura, ſpacium, præceptum	مقدار
ⲛⲁⲉⲥⲱⲟⲩ	Arietes mei, agni mei	كباشي خرافي
ⲛⲁⲩⲥⲁⲙⲟⲩ	Bonus, pulcher	حسن
ⲛⲁⲟϩⲟⲩ	Glorioſa, laudabilis,	ممدره
ⲛⲉⲩⲥⲛⲟⲩ	Fratres eius	اخونته
ⲛⲉϩⲟⲟⲩ	Die, interdiu	يوما
ⲛⲉⲩⲉⲥⲱⲟⲩ	Oues eius, arietes eius	خراف كباشه
ⲁⲉⲩⲃⲉϣⲩ	Bona eius, opes eius	جيوراذه
ⲁⲉⲕⲁⲩⲗⲏⲟⲩ	Habitacula tua,	ديارك
ⲛⲉⲛⲥⲉⲃⲓⲛⲣⲁⲧⲟⲩ	Eorũ prauæ indoles, eorum inurbanitas, (eius,	فظاظاذهم
ⲛⲉⲥⲥⲉⲃⲣⲁⲓⲟⲩ	Arces, munimina	جصوذها

ⲚⲎⲈ//

Ægyptia	Latina	Arabica
ⲛⲛⲉⲧⲝ&ⲓⲱⲟⲩ ·	Feræ ſylueſtres.	الوحشين
ⲛⲉⲛ&ⲩ ·	Quando.	متي
ⲛⲓⲉ⳥ⳉ&ⲩ ·	Sepulchra, moni-	القبور
	menta.	
ⲛⲓⲡⲉⲑⲛ&ⲛⲉⲩ ·	Bona, pulcra	الحسنات
ⲛⲓⲉⲥⲱⲟⲩ ·	Oues, arietes.	الكباش الخراف
ⲛⲓⲓ&ⲩ ·	Linum	كتان
ⲛⲓⲣⲱⲟⲩ ·	Portæ, ianuæ.	الابواب
ⲛⲓⲍⲱⲟⲩ ·	Generationes.	الاجيال
ⲛⲓⲙⲉⲧⲟⳗⲣⲡⲱⲟⲩ ·	Poſſeſſio, poteſtas,	الملكى
	regnum,	
ⲛⲓⲥ&ⲉⲡⲉⲧ⳽ⳉⲱⲟⲩ ·	Mali, maligni.	الاشرار
ⲛⲓⲥ&ⲉⲡⲉⲑⲛ&ⲛⲉⲩ ·	Boni, æqui,	الاخيار
ⲛⲓⲉϣ&ⲩ ·	Porci.	الخنزير
ⲛⲓⲑⲏⲟⲩ ·	Venti, ſpiritus.	الرياح
ⲛⲓⲟⳗⲣⲱⲟⲩ ·	Reges	الملوك
ⲛⲓⲃⲉⲗⲗⲉⲩ ·	Cæci	العمين
ⲛⲓⳝ&ⲗⲉⲩ ·	Claudi	العرج
ⲛⲓϣⲉⲙⲙⲱⲟⲩ ·	Peregrini	الغربا
ⲛⲓϣ&ϥⲉⲩ ·	Deſerta, eremi.	البرازي
ⲛⲓⲑⲉϣⲉⲩ ·	Ancillæ, mercen-	اجيران
	nariæ.	
ⲛⲓⲥ&ⲣ&ⲑⲏⲟⲩ ·	* *	العواصف
ⲛⲓⳓⲓⲏⲟⲩ ·	Turmæ peditum.	اردن لمراكب
ⲛⲓⲙⲙⲉⲑⲛ&ⲕⲟⲥⲟⲩ ·	* *	من يفنهم
ⲛⲓⲓ&ⲛ⳥ⲱⲟⲩ ·	Aſini ſylueſtres.	حمير الوحش
ⲛⲓⲥⲙⲉⲩ ·	Frons,	الاصداغ
		ⲛⲛⲟ⫽

Ægyptia.	Latina.	Arabica.
ⲛ̅ⲛⲟⲩⲉⲣⲏⲟⲩ ⳽	Illi mutuo, inuicem.	بعضهم بعضا
ⲛ̅ⲛⲉϥⲙ̅ⲕⲁϩⲟⲩ ⳽	Non nocebis eis.	لا يضرهم
ⲛⲟⲩϣ̅ⲛⲏⲟⲩ ⳽	Retia eorum.	شباكهم
ⲛⲟⲩϭⲓⲥⲉⲩ ⳽	Domini eorum.	سادانهم
ⲛⲟⲩⳉⲛⲁⲩ ⳽	Migma eorum.	فتنهم
ⲛ̅ⲥⲉϥⲉ⳥ⲑⲏⲛⲟⲩ ⳽	Potauit vos.	تشقكم
ⲛ̅ⲥⲉ⳹ⲁⲣⲱⲟⲩ ⳽	Effundant.	ليسكبوا
ⲛ̅ⲧⲟⲩⲙⲉⲥⲑⲏⲛⲟⲩ ⳽	Generabitis, generatis.	جولدون
ⲛ̅ⲧⲟⲩϣⲉⲛⲟⲩ ⳽	Vt rogent eos.	ليسالوهم
ⲛ̅ⲧⲉϥϭⲓⲱⲟⲩ ⳽	Glorificetur.	يتمجد
ⲛ̅ⲧⲉⲛⲙⲟⲩ ⳽	Moriamur	لنموت
ⲛ̅ⲧⲉⲛⲙⲟⲩ ⳽	Vt moriatur illa,	لنموت هي
ⲛ̅ⲧⲟⲩϯⲛⲟⲙⲧ̅ ⲛⲙⲟⲩ ⳽	Confolantur eos.	يعزوهم
ⲛ̅ⲧⲁⲧⲟⲩⳉⲱⲟⲩ ⳽	Vt fanem eos,	لاشفيهم
ⲛ̅ⲧⲁⲉⲗⲑⲏⲛⲟⲩ ⳽	Vt portem vos	لاحملكم
ⲛ̅ⲧⲟⲩⲧⲟⲩ ⳽	Ex illis, ab ijs.	منهم
ⲛ̅ⲧⲉⲛⲥⲟⲕⲟⲩ ⳽	Vt congreges eos.	لنجمعهم
ⲛ̅ⲧⲟⲩⲕⲟⲗⲛⲟⲩ ⳽	Vt furentur	ليسرقوا
ⲛⲙⲟⲩ ⳽	Illis, ijs	لهم
ⲛ̅⳥ⲣⲏⲛ⳥ⳍⲏⲧⲟⲩ ⳽	Ex ijs	منهم
ⲟ̅ⲕⲥ̅ ⲙⲉⲧⲁ ⲥⲟⲩ ⳽	Dominus tecum	الرب معكي
ⲟⲩ ⳽	Quis, qualis, quid.	ما اي وايش
ⲟⲩⲟ⳧ⲁⲛⲛⲁⲩ ⳽	Et vidimus	ورايـنا
ⲟⲩⲟⲩⲛⲟⲩ ⳽	Hora, momentum	ساعة
ⲟⲩⲙⲁⲛⲉⲥⲱⲟⲩ ⳽	Paftor	راعى

Ægyptia	Latinà	Arabica
ⲟⲩⲏⲟⲩ	Remoti, longinqui	بعيدون
ⲟⲩⲝⲱⲟⲩ	Generatio.	جيل
ⲟⲩⲧⲱⲟⲩ	Mons,	جبل
ⲟⲩⲟⲛⲧⲟⲧⲉⲛⲙⲙⲁⲩ	Vobis.	لكم
ⲡⲁⲁⲗⲟⲩ	Puer meus.	فتاي
ⲡⲁⲥⲏⲟⲩ	Tempus meum.	زماني
ⲡⲁⲱⲟⲩ	Gloria mea.	مجدي
ⲡⲉϥⲱⲟⲩ	Gloria eius.	مجده
ⲡⲉϫⲱⲟⲩ	Dicunt, dixerunt.	قالوا
ⲡⲉⲧⲉⲛⲥⲏⲟⲩ	Tempora vestra, horæ vestræ.	زمانكم وقتكم
ⲡⲉϥⲙⲟⲩ	Morseius.	موته
ⲡⲉϥⲥⲓⲟⲩ	Stella eius	نجمه
ⲡⲉϥϣⲟⲩϣⲟⲩ	Gloria eius, gloriatio.	فخره
ⲡⲉⲧⲉⲛⲥⲙⲟⲩ	Benedictio vestra.	بركتكم
ⲡⲓⲉϩⲟⲟⲩ	Hodie.	اليوم
ⲡⲓⲧⲱⲟⲩ	Mons.	الجبل
ⲡⲓⲡⲉⲧϩⲱⲟⲩ	Malus, malignus,	الشرير
ⲡⲓⲙⲟⲩ	Mors.	الموت
ⲡⲓⲱⲟⲩ	Gloria	المجد
ⲡⲓϩⲏⲟⲩ	Lucrum	الربح المنفعه
ⲡⲓⲥⲏⲟⲩ	Hora, tempus	الزمان الوقت
ⲡⲓⲥⲓⲟⲩ	Stella, aſtrû, ſydus,	النجم الكوكب
ⲡⲓⲟϭⲛⲱⲟⲩ	Area.	الاندر
ⲡⲓⲙⲟⲩ	Mors.	الموت

πιεεοτπ ϫωιοτ ✻	Regio.	المصر
πιϥⲧοⲟⲟⲟϩⲏⲟⲧ ✻	Quatuor venti, seu plagæ mundi.	الرياح الاربع
πιⲥⲣⲱⲓⲟⲧ ✻	Vox	الصوت
πιⲁⲣϭⲩⲁⲧ ✻	Infelix,	الغير مفلح
πιⲗⲗϭⲁⲧ ✻	Sepulchrum	القبر
πιⲥⲙⲱⲟⲧ ✻	Sal.	الملح
πιⲓⲁⲏⲧⲱⲓⲟⲧ ✻	Fons, oculus montis.	عين الجبل
πιⲁⲗⲟⲧ ✻	Puer, adolescens, infans.	الصبي الفتي
πϥⲩⲟⲧⲩⲟⲧ ✻	Gloria, gloriatio, glorios⁹, iactabūd.	القخر الافتخار
πιⲟⲛⲁⲧ ✻	Pigritia, tarditas, tunica, toga.	التواني الوديعه
πιⲟⲧⲩⲩⲩⲱⲟⲧ ✻	Desiderium, cupiditas.	الشوق
πιⲥⲙⲟⲧ ✻	Benedictio.	البركه
πιⲥⲁⲙⲙⲉⲧ ϫⲱⲓⲟⲧ ✻	Malus.	الشرير
πιⲥⲛⲁⲧ ✻	Asinus subiugalis	الاتنان
πⲟⲗⲉⲟⲧ ✻	Ciuitas, vrbs.	المدينة
πⲟⲧⲥⲣⲱⲓⲟⲧ ✻	Vox eorum.	صوتهم
ⲡⲣⲟⲥⲟⲧⲥⲏⲟⲧ ✻	Tempus.	زمن
ⲡⲣⲟⲁⲣⲟⲗⲗⲟⲥ ✻	Præcursor, anticipator.	السابق
ⲡⲣⲟⲧⲣⲟⲡⲟⲥ ✻	In timore, tremore	بخوف برعده
ⲡⲥⲙⲟⲧ ✻	Sal.	ملح
ⲣⲁⲩⲉⲏⲛⲟⲧ ✻	Alligarunt.	اكتفوا

Mmm

Ægyptia	Latina	Arabica
ρⲁⲕⲟⲩ	Declinarunt.	حــــادروا
ρⲉⲕⲑⲏⲛⲟⲩ	Declinate	حينوا
ρⲟⲩⲑⲃⲟⲩ	Incumbent.	يتكون
ⲥⲁⲡⲥⲁⲙⲉⲥⲧⲁⲧⲟⲩ	Seorſim, ſeparati, ſingulares, partiales,	منفردين خصبه وحدهم
ⲥⲁⲧⲟⲩⲧⲟⲩ	Cuſtodiat eos, defendet eos.	لوقيهـــم
ⲥⲁⲣⲁⲑⲟⲩ	Procella, turbo.	غاصف
ⲥⲉⲧⲑⲏⲛⲟⲩ	Liberaſtis, euaſiſtis.	خلصتم
ⲥⲏⲟⲩ	Tempus.	زمان جين
ⲥⲙⲟⲩ	Benedic, benedicite,	بارك باركوا
ⲥⲟⲩⲥⲟⲩ	Deſtruit illum, deturbat illum.	يخطـــه
ⲧⲁⲟⲩⲛⲟⲩ	Hora mea.	ساعتي
ⲧⲁⲙⲁⲩ	Mater mea.	امي
ⲧⲁⲙⲉⲧⲁⲗⲟⲩ	Pueritia mea.	صبـــاي
ⲧⲉϥⲙⲁⲩ	Mater eius.	امه
ⲧⲉⲩⲟⲩⲛⲟⲩ	Hora eius.	ساعته
ⲧⲉⲧⲉⲛⲛⲁⲙⲟⲩ	Moriemini.	تموتون
ⲧⲉⲣⲉⲛⲁⲩ	Videbis f.	تري تنظري
ⲧⲉⲧⲉⲛⲛⲁⲭⲉⲙ ⲅⲏⲟⲩ	Lucramini.	تربحون
ⲧⲉⲧⲕⲑⲏⲛⲟⲩ	Surgite.	قوموا
ⲧⲉⲕⲙⲁⲩ	Mater tua	امكن
ⲧⲉⲥⲙⲁⲩ	Mater eius f.	امها

ⲧⲉⲕⲛ

Ægyptia	Latina	Arabica
ⲧⲉⲛⲙⲁⲩ ⳥	Mater noſtra.	امنـــا
ⲧⲉⲛϭⲉⲧⲉⲏⲛⲟⲩ ⳥	Æſtimabit vos.	بيثمنكم
ⲑⲓⲩϭⲓⲉⲏⲛⲟⲩ ⳥	Induentes, veſtien- tes.	تلبسون
ⲧⲟⲩⲙⲁⲩ ⳥	Mater eorum,	امهـــم
ⲧⲟⲛⲡⲁⲧⲟⲥⲟⲩ ⳥	Spiritus tuus.	روحكٖ
ⲧⲟⲩ ⲁⲅⲓⲟⲩ ⳥	Sanctus	القديس
ⲧⲟⲩ ⲑⲉⲟⲩ ⳥	Quæ Deo	التي للّه
ⲧⲟⲛⲧⲟⲛⲟⲩⲧⲟⲩⲩ ⳥	In morte tua.	بموتكٖ
ⲫⲁϭⲟⲩ ⳥	Retro, poſt	خــلــف
ⲫⲁⳡⲙⲉⲟⲩ ⳥	Mediũ mortis eius. ratio mortis eius	نصف موتّه
ⲫⲏⲁⲩ ⳥	Tempus, momen- tum, hora	وقت
ⲭⲁⲩ ⳥	Dimitte eos, voca- te eos	دعوهم دعوهم
ⲭⲛⲁⲕⲁⲗⲟⲩ ⳥	Complicabis, inuol ues eos	تطوبهم
ⲭⲣⲓⲥⲧⲟⲩ ⳥	Meſſias, Vnctus, Chriſtus,	المسيـح
ⲱⲟⲩ ⳥	Gloria, laus	مجد
ⲱⲟⲩⲛⲓⲁ ⲧⲉⲛⲑⲏⲛⲟⲩ ⳥	Beati vos	طوباكم
ⲱⲟⲩⲛⲓⲁ ⲧⲟⲩ ⳥	Beati illi	طوباهم
ⳙⲁⲑⲛⲁⲩ ⳥	Quãdo, vſquequo,	حتني
ⳙⲉⳙⲉⲏⲛⲟⲩ ⳥	Maledicunt vobis,	شتموكم
ⳙⲉⲧⳙⲁⲧⲟⲩ ⳥	Exſcinderunt eos	قطعوهم
ⳙⲟⲩⲱⲟⲩ ⳥	Aridi, ſicci	يابسون جافون
ϥⲟⲩⲏⲟⲩ ⳥	Repetit	يعيد

Ⲉⲅⲩⲡⲧⲓⲁ	Latina	Arabica
ϥϯⳢⲓⲃⲏⲛⲟⲩ ⳣ	Pugnat pro vobis	يجاهل عنكم
ϩⲁⲧⲟⲧⲟⲩ ⳣ	Apud illos.	عنلهم
ϩⲉⲛⲛⲓⲙⲱⲟⲩ ⳣ	In aqua,	بالما
ϩⲉⲗϩⲱⲗⲟⲩ ⳣ	Mactate eos.	أدبحوهم
ϩⲉⲕϫⲱⲟⲩ ⳣ	Totondit, rafit ca- pita eorum.	حلقن رووصهم
ϩⲉⲛⳫⲁⲛⲥⲫⲟⲩⲟⲩ ⳣ	In fanitate	وشفاه
Ⳬⲁⲛⲃⲉⲗⲗⲉⲩ ⳣ	Cæci	عميان
Ⳬⲁⲛⲅⲁⲗⲉⲩ ⳣ	Claudus, claudi	عرح مقفدين
Ⳬⲁⲛⲕⲉⲉϫⲏⲟⲩ ⳣ	Liber alius	سفر اخر
Ⳬⲁⲛⲓⲉⲣⲱⲟⲩ ⳣ	Fluuij	انهار
Ⳬⲁⲛⲥⲁⲃⲉⲩ ⳣ	Sapientes, fcientes	حكما
Ⳬⲁⲛϫⲁⲅⲉⲩ ⳣ	Debiles, infirmi.	عسم
Ⳬⲁⲛⲣⲉⲙϩⲉⲩ ⳣ	Liberi.	احرار
Ⳬⲁⲛϣⲉⲙⲙⲱⲟⲩ ⳣ	Peregrinæ, extor- res	غربا
Ⳬⲁⲛϫⲱⲟⲩ ⳣ	Cæci	عميان
ⲥⲟⲗⲙⲟⲩ ⳣ	Rapit eos.	يخطفهم
ϫⲁⲛⲉⲩ ⳣ	Raptæ.	المنخفظان
ϫⲉⲥⲛⲏⲟⲩ ⳣ	Veniet, diffenfio mea, diffidia, fe- ditio.	سباتي
ϫⲉⲥϫⲏⲟⲩ ⳣ	Quã angufta, quã arctor, premor.	اضيق
ϫⲉⲗⲑⲏⲛⲟⲩ ⳣ	Induimini, operti funt, tecti funt, veftiti funt.	اشتملوا المسولا
ϫϥⲉϩⲏⲟⲩ ⳣ	Lucrum, quæftus.	ربح كسب ⲅⲓⲱⲓⲓ

Ægyptia.	Latina.	Arabica.
ϭⲓⲱⲟⲩ ⁘	Gloria.	مجى
ϭⲧⲉⲣⲱⲟⲩ ⁘	Decet ipſos, conue- uenir illis.	يوجب عليهم
ϯϩⲁⲗⲟⲩ ⁘	Puella	الصبيه
ϯϩⲁⲗⲗⲟⲩ ⁘	Pupilla, acumen in Forcipes, (genij.	لابن قه الكلبتين
ϯⲉϭⲟⲩ ⁘		
ϯⲛⲟⲩ ⁘	Nunc. iam	الآن
ϯⲛⲁⲩ ⁘	Vide	انظر اري
ϯⲛⲁϭⲓⲱⲟⲩ ⁘	Cæpit, ſumpſit, accepit gloriam.	اخد مجدا
ϯⲛⲁⲧⲟⲃⲟⲩ ⁘	Soluit.	اوفي
ϯⲧⲁϩⲟⲛⲧⲉⲛⲑⲏⲛ ⲛⲟⲩ ⁘	Cõmendauit vos recondidit vos.	استودعكم

Nomina · in Φ ϥ · deſinentia.

Ⲗ ϥⲱϥ ⁘	Indicia, nuncia.	الجبار

Nomina · in Ш ш · deſinentia.

Ⲗ ⲛϫⲱ ⁘	Diximus, cantaui- mus, lꝫtati ſumus.	قلنا غنينا نشرنا
ⲁⲛⲟⲩⲙⲉⲡⲉⲣⲟⲩⲱ ⁘	Confidimus.	ايقنـا
ⲁⲥⲭⲱ ⁘	Dereliquit, poſuit.	تركت وضعت
ⲁⲥⲉⲣⲟⲩⲱ ⁘	Reſpondit f.	اجابت
ⲁ ϥⲉⲣⲟⲩⲱ ⁘	Reſpondit.	اجاب
ⲁ ϥⲭⲱ ⁘	Liquit, permiſit, poſuit.	تركت جعـل
		ⲁ ϥⲓⲱ

Ægyptia	Latinā	Arabica
ᲒᲤϢ ⳾	Lauit, abluit,	غسل
ᲒᲨⲤϢ ⳾	Bibit	شرب
ᲒᲨⲖᲒⲖϢ ⳾	Petiuit, postulauit	طلب
ᲒᲨⲞⲢⲀ̇ ⳾	Concussit , diffi- dit, pulsauit, ver- berauit.	قرع
ᲒᲨϮⲞⲢⲀ̇ ⳾	Soluit, liber. fuit	حل
ⲈⲦⲎ̇ⲀⲤϢ ⳾	Bibit	يشرب
ⲈⲒⲈⲬϢ ⳾	Relinquam, po- nam	اترك اضع
ⲈⲈⲈⲤⲰ̇Ϣ ⳾	Valde	جدا
ⲈⲢⲦϢ ⳾	Genus mensuræ , palmus	الشبر
ⲈⲢⲒⲬϢ ⳾	Iericho	اريدها
ⲈⲤⲦϢ ⳾	Quando , vsque, dum	حتى
ⲈⲦⳝ̇Ⲓ̇ⲀⲞ̇ⲢⲀ̇ ⳾	Expectatio	الانتظار
ⲈϤⲞⲒⲚⲈ̇ⲬϢ ⳾	Mag°, præstigiator,	ساحر
ⲘⲈⲦϦⲈⲢⲞ̇ⲢⲀ̇ ⳾	Sermones inanes, Onera , impedi- mēta, difficultates	اليقول الباطن
ⲚⲒⲒⲀⲨⲤϢ ⳾	Bibebant.	كادوا ايشربون
ⲚⲒ̇Ⲁ̇ⲦϢ ⳾	Perditio, exitium	هلاك
ⲚⲒⲒⲀⲬϢ ⳾	Viperæ, aspides	الافاعي
ⲚⲒϦⲈⲖⲖϢ ⳾	Impotentia	العجايز
ⲬⲢⲈϤⲞⲒⲤⲂϢ ⳾	Discentes docti, eruditi, instructi	متعلمين

Ægyptia	Latina	Arabica
ⲛ̄ⲧⲁ̅ⲥⲱ ⳾	Non bibit.	لاشرب
ⲛ̄ⲧⲉ̅ⲩⲥⲱ ⳾	Vt bibat	ليشرب
ⲟ̅ⲧⲥⲱ ⳾	Instrumentum bibendi.	مشرب
ⲟ̅ⲧⲉ̅ⲓ ⳾	Asinus.	حمار
ⲟ̅ⲧⲉ̅ⲃⲓⲓ ⳾	Mel.	عسل
ⲡⲉ̅ⲩⲣⲉ̅ⲩ ⳨ⲥⲃⲱ ⳾	Magistra eius.	معلمه
ⲡⲉ̅ⲩⲉ̅ⲓ ⳾	Asini eius.	حماره
ⲡⲓⲱ̅ ⳾	Arena.	الرمل
ⲣⲁ̅ⲟ̅ⲧⲱ ⳾	Casus, accidentia.	الاصول الوقوع
ⲥⲉ̅ⲃⲓⲛⲍⲱ ⳾	Calamus, arundo.	قصب الزمر
ⲧⲁⲥⲃⲱ ⳾	Doctrina mea.	تعليمي
ⲧⲁ̅Ⳬⲉ̅ⲃⲱ ⳾	Vestis mea.	لباسي
ⲧⲁ̅ⲉ̅ⲧⳤⲱ ⳾	Onus meum.	حملي
ⲧⲉ̅ⲧⲉⲛⲥⲱ ⳾	Bibetis.	تشربون
ⲧⲉ̅ⲩⳫⲉ̅ⲃⲱ ⳾	Vestis eius.	لباسه
ⲧ̅ⳤⲣⲱ ⳾	Hyems.	الشتا
ⲧⲱ̅ⲉ̅ⲃⲓⲱ ⳾	Exposuit, cóputauit. mutuū dedit, mutuauit, vel pro	عوض بدل
ⳤⲣⲉ̅ⲩ ⳨ⲥⲃⲱ ⳾	O magister. (loco	يامعلم
ⲯⲉ̅ⲧⲱ ⳾	Mendacium.	كذب
ⲩ̅ ⳨ⲥⲃⲱ ⳾	Scit, nouit, docet.	يعلم
ⳟⲁⲛ̅ⲯⲉⲛⲧⲱ ⳾	Inuolucra, fasciæ.	لفايف
ⳟⲁⲛ̅ⲯⲃⲱ ⳾	Facetiæ, lepor.	خرافات
ⲍⲁⲍⲱ ⳾	Sartago.	مقلى
⳨ⲃⲱ ⳾	Arbor, radix.	الشجره الاصل

Ægyptia.	Latina.	Arabica
ϯⲟⲩⲱ	Soluit.	احل
ϯⲟⲩⲣⲱ	Regina.	الملكه
ϯⲭⲱ	Pone, linque.	اضع اترك
ϯⲥⲉⲃⲥⲱ	Veſtimentum.	اللباس
ϯϩⲣⲱ	Fornax.	الاتون

Nomina in Ϣ ϣ deſinentia

Ægyptia.	Latina.	Arabica
ⲁⲓⲥⲱⲣⲙ̀ϣ	Erraui.	ضعن ذهت
ⲁⲓⲱϣ	Clamaui, vocifera- tus fuin.	صرخت
ⲁⲉⲓϣⲁⲛⲟⲩⲱϣ	Cum diuiderer.	ادا اقتسمت
ⲁⲩⲱϣ	Legerunt, clama- uerunt.	قروا صرخوا
ⲁⲩⲫⲱϣ	Diuiſerunt.	قسموا
ⲁⲩⲕⲱϣ	Fregerunt,	كسروا
ⲁⲩϩⲣⲟϣ	Graues fuerunt.	تقلوا
ⲁⲩⲉⲣⲡⲱⲃϣ	Retulerunt, genus duxerunt.	نسبوا
ⲁⲩⲫⲱⲣϣ	Expanderunt, ex- tenderunt.	بسطوا فرشوا
ⲁⲩⲟⲩⲱϣ	Voluit.	اراد
ⲁⲩⲉⲣⲁⲛⲁϣ	Iurauit, inſtaura- uit	حلف
ⲉⲓⲉϣ	Vt crucifigam.	ان اصلي
ⲉⲧⲱϣ	Multum.	الكتير
ⲉⲧⲩⲓϥⲣⲱⲟⲩϣ	Curabit, ſollicitus eſt,	يهتم

Ægyptia	Latina.	Arabica.
ⲉⲧⲩⲁⲛⲉⲩⲩ ⳾	Saginatus.	المعلوف
ⲉⲧⲥⲉⲧⲩⲁⲓⲩ ⳾	Proijcit puluerem,	يطرح الغبار
ⲉⲩⲟⲩ ⳾	Multus.	كثير
ⲉⲩⲅⲓⲁⲓⲩ ⳾	Nunciat, annun- ciabit,	يبشر
ⲉ ⲩⲏⲩ ⳾	Spernitur, defpi- citur.	يهان
ⲕⲁⲓⲁⲓⲩ ⳾	Sperneris, defpice-	تشتم تهين
ⲁⲉⲁⲩ ⳾	Percutiam, (ris.	اضرب
ⲁⲓⲡⲉⲣⲩⲓⲣⲁⲓⲟⲩⲩ ⳾	Ne deftruatis.	لا تمتموا
ⲛⲁⲩⲃⲏⲩ⳾	Fuit nudus.	كان عاريا
ⲛⲁⲓⲃⲏⲩ ⳾	Eram nudus.	كنت عريا
ⲛⲉⲩⲩⲁⲛⲩ ⳾	Pecora eius.	قرايبه مواشيه
ⲛⲉⲩⲩⲁⲩ ⳾	Vulnera eius, plaga eius.	جراجاته قروحه
ⲁⲩⲉⲁⲓⲩ ⳾	Æthiopes,	حبش
ⲛⲏⲉⲧⲩⲁⲛⲉⲩⲩ ⳾	Saginata,	المعلوفه
ⲛⲏⲉⲧⲅⲏⲩ ⳾	Parati,	المعدين
ⲛⲓⲣⲉⲙⲣⲁⲩⲩ ⳾	Humiles, abiecti.	الدنوا صعيين
ⲛⲓⲉⲑⲁⲩⲩ ⳾	Æthiopes.	الحبش
ⲛⲓⲩⲁⲩ ⳾	Plagæ, vlcera.	القروح الضربات
ⲛⲟⲩⲑⲟⲩ ⳾	Fines, termini eo- rum.	حدودهم
ⲛⲉⲟⲕⲁⲩⲩ ⳾	Frangant, vt con- fringant.	ليكسروا
ⲛⲧⲟⲭⲉⲩ ⳾	Sufpendit, expédit.	يعلق
ⲟⲩⲉⲉⲛⲩ	Multi, multipliçes.	كثيرون
ⲟⲩⲁⲩⲃⲩ ⳾	Albus, candidus.	ابيض

Ægyptia	Latina	Arabica
ⲟⲩⲕⲁϣ ⸰	Calamus, arundo.	قصبة قلم
ⲟⲩⲣⲉⲙⲣⲁϣ ⸰	Mitis, tranquillus.	ودیع ح
ⲟⲩⲃⲁϣ ⸰	Nudus.	عدي
ⲡⲉⲕⲁⲛⲁϣ ⸰	Dextera tua, iuramentum tuum.	یمینك حلفك قسمك
ⲡⲉϥⲃⲁϣ ⸰	Nuditas eius.	عریة
ⲡⲓⲗⲉⲛϣ ⸰	Cætus, multitudo.	الجمع
ⲡⲓⲟⲩⲱⲛϣ ⸰	Diuisio, portio.	القسم
ⲡⲓⲗⲱⲃϣ ⸰	Stipula, fęnum, herba.	السقف للحشیش
ⲡⲓⲃⲁϣⲟⲩϣ ⸰	Ruta,	النصراب
ⲡⲓⲟⳓⲉⲛϣⲓϣ ⸰	Vindicta, vltio.	الانتقام
ⲡⲓϥⲃⲁϣ ⸰	Laqueus.	الفخ
ⲡⲓⲱϣ ⸰	Promissio, pactum.	الوعس
ⲡⲓⲃⲱϣ ⸰	Nudus.	العـری
ⲡⲓⲗⲉⲃϣ ⸰	Stipula, fęnum, herba.	لحشیش
ⲡⲓϣⲱⲃϣ ⸰	Thorax, pectus, brachiũ, cubitus.	الدراع
ⲡⲓϣⲱⲓϣ ⸰	Puluis.	غبار
ⲥⲉⲣⲱⲟⲩϣ ⸰	Curabunt.	یهتمون
ⲧⲉⲛⲟⲩⲁϣ ⸰	Volumus.	نرید
ⲫⲏⲉⲧⲱϣ ⸰	Qui legit, Lector.	القاري
ⲫⲟⲩⲱϣ ⸰	Voluntas, spacium	أرده مقدار
ⲫⲣⲱⲟⲩϣ ⸰	Solicitudo.	اهتمـام
ϫⲟⲩⲁϣ ⸰	Visne?	اترید
ⲩⲣⲣⲱⲟⲩϣ ⸰	Curauit, curauerũt.	اهتم الهتموا ۱ ﻗﻠﻰ

Ægyptia.	Latina.	Arabica.
ϥϣⲁⲛϥ ⁚	Alit, cibat,	يقوت
ϧⲉⲗⲓⲃϣ ⁚	Thorax, pectus.	ع ر د
ϭⲁⲛⲟⲩⲁⲛϣ ⁚	Lupi.	باجين

Nomina in ⲣ ϥ desinentia.

Ægyptia	Latina	Arabica
Ⲁⲁⲉⲉⲛⲡⲓⲧϥ ⁚	Dilexi eum.	أحببته
ⲁⲓⲁⲉⲉⲥⲧⲱⲓϥ ⁚	Odi eum.	أبغضته
ⲁⲓⲉⲛϥ ⁚	Præuerti, anteuerti eum	قدمته
ⲁⲕⲥⲁⲧϥ ⁚	Seminaui eum.	زرعته
ⲁⲗⲓⲧϥ ⁚	Portabo eum, ex-rollam eum.	أرفعه احمله
ⲁⲛⲝⲉⲉϥ ⁚	Inuenimus eum,	وجدناه
ⲁⲛⲉⲉⲥϥ ⁚	Genuimus eum.	ولدناه
ⲁⲣⲓⲧϥ ⁚	Facite eum.	اصنعوه
ⲁⲣⲓⲛⲧⲉⲣⲁⲛⲉϥ ⁚	Bonus fuit, bene fecit, bene facite, vel pulchrior.	احسن
ⲁⲥⲓⲉⲃⲟⲗⲉϭⲣⲁϥ ⁚	Suscepi eum, secutus est eum, venit post eum, occurrit ei.	استقبلته
ⲁⲥϧⲟⲡϥ ⁚	Abscondit eum.	اخفته خفته
ⲁⲥⲣⲁⲛⲁϥ ⁚	Admiratus est eum.	اعجبته ارضته
ⲁⲥⲭⲟⲩϥ ⁚	Eloquentia eius,	افاضته
ⲁⲧϭⲛⲟⲩϥ ⁚	Sine eo, absque eo.	بغيره

ⲁⲧⲉⲩ

Ægyptia	Latina	Arabica
ⲁⲧⲉⲧⲉⲛⲕⲱⲣϥ ⳾	Irritaſtis, euacua-ſtis, detrunca-ſtis	ابطلتم
ⲁϥⲧⲏⲓϥ ⳾	Dedit,	اعطي
ⲁⲩϣⲉⲛϥ ⳾	Petiuerunt eum.	سالوه
ⲁⲩⲟⲩⲟⲣⲡϥ ⳾	Mitte, mittite eum.	ارسل ارسلوه
ⲁⲩⲉⲃⲟⲗⲉϩⲣⲁϥ ⳾	Suſceperunt eum, ſecuti ſunt eum, occurrerunt.	اصبة قبلوه
ⲁⲩⲟⲩⲁϣϥ ⳾	Voluerunt eum.. amauerunt eum	ارادوه اجبوه
ⲁⲩϩⲱⲟⲩϣⲉⲣⲟϥ ⳾	Deteſtati ſunt eũ, maledixerunt ei.	شنبوه
ⲁⲩⲛⲁϩϯⲉⲣⲟϥ ⳾	Crediderunt in eum .	امنوا به
ⲁⲩⲥⲟⲛϩϥ ⳾	Ligauerunt eum.	ربطوه
ⲁⲩϫⲱⲗϥ ⳾	Veſtiuerunt eum	البسوه
ⲁⲩⲑⲟⲕⲥϥ ⳾	Confoderunt eum	طعنوه
ⲁⲩⲕⲟⲩⲗⲱⲗϥ ⳾	Inuoluerunt eum inuenerunt eum.	لفوه
ⲁⲩⲛⲁⲉⲱⲗϭϥ ⳾	Sanetur.	يصلح
ⲁⲩⲛⲉϩⲥⲓⲉⲙⲟϥ ⳾	Excitauerunt eum.	ايقظوه
ⲁⲩⲥⲁⲧϥ ⳾	Seminarunt eum.	زرعوه
ⲁⲩⲉⲣⲕⲁⲧⲁⲕⲣⲓⲛⲓⲛⲉ ⳾ ⲙⲟϥ ⳾	Iudicarunt eum.	داذوه
ⲁⲩⲃⲁϣϥ ⳾	Inimicus eius.	عدوه
ⲁⲩⲧⲟⲃϥ ⳾	Signauerunt eum, clauſerunt eum.	ختموه

Ægyptia	Latina	Arabica
ⲁⲩϥⲟⲗⲥϥ ✦	Læferunt eum, vulnerarunt eū.	جرجوه
ⲁⲩⲧⲕⲉⲥⲛⲁϥ ✦	Spreuerunt eum, colaphizarunt eū præſſerunt eum.	إعاقوا اقسوه
ⲁⲩϩⲉⲙⲥⲟⲙⲩ ✦	Conculcarūt eum.	اندس داسوه
ⲁⲩⲝⲉⲕⲣⲟϥ ✦	Æſtimauerunt, in pretio habuerunt eum,	ثمنوه
ⲁⲩϣⲁⲧϥ ✦	Traxerunt.	مدوه شحطوه
ⲁⲩϣⲩⲥϥ ✦	Vaſtarunt, deſtru- xerunt, eum, ten- tauerunt eum.	أخربوه
ⲁϣϥ ✦	Crucifige eum.	اصلبه
ⲁϥϥⲟⲛⲥϥ ✦	Conuentus eſt,	التفت
ⲁϥⲧⲱⲛϥ ✦	Surrexit.	قام
ⲁϥⲥⲟⲧⲙⲉϥ ✦	Audiuit eum.	سمعه
ⲁϥϯⲛⲁϥ ✦	Dedit ei.	اعطاه
ⲁϥⲧⲁⲟⲩⲟϥ ✦	Miſit eum.	ارسله
ⲁϥϫⲉⲙϥ ✦	Inuenit eum,	وجده
ⲁϥⲟⲩⲱϣⲧⲙⲙⲟϥ ✦	Adorauit eum.	سجد له
ⲁϥⲟⲩⲟⲣⲡϥ ✦	Miſit eum.	ارسله
ⲁϥⲭⲟⲡϥ ✦	Celauit ſe.	توارى اخفى داته
ⲁϥⲙⲟⲣϥ ✦	Inualuit.	اشتد
ⲁϥⲉⲣⲙⲁⲥⲧⲓⲅⲅⲟⲩ ⲛⲙⲙⲟϥ	Flagellauerunt eum.	جلدوه
ⲁϥⲛⲟϫϥ ✦	Proiecit ſe.	القى داته انطرح

اٮڡ

Ægyptia	Latina	Arabica
ⲁ̅ⳟ̅ⲥⲟⲏⳟ̅ⲩ ⸱	Vinciuit eum ; li- gauit eum .	ربطه شنه ه
ⲁ̅ⳟ̅ⲱⲝ̅ⳟ̅ⲙ̅ⲙⲟⲩ ⸱	Strangulauit eum ,	خنقــه
ⲁ̅ⳟ̅ⲟⲩⲉⲙⲉⲛⳟ̅ⲃⲏⲩ ⸱	Pœnituit ,	ندم
ⲁ̅ⳟ̅ⲧⲏⲓⲩ ⸱	Dedit ei .	اعطاه
ⲁ̅ⳟ̅ϣⲟⲕⲩ ⸱	Sculpfit, fodit eum, perforauit eum .	جفره
ⲁ̅ⳟ̅ⲥⲣⲉⲙⲣⲟⲉⲙⲩ ⸱	Increpauit , com- minatus eft.	انتهر
ⲁ̅ⳟ̅ϯⲧⲟⲩⳟ̅ⲩ ⸱	Adiuuit, defendit, muniuit.	عضى
ⲁ̅ⳟ̅ⲗⲟⲝⲩ ⸱	Sanatus eft , fa- nauit ,	برى شفى
ⲁ̅ⳟ̅ⲅ̅ⲡⲉⲝⲙⲩ ⸱	Subiecit, fubdidit.	خضع
ⲁ̅ⳟ̅ⲧⳟ̅ϥⲟⲩ ⸱	Dixit ei vale , fe commendauit , promifit ei.	ودعه
ⲁ̅ⳟ̅ⲧⳟ̅ⳟ̅ⲉⲙⲥⲟⲩ ⸱	Sedere fecit eum ,	اجلسه
ⲁ̅ⳟ̅ⲱⲝ̅ⲩ ⸱	Aruit ,	نشف
ⲁ̅ⳟ̅ϣⲟⲡ̅ⲩ ⸱	Accepit eum, com- prehendit.	قبله قبضه
ⲁ̅ⳟ̅ϣⲉⲛ̅ⲝ̅ⲙⲩ ⸱	Rafit caput fuum	جلف راسه
ⲁ̅ⳟ̅ⲙⲟⲗ̅ⲝⳟ̅ⲩ ⸱	Amplexatus eft eū.	ضمه احتضنه
ⲁ̅ⳟ̅ⲟⲗⳟ̅ⲩ ⸱	Equitauit ,	ركب
ⲉⲁⲓⲩ ⸱	Vt conftituant eum ،	ان يجعلون ان يصيروه
ⲉⲃⲟⲗ̅ⳟ̅ⲓⲧⲟⲩ̅ⲩ ⸱	Ex parte eius .	من جهته
ⲉⲑ̅ⲃⲏⲧ̅ⲩ ⸱	Propter eum.	من اجله

Ægyptia.	*Latina.*	*Arabica.*
ⲉⲑⲛⲁⲛⲉϥ	Bona,optima.	الجيده
ⲉⲑⲣⲉⲛⲟⲩϫⲟⲙϥ	Puniuit eum, damnauit eum.	الناكله
ⲉⲑⲛⲁϩϯⲉ̀ⲣⲟϥ	Credimus in eum.	نومن به
ⲉⲑⲛⲁϫⲉⲙϥ	Inueniam eum.	نجده
ⲉⲑⲛⲁϭⲁⲥϥ	Extolletur,exaltatur.	يرتفع
ⲉⲓⲉⲧⲉⲛⲑⲱⲛϥ	Comparauit eam.	اشبهه
ⲉⲕⲉϣⲟϣϥ	Reijcies, abominaberis.	ترذل
ⲉⲛⲁϥⲙⲉⲏⲣⲉ̀ⲙⲙⲟϥ	Fauens, beneuolus	الدي كان مشرورا به
ⲉⲛⲁϣⲱϥ	Multus.	كثير
ⲉⲛⲁϣⲉⲛⲥⲟⲩⲉⲛϥ	Multi precij, preciosus.	كثير الثمن
ⲉⲛⲉⲑⲉⲧϩⲑⲏϥ	Contentum reddimus ipsum,	اقنعناه
ⲉⲣⲥⲫⲣⲁⲅⲓⲍⲓⲛⲉ̀ⲙⲙⲟϥ	Signauit ipsum.	ختمه اختمه
ⲉⲣⲇⲟⲕⲓⲙⲁⲍⲓⲛⲉ̀ⲙⲙⲟϥ	Probauit, tentauit. turbauit eum.	امتحنه اقلقه جربه
ⲉⲣⲡⲗⲁⲥⲥⲓⲛⲉ̀ⲙⲙⲟϥ	Torondit eum, decurtauit.	اقتصاه
ⲉⲥⲛⲁⲙⲁⲥϥ	Gignes eum, paries.	تلده
ⲉⲛⲉⲑⲉⲧϩⲑⲏϥ	Reddimus ipsum contentum.	اقنعناه

Ægyptia	Latina	Arabica
ⲈⲦⲞⲨϤ ⸗	Vt inquinet eum.	ان ينجسه
ⲈⲦⲀ̇ⲒϪⲞϤ ⸗	Qui dixi ei.	الذي قلته
ⲈⲦⲈϢⲚⲀϤ ⸗	Voluntas eius.	مشيئة
ⲈⲦⲀⲖⲞϤ ⸗	Vt portent eum.	ان يحملوه
ⲈⲦⲀϬⲞϤ ⸗	Vt teneant eum.	ان يمسكوه
ⲈⲦⲈϤⲚⲀϪⲞϤ ⸗	Qui dicit ei.	الذي يقوله
ⲈⲦⲀⲤϢⲟϢϤ ⸗	Quem defpexerūt.	الذي ردلوه
ⲈⲦⲀⲔⲞϤ ⸗	Vt perdat eum.	ليهلكه
ⲈⲦⲔⲰ̇ϯⲈⲢⲞϤ ⸗	Circumdantes eū.	المحيطون به
ⲈⲦⲈⲞⲨⲀϢϤ	Qui vis eum.	الذي تريد فيه
ⲈⲦⲔⲀⲒⲢϤ ⸗.	Otiofi.	بطالين
ⲈⲦⲈⲢⲦⲀⲤⲤⲒⲚⲈ̇ⲈⲚⲞϤ ⸗	Ordinatus, ordinans.	مرتب
ⲈⲦϢⲟϢϤ ⸗	Defpiciunt, reijciunt.	يردلون
ⲈⲦⲀϪⲪⲞ̇ⲈⲈⲞϤ ⸗	Generant eum.	يلسودة
ⲈⲦⲀϪⲰⲞⲨⲚⲈ̇ⲈⲞϤ ⸗	Deftruunt eum.	يقتلوذة
ⲈⲦϯϬⲀ̇ⲠⲈⲢⲞϤ ⸗	Damnatus, iudicatus.	مدان
ⲈϢⲖⲈⲈⲖⲞⲈⲒϤ ⸗	Exarfit, conturbatus eft.	دششعل جمجم
ⲈϤⲈⲢⲠⲒⲢⲀⲌⲒⲚⲈ̇ⲈⲚⲞϤ ⸗	Tentat eum, probat eum.	يجرزدة
ⲈϤⲈⲦⲞⲈⲒϤ ⸗	Hæret, inhæret.	يلطف
ⲈϤⲈⲖⲀ̇ⲤϤ ⸗	Confringit eum.	يرضه دسخقة
ⲈϤⲈⲪⲢⲞϪϤ ⸗	Potat eum.	يشقة
ⲈϤϬⲞⲔϤ ⸗	Ligatus, vinctus.	مشدود مربوط

ⲈϤ

Ægyptia	Latina	Arabica
ЄЧϪЄЧϪШЧ ✦	Toſtus.	مشوي
ЄЧⲞⲢⲎ ✦	Continens. reli-gioſus.	ورع زاهد ناسك
ЄЧЄⲦШⲚЧ ✦	Surget.	سيقوم
ЄϪⲞⲂⲂЄЧ ✦	Vt occidant eum.	ان يقتلوه
ЄϪⲞⲖЄЄЧ ✦	Vt capiant eum.	ان يخطفوه
Є⳦⳦ⲚⲀ⳦⳦⳦⳦⳦⳦⳦⳦ ✦	Quem dediſti.	الذي اعطيته
ⲐⲞⲢⲞⲦⲎЧ ✦	Congregate eum.	اجمعوه
⳦ⲀⲢⲀⲦⲎЧ ✦	Lauit pedes eius.	غسل رجليه
⳦ⳟϪⲬⲈⲚⲀ⳦ⲢⲎ⳦ⳟⲎЧ ✦	Ex terminis, & fi-nibus.	من اقصا
ⲔⲈⲚЧ ✦	Sinus, gremium.	حضن
ⲔⲈⲈⲦ⳦⳦⳦⳦⳦ⲞⲨ ✦	Amas eum.	تحبه
ⲔⲞⲢЧЧ ✦	Irritauit, dimiſit eum.	ابطله
ⲖⲞⲨⲖⲈЧ ✦	Perditio,	التلاف
Ⲗ⳦⳦Ч ✦	Corrumpit, depra-uauit.	فسد
⳦⳦⳦⳦ⲦⲞⲨ⳦⳦⳦⳦⳦ⲞⲨ ✦	Soluerunt eum.	حلوه
⳦⳦ⲀⲦⲀϪⲢⲞⲨ ✦	Stabiliuerunt eum, firmarunt.	ثبتوه
⳦⳦Ⲁ⳦⳦ⲎⲦЧ ✦	Impleuit ventrem suum.	ملا بطنه
⳦⳦ⲀⲦⲈ⳦⳦⳦ⲞⲨ ✦	Nutriuit ipſum.	اطعمه
⳦⳦ⲀⲦⲤⲞⲨ ✦	Pota eum.	اسقه
⳦⳦ⲀⲢⲈЧⲐⲞⲔЧ ✦	Excipiat eum.	فليقبله

Ægyptia	Latina	Arabica
ⲙⲙⲁ̄ⳟⲧⲟⲩ	Plena manu.	ملا جِره
ⲙⲙⲏⳙ ⁖	Da ei	اعطه
ⲙⲙⲙⲙ̄ⲥⲥⲁⳉⲩ ⁖	Inuenit eum.	وجده
ⲙⲙⲥⲥⲓⲛⲁⲙⲙⲟⲩ ⁖	A seipso.	من ذاته
ⲙⲟⲓⲛⲁⳅ ⁖	Da ei.	اعطه
ⲙⲙⲛⲟⲩⲧⲉⲛ̄ⳟⲟⲩⳅ ⁖	Non crediderunt ei.	لم يصدق قوذه
ⲉ̀ⲙⲡⲉⲣ̄ϣⲁⳅ ⁖	Ne prohibeas eũ.	لا تمنعه
ⲉ̀ⲙⲡⲉⲣⲏ̄ϯⲉⲧⲟⲥ ⲧⲟⲥⲙⲙⲟⲩ ⁖	Sicut ipsi, super eum, ad eum,	كاهم عليه
ⲉ̀ⲙⲡⲉⲣⲟ̄ϣⲙⲉ̄ⳅ ⁖	Ne extinguas eum.	لاتطفه
ⲛⲁⲭⲉⲣⲟⲩ ⁖	Vide teum,	يراه
ⲛⲁⳅ ⁖	Illi.	له
ⲛⲁⲁⳅ ⁖	Præstantius.	افضل
ⲛⲉⲙⲙⲁⳅ ⁖	Cum eo.	معه
ⲛ̄ⲏⲉⲧⲉⲛⲟⲩⳅ ⁖	Proprietates eius.	خواصه
ⲛ̀ⲉⲃⲟⳅ ⁖	Ille.	هو
ⲙ̄ⳟⲟⳅ ⁖	Viuentia, serpentes.	لجيات
ⲛⲥⲟⲃⲏⲉⳅ ⁖	Sagittæ.	السهام النشاب
ⲓ̄ⲛ̄ⲛⲉⳅⲕⲁϣⳅ ⁖	Non frangit.	لايكسر
ⲓ̄ⲛ̄ⲛⲉⳅ̄ⳟⲉⲛⲟⲩ ⁖	Non extinguit eum.	لايطفيه
ⲓ̄ⲛ̄ⲛⲟⲩⲧⳅ ⁖	Quod illi.	الري له
ⲓ̄ⲛⲥⲁⳅ ⁖	Heri.	امس
ⲓ̄ⲛⲥⲉ̄ⳟⲙⲙⲉⲥⲉ̄ⲭⲁⲙⳅ ⁖	Conculcat, conterit.	يداس

Ægyptia.	*Latina.*	*Arabica.*
ⲛⲥⲉϩⲓⲟⲩⲓ ⲉⲝⲱϥ ⳾	Lapidant eum.	برجموه
ⲛⲥⲉⲙⲟⲣⲡϥ ⳾	Vt capiant eum.	ليضطانوه
ⲛⲧⲟⲩϣⲉⲛϥ ⳾	Vt rogent eum.	ليساله
ⲛⲧⲟⲧϥ ⳾	Ab ipſo, ex eo.	منه
ⲛⲧⲟⲩⲝⲟⲗⲕϥ ⳾	Vt proijciât eum.	ليغرقوه ليطرحوه
ⲛⲧⲁⲧⲟⲩⲛⲟⲥϥ ⳾	Vt reſuſcitem eum.	لاقيمه
ⲛⲧⲟⲩⲱⲙⲥϥ ⳾	Vt mergar.	لاغرق
ⲛϩⲏⲧϥ ⳾	In eo.	فيه
ⲟⲩϩⲟϥ ⳾	Serpens, draco.	حيه ثعبان
ⲟⲩⲃⲉϥ ⳾	Spuit, ſputum,	بصاق
ⲟⲩϩⲟⲣⲧϥ ⳾	Figura, phantaſma	خيــال
ⲟⲩⲟⲛⲉⲣⲟϥ ⳾	Obſtringit illum. mordicus tenuit. ipſum.	يلزمه
ⲟⲩⲛⲁϩⲃⲉϥ ⳾	Iugum.	نير
ⲟⲩⲭⲣⲟϥ ⳾	Dolus.	غش
ⲡⲁⲥⲛⲟϥ ⳾	Sanguis meus.	دمى
ⲡⲁϩⲣⲱⲟⲩⲧϥ ⳾	Solicitudo mea, allaborat, nititur, ſtudet.	اجتهادي
ⲡⲁⲛⲁϩⲃⲉϥ ⳾	Iugum meum.	نيـــري
ⲡⲉⲧⲉⲛⲭⲱⲙⲙⲟⲩ ⳾	Quid diciris, non loquamini.	ماذتقولــون
ⲡⲉⲧⲟϭⲓⲉⲣⲁⲧϥ ⳾	Attenuans, ſubtilians,	الداقف
ⲡⲉⲩⲥⲛⲟϥ ⳾	Sanguis eius.	دمه
ⲡⲉⲧⲥⲱϥ ⳾	Inquinatus eſt.	تنجــــسَ

Ægyptia	Latina	Arabica
ⲡⲉⲧϣⲁⲧⲙ̅ⲙⲟⲩ ⳨	Qui poſtular à me.	الذي يعسور بي
ⲡⲉⲧⲉⲛⲧⲁϥ ⳨	Quod ei.	الذي له
ⲡⲉⲧⲉⲫⲱϥ ⳨	Suum, quod ei, eius.	الذي له
ⲡⲉⲧⲟⲩⲃⲏϥ ⳨	Sine illo, præter illum.	جلافته
ⲡⲉⲝⲁϥ ⳨	Dixit.	قال
ⲡⲓϩⲟⲩ ⳨	Draco, ſerpens.	الحية الثعبان
ⲡⲓⲃⲁϥ ⳨	Sputum, ſaliua.	البصاق الكفل
ⲡⲓⲥⲱϥ ∥	Pollutus.	النجـــس
ⲡⲓϣⲱϥ ⳨	Ruina, vaſtitas, deſtructio	الخراب
ⲡⲓⲇⲟⲕⲥⲁϥ ⳨	Præſepe.	المـدون
ⲡⲓⲙⲟⲧϩⲣⲁϥ ⳨ *Solliciando*	~~Miſtio, comple-~~ xio.	المزاج
ⲡⲓⲁϥ ⳨	Caro.	اللحم
ⲡⲓⲝⲁϥ ⳨	Grando, frigus.	البرد
ⲡⲓⲛⲁϩⲃⲉϥ ⳨	Collum, ceruix.	العنف
ⲡⲓⲁⲧϣⲟⲣϥϥ ⳨	Incomprehenſus,	غير محصور
ⲡⲓⲱⲛⲓⲉⲛⲁϣⲉⲛ ∥ ⳨ ⲥⲟⲩⲉⲛϥ ⳨	Lapis multi precij, precioſus.	حجر الكثيـــر الثمن
ⲡⲓⲁⲧϣⲧⲁϩⲟⲩ ⳨	Incomprehēſibilis.	الذي لا يدرك
ⲡⲟⲩⲛⲟϥ ⳨	Deliciæ,	التعبجـــم
ⲡⲓⲥⲛⲟϥ ⳨	Sanguis.	الدم
ⲡⲱⲣϥ ⳨	Coniun- ctus,	المتوحد

Ægyptia	Latina	Arabica
ρꙁⲧϥ ⳹	Pedes eius.	رخليه
ρⲱⲩ ⳹	Os, os eius.	فم فمه
ⲥⲉⲛⲁϯϩꙁⲡⲉⲣⲟⲩ ⳹	Iudex, iudicans super eum.	دران يحكم عليه
ⲥⲉⲛⲁⲧⲏⲓϥ ⳹	Tradit, dat.	يسلم يدفع
ⲥⲉⲛⲁⲃⲉⲃⲓⲟⲩ ⳹	Se subiecit, submittit.	ويتضع
ⲥⲉⲛϭⲏⲩ ⳹	Intingit digitum suum.	يبل أصبعه
ⲥⲛⲟⲩⲩ ⳹	Annus primus.	عام اول
ⲥⲟⲩⲱⲛϥ ⳹	Cognoscit, nouit eum,	يعرفه
ⲥⲟⲕϥ ⳹	Traxit eum, hydria.	اجذبه جره
ⲧⲉⲧⲉⲛⲛⲁϭⲓⲧϥ ⳹	Accipietis eum.	يأخذ وفذقةباوذه
ⲧⲉϥⲙⲁⲓⲏⲏⲧⲁϥ ⳹	Statura eius, passus eius.	قامته
ⲧⲉⲣⲉⲙⲁⲥϥ ⳹		
ⲧⲏⲓⲥⲛⲁϥ ⳹	Paries eum,	تلى بنه
ⲧⲟⲩⲛⲟⲥϥ ⳹	Dedit ei.	أعطاه
ⲧⲟⲩϥ ⳹	Erigit eum.	يقيمه
ⲧⲟⲩⲓⲟⲩ ⳹	Manus eius.	يده
ⲧⲟⲩⲃⲟⲩ ⳹	Ablactatus.	الفطيم
ⲧⲟⲩⲱⲟⲩϩⲓⲛⲁⲱϥ ⳹	Mundauit eum.	طهره
ⲫⲟⲣⲕϥ ⳹	Cassis, galea.	الخوده البيضا
ⲭⲛⲁⲧⲁϧⲟⲩϥ⫽	Eradica illum.	اقلعه
ρꙁⲧϥ ⳹	Erige seum,	يقيمه
ⲱⲟⲩⲛⲓⲁⲧϥ ⳹	Beatus ille.	طوباه
		ايضا

Ægyptia.	Latina.	Arabica.
ϣⲁⲩⲟⲩⲁϩⲙⲉϥ ⁘	Interpretatio.	تاويله
ϣⲁⲥϣⲱϣϥ ⁘	Destruis, vastas.	تخرب
ϣⲁϥⲁⲓϥ ⁘	Facit.	يصنعه
ϣⲁϥϣⲁⲛⲟⲩϣϥ ⁘	Alit eum. sustentabit eum.	يقوته يربيه
ϣⲉⲙϣⲏⲧϥ ⁘	Ministrat ei, seruit ei.	يخدمه
ϣⲁⲧⲁϩⲟϥ ⁘	Assequitur eum.	يدركه
ϥⲛⲁⲧⲱⲛϥ ⁘	Surgit.	يقوم
ϥⲛⲁⲓⲁⲣⲁⲧϥ ⁘	Lauat.	يغسل
ϥⲛⲁⲕⲟⲣϫϥ ⁘	Abscindit eum, corrumpit eum.	يقطعه
ϥⲛⲁⲧⲟⲩⲃⲟϥ ⁘	Mundat eum.	يطهره
ϥⲛⲁⲣⲟⲕϩϥ ⁘	Comburit eum.	يحرقه
ϥⲟ̀ϩⲓⲁⲉⲉ̀ⲣⲁⲧϥ ⁘	Stans.	واقف
ϧⲁⲧⲟⲧϥ ⁘	Apud eum.	عنده
ϧⲁ̀ϫⲱϥ ⁘	Ante eum.	قدامه
ϧⲁⲣⲁⲧϥ ⁘	Apud pedes e us	عند رجليه
ϧⲉⲛⲟⲩⲙⲉⲧⲣⲉϥϯϩⲑⲏϥ ⁘	Insidiatur.	يرصد
ϩⲁⲣⲟϥ ⁘	Ad eum.	اليه
ϩⲓϫⲱϥ ⁘	Super eum.	عليه
ϩⲣⲁϥ ⁘	Ante eum.	قدامه
ϩⲱϥ ⁘	Etiam.	ايضا
ϫⲉϥⲉ̀ⲣⲟϥ ⁘	Insidiatus est ei.	كمن هوله
ϫⲱϥ ⁘	Caput eius.	راسه

Ægyptia	Latina	Arabica
ϭⲓⲧϥ ⳾	Accipe, accipite eum.	خذ خذوه
ϭⲗⲟϥ ⳾	Fædus, turpis.	قبيح
ϯⲛⲁⲧⲁϩⲟ·ϥ ⲣⲁⲧϥ ⳾	Erigam eum.	اقيمه
ϯⲛⲁⲕⲟⲧϥ ⳾	Ædificabo eum.	ابنيه
ϯⲣⲁⲙⲙⲟϥ ⳾	Faciam eum.	اصنعه افعله
ϯⲱⲙⲥⲙⲙⲟϥ ⳾	Baptizabo eum.	اعمسه
ϯϭⲓⲱⲧϥ ⳾	Vestiá eú, in duá eú	البسه

Nomina in ⲏ ⲃ *desinentia.*

Ægyptia	Latina	Arabica
ⲁⲛⲱⲥⲃ ⳾	Messuimus.	حضنرفا
ⲁϥϥϣⲃ ⳾	Crepuit,	اڎشق
ⲉⲧⲛⲁⲱⲥⲃ ⳾	Metentes, messi.	الحاصدون
ⲉⲧⲱⲛⲃ ⳾	Barba, mandibu-la.	الحيه
ⲉⲧⲃϣⲃ ⳾	Adstringunt.	يشسدون
ⲉⲱⲥⲃ ⳾	Messis.	الحصاد
ⲉϥⲧⲱⲛⲃ ⳾	Viuit, vitam agit	يعيش يحي
ⲉϥⲉⲛⲟⲩⲝⲃ ⳾	Spargit, stillat; cænat.	يرش ينصح
ⲛⲉⲧⲉⲛⲙⲟⲩⲝⲃ ⳾	Zonæ vestræ, elo-quentia vestra, loquela vestra.	مناطقكم
ⲛⲓⲥⲁⲃ ⳾	Liber, scriba, vo-lumen.	الكتاب
		ⲛⲓⲓⲃ

Ægyptia.	*Latina.*	*Arabica.*
ⲛⲓⲓ̄ϧ⳿	Genij, diaboli, dæmones.	الجن الشياطين
ⲛⲓⲥⲁⲓⲱⲥϧ⳿	Metentes,	الحصادون
ⲛⲟⲩⳓⲁϧ⳿	Liber eorum.	كتابهم
ⲟⲩⲙⲟⲩⳓϧ⳿	Loquela tua.	منطقك
ⲟⲩⳓⲁ̀ϧ⳿	Scriba.	كاتب
ⲟⲩϥⲱϧ⳿	Difrupit, lacerauit.	شق خزق
ⲟⲩⲱⲛϧ⳿	Vita.	حياه
ⲡⲉϥⲱⲥϧ⳿	Meſſis eius.	حصانه
ⲡⲓⲱⲛϧ⳿	Vita.	الحياه
ⲡⲓⲱⲥϧ⳿	Meſſis,	الحصاد
ⲡⲓϧⳓϧ⳿	Ceruix, collum	الرقبه
ⲡⲟⲥⳓϧ⳿	Magiſter, Doctor.	معلسم
ⲥⲉⲱⲥϧ⳿	Metunt.	يحصسون
ⲫⲏⲉⲧⲱⲥϧ⳿	Metens,	الحاصس
ⲩⲟⲛϧ⳿	Vixit.	حي
ⳟⲁⲛⲓϧ⳿	Genij, dæmones.	جن شياطين
ⲭⲱⲟⲩϥⲏϧ⳿	Principes, feu capita eorum.	روو سهم

Nomina   in ⲋ ⲕ   *deſinentia.*

ⲁⲕⲉ̀ⲣⲉⳋ	Cuſtodiui, ſeruaui,	حفظت
ⲁⲩⲙⲙⳋ	Impleuerunt, pleni funt.	ملوا
ⳋⲩⲟⲩⲱⲛⳋ	Lego, legam, confitebor.	اقرا اعتسرف

Ægyptia	Latina	Arabica
ⲁ̇ⲩⲱϣⲁⲛⲧⲟⲟϭ	Cum conturbatus fuit, sterilis factus.	ادا تعكر
ⲁ̇ⲩⲉⲉⲕⲁϭ	Męruit, triſtis eſt, gemuit.	جزن تذهن
ⲁ̇ⲩⲝⲉⲕϭ	Momordit, roſit.	ذهشت
ⲉⲁⲓⲁⲓⲥⲛⲥⲣⲁϭ	Vt manifeſtet eam publicet eam.	ان يشهرها
ⲉ̇ⲙⲉϭ	Plenus ſit, impleat.	ليملي
ⲉⲥⲛⲉϭ	* * * (dit.	مسنوذه
ⲉⲝⲕⲱⲗϭ	Plaudit, pulſat, cæ-	يقرع بصفق
ⲉⲝϥⲱⲛϭ	Inuerſus, inuolut⁹.	الملتوي الملفوف
ⲉⲝⲁ̇ⲩⲟⲟϭ	Propinqui.	المقرو ب
ⲉⲝⲗⲱⲝϭ	Lambunt.	يلحسون يلعون
ⲉⲝϥⲱⲧϭ	Signati, notati.	مرسومين
ⲉⲩⲉⲗⲉⲝϭ	Lambunt,	يلحسون
ⲉⲩⲥⲱⲛϭ	Vinctus, ligatus.	مربـوط
ⲉⲩⲙⲉϭ	Repletus.	مملو
ⲕⲱⲗϭ	Pulſa, plaude.	افرع صفق
ⲙ̇ⲉⲧⲉⲣⲉϭ	Vnxit.	مسح
ⲙ̇ⲟϭ	Plenitudo	ملو
ⲛⲁⲝϥⲟϭ	peruenerunt, aſſe- quuti ſunt	ابتهوا باغوا
ⲛⲁⲝⲛⲁⲣⲉϭ	Vigiliæ, excubiæ.	هـهـ
ⲛⲉϭ	Oleum.	زدت
ⲛ̇ⲉⲛⲉϭ	Æterna.	الادبيـه
ⲛⲉⲃⲙⲟⲕϭ	parati, vel pa- rantes.	المعندين
ⲛⲉⲩⲧⲉⲛϭ	Alæ eius.	اجنحته

Ppp   ⲛⲏⲉⲙ

Ægyptia	Latina	Arabica
ⲛⲏⲉⲧⲥⲟⲛ⳿	Vincti, ligati .	المربوطين
ⲡⲓⲗⲁⲕ⳿	Fragmentum, an-gulus.	الكسر الاركان
ⲡⲓⲱⲃⲉ⳿	Plateæ, compita, folemnitas.	الشوارع الازقة زوادية
ⲡⲓⲱⲛⲁⲩ⳿	Vincula, tegmina.	الرباطات
ⲡⲓⲥⲛⲁⲩ⳿	Paſſiones.	الالام
ⲛⲕⲟⲧⲏⲗⲁⲕ⳿	Confregit, fregit.	كسر
ⲛⲟⲩⲟⲩⲧⲁ⳿	Fructus .	كمار
ⲛⲧⲉⲩⲟⲩⲱⲛ⳿	Vt manifeſtetur, vt appareat.	ليظهر
ⲛⲧⲉⲥⲥⲁⲣ⳿	Congregas.	تكنس
ⲛⳓⲱⲣ⳿	Ne forte.	لييلا
ⲟⲩⲱⲧ⳿	Hauſit, exanthlauit	اسنقي
ⲟⲩⲟ⳿	&, atque	و
ⲟⲩⲙⲙⲁⲛⲟⲩⲱ⳿	Nidus, habitacu-lum	وكر مسكن
ⲟⲩⲱⲱⲗ⳿	Peccatum, culpa.	خطا
ⲟⲩⲟ⳿	Sectator, aſſe-quens.	تابع
ⲟⲩⲟⲙⲙⲓⲛⲧⲉⳓⲁⲛ ⲱⲃⲉ⳿	Lutum, cænum, viæ;	طين الطرق
ⲡⲉⲩⲙⲟ⳿	Impleuerunt.	امتلاوة
ⲡⲉⲥⲙⲟ⳿	Plenitudo eius.	ملها
ⲡⲉⲧⲥⲱⲛ⳿	Mancipium, vin-ctus.	الاسير
ⲡⲓⲧⲟ⳿	Stramen, palea.	التبن

Ægyptia.	_Latina._	_Arabica_
ⲡⲓⲝⲟⲥ	Æmulatio, zelus	الغيره
ⲡⲓⲧⲉⲛⲥ	Piaculum, (eius. reatus.	الجناح
ⲡⲓⲉⲛⲉⲥ	Æternitas, fæcu-lum.	الدهر
ⲡⲓⲓⲟⲥ	Luna.	القمر
ⲡⲓⲣⲉϥⲭⲟⲥ	Æmulator, zelo-tes	الغيور
ⲡⲓⲙⲟⲥ	Dolus. nidus.	الغـش
ⲡⲓⲱⲏⲥ	Flamma, fauilla.	اللهيب
ⲡⲓϭⲣⲟⲥ	Impotentia, & im-potens.	العجز
ⲡⲓⲱⲉⲁⲛⲉⲥ	Æternus, fempi-ternus.	الابدي
ⲡⲓⲗⲕⲁⲥ	Paffio, dolor.	الالم الحزن
ⲡⲓⲗⲉⲁⲛⲥⲱⲛⲥ	Obftructio, obftacu-la, obices.	الاعتقال
ⲡⲓⲗⲉⲟⲩⲗⲥ	Cera.	الشمع
ⲡⲓⲧⲁⲧⲥ	Plumbum.	الرصاص
ⲡⲓⲗⲉⲁⲛⲟⲩⲱⲥ	Promptuarium,	الخزانه
ⲡⲓⲭⲉⲗⲫⲉⲥ	Poma.	التفاح
ⲧⲱⲃⲥ	Poftula, poftula-te, orate.	اطلب اطلبوا اطلبي
ϥⲉⲛⲥ	Verte, vertite.	جول حـولوا حولي
ϥⲏϭⲓⲛⲣⲱⲕⲥ	Secuerunt ligna.	شقق حطابا
ϥⲱⲛⲥ	Cor,	قلب
ⲭⲟⲥ	Æmulatifunt.	قظبروا

Ægyptia	Latina	Arabica
ϣⲁⲧⲣⲱⲕⲋ ⁖	Vrunt, comburunt.	يهحرقون
ϥⲛⲁϩⲣⲉϩ ⁖	Cuſtodit, ſeruat	يحفظ
ϭⲟⲕⲋ ⁖	Tonſio.	لجز القس
ϭⲁⲛⲛⲟⲋ ⁖	Funes.	حبــال
ⲭⲁⲝⲋ ⁖	Alere, ſuſtentare.	مال
ⲭⲟⲣⲭ ⁖	Deficiens, impotens.	ناقص عاجز

Nomina in Χ ⲭ deſinentia

Ægyptia	Latina	Arabica
Ⲁ ⲅⲕⲱⲣⲭ ⁖	Reſecarunt	قطعوا
ⲁⲅⲉⲣⲥⲟⲭ ⁖	Ignorarunt, ſtulti fuerunt.	جهلـوا
ⲁⲅⲭⲱⲭ ⁖	Abſciderunt,	قطعوا
ⲁⲅⲩⲏⲭ ⁖	Euulſerunt,	قلعوا
ⲁⲅⲥⲱⲗⲭ ⁖	Deletio, abolitio, terſit, deleuit.	مسح محي
ⲁⲅϭⲓⲛⲉⲩⲙⲁϣⲭ ⁖	Inclinauit aurem ſuam,	امال سمعه
ⲁⲅⲭⲱⲗⲭ ⁖	* * *	الفطيق
ⲁⲅⲫⲱⲣⲭ ⁖	Diuiſit, rupit.	شق فلــق
ⲉⲥⲟⲱⲭ ⁖	Dolo decipiens eum.	مغشاه
ⲉⲅⲭⲉⲗⲗⲉϭⲛⲟⲅⲭ ⁙	Mendacium eius,	كنبه

Ægyptia	Latina	Arabica
ⲉⲧⲟⲩⳝⲩ	Perfecutores, hoftes.	مظلبين
ⲉ ̄ⲫⲉⲣⳉ	Vt feparem, foluam,	لافرق
ⲉⲩ ̄ⲃ ̄ⲣⲁ ̄ⲭⲣⲉⳉ	Adiuuit, auxiliarus eft.	كصر
ⲉ ̄ⲩⲟⲩ ̄ⲟⳉ	Sanus, clarus.	صبيسح
ⲗⳉⲗⲉⳉ	Humilitas.	قواضح
ⲙⳉⲱⳉ	Auris.	أبن
ⲙⲟⳟ ̄ⲟⲱⳉ	Aqua frigida,	ما بارد
ⲉ ̄ⲛⲉⲣ ̄ⲗⲉ ̄ⲱⳉ	Ne molefti fitis.	لا يغنبنوا
ⲉ ̄ⲛⲉⲣⳟⲏⳉ		
ⲛ ̄ⳉⲥⲕ ̄ⲱⲗⳉ	Ne prohibeatis.	لا تصنغوا
ⲛⳉⲩ ̄ⳝ ̄ⲱⲏⳉ		
ⲛⲉⲩ ̄ⳉⲓⳉ	Incuruata erat.	كافت منجنبة
ⲛⲉⲩ ̄ⳟⳉⲗⳉⲩⳉ	Supplicabat.	كان يضرع
ⲛⲉ ̄ⲧⲉⲛ ̄ⲙⳉ ̄ⲱⳉ	Manus eius.	يدبة
ⲛⲉⲩ ̄ⲙⳉ ̄ⲱⳉ	Pedes eius.	رجلية
ⲛⲉ ̄ⲧⲉⲛ ̄ⳟⳉⲗⳉⲩⳉ	Aures veftræ.	انافكم
ⲛⲉⲥ ̄ⲙⲟⲗⳉ	Aures eius.	ادذاه
ⲛⲏⲉ ̄ⲧⲕⲱⲗⳉ	Pedes veftri,	ارجلكم
ⲛⲓ ̄ⳟⳉⲗⳉⲩⳉ	Propago eius.	فروعها
	Rami eius.	غصوذها
ⲛⲙⲉⲛ ̄ⲧⲏⳉ	Peruerfi, torti, curui.	المعوجون
ⲛⲓ ̄ⳝ ̄ⲱⲓⲣⳉ	Plantæ, volæ pedũ.	الاقدام
ⲓ ̄ⲛ ̄ⲟⲩⳉ	Diuifio. rimæ.	الفرقة
	Mendacium.	الكنب

Ægyptia.	Latina.	Arabica.
ⲛⲟⲩϫⲓϫ	Manus eorum	ايديهم
ⲛⲟⲩⲟϭⲗϫ	Plantæ eorum.	اقدامهم
ⲛⲟⲩⲙⲁϣϫ	Aures eorum.	اداهم
ⲛⲥⲟϫ	Infanus, hebes, obtufus, ftolidus.	احمق
ⲛϫⲱϫ	Caput.	راس
ⲛϭⲁϫ	Paffcres,	عصافير
ⲟⲩⲥⲁⲙⲉⲑⲛⲟⲩϫ	Mendax.	كذاب
ⲟⲩⲭⲏϫ	Pullus,	جحش
ⲟⲩϭⲗⲟϫ	Thalamus, lectus,	سرير
ⲟⲩⳓⲟϫⳓⲉϫ	Strictura, preffu-ra.	شده ضايقه
ⲟⲩⲙⲉⲧⲥⲟϫ	Stultitia, ignoran-tia.	جهاله
ⲡⲩϫⲓϫ	Manus,	يدي
ⲟⲩⲇⲝⲇⲟⲩⲥϫ	Conteruntur.	ينر ضر ضون
ⲡⲉⲕϭⲗⲟϫ	Lectus tuus.	سريركي
ⲡⲉⳝϭⲗⲟϫ	Lectus eius.	سريره
ⲡⲉⳝⲙⲁϣϫ	Auris eius.	اذه
ⲡⲉⲕⲁⲗⲱϫ	Coxa tua, fœmur tuum.	فحذكي
ⲡⲉⳝⲛⲟϫ	Magnificaui eum.	عظمته
ⲡⲓⳓⲟϫⳓⲉϫ	Anguftia, preffu-ra,	الضيق
ⲡⲓⳓⲙⲉϫ	Acetum	الخل
ⲡⲓⲥⲟϫ	Stultus.	الاخمق
		ⲡⲓϪⲓⲣ

Ægyptia	Latina	Arabica
ⲡⲓϮⲓⲛⲁ⳧	Paropsis, scutel-la, caniftrum.	القصعة الطبق
ⲡⲓⲭⲟⲣⲁ⳧	Venatio, priua-tio.	الصيد
ⲡⲓⲥⲉⲧⲉⲃⲣⲏⲁ⳧	Fulgur.	البرق
ⲡⲓⲃⲉⲗⲁ⳧	Coxa, fœmur, perna.	الفخذ
ⲡⲓⲥⲟⲁ⳧	Morbi genus.	الضمح
ⲡⲓⲙⲟⲩⲗⲟⲁ⳧	Pica.	الصدا
ⲡⲁⲝⲣⲟⲁ⳧	Semen, femina-uit.	زرع
ⲧⲁⲍⲓⲁ⳧	Manus mea.	يدي
ⲧⲁⲙⲉⲃⲛⲟⲩⲁ⳧	Propinquitas mea.	كسري
ⲧⲉⲕⲟⲉⲗⲟⲁ⳧	Pedes tui.	رجلك
ⲧⲉⲥⲝⲓⲁ⳧	Manus eius. fæm.	يدها
⳧ⲱⲗⲁ⳧	Salus.	الخلاص
⳨ⲉⲝⲓⲁ⳧	Manus impofi-tio,	وضع اليد
⳧ⳝⲉⲁⳝⲱⲁ⳧	Anguftia.	ضيق
⳧ⳝⲟⲗⲁ⳧	Dulcis, fuauis.	حلو
ⳝⲟⲗⲁ⳧	Idem.	حلو
ⳝⲉⲙⲁ⳧	Acetum.	خل
ϯⳝⲟⲗⲟⲁ⳧	Pes.	الرجل

Nomina   in ⲧ ⲧ   desinentia.

Ægyptia	Latina	Arabica
Ⲁ ⲓⲉⲩⲟⲧ ⲟ	Vocaui, inuitaui.	دعوت
ⲁⲙⲉⲛⲧ ⲟ	Auernus, bara-thrum, infernus.	الجحيم
ⲟⲩⲁⲙⲉⲛⲧ ⲟ	~~Mammilla eius.~~ *cuuer: qua vaeua*	الاكله
ⲁⲛⲛⲁϩⲧ ⲟ	Credimus	امنـــا
ⲁⲣⲉⲧⲉⲛⲕⲱⲧ ⲟ	Petitis.	تظلمون
ⲁⲣⲉⲧϣⲓⲱⲧ ⲟ	Non tu	ليتحت
ⲁⲥϥⲱⲧ ⲟ	Deleuit. f.	مسحت محت
ⲁⲧⲉⲧⲉⲛⲕⲁⲧ ⲟ	Intellexiſtis ?	افهمتم
ⲁⲧⲟⲧϥ ⲧⲙⲙⲁⲧ ⲟ	Diuerti manum eius.	صادفت يده
ⲁⲩⲑⲱⲟⲩⲧ ⲟ	Congregati ſunt	اجتمعوا
ⲁⲩⲉⲣϩⲟⲧ ⲟ	Timuerunt (lati	خافوا
ⲁⲩϣⲓⲃⲧ ⲟ	Mutauerunt, ému-	غيروا
ⲁⲩⲕⲱⲧ ⲟ	Quæſiuit, petiuit	طلب
ⲁⲩⲥⲓⲧ ⲟ	Seminauit	زرع
ⲁⲩⲉⲣϩⲟⲧ ⲟ	Timuit	خاف
ⲁⲩⲟⲩⲱⲧ ⲟ	Elongatus eſt	ابتعد
ⲁⲩⲧ ⲟ	Dedit; tradidit	اعطا اسلم
ⲉⲃⲟⲗ ⲛϩⲏⲧ ⲟ	Ex te	منسك
ⲉⲃⲛⲁϩⲉⲧ ⲟ	Demittit ſe, de-ſcendit	ونهبط
ⲉⲃⲙⲟⲥⲧ ⲟ	Odio habet	يبغض
ⲉⲓⲉⲧ ⲟ	Da	اعطي
ⲉⲕⲕⲁⲧ ⲟ	Intellectum	منفهم

Ægyptia	Latina	Arabica
ⲉⲧⲥⲁⲓϯ	Seminatores,	الزارع
ⲉⲧⲉⲁⲓϯⲉⲉⲁϯ	Qui in eo compla- cui mihi.	الذي به سررت
ⲉⲧⲥⲃϯ	Confolati.	المَعزون
ⲉⲧϯ	Siccat.	يحارب
ⲉⲧⲕⲱϯ	Petit.	يطلب
ⲉϥⲟⲩϣϯ	Nocet, lædit.	يحجف
ⲑⲱⲟⲩⲧϯ	Collige, colligite.	اجمع اجمعوا
ⲕⲱϯ	Petite, poftulate.	اطلبوا
ⲉⲉⲁⲧⲍⲁⲓⲉⲉⲟⲟⲩϯ	Honora vocatio- nem eius.	اكرم الدعاة
ⲉⲉⲁⲣⲉϥⲕⲁϯ	Intelligat.	فليفهم
ⲉⲉⲁⲥⲛⲟⲟⲩϯ	Genitrix Dei.	والده الاله
ⲉⲉⲁⲉⲉⲁϯ	Myfterium.	سر
ⲉⲉⲏϯ	Decem.	عشره
ⲉⲉⲟⲟⲩϯ	Voca, f.	ادعى
ⲉⲉⲡⲉⲣⲉⲣϩⲟⲟⲩϯ	Ne timeas.	لاتخافي
ⲉ̇ⲉⲡⲉϥⲣⲏϯ	Sicut ipfe.	مثله
ⲉ̇ⲉⲡⲁⲣⲏϯ	Sicut ego.	مثلى
ⲉ̇ⲉⲡⲉⲕⲣⲏϯ	Sicut tu.	مثلك
ⲉ̇ⲉⲫⲣⲏϯ	Sicut, fimilitudo.	مثل
ⲛⲅⲫϯ	Deo,	لله
ⲛⲁⲛⲉϯ	Quam bonus es tu.	ما احسنك
ⲛⲁϥⲕⲱϯ	Circumdabat.	كان يطوف
ⲛⲉⲛⲓⲟϯ	Patres noftri.	اباوذا
ⲛⲉϥⲓⲟϯ	Patres eius.	اباوه
ⲛⲉϥⲉⲉⲟϯ	Humerus eius	منكماه

Ægyptia	Latina	Arabica
ⲛⲉⲕⲕⲉⲙⲟⲩϯ ⳨	Humerus eius, f.	منكباها
ⲛⲏⲉⲧⲟⲩⲕⲓⲛϯ ⳨	Genus monetæ.	الجباة
ⲓⲓⲓϩⲁⲗⲁⲧϯ ⳨	Aues, volucres.	الطيور
ⲛⲓⲣⲱϯ ⳨	Semina.	الزروع
ⲛⲓⲟⲩⲟⲩϯ ⳨	Olera.	البقول
ⲛⲓⲉⲉⲛⲟⲩϯ ⳨	Vbera, mammæ.	الثدي الثديان
ⲛⲓⲫⲓⲛϯ ⳨		القسي
ⲛⲓⲙⲙⲉϣϣⲟⲩϯ ⳨	Campi, terræ.	البقاع
ⲛⲓⲓⲱϯ ⳨		الاودية
ⲛⲓⲙⲙⲉⲛⲣⲁϯ ⳨	Tabernacula, tu-guria.	الاخبا
ⲛⲟⲩⲓⲟϯ ⳨	Patres eorum.	ابساوهم
ⲛⲟⲩⲑⲟⲛⲣⲏϯ ⳨	Species, modi,	انواع
ⲛⲣⲏϯ ⳨	Species.	ذوع
ⲛⲧⲉϥⲛⲁϩϯ ⳨	Vt credat.	ليومن
ⲛⲧⲉⲧⲉⲛⲛⲁϩϯ ⳨	Vt credant,	ليومنوا
ⲛⲧⲟⲩⲛⲁϩϯ ⳨	Idem.	ليومنوا
ⲟⲩⲛⲟⲩϯ ⳨	Deus.	الاه
ⲟⲩⲛⲓϣϯ ⳨	Magnus	عظيم
ⲟⲩⲭⲟϯ ⳨	Non	ليس
ⲟⲩⲥⲱϯ ⳨	Euasio, salus.	خلاص
ⲟⲩⲟϩⲛⲧⲁⲕⲱϯ ⳨	Et postula.	واطلب
ⲟⲩⲟϩⲟⲩϯϩⲉⲛⲟⲩⲱ ⳦		بغضة
ϩⲟϯ ⳨		
ⲛⲁⲓⲣⲏϯ ⳨	Sic, ita.	هكنا
ⲡⲁⲛⲟⲩϯ ⳨	Deus meus.	الاهي
ⲡⲁⲛⲁϣϯ ⳨	Adiutor meus.	ناصري

ⲡⲉϥ⳦

Ægyptia	Latina	Arabica
ⲡⲉⲩⲣⲁⲥϯ ⳾	Mane, tempus matutinum.	القس
ⲡⲉⲛⲛⲟⲩϯ ⳾	Deus noster?	الهنا
ⲡⲉⲛⲁϩϯ ⳾	Fides tua.	ايمانك
ⲡⲉⲧⲉⲛⲛⲁϩϯ ⳾	Fides vestra.	ايمانتكم
ⲡⲓⲛⲟⲙϯ ⳾	Solatium, consolatio.	العزا
ⲡⲓⲛⲓϣϯ ⳾	Magnus.	العظيم
ⲡⲓⲕⲁϯ ⳾	Intellectus.	الفهم
ⲡⲓϯⲙⲁϯ ⳾	Beneplacitum,	المسره الاتفاق
ⲡⲓⲉⲣⲱϯ ⳾	Lac, later.	اللبين
ⲡⲓϣⲓϯ ⳾	Vomitus.	القي
ⲡⲓⲥⲟⲛϯ ⳾	Nauicula?	السرباق
ⲡⲓⲥⲁϩϯ ⳾	Flamma,	الوقيد
ⲡⲓϣⲟϯ ⳾	Piſtor.	العجين
ⲡⲟⲩⲛⲁϩϯ ⳾	Fides eorum.	ايمانهم
ⲡϣⲧⲁϯ ⳾	Extremitas, ora, ſpiculum.	طرق
ⲡϯⲛⲟⲙϯ ⳾	Solatium.	عزا
ⲣⲁⲕⲟϯ ⳾	Alexandria?	الاسكندريه
ⲥⲉⲛⲁϩϯ ⳾	Credent?	يومنون
ⲥⲉⲥⲓϯ ⳾	Seminant.	يزرعون
ⲥⲉⲛⲁϣⲓⲃϯ ⳾	Immutant.	يغيرون
ⲧⲁⲍⲉⲥⲕⲟϯ ⳾	Drachma mea.	درهمي
ⲧⲉⲧⲉⲛⲙⲏϯ ⳾	Medius veſtrum.	وسطكم
ⲧⲉⲛⲁϩϯ ⳾	Credentes, creditis.	مومنين
ⲧⲉⲧⲉⲛⲛⲁϩϯ ⳾	Credentes vos.	مومنون

Ægyptia	Latina	Arabica
ⲧⲉⲩⲥⲉⲛϯ	Fundamentum.	اساس
ⲧⲉⲧⲉⲛⲕⲱϯ	Postulabitis.	يظلمون
ⲧⲉⲩⲙⲉⲑⲛⲟⲩϯ	Diuinitas eius.	لاهوتّة
ⲧⲟⲩⲙⲏϯ	Medius eorum.	وسطهم
ⲧⲟϯ	Matrix, viscera.	رحم
ⲧⲉϭⲟϯ	Macies.	خافه
ⲫⲏ	Qui.	الذي
ⲫⲏⲉⲧⲕⲱϯ	Qui postulat.	الطالب
ⲫⲉⲙⲁⲛϯ	Locus prœlij belli.	موضع حرب
ⲫϯ	Deus.	الله الاه
ⲭⲛⲁϩϯ	Credes.	تومن
ⲩⲁⲩⲙⲟⲩϯ	Inuocant.	يدعوا
ⲩⲁⲩϯ	Dabit.	يعطي
ⲩⲟⲛϯ	Spinæ, tribuli.	شوكى سنظه
ⲩⲙⲟⲥϯ	Odio habet :	يبغض
ⲩⲕⲁⲑⲱⲟⲩϯ	Colligit, congre- gat.	يجمع
ⲩⲛⲁⲕⲱϯ	Petit, quærit.	يظلب
ⲩϯ	Dat, tentat, pro- bat.	يعطي يجارب
ϭⲁⲛⲛⲓⲩϯ	Magni.	اعظم
ϭⲁⲛⲛⲟⲩϯ	Dij	الهه
ϭⲁⲛⲩⲃⲟϯ	Baculi, virgæ.	عصي
ϭⲁⲛⲡⲉⲩⲙⲟⲩϯ	Iugum eius.	الرقاه لاواه
ϭⲱϯ	Seculum.	لاذن
ⲭⲉⲙⲉⲛⲟⲉⲉϯ	Confortate.	تقووا
ⲭⲉⲩⲥⲫⲏϯ	Spumat.	يزبد

ⲭⲉⲥⲁ

Ægyptia.	Latina.	Arabica.
ⲍⲉⲕⲓⲧ	Dragma, pecunia.	دراهم
ⲭⲱⲓⲉⲧ	Vixit, viuit	حيا
ⲟⲓⲃⲟⲧ	Reiecit eum.	ردله
ⲧⲃⲟⲛⲧ	Reiectio eius, fastidium eius.	المقتضاه
ⲧⲕⲓⲧ	Tributum, census.	الجباه الجزيه
ⲧⲉⲉⲧⲛⲓϣⲧ	Magnitudo.	العظمه
ⲧⲛⲁϩⲧ	Fides, fidelitas.	الامانة
ⲧⲥⲉⲛⲧ	Fundamentum.	الاساس
ⲧⲭⲉⲧ	Alia.	الاخري
ⲧϣⲱⲧ	Lacus, cisterna.	البير
ⲧϩⲟⲣⲧ	Prima,	الاولي
ⲧϫⲱⲧ	Tributum.	الجزيه
ⲧⲧ	Dabo, tentabo,	اعطي احسارب

كامل بعون الله لـه المجى

FINIS.

Libri ex quibus huius Scalæ Vocabula decerpta funt.

مزامير داود	*Pſalmi Dauid.*	اذجيل مثي	*Euangelium Matthæi*
التوراه	*Pëtateuch°.*	مرقس	*Marci*
		لوقا	*Lucæ*
	Homiliæ.	يوحنا	*Ioannis*
يوم الاحد	*Primus dies.*	رسالة رومية	*Epiſt: ad Rom:*
		قريثية الاولى	*ad Corinth.* 1.
يوم الاثني	*feria ſecūda*	قريثية الثانية	*ad Corinth.* 2.
يوم الثلثة	*feria tertia*	غلاطيا	*ad Galatas*
يوم الاربعة	*feria quart.*	افسس	*ad Epheſios*
يوم الخميس	*feria quinta*	فلباساديس	*ad Philippenſes*
يوم الجمعة	*feria ſexta.*	قولاساديس	*ad Coloſſenſes.*
يوم السبت	*Sabbathum*	تسالوذقي	*ad Theſſalon.*
		العبرانية	*ad Hebræos*
	Lectiones.	ظيماثاوس	*ad Thimoth.*
		طيطس	*ad Titum*
يوم لاحد	*Prima dies.*	فيليمون	*ad Philemon.*
يوم الاثي	*ſecunda*	رسالة بطرس	*Epiſt. Petri.*
يوم الثلثا	*tertia*	قداس لشماس	*Liturgia*
يوم الاربعا	*quarta*	قداس باسيليوس	*S. Baſilÿ.*
يوم الخمس	*quinta*	قداس اغريغوريوس	*S. Gregorÿ.*
يوم الجمعة	*ſexta*	قداس كبرلش	*S. Cyrilli.*
يوم السبت	*Sabbathi:*	الابركسيس	*Acta Apoſt.*

Prophanos Authores nullibi citatos inuenimus, quod data opera feciſſe videntur, vt alibi probamus.

وذاقلة المسكين العادم الدريه والندمك بين الراهب لحقي
غبريال ابن الرشين عرف بكاتب قطليك وكان الفراع من
نقلة بدير طموبه في يوم لجمعه لحادي العشرين من
شهر بابه سنه سنه وثلثين والف للشهدا الاطهار رزقنا
الله سفاعتهم امـــــــــــــــين ۞
۞ والمجن لله دايما ۞

Et transtulit eum pauper, humilis, indigens directione, monachus vilis, & abiectus Gabriel filius Arschid, cognitus in libro Kadlica, & fuit absoluta translatio in Monasterio Thmui, die Veneris 21. die mensis Papa, alias Paaphi, anno 32. supra millesimum, Sanctorum Martyrum nostrorum: det nobis Deus suffragium, & intercessionem eorum. Amen. Et gloria Deo semper.

ⲁⲛⲟⲛ

ⲀⲐⲀⲚⲀⲤⲒⲞⲤ ⲔⲒⲢⲬⲈⲢⲞⲤ

ⲙⲉⲩⲃⲟⲩⲭⲟⲛⲓ ⲡⲓⲡⲣⲁⲕⲧⲓⲕⲱⲥ ⲛⲉⲙⲛⲉⲩ
ⲉⲣⲉⲃⲉⲥⲃⲉ ⲉⲃⲟⲗ ⲍⲉⲛ ⲡⲗⲓⲥⲙⲟⲛⲏⲛⲥ
ⲡⲁⲁⲣⲓϯⲙⲟⲩⲕⲓ (ⲛⲉⲙⲛⲓⲉⲩⲛⲧⲉⲗⲓⲟⲛⲁⲩⲉⲣ
ⲙⲉⲛⲉⲭⲓⲛ ⲓⲉⲙⲱⲟⲩ ⲛⲝⲉ ⲡⲓⲁⲅⲓⲟⲥⲁⲥ
ⲕⲏ ⲧⲏⲥ ⲅⲩⲡⲧⲓⲟⲥ ⲫⲉⲛⲡⲓⲙⲟⲛⲏ
ⲥⲧⲏⲣⲓⲟⲛⲃⲙⲟⲩⲓ / ⲛⲣⲏⲓϯ
ⲣⲟⲙⲉⲛⲓ ⲛ̄ⲧⲉⲡⲟⲩⲥⲱ ⲧⲏⲣ
ⲋ ⲋ ⲯ ⲙ ⲅ

ⲡⲓⲉⲡⲉⲛⲟⲥ ⲛ̄ⲫϯ ⲡⲓⲣⲉⲩⲃⲙⲉⲓⲟ ⲛⲉⲙ ⲓ̄ⲏ̄ⲥ̄ ⲭ̄ⲥ̄
ⲡⲓϣⲓⲣⲓ ⲡⲉⲩϣⲓⲣⲓⲛⲉⲙ ⲡⲓⲡⲛ̄ⲁ̄ ⲉⲑⲟⲩⲁⲃ
ⲫϯ ⲫⲛⲉⲃⲙⲉⲛⲡⲉⲃⲟⲗ ⲡⲓ
ϣⲁⲉⲛⲉⲍⲡⲓⲉⲛⲉϩ
ⲁⲙⲏⲛ

ROM AE, Apud Ludovicum Grignanum. MDCXLIII.
Superiorum permissu.

PRODROMI ET LEXICI COPTI SUPPLEMENTUM.

SYNOPSIS
CAPITVM SVPPLEMENTI.

ATHANASII KIRCHERI
FVLDENSIS BVCHONII
E SOC. IESV.

PRODROMI ET LEXICI COPTI
SVPPLEMENTVM.
Decupartitum.

Quo

In vtroque vel omißa, vel obscuriùs tradita, Diatriba Pandecta, Scholijsq. noua eruditione refertis, eruuntur, atq. dilucidantur.

Ad reconditioris literaturæ eruditum Lectorem

Προοίμιον.

ETERVM *Aegyptiorum adagium erat,* ⲫ︦ϯ ⲛ̄ⲧⲟⲕ ⲁ̄ⲩⲥⲁ̄ⲝⲓ, *quod Suidas hisce verbis explicat,* Φθας σοὶ λελάληκε. *Phtas tibi locutus est, omnibus ijs, qui vel recondita eruebant, aut eruta, incerta adhuc, & dubia, nouis identidem inuentionibus, & ab* Oraculo Tautico *extortis responsis illustrabant, applicatũ; Vsu enim, & experientia, complura, successu temporũ, abdita prius sagaciũ virorũ industria erui, artesq. ad eam professionem indefessa Sapientum indagine perduci videmus, vt non immeritò* Phtas *illis (si ita loqui fas sit) locutus videatur, id cum innumerá illustrißimorum Scriptorum* ἀναλήψις ϗ ἀναπραγματεύσις, *tum opus hoc linguæ* Aegyptiacæ Restitutæ, *sicuti & Hieroglyphica veterum disciplina, in qua restituenda, multorum iã annorũ labore desudamus, luculenter sanè demonstrant. Siquidem*

Rrr 2   *multa*

multa communis illa *et insignis magistra*, experientia inquam docuit, ususq. rerum, quas tractamus difficillimarū, siue labore improbo omnia vincente; siue æstuantis ingenij, atq. ad inacessa hucusque mysteria exploranda curiosi sollicitudine, ea sanè facilia reddidit, quæ omnem prius humani ingenij capacitatem excedere videbantur; ita usus, ætas, ratio scilicet, semper aliquid apportant noui, fiuntq. vulgato Prouerbio

δ' ὕτεραι φροντίδις σοφώτεραι

Nam præter insignem Orientalium Scriptorum, quam interim nactus sum suppellectilem, commercium quoque, quod Peiresciĳ κατ᾽ ἐΐτυ ductu in Aegypto iam institueram, hic Romæ, nescio qua mea fortuna in Coptitas ipsos incidi, quorum vnus, præter linguæ, rerumque Aegyptiacarum peritiam, idioma quoque, atque adeò totius literaturæ Arabicæ arcana in summa perfectione tenebat, à quo *et* multa non exigui momenti, sine quibus hæc mea Aegyptiaca molimina mutila, mancaque meritò manerent, didici; quem *et* ad maiorem rerum Aegyptiacarum informationem omnium auxilio destitutum, in Amanuensem Arabico-Coptum, nescio maiorine mea fortuna, an eiusdem commodo susceptum aliquandiu alui; reuersus is demum in Aegyptum, vbi sedulam operam se daturum promisit, vt quæ instituto meo deseruire possint, summa diligentia indaget, indagataque Romam transmittat.

Cum igitur in huius Lexici decursu, ingenuitatem in omnibus sectantes, nudique interpretis officio functi, verba verbis sine vlla paraphrasi, verborumque ambagibus reddere conati fuerimus; multaque adeò longiori descriptione, vt ab obscuritate sua vindicentur, indigeant: multa quoque prius vti in Prodromo Copto; sic *et* in hoc Lexico, aut non benè intellecta, aut frequenti cum Exteris communicatione, atque exacta discussione adhibita, planiora compererimus, visum fuit hoc loco ea præsertim, quæ cum in Prodromo, tum Lexico obscurius reddita, aut in veterum Authorum monumentis explicatione digna occurrerunt, fusiori interpretàtione seorsim ad meliorem rerum intelligentiam

expla-

explanare ; atque hoc ipſo ſpecimine dato, quantum ad hieroglyphicam literaturam hoc Lexicon Coptum momenti ſit, quantumque ad
eamdem penetrandam, ſubſidij conferat, hoc veluti apparatu quodam
ad ſecutura demonſtrare. Quo quidem futurum ſpero, vt Lector dubius perplexuſque quo refugiat habeat: ne verò in opere, ex ſe, & ſua
natura obſcuro ἀμεϑόδως procedamus. Totum tractatum in certa
Capita diſpertiri viſum eſt. Sed iam rem ab ouo ordiamur,

C A-

CAPVT I,

De Literis, Lingua, & Libris Coptitarum.

ABENT Coptitæ in vniuerſum literas xxxij. quarum figuras, nomina, poteſtates, in fronte huius Operis præfixas contemplare, atque hiſce Alphabetum ſuum conflant, quod quidem cum veterum Aegyptiorum alphabeto idem, ſi paucas literas dempſeris, eſſe in Prodromo oſtenſum eſt. Quemadmodum verò priſci Hebræi alpha betum ſuum diſponere ſolebant, vt ipſæ literæ ſua myſtica conſtarent ſignificatione, & elementa literarum, rerum omnium oſtenderent elementa, vti in Hebræorum Cabala fuſè explanabit Oedipus; ita Aegyptij veteres degeneres cæteroquin à vera Hebræorum propagine, proauorum tamen, vnde deſcenderant, veluti Simiæ, eo ſuas literas ordine diſpoſuerũt, vt literarum, characterumq. figuræ diuerſæ quidẽ eſſent; ſignificatio autem cum Hebræis in omnibus eſſet arcanorum prorſus analoga. Hoſce veteres myſtagogos ſecuti ſunt poſteriores Coptitæ, qui retento alphabeto veterũ, parallela quadam ratione multa ſanè quæ ſacroſanctæ Fidei noſtræ myſteria concernunt; ſub huiuſmodi literarum figuris, numeris, & myſticis ſignificationibus ita abdiderunt, vt hoc ipſo priſcam illam Hierophanticam ſapientiam in omnibus ſe affectaſſe innuerint, quod & Magnus ille Dionyſius Areopagita, in myſticis ſuis libris de Diuin. nom. c. 9. totus, ſi ita loqui fas eſt, ἱεροφαντίζων, hiſce & ſimilibus verbis paſſim indicat; τλω ψυχλω σωματοειδὲς διέπλατῖε, καὶ κεφαλλω μδρ᾽ τὸν νοũ αὐχένα τλω δόξαν, ςῆδος τὸν θυμὸν γαςέρα δὲ τλω ἐπιθυμίαν, σκέλη δὴ καὶ πόδας τλω φύσιν ἐλέγομεν Mentem, ſcilicet, reſpondere capiti, opinionem ceruici, pectori animum, cupiditatem ventri, crura verò & pedes naturam denotare. Quæ omnia ex mente Aegyptiorum Hierophantarum dicta in Oedipo Tract. de Hieroglyphicis partium humani corporis ſymbolis fuſè oſtendemus.

Quid aliud baculus ille Tauticus Sancti Antonij manibus in ſimilitudinem T literæ efformatus denotat, niſi Anſatam illam Serapidis Crucem, ſalutis normã, rectitudinis ſymbolum, & futuræ veluti vitæ myſticam teſſeram, de quibus Prodromum fuſius tractantem conſule.

Siquidem Characteres hoſce myſticos veterum, cũ primi illi Aegypt.

Pa-

Patres infigni rerum diuinarum notitia inftructi confiderantes magnam
cum noftris fidei myfterijs affinitatem habere deprehenderent, eos in_
vfum quoque facris fuis ftudijs, quibus vnicè incumbebant congruum
conuerterunt. Atque hoc ita effe fatis, fuperque demonftrant Epiftolæ
quædam S.Pachomij,& Theodori eius difcipuli, quorum meminit Gennadius Maffilienfis fcriptor peruetus, ad diuerfa Aegypti Monafteria_
exaratæ, quas non ita pridem detectas,pro fuo erga Rempublicam literariam affectu,mihi communicauit infignis ille Lucas Holftenius philo-
logus clariffimus: in quibus veterum fcribendi rationem prorfus obfer-
uare videtur, dum nunc latentis arcana diuinitatis: nunc occultum ani-
morum cum Deo nexum,nunc vitæ fanctè, beatèq. inftituendæ ratione
abftrufiffimis fanè metaphoris, parabolifque intricatiffimis nunc ex forma,& figura literarum, iam ex numeris fub eolatentibus, fubinde ex
ipfa litterarum fignificatione defumptis,ita appofitè defcribit, vt Aegyptiorum Hierophantam, feu Pythagoram quendam Samium, fua eru-
ctantem fymbola te legere diceres. Meminit huius arcanæ fcribendi rationis S. Cyrillus in quadam epift.ad S.Leonem Papam, & Sozomenus
lib.3.hift.Ecclef. c.2 3. vbi ait in tabula Pachomij,quam ab Angelo acce-
piffe fertur, fcriptū fuiffe : Πᾶσαν δὲ τὴν συνοικίαν εἰς ηκοπτίασαρα τάγ-
μαΤα διελῶν ἢ ἐπονομάσαι ταῦτα τοῖς ἑλλωῶν στοιχείοις. ϗ ὅπως ἔχοι βίου ϗ ἢ θεος
ἑκάσω τάγματι τὴν ωροσηροείαν ἐφαρμόσαι ἴδιον ἁπλουτέροις ἁμῖν ὑποκαλουμ-
ταις,σκολιοις δὲ ζ, ἢ ξ, ϗ ἀλλοις καταῶς ἐκλαμβάνοι δὲ σοφος ὅσι ωρὸς τὸ χῆμα
τῦ γράμματος τὴν ωεραίρεσιν τῦ τάγματος. totum conuentum in 24. claffes iuffu Angeli diftinctum effe,& fingulas claffes fingulis litteris Græcis vocatas : iuffiffe quoque, vt v.g. fimpliciores vocarentur *a*. vel *ı*,
Vafri autem feu verfipelles ζ, vel ξ, vt alij aliarum litterarū notis ap-
pellarentur.Prout forma literæ rationem vitæ claffis cuiufuis aptè videretur exprimere.] In vita S. Pachomij ita legitur : Præceptum quoq.
erat, vt iuxta numerum elementorum & Gtæcarum literarum, viginti-
quatuor Monachorum turmæ conftituerentur, ita vt fingulis turmis im-
ponerentur fingularum nomina literarum,ideft ab *a*, & deinceps vfque
ad ω, vt cum interrogaret quis Archimandritā de aliquo,in multitudine
tanta,facili refponfione cognofceret. V. g. cum diceret qualis effet *a*,
vel ζ, & rurfus λ, vel ρ, vel σ,proprio quodam figno nominis literρ,
vniufcuiufque turmæ mores exprimeret, fimplicioribus, & innocen-
tioribus ı * nomen imponens; difficilioribus autem, & tortuofis ξ,
competenter accommodans; ita vt pro modo conuerfationis, & præce-

pti, singulis turmis, literarum elementa concinnarent: solis spiritualibus hæc ipsa quæ significarentur scire valentibus.]Verū, vt Lector aliquod saltem huius reconditæ scriptionis, eiusque solutionis specimen videat; visum fuit hic vnicū tantum paradigma proponere: quod ex prima Sancti Pachomij Epistola decerpsimus: sic enim in quadam Epistola ad Cornelium Archimandritam Monasterij Mochanzæ scribit Pachomius. Fac opus Iauda ⲓⲁⲩⲇⲁ, Pone Delda Ⲇⲉⲗⲇⲁ ante oculos tuos, vt bene sit animæ tuæ. Cane ⲕⲱ , ne forte sæculum tibi cantet ⲥⲱⲧ Ne obliuiscaris Kalendarum, &c. Numquid Kalendæ sunt ⲧⲁⲩ; ⲕⲓⲧⲁ Pascha, & sic de alijs; quæ nos subsidio linguæ Coptę ita interpretamur.

Dum igitur in Epistolis suis dicit Abbas Pachomius (opus fac Iaudæ) vir Sanctus nihil aliud intelligit, nisi quod ei, qui ad eminentem vitæ religiosæ statum vocatus est, omnia in simplicitate, & sinceritate, cum intentione recta sine vllo ad proprium commodum, vtilitatemque respectu peragēda sint. Quod enim μίνας inter numeros, id Iota inter literas Aegyptiacas, è qua, veluti omnium minima, cæteræ omnes literę componuntur; ita sincera, & recta intentio, humilisq. coram Deo conuersatio, cæterarum actionum, operationumq. altissimarum in spirituali ædificio adhibendarum primum veluti fundamentum est, cætera omnia componens. Vnde non immeritò pueris id Sanctus vir applicabat, qui cum impolluti ab hoc sęculo, nihil adhuc ex falsis mundanarum rerum illecebris gustauerint, omnia, puro naturæ instinctu, sine vllo dolo, fuco, ac præposterę intentionis versutia peragere solent; cum præterea Iota lingua Agyptiaca, nihil aliud, quam paruulum denotet, an non appositè ad illud cælestis Magistri epiphonema. nisi efficiamini, vt paruuli, non intrabitis in regnum cælorum, alludit? atque hoc primum est, quod tamen fusius alijs enodandum relinquo.

Cum porrò in eadem Epistola dicit (pone Δ ante oculos tuos, vt bene sit animæ tuæ.) nihil aliud denotare videtur, nisi perfectam diuinarum virtutum imitationem, iuxta illud: Estote perfecti, sicuti Pater vester cælestis perfectus est; quod fit per vnionem illam, conformitatemque intellectus, voluntatisque nostræ cum diuina. Cum enim, Platone teste, Δ figurarum omnium prima sit, quod reliquas omnes figuras, idest, omnium entium perfectiones, quæ sunt veluti numeri quidam, & figu

ræ

ræ componat; & in quam omnes refoluantur; certè fumma ratione à prifcis Patribus id pro diuinæ effentiæ fymbolo, diuinarumque perfectionum, emanationumq. archetypo affumptum fuit: vti fufius in noftra Geometria hieroglyphica, oftendetur.

Δ igitur ante oculos ponendum eft, ideft, diuinarum perfectionum fpeculum, & iuxta id reliquæ omnes operationes ordinandæ, vt bene fit animæ: vt nimirum per continuam eius contemplationem mereantur fieri conformes imaginis filij fui. Siquidem nihil dignius effe poteft, quam vt homo conditoris fui fit imitator, & fecundum modum propriæ facultatis executor: vt pulchrè demonftrat Angelicus Doctor opufc. 65.

Cum porrò finceris Dei feruis corruptibilis carnis pondere preffis, necdum ad ftabilem illam æternę beatitudinis, perfectæque vnionis cū Deo connexionem afcendere liceat, hinc canendum *κω*, fuadet ne fæculum impudentiffimum *ιω*, ipfis canat, eft autem *κω*, in lingua Aegyptiaca nihil aliud nifi vox lugentis, ficuti *ιω*, vox intensè gaudentis, dum per continuos gemitus, & lachrymas ad dilecti præfentiā, & intuitiuā fruitionē adfpirant, dum omnia huius mundi arbitrantur vt ftercora, dūmodo Chriftum lucrifaciant, iuxta illud cęleftis Magiftri: *fed quia hæc locutus fum vobis, Triftitia impleuit cor veftrum, fed triftitia veftra conuertetur in gaudium*, videlicet vbi poft ærumnofam huius vitæ vfuram, veræ, & æternæ beatitudinis centrum fueritis confecuti.

Per Kalendas intelligit vocationem ad ftatum religiofum ex fęculari conuerfatione: dicebatur autem Kalenda, eo quod Kalendis menfium, fiue prima die vniufcuiufque menfis, memoria huius tam infignis beneficij celebraretur; quam confuetudinem adhuc in Aegyptiacis monafterijs vigere audio; vocatque T, eo quod huiufmodi vocatio, falutis, quā T notat, pignus quoddā, & fignaculum fit, quo filij Dei, & commenfales Chrifti diftinguerentur à filijs tenebrarum mundi huius. Per H, heta autem Pafcha illud intelligit, quo in Regno cælorum amici Dei edent, & bibent fuper menfam Chrifti, replebunturque ab vbertate domus Dei, & torrente voluptatis potabuntur, videlicet in beatiffimis illis ęternitatis atrijs. Atque hęc funt, quæ breuiter Lectori circa myfticas literas S. Pachomij indicare volui, certè ipfa genuina verba libenter hoc loco apponerem. Verum cum plura eę pręfupponant ad myfticum Alphabetum, characterumque arcanorum rationęs fpectantia, quam, vt hoc loco vbi quantum fieri poteft fuccincti effe conamur, pro temporis anguftiā tractari queant, ne res ex fe, & fua natura obfcuras coacta quadam breuitate

tate

tate, maiori caligine inuolueremus, ea consultius Oedipo illi nostro fido
ęnigmatum interpreti reseruare visum est; vbi absconditos harum Epi-
stolarum thesauros, Dei gratia nos integrè eruturos confidimus.

De literis igitur nũc ad ipsam linguã Coptitarum transeamus, de cuius Ethymo cũ satis superq. in Prodromo tractatum sit; id tantum
breuiter hoc loco discutiendũ restat; Vtrũ lingua Gręca ab ipsis Aegypt.
processerit, vtrum non? Certè literas ab Aegyptijs primum per Cadmum
ad Græcos translatas, ex Herodoto in Terpsichore, & Timone patet; quę
& ideo Φοινικικα γράμματα Κάδμυ dicuntur: vnde, & consensus ille vetustissimus totius Græciæ saris conuincit literas à Cadmo Græcos accepisse, neque causa est, cur rem tam manifestam, aut negemus, aut Zetzæ ne-
ganti assentiamur, qui duplici argumento probare nititur, Græcos ante
Cadmum literas habuisse priores, quod oraculum redditum fuerit Cadmo φράζεο δὴ τὸν μῦθον Αγλώοπος ἔκγονε Κάδμος; Altero argumento, quod
Bellerephon antiquior Cadmo scriptas tabellas de sua cæde attulit;
vtrumque argumentum futile est, & à Poetis vrrumque fictum.
Quare Cadmææ literæ vocatæ, si Cadmo authori acceptæ non referuntur? Et si Cadmus author est, aut saltem primus doctor, & index earum
in Græcia, quomodo ante Cadmum literas habuere Græci, cum vetu-
stiores nusquam repertæ sint in veterum monumentis, quam eæ, quæ
Καδμεῖα γράμματα vocabanrur; quibus omnibus subscribit Clemẽs Alexandrinus lib. 1. Strom. Κάδμος δὴ Φοίνιξ ἦν ὁ τ̃ γραμμάτων ἕλλησιν ἑρέτης,
ὡς φησιν ἔφορς. Vnde etiam Herodotus scribit literas fuisse vocatas Phę-
nicias: fuisse autem Cadmum, & Phęnicem Aegyptios, S. Hieronymus testatur, temporibus videlicet Iosue, Cadmum, vnà cum fratre Phœnice
Thebis Agyptiorum, vnde oriundi erant, in Syriam profectum fuisse.
vt verisimile sit tempore Othonielis è Phœnicia in Græciam venisse, atq;
ibi in memoriam Thebarum Aegyptiarum, Thebas Bœotias cõdidisse
relicta fratri Phœnici Phœnicia, à quo & nomen obtinuit. Aegyptij autem viri literas alias, quam quas à puero in Aegypto didicerant tradere
non potuere. Cadmum igitur fuisse primum illum qui Græcos literis
Aegyptijs perfectè imbuit, nulli dubium esse debet. Fuisse autem ante
Cadmum semen quoddam, seu rudimentum aliquod harum literarum
non tamen à Palamede, aut Bellerophonte, vt multi perperam conij-
ciunt; sed à primo Atheniensium Rege Cecrope iactum, (vnde fabula
postea emerserit literas Græcos habuisse ante Cadmum) verisimile est,
siquidem Cecrops & ipse Aegyptius, Cadmo vno ferè sæculo antiquior

&

& Mofi, tefte Eufebio, συγχϱονος , ideo Tetza tefte διφυὴς dictus fuit. quod Græcam, & Aegyptiacam linguam ex æquo calleret; hunc etiam βυλατϱείαι ex Aegypto in Græciam , vnà cum alijs cerimonijs tranftuliffe, author eft Paufanias ; de quo & Tetzes ita canit :

Πϱῶτος ἁπάντων Ατηκῆς ὁ Κεκϱόψ βασιλεύς

ὁ πϱῶτος ὁ καλύμϱος καὶ διφυὴς ΤϚιώϚϚ

ἢ ὅτι μέγεθος αἰδέϱῶν δύο πϱὸς μῆκος ἒχόν

ἢ ὡς ἕλλαδος ἒμπϱϱϱς καὶ Αιγυπτίας γλώσης .

Primus omnium Attica Cecrops Rex, & primus , qui vocatur διφυὴς, , *eo quod magnitudinem virorum duorum in longũ haberet , & quod Græca,& Aegyptiacæ linguæ peritus effet.*

Literas igitur Græcas ab Aegyptijs primùm profectas, ex dictis patet, de quibus in Oedipo fufiffimè . Vtrum autem lingua Græca quoque ab Aegyptia proceffcrit, meritò quifpiam dubitare poffet, affirmatiuam in Prodromo, capite 4. afferueram. Verùm quotidiana experientia inftructior tandem comperi, linguam Aegyptiam ex matribus vnam ἐυπχϱυῆ cum nulla alia, affinitatem, quantum quidem ex idiotifmo, coniugatione, & inclinatione nominum colligere licuit, habere ; neque nos mouere debent vocabula ἑλλωισμὸν redolentia, vocefque Græcanicæ paffim in Lexieo occurrentes . Siquidem huiufmodi vocum cum Copticis vocabulis commiftionem primùm Alexandri Magni, & reliquorũ ex Ptolemaica ftirpe prodeuntium Regum Aegypto potiuntium temporibus, ex frequenti, quod ipfis cum Græcis vltro, citroq. comeantibus trecentorum, & amplius annorum fpacio intercedebat commercio contigiffe, in Oedipo fuse docemus, & Coptitæ circa id à me confulti id ipfum affirmant .

Non itaque verba mea in Prodromo Copto hoc fenfu intelligi velim, quafi affeuerem, Græcam linguam ad Aegyptiam ea fe ratione habere vt Chaldæa, v.g. lingua ad Hebræam, aut Italica ad Latinam, ficuti quidã opinati funt. quarum hanc Latinæ, illam Hebraicæ linguę filiam effe, nemo nifi dictarum linguarum imperitus inficiabitur : non enim fentio Græcam ab Aegyptia originem fuam immediatè traxiffe ; multo minus Græcam linguam, Aegyptiam corruptam dicendam arbitrer . Sed totã fimilitudinẽ vtriufq, ad inuicẽ ex vocum cõmiftione, vt dixi , cõtigiffe is nouerit, qui vnam cũ altera ἀκϱιβεϛέϱϛ cõtulerit. Poffunt enim aliquæ linguę ijfdem vocib. alteri linguę vfitatis vti, etiãfi ipfę quoad fubftantiã toto, vt aiunt, cælo difcrepent ; ita Germanica multas voces Latinas, Ita-

licas, Gallicas fuis interferit; Latina quoque Græca vocabula libens fu-
fcipit, cum tamen vtraque diuerfiffima fit ab ijs linguis, à quibus mu-
tuatur, quæ fufius alibi tractata reperies. Quin & lingua Copta non
Græcis tantum vocabulis, fed & Latinis, & Arabicis, Hebraicis, Samari-
tanifque, ex vicinarum, vt reor, nationum confortio vtitur, quæ omnia
Lexicon hoc noftrum per fequentia paradigmata declarat.

Ab Hebræis mutuatæ hæ Coptæ voces.

חמר	Ghomer.	ⲡⲓⲕⲟⲙⲟⲣ
סקל	Siclus.	ⲥⲉⲕⲗⲟⲥ
כר	Corus.	ⲡⲓⲕⲟⲣⲟⲥ
כור	Regio.	ⲭⲱⲣⲁ
תימן	Auter.	ⲧⲉⲓⲙⲁⲛ

A Samaritanis hæc mutuo accepit.

𝕾𝕭𝕮𝕸	Creauit.	ⲧⲁⲗⲙⲉⲍ
𝕹𝕭𝕷	Nablum.	ⲛⲁⲃⲗⲁ
𝕷𝕭𝕽	Libra.	ⲗⲁⲣⲁ
𝕭	Bathus.	ⲡⲓⲃⲁⲧⲟⲥ

Coptitę à Latinis fequentes.

ⲡⲓⲁⲇⲩⲝ	Dux.
ⲡⲓⲡⲣⲉⲧⲱⲣⲓⲟⲛ	Prætorium.
ⲡⲓⲕⲟⲩⲣⲁⲧⲱⲣ	Procurator.
ϯⲕⲉⲗⲗⲏ	Cella
ⲕⲁⲥⲧⲣⲟⲛ	Caſtrum.
ⲛⲓⲥⲕⲁⲗⲗⲁ	Scala.

Coptitæ ab Arabibus has sequentes.

ⲡⲓⲧⲟⲙⲙⲟⲥ	Tomus.	الطومس
ⲡⲓⲭⲉⲣⲧⲟⲥ	Charta.	القرطس
ⲉⲣⲅⲁⲛⲁⲉⲣⲁ	Centenarius.	القندار
ⲟⲩⲕⲁⲣⲧⲁⲗⲗⲟⲥ	Cartallus.	القرطال
ⲧⲁϩⲟⲟ	Pauo.	الطووس
ⲡⲓⲧⲟⲙⲉⲉⲣⲓⲟⲛ	Codex rationũ.	الظومار

Et fic de cæteris quamplurimis , quæ in hoc opere paſſim occurrerunt, ſtatuendum eſt . Manet igitur, linguam Aegyptiam, excepto charactere, toto cælo à Græca diuerſam eſſe. Reſtat hoc loco dilucidandum , quomodo hæc lingua apud ſolos Copt itas manſerit; contigit id ea quæ ſequitur, relatione Coptitarum . Linguam Coptam, videlicet, maximè floruiſſe tempore Seſtris, ideſt Seſoſtris Regis Aegypti, eam verò declinaſſe in occaſum poſt Cambyſis, vti in vniuerſam Aegyptum ſibi ſubiugatam , ita & in antiquitatum, literarumq. monumenta ſæuientis tyrannidem, atque hanc fuiſſe primam cladem; Altera clades, quæ ab hominum memoria eam pẽnè aboleuit, fuit Græcorum in Aegyptios imperium, nobiliſſimæq. Bibliothecæ Alexandrinæ per incendium omnibus ſæculis deplorandum interitus, quo præſtantiſſimorum lingua Copta conſcriptorum Codicum, innumera perierunt exemplaria , nec quicquam remanſit deinde, niſi paucula inter Sacerdotes, & patriorum rituum ſectatores quædam veluti aſſumenta ex tam celebri naufragio relicta . Deficientibus verò paulatim Sacerdotibus , ritibuſque Aegyptijs, ita quoque hæc lingua paulatìm defecit, vt vix eiuſdem veſtigium amplius ſupereſſe videretur; donec poſt ſalutiferum Chriſti aduentum, Gentiles Aegyptij luce ſacri Euangelij illuſtrati, relictas veluti tabulas, patriæ inquam linguæ fragmenta colligentes, vt potũerunt, in integrum, ne lingua primæua, ac tot, tantiſque Sapientiæ notis inſignita prorſus peſſum iret, reſtituere conati ſunt, quam & in almum doctrinalium idiomatum referentes, ea in Sacris, Eccleſiaſticiſque codicibus conſcribendis impoſterum vſi ſunt . Cur verò ſolam Coptam, non Arabicam, aut G.æcam in ſacrorum vſum reſeruauerint, cauſa fuit, partim ſumma

erga

erga patrium idioma affectio, partim vt hac lingua natiua Ecclesia
Aegyptiaca à cæteris Ecclesijs Orientalium, veluti nota quadam distin-
gueretur, neue Christianæ fidei mysteria, ab infidelibus contaminaren-
tur, ea sub lingua propria consultò abdere visum fuit. Quòd & Syros
Maronitas in hunc diem charactere suo (*Karsuni*) facere notius est, quam
dici debeat. Porrò vtrum hodierna die Priscorum adhuc codices ve-
teri hac lingua de profana literatura tractantes supersint, meritò quis-
piam dubitare posset; certè vti nulla res me tam dubium perplexumque
tenuit, quam hoc ipsum, ita nihil maiori quoque cura, & diligentia in-
quisisse me memini; quo æstuantis ingenij fluctuatione id tandem con-
secutus videor, vt curioso Lectori aliquid iam certi me adferre posse
confidam. Nam huiusmodi veterum vetere lingua conscriptorum codicû
exemplaria in Aegypto adhuc superesse, præterquam, quod frequenti
cum Aegyptijs commercio mihi innotuerit; vel ipsa Scala magna, sat su-
perque testatur, in quo omnium rerum ad Theologiam, Medicinam, Phy-
sicam, Mathematicam, aliarumque artium, ac scientiarum professionem
spectantes nomenclaturæ scitissimè dum proponuntur, eos non à Coptitis excogitatas, sed ex ipsis veterum Auctorum autographis excer-
ptas certius est, quam dici debeat. Quin & Catalogus paucorum quo-
rumdam, vna cum Cathalogo Patriarcharum, è celebrioribus Aegypti
potissimum ex Medrase Cayri Bibliophylacio, extractus; & Romam à
Peirescio ante septem circiter annos transmissus, sufficienter declarat.
Verum, vt curiosis Antiquitatum studiosis aliquam ad inaccessos huiusmodi librorum thesauros inquirendos occasionem præberem, hic eorum
titulos à me è Copto traductos, subnectendos duxi. Auctorum, vt ple-
rumque in Orientalium monumentis fieri consueuit (est enim proprium
Coptitarum prophanorum Auctorum nomina silere) nomina non inueni
adiuncta, sed librorum titulos tantum, vt de quibus singuli tractant,
Lectori innotesceret, excerptos.

SYNOPSIS

Librorum Copta Lingua conscriptorum, qui in celebrioribus
Aegypti Bibliothecis, tum potissimum Cayri, vulgo
Madrase, adhuc supersunt.

I. ⲂⲈⲚⲠⲓⲔⲟⲤⲙⲟⲤ ⲈⲧⲤⲁⲡⲱⲟⲓ ⲛⲉⲙⲧⲉⲧⲁⲝⲓⲤ ⳪
Idest, De Mundo superiori, & eius ordine.

II. ⲂⲈⲚⲫϯ ⲛⲉⲙⲉⲛⲓⲁⲅⲅⲉⲗⲟⲤ ⲛⲉⲙⲉⲛⲟⲩⲫⲩⲤⲓⲤ ⳪
Idest, De Deo, & Angelis, eorumq. natura.

III. ⲂⲈⲚⲑⲢⲉⲤⲕⲓⲁ ⲛⲧⲉⲛⲓⲛⲁⲗⲉⲟⲤ ⲅⲩⲡⲧⲓⲟⲤ ⳪
Idest, De Religione veterum Aegyptiorum.

IV. ⲂⲈⲚⲚⲓⲁⲉⲙⲟⲛⲟⲤ ⲛⲉⲙⲉⲛⲟⲩⲧⲁⲅⲙⲉⲁ ⲉⲃⲟⲗⲛⲓⲱ
ⲕⲟⲤⲙⲟⲤ ⳪
idest, De Dæmonibus, eorumque officio, &
ordine in mundo.

V. ⲂⲈⲚϯⲫⲩⲤⲓⲤ ⲛⲧⲉⲛⲓⲕⲉⲱⲛ Ⳬ
idest, De Natura Fluminis Nili.

VI. ⲂⲈⲚⲚⲓⲧⲁⲃⲓⲣ ⲛⲭⲏⲙⲓ Ⳬ
idest, De Nomis Agypti.

VII. ⲂⲈⲚⲚⲓⲤⲧⲉⲣⲉⲱⲙⲁ ⲛⲉⲙⲉⲛⲉϥⲡⲩⲣⲅⲟⲤ ⲛⲉⲙ
ⲛⲉϥⲑⲱⲃϣ Ⳬ
idest, De 12. signis Zodiaci, & de Influëtijs eorû.

VIII. ⲂⲈⲚⲚⲓⲙⲟⲛⲏ ⲛⲧⲉϯⲙⲉⲧⲓⲟⲥ Ⳬ
idest, De Mansionibus Lunæ:

IX. ⲂⲈⲚⲠⲓⲣⲉϥϣⲓ ⲛⲉⲙⲉⲛⲓⲣⲉϥⲟⲩⲱⲧ ⲅⲉⲃⲟⲗⲛ
ⲂⲈⲚϯⲡⲁⲗⲉⲁ ⲛⲉⲙϯⲅⲉⲛⲛⲏ Ⳬ
idest, De Ponderibus, & Mensuris, tam nouis,
quam antiquis.

X.

X. ⲧⲓⲥⲧⲟⲣⲓⲁ ⲛ̄ⲭⲏⲙⲓ ⲛⲉⲙⲛⲉⲥⲃⲉⲩ ⲛⲉⲙⲛⲟⲩⲣⲟⲥ

idest, Historia Aegypti, & Regum eius, & Sapientum eius.

XI. ⲙⲉⲣⲫⲙⲉⲧⲛ̄ⲧⲉⲑⲏⲣⲓⲟⲛ ⲛ̄ⲧⲉⲭⲏⲙⲓ ⳾

idest, Historia Animalium Aegypti.

XII. ⳾ⲉⲛⲛⲓⲁⲃⲟⲩ ⲛ̄ⲧⲉⲅⲩⲡⲧⲓⲟⲥ ⳾

idest, De Mensibus Aegyptiorum,

XIII. ⲡⲓⲉⲣⲫⲙⲉⲩⲓ ⲛ̄ⲧⲉⲛⲓϣϣⲏⲛ ⲛⲉⲙⲛⲓⲕⲁⲣⲡⲟⲥ
ⲛⲉⲙⲛⲓ⳽ⲣⲏⲣⲓ ⳾

idest, Historia Plantarum, Florum, Fructuum.

XIV. ⳾ⲉⲛⲛⲓⲍⲩⲣⲟⲥ ⲛⲉⲙⲛⲓⲥⲑⲟⲓⲛⲟⲩϥⲓ ⲛⲉⲙⲛⲓ⫽
ⲩⲣⲁⲭⲟⲥ ⳾

idest, De omni genere Seminum, & Aromatum, vsibusque in sacris.

Atque hi sunt Tituli Librorum, de varijs materijs tractantium, quæ in
Madrase Cayri adhuc supersunt, quæ omnia confirmat P. Iosephus
Marcellaia è Societate nostra Sacerdos, mihique curiosiùs inquirenti,
non semel retulit Melitæ, se dum in Aegypto degeret, hanc Bibliothecam lustrasse, multaque millia MMSS. comperisse, quos tanta custo-
diunt cura, vt nullo sub pœna capitis inde librum extrahere liceat; ad-
dit quoque se inter cætera admiratum esse certos quosdam papyraceos
codices, seu hieroglyphicos, ijs figuris, quæ in Obeliscis Romanis con-
spiciuntur conscriptos; & quamuis Turcæ nullam ferè, si Alchoranum
excipias, librorum curam suscipiant, horum tamen ob antiquitatem,
magnam curam haberi. Audiui à diuersis in Materea, vicino Cayro, vi-
co, aliam asseruari Bibliothecam. Verum cum hic locus vix habitatus
sit, nullam relationi fidem adhibeo, sed, vt postea intellexi cum ex-
teri passim confundunt Matheream cum Madrase, facilè postea
Europæis falsus rumor de Bibliotheca Matherea Aegypti innotescere
potuit, quod hic adiungo, vt quid referentibus, de Bibliotheca memora-
ta credendū sit, habeat Lector. Multa porrò alia ad rem Ecclesiasticam

spe-

spectantia huic catalogo, ibi contenta, iungi poterant, vti sunt S. Script. Liturgiæ, Concilia, Commentaria in sacram Scripturam, Martyrologia, Orationum manualia, Historia Christianorum in Aegypto à Christianis Monachis olim conscripta. Verum cum ea pleraque in Bibliotheca Vaticana contineátur, eorumque catalogum in Prodromo iam exhibuerimus, hic solius literaturæ prophanæ titulos subiungendos duximus, vt curiosus Lector, thesauros ingentes sub huiusmodi latentes cognosceret, modumque, quo eorundem copia haberi possit, inueniret; certè negotium hoc, meo quidem iudicio, à nemine facilius, quam per Consulem Alexandrinum, auctoritate Christianissimi Regis intercedente, expediri posset. Videant igitur Parisini illi Philologi, quid ad Reip. Literariæ bonum institui possit.

C A P V T II.

De Ecclesiæ Coptæ, siue Alexandrinæ Institutis, Moribus, Patriarchis.

I AM inde à primis nascentis Ecclesiæ Christianæ exordijs, tres extirere Sedes Patriarchales, s. Petri Apostolorum Principis authoritate in præcipuis orbis Romani ciuitatibus constitutæ, nimirum Romana, Alexandrina, & Antiochena, quibus postea accessit Constantinopolitana decreto Constantinopolitani, & Chalcedonensis Concilij, & demum Hierosolymitana, decreto Chalcedonensis, & Quintæ Synodi Oecumenicæ; ordo tamen postea ambitione Patriarchæ Constantinopolitani mutatus est, ita Author Notitiæ Episcopatuum. Patriarchæ itaque Alexandrino Canon 6. Synodi 1. Nicænæ, anno Christi 325. celebratæ, Aegyptum, Lybiam, & Pentapolim attribuit. Tres enim Aegypti primum Prouinciæ, postea sex numeratæ sunt, Aegyptus videlicet, Thebais, Lybia superior, Lybia inferior, seu Pentapolis, Arcadia, & Augustanica. Quibus postea accesserũt Aegyptus secunda, Thebais secunda, & aliæ, adeò, vt decem Aegypti demum fuerint Prouinciæ. Tot enim ex hac Diœcesi Metropolitanos conuocari iubent Theodosius: & Valentinianus Epistola ad Dioscorum, quæ Acta 1. Con-

T t t

cilij

cilij Chalcedon. recìtat. *Igitur & tua Sanctitas sumptis decem Reue-*
rendissimis Metropolitanis Episcopis, qui sub tua degunt Dioecesi, & alijs si-
milibus decem sanctis Episcopis, Kal. Aug. Ephesum Metropolim Asiae con-
uenire festinet. Creuitque ita dignitas Patriarchatus Alexandrini, vt
vltimis etiam temporibus se in ipsos Aethiopiae fines (vti in Prodromo
ostendimus) quae cũ Ecclesia Alexandrina in omnibus prorsus, si linguã
exceperis concordat, extenderit. Patriarcha autem Alexandrinus,
quem modò بابا Papa, modò ابونا بطريرك *Abuna PatriarK*,
idest, Patrem nostrum Patriarcham, vocant, omnes Christianæ Fidei sectatores, quorum numerus ad multa centena millia excurrit, sibi
subditos habet. Qui omnes per varias Aegypti Vrbes, oppida, Monasteria, cuiusmodi sunt, Alexandria, Cayrus, Tanis, Sai, Tmui, Asna, Phe-
stada, Coptus, Asman, Asioth, Elesmunin, Monfaluth, Caus, aliaque plurima monasteria S. Macharij in insula, S. Petri, S. Antonij, S. Hermetis, S.
Pachomij, ad mare Rubrum sita; è quorum numero Monachorum, defuncto Patriarcha successor eligitur. Per hæc inquam loca dispersi Christiani, diuersis temporibus, diuerso quoque schismate ab Ecclesia
Romana diuisi sunt. Qui Iacobum secuti Iacobitæ, hanc hæresim
profitentur.

Primo dicunt in Christo post vnionem hypostaticam, vnam naturam
personatam, resultantem ex duabus naturis non personatis, quanquam
subiungant, sine mistione, concretione, alternatione.

Secundò dicunt, vnam esse substantiam de duabus, vnam essentiam
resultantem ex duabus, vnam voluntatem de duabus, vnamque opera-
tionem de duabus.

Tertio, adiungunt in Trisagio (Qui crucifixus est pro nobis) dicentes
se istum hymnum ter sanctum applicare Christo Domino nostro, & non
sanctissimæ Trinitati.

Amplectuntur præterea Concilium Ephesinum bis damnatum, & è
contra damnant quartum Concilium Chalcedonense.

Sanctificant quoque Dioscorum, Seuerum, Petrum, Macharium Hæ-
resiarchas, & exaduerso damnant S. Leonem Papam.

Affirmant etiam se solos vna cum Armenis, & Abyssinis represen-
tare Ecclesiam Catholicam omnesque alios ab ea excludi.

Tenent insuper ante iudicium vniuersale neminem Paradisum, vel
infernum intrare

Qui Dioscori hæresim ex Arij, & Origenis erroribus conflatam
sequun-

sequuntur: hi Incarnationi Christi violentiam inferunt: corpus enim coessentiale deitati dicunt, quidam vero animam ipsum accepisse negant, & propter illud Ioannis, *Et Verbum caro factum est*, negant à carne creata, hoc est Maria Virgine, ipsum carnem accepisse, & contẽtiosè solum Verbum carnem factum esse nugantur. Qui denique Nestorium secuti sunt, duas in Christo substantias distinguunt, & duas credunt in Christo personas: & consequenter duos filios Dei, totidemq. Christos, vnum, qui Deus sit; alterum, qui ex matre generatus. Atque ideo sacrilegè asserunt Deiparam Virginem Mariam non Θεοτόκον, sed Χριστοτόκον esse dicendam. Hisce dogmatis Ecclesia illa tot SS. PP. illustrata luminibus, etsi à Rom. diuersis temporibus, sub diuersis Patriarchis sit diuisa: in sacris tamen peragendis, vti, & in ritibus, cerimonijs, sacrorumque librorum receptione ab illa nunquam recessit.

In Sacrificio Missæ vtplurimum vtuntur liturgijs SS. Petri, Marci, Basilij, Gregorij, Cyrilli, in linguam Coptam translatis, quas forsitan suo tempore, si hæc grata fuisse intellexero, singulas Copto-Arabico-Græco-Latinas producemus. vt veneranda Rom. Ecclesiæ in sacris tum antiquitas; tum conformitas, contra incredulos hæreticos, hoc ipso ceu irrefragabili veritatis argumento demonstretur. In Sacrificio Missæ omnes baculis insistentes sunt, hoc ipso monstrantes se viatores esse, expectantes beatam spem, & aduentum gloriæ magni Dei: ac proinde semper præparatos ad transitum oportere esse. Liturgias, & officia reliqua cantando Deo persoluunt, quod dum faciunt voces per certos gradus, saltusque: seu tonos (quos Coptæ ⲛⲟⲩⲃⲗⲁ Arabicè هنك Hink vocant) nunc intendendo, nunc relaxando, ita inflectunt, vt haud iniucundum audientibus concentum exhibeant. Verum, vt huius rei curioso Lectori specimen aliquod præbeamus, hic solemnem Missæ intonationem, notis Musicis, prout ex ore amanuensis mei Coptitæ excerpere valui, expressam, apponendam duxi.

Paradigma Intonationis Coptitis in Missarum solemnijs vsitatę.

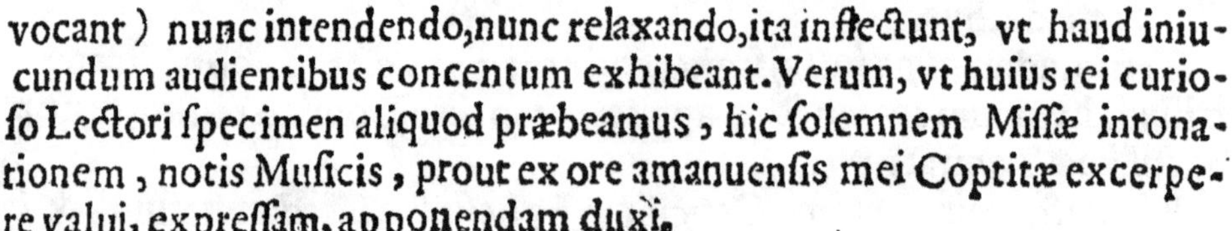
ⲫⲉⲛ ⲡ̅ⲟ̅ⲥ̅ ⲓ̅ⲏ̅ⲥ̅ ⲡⲓⲭⲣⲓⲥⲧⲟⲥ ⲡⲓϣⲫⲏⲣⲡⲁ ⲛⲁⲓ ⲁⲓⲟⲥ

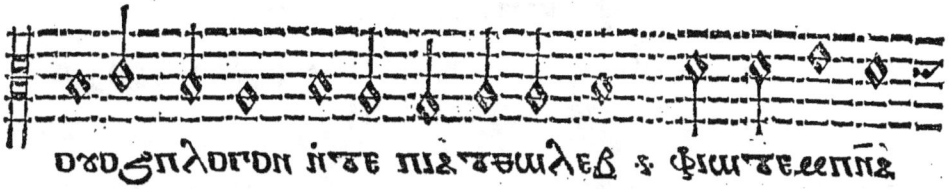

ⲟⲩⲟϩⲛ̄ⲗⲟⲅⲟⲛ ⲛ̄ⲧⲉ ⲡⲓⲁⲣⲭⲏⲁⲅⲅⲉⲗⲟⲥ ϯ ⲫⲓⲱⲧⲉⲗⲉⲛⲛⲏⲥ

ⲉⲑⲟⲩⲁⲃ ⲫⲓⲱⲧ ⲡⲉⲛⲟ̄ⲥ ⲟⲩⲟϩ ⲡⲉⲛⲟⲩⲣⲟ

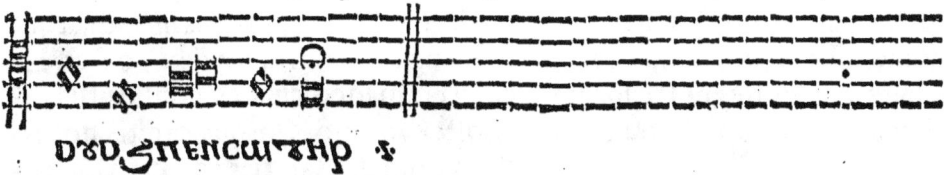

ⲟⲩⲟϩⲥⲡⲉⲛⲥⲱⲧⲏⲣ ϯ

Hunc tonum identidem repetentes, cum tanta ànimi, corporifque_ contentione decantant, vt nullam aliam, præter hanc harmoniam curare, vel æftimare velle videantur: à Gregoriano noftro cantu non multum differt, fapitque nefcio quid Græcæ Pfalmodiæ : neque enim ita abfonus eft, vt Hebræorum, & aliorum quorundam Orientalium cantus, fine vlla vel arte, vel fono prolatus.

Sed vt ad Patriarchas reuertamur, fuerunt hi noftris tandem fæculis ex errorum, & diffidiorum fepulchris fubinde ad vitam reuocati, matrique omniü Rom. Ecclefiæ è qua propagata fuerat, reddita Chriftiana_ foboles, Marci filij, & cum ipfis omnes Agypti prouinciæ, atque his communione coniuncta vniuerfa Ecclefia Aetiopica. Pauca hoc loco ex literis Patriarchæ Alexandrini, anno 1593. ad Clementem Octauum P. M. ex Arabicis in Latinam à me translatis adfcribemus, vt ex ipfis literis appareat, quanto honore, & reuerentia, reduces Romanam Ecclefiam nullo non tempore profecuti fint.

غبرائيل

Incipit Epistola Arabica his verbis:

غبرائيل حقير جنعمة الله خادم الكرشَي مار مرقس في مدينة
الاسكندري زِية ۞

Id est,

Gabriel humilis Dei gratia famulus S. Marci in vrbe Alexandrina. pergit dein, & in omnibus alijs locis sibi coniunctis Australibus, Maritimis,& Aethiopicis, nonagesimus septimus Patriarcharum, Sancti Marci Euangelistæ successor. Salutem impertitur, atque osculum offert spirituale, Patri, ac Domino, Patrum Patri, Patriarcharum Principi, Decimo tertio Apostolorum gloriosi Domini nostri Iesu Christi, & quinto Euangelistarum, S. Petri Apostoli successori, Petræ fidei super eius Cathedra in Magna Roma sedenti; cui data est à Deo potestas ligandi, atque soluendi, cuius mentio fit in sacro Euangelio, cum dicit: Tibi, ò Petre dabo claues Regni Cælorum,&c. Tu enim loco eius es constitutus, & successor eius super terram, Pater noster, atque Corona capitis nostri, Dominus N. Clemens Octauus Papa Romæ. Gratias agimus Deo altissimo, eumque sanctificamus,& magnificamus in terris, quod te constituit Christus Catholicæ fidei habenas tenentem, & S. Catholicæ, & Apostolicæ Romanæ Dei Ecclesiæ fundamenta seruantem, misericordem,& pium super vniuersum populum Christianum, ac diligentem omnes in Christum credentes instar beatissimi Petri, qui te successorem fecit in eius Cathedram. Tu qui effectus es caput, & maximus Patriarcharum,& magister, & moderator totius populi Dei.

Deinde post alia Legatus Patriarchæ Alexandrini fidei explicationem coram summo Pontifice nomine eius etiam clarè professus est.

Teneo,& confiteor S. Apostolicam Sedem, & Rom. Pontificem in vniuerso orbe tenere primatum,& ipsum Rom. Pontificem successorem esse Beati Petri Principis Apostolorum,& verum Christi Vicarium, totius Ecclesiæ caput,& omnium Christianorum patrem,& doctorem existere; & ipsi in B. Petro pascendi, regendi, atque gubernandi vniuersalem Ecclesiam à Domino nostro Iesu Christo potestatem traditam esse affirmo, & nullum extra eandë Ecclesiam Catholicam existentem; æternæ vitæ participem fieri posse confiteor. Hæc ille.

Conseruantur autem hic Romæ multæ similes literæ à diuersis Patriarchis, eorumq. Vicarijs Romam datæ, in quibus semper hisce titulis ornant Papam:

الماجا

البابا المعظم رئيس الكهنوت للخليفة على الكنيسة للجامعة الرسولية
الارثدكسية أب الآبا ورئيس الرؤسا نائب المسيح على الارض الجالس
على كرسي مـــــــار بطرس راس الرسل مار اغريغوريوس
الثالث عشر

Papæ Magnifico, Patri Sacerdotij, successori in Ecclesia vniuersali Apostolica Orthodoxa, Patri Patrum, & Principi Principum, Vicario Christi in terris, sedenti supra sedē S. Petri Principis Apostolorū, Domino Gregorio XIII.

Addȩre hoc loco etiam statueram litteras Matthæi Patriarchæ Alexandrini ad Sanctiss. D. N. Vrbanum VIII. sed quia eiusdem cum præcedentibus tenoris sunt, omittendas existimaui. His itaque ritè discussis, nunc gratiam apud Lectorem curiosum initurum me confido, si Catalogum Patriarcharum Alexandrinorum à Peirescio, vt supra dixi, communicatum, ne quicquam ad hanc materiam pertinens curioso Lectori reticuisse viderer, hoc loco subiunxero.

Catalogus omnium Patriarcharum Aegyptiorum ab anno Christi 40. siue à S. Marco Euangelista, vsque ad annum 1633. continua sibi serie succedentium.

Nom. Copt.	Arab.	Latina.	Anni regiminis	Initiū regim. An. Christi.
ⲙⲁⲣⲕⲟⲩ ⲉ̀ⲣⲏ ⲭⲓⲉⲡⲓⲥⲕⲟⲡⲟⲩ	القدوس مرقس ريس الاسقفة	S. Marcus Arch. Euāg. Martyr.	19	45
ⲁⲛⲓⲁⲛⲩ	انيانوا	Anianus.	22	64
ⲙⲓⲗⲟⲩ	ميليوا	Milius, aliàs Abilius.	13	87
ⲕⲉⲣⲁⲩⲛⲟⲥ	كردودش	Cerdo.	11	100
ⲫ̅ⲣⲓⲙ	افريم	Ephrim, aliàs Primus.	12	112
ⲓⲟⲥⲧⲟⲩ	جوسطوس	Iustus.	11	124

ⲉⲩⲙⲉⲛ

			Anni regiminis	initiū regiminis Anni Christi
ⲉⲧⲙⲉⲛⲓⲟⲩ	اومانيوا	Eumenius.	11	123
ⲙⲁⲣⲕⲓⲁⲛⲟⲩ	مركياذو	Marcianus.	6	144
ⲕⲉⲗⲁⲩⲍⲓⲁⲛⲟⲥ	كلانديانوس	Claudianus.	15	150
ⲅⲣⲓⲡⲡⲟⲛⲟⲩ	اغريبوذوا	Agrippini.	17	165
ⲓⲟⲩⲗⲓⲁⲛⲟⲩ	جوليذوا	Iulianus.	8	182
ⲧⲓⲙⲉⲧⲣⲓⲟⲩ	دجمتروا	Demetrius aduersatur Origeni.	44	190
ⲓⲉⲣⲟⲕⲗⲁⲥ	يار وكلاس	Hieroclas, Origenis sectator.	12	234
ⲍⲓⲟⲛⲓⲥⲓⲟⲩ	ديوذيسيوا	Dionysius Origenis discipulus, eiusq. impugnator.	18	248
ⲙⲁⲝⲓⲙⲟⲥ	مكسيموش	Maximus	19	266
ⲑⲉⲱⲛⲁⲥ	ذاوذا	Theonas, Ecclesiæ columen.	15	285
ⲡⲉⲧⲣⲟⲥ	بطرس	Petrus I. martyr.	10	300
		Hic incipit Aera Martyrum sub Diocletiano Imp.		
ⲁⲣⲭⲓⲗⲗⲁⲥ	ارسلاوس	Archillas, & Achillas.	1	310
ⲁⲗⲉⲍⲁⲛⲁⲣⲟⲥ	الاسكندروس	Alexander.	15	311
ⲁⲑⲁⲛⲁⲥⲓⲟⲥ	اثاذاسيوس	Athanasius Magnus Doctor Ecclesiæ.	42	326
ⲡⲉⲧⲣⲟⲥ	بطرس	Petrus.	12	368

			Anni regiminis	Initiū regim. An. Christi.
ⲦⲓⲙⲟⲐⲉⲟⲥ	چيموثاوس	Timotheus fracer Petri.	5	380
Ⲑⲉⲟⲫⲓⲗⲟⲥ	ثاوفيلوس	Theophilus, Cycli Pafch. compofitor, æmulus S.Io. Chryfof. auúculus Cyrilli.	27	385
Ⲕⲩⲣⲓⲗⲗⲟⲥ	كيرلش	Cyrillus Magnus.	33	412
Ⲇⲓⲟⲥⲕⲟⲣⲟⲥ	ذيوسكروس	Diofcorus Hærefiarcha.	7	445

Sub hoc primum Schifma Ecclefiȩ Alexandrinȩ

ⲦⲓⲙⲟⲐⲉⲟⲥ	طيماثاوس	Timotheus, aliàs Ælurus, pfeudoepifc.Eutichis fector, interficit feipfum.	25	452
ⲡⲉⲧⲣⲟⲥ	بطرس	Petrus, alias Gnaphæus hæreticus.	9	477
ⲁⲑⲁⲛⲁⲥⲓⲟⲩ	اثاناسيوس	Athanafi' pfeudoepif. hæreticus.	20	486
ⲓⲟⲁⲛⲛⲟⲩ ⲕⲉ ⲓⲟⲁⲛⲛⲟⲩ	يوحنا	Ioannes tres fuerūt Mela, Talaida, & Machiora	10	506

Ⲇⲓⲟⲩ

			Anni regi- mitis	Initiū re- gim An- Christi
Ⲇⲓⲟⲥⲕⲟⲣⲟⲥ	ديسكروس	Dioſcorus Iunior pſeudoepiſcopus hereticus.		516
Ⲧⲓⲙⲟⲑⲉⲟⲥ	طيماوثاوس	Timotheus.	*	
ⲐⲉⲟⲆⲟⲥⲓⲟⲥ	ثاوطوسيوس	Theodoſius Archi- hæreticus, à quo Theodoſiani Ace- phali.	*	
ⲡⲉⲧⲣⲟⲥ	بطرس	Petrus aliàs Mogus pſeudoepiſc.	* *	
Ⲇⲓⲙⲁⲛⲛⲟⲥ		Dimanes	* *	
ⲁⲛⲁⲥⲧⲁⲥⲓⲟⲥ	اذاطكاوسوس	Anaſtaſius.		622

Incidit in hunc annum 16. Iulij, Hegira, ſiue fuga, vel tranſmi-
gratio Mahumetis, vt Arabes memorant, cum eſſet 44. annorum:
Aera verò Hegira annos obſeruat Lunares, fertur enim Mahumed
obijſſe, impletis annis ſolaribus 6123 ab Orbe condito, menſibus
9. & 14. diebus: elapſis temporis Hegiræ annis ſolaribus 10 & diebus 20 ideſt annis ſolaribus 9 & 11 menſibus, minus vno die,
Primus Hegiræ fuit Iouis, vltimus vitæ eius Lunæ dies fuit.

ⲁⲛⲁⲣⲟⲛⲓⲕⲟⲥ	اذروديقوس	Andronicus		639
ⲃⲉⲛⲓⲁⲙⲓⲛ	بنيامين	Beniamin ſub Amro filio Alaſi anno Hegiræ 23.		645
ⲁⲅⲁⲑⲟⲥ	اغاثوا	Agathus, 58. He- giræ obijt.	19	664

			Anni regiminis	Initiū regim. An. Christi
ⲓⲱⲁⲛⲛⲏⲥ	يوحنا	Ioannes, hic ædificauit tépl. s. Marci Alex.	8	672
ⲓⲥⲁⲁⲕ	اسقف	Iſaak, obijt 2. die menſis Hatur.	3	675
ⲥⲓⲙⲉⲱⲛ	سمعان	Simon Syrus veneno ſublatus eſt, 24. die Abib. Diocl. 426.		
ⲁⲗⲉⲝⲁⲛⲇⲣⲟⲥ	السكندروس	Alexander obijt 7. Mechir, 81 hegiræ,	20	
ⲕⲟⲥⲙⲁ	قسما	Coſmas obijt vlt. Paony.	15	703
ⲑⲉⲟⲇⲟⲣⲟⲥ	ثاونوروس	Theodorus die 7 Mechit obijt.	11	718
ⲭⲁⲏⲗ	خابيل	Chaël obijt 6 Pharmudi. Heg. 120.	23	763

Hic Coſmas Patriarcha Idiota ponitur, vacat ſedes 15. annis.

			Anni regiminis	Initiū regim. An. Christi
ⲙⲏⲛⲁ	مينا	Mena, obijt in fine menſis Tybi.	9	772
ⲓⲱⲁⲛⲛⲏⲥ	يوحنا	Ioannes obijt 16 Tybi Elemoſynar. Diocl. 515	13	791
ⲙⲁⲣⲕⲟⲥ	مرقس	Marcus obijt 22 Pharmuthi.	10	817
				880

			Anni regiminis	initiũ re. gim. Aæ Christi:
ⲓⲁⲕⲱⲃⲟⲥ	يعقوب	Iacob obijt 14. Mechir, mortuũ sulcitasse fertur. Heg. 222.	10	890
ⲥⲓⲙⲉⲱⲛ	سمعان	Simeon obijt 3. Paophi.	1	822
ⲓⲱⲥⲏⲃ	يوسف	Ioseph obijt 23, Paophi	18	845
ⲭⲁⲏⲗ	خائيل	Chaël obijt 12. Pharmudi. Diocl. anno 567.	1	864
ⲕⲟⲥⲙⲁ	قسما	Cosmas obijt 21. Hatur. Imagin. cult. à Theoph. Imp. sublatũ restituit Dioc. 575:	7	866
ⲥⲉⲛⲟⲁⲓⲟⲥ	سنودوا	Sanodius, alias Sanitiüs Heg. 253.		875
ⲭⲁⲏⲗ	خائيل	Chaël, alias Michaël vacat sed. 14. an.	25	885
ⲅⲁⲃⲣⲓⲏⲗ	غبرايسيل	Gabriel obijt 21. Mechir.	11	923
ⲙⲁⲕⲁⲣⲓⲟⲥ	مقاري	Macari⁹ 309. Heg.	12	931
ⲑⲉⲟⲫⲁⲛⲓⲟⲥ	ذاوفانيوش	Theophani⁹ occisus est 20. Koiac	4	967

			Anni minis	Initiū regim. An. Christi
ⲙⲏⲛⲁ	مينـــا	Mena obijt in Hatur. Dio. 678.	11	972
ⲁⲃⲣⲁⲙ	أبراهيـــم	Abraham, veneno sublatus à Scriba suo. Diocl. 693. Hegir. 367.	3	976
ⲫⲓⲗⲟⲑⲉⲟⲥ	فيلوثاوس	Philotheus obijt 3. Hatur	24	689
ⲍⲁⲭⲁⲣⲓⲁⲥ	زاخرياس	Zacharias varia paſſus obijt 8. Tybi. Dioc. 748.	28	1015
ⲍⲉⲛⲟⲁⲓⲟⲥ	سنودوس	Senodius aliàs Sanitius obijt menſ. Baba. Diocl. 734.	25	1043
ⲭⲣⲓⲥⲧⲟⲁⲟⲩⲗⲟⲥ	عبدالمسيح	Seruus Christi obijt 4. KoiaK. Mullaci.	30	1068
ⲕⲓⲣⲓⲗⲗⲟⲥ	كيرلـــس	Cyrillus obijt 12. Paony in Machtan.	14	1098
ⲙⲏⲭⲁⲏⲗ	ميكائيـــل	Michael. In Æthiopiam profectus ad Nilum, quem Ætiopes diuerterant,	8	1112

> terant, suo alueo resti-
> tuendum.

ⲙⲁⲕⲁⲣⲓⲟⲥ	ماكريــوس	Macharius	26 1020
		ritus Eccle-	
		fiafticos mutauit.	
		Diocl. 819. Heg. 496.	

Hi sequentes Patriarchæ quando, & quantum gubernarint, non inueni, cum Historia tantum ad hæc tempora se extenderit.

ⲅⲁⲃⲣⲓⲏⲗ	غبرييل	Gabriel	1246
ⲓⲱⲁⲛⲛⲏⲥ	يوحنا	Ioannes.	
ⲙⲁⲣⲕⲟⲥ	مرقس	Marcus.	
ⲓⲱⲁⲛⲛⲏⲥ	يوحنا	Ioannes.	
ⲑⲉⲟⲇⲟⲥⲓⲟⲥ	قاوطوسيوس	Theodofius	
ⲓⲱⲁⲛⲛⲟⲩ ⲕⲉ ⲓⲱⲁⲛⲛⲏⲥ	يوجنا	Ioannes.	
ⲃⲉⲛⲓⲁⲙⲓⲛ	بنيامين	Beniamin.	
ⲡⲉⲧⲣⲟⲥ	بطرس	Petrus.	
ⲙⲁⲣⲕⲟⲥ	مرقس	Marcus.	
ⲓⲱⲁⲛⲛⲏⲥ	يوحنا	Ioannes.	
ⲅⲁⲃⲣⲓⲏⲗ	غبر ابيل	Gabriel.	
ⲙⲁⲧⲑⲉⲟⲥ	منّاوس	Matthæus.	
ⲅⲁⲃⲣⲓⲏⲗ	غبر ابيل	Gabriel.	
ⲓⲱⲁⲛⲛⲏⲥ	يوجنا	Ioannes.	
ⲙⲁⲧⲑⲉⲟⲥ	منّاوى	Matthæus,	
ⲅⲁⲃⲣⲓⲏⲗ	غبر ابيل	Gabriel.	
ⲙⲓⲭⲁⲏⲗ	ميكابيل	Michael.	

Coptic	Arabic	Latin	Anni Christi
ⲓⲱⲁⲛⲛⲏⲥ	يوحنا	Ioannes.	
ⲅⲁⲃⲣⲓⲏⲗ	غبرائيل	Gabriel.	
ⲓⲱⲁⲛⲛⲏⲥ	يوحنا	Ioannes.	
ⲅⲁⲃⲣⲓⲏⲗ	غبرائيل	Gabriel.	1593

Hic miſit Legationem
ad Clementem VIII.

ⲙⲁⲣⲕⲟⲥ	مرقس	Marcus.
ⲓⲱⲁⲛⲛⲟⲩ	يوحنا	Ioannes.
ⲙⲁⲧⲑⲉⲟⲥ	متاوس	Matthæus.

Cum multis diſplicere cognoſcerem, Catalogum hunc ſimplici tantum ſerie Patriarcharum, ſine vllo temporis.aut annorú, quibus vnuſquiſque gubernauit, conſtare : vt maiori vſui eſſẽ poſſet, annos, & tempus vniuſcuique, partim ex Martyrologio Copto, partim ex fragmentis qua Eccleſiaſticæ, qua Saracenicæ hiſtoriæ excerptos, adiungendos duxi: Annos quoque Sanctorum Martyrum, iuxta æram Coptitarum, vti, & annos Hegiræ ad annos Chriſti, ne Lector, horum annorum varietate confunderetur, reduxi, vt legenti patebit. Si quis verò ea, quæ ad Patriarchatum Alexandrinum pertinent, vti Epiſcopos, & ſubditos, vnà cum iuribus eorundem minutim ſcire deſiderauerit, is conſulat Caput 9. huius Supplemẽti, vbi in hanc rem multa collata reperiet. Sed his breuiter perluſtratis, nunc inſtituti noſtri filum proſequamur.

CAPVT III.

De Nominibus DEI.

MIRABAR in Prodromo nullam apud Coptitas de Gentilium Deorum nominibus mentionem fieri, reperi tandem, id non factum esse, quod Coptitæ huiusmodi nomina ignorarent, aut quod nullum horum vestigium superesset: sed quod summo religionis amore perciti, nefas esse putarent, sacras historias, fabulosis Gentilium Deorum nominibus prophænare. Iuhana Kozi, & Michael Schatta, vterque Coptita; circa hoc à me consulti, responderunt: In libris quidem Coptitarum nihil de similibus nominibus reperiri; Cautum enim esse à primitiuæ Ecclesiæ Aegyptiacæ Patribus, omnem superstitionis occasionem, genti ex se, & suapte natura in huiusmodi procliui, eripere, vnde facilè quicquid Εθνικισμὸν saperet, respuerunt. In Bibliothecis tamen Aegyptijs Musulmanorum plurimos adhuc asseruari libros de Sacris, & prophanis Gentilium historijs, lingua Copta conscriptos; cuiusmodi essent, quorum titulos paulò ante exhibitos, atque ab ipsis approbatos exhibui: addiderunt, & subinde in antiquis ruderum latebris nominum huiusmudi vestigia reperiri parietibus inscripta, atque inter linguas animalium, ita Hieroglyphicas appellabant, hinc inde dispersa. Quod verum esse paulo post declarabitur. Certè in Commentario quodam Copto in VII. caput Actuum Apostolorum, Vaticano: Saturnum Scholiastes vocat:

ⲢⲎⲪⲀⲚ ⲪϮ Ⲛ̄ⲦⲈⲠⲒⲬⲢⲞⲚⲞⲤ ⳨ hoc est Rephan, Deum Temporis. Martem verò ⲘⲈⲖⲞⲬ ⲪϮ ⲪⲎⲈⲦⲘⲈⲞⲨⲚⲔ Meloch Regem deuastationis. Verba Copta cito

ⲘⲈⲖⲞⲬ ⲚⲈⲘⲘⲦⲒⲪⲰⲚ Ⲛ̄ⲅⲨⲠⲦⲒⲞⲤ Ⲛ̄ⲦⲞⲨ ⲆⲈⲘⲘⲒⲚ ⲪⲎⲈⲚ ⲦⲘⲈⲞⲨⲚⲔ ⲠⲞⲤ̄ Ⲛ̄ⲠⲒϨⲀⲢⲀⲂⲀⲒ ⲚⲈⲘⲚ̄ⲦⲈⲠⲒⲬⲢⲒⲘⲘ ⲚⲈⲘ Ⲛ̄ⲦⲈⲠⲒⲘⲈⲞⲚⲘⲈⲚ ⳨

Idest,

ideſt . *Meloch ſiue Tiphon Aegyptiorum malus Genius, omnia deſtruens,*
Dominus tonitrui, & ignis & commotionis credebatur .

Iouem verò ⲡⲓϩⲉⲣⲥ ⲫϯ ⲛ̄ⲧⲉⲡⲓⲱⲛϩ ⁊ *Deum vitæ.*

Venerem ⲥⲟⲩⲣⲟⲩ ϯⲇⲥ̄ ⲛ̄ⲧⲉⲫⲩⲗⲟ ⁊ *Dominam amoris.*

Mercurium denique ⲡⲓⲉⲣⲙⲉⲏⲥ ⲫϯ ⲛ̄ⲧⲉⲡⲓⲥⲁⲝⲓ ⁊ ideſt , *Ora-*

tionis , & ſapientiæ numen , indigitat, vt ſequitur:

Nomina ſeptem Planetarum , ſeu ſeptem Geniorum
Mundi principalium , ſecundum veteres
Aegyptios .

♄	ⲣⲏⲫⲁⲛ ⲫϯ ⲛ̄ⲧⲉⲡⲓⲭⲣⲟⲛⲟⲥ	Rephan Deus tem. poris.
♃	ⲡⲓϩⲉⲣⲥ ⲫϯ ⲛ̄ⲧⲉⲡⲓⲱⲛϩ	Picheus , Deus vitæ .
♂	ⲙⲉⲗⲟⲭ ⲫϯ ⲫⲣⲉⲧⲙⲱⲛⲕ ⁊	Meloch, Deus de-ſtructionis.
☉	ⲡⲏⲣⲓ ⁊ ⲡⲟⲥⲓⲣⲓⲥ ⁊	Sol,Poſiris Domi-nus Sanctus.
♀	ⲥⲟⲩⲣⲟⲩ ϯⲟⲥ ⲛ̄ⲧⲉⲫⲩⲗⲟ ⁊	Suroth, Domina amoris.
☿	ⲉⲣⲙⲉⲏⲥ ⲉⲣⲙⲁⲛⲓⲃⲓⲥ ⲫϯ ⲛ̄ⲧⲉⲡⲓⲥⲁⲝⲓ⁊	Ermanibis , Mercu-rius Deus orationis.
☽	ⲡⲓⲟⲟϩ ϯⲟⲥ ⲛ̄ⲫⲓⲟⲙ ⁊	Luna, domina ma-ris,& humidorum .

Quæ omnia correſpondent ijs, quæ in Lexico noſtro explanauimus
por. 1. c. 3. Ex quibus patet Aegyptios ſua nomina duobus deſcripſiſſe
nominibus, per ⲫϯ quod Deũ ſignificare in Prodromo diximus,& per
ⲡⲟⲥ̄ quod Dominum indicat ; illud contractum *pſoſch ,* hoc etiam
contractum *pnudi* pronunciatur . Nunc verò videamus, num huiuſmodi Copticorum nominum veſtigia in Aegyptiacis ruderibus adhuc
repe-

reperiantur; affirmant id fupracitati Coptitæ, & fragmentum illud antiquitatis Aegyptiacæ, quod infignis ille, & immortalis memoriæ vir, Nicolaus Fabricius de Peirefc, pro fuo fingulari, & incredibili erga me, meaq. qualiaqualia ftudia affectu, inter innumera alia Oedipo referuata, vnum tranfmifit interpretandum, rem ita fe habere fatis fuperque demonftrat. In quo Deorum quatuor mundi plagas præfidentium nomina, Copticis literis vetuftiffimis vti, & vocibus inter characteres Solis, & Lunæ, ferpente circumdatis, pulchrè reprefentata fpectantur, vt in fequenti fchemate apparet.

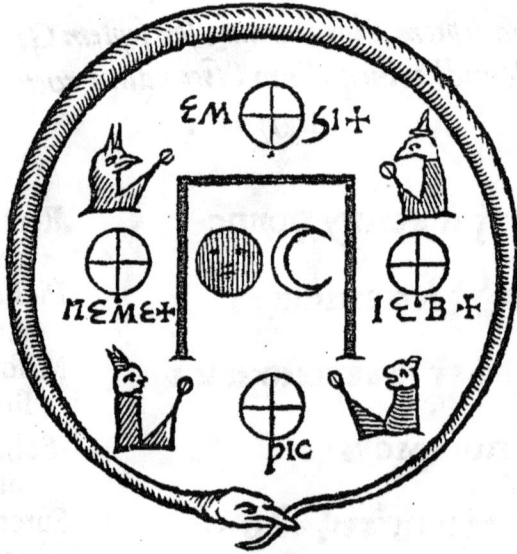

Hanc figuram, & hieroglyphicam infcriptionem, ita interpretor, Characterū hunc ☉ dico μυέγεομμυ effe nominis Dei ⳗⲧ vti in Prodromo fusè explicatum eft, & in vnum contractum effe more Aegyptijs folito, ad myfteria fincerius abfcondenda. Infcriptiones verò, feu nomina circa quemuis characterem pofita, dico Copta effe, & nihil aliud fignificare, nifi quatuor plagas mundi, funtque

ⲉⲙⲥⲓⲧ ⳿ ⲛⲉⲙⲉⲛ ⳿ ⲓⲉⲃⲧ ⳿ ⲫⲣⲓⲥ

quæ eædem voces in Lexico noftro paucis mutatis, ita ponuntur:

ⲛⲉⲙⲥⲓⲧ ⳿   *ideft* Septentrio.

ⲫⲣⲏⲥ ⳿   *ideft* Meridies.

       ⲛⲉⲟ

Caput III.

ⲡⲉⲓⲉⲃⲧ ⳽   *id eſt* Oriens.

ⲡⲉⲙⲉⲛⲧ ⳽   *id eſt* Occidens.

Hæc verò media figura |ʘ ☾| nihil aliud ſignificat, quam Solem, & Lunam, eſtque character μονόγϱαμμος ſignificans idem quod Coptum vocabulum ⲡⲟ̄ⲥ̄, hoc eſt Dominus. Symbolicè verò per Π, innuunt domum hanc mundanam, per O verò Solem, per C Lunam, teſte Clemente Alexandrino lib.5.Stromatum iuxta ſcripturam Agyptiorū ϰυϱιολογιϰιὼ. Serpente verò annuum cyclum Horo teſte innuūt,quibus quidem argutè indicare voluerunt; Dominos huius mundanæ domus, temporiſque eſſe Solem, & Lunam in medio conſtitutos, vt omnes mundi partes,ab hiſce benignè influentibus participarent; vnde & Π inferius apertum eſt, ad ſignificandum influxum, & emanationem ex ſuperioribus in inferiora fieri,non contra. ⳋⲧ verò vna cum ſtatuis hieroglyphicis vnicuique mundi plagæ aſcriptis, indicat Genios iſtarum plagarum præſides, quæ nomina nos hic,vt vides, reſoluimus.

ⳋⲧ ⲛ̄ⲡⲉⲙϩⲓⲧ	Numen Septentrionis.
ⳋⲧ ⲛ̄ⲧⲉⲫⲣⲏⲥ ⳽	Numen Auſtri.
ⳋⲧ ⲛ̄ⲡⲓⲉⲃⲧ ⳽	Numen Orientis.
ⳋⲧ ⲛ̄ⲡⲉⲙⲉⲛⲧ ⳽	Numen Occidentis.
ⲡⲟ̄ⲥ̄ ⳽ Dominus	ⲧ̄ⲟ̄ⲥ̄ ⳽ Domina

Quid vero aliud per hoc hieroglyphicum amuletum ſignificarent Aegyptij,fuſè dicetur in Oedipo,vbi & plurima huius generis recondita proferemus: ſunt enim huiuſmodi monogrammaticis dictionibus Copticis pleni,& obeliſci,& tabulæ hieroglyphicę, imo hoſce eoſdem characteres in tabula Bembina planè exhiberi in citatæ Tabulæ explicatione ſuo loco fuſius dicetur. Nam hoc loco Lectori tantum aperire voluimus ea,quæ vel Prodromo deerant,vel cum tempore vario diuerſarum nationum commercio,nobis innotuerant, neque tamen omnia hic profundere voluimus : ſed aliqua tantum, veluti quædam irritamenta, quibus adſecutura Oedipi molimina Lector curioſus excitaretur: atque hoc modo hanc linguam Coptam minimè otioſam, atque inutilem eſſe arbi

tra-

traretur, huiuſmodi ſpecimina poſuimus. Reliquæ verò magis curioſa, & recondita, Oedipo reſeruantes.

CAPVT IV.

De Annis, & Menſibus Aegyptiorum, eorumque computandi ratione.

IFFICILE negotium eſt temporum deſcriptio, & tantò quidem difficiliùs, quantò pauciora nobis reſtant, in ſumma paucitate Authorum ſubſidia: ita vt, quod dolendum, de veterum Chronologicis ſcriptis, nihil nobis præter deſiderium ad fugitiuam antiquitatem inſtaurandam relictum ſit. Nam quæ hodie apud Orientales extant, de Chronographicis monumenta, etſi multa egregia, & cognitu digna contineant; tamen diſſimulandum non eſt, multa in ijs reperiri, quæ caſtigatioribus iudicijs non ſatisfaciant. Argumento ſunt omnium, quotquot de his rebus tractarunt, diſſenſiones. Vt inter tot millia Chronologorum, vix inter duos de eadem re conueniat, quæ potiſſimum in annorum Aegyptiacorum ratione aſſignanda vti feruet, ita tricarum quoque ingentium inter Authores, occaſionem præbuit. Hæ autem aliam originem non habuere, niſi ex Orientalium idiomatum (ex quibus, ceu fontibus hæc doctrina deduci debet) imperitia: vt igitur aliquid in tanta incertitudine certi ſtatuatur, quæ ex dictis fontibus de anni Aegyptiaci forma hauſi, hic Lector proponenda duxi.

Suppono igitur primo Agyptios, vtpote primos Aſtronomiæ inuentores, nullo non tempore certam anni formam ſecundum quam ſacra ſua, ciuileſque actiones dirigerent, habuiſſe.

Suppono ſecundo. Hanc anni formam pro diuerſa temporũ, ſtatuſq. politici ratione, diuerſam quoque fuiſſe: ita alij annum Aegyptiacum menſtruo, quidam trimeſtri, aut quadrimeſtri ſpacio, plerique 365. dierum circuitu: nonnulli etiam luſtro, vel quadriennio, vti & 1460 annorum reuolutione definierunt.

Suppono tertio. Sacerdotes, ſeu Hiérophantas Aegyptios, vti in omnibus, ita in anni quoque forma à plebe diſcrepaſſe. His igitur ita ſuppoſitis.

Dico

Dico primo, Veteres Aegyptios cum Lunam fingulis menfibus orbem fuum conficere notarent, hunc orbem pro anno vfurpaffe, id docti ab Hebræis fecundum annos Lunares fua tempora computantibus, ita Author Hebræus lib. de Moladim. his verbis:

אמרו רז"ל שמקדם חשבו השנים לפי דרך
המצריים רוצה לאמר שחשבו השנים לפי
מחזורות ירחיות ונכתב בספרי חשבונות
שאבינו אברהם ז"ל מסר למצריים זה דרך

Dicunt Rabbini nostri bonæ memoriæ, quod olim computabant annos suos secundum rationem Agyptijs vsitatam, id est, quod computabant tempora sua secundum Cyclos Lunares, & scriptum est in libro Computus. quod pater noster Abraham benedictæ memoriæ tradidit hanc rationem Aegyptijs. Cum autem viderent hanc computus ratione inftitutis fuis contrariam, ea relicta nunc trimeftre, nunc quadrimeftre pofuiffe, Cenforinus refert, verba eius funt : *Et in Aegypto quidem,* inquit, *antiquiffimum ferunt annum bimeftrem fuiffe; poft deinde à Pifone Rege quadrimeftrem factum, nouiffimè annum ad 13. menfes, & quinque dies produxiffe.* Verum cum fucceffu temporum, obferuationumq. experientia inftructiores Aegyptij anni circulum Zodiaci orbi non vfquequaque refpondere, fed quinque dieb. eundem fuperare notarent, annum folarem 12 menfibus τελακονθημέοις & 5. dierum ἐπαγωμένων, appendice in fine anni, fine vllo quadrante diei, definierunt. qui quidem propriè annus Aegyptiacus ciuilis ab omnibus habitus eft. Itaque annus Aegyptiorum fimplex, & vniformis fuit, fine vllis horis appendicibus, & biffextis, quæ quarto quolibet anno trafacto in Iuliana forma intercalari folent. Quapropter fi cum Iuliano comparetur, poft annos 4 menfium neomeniæ vno die retrocedunt, poft 8. annos biduo; atq. ita paulatim donec poft 1460 annos Iulianos euolutos, ad idem caput Iuliani menfis, & diei, vnde profecta fuerat, primi menfis neomenia reuertatur. Atque hunc annorum circulum quidam vocant luftrum Caniculare, fiue ἔτος κυνικὸν εἴτε σωθιακὸν. Luftrum Caniculare minus eft fyftema annorum 4 Aegyptiacorum dierumq. 1460. Luftrum vero minus Iulianum eft annorum 4 Iulianorum, dierumq. 1461, fuperatq. Aegyptiacum 1 die, ob 4 quadrantium intercalationem. Superat ènim

annus

annus Iulianus simplex Aegyptiacum 6 horis ferè, quæ 4 quatuor annorum spacio in 24 horas extrescentes, diei integri intercalationem effi-
ciunt. Iterum Lustrum Caniculare maius Aegyptiacum est systema annorū Aegyptiacorū 1461, Quo interuallo Thoth ciuilis redit ad Thoth
Iulianum vnde profectus est. Iulianum verò lustrum Caniculare est syste-
stema lustrorum minusculorum Iulianorum, 365 sc. annorum Iulianorum
1460, Aegyptiorum verò 1461, quo interuallo Thoth redit ad eandem
diem Iulianum. Atq. hoc spacium ἔτος κυνικὸν μέγα, siue ἐνιαυτὸ Θεοῦ, id
est *Annum Dei* vocant. Quæ annorum diuisio, appellatioq. non exiguas
lites excitauit, non ita pridem inter duos magni nominis viros; quam
tamen sola veterum Scriptorum authoritate dirimendam duximus: tā-
tum enim in hac materia vti abstrusa, ita incerta credi debet quantum
ex bonis authoribus probari potest, ne figmentis, propudiosisq. commē-
tis locus vllus concedatur. Cardo igitur controuersiæ in hoc versatur,
vtrum Aegyptij præter aunum communem solarem solutum, & vagum,
lustra quoq. quadriennia, siue sothiaca vsurparint. Secundo vtrum ἐνιαυτὸ Θεῦ siue *Annū Dei*, appellarint? Tertio, vtrum ad figendos annos intercalationem adhibuerint? de quibus singulis ordine breuiter tractabo.
Agyptios igitur anno vago, & soluto vsos hisce verbis Theon describit.
Ἐξ ἧς λαμβαν[ε]τ] ὅτι μίαν ἢ ἡμέραν κατ' Αἰγυπτίως τ̄ δὴ πάλιν τ̄ ζότον ἐπεὶ γὸ
καθ'Ἕλλωας ἤτοι κατ'Ἀλεξανδρείαν ἀναδιδόμενος ἡμῶν ἐνιαυτ, ἡμερῶν ὅσι τξε
ἢ μία ττάρτη ὅσ' καθ'Αἰγυπτίως ὡς ἔφαμεν τξε μόνον. δῆλον ὡς ὅτι κỹ τ́ο̄σαρα
ἔτη ἡμέραν ττροσλαμβανῇ καθ'Ἀλεξανδρίαν *Deinceps vsurpatur mēsis, & dies*
secundū Aegyptios ad hunc modū. Quoniam enim Græcorū siue Alexandri-
norū proprius annus dieb.cōstat 365.*cū vna quarta. Aegyptior. verò* 365 *dū-*
taxat: perspicuū est 4 *quoq. anno diē vnū ad Alexandrinū accrescere.* Quib.
in verbis Alexandrinos indicat annū fixū, nimirum Augustęum acciuisse,
Aegyptios verò priscos, sine intercalari simplicē annum, atq. æquabilem
egisse. Quæ omnia confirmantur apud Ptol. in Almegesto. Lustris quoq.
Sothiacis, quos ἐνιαυτοὺς Θεῦ hoc est *Annos Dei* appellabant, vsos esse, sup.
citatus Censorinus refert his verbis : *Ad Agyptiorū verò annū magnū Lu-*
na non pertinet, quē Græci κυνικὸν, *Latini Canicularem vocamus, propterea,*
quod initium eius sumitur cū primo die eius mensis quē Agyptij θωθ *vocant,*
Caniculæ sidus exoritur; nā eorū annus ciuilis solus habet dies 365. *sine vllo*
intercalari; itaq. quadrienniū apud eos vno circiter anni die minus est, quā
naturale quadrienniū, eoq. fit vt anno 1461. *ad idem reuoluatur principium.*
hic annus etiam annus ἱλιακὸς, *à quibusdam dicitur, ab alijs* Θεῦ ἐνιαυτὸς.

Quæ

Quæ vt intelligantur obſeruâdum eſt, Aegyptios duplicem habuiſſe compytus ſui rationem : vnam, quæ ad annos figendos, ac in ordinem redigendos inſtituebatur, eratque toti Aegypto, vna cum Alexandrinis promiſcuè vſitata, quam, & in hunc diem vſque obſeruant Chriſtiani Coptitæ. Altera propria fuit Sacerdotib. & Hierophantis, vnde, & myſtica, ſeu hierophantica, & arcana dicebatur, ſolis, vt dixi, Sacerdotalis ordinis ſapientibus nota, nullaque intercalatione vtebatur, ſicuti ciuilis : ſed permittebat habenas annis ſuis, excreſcenteſq. dies, & annos certo quodam & myſtico artificio Solis rationibus imputabat; quæ omnia curioſo ſcrutinio indagata in Oedipo noſtro producemus . Verum ne quicquam gratis dixiſſe videamur, dicta proborum Auctorum teſtimonijs iâ reſtat vt declarentur. Primò Geminus peructus Aſtronomus in ſuo de Sphæra libro de dictis Hierophanticis annis ita diſſerit :

Οἱ μὲυ γὸ τλὼ ἐναντίαν διάληψιν καὶ πεόϑεσιν ἐχήκασι, τοῖς ἕλλησιν. Οὔτε γὸ τοῖς ἐιαυτοῖς ἄγωσι καϑ᾽ ἥλιον, ὄυτ᾽ ταῖς μλώας, καὶ ταῖς ἡμέρας, κὴ τλὼ σελλύλω ἄλλα ἰδία τίνι ὑποςάσαὶ κεχρημμλύοι ἐισὶ, βἐλονται γὸ τὰς ϑυσίας τοῖς θεοῖς μὴ κϳ τὰν αὐτὸν καιρον τᾶ ἐνιαυτᾶ γίνεϑαι. ἄλλα διὰ πασῶν ᾦ ἐνιαυτᾶ ἀερόν διελϑοῖν. καὶ γίνεϑζ τλὼ θερινὼ καὶ χειμεινὼ, καὶ φϑινοπερῶ, καὶ ἐαεινὼ. ἄγωσι γὸ τὸν ἐνιαυτὸν ἡμερῶν διακοσίων ἐξήκοντα πέντε. δόδεκα γὸ μλώας ἄρουσι διακονδημέρας καὶ πέντε ἡμέρας ἀπάγωσι τὸ δὲ μίας τεταρτλὼ ὐκ ἐπάγωσι διὰ τλὼ πεοχρημμλύην αἰτίαν, ἵνα αὐτοῖς αἰ ἀπεδίζον ᾖ ἑορζας.

Nam Aegyptij contrariam, inquit, ac Greci ſententiam ac propoſitnm ſecuti ſunt; neque enim annos ad Solem dirigunt, neque menſes, & dies ad Lunam; ſed peculiari quodam fundamento nituntur, ſtudent enim ſacra Deorum non iiſdem anni repreſentare temporibus; ſed ea ipſa omnes anni tempeſtates peragrare volunt. Vt idem feſtum æſtiuum ſit, & hybernum, & autumnale, ac denique vernum. Annum quippe dierum obſeruant 365. menſes verò duodecim tricenarios. Addunt his præterea dies quinque, neq. quadrantem inſerunt, ob dictum videlicet cauſam, vt ipſis ſolemnia retrocedant .

Atque hoc eſt proprium inſtitutum Hierophantarum, qui de induſtria anno ſuo habenas laxabant. Vt ſolemnes dies, ac feſtiui, nulla certa tempeſtate continerentur; ſed per omnes paulatim circumducerentur. cuius meminit quoque Hali in ſuo Tarich, his verbis :

وكان لمصريين السنــــات اول لحكمـاهم وكان ثلثمــــــــاية وستين

وهنين وخمس يوما بغير السعان واحرة ثلثة مابة وهمـــــــــــين

وخمس يومـــا وست سعـــات لا سـوي وهي سنـة مشنركـــة

لكل اهل المـــــــــــــــــــــــر ❀

*Fuerunt autem Agyptijs duo anni: primus fuit Sacerdotum, eratque 365.
dierum absque adiuncto: alter erat annus 365. dierum cum additione horarum, & hic erat annus vulgò vsitatus siue toti Aegypto communis.*
Vtrumque Dei annum dictum esse, ex Aurhoribus nobis iam probare
incumbit; Atque ex Censorino quidem paulò ante probatum est. Iam
verò testem omni exceptione maiorẽ adducimus Horapollinem, qui de
Hieroglyphica anni repręsentatione agens, ita disserit.

Ἔτος δὲ ἐνιςάμϵνον γράφοντϵς τϵτάρτον ἀρούϵας γρίφϵσιν. ὅςι δὲ μέζον γῆς
ἤ ἀρούϵα πηχῶν ἕκατον. βυλόμϵνοι δὲ ἔτος ϵἰπϵῖν τϵτάρτον λέγϵσιν. ϵπϵιδὴ φασι
κ᾽ τὼ ἀνατολὴ τ᾽ ἄςϵρϵ τῆς Σώθϵος, μϵχϵι τῆς ἄλλης ἀναβολῆς τϵτάρτον ἡμέρας
προςίθϵαζ. ὡς ϵἷπϵ τὸ ἔτος τϵ Θϵϵ τϵλϵαϵσίων ἑξηκόντα πέντϵ ἡμϵϵῶν. ὅθϵν κ᾽
δὶα τϵτϵαϵτϵιδὸς πϵιαςὴν ἡμέραν ἀϵι θϵϵοϵσιν Αιγύπτιοι, τὰ γὸ πϵϵαϵϵα τϵτϵϵ-
τϵ ἡμέϵαν ἀπαϵτίζϵ.

*Instantem inquit, annum significantes anni quartam partem pingunt.
Est autem* ἀρούϵα *(vnde Latinis aruum dicitur) terrę mensura centum*
complectens cubitos. Itaque annum volentes dicere, quartum dicunt, eo
quod ab vno, vt tradunt, sideris, cui nomen Sothis est ortu ad alterum,
quarta sit interiecta diei pars; Vt sit Annus DEI dierum 365. & quo-
niam quadrantem insuper ad Solis rationes deesse sentiebant, ideo annum
Dei vocant τϵτϵϵϵτον.

Cum igitur Agyptij Solem Deum dicunt, mirum non est, solarem
annum ϵ̓̓πος Θϵϵΰ, Coptè ϯρομϵπϵ ⲛϕϯ vel δὶα τὼ κϵϵῶσιν
ϯρομϵϕϯ dictum esse. Osiridem enim, siue Solem, Plutarcho
teste μέγαν θϵον, ab Aegyptijs dictum, Isimque Lunam notius est quam
dici debeat. Vnde & Apion Historicus Osiridis, seu Serapidis simula-
crum ex nouem cubitorum smaragdo conflatum stupendo apud eos mi-
raculo commemorat, quæ omnia huic solari numini Osiridi honorem
præ cæteris habitum, ostendunt. Iam vero, quod grauioris est difficultatis, cur annum communem per quartam anni partem, quæ centum
dumtaxat cubitos complectebatur, expresserint, & eundem annum
τϵτϵϵϵτον, quasi quadrantem diceres, nominarint, breuiter declarandũ est.

Cum

Cum enim Horus duplicem annum hoc citato loco defcribat, vnum minorem 365 dierum. Alteram κυνικὸν Canicularem, qui quatuor annos
folares comprehendebat, vno infuper die intercalari addito. Hunc annum ex ortu Sotheos quater repetito definiebant. Ita vt trecentis, &
fexagintaquinque diebus abfolutis, fex præterea horę ad curfum, qui ex
motu Solis definitur fingulis annis adderētur. Illæ verò poft quatuor annorum conuerfionem diem folidum efficerēt. Aegyptij, inquit, quarto
demum anno Sotheos intercalabant, & folidum annum tunc abfolutum
putabant, quod erat reuera quadriennium, ciuili quadriennio vno die
maius, quem Græci κυνικὸν, Latini, vt benè notat Cenforinus, Caniclula-
rem, Coptitæ ⳣⲡⲟⲙⲉⲛⲓ ⲥⲓⲱⲩⳁ vocant; eo quod initium illius
fumatur, cum primo die eius menfis, quem Aegyptij ⊙ ⲱϑ dicunt, Sothis exoritur. Nam eorum annus proprius folaris folutus & vagus fe-
los habet dies 365. fine vllo quadrante, itaqùe quadriennium vno circiter die minus eft, quam naturale quadriennium, eoque fit, vt anno 1641
ad idem ferè deuoluatur principium omnino. In Horo igitur annus ver-
tens pro ciuili fumitur, eumque quarta anni parte denotant, & annum
volentes [dicere τέταρτον, quadrantem dicunt. Quorfum hoc? nifi
quia ficut fex horæ quarta diei pars funt, & ficuti præterea ciuilis annus
quarta pars luftri Canicularis, fiue Sothiaci; ita magni anni qùarta pars
funt 365 anni, quæ in quatuor ducta producunt 1460 magnum illum annum Canicularem, quem fupra definiuimus fyftema annorum Aegyptiacorum 1460. iterum ficuti fingulis fimplicibus annis accrefcunt fex
horæ, quæ poft quadriennium integrum diem artificialem, ita fingulis
365. annis accrefcit 91 dies cum vna quarta, quæ poft 1560 excrefcit,
in annum integrum Magnum Canicularem, quem fyftema annorum
1461 definiuimus: Hanc autem rationem pulchrè fubintexuit Horapollo, cum dixit: κỳ τὴν ἀνατολὴν τῶ ἄςρȣ τῶ Σώϑεως μεχϱὶ τῆς ἄλλης ἀνα-
τολῆς τέτ[αρτον ἡμέρας προςίϑεϑ. *Ab ᵹ no Sotheos ortu ʋfque ad alterum,
præter annum quartam diei partem adiungi, ex quo (inquit) quarto quoque
anno fuperuacaneum diem computant.* Quem Cynicum Alexandrini,
Coptitæ Sothiacum, aut etiam Hermeticum, ab Hermete eius primo
inftitutore, quem & fub fpecie canis pingebant, in cælum traductum fub
fpecie Sothis fulgere credebant, de quo fufiùs in Oedipo. Vides
igitur, quomodo Sacerdotes fixerint annos fuos, & qua rationę
habenas ijfdem laxarint: fixerint videlicet, iuffu Principum ad ciuilium

actionum directionem, laxauerint, verò ob rationes myſticas ſupra ex Gemino allatas. atque hic annus eorum ſolidus, ciuilis, 4 annorū erat ſpacio definitus, quo Eudoxus periodos, tempeſtatumque ambitus putabat confici, cuius & Plinius meminit his verbis.

Omnium quidem ſi libeat obſeruare minimos ambitus, redire eaſdem vices quadriennio exacto, Eudoxus putat non ventorum modo, verum & reliquarum tempeſtatum magna ex parte. Eſtque principium luſtri eius ſemper intercalari anno caniculæ ortu. Quibus quidem nihil clarius dici poteſt; cui conſona quoque ſunt ea quæ Horapollo adfert l. 2. hierogi. cap. 89. vbi annum Aegyptium quatuor annis conſtare expreſſe dicit, his verbis.

Ἄνθρωπον ζήσαντα τέλειον βίον θέλοντες δηλῶσαι κορώνην ὑπὸ θανοῦσαν ζωογράφουσιν. αὕτη γὰρ ζῇ ἑκάςον ἔτη κατ' Αἰγυπτίους τὸ δὲ ἔτος πασάρων ἐνιαυτῶν.

Eum inquit, *qui legitimam hominis ætatem vixerit, volentes monſtrare cornicem mortuam pingunt. Hæc enim 100. annos iuxta Aegyptios viuit* Conſtat autem annus Aegyptiacus 4. annis vſitatis. Intercalationem quoque adhibitam eſſe in anno Aegyptio, primò Author Scalæ magnę huius expreſsè dicit.

الشهور القبطية اثنا عشر شهرا تلتماية وخمسة وستين يوما خمس النسي ويوم الكبيس في كل اربع سنين بد والسنة النوروز وهي لفظة فارسية

Menſes Coptitarum 12 & *annus eorum* 365. *dierum cum* 5 *diebus Niſi, & ſingulis quatuor annis dies intercalaris initium anni Neuruz, quæ eſt vox Perſica.* Quibus ijſdem reſpondet Coptica lectio ibidem.

ⲛⲓⲁⲃⲟⲧ ⲉⲙⲙⲉⲧⲣⲉⲙ̄ⲛⲭⲏⲙⲓ ⲓⲃ̄ ⲛⲓⲉⲛⲧⲉⲛⲓⲧⲉⲩⲧⲉⲣⲟⲛ ⲡⲉⲥⲟⲩ ⲛ̄ⲧⲉⲛⲓⲑⲉⲥⲓⲥ ⲕⲁ̅ ⲛ̄ⲣⲟⲙⲡⲓ ✚ ⲧⲁⲣⲭⲏ ⲛ̄ⲧⲣⲟⲙⲡⲓ ⲛⲓ ⲧⲓϩⲟⲩⲓⲧ ⲧⲉⲧⲣⲟⲙⲡⲓ ✚

Hoc eſt, *menſes duodecim Coptici, &* 5 *dies* ἐπαγομέναι *dies intercalationis ſingulis quatuor annis initio anni, videlicet Neuruz.* Quæ confirmat alius quidam manuſcriptus Arabicus de computu Coptitarum tractatus quem mutuum conceſſit Inſignis vir Abrahamus Ecchelenſis amicus meus ſingularis, qui ita de anno Coptitarum diſſerit.

Y y y

وانوار

والسنة الشمسية اكثر العلما يعتقدون انها ثلثماية وخمس وستون
يوم وربع سوا من اجل ما جروه من الشهور المرتبة في العلم اعني
الشهور القبطي التي بدوها توت وبابه او شهــور الروم والسريان
التي بدوها ايلول وتشرين وان هذا الترتيب رتبوه اولاد ادم مــن
اول ايامهم

Annus solaris multi sapientum credunt esse 365 *dierum cum quadrante simpliciter; Ideoque menses in hoc mundo ita ordinatos esse, Vt initium v.g. mensium Coptitarum, sit mensis Toth, & Paophi, vel initium mensium Græcorū, aut Syrorum initium sit Eisul, & Tilrin, & dicitur quod hæc ordinatio facta suit a filijs Adam ab initio dierum. Quibus quidem anni solaris, cum appendice* 5 *horarum, antiquitas clarè describitur; qua ratione autem antiqui intercalationem instituerint, sequitur*

واعتسموا تمباداها على ان السنة الشمسية ثلثماية وخمس وستون يومــا
وربع يوما سوا ولذلك يجتمع الربع في كل اربع ســـــــبين
فيصيـــر يوما سوا ولذلك يكبسوا السنــة الرابعة تكون ثلثماية
وخمسة وستون يومـا

Et fundantes fixerunt annum ita vt annus solaris esset 365 *dierum cum quarta diei æqualiter, & ideo colligentes hanc quartam singulis quatuor annis confecerunt vnum diem intercalantes eundem constituerunt* 366, *dierum. Verum si cuipiam nedum satisfactum esset citatis locis illi producimus Diodorum Siculum, qui de Thebanis loquens ita disserit.*

Ταῖς ꝗ ἡμέρας οὐκ ἄγεσι κȣ σελήνἱω, ἀλλὰ κȣ τὸν ἥλιον ϛιακονδημέρας μȣ ηθέμενοι τὰς μῡας, πέντε δὲ ἡμέρας καὶ τέταρτον τοῖς δώδεκα μῆσιν ἐπάγεσι, καὶ τούτῳ τῷ ϛόπῳ τ̄ ἐνιαυτον κύκλον ἀναπληεȣσι.

Dies inquit, non sumuntur iuxta Lunam, sed Solem, ita vt singulis mensibus 30 *dies attribuant, &* 5 *dies cum quadrante* 12 *mensibus inserunt, & hac ratione totum cyclum anni complent. Erat igitur Aegyptijs præter annum vagum, & solutum, fixus quoque, & embolimæus maximè in vsu, cum sine eo maximas in rerum publicarum administratione confusiones oriri necesse esset, imo hanc intercalationem tantum abest vt a Græcis*

pri-

primum, & Latinis acceperint Aegyptij ; vt potius Græci ab ijsdem
Aegyptijs primò didicerint veram anni rationem,& intercalationis methodum; Verum ne quisquam verbis tantum me agere existimat , pro
me habeo grauissimum , & maximæ fidei Authorem αυτοπtlω Strabonem, qui in 17 libro circa medium, Eudoxum primo hanc intercalan-
di cæli,& anni rationem, ab Aegyptijs acceptam in Græciam primum
intulisse his verbis docet.

Σιωανέβη γὸ δὴ τῷ Πλάτωνι ὁ Εὐδοξος δεῦρο κỳ σιωδιέξιψαν τοῖς ἱερέ̓σιν
ἐκᾶνος ἐνταῦθα ϝιερικὴ δια ἔτη ὡς ἤρηται ποι ϖλειτὰς γὸ ὄντας κ̣ỳ τlω ὁπ̔ωσή-
μων τῶ ὀυρανικῶν, μυστικοις δὲ κỳ δυσμεταδόζοις τῷ χϱόνῳ κỳ ταῖς θεραπείαις
ἐξελιπέρησαν. ὡς δὲ τινα τῶ θεωρημάτων ἱστορῆσαι, τα πολλὰ δὲ ἀπεκρύψαντο οἱ
βάρβαροι. οὗτοι δὲ τὰ ἐπιβέχοντα τῆς ἡμέρας κỳ τῆς νυκτὸς μύεια ταῖς ϝιακο-
σίαις ἑξήκοντα πέντ̓ ἡμέραις εἰς τlω ὀκπλήϱωσιν τὸ ἐνιαυτὸ χϱόνε παρέδοσαν. Ἀλλ̓
ἠγνοεῖτο τέως ὁ ἐνιαυτος ϖλϱὰ τοῖς ἕλλησιν. ὡς κỳ ἄλλα πλείω. ἕως οἱ νεώτεροι
Ἀστϱόλογοι ϖαρέλαβον ϖλϱὰ τῶ μεθερμηνευσάντων εἰς τὸ ἑλλωικὸν τὰ τῶ ἱερέων
ὑπομνήματα, κỳ ἔτι νũ ϖλϱαλαμβάνωσι τὰ ἀπεκείνων κỳ τὰ τῶ Καλδαίων.

Hoc est, *Etenim Eudoxus cum Platone eo profectus est; & ambo cum*
Sacerdotibus annos 13 *sunt versati, vt nonnulli tradiderunt. Isti Sacerdotes*
cum rerum cælestiũ scientia præstarent. Cæterùm arcanam eam seruarent
neque cum quoquam communicare vellent. Tamen , & tempore , & obse-
quio deuicti, nonnulla precepa enarrauerunt, cum plurima interim Barbari
occultarent. Ij excurrentes diei ac noctis particulas supra 365 *dies ad anni*
complementum, tradiderunt . Ignorabatur annus eo tempore apud Grecos,
quemadmodum, & alia permulta; donec Iuniores Astrologi ab ijs ea accepe-
runt, qui Sacerdotum monumenta in linguam Grecam transtulerunt,& ad-
huc tum ab illis, tum à Chaldæis accipiunt. Ex quibus clare patet multo ante Alexandri Magni in Aegyptum irruptionem, Aegyptios sciuisse, &
vsurpasse ἐμβολισμὸν anni ex quatuor diei quadrantibus excrescentis;imo
Eudoxum secretum ab Hierophantis,qua muneribus,qua obsequijs de-
uictis acceptum, Græcis primum tradidisse . Præter hunc annum fixum,
ciuilibus actionibus destinatum, alium vt dixi annum habebant, qui solus cognitus erat sacerdotibus,quẽ & annum Dei vocasse partim probauimus,partim paulò post probabitur.eratq.quadruplex;primus erat ãnus
ex quatuor anni quadrantibus,seu 4 trimestribus spacijs conflatus, quem
& annum Hori appellabant;Ita Censorinus loco sepius citato his verbis.
Sunt qui tradunt. hunc annum trimestrem Horum instituisse, eoque ver, esta-
tem, autumnum,& hyemem θεϱις et annum dici,& Grecos annales θεϱις,eo-

rum *scriptores* ὡϛγϱάφυς Itaque quatuor annorum circuitu in modum πανταεπείδος annum magnum dicebant. de hoc fusius & curiosius volente Deo in Oedipo. Porro annū quoq. fixum , & lustrum Caniculare, seu Sothiacum ἐπιαυτοῦ Θεῦ appellatum ex Horapolline, & Censorino probatum est , quorum sententiam confirmat Hali Chronographus Arabū, his verbis:

وسنة المصريين الكبيرة هي مركبة من اربع سنين بسطين وبسموها
سنة الله لان كل وحده منهن مرسومة بسم الالهم ☸

Porro annus magnus Aegyptiorum compositus est ex 4 simplicibus annis quem, & annum Dei dixerunt, quia vnusquisque eorum nomine alicuius Dei insigniebatur ; Quo quidem testimonio nihil illustrius dari potest. Hinc Persę occasionem quoque sumpsisse videntur ; annum illum magnū 1440 annorum denominandi صالحودای *Salchudai,* hoc est annum Dei & mensem siue duodecimam partem huius magni anni mensem magnū μῆνα μέγιϛον Persicè بزورح ماه *Bozurah mahe,* Chaldæis סהרא *Sahara* corruptè *Sarus,* vnde , & *Sari Chaldæorū* de quibus in Oedipo . Si enim 120 anni ciuiles sunt vnius mensis; 12 huiusmodi menses, qui sunt anni 1440, erunt vnus annus maximus, dicebatur autem Persicè صالحودای *Salchodai,* ἔπος Θεῦ à diebus mensium dijs Persicis συνωνύμοις, vt alibi declarabimus. vides igitur, & Persas Aegypto vicinas annos suos ad Aegyptiorum imitationem coordinasse, vt qui mysterijs, & disciplinis mysticis,ijs essent similes ,annorum disponendorum rationibus non discreparent. Quod igitur nobis est spacium temporis inter duos bissextos comprehensum videlicet lustrum, seu quadriennium Iulianum ; hoc Aegyptijs erat lustrum Sothiacum, siue Caniculare, vtrumque 1460 dierum, post quorum euolutionem vnius diei conflati ἐμβολισμὸς contigebat; Vt ex supracitatis Græcis, Arabibus, Latinis, Hebræis probatum est . Vnum hoc loco quispiā mirari forsan posset, quomodo Aegyptij post singula tam parua, quam magna lustra dies , & annos intercalarint , cum tamen constet Aegyptios præ cæteris omnibus ἐμβολισμὸν, maximè odio habuisse, vtpote mysticæ festorum solemnium dispositionis perturbatorē. Quod & ex Scholijs Germanici hisce verbis ostenditur; *Deducitur autē Apis à Sacerdote Isidis in locum, qui dicitur* ἀ δύτος, *& iure iurando adiguntur, neque mensē, neq. diē intercalandum, quem in festum diē immuta-*

tarent admiſſuros, ſed 365 *dies præterea ſicuti inſtitutum eſt ab antiquis.*

Ex hoc loco Authores magni nominis occaſionem acceperunt, omnem Aegyptiacam intercalationem negandi. At reſpondeo hoc loco non intelligendam anni diſpoſitionem ciuilem Aegyptiorum, qui cum Alexandrinorum, Græcorumque ciuilis idem habebatur, vt ex ſuperius citatis Authoribus patet; Sed Hierophanticam, ſeu myſticam illam ſacerdotum, qui in arcana diſpoſitione ſacrorum, quæ in honorem Deorum inſtituebantur, conſiſtebat, & ſicut in omnibus myſterijs ſilentio ſupprimendis iure iurando tenebantur, ita & in hac myſtica annorum diſpoſitione, qui vti cum intercalari conſiſtere non poterat, ita eam quoque táquam myſticis ſacris repugnantem abominabátur : cũ enim ἀι ἐπαγχόμϱϱ siue dies Niſi, alicuius Dei cognomines ſint, atque eodem die natales eius, cuius cognomines erant, celebrarentur; ſi ſexta ἐπαγχωμένοις accederet, cui Deo dicaretur, cuius Dei Epocham celebrarent? erant autem vt in Prodromo oſtendimus Θεοὶ ϱϟὺς θλιοι. ϛ.

ⲟⲥⲩⲣⲓⲥ ⁘ ⲓⲥⲓⲥ ⁘ ⲛⲉⲩⲫⲑⲏⲕ ⁘ ⲧⲩⲫⲙⲉⲩⲥ ⁘ ⲁⲡⲟⲫⲣⲁⲥ ⁘

Teſte Plut. ſi igitur ſexta ἐπαγχωμένη accederèt, duo ἐπαφϱάδις siue nefaſtæ continuæ forent, quod erat contra inſtitutum Hierophantarum. Habenas igitur ei laxabant conſulto, vt annorum 1460 curriculo expleto, *Dij patrij* totum orbem peragraſſe dici poſſent, vt & Plutarchus haud inobſcure docet, in libro de Oſiride, & Iſide. Confecta autem dicta periodo, neomenia luſtri canicularis incipiebat ea nocte, quæ poſt meridiem ϛ dierũ Niſi ſequebatur, oriéte canicula ἀκρονύχως nocte qua Thoth præcedebat, totusque ille annus vocabatur σωτις. Anno ſequente eadem nocte quæ Thoth antecedebat obſeruantes ortum caniculæ, qui non vt primo anno, ſed media nocte oriebatur, tunc incipiebat annus luſtri ſecũdi. Anno tertio ortus caniculæ ante ſolem eminebat, & hinc tertius luſtri annus incipiebat, quarto anno canicula non poterat videri, quia in meridie Aegypti in contraria parte alterius hemiſphærij oriebatur. Itaque a meridie Thoth incipiebat quartus annus luſtri; ita inter ſingulos luſtri annos vnius diei quadrans erat interiectus, & ſine vlla diei integri ἐμβολισμῷ: Sed ſenſim vnus dies ſubrepebat. Tota igitur controuerſia inter Authores orta videtur, quod Aegyptiorum ciuilem computandi rationem, ab Alexandrina diuerſam, quam nos eandem dicimus, arbitrarentur; ficuti enim fixus annus Aegyptiorum cum Alexandrino, idē eſt;ita vagus ſolutus & ἀνεμβολημαῖος penes ſolos ſacerdotes,& Aſtronomos Aegyptios reſedit,vti fuſe in præcedentibus probatum eſt . Quod verò quidam putent,huiuſmodi annos nominibus deorum denominatos eſſe,probari non poſſe; ij ſane multum hallucinantur , & in reconditiori Aegyptiorum literatura parum ſe verſatos declarant.Et primo quidem ſingulos annos quadriennij, ſiue vt Horappollo τετάρτον τῷ ἐνιαυτῷ Θεῷ, quartū anni *Dei* nominibus appellatū,ſupra ex Strabone Authore probatum eſt, & primum annum luſtri Sothim, ſiue caniculam dictum, quam Petoſyris Rex apud Vettium Σὴθ vocat,idque genere maſculino τῇ Σὴθ ἀνατολῆ, quod erat initium anni Aegyptiaci, clare Porphyrius in Antro declarat his verbis :

Αγυπτίοις δ᾿ ἀρχή ἔτος οὐχ ὁ ὑδροχόος ὡς Ρωμ αίοις,ἀλλα καρκίνος . περὶ γὸ τῷ καρκίνῳ ἢ σῶθις, ἥν κυνὸς ἀςέρα ἕλλωες φασί. νεμδυνία δ᾿ ἀυτῆς ἡ σώθιος ἀνατολῆ.

Aegyptijs vero initium anni non erat Aquarius,vti Romanis; ſed Cancer. Prope Cancrum enim Sothis, quod canis Sidus Græci vocant, oritur;Neomenia autem ipſis eſt Sothios ortus,generationis in mundo Author : Ex quo patet, hunc annum primum Sothin dictum, ſiue Thoth, vtpote ab Hermete κυνομόρφῳ inſtitutore annorum . Reliquos vero non inconuenienter Iſidis, aut Serapidis, Iſidis, & Hori nominibus denominatos ex figura hierophyſica 36.Theat.Hierogl. luculenter pater,vbi annum κυνικὸν volentes monſtrare Hermetem canina facie Crocodilo inſiſtentes, cū ſphæra in manu Authorem ſagacem temporū, & aſtronomiæ denotat,a cuius latere dextro Iuppiter Ammō,ab altero Serapis cū modio Nili in capite, inferius figura ſtellæ; quibus quidem nihil aliud denotare volebant,quam anni Sothiaci curam halere 4 principalia Aegypti numina, Hermetem , Serapidem,Oſirin,Iſin per ſtellam ,vel Iſidis canem ; Iſin autem per ſtellā ſignari Manilius Author eſt.Habet autem canicula duas ſtellas vnam in capite quæ Iſis vocatur,Porphyrio teſte,& alteram in lingua quę Sirius propriè., & canis nuncupatur. Vnde Diodorus l. 1 Bibl.inter titulos Iſidis hæc ponit.

 Εγὼ εἰμὶ ἐν τῷ κυνὶ ὀπιπήλλωσα
 Ego ſum in aſtro canis fulgens.

Quod autem Manilius dicit in huius ſideris exortu Aegyptios σημφούδσαι περὶ πάντων τ᾿ ἐν τῷ ἐνιαυτῷ μαλλόντον. *Id eſt prognoſticon facere de ijs, quæ toto anno futura ſunt.* Alludit ad καλενδολογία quæ nos vulgo Almanach

nach vocamus. mos iste vt apparet ab Aegyptijs promanauit ad Græcos. Verum hæc omnia luculentius in Oedipo nostro demonstrabuntur, vbi & ostendemus non solum quartas Sothiaci lustri deorum nominibus fuisse insignitas, sed & singulos dies mensiũ suos habuisse præsides; quos θεοὺς συνθρόνους Deos assessores vocabant, vti quoque ex schemate Hieroglifico paulo ante citato patet, in cuius basi hæc inscriptio Coptis characteribus inuenitur.

ⲧⲟⲓⲥ ⲑⲉⲟⲓⲥ ⲥⲩⲛⲑⲣⲟⲛⲟⲓⲥ ⲉⲛ ⲉⲅⲩⲡⲧⲱⲓ ✠

Dijs assessoribus in Aegypto. Nolo hic vlterius progredi, cum hæc omnia Oedipo, vt dixi reseruauerimus, hoc vnicum dico, si nullum aliud argumentum huius denominationis esset, certe illud ad rem demonstrandam sufficiens foret, quod Coptitę & Athiopes dictum quadriennium In hunc diem obseruent, sicuti enim veteres singulos illius annos nomine Dei alicuius appellabant, ita, & dicti populi eiusdem quadriennij singulos annos, non quidem nomine profani Dei, sed 4 Euangelistarum nominibus indigitabant, ita vt primus á bissexto vocetur, Matthæus, alter Marcus, 3 Lucas, 4 Ioannes. quod, & computus Coptus supracitatus his verbis describit.

يوم الكبيس في كل اربع سنين ولكل وحده منهم يسموه
بسم اربع انجيلين ✲

Dies intercalaris singulis annis quatuor euenit, & vnumquemque ex ijs denominant nominibus 4 Euangelistarum. Expressius hoc videtur in Computo ecclesiæ Aethiopico consona in quibus Coptæ qui doceas inuenire annum Euangelistarum ita procedit.

ለበዘ ፡ ተእሚረ፡ዓመተ ፡ ወኒጌለወያኒ ተዓመት ፡፡ ምሕረት፡
ዋ ፡እጸ፡ ተከፈለ ፡ ወለአመ ፡፡ ተገፈከ ፡፡ 0 ፲ መዌዓለ፡ምቲወከ፡
ወ ፪ ሞዋዓለ ፡ መረቅሰ ፡ ወ ፫ መዋዕለ ፡በቀለ ፡ለኣመ ዕርዩ፡
ከፈለ ለዐእደ፡፡አሜዛ፡ 4 ዮሐንስ ፡፡

Hoc est, vt scias annum Euangelistarum. *Annum gratiæ per 4* [illegible]

diuide, quod fi reliquum fuerint 1 *erunt dies Matthæi; fi* 2 *dies Marci. fi*
3 *dies Lucæ, fi autem æquata fuerit diuifio per* 4 *tunc dies Ioannis.* Ita veteres primum annum vocabant, Sothin, alterum Ifin. 3 Serapidem, fiue
Ofiridem, 4 Horum, vt bene quoque notat Scaliger. annos igitur ab Aera
Nebonaffari diuidentes per quatuor, inueniebant annum Deo conuenien-
tem. ea prorfus ratione qua Aegyptij Coptitæ, & Abyffini diem Euã-
geliftarum . Quid porrò de Piromis Aegyptiorum, quorum mentionem
Herodotus facit fentiamus, in fequentibus manifeftabimus, vbi huius vocis etymon indagabimus . Atque hæc de anno veterum Aegyptiorum
sufficiant; reftat vt de moderno Coptitarum computu aliquid dicamus.

De Coptitarum Computu.

Coptitę igitur Chriftiani tenent triplicem Aeram, primam cum reliquis Orientalibus ferè omnibus communem ab orbe condito, quã
vocant. تاريخ السنين ابونا ادم *æram annorum Patris noftri Adam.* Maximus Monachus ἔτη Ἀδὰμ quibus in cyclis tam Solaris, quam Lunaris
& quæ cyclos confequuntur, ordinandis vtebantur. Alteram à primordio
Regni Græcorum, de quibus annis vide Prodromum, tertiã à Diocletiano
doctrinalé, quã in libris, literis, & mo umentis inscribendis adhibent , eã-
que vocat Albateni تاريخ القبطي *Tarich ElKupti,* æra Coptica. Co-
ptiti verò ⲡⲓⲱⲡ·ⲛ·ⲧⲉⲱⲁⲛ·ⲧⲓⲟⲥ *vel Arabice* تاريخ الشهدا الطهار
Aeram SS. Martyrum. Coptice ϯⲣⲟⲙⲡⲓ ⲛ·ⲧⲉⲙⲁⲣⲧⲩⲣⲟⲥ *id eft*
annum Martyrum. Addunt aliqui hifce æris fiue Epochis quartam Na-
bonaffari Chaldæorum Regis, verum cum ea Aftronomi tantum vtan-
tur, vt quæ in ciuili computu locum non habeat confulto omittendam
duximus, erat enim æra Neboreffari non ciuilis, nec vulgò cognita Aegyptijs, fed Aftronomis tantum, quam á Chaldæis mutuarunt, vt doctè
in epiftola quadã ad me data probat doctiffimus ifte nofter Petauius, videlicet Callifthenis opera, & ftudio qui Ariftotelis difcipulus fuit, & magiftri hortatu, cum in comitatu effet Alexandri Macedonis antiquiffimam
Chaldæorum obferuationem Babylone receptam mifit in gratiam, vnde
in Aegyptum delatæ ab Aftronomis adhibitæ fuerunt, maximè à Ptolomæo, qui eas ab Hipparcho mutuatus videtur : teftatur hæc omnia
                                                                    Sim-

Simplicius in comment. in 2 lib. Artis de Cælo, adeo vt quæcumque de hac æra in Prodromo diximus, aliter intelligenda, ac diximus, nolimus, neq. æram à morte Alexandri, quæ & æra Philippi dicitur, cum æra دوالقرذين *DulKarnain* confundendam putamus, cum vna ab altera 12 ferè annis diſtet, quæ fuſius legi poſſunt apud eum, quem ſupra laudaui Petauium.

De Aera autem annorum mundi, notandum eſt, Græcos, & Latinos ſine vlla cauſa à veris epilogiſmis ſacrorum Bibliorum diſcedentes, annos à conditu rerū ad Chriſtum natū putare 5199, qui numerus excedit vera Moſis ratiocinia annis mille ducentis quinquaginta. Sed, & Græci computis conditores Aegyptios imitati, æras mundi alio, atq. alio modo interpretati ſunt, vt eas arti computatoriæ accommodarent, ex qua licentia natę ſunt 3 æræ technicæ, quas a magiſtris in vſum computi excogitatas, aut transformatas poſteri pro veris annis mundi acceperunt ſuntq. Dionyſiana, Alexandrina & Antiochena, de quibus vide Petauiū in opere de doctrina temporum, & Scaligerū. Quæ æræ cum naturales non ſint, ſed ad calculū inſtituendum ficte, multum quoque differunt; Hebræorum æra à condito mundo putat ad Chriſt. 3760, ita liber computiſticus Hebræorum, cuius titulus eſt.

לקט קצר לסור העבור

Hoc eſt *Spicarum collector de myſterio computus, ſiue emboliſmi*, quod enim nos computum illi à parte totum, εμβολισμόν, hebraicè עבור *Ghibbur*, id eſt *prægnantem* vocant, traslatione ſane elegantiſſima, quaſi annus inſititium menſem in ſe geſtet, tanquam mulier prægnans fętum in vtero. In hoc igitur libro ab orbe condito ad æram Chriſti numerantur 3760 anni, quam Epocham etiam Samaritani, vti ex fragmento quodam Samaritano, Bibliothecæ Peireſcianæ, mihi innotuit, ſectantur: quæ omnia correſpondent Chronol. Hebræorum. Aegyptij vero, ac Græci, vna cū Syris Septuaginta 2 Interpretum rationem ſecuti plus mille annis ab Hebręorum Samaritanorumq. ratione diſſident, quorum authoritatem libenter hoc loco producerem, ſi aut tempus, aut tractatus breuitas, quam ſectamur, permitteret. his igitur ita præmiſſis, nunc inſtituti filum proſequamur, antequam verò vlterius procedamus, ipſum Samaritannm textum, vnà cū Hebraichoic ſubiungendā duximus, vt quæ de æra annorum mundi dicta ſunt, ſinceriùs comprobentur: ita autem in Autographo habetur.

Aera

Caput IV.

Æra Samaritanorum.

I.

II.

III.

VI.

V.

IV.

VII.

Hebræorum Æræ.

מבריאת עולם עד המבול אלף ששמאות ושש חמישים ,I

עד פלגה אלף ותשעמאות ושש תשעים .II

עד לדת אברהם אבינו אלף ותשע מאות ושמנה וארבעים .III

עד לדת משה רבינו עה אלפים שלוש מאות שמנה וששים VI.

עד יציאת מצרים אלפים ארבע מאות ושמנה וארבעים ,V

עד בנין בית ראשון אלפים תשעמאית ושמנה עשרים I V.

עד מנין הנצריים שלושת אל פים שבעמאות וששים VII.

Hoc est

I.	A creatione mundi ad diluuium anni.	1656
II.	Ad diuisionem lingu arum	1996
III.	Ad natiuitatem Abrahæ	1948
I V.	Ad natiuitatem Mosis	2368
V.	Ad exitum de Aegypto	2448
V I.	Ad ædificationem domus prioris	2928
VII.	Ad Aeram christianorum	3760

Or=

Ordinant autem Coptitæ annum fuum Ecclefiaticum à 29 Augufti, qui incidit in primū diem Thoth diē decollationis S. Ioannis Baptiftæ, etfi in Martyrologio celebretur 2. die Thoth, ob primi anni dici folemnia propria, de quo ita Tarich elKupti,

بدو السنه توت ويوم أستشهى القديس والنبي يوحنا المعمداني إبن زكريا الكاه ـــــــــــ ٭ن ٭

Id eft, *Initium anni menfis Thoth, & dies eft martyrio S. Propheta Ioan-nis Baptifta filij Zacharia Sacerdotis confecratus.* quæ verba Syriaco feu Antiocheno Calendario exacte confonant, vt patet.

ܡܡܚܠ ܘܩܡܚ ܠܢܩܚܗ ܘܗܡܝܣ ܡܚܟܚܚܘܠܐ ܗܘܡܚܗܠܐܘ܃ܘܐܚܗ܆ ܐܘܡܪ ܗܘܚܚ ܚܗܠܐܐ ܘܠܚܗܚܚܚܠܐ

Id eft, *Decollatio S. Ioannis Baptifta, & obitus Patris noftri Adam & initium anni Aegyptiorū.* quam, & confirmat Græcus ἀποφισμός his ver-bis.

Ἀποπλεχισμὸς Ἰωάννυ τῦ Βαπίίσρ, ⳤ τελεῦ τῦ θεσφόρυ ἡμῶς Ἀδάμ, καὶ ἀρχη ϯ τῦ Ἀγυπίίων ἐνιαυτῦ.

Celebratur autem hoc feftum bis a Coptitis, femel primo Thoth, quo decollatus fuit, fecundò 30 Mechir, quo fuum caput inuentum eft, vt in calendario Coptitico patet.

Qua ratione autem feriam in quam 1 dies Thoth fiue feftum decolla-tionis S. Ioannis Baptiftæ incidat, inueniri poffit, pulchre docet compu-tus Aethiopicus, fiue Abyffinus, fequentibus verbis.

וכ עבא בו אתמיר עלתא יוהנס עמתא מחרת תאחז ותכלו לד אד ומטנא רבעת ותוסך דיביהו ואמכלאן ותדמיר כול אחתני ותאתית אמנידו פתגף כבו ותרפך אמ ז ואתובי עלתא יוהנס

vvachaiba baza thamir, hailatha Ioānes amatha mechrath thechaz vvathc haphlo laarbathu id vvamatna rabithu thuefic dibeheu imcl alean, vvath-

demior chulo athtani vvathathith imnebu chlethu, vvathgatph baba ſabo-
athu vazatharaphim ſabaatu vethuche halatha Ioannis .

Hoc eſt vt ſciat diem Ioannis . *Annum gratiæ accipito, diuideſque in 4*
ſummas;menſuram quadrantis apponito ſuper illum vtrinque; commiſceto
omne ſimul, abijce ab eo 11,diuide ſepties quod reliquũ erit de 7,ipſe eſt dies
Ioannis . Ratio porrò cyclorum Solis, & Lunæ, & conſequentes ex ijs
terminos Paſchales, cum Alexandrina prorſus eadem eſt, vt paulo poſt
videbitur, ſi loquamur de anno fixo Aegyptiorum, & ad normam Iuliani
redacto;proprij autem ſolares anni veterum Aegyptiorum ſine quadrã
tis appendice non menſurantur cyclo decennouennali,vt Græcorum,
Alexandrinorum , & Hebræorum anni , ſed 25 annorum cyclo quem
Ptolomæus deſcripſit l. 6 περὶ τῆς μεγάλης πραγματείας. Quod autem hic
cyclus optimè quadret tempori lunationum veterum Aegyptiorum,
ita demonſtratur; quoniam enim 25 ſolares anni ſecluſis biſſextis continent dies 9125.& fiunt in eis lunationes 309 qui iuxta Aſtronomicam
ſupputationem conſtant diebus 9124,horis 22,min. 51,ſecundis 18,re-
dibunt lunationes omnes poſt 25 annos ad eundem diem in quo prius
factæ fuerant,anticipantes ſolum ad vnam horam minut. 8 ſecund. 12
quod de cyclo decennouennali ad dictos Aegyptiorum annos applicato
dici nulla ratione poteſt; atque hinc emergit quoque ratio, cur veteres
nunquam intercalauerint annos ſacros, ciuiles autem ſeu Alexandrinos
quarto quoq. anno intercalauerint? Verum de hoc cyclo pluribus alibi,
nunc ad Coptiticum ſiue Alexandrinæ eccleſiæ vſitatum computũ progrediamur . Vtitur ea duplici cyclo Solari & Lunari, quorum illum Co-
pte ⲡⲓⲕⲩⲕⲗⲟⲥ ⲛ̄ⲧⲉⲡⲏⲣⲓ vel Arabicè دور الشمسي circulum Solis,
hũc ⲡⲓⲕⲩⲕⲗⲟⲥ ⲛ̄ⲧⲉⲡⲓⲓⲟϩ , vel دور القمري circulum lunæ vocãt
Solis Cyclus conſtat 28,lunæ 19 annis, His omnia quæ ad diſpoſitionem
Paſchatis, cæterorumq. feſtorum pertinent, inueſtigant, vt ex ſequenti
Pinacio patet, quod ex Coptitarum libris decerptum tibi hic exhiben-
dum duxi .

Ta-

Menſes	Char. Menſ.	Cyclus Solis.		Char. Ann.	Cyclus Lunæ ſiue Paſch.		Termin. Paſch.	Dies term. Paſch.
ⲁ̅ ⲑⲱⲟⲩⲧ	ⲅ	1	ⲍ	ⲅ	ⲍ	1	ⲫⲁⲙⲉⲛⲱⲑ	ⲕ ⲃ
		2	ⲃ	ⲇ				
ⲃ̅ ⲡⲁⲱⲡⲓ	ⲉ	3	ⲅ	ⲉ	ⲃ	2	ⲫⲁⲣⲙⲟⲩⲑⲓ	ⲓ ⲏ
		4	ⲇ	ⲍ	ⲅ	3	ⲫⲁⲣⲙⲟⲩⲑⲓ	ⲍ
ⲅ̅ ⲁⲑⲱⲣ	ⲍ	5	ⲉ	ⲃ	ⲇ	4	ⲫⲁⲙⲉⲛⲱⲑ	ⲕ ⲁ
		6	ⲏ	ⲃ				
ⲇ̅ ⲭⲟⲓⲁⲕ	ⲃ	7	ⲍ	ⲅ	ⲉ	5	ⲫⲁⲣⲙⲟⲩⲑⲓ	ⲓ
		8	ⲏ	ⲉ				
ⲉ̅ ⲧⲱⲃⲓ	ⲇ	9	ⲑ	ⲏ	ⲏ	6	ⲫⲁⲣⲙⲟⲩⲑⲓ	ⲇ
		10	ⲓ	ⲍ	ⲍ	7	ⲫⲁⲣⲙⲟⲩⲑⲓ	ⲕ ⲅ
ⲋ̅ ⲙⲉⲭⲓⲣ	ⲏ	11	ⲓⲁ	ⲃ				
		12	ⲓⲃ	ⲅ	ⲏ	8	ⲫⲁⲣⲙⲟⲩⲑⲓ	ⲓ ⲃ
ⲍ̅ ⲫⲁⲙⲉⲛⲱⲑ	ⲃ	13	ⲓⲅ	ⲇ	ⲏ	9	ⲫⲁⲣⲙⲟⲩⲑⲓ	ⲁ̅
		14	ⲓⲇ	ⲉ	ⲓ	10	ⲫⲁⲣⲙⲟⲩⲑⲓ	ⲕ
ⲏ̅ ⲫⲁⲣⲙⲟⲩⲑⲓ	ⲅ	15	ⲓⲉ	ⲁ				
		16	ⲓⲋ	ⲃⲓⲁ	11		ⲫⲁⲣⲙⲟⲩⲑⲓ	ⲑ
ⲑ̅ ⲡⲁϣⲟⲛⲥ	ⲉ	17	ⲓⲍ	ⲃ	ⲓⲃ	12	ⲫⲁⲙⲉⲛⲱⲑ	ⲕ ⲏ
		18	ⲓⲏ	ⲅ	ⲓⲅ	13	ⲫⲁⲣⲙⲟⲩⲑⲓ	ⲓ ⲍ
ⲓ̅ ⲡⲁⲱⲛⲓ	ⲍ	19	ⲓⲑ	ⲇ				
		20	ⲕ	ⲁ	ⲓⲇ	14	ⲫⲁⲣⲙⲟⲩⲑⲓ	ⲑ
ⲓⲁ̅ ⲉⲡⲓⲡ	ⲃ	21	ⲕⲁ	ⲍ	ⲓⲉ	15	ⲫⲁⲙⲉⲛⲱⲑ	ⲕ ⲃ
		22	ⲕⲃ	ⲃ	ⲓⲋ	16	ⲫⲁⲣⲙⲟⲩⲑⲓ	ⲓ ⲇ
ⲓⲃ̅ ⲙⲉⲥⲱⲣⲓ	ⲇ	23	ⲕⲅ	ⲃ				
		24	ⲕⲇ	ⲁ	ⲓⲋ	16	ⲫⲁⲣⲙⲟⲩⲑⲓ	ⲓ ⲇ
ⲓⲅ̅ ⲛⲓⲥⲓ	ⲁ	25	ⲕⲉ	ⲉ	ⲓⲍ	17	ⲫⲁⲣⲙⲟⲩⲑⲓ	ⲅ
		26	ⲕⲏ	ⲁ				
		27	ⲕⲍ	ⲍ	ⲓⲏ	18	ⲫⲁⲣⲙⲟⲩⲑⲓ	ⲕ ⲃ
		28	ⲕⲏ	ⲃ	ⲓⲑ	19	ⲫⲁⲣⲙⲟⲩⲑⲓ	ⲅ

In prima colûna pònuntur nomina menfiû Copticorum, quorum ety-
mologiâ in Œdipo proferemus . Secunda columna characteres menfiû
continet. Tertia Cyclum Solis. Quarta characterem anni . Quinta cyclum Lunarem . Sexta Terminos Pafchales . Septima dies termini Paf-
chalis, de quibus fingulis aliquot Canones producemus ex Copticis monumentis depromptos.

PROPOSITIO I.

Inuenire Cyclum Solis.

وإذا أردت معرفه كيقلس الشمس أسقط ثمانية و عشرين ثمانية
وعشرين من السنة تاريخ القبط وبقيته هوكيقلس شمس قلك
السنة التي أنت فيه

*Si vis scire Cyclum Solis, abijce ex annis æræ Diocletiani quoties potes 28
& reliquum dabit tibi Cyclum ipsius anni actu currentis.*

PROPOSITIO II.

Cyclum Lunarem inuenire.

وإذا اردت تعرف كيقلس القمر أسقط واحده من سنة تاريخ القبط
واسقط ايضا تسعه عشر تسعه عشر وبقينه
كيقلس القمر

*Si vis scire Cyclum Pafchalé fiue Lunâ, abijce 1 ex annis æræ Diocletia-
ni, & iterû 19 quoties potes, reliquum enim dabit Cyclum Lunæ feu Pafchalé
quæfitum.*

PRO-

PROPOSITIO III.

Feriam menſis inuenire.

خذ العلمة قبلة لكبيقلس الشمس وهذه تزيدين على علمه الشهر وجمله

هوبوم الشهـــــــــر ✸

Si velis ſcire feriam menſis aecipe characterem anni, ſiue ſignum (in columua) è regione cycli Solis huic adde characterem menſis (in columna propria) & ſumma dabit feriam quæſitam abiectis 7 quoties poteris.

PROPOSITIO IV.

Inuenire Cyclum Paſchalem
alia ratione.

ادا ازدت تعرق جنماب كبيقلس تلــك السنه التي انت فيهـا كليم

هوتسقط سنين ابوذا ادم تسمع عشر تسمع عشر فمهما بقي لايجيي

تسمع عشر هو كيقلس تلــك السنه لان الكبيقلس ينمومـــن

واحد الى تسعه عشر واذا وصل الى تسعه عشر ترد الى واحد ✸

Cum volueris ſcire numerũ cycli Lunaris iſtius anni in quo es, quotus ſit abijce ab annis patris noſtri Adam 19 quoties poteris, & ſi reliquum fuerit, & non fuerit 19 iſte erat cyclus iſtius anni, quia cyclus, eſt reuolutio annorum ab vnitate ad 19 & hinc ad vnitatem.

PROPOSITIO V.

Fundamentum Anni inuenire.

واذا اردت تعرف الاس وحسابه وهو كبقلس الشمس ينمسو هـذا
لحساب من احـد الى سبع ومـن سبـع يردا الى واحـد واذا اردت
كبقلس السنه التي انت فيها فتمسك سنين أبونا ادم وتزيـن
عليها مثل ربعها وما كان كسر مثل ربع او نصف اتركـا
واذا الربع مع الاص لاجمع جملته واسقطه سبعه سبعه فيهما بقي
لا يجي سبع وهو كبقلس الشمس تلـك السنـه التي انت
فيها وهو الاس ۞

Hoc est fundamentum anni (qui certus quidam cyclus Solis est procedens
ab vno ad 7 & hinc redit ad vnitatem) scire velis accipe annos Patris no-
stri Adam & addes ijs quartas eorum, & si fuerint fractiones numer. relin-
ques eas, & si fuerit completa quarta cum radice, coniunges summam eius,
& abijcies ab ea quoties poteris septem, & si quod reliquū fuerit, & nō fue-
rit 7, erit id cyclus Solis anni istius qui actu currit, & hoc est fundamentum
quæsitum.

PROPOSITIO VI.

Diem in quem cuiusuis mensis principium
cadat, inuenire.

انا ارنت تعرف اي يوم يكون اول الشهر فتنظر علامه الشهر الدي
تريد وتضيف اليها اس تلـك السنـه ومهما اجتمـع
معك تسقظ منـه سبعـه ومهبما فضـل
عن

عن السبعة ان فضل واحده اول الشهر الاحد وان فضـ___
اثنين فاوله الاثنـ___

Si volueris fcire, quis dies primus menfis, vide characterem menfis quẽ
vis, & addes ad fundamentum anni currentis, & a collecto fubtrahes 7 &
reliquum ex 7 fi fuerit 1, erit prima dies menfis feria 1, fi 2 erit menfis dies
fecundus, feria fecunda, & fic de reliquis. Atque hifce Canonibus refpondent ad vnguem Canones Computi Aetiopici, quos hic libenter ad-
duceremus, fi anguftia chartæ permitteret. Erat, & hoc eodem loco in-
terferendum Martyrologium Arabico-Coptico-Latinum expanfum___,
vna cum feftiuitatibus Sanctorum Ecclefiæ Alexandrinæ. Verum ne Sup
plementum in maiorem molem excrefceret, alio id tempori referuare
reuifum eft, vt vero curiofus Lector cognofcere poffit quiuis dies menfium Iulianorum, cui diei Aegyptiaco refpondeat, hic Pinacem dictorũ
fubiungendum exiftimaui.

Huic alteram, videlicet menfium Tabulam fubiecimus, in qua Hebræorum, Syrorum, & Arabum menfes; menfibus Coptitarum, quantum fieri
potuit, refpondentes, parallelo fitu pofuimus. Vt fi cui vno cum altero
conferre liberet, quo id poffet haberet. Vbi tamen notandum, plerofque
orientalium menfes cum Lunares fint, & fecundum Neomenias dies fuos
ordinent, diebus menfium Copticorum, vtpore folarium, & fixorum___,
non vfquequaque refpondere: fed veluti vagos, fedes fuas mutare; neq.
folares Orientalium dies, diebus Aegyptijs femper refpondent, fed di-
uerfas in eodem menfe fedes habent; quæ omnia fufiùs per expanfas
menfium tabulas in Oedipo oftendentur. Tertia Tabula continet Nomenclaturam dierum Septimanæ, varijs Orientis populis vfitatam, quam
ideo Menopinacio fubiunximus, ne quicquam, quod Lector defiderare___
poffet, omififfe videremur.

Tabula Mensium, dierumque Aegyptiacorum, ex qua dicto citius quis dies mensium dictorum, cui diei mensium Iulianorum

Dies Anni Aegypt.	Thoth incipit à	Paophi incipit à	Athor incipit à	Choiac incipit à	Tobi incipit à	Mechir incipit à
1	29.Aug.	28.Sep.	28.Oct.	27.Nou	27.Dec	26. Ian.
2	30	29	29	28	28	27
3	31	30	30	29	29	28
4	1. Sept.	1. Octo.	31	30	30	29
5	2	2	1. Nou.	1. Dec.	31	30
6	3	3	2	2	1. Ian.	31
7	4	4	3	3	2	1. Febt.
8	5	5	4	4	3	2
9	6	6	5	5	4	3
10	7	7	6	6	5	4
11	8	8	7	7	6	5
12	9	9	8	8	7	6
13	10	10	9	9	8	7
14	11	22	10	10	9	8
15	12	12	11	11	10	9
16	13	13	12	12	11	10
17	14	14	13	13	12	11
18	15	15	14	14	13	12
19	16	16	15	15	14	13
20	17	27	16	16	15	14
21	18	18	17	17	16	15
22	19	19	18	18	17	16
23	20	20	19	19	18	17
24	21	21	20	20	19	18
25	22	22	21	21	20	19
26	23	23	22	22	21	20
27	24	24	23	23	22	21
28	25	25	24	24	23	22
29	26	26	25	35	24	23
30	27	27	26	26	25	24

Vsus huius Tabulae.

Si velis nosse quisnam dies Iulianus cuinam Aegyptio alicuius mensis diei respodeat. Quaere diem Aegyptium in prima columna, deinde nomen Mensis

Aegy-

reſpondeat, indagari poteſt. Incipiunt antem Menſes Agyptiorum, eo ordine, qui ſequitur.

Phamenoth incipit à	Pharmyt incipit à	Pascois incipit à	Paonj incipit à	Epip incipit à	Meſori incipit à	
25. Feb.	27. Mart.	26. April.	26. Maij.	25. Iunij	25. Iulij.	
26	28	27	27	26	26	
27	29	28	28	27	27	
28	30	29	29	28	28	
1. Mart	31	30	30	29	29	
2	1. April.	1. Maij	31	30	30	
3	2	2	1. Iunij.	1. Iulij	31	
4	3	3	2	2	1. Aug.	
5	4	4	3	3	2	
6	5	5	4	4	3	
7	6	6	5	5	4	
8	7	7	6	6	5	
9	8	8	7	7	6	
10	9	9	8	8	7	
11	10	10	9	9	8	
12	11	11	10	10	9	
13	12	12	11	11	10	
14	13	13	12	12	11	
15	14	14	13	13	12	
16	15	15	14	14	13	
17	16	16	15	15	14	
18	17	17	16	16	15	
19	18	18	17	17	16	
20	19	19	18	18	17	
21	20	20	19	19	18	
22	21	21	20	20	19	24
23	22	22	21	21	20	25
24	23	23	22	22	21	26
25	24	24	23	23	22	27
26	25	25	24	24	23	28

Aegyptij in fronte Tabulæ, & angulus communis dabit diem Iuliani menſis correſpondentem: ita 16 diem menſis Mechir, inuenies reſpondere 10 Febr. 20. Meſſori, 12 Auguſti.

Tabula denominationis Mensium populorum Orientalium & correspon-
dentiæ vniuscuiusque ad menses Aegyptiorum.

Coptitarum.	Hebræorū.	Syrorum.	Græcorum.	Arabum.
Sept. ⲑⲱⲟⲩⲧ Thout.	אלול Elul.	ܐܝܠܘܠ Illul.	Βοηδρομιὼν	محرم Muharam
Oct. ⲡⲁⲟⲡⲓ Paopi	תשרי Thitri	ܬܫܪܝ Thisrin 1.	Πυανεψιὼν	صفر Saphar.
Nou. ⲁⲑⲱⲣ Athor.	מרחשון Marchesuā	ܬܫܪܝ ܒ Thisrin 2.	Μαιμακτηριὼν.	ربيع الاول Rabi prior
Dec. ⲭⲟⲓⲁⲕ Choiac.	כסלו Casleu.	ܟܢܘܢ Canun	Ποσιδεῶν	ربيع الاخر Rabi potter.
Ian. ⲧⲱⲃⲓ Tobi.	שבת Tebeth	ܟܢܘܢ ܒ Canon	Γαμηλιὼν	جمادي الاول Giamadi 1.
Feb. ⲙⲉⲭⲓⲣ Mechir.	שבת Scebat.	ܫܒܛ Scebat	Ανθεστηριὼν.	جمادي الاخر Giamadi 2.
Mar. ⲫⲁⲙⲉⲛⲱⲑ Phamenoth	אדר Adar	ܐܕܪ Adar	Ελαφηβολιὼν	رجب Rageb.
Apr. ⲫⲁⲣⲙⲟⲩⲑⲓ Pharmuthi.	ניסן Nisan.	ܢܝܣܢ Nisan	Μυνηχιὼν	شعبان Schaban.
Mai ⲡⲁϣⲱⲛⲥ Pascons.	אייר Iiar.	ܐܝܪ Iiur	Ταργηλιὼν	رمضان Rhamadan.
Iun. ⲡⲁⲱⲛⲓ Paoni.	סיון Siuan.	ܚܙܝܪܢ Haziran	Σκιρροφοριὼν	شوال Sceuel
Iul. ⲉⲡⲓⲡ Epip.	תמוז Thamuz	ܬܡܘܙ Thamuz	Εκατομβαιὼν	ذو القعدي Dulkaida
Aug. ⲙⲉⲥⲱⲣⲓ Messori.	אב Ab.	ܐܕ Ab	Μεταγητνιὼν	ذي الحجه Dalhagieh.

Deno-

Denominationes dierum Septimanæ.

Latini.	Hebræi.	Arabes.	Græci.	Coptæ.
Feria I. seu Dominica seu dies ☉	יום ראש יו שבת	يَوْم الاحد	ἡμέρα Κυριακὴ	ⲕⲩⲣⲓⲁⲕⲏ
Feria II. seu dies ☽	יום שני	يَوْم الاثنين	Δευτέρα	ⲡⲃ̅
Feria III. seu dies ♂	יום שלישי	يَوْم الثلثا	Τείτη	ⲡⲅ̅
Feria IV. seu dies ☿	יום רבעי	يَوْم الاربعا	Τετάρτη	ⲡⲇ̅
Feria V. seu dies ♃	יום חמשי	يَوْم الخميس	πέμπτη	ⲡⲉ̅
Feria VI. seu dies ♀	יום ששי	يَوْم الجمعة	Παρασκευὴ	ϯⲡⲁⲣⲁⲥⲕⲉⲩⲏ
Feria VII. seu dies ♄	יום שביעי	يَوْم السبت	Σάββατον	ⲡⲓⲥⲁⲃⲃⲁⲧⲟⲛ

Deno-

Denominationes dierum Septimanæ.

Latini.	Persæ.	aliter Perſ.	Turcæ.
Dies Dominica.	روز يكاحنة Ruz iacheh	چكشنبه Hacſanbe	بزرقوه Pazar kue
Lunæ.	روز دوجامي Ruz duiemi	دوشنبه Duſchanbe.	بزر ارتسي Pazar ertſi
Martis.	روز سيومي Ruz ſiumi	سهشنبه Sehſchanbe	صالي Sali
Mercurÿ.	روز ضهرني Ruz tzeharni	جهر سنبه Geherſchanbe	جهر سنبه Gehar ſanbe
Iouis.	روز فنجمين Ruz phengemin	پنج سنبه Peng ſchanbe	پنج سنبه Peng ſcanbe
Veneris.	روز ششمين Ruz ſcheſchmin	ادينه Adine	جمعه Giamah
Sabbati.	روز هفتمين Ruž haphtemi	سنبه Schanbe.	جمعه ارتسي Giumah ertſi C A-

C A P V T. V.

De Aegyptiacis Stellarum appellationibus.

ETERES Aegyptios, vti Astronomiæ inuentores, ita & stellis nomina imposuisse, adeò certum est, vt de eo neminem dubitare posse putem, nisi eum forsitan qui Astronomoru monumenta non viderit. Verum sicuti id in Oedipo fusè ostensuri sumus, ita in hac temporis angustia, cum mentem nostram circa dicta manifestare nequeamus ea consultò quoque obmittétes, ad ea duntaxat stellarum Nomina, quæ Scalæ magnæ Author proponens paulò succinctius explicat, nos vberius declaranda conferimus.

Triplex igitur stellarum ordo in Scala magna proponitur, quorum primus stellas in Zodiaco fulgentes proponit. Secundus 7 planetaru denominationes adducit. Tertius denique mansiones Lunæ siue stellas, quas Luna singulis suis periodis, id est 28. dierum spacio percurrit, explicat, & de primis quidem duobus iam dictum est, restat, vt de vltimis aliquid dicamus. sit igitur prima vox

ⲡⲓⲙⲱⲓⲧ ⲛ̄ⲧⲉⲙⲓ︦ⲧⲟ Hæc vox igitur Ægyptia, seu Copta est, quam nos *viam straminis*, seu *paleæ* interpretamur; hoc enim nomine appellant circulum illum candidum, quem γαλαξίας Grçci, Latini *viam lacteam*, seu τῦ γάλαϰτος ϰύϰλον, Proculus, & Cicero vocant; Ouidius iter quo ad Iouem accedebant Superi, his verbis.

> *Est via sublimis Cœlo manifesta sereno*
> *Lactea nomen habet, candore notabilis ipso*
> *Hac iter est Superis ad magni regna Tonantis*
> *Regalemque domum. &c.*

Dicitur autem Lacteus circulus à Poetis ob lac Iunonis effusum de quibus consule Hygin. Phornutum, aliosque Mythologos. Hæc inquam, via Copticè vocatur via straminis, seu paleæ, quam denomintionem reliqui Orientales ferè omnes sequuntur. Côstat autem duabus vocibus, quorum prima ⲡⲓⲙⲱⲓⲧ viam, alia ⲛ̄ⲧⲉⲙⲓ︦ⲧⲟ stramen, seu paleam significant, ⲛ̄ⲧⲉ verò est nota regiminis, vt in Grammatica docuimus. Atque hanc interpretationem nostrã verã esse docent Arabes

bes

bés,Syri, Aethiopes, Hebræi, aliiq.Orientales, Arabes جالاكسيا vocant
vt plurimum المجرى *Almagiret*, quasi diceres fluxum, seu tractum ex
sparsa palea, Author Scalę vti & Abenregel, ita eum describit *Almagiret*
& est via straminis, seu paleæ المجرى وهي طريق التبن Mor Isaac in sua
philosophia Syriaca, pari ratione, hunc circulum Lacteum, vocat *Se-*
*mitam straminis,*his verbis .

ܘܡܝܢ ܚܣܡܐ ܕܡܛܠ ... ܫܒܝ̈ܠܐ ܘܗܕ ܕܐܬܚܙܝ ܐܚܕܐ :

Zona vero quæ in 12 *signorum orbe spectatur,vocatur via straminis,seu*
paleæ. Aethiopes quoque, vt ab Abyssinis Sacerdotibus hic Romæ audiui, eam ጫዋለ ፀማፃፎ chafara tsamangadu, viam streminis vocant,
vt Hebræi נתיבה תבן omnes fabulæ Aegyptiorum subscriben-
tes.Fingunt enim Typhonê Isidis fugientis fasciculū aristarū sibi obiectū
in cælo dispersisse; vnde & plagæ illi via straminis nomen in hunc diem mansit, sed de his fusius in Oedipo nostro, quare hic occasionem_
appellationis huius tantum insinuasse sufficiat.

Post hæc adducit Author noster 28 stationes Lunæ, id est totidem_
constellationum, quas Luna singulis suis peirodis hoc est 28 dierum_
spacio attingit, nomina, eaque loca vocat Copto nomine ,
ⲛⲓⲙⲁⲛϣⲱⲡⲓ ⲛⲧⲉ ⲡⲓⲓⲟϩ hoc est *habitacula siue diuersoria*) Arabicè
منازل القمر *Hospitia Lunæ* seu *stationes Lunæ;* ⲛⲓⲙⲁⲛϣⲱⲡ enim plu-
ral. num. mansiones, ⲛⲧⲉ nota regiminis est, ⲡⲓⲓⲟϩ vero
Lunā significat. Atque has stationes Lunæ a primis temporibus vsque
in hunc diem Astrologos cum ad mutationem aeris explorandam; tum
ad inchoationem operum secundandam opportunas & scitu dignas, vt
aiunt ob stellarum influxus locis memoratis signiferi varios rerum effectus introducentes obseruare videmus. Constat autem quęlibet statio 12 gradibus & 24 min.vt cuiuis circulum in 28 partes diipescenti
patebit. Hæ stationes licet aliàs in octaua sphæra à capite ♈ inchoen-
tur, iuxta superius tamen orbis situm ob motum augium easdem nunc à
22 ♈ gradu moderni auspicantur Astrologi:vt fusius in Astrologia nostra Heroglyphica videbimus .ordo stationum Lunarium, earumque_
explicatio sequitur.

I ⲕⲟⲩⲧⲟⲩ Coptè *piscem* significat;hoc loco stationem piscis; arabicè بطن الحوت *Venter cæti,* siue *piscis;*estq.prima statio Lunę ab humi-
dita-

ditate perniciofa fic dicta, incipiebatq. à o grad. ♈ terminabaturq. in 12
grad. eiufdem figni & 24 minut.

2   ⲡⲓⲕⲭⲥⲩⲡⲓⲟⲛ Id eft *Pifcis Hori* arabicè السرطين ftatio Lunę eft, quam Author Scalæ his verbis defcribit:

السرطين وهوراس لحمل   *Sartin,* & *eft caput Arietis.*

   Abenragel ita dicit:

السرطير وهو منزل القمرفي برج لحمل فهو راس لحمل

Ideft, *Sartin ftatio Lunæ eft in figno Arietis, accipiturq. paffim pro ipfo ca-*
pite ♈. Initium eius 12 grad. ♈, & 24 min. finis eius vigefimus quintus
gradus eiufdem.

3   ⲕⲟⲗⲓⲱⲛ *ftatio connectens,* Arabicè بطين *Bathin,* ita eũ defcribit

Chamus   بطين هو منزل القمر فهو مثلث عند بطين الحوت

Batin, ftatio Lunæ eft, & *eft triangulum prope ventrem cæti.* Nos hanc
ftationem aliam non dicimus, nifi quam Triangulum fiue △ ἔλτα, caput ♈, & Pifcis Boreus eiufdem ferè latitudinis fundant. Initium
huius ftationis eft vigefimus quintus gradus ♈, finis nonus ♉.

4   ⲱⲡⲓⲁⲥ ideft, *ftatio Hori,* Arabicè الثريا *altharieh,* ftatio Lunæ eft, quam Pleiades pręftant ☽. Vocarunt autem Hori ftationem ab
Horias, eo quod Horus, quo mundi fęcunditatem, Plutarcho tefte
ἱερογλύφως innuebant, maxime in Tauro, Veneris domo Pleiadum confortio fefe exereret. Vnde & Hebræi has eafdem Pleiades עיש fiue

סוכות בנות *Gnafch, fiue fuccoth benoth,* ideft cõgregatiõe, fiue fil.
tabernaculi, filias opertas, & fotas vocãt: vt .n. Gallina pullos fuos fòuet, &
fuftentat, ita Hori mundũ inferiorem in hoc figno, Tauri ftatio. Vnde &
idolum eius fuiffe aiunt Gallinam cum pullis fuis : ita Raffi in cap. 5.
Amos, & in Iob ;

סוכות בנות דמות תרנגלת עם אפרחיה

Succoth benoth, fimulachrum erat Gallinæ cum pullis fuis. Has autem Succoth benoth eafdem effe cum Horias Aegyptio, & Arabum الثريا *Al-*
tarieh, quod idem eft ac ftatio Taurina الثريه (Altarie enim aliũde

                                     Bbbb   nomen

nomen fuum non inuenit, nifi à voce Arabica كور *tzuor*, quæ Taurum
fignificant. Expreffè docet his verbis R.Iona iu 5. Amos.

סוכות בנות זה : כוכבי במזלה אשר בלשון
אשמאלים אלתוריא

*Succoth benoth funt feptem ftellæ in Zodiaco, quæ lingua Ifmaelitica, ideft,
Arabica vocantur Altarieh.* Verum de hifce confule Templum Aegyptiacum, id eft primam partem Oedipi, vbi de hifce curiofa multa tradũ-
tur, cui refpondent verba Abenragel, qui in fua Aftrologia, manfiones
Lunæ defcribens, de hac ita dicit:

الغريا هو منزل القمر في برج الثور وقمهى دجاجه
السما مع فناتها

*Altarieh ftatio Lunæ eft in figno Tauri, & vocatur Gallina cæli, cum filia-
bus fuis.* Sunt nonnulli, qui confundunt التريا cum جناة النعش &
دغش لغارز id eft, cum filiabus pheretri, & pheretro Lazari, quas alij
Arcturum, alij Vrfam minorem dicunt, fed quid nos de eo fentiamus,
& quid verè ftatuendum fit, docemus in prima parte Oedipi, quod templum Aegyptiacum notauimus; certè Pleiadés ab Aefchylo, Pindaro,
Simonide πελειας ideft Columbas dici apud Athenæum reperio, neque alio refpicit Homerus, quũ in defcriptione Scyphi Neftorei πελεια-
δας columbas Ioui canit ambrofiam pocillari, πελειας intelligens,
Sed, vt ad noftrum inftitutum reuertamur, vocatur ⲱⲡⲓⲁⲥ alio quo
que nomine Copto ⲉⲝⲁⲥⲧⲣⲁⲛ quafi diceret 6 aftra, quibus fanè
verbis luculentiffimè indicatur, aliud non fe intelligere nifi التريا
Altarieh, hoc eft Pleiades confentitque id Ouid.

> Pleiades incipiunt humeros tolerare paternos.
> Quæ feptem dici, fex tamen effe folent.

Initium huius ftationis eft nonus gradus ♉ ; finis vigefimus primus
eiufdem. Sed hæc forfan fufius quam par erat.

5 ⲡⲓⲱⲡⲣⲟⲛ *Statio Hori maior*, Arabice الدبران *Aldebaran*, vocatur ſtatio Hori, eo quod ſicuti eandem ferè cæli plagam cum præcedente obtinet, ita & ab operationibusHori maximè efficacibus in hac ſtatione denominationem ſuam inuenit: de hac ita Abenragel.

الدبران هو منزل في برج الثور فهو عين الثور

id eſt, *Aldebaran ſtatio Lunæ in ſigno Tauri eſt*, & *vocatur oculus* ♉.

Sequuntur Arabes Aſtrologos omnes moderni, qui Aldabaran poſtea pro oculo ♉ ſumunt; Grecis dicitur λαμπαδίας, ab inſigni videlicet ſplendore ſic dicta, initium eius 21 grad. ♉ ; finis quartus ♊.

6 ⲕⲗⲥⲟⲟⲟ *Clauſtrum*. ſtatio Lunæ ſic dicta Arabicè النقلة, nihilque aliud eſt, quam duæ ſtellæ in ♊, quarum prima, quæ pedes eorum præcedit, Græcis Gemino teſte προπῦς; altera ὁ ἐπὶ τῆς κεφαλῆς ſecundæ magnitudinis, Arabibus راس الجوزا *Ras algeuſe*, hoc eſt caput ♊ dicitur. Has ſtellas duobus nominibus alijs ab Arabes deſcriptos reperio videlicet, اغرقلس وافولن *Garakles*, & *Apullun*, quæ res cum me perplexū redderet, tandē huiuſmodi Græcis nominibus corruptis Herculem & Apollinem (quibus nominibus τοῖς διδύμοις ſiue Geminos apud Mythologos appellatos lega) indicare voluiſſe inueni, incipit hæc ſtatio à quarto Geminorum, & terminatur in decimoſeptimo eorundem.

7 ⲕⲗⲉⲡⲓⲁ Arabibus الهنعة *Alhenaah* Lunæ ſtatio eſt, quā Abnragel ſic deſcribit:

الهنعنه هي منزل القمر في برج التوميان جسمهوهـا
كتف التوميان

Alhenaah Lunæ ſtatio eſt, *quam vocant ſcapulas Geminorum*, *incipit autem à decimoſeptimo*, & *terminatur in trigeſimo* ♊.

8 ⲡⲓⲉⲉϭⲓ *id eſt cubitus*. quaſi diceres ⲡⲓⲉⲉϭⲓ ⲛ̅ⲧⲉⲕⲉⲱⲛ cubitus Nili, Arabicè دراع الاسد *Darah Eleſſed* cubitus Leonis. Ego arbitror hanc ſtationem malè dictam ab Arabibus cubitum ♌, cum integro adhuc ſigno diſtet : dicitur igitur ⲡⲓⲉⲉϭⲓ ⲛ̅ⲧⲉⲕⲉⲱⲛ, id eſt cubitus Nili, eo quod circa hanc ſtationem Lunæ, Nili incremen-

ta incipiebant comparere in Nilometro, in ſuos cubitos diuiſo . de
quibus nos fuſè alibi . incipit autem hæc ſtatio à principio ♋, & terminatur in 13 eiuſdem .

9   ⲦⲈⲢⲈⲈⲬⲒⲌ *Statio diſcenſus, ſeu influentiæ* Arabicè النثرة *Al-*
nathreh, eſt ſtatio ☽ in ſigno ♋. ita Abnragel النثرة منزل القمر في
برج السرطان *Alnathreh, Lunæ manſio eſt in ſigno* ♋ . Ego puto eſſe
duas ſtellas illas, quas Proclus ὄνος, Latini Aſellos vocant. Vide Plin·
lib. 18. initium huius ſtationis eſt decimus tertius ♋, finis eiuſdem
vigeſimusprimus ♋ .

10   ⲦⲒⲒⲀⲌⲦⲞⳝ *Seipſam parturiens.* Manſio Lunæ Arabibus dicta
الطرف *Eltarph.* occupat totum ſpacium á vigeſimoprimo gradu ♋
vſque ad nonum gradum ♌ .

11   ⲦⲦⲈⳝⲚⲒ *Frons.* Arabicè الجبهة *Elgebhel.* ſtatio Lunæ eſt
in ♌ fronte, ita Abnragel.

الجبهة منزل القمر في برج الاسد وهي جبهة الاسد

    Algebbet, Lunæ manſio eſt in ſigno Leonis , & eſt frons Leonis
      Initium eius nonus gradus ♌ , finit 21. eiuſdem

12   ⲦⲒⲒⲭⲱⲢⲒⲞⲚ idem, ac ὑπαρχὴς, ſtatio eſt, quam Scalæ Author
الخرقان *AlcharKam* alij الزبرة *Alzabre,* vltimamque partem ♍ occupat , ideſt vigeſimumprimum grad. ♌ vſque ad quartum ♍ .

13   ⳐⲥⳝⲭⲬⲒⲌ *Statio Amoris,* Arabibus الصرفة *Alſarphet,* ſtatio Lunæ eſt. de qua ita Abnragel .

الصرفه هي منزل القمــــر في برج العذرى التي هي
السنبله فيرفع البـــرد

Altarphet ſtatio Lunæ eſt in dodecamorio ♍ *quæ & Sanbalet dicitur, tollitq.*
frigus , alij quoque hanc plagam vocant الصماح *Alſamach,* Græci ϛάχυϛ
Latini ſpicam ; de quo ita Aratus .

     ἥ ἐν χεροῖ' φέρει ϛάχυν αἰϛλήεντα, *quæ explicans Cicero*

     Spicam illuſtre tenens ſplendenti corpore virgo

                                      incipit

incipit hæc ſtatio à nono ♏,& terminatur in decimooctauo gradu eiuſdem dodecamorij virginis.

14 ⲁⲃⲟⲕⲓⲁ *ſtatio latrantis* ,forſan à Canicula ; quæ hoc in dodecamorio olim occidebat Arabicè العوا *Algaua* , manſio Lunæ eſt in dodecamorio ♏,cuius initium decimusoctauus gradus ♏,finis trigeſimus eiuſdem.

15 ⲭⲱⲣⲧⲟⲥ *ſtatio altitudinis* , Arabicè السماك *AlſamaK*, Lunæ manſio eſt in Libra, initium eius o gradus ♎,finis eius tertiusdecimus eiuſdem.

16 ⲭⲁⲙⲃⲉⲗⲓⲁ *ſtatio propitiationis* , Arabicè. الغفر *Algaphra* Lunæ ſtatio eſt in dodecamorio ♎; incipir á decimotertio grad. ♎ & terminatur in 26 gradu eiuſdem.

17 ⲧⲡⲣⲧⲛⲉⲓ Arabicè الزبانان *ſtatio Lunæ eſt* cuius initium vigeſimusextus grad. ♎ finis primus ♏.

18 ⲥⲧⲉⲫⲁⲛⲓ *Corona* Arabicè ليكل *ſtatio Lunæ eſt* , cuius initium nonus ♏ , finis vigeſimus primus eiuſdem.

19 ⲭⲁⲣⲃⲓⲁⲛ *Cor.* Arabicè القلب *ſtatio Lunæ eſt* propè cor Scorpij ita *Ahenragel.*

القلب هو منزل القمر في برج العقرب فهى قلب العقرب

AlKolb Lunæ ſtatio eſt in dodecamorio ♏ *& vocatur Cor Scorpij,initium eius vigeſimusprimus grad.* ♏,*finis quartus Sagittarij.*

20 ⲁⲧⲧⲓⲁ *Sancta* , Arabicè الشولة *Alſchaulet* ,ſtatio translationis Caniculæ in cælum, vnde & ⲥⲓⲱⲧ vocatur. de qua ſtatione peculiari tractatu agendum in Oedipo. longitudo huius ſtationis eſt à quarto ♐ vſque in 17 eiuſdem; hæc ſtatio abAegyptijs quoq. vocatur ⲥⲟⲗⲉⲕⲁ ſiuè ⲁⲥⲧⲣⲟⲕⲏⲱⲛ.

21 ⲛⲓⲙⲉⲁⲙⲉⲣⲉϩ *ſtatio gratiæ* , *& iucunditatis* , Arabicè النعايم *Elnaaim*, ita dicta,quod lætam produceret ſegetem . Statio hæc principium ſuum habet à decimo ſeptimo grad. ♐, & terminatur in trigeſimo grad. ♐.

ⲛⲟⲩ

22 ⲡⲟⲗⲓⲥ *Ciuitas*, Arabicè البلده *Elbeldeh.* Statio Lunæ eſt intra o grad. & 13 ♑ de qua ita Chamus:

البلده هو منزل القمر في برج الجدي بين النعايم ومسعد

Albeldeh. ſtatio Lunæ eſt in dodecamorio Capricorni inter Elnaim, & Meſchadt.

23 ⲥⲁⲉⲇⲧⲟⲩⲥ ideſt *Brachium ſacrificij.* Arabicè سعد الدباح *Saad eldababh,* incipit à decimotertio grad. ♑ & terminatur in 25. grad. eiuſdem ſigni.

24 ⲥⲁⲉⲯⲣⲓⲧⲟⲩⲥ *Beatitudo*, ſiue *brachium abſorptum.* Arabicè سعد البلح *Sead elbelah,* Statio Lunæ eſt, quæ incipit à 29. grad. ♑, & terminatur in 9. grad. ♒, vocatur hæc etiam ذنب الجدي cauda Capricorni, à Stella 1. mag. in radice caudæ fixa.

25 ⲥⲁⲉⲥⲓⲛⲉⲥⲧⲏⲥ *Beatitudo beatitudinum*, ſiue *Brachium brachiorum*, Arabicè شسعد السعود *Saadelſaaud.* Statio Lunæ eſt in dodecamorio ♒, cuius initinm eſt 9. grad. ♒, & finis 21. eiuſdem. Quidam Arabum hanc plagam vocant quoque فــــم الحـــوت ideſt ⲁ *Os piſcis* : Eſt enim, vt cum Græcis loquar, σῶμα, فــــم الحـــوت ὡς ἤγουσι τ̄ κεφαλὰς ὑπὲρ μονάζοντος : & videtur ex antiquorum mente ſidus hoc potius referendum ad Piſcem Meridionalem, & ſolitarium, quam ad Aquarium. Nos igitut hanc ſtationem potius dicimus occupare eam plagam, quam Græci χύσιν ὕδατος, & ob anfractus ἀρπεδόνω dixere ; corruptè legitur in Vitruuio hoc loco ἀρμήδῶν ; pro ἀρπεδόν, quod dextros notare velim. Heſychius enim expreſſè ἀρπεδόνω interpretatur, τὴν ἀμυδρῶν ἀσέρων χύσιν, ideſt obſcuriorum ſtellarum fuſionem.

26 ⲥⲁⲉⲥⲃⲉⲣⲓⲁⲛ *Brachium abſconditum*, Arabicè سعد الاخبيه *Saad elachbieh.* Statio Lunæ eſt, quæ incipit à vigeſimo primo grad. ♒, & terminatur in 4 ♓.

27 ⳁⲁⲣⲧⲣⲁⲇⲟⲥ *Statio prioris germinationis*, Arabicè القرع المقدم *Alphara elmaKadam,* ſtatio Lunæ eſt, cuius initinm eſt à 4. grad. ♓, & finis eius in 17. grad. ♓.

ⳁⲣⲧⲣⲩ

28   ᴀρⲧⲧⲉⲗⲟⲥⲓⲉ *Posterior germinatio*, Arabicè الفرع المؤخّر
Elphara elmuchar, ſtatio Lunæ eſt, à 17. grad. Piſcium vſque in 30. grad.
eiuſdem extenſa.

Atque hæc ſunt Nomenclaturæ à veteribus Aegyptijs vſitatæ, quarū
ordinem, & energiam poſt Arabes Brachmanes Indorum Philoſophi ſe-
ctati ſunt, vt ex libris eorum patet, quorum linguam non ita pridem in-
ſtaurarunt duo Societatis noſtræ Patres, Thomas Stephanus, & Didacus
Ribeiro, cum ijſdem Brachmanis multis annis in India conuerſati, ita retulit mihi P. Franciſcus Caruälius Procurator Prouiuciæ Goanæ ex India Romam hic eodem tempore, quo hæc ſcribo, deſtinatus Procurator;
qui & Idola Brachmanum ſecum habet, Aegyptiorum Idolis non abſimi-
li. Sed hæc, & ſimilia ex profeſſo in Oedipo, vbi & manſionum Lunæ, virtutes, influxus, rationes myſticas, & hieroglyphicas, vti & eorundem
præſides genios, ex mente Hierophantarum fuſe declarabimus.

Nomina Arabica Stellarum Septemtrionalium extra Zodiacum.

IN Boreali hemiſpherico Vrſa occurrit Minor & Maior. Minor
ἄρκτος μικρὰ ἅμαξα plauſtrum: cuius vltima vicino Polo· κυνοσοῦρα
Phænicibus Arabibus الركبة Alrukba dicitur. Vrſa maior ἅμαξα με-
γάλη ἑλίκη Græcis dicta, Arabibus الدبّ Aldubbeh, id eſt Vrſa, quarum prima trium ſuper Caudam dicitur الهيات Alhaiath;
vltima Caudæ الليّة Arabes Chriſtiani vulgo hunc ἀσεισμὸν vocant
نعش لعازر naaaſch lazzar, id eſt Pheretrum Lazari, ita tamen vt
quatuor illas lucidiores quæ in corpore Vrſę quadrangulum conſtituunt
pheretrum, Caudam vero tribus maioribus fulgentem بنات النعش Be-
nath Alnaaſch, id eſt filias pheretri dicūt, quarum nomina ſunt مريم مرتا
وامة Maria, Martha, & famula, vt in ſubiecto ſchemate apparet.

بنات

بنات النعش

*   *

*   نعش العازر Pheretrũ Lazari.

مريم Maria   *   *

*

مرثا Martha

*

الامة Famula

Draco تعبان Taaban ; In mappa Arabicą التنّين Eltanin , alij vocant راس ابن Res Aben , id eſt caput filij: perperam ; hoc enim nomine Cepheus appellatur, errorę igitur, ita corrige راس تعبان Res Tabaan , id eſt caput Draconis.

Arcturus, Bootis ſtella الرمح.

Cæpheus قيفوس cuius tertię magnitudinis vocatur الدرع Aldarah humerus.

Gallina , Vultur volans, الدجاجة Aldagiagieh Gallina. ὄρνιθ ὂ τῇ ὗέα ὄρνιθος λαμπρὸς, ſecundæ magnitudinjs ذنب الدجاجة Deneb Eldagiagie; Cauda Gallinæ.

Caſſiopæia , ذات الكرسي الصدر Sedar dath elKarſi, pettus ipſa ſedes.

Perſeus caput Gorgonis, راس الغول Ras Algol in dextero latere fulgens, جنبي latus.

Andromeda مرء المسلسلة Marat Elmoſechelſet mulier catęnata.

Coro-

Corona Gnoſia الكليل الفكح *Alpheta*, in mappa Arabica الكليل ﺳﻤﻠﻰ corona dextra.

Hercules لاتي الركبة ingeniculatum; eſt enim ſignum quod

.... ἐν γουνᾰσι κᾰμνὸν
ὀκλάζοντι ἔοικεν, *quod ita Cicero vertit*
ἐν γουνᾰσι *vocitant, genibus quod nixa feratur.*

Capellæ المعربن *Elmaharin*, eſt ſtella primæ magnitud. in Erichto nio, ſeu Auriga

Ophiuchus, ſeu ſerpentarius الحاوي *Alhaui*, corruptè *Alhangue*

Auriga السماك *ElſamaK* alijs.

Telum, ſagitta. الشهم *Elſchaham*.

Aquila الطهير *Altair*.

Pegaſus الفرس *Alpharas*. equus

Equiculus الفرس المق *Alpharas ElmaK*.

Delphinus دلفين *Delphin*.

Auſtralium Stellarum nomina extra Zodiacum.

Hæc ſigna à D. Iobo vocantur חֲדָרִי תֵימָן *Tзµᾱᾱ*, id eſt penetralia, ſiue interiora Auſtri, eo quod occultentur, & noſtros fugiant aſpectus.

Os cæti, منكار *Manchar* roſtrum cæti.

Venter cæti بطن قيطوس *Beten ElKeitus*.

Caudà cæti دنب القيطوس *deaneb elkeitus*,

Orion المجارب خرزه لجبار *Almacharrab, Geaſe, elgaborr* id eſt bellator fortis, Gigas, quorum duæ fulgentiores vocantur prior يد الحوزه Iad elgeuze, perperā, & corruptè Bea elganze. altera رجل الجبار *regel elgebar* pes gigantis.

C c c c   Erida-

Eridanus ſiue Fluuius النهر vt *Elnahar*, corruptè *ElKarnar*.

Lepus ارنب *Arneb*.

Canis maior السّاري اليمني *Alſchari eliemani*, vocatur etiam ab Aegyptijs, ἀςροχύων Σωθη & σολεχή, à Græcis Σάειος Virg. 4. Georg.

> *Iam rapidus' torrens ſitientes Syrius Indos*
> *Ardebat cælo.*

Canis minor الشّاري الشّمالى *Alſchare elſchemali*, Græci προχύων, Antecanis; ita Aratus

> *...... & hic Geminis eſt illa ſub, ipſis*
> *Antecanis Graio προχύων qui nomine fertur*

Argo Nauis مركب *MarKeb*. Aegyptijs ΚΑΠΟΤΒ.

Hydra الحوّية *Alhauieh*.

Crater الورد vel فرمز *Aluarad Alpzharmaz*.

Crater الطّاس *Altas*.

Coruus الغراب *Algorab*.

Acerra المجرامه *'Almegrameth*.

Corona Auſtralis اكليل *Corona EKlil*.

Atque hæ ſunt conſtellationes, quarum Arabes in ſuis Libris, Mappis & Aſtrolabijs mentionem faciunt. Quas etiam in gratiam eorum, qui Aſtronomiæ Arabicæ operam dare volunt, adiungendas duxi, Aegyptiacæ veterum appellationes cum fuſiorem tractatum requirant, Oedipo reſeruauimus, vbi & ſingula fuſius diſcutientur.

C A-

C A P V T V I.

De Ponderibus & Mensuris Aegyptiorum.

NTER cætera, in quibus decernendis indefeſſa hucuſque philologorum deſudat induſtria, non minimum locum occupat ea, quæ de ponderibus & menſuris eſt materia ſanè vti abſtruſa, ita difficilis, & à nemine hucuſque penetrata, cuius quidem difficultatis aliam rationem non inuenio, niſi diuerſos diuerſarum Nationum vſus & conſuetudines, quibus non dicam rationes; ſed & ipſa adeo oppida inter ſe diſſidere videntur. accedit variæ temporum conditio, principúmqae voluntas, qua rerumpubl. neceſſitate ſic poſtulante, leges modò conduntur nouæ prioribus irritatis, modò rerum per contractus ciuiles acquirendarum valor augetur, vel minuitur : vnde ex perpetua mutationum huiuſmodi viciſſitudine magnam rerum incertitudinem oriri neceſſe eſt, quæ vti in omnibus à principum voluntate dependentibus, ita & potiſſimum in hac materia de ponderibus & menſuris quæ ſunt veluti, inſtrumenta quædam iuſtitiæ, quibus vnicuique, quod ſuum eſt decernitur, locum habet. Nemo igitur miretur, ſi tantam viderit Authorum circa dictam materiam diſceptantium inconſtantiam ; cum ſi nomina ipſa excipias, ponderum & menſurarum præſertim veterum determinata quantitas, non incerta dumtaxat, ſed & Authorum æquiuocatione ita deprauata, vt vix vlla de ijs certa notitia haberi poſſit:cum igitur hanc literarum calamitatem, non ſine dolore intuerer; fontes ipſos adeundos, vt aliquid tandem certi ſtatui poſſit exiſtimaui, quod facere videor, dum Nomenclaturas ponderum & menſurarum in hac Scala magna nominum Coptorum, exhibitas quidem, at non vt voluiſſem minutim diſcuſſas, in hoc ſupplemento, denuò, ne Lector in ijs quæ tradidimus dubius perplexuſq; hæreret, explanare aggredior.

Quadruplicis generis menſuræ in Scala proponuntur, quarum primi generis ſunt menſuræ interuallorum, quibus in mercimonijs agrorumq; dimenſione vtimur, cuiuſmodi ſunt, pes, palmus, vlna, brachium, paſſus, cubitus, calamus, ſtadium, milliare, peraſanga, leuca.

Secundi generis ſunt menſuræ aridorum, cuiuſmodi apud Hebræos

ērant Chorus, Gomer, Ephi, Cabus. & apud Græcos Medimnus, Chænix, Cotyla, & apud Romanos modius.

Tertij generis funt menfuræ liquidorum, quales funt Hebræorum
Bathus, Hin, Log. Græcorum Amphora, Vrna, Metreta, Congius, Ro-
manorumque fextarius & Cyathus.

Quarti generis funt ponderum diuerforum appellationes, quales
funt Hebræorum Kicarim, Minæ; Sicli, Gheræ. Græcorum, & Romanorum Talentum, Libra, Vncia, Denarius, Drachma; de quibus fingulis etfi in Scala tractetur, quia tamē in varia dubia eæ trahere poffunt
Lectorem, hic enucleatius defcribendas duxi. Menfuræ igitur veterum
Aegyptiorum ad interualla metienda apta erant.

ⲡⲓⲗⲩⲕⲟⲥ ⳨ ⳨ⲉⲣⲧⲱ ⳨ ⲟⲩⲕⲟⲧ ⳨ ⲛⲓⲕⲁⲱⲏⲛⲧⲉⲡⲓⲝⲓⲛⲩⲓ ⳨
⳨ⲥⲧⲁⲁⲓⲟⲛ ⳨ ⲡⲓⲗⲗⲩⲗⲗⲱⲛ ⳨

ⲡⲓⲗⲩⲕⲟⲥ   Aegyptia menfura idem eft, quod Græcis λίχας, Arabibus ختر pheter, eftque interuallum inter pollicem & indicem
cum quam fieri poffit, maximè diftenduntur, ita pollex εἰ δὲ τ̄ μέγαν
δάκτυλον τῷ λιχανῷ αὐπτείνας, τὸ μέτρον λίχας. id eft fi pollicem ad partem indici contrariam tendis, menfura lichas dicitur, ac decem digitorum eft; ita citato loco Author ποιεῖ δὲ ἀπὸ τ̄ μεγάλου δακτύλου πρὸς τὸ
τ̄ δακτύλου ἀκρὸν δακτύλοις δέκα. Interuallum inter pollicem & fum-
mam indicis partem, efficit decem digitos. At lichade longior eft nimirum vno digito, ὀρθόδωρον, quod rectum palmum interpretor, videlicet inter primam palmæ partem quam κάρπον vocant, & fupre-
mam medij digiti; ita Pollux, & Hefychius,

Palmum autem Aegyptij   ⳨ⲉⲣⲧⲱ شبر   Schabar Arabes vocant,
ac 4 digitis conftat. Græcifque δοχμὴ dicitur. ita pollux δοχμὴ δὲ
συγκλασθέντες οἱ τέσσαρες δάκτυλοι, dogme verò funt 4 digiti conclufi,
tranfuerfa enim manu metimur, hac menfura vtitur Ariftophanes in
equitibus. Allantopola verò de Corio loquens carpit Cleonem καὶ πεῖν
ἡμέραν φορῆσαι μεῖζον ἳ δύοιν δοχμῶν antequam dies abiret, ſmaius bino
palmo erat, δοχμὴ verò δακτυλοδοχμὴ, παλαιστὴ, ϛ δῶρον, idem fignificant & vnaquæque πτεραδάκτυλος ab Hefychio defcribitur.

ⲟⲩⲕⲟⲧ   menfura eft quam Arabes (القلة) القلة vocant. eadē eft
cum

cum vrna,eſtque extenſio vtriuſque brachij in longum cui altitudo hominis æquatur. nos ex Copto interpretamur eum cubitum maiorem;
Quod vt intelligas notandum eſt, apud Aegyptios varium fuiſſe cubitum. Nã alius erat 24 digitorum,alius 32,quidam arundinem ſeu calamum aut perticam: aius ſtaturam hominis adęquabat; ita Abulfeda
Arabs in prolegomenis Coſmographiæ ſuæ, verba eius ſunt.

واعلموا ان بين القسما المصري والمحدثين ايضا اختلافا في الاصطلاح
على الدراع والميل والفرسنح واما الاصبع فليس ما بينه م
فيها اختلاف لانهم اجمعوا واتفقوا ان كل اصبع ست سعيرات
معتدلات لان مصموم بطون بعضها الى بعض اما الدرع فالخلاف
بينهم فيه حقيقه لانه عند القسما اثنان وثلثون
اصبعا وعند المحدثين اربع وعشرين اصبع ا
ودراع القسم ا اطول من دراع المحدثين ثملن اصب وا
وهو تسر الكهنه

Id eſt,ſciatis igitur, quod inter veteres & recentiores de cubito, mil-
liari & paraſanga multum controuertitur, & de digito quidem conue-
niunt in hoc, quod omnis digitus ſit menſura ſpacij quod 6 grana hordei
explent, æqualia & ſecundum latitudinem iuxta ſe poſita. In Cubito
verò diſcordant aliquantulum. eſt enim antiquis cubitus vnus 32 digitorum;recentioribus verò 24; ita vt veterum cubitum, cubitus recentiorum
ſuperet 8 digitis; cubitum autem maximum calamo ſeu perticæ, vti &
ſtaturæ hominis æquatum infra probabitur. Porrò digitum 6 granis
hordei conſtare, Rabbini quoque affirmant hiſce verbis:

ויש לאמה ו טפחים ולפה אחד ד אצבעות
בגדל ולאצבע וגרגרי שעורה וזה אמה של
משה אמה התורה והבנין:

*Habet autem omnis cubitus 6 palmos, & palmus 4 digitos in pollice;
& digitus 6 grana hordei, & hic eſt verus cubitus legalis & ædificij,
ſcili-*

scilicet quo lex in ædificiorum & structurarum descriptione vtitur , quæ
& Raffi hoc loco affirmat:

ואצבע ו גרגרי שעורה

habet digitus 6 *grana hordei*, quæ eôsonant Syriaco, *digitus* 6 *granorum
hordei mensura est* . Ex his patet cubitum minorem videlicet 24 digitorum æqualem esse cubito Mosaico seu legali; est autem cubitus longitudo tanta , quanta est à brachij flexura, seu prominentia exteriori,
vsque ad medij digiti summitatem; siue quod idem est à medio pectore
ad cubitum ipsum, seu flexuram brachij, quod spacium priori, teste Pol-
luce, prorsus æquale est.

Ἀπὸ δὲ τῷ ὠλεκράνω πρὸς τῷ μέσου δακτύλου ἀκρὸν τὸ διάστημα πῆχυς, καὶ
ἐχ ὁ πόδα καὶ μέσον, καὶ διάστημα ἄπὸ τῷ μέσου τῷ σπηθει πρὸς τὸ ὠλέκρανον
τῷ προτέρῳ ἵσον.

id est *à flexu cubiti* , *vsque ad medij digiti. summum* , *interuallum*
cubiti pedem continet & medium, cui interuallum à medio pectore ad flexu-
ram cubiti æquale est, continet autê vt dixi huiusmodi digitus 6 palmos,
& palmus 4 digitos in pollice , & consequenter 24 digitorum cubitus vnus , qualis est quem iam explicauimus Aegyptiorum vulgaris,
& legalis Hebræorum . Ex quibus patet cubitum huiusmodi quater
sumptum perfectè explere hominis longitudinem (quæ sumitur ab
extensione brachiorum) & altitudinem siue staturam eiusdem . His
igitur præmissis nunc ad reliqua .

ⲠⲒⲔⲀϢ ϫⲈⲚⲦ ⲉⲠⲒ Ⲁⲕ ϣⲓ, vel etiam ⲠⲒⲔⲀϢ ϫⲈⲚⲦ ⲉⲠⲒ ⲭⲒⲚ ⲀϢⲓ
in Scala Calamum mensoriũ interpretatus sum, & diligentiori scrutinio
huic voci incumbens, deprehendi tandem illud significare calamum
Ibidis, seu Ciconiæ Aegyptiæ; ita vt hæc vox ex ⲠⲒⲔⲀϢ & ⲠⲒ ⲦⲀϢ
quorum illa crus, tibiam, calamum , arundinem , hæc Ibin & Ciconiam
significat , composita intelligatur . Quasi diceres passum seu vlnam
Ibidis ; quod ab Ibidis incessu primum sit inuentus & obseruatus. Nam
vt rectè Clemen. Alexandr. ἀριθμοῦ γὸ ἐπινοίας καὶ μέτρα μάλιστα τῶν ζώων
ἡ ἴβις ἀρχὴⁿ παρεσχῆσθαι τοῖς τοῖς Αἰγυπτίοις , *numerum videlicet inuentio-*
nis & mensuræ maximè ex animantibus videri præbuisse Aegyptijs ibidê;
Solebant enim veteres Aegyptij vsurpare , vt plurimum mensuras ex
animantium incessibus constitutas; quæ cum idem semper ex naturæ
necessi-

neceſſitate agerent, aſſumptæ quoque menſuræ certiori ſolidiorique
ſtabiliebantur fundamento . Qualis autem hic paſſus Ibidis fuerit iam
reſtat inquirendum : certè altitudinem hominis adæquaſſe reperio ;
ſimulque fuiſſe menſuram trianguli Ibiaci; ita Albenephi de ſacro Aegyptiorum cultu . verba eius ſunt ſequentia .

وباع المصريون هو طول الانسان فاسمه باع كبير الكركي ومساحة
المثلث الكركي وهو سر الكهنة ۞

*Baa menſura Aegyptiaca tanta quanta hominis perfecti altitudo, & hanc
vocabant paſſum magnum Gruis, & menſuram trianguli Ibiaci, & hoc erat
arcanum Sacerdotum .* Quid triangulum Ibiacum ſit in prodromo diximus , quis autem aut quantus paſſus Ibiacus fuerit in eo inueniendo,
quantum æſtuauerim dici vix poteſt; ſecretum tamen Deo dante erui,
vt oſtendo . Cum enim altitudo hominis, è quatuor cubitis communi-
bus Ægyptiorum conſtet, vnus quoque cubitus 6 palmis cum 4 digitis,
debet neceſſariò vnus cubitus communis conſtare 24 digitis,& conſe-
quenter ⲟⲩⲕϩⲟⲩ ſeu Baa (quam ſupra vti & in Scala, menſuram
ſpacium vtriuſque brachij in longum perfectè explentem interpretati ſumus) 46 digitis conſtabit . At totidem digitorum cubitum
myſticum, ſeu ſacrum Aegyptiorum, quem paſſum Ibidis vocant,
inuenio hac ratione; cum Ibidis crus, ſeu tibia Albenephi & Abulfeda
teſte æqualis ſit cubito maiori Aegyptiorum videlicet 32 digitorum .
Ibis quoque ambulando βῆμα ἰσοπάλλεον , Plutarcho teſte conficiat,
erit Ibiacum trigonum 96 digitorum, ἰσοπλεύματεον tribus cubitis τεια-
κόντα δύα δακτύλοις , id eſt 32 digitorum,& altitudini humanæ é 4 cubitis conſtantis ſtaturæ . atque hoc eſt myſterium illud Sacerdotum,
de quo loquitur Albenephi quod & nomen Coptum ⲟⲩⲕϩⲟⲩ ,
confirmat . idque dupliciter ſcribere ſolebant, primo ita ⲟⲩⲕϩⲟⲩ
cubitus videlicet 32 digitorum,deinde hac ratione ⲟⲩⲧϩⲟⲩ quo
cubitum maximum notant,quem & ⲡⲓⲕⲁϣ ⲛ̄ⲧⲉⲛⲓⲥⲧⲁⲏⲩⲓ , id eſt
paſſum Ibidis tricubitalem,ſiue calamum , aut arundinem , ſeu crus
Ibidis triplicatum, Arabicè القصبة الكركي Scala vocat, qui
paſſus longitudini humanæ exactè reſpondent .quem & paſſum ἠλία ποδόν
non

non immeritò appellare poſſumus, totidem enim pedum nominis optimè proportionati ſtaturam aſſignant Geometræ. Myſteria autem, quæ
ſub hoc paſſu recondita habebant, & quomodo ſub hac menſura Mercurium repræſentabant, cum altioris conſiderationis, quam vt hic tradi
poſsit, Oedipoſeruendum relinquimus.

ΠΙϹΤⲤⲀⳆΙⲆⲚ idem quod ſtadium ſonat, Arabicè الغلوة eratque
apud Aegyptios varium:quidam id faciebant 65 cannarũ ſeu perticarũ,
alij 85;nec deſunt qui id diſiniant ſpacio 400 cubitorũ,ita Author Scalę

الغلوة خمسة وسبعين قصبه وقد وجد في نسخة عتيقة مره ان الغلوة
خمسه وثمانين قصبه فيقال ايضا ان الغلوه اربع مايه دراعا

id eſt, *ſtadium eſt 65 calamorum & inuentum quoque in antiquo exemplari, ſtadium eſſe 85 calamorum ſeu perticarum. dicitur etiam quod ſtadium ſit 400 cubitorum, ſeu brachiorum & dicitur iaćtus ſagittæ.*
Atque hæc vltima menſura reſpondet exaćtè ſtadio Græcorum, cum
enim Suidas ςάδιον ἐχὺ πόδας χ, *ſtadium ſexcentos pedes habere dicat*
& Herodoto in hoc ſubſcribat, pes autem 16 digitorum ſit, ſiue 4 pal-
morum.iuxta verba citati Herodoti in Euterp.
Ἐξαπόδου μὲν' τῆς ὀργυῆς μεϛεομένης καὶ τετραπήχεος τῶν πόδαν μὲν' τεϛαπαλεί-
ςων ἰόντων τῶ δ' πήχεος ἐξαπαλαίςου

*Vt paſſum 6 pedibus metiamur, & quatuor cubitis, pedes verò ſunt
4 palmorum,cubitus autem 6 palmorum,* quæ Suidas affirmat ὁπῶς ἔχ
δακτύλοις ιϛ. pes autem habet digitos 16.& hoc eodem vtitur Solon
in legibus,vt eſt apud Plutarch.Cum igitur ſtadium Aegyptiacum dica-
tur habere 400 cubitos, cubitus autem maior Aegypticus ſit, vt ſupra
probatum eſt, 32 digitorum, id eſt 2 pedum, quorum vnus 16 digitis æquiualet ; ergo 400 cubiti æquiualebunt 600 pedibus, nimirum ſtadio, vt cuilibet eos reſoluenti patebit, erit igitur ſtadium
Aegyptiacum æquale ſtadio Græcorum,quod oſtendere oportebat. Si
autem accipiamus calamum pro paſſu Ibidis, quam 96 digitorum de-
terminauimus, erit ſtadium ſc. 85 Calamorum,ſpacium 340 cubitorum
minorum, ſiue quod idem eſt 510 pedum. Vnde triplex apud Aegyptios ſtadium fuiſſe colligimus; maius,mediocre, minimum.Maius 400
cubitorum;mediocre 340, minus 260 cubitorum.prius tamen proprium
Aegyptium eſt.

ⲡⲓⲙⲉⲥⲗⲗⲓⲟⲛ *milliare*, Arabicè الميل constat autem omne milliare 3 stadijs, ac vna parasanga 3 milliaribus; ita Author Scalæ.

الميل وهو سبع غلوات وكل ثلثة اميل فرسخا والفرسخ الف واربع
مايه دراعا وتكون خطا ثلثة الف خطوة ☼

Milliare autem continet Septem stadia, & 3 singula milliaria constituunt vnam parasangam, & parasanga 1400 cubitos, seu brachia, suntque spacium 3000 passuum, cui in omnibus consonat Abulfeda, qui milliare Aegyptiacum, ita definit.

واما الميل فهو عند القدما ثلثة الاف دراع وعند المحدثين اربع
الاف دراع والخلاف بينهم فيه انما هو لفظي وان مقدار الميل
عند جميع شي واحد وان احتلفت اعداد الاذرع لانه على
التفسيرين ست وتسعون الف اصبع واذا قسمتها اثنين وثلثين
اثنين وثلثين كان المتحصل ثلثة الالف دراع واذا قسمتها اربع
وعشرين اربع وعشرين كانت اربعة الاف دراع واما الفرسخ
فهو عند القدما وعند المحدثين ثلثة اميال لمكن جى الخلاف
لفظيا في الفرسخ اذا جعل اذرعا بدراع القدما تسعة الاف
دراع وبدراع المحدثين اثنا عشر الف دراع وهو على التفسيرين
ثلثمايه الف اصبع تنقص اثنا عشر الف اصبع واذا علمت ان
الفرسخ عند القدما تسعة الاف دراع والميل ثلثة الاف دراع وعند
المحدثين الفرسخ اثنا عشر الف دراع واعلم ان الميل على التفسيرين
ثلث فرسخ وكل فرسخ ثلثة اميال باتفاق ☼

id est, *milliare quidem apud Antiquos 3000 brachiorum, seu cubitorum est, & apud Neotericos 4000: differentia sola in hoc consistit. quod, etsi denominatio milliaris eadem sit apud omnes, numerus tamen cubitoruus variet. Iuxta interpretes enim 1 milliare est 96000 digitorum, quæ si partiaris per 32, erit quotus 3000 cubitorum, & si diuiseris*

aiseris eundem numerum per 24, *proueniet* 4000 *cubitorum* (1 *milliare.*)
Parasanga verò apud Antiquos & apud Neotericos, est 3 *milliariorum,
sola differentia est in varia denominatione cubiti, si enim sumpseris cubitum pro cubito antiquorum; erit* 1 *parasanga,* 9000 *cubitorum, & iuxta
cubitum recentiorum* 1200 *cubitorum, quæ sunt iuxta interpretes* 3.00000
digitorum minus 12000 *digitis: scias autem, quod parasanga apud antiquos* 9000 *cubitorum, apud Neotericos verò parasanga* 12000 *cubitorū.*
Verum qui hæc exactus cum superioribus contulerit, insignem sanè
concordiam rerum inter se inueniet, sed his relictis, ad mensuras aridorum, & liquidorum nos conferamus.

De Mensuris Aridorum & Liquidorum Ægypto vsitatis.

IN mensuris Aridorum, Liquidorumque Aegyptios à Græcis ali-
quantum discrepare inuenio, cuius rei causam vt indagemus, nihil
restat, nisi vt vnum cum altero exactè conferamus. Corum igitur vocāt
Aegyptij ⲧⲓⲕⲟⲣⲡⲟⲥ ⲓⲥⲟⲃⲁⲍ, qué hisce verbis interpretatur Arabs.

الصاع المكر القمح ربعه أمداد

id est, Saa Corus est, seu vas farinæ 4 modiorū. Hebræi verò ita eam describunt :

כור תחדה מעשר איפות והם שלישים כור

. Corus mensura aridorum continet decem *Ephi*, & triginta
Sata, verum antequam vlterius progrediamur, quid Ephi, quod
satum, quid satus prius explicandum est, cum enim corus, inter
mensuras non aridorum duntaxat, sed & liquidorum omnium maxima
sit, erunt reliquæ omnes tanquam partes ad totum accipiendæ : Epha
igitur Aegyptij, ϯⲟⲥⲩⲓⲛⲓ vel sine articulos ⲟⲥⲩⲓⲛⲓ, Arabicè
الوهيبة *Aluaibeb*, hanc corruptè οἰφὶν vocat Hesychius, quam ethis
verbis describit : μέξον τὶ τὸ ζαχοινικὸν Αιγύπτιον, id est Oephin seu ⲟⲥⲩⲓⲛⲓ
mensura quædam Aegyptiaca est, quatuor chænices continent. Chænix
autem 2 sextarijs Romanis Aequiualet, ponderis in vino, vel aqua
vnciarum Romanarum 40; ita Ephi, seu ⲟⲥⲩⲓⲛⲓ mensura contineret

8 *sexta-*

8 sextarios, Ephi autem Hebraicum, est decima pars Cori æqualis Batho : in hoc solummodò discrepantes, quod Ephi aridorum, Bathus verò liquidorum mensura sit. continet autem Ephi 3 sata hoc est 432 oua : ita Author IalKut

איפה ג סאים וסאה ו קבים וקב ר· לוגין ולוג ו ביצים

Continet autem Epha 3 sata, satum 6 cabos, & cabus sex log, & log 6 oua, ex quibus apparet, differentes esse mensuras Cori Aegyptiaci & Hebræi, corus enim Aegyptiorum vas est 4 farinæ modios continens. corus autem Hebræorum continet modios 47. nisi forsan modium pro 7 satis accipiant, de quo infra. Cum igitur corus à coro differat Ephi consequenter ab ⲟⲭⲱⲡⲓ Aegyptio differre quis non videt; sed & Bathus Aegyptiacas differt ab Ephi Aegyptiaco, quas nos eiusdem esse diximus apud Hebræos, Aegyptij Batum vocant ⲡⲓⲃⲁⲧⲟⲥ

ⲛⲛⲉϩ , id est Bathos olei ⲛⲉϩ enim oleum in lingua Copta significat, quæ explicat Author Scalæ his verbis القفيز الزيت ستجين قسط id est *vas olei* 60 *Kost.* Quod verò قسط Kost sit Serapion Arabs his verbis explicat,

قسط عند الرومجيون جي رطل مع أثنين التلتسجين

idest, *Kost apud Romanos, est libra cum duabus tertijs, idest* 20 *vnciarum,* cui subscribit ijsdem pænè verbis Aben Sina : qui vero apud Latinos Kist & Aksat distinguūt, distinguūt singulari à plurali; cū Kist & Aksat eadē mensura sit, numero tantū distincta. quæ ideo appono, ne Lector ignotus linguæ in huiusmodi incurrens impingat ; Kostus igitur vnus cum secundum Arabes æquiualeat 20 vncis Romanis erunt 60 Kosti 1200 vnciarum, qui exactè 100 libras explent, atque tantus est batus Aegyptiacus iuxta interpretationem nostri Authoris , dum dicit:

ⲡⲓⲃⲁⲧⲟⲥⲛⲛⲉϩ قفيز الزيت ستجين قسط

Batus, siue Kaphiz vas olei 60 Kost.

Diximus in præcedentibus, Corum & Ghomer eandem mensuram esse, sed inueni apud Aegyptios, & hanc quoq. differentē esse à Coro-

Eeee 2   nam

nam ܡܣܩܘܪܐ ܪܩܕܣܘ ſaam, ſiue vas farinæ 4. modiorum ſignificat . ܡܣܩܘܪܐ verò Agyptiorum duplex eſt, maior, & minor ; Maior
qui & ܡܣܩܘܪܐܝܫܝܓ vocatur , eſt modius maior, continet alios
triginta modics ; ita author Scalæ المل الكبير ثلثين من *Modius ma-*
ior 30. *modiorum* ; & modius minor ܡܣܩܘܪܐ 15. modiorum ;
ita in Scala المل الصغير خمسة عشر من *Modius minor* 15. *aliorum mo-*
diorum capax . Ex quibus colligo ܡܣܩܘܪܐ & من ſeu modium
maiorem hoc loco accipi pro Coro Hebræorum, & modios, quibus có-
ſtat, pro ſatis ; hac ratione Chomor Aegyptiorum reducemus ad Corum
Hebraicũ ; quem 10 Ephis, & 30 ſatis conſtare probauimus . Accipitur
igitur hic modius pro modio vno Hebraico, & Italico cũ dimidio qui có-
ficit vnum ſatum . ergo Corus Hebræorum modius, ſeu komor maior
Aegyptiorum, pro eadem menſura accipiuntur . Minor autem modius ,
ſeu Komor, conſtat 15. modijs, ſubduplus videlicet , ad maiorem . Ex
his igitur præmiſſis , facilè reliquas Aegyptiorum menſuras determi-
nabimus.

ܪܝܟܣܡܝܐ Eſt modius Saæ continens 22 Koſt, ita Author
Scalæ.

المل الصاع تسمع اثنين وعشرين قسط وهذا الاسم في الابو غالمسبيس
ودكر للجوهري ان المل مكيبال وهورطل عند اهل الحجاز ورطلان عنب
اهل العراق الصاع اربعة امدان ۞

Hoc eſt, *Modius continet* 22 *Koſt, & hoc nomen inuenitur in Apocalypſi*
meminitque eius Alhuari, aitque : Modium hunc menſuram eſſe , quæ apud
Habazæos Arabes, libram, & apud Arakeos duas libras valet : Saa verò
quatuor modios continet .

Explicemus iam verba Authoris : Dicit igitur primò, Modium, ſeu
menſuram Saæ, continere 22. Koſt ; cum igitur ſuperius ex Arabe Sera-
pione oſtenderimus, vnũ Koſt conſtare 20 vncijs vnius libræ in 12 vncias diuiſæ ; conſtabit igitur Modius Saæ 36 libr. cũ 8 duodecimis. Modius autem hic, vt rectè dicit Alhuari, diuerſus eſt apud diuerſas gentes,
vt proindè non exiguam confuſionem pariat huiuſmodi menſurarum
æquiuocatio, non aduertentibus ad ſingulas vocum circumſtantias : ad-
dit in fine, vnam Saam conſtare quatuor modijs talibus, videlicet, qualis
vnus

vnus côſtat 36.libr.cũ 8 duodecimis,ita vt vna Saa conſtat 165 libris,
& 8 duodecimis.Vnde patet ⲡⲓⲕⲟⲣⲟⲥ ⲛ̅ⲥⲟⲩⲟ ideſt Corum Aegyptium æquiualere Saε, vti ex ſuperioribus patet. Saa enim eſt Corus
farinæ quatuor modiorum,talium, qualium vnum diximus tenere 36.
lib. & 8 duodecimas. Patet etiam menſuram Aegyptiorũ ⳨ⲝⲁⲡⲓⲝⲉ
eſſe quartam partem ⲡⲓⲕⲟⲣⲟⲥ ⲛ̅ⲥⲟⲩⲟ. Colliges denique Lecy-
thum , Cantarum , ſiue Lagunculam Eliæ , quem Coptitæ vocant
ⲡⲓⲕⲁ̅ⲛⲥⲁⲕⲏⲥⲛ̅ⲧⲉⲏⲗⲓⲁⲥ valere quatuor Koſt , ita Interpres

قلــــة ابليـــاص اربعـــة قســــط

quæ ſunt lib.6.& 8 duodecime.Hydria autem,quem Coptitæ appellant
⳨ⲙⲉⲁⲣⲓⲥ , continet 19 Koſt;ita Author noſter عشر قشحة وجرة
اقلــاب & *hydria continet decem modios.* ideſt 16.lib.cum duabus tertijs.
Vter autem vini,quam Coptitæ vocant ⲡⲓⲛⲉⲅ̅ⲃⲏⲗⲓⲓⲏⲣⲡ , &
Arabes ita deſcribunt. اقســـــما وخمسين ماجة الكبير للخمر الزق
Vter vini maior eſt 150. *Koſt,* id eſt 250. libras pendet.

⳨ⲝⲁⲗⲁⲃⲁⲥⲧⲣⲟⲛ denique,ſiue Alabaſtrum vnguenti, 9.Koſt,
& totidem libris conſtat,id eſt 24.libris, ſiue 24. Sextarijs Romanis.

ⲡⲓⲅ̅ⲙⲉⲙⲉⲧⲣⲓⲧⲏⲥ tres Hydriæ,ſiue Metretæ Canæ Galilææ,
q̃uarum vnaquæque continet 72. koſt, ita Author Scalæ.

الثلت اجاحين التي ابدلها السيق خمرا تسع كـــــل واحدة
اقنجـــن وسبعيـــــن قسطا وقال ان الصـاع ثلثين مدا والمـــد
ثلثة ويبـــــــات ۞

Tres Hydriæ, ſiue Metretæ,in quibus Dominus aquam in vinum con-
uertit,continet vnaquæque earum 72.Koſt, & *dicitur,quod Saa* 30. *modios,*
& *modius* 3.*Ephi contineat.* Hydria igitur Canæ 120 librarum, & Saa
30 modiorum , & modius 3 Ephi, hoc loco æquiualet vni Coro,ſeu
Ghomer Hebræorum, continente 30 Sata , ſicuti Ephi 3. Sata , vti
dictum eſt.

ⲡⲓⲗⲟⲕ Coptè idem ſonare videtur,quod Hebræis לוג Log, etſi
menſura differat, Log enim ſupra 6 oua tenere oſtendimus; ⲡⲓⲗⲟⲕ
autem

autem, feu Congius, hic continet. 9 Koſt, quæ funt 13. lib. cum
duabus fextis. ⲥⲱⲟⲛⲟⲃⲟⲅⲟⲙⲓ̄

ⲡⲓⲁⲟⲕ autem Sacer, vt eum Coptitæ vocant, continet 6 Koſt,
quæ funt libræ 10. Sed hæc fufiùs cum menfuris Græcorum, Hebræoru̅,
& Romanorum conferre poteriit Lector, noſtrum tantum eſt fideliter
menfuras iuxta Aegyptiorum mentem interpretari,

De Artaba.

ⲡⲉⲣⲧⲱⲃ celeberrima Aegyptiorum menfura eſt, quem corruptè
paffim Ardabam, Arabes الاردب alertob, Syri اوؤلصوؤ ardubo vocant:
qualis autem hæc menfura, & quanta fuerit inter Authores controuersū
eſt. Suidas ait : ἀρτάβη μέζον μηδικὸν, οἶτε ἀττικὸς μέδιμνος, Artaba menfura medɛa, ideſt medorum, frumenti Atticus medimnus. Medimnus vero Atticus menfura eſt fex modiorum, teſte Cornelio Nepote in Attici
vita. Quidam dicunt communem eſſe Perfis, & Aegyptijs menfuram;
ita Ariſtophanis interpres in Acharnenfibus de Artaba, περσικὸν δὲ καὶ
αἰγύπτιον τὸ ὄνομα, Perficum autem, & Aegyptium nomen. Nos dicimus
Ardabam, Aegyptiacè ⲡⲉⲣⲧⲱⲃ menfuram liquidorum eſſe,
quinq. modios continentè; ita Græcus quidam αἰώνυμος de ponderibus,
& menfuris apud Agricolam:

Αἰγυπτία ἀρτάβη ἔχ μοδίας ἐ ὁ δὲ μόδιος ὁ Αἰγύπτιος, κὴ ὁ Ἰταλικὸς ἐχ χοινίκας η
αρτάβη τετη τὸ μέζον κὴ Αἰγυπτίας ἐαλήθη ὁτὶ δὲ ἐβδομηκόντα δύο ξεςῶν.
Aegyptia Artaba capit modios quinque, modius Aegyptius, & Italicus conti-
nent chenicas octo. In eadem fententia reperio S. Hieronymum fuiſſe,
cuius hæc funt verba lib. 11. in Commentariorum in Efaiam. *Et pro tri-*
ginta modijs, quos nos pro Coro pofuimus, qui Hebraicè חומר *dicitur; Sep-*
tuaginta vertunt ἀρτάβας ἑξ, *quæ menfura Aegyptia eſt; & facit modios*
triginta: fi enim fex artabæ capiunt modios triginta, vnaquæque capiet modios
quinque. Alij tamen contra fentiunt; ita Fannius, qui eam minorem
ac diximus, facit.

Eſt etiam in terris, quas aduena Nilus inundat,
Ardaba, cui fuperat modij pars tertia poſt tres
Namque decem modijs explebitur ardaba triplex.

ideſt

Id eſt, Artaba Aegyptia capit tres modios, & tertiam modij partem, à
quo diſcordat Epiphan. qui Artabam Aegyptiam eſſe 72 ſextariorum, ſiue vno medimno Attico ; eritque ita æqualis Artabæ medicæ ,
ἀρτάβη, inquit, τῶϊδϊ τὸ μέΐζον καὶ Αιγυπίια ἐκλήθη ὅτι δὲ ἐβδομηκόντα δύο
ξιςῶν, ideſt. *Artaba, hæc menſura ab Aegyptijs vocata fuit 72 ſextarioru.*
Eritque hac ratione, ſecundum Epiphanium, Ardaba eadem ac Ephi
menſura. Vt autem tantæ de Artaba opiniones diſſoluantur, dico, Ardabam Aegyptiam triplicem fuiſſe; prima', eaque maior capiens amplius
quam Medimnus Atticus, Chænicas 6. & tantam quoque fuiſſe Perſi-
cam artabam, quæ cum Aegypriorum paſſim confunditur, Herodotus
Auctor, eſt. ἡ δὲ ἀρτάβη μέτρον ὅζι περσικὸν χωρέον μεδίμνχ Ατικχ πλέον
χοινίξι ς Ατικῆσι. id eſt, *Artaba menſura Perſica capiens amplius, quam*
Medimnus Atticus, Chænicas Atticas 6. Vbi inſignis error Interpretum
elucescit, pro ς. ξία, legentium, hoc eſt 3. decepti ſenario numero
Græcorum ς. τῷ γ. notæ ternariæ ſimillimo, quem eruditos notare
velim. Alteram Artabam; Attici Medimni capacem diximus, Medis
quoque vſitatam. Tertiam quinque modiorum eſſe ſupra oſtenſum eſt.
Verum iam hoc ipſum ex fontibus oſtendamus. Aegyptij has 3. artabas
vocant ⲡⲓⲉⲣⲧⲱⲃ vt ex Scala patet: Prima ⲡⲓⲛⲓϣ̅ϯⲉⲣⲧⲱⲃ
vocatur, id eſt Ertob maior, altera ⲡⲓⲙⲉⲥⲟⲛⲉⲣⲧⲱⲃ , id eſt,
Ertob media. Tertia ⲡⲓⲉⲣⲧⲱⲃ Piertob, ardaba communi, paſſim,
quæ omnia Interpres pulchrè explicat.

والاردب كبير من وحده وسنه أمراد والاردب وسده وڃي مں وحدﮦ
والاردب صغير مﮨي جمسﮫ أمراد ۞

Artab maior vnum modium maiorem (quem ſupra Medimno æqualem
diximus) & ſex inſuper modios paruos (quos cum Chænicibus æquaui-
mus) continet; & Ertob media modij vnius, ideſt Medimni Attici, & Er-
tob minor quinque modiorum. Quæ omnia perfectè cum dictis con-
gruunt. congruitque Hebraica deſcriptio Baal Aruch.

ארדב מדה קטנה במציעא פי השוכר את האומנים דף פי מדה
גדולה נחוגה בארץ מצרים עד היום ׃

Hoc eſt, *Ardab menſura parua aquæ. Media explicatur dimenſum* quotidianum operarum, ſiue opificum. *Tertia ſignificat menſuram magnam, vſitatam in Aegypto, in hunc vſque diem.* Ex quibus omnibus hucuſque dictis patet; ſex artabas, Septuaginta Interpr. Coro Hebræorum æquales fuiſſe. id quod diſertis verbis Eupolemus Græcus, idemq. antiquiſſimus, & magnæ authoritatis Scriptor apud Euſebium traditum reliquit; quem citato loco conſule. atque hæc de Artaba ſufficiunt.

De Ponderibus Aegyptiorum.

Maximum ponderum Talentum cum ſit, ab eo principium diſceptationis noſtræ ordimur.

ⲡⲓϪⲓⲛϭⲱⲣ Aegyptijs idem quod Talentum eſt, pendetque 120 libras: ita Alſamenudi in Scala:

الوزنه وهي ماِجة وعشرين رطـــلا

Aluazne eſt talentum, ſeu pondus 120. *librarum.* Talento vero Hebræorum 5. libris minus: eſt enim KiKar Hebraicum 125. librarum, ſecundum Hebræorum veram ſententiam, cui ſubſcribit Suidas, τὸ τάλαντον ⲱⲆⲁ̀ τίον ἔχϵι λίβας ϱκε. apud quoſdam talentum habet centum vigintiquinque libras.

ⲡⲓϪⲙⲉⲛⲉ idem quod mina, côtinet viginti vncias, ita Alſamenudi.

المنو يسمع عشر ين أوقيه وهي ذمنه وعشرين دينارا

Mina verò continet viginti vncias, & ſunt 28. *denarij.* atque hæc maior eſt mina Ptolemaica, & Italica 2. vncijs, eſtque propriè mina Alexandrina, de quibus Dioſcorides de pond. eſt

μνᾶ ⲱⲆⲁ̀ τλὺ τῆς ιαϲβῶν χϱείας ἔχϵι ὀγκίας· ϵῖτϵ ⲇραχμὰς ϱκη. ἡ μνᾶ Ἰϲαλικὴ. τὰς ὀγκίας ιη. ϵῖτϵ ⲇραχμὰς ϱμ. ἡ μνᾶ τῆς Ἀλεξανδρίας ἔχϵι ὀγκίας κ. ϵῖτϵ ⲇραχμᾶς ϱξ.

ⲡⲓⲥⲉⲕⲗⲟⲥ Siclus Aegyptius, ita explicat Alſamenudi,

وعا يسمع ربع أوقيه Siclus Aegyptius pondus eſt, ſeu vas, quartam vnciæ partem, ſiue quatuor drachmas pendens.

ⲧϪⲉⲛ

ⲏⲘⲈⲤⲔⲓⲏ verò, quem Alſamenudi drachmam interpretatur, eſt octaua vnciæ pars; verba ſequuntur.

الدرهم ثمن اوقيه وفي نسخه ثلثي اوقيه

Drachma octaua pars vnciæ eſt. & legitur in antiquo exemplari, quod duæ tertiæ vnius vnciæ ſint.

Fuit autem drachma ſicut ipſum nomen indicat, Græcorum proprium pondus, & ſignatum numiſma, quod cum rerum potirentur Græci, ad Romanos translatum, ab ipſis frequenter vſurpatum eſt, ſicuti è contra, Romanorum vnciæ pondus, & nomen ad Græcos, & Arabes translatum eſt; fuit autem, vti apud Romanos, & Græcos. ita & Aegyptios vnciæ octaua pars, ita Fannius,

> *Vnciā fit drachmis bis quatuor.*

Suidas ἑκατὸν δραχμαὶ ποιοῦσι μνᾶν μίαν. *Centū drachmæ vnā minā faciunt.* Ex quo palet libram ſiue aſſem drachmis conſtare 96. quibus ſi addas quatuor, habebis Minam Atticam 100 drachmarum, quibus conſentiūt Dioſcorides, Galenus, Columella, alijq. quos vide apud Villalpandum, Marianam, Agricolam, aliosque.

ⲤⲦⲀⲦⲏⲢⲀ ſeu ſtater, mediam vnciam pendebat; ita Alſamenudi.

الاستاقير الذي وجده بطرس في فم السمكة وهي نصف اوقيه وهو ثلث الدينار بالدينار الصغير ۞

Stater, quem inuenit Petrus in ore piſcis, pendet dimidium vnciæ, & eſt tertia pars denarij parui.

Atque hac ratione Siclus Hebraicus & ſtater, idem pendebant, videlicet quatuor drachmas Atticas, ſeu, vt vocant τετράδραχμὸν, quod & manifeſtum eſt ex verbis Sancti Matthæi, vbi ſic habetur: *Acceſſerunt, qui didrachma accipiebant, ad Petrum, & dixerunt ei: Magiſter veſter non ſoluit didrachma.* Et poſt pauca ſubditur præcepiſſe Petro Dominum, vt ad mare veniens hamum mitteret; *Et eum piſcem,* inquit, *qui primus aſcenderit, tolle, & aperto ore eius, inuenies ſtaterem, illum ſumens da pro me,*

& se. Quibus verbis duo manifestè testata habemus; alterum didrachma à singulis solui consueuisse; alterum staterem binis didrachmis æqualem fuisse, vtpote qui, & pro Christo, & pro Petro soluendus esset, Cum ergo octo drachmæ constituant vnam vnciam, erit dimidium vnciæ stater, siue πέραδραχμὸν idem, quod stater; Consonat igitur Author noster cum Hebræis, & Græcis; quod monstrare voluimus. Erit quoque ⲧⲕⲓⲧ Census, idem quod stater; quia Author noster dicit ⲧⲕⲓⲧ esse mediam vnciam.

لجزيجـة نصـف اوقية

ⲧⲟⲕⲓⲧ verò idem, quod ἀδραχμα, quæ sunt decem quadrantes.

وهي عشرين فلس ـــــا

Est enim quarta vnciæ pars ربع اوقية

Erit igitur ⲥⲧⲁⲩⲏⲣⲁ stater, siclus Hebraicus ⲧⲉⲧⲣⲁⲩ ⲁⲣⲁⲭⲙⲟⲛ, ⲧⲕⲓⲧ census, semiuncia Romana, iuxta Aegyptios eadem res, nominibus tantum distincta.

CAPVT VII.

De Animalium, aliorumque quorumdam nominum miscellaneorum nomenclatura.

RÆVM apud Horum idem ac Basiliscus est; nos genuinè ita restituimus, ⲟⲩⲣⲓⲟⲛ Regulus: est enim ⲟⲩⲣⲟ nihil aliud in lingua Aegyptiaca, quam Rex, vt ex Onomastico patet; qui verò per Vræum serpentem quoque significari volunt, perperam sentiunt, mendumque insigne est ex imperitia linguæ ortum, nos restituimus, ⲡⲓϩⲟϥ seu ⲡⲓϩⲟϥⲓⲟⲛ quod propriè serpentem significat Aegyptiacè, vnde & Græcorum ὄφις dimanasse videtur.

2 ϯϭⲩⲱ Tihfo, serpentem quoque significat, sed malignioris naturæ, vnde credo Tiphonem numen Osiridi ἀντίτεχνον, vtpotè quem in serpentem pessimum mutatum velint Aegyptij: vide, quæ adferimus de hoc in Oedipo, tractatu de Typhone.

3 ⲥⲟⲛⲝ Crocodilum significat, Sonchum quoque apud Strabonem lib. 17. vocatum inuenio.

4 ⲕⲟⲩⲕⲁϥⲁⲧ Vpupam significat, siue cucumam arabicè قوقوفة ita Horus quoque tradit dictam Cucumam antiquis Aegyptijs.

5 ⲙⲏⲛⲁⲏⲥ Capram, Hircum, Aegyptiacè significat, ita testatur Clemens Alex. lib. 5. Strom. Strabo lib. 17. Euseb. de præpar. Euangel. Diodorus, vnde & nomus Mendesiorum, à cultu Capre sic dictus.

6 ⲡⲓϩⲏⲧ siue sine articulo ϩⲏⲧ Het, Cor significat; ita quoque comperio apud Horum denominatum Cor. Inde Baieth vocabulum, accipitrem significat, quod totum hoc animal ex corde, & anima constet; nos in Nomenclatore Accipitrem inuenimus significari eadem voce ⲃⲁⲏϯ Baithi: ⲡⲓⲃⲁⲓ autem intellectum significat, siue animam. Vnde Baieth corruptum ita restitui potest ⲡⲓⲃⲁⲓϩⲏⲧ. audiamus Hori verba:

Ἔτι γεμὶν καὶ ἀπ' ψυχῆς ὁ ἱεραξ τάσσε) ἐκ τῆς τᾶ ὀνόματος ἑρμίωνείας. καλᾶ)
γὰ παρ' Αἰγυπ̃ίοις ὁ ἱεραξ, βαïηθ τᾶτο δὲ τὸ ὀνομα διαιρεθὲν ψυχίω σημάνη, ᾧ
καρδίαν. ἔςι γὰ τὸ μὲν βαï ψυχὴ. τὸ δὲ ηθ καρδία.

Quin & pro anima ponitur accipiter, iuxta nominis interpretationem : siqui-
dem Aegyptijs Accipiter Baieth dicitur, quod nomen si diuiseris, animam, &
cor sonat. Bai enim anima, & eth cor significat.

7 ΑΡΠΕΔΩΝΑΠΤΗΣ Hæc vox Aegyptijs idē significabat, quæ
Græcis μαθημαλικὸν, ita apud Clement. lib. 1. Stromat. Democritus,
qui eruditionem suam immodestius iactans, inter alia hæc effutit:

Καὶ λογίων αἱ θεόπων πλείςων ἐπήκουσα, ᾧ γεαμμέων σωθίσιος μετ' ἀπο δεί-
ξεως οὐδεὶς κώμε παρήλλαξε, οὐδ' οἱ Αἰγυπ̃ίων καλεόμθμοι Αρπεδονάπ̃αι.

Et homines doctos audiui plurimos, & in componendis cum demonstratione
lineis, nemo me adhuc superauit, nec Aegyptiorum quidem ij, qui vocantur
Arpedonaptæ.

Sunt, qui confundant Arpedonaptas cum ἱερογεάμματεῦσι, Geo-
metris, Mathematicis, & sacris Scribis, Prophetis, & Sacerdotibus,
perperam ; erant enim hi omnes distincti. Nam ἱερογεαμματῖς de
genere erant Sacerdotum, & ijdem quid apud Chaldeos, seu Assyrios
ἱερῶν λόγων ἑρμίωνται, hoc est, Sacrorum sermonum interpretes dice-
bantur, teste Luciano in Macrobijs. Hi quoque ἱεροφόρι, ᾧ ἱερόςολοι ap-
pellabantur. Quod sacram doctrinam ab omni superstitione, & curiosi-
tate, puram in animo suo, tamquam in sacra cista gestant, atque continent. Plutarch. in Osirid. & Isid. Hos quoque vates fuisse Suidas tradit:
φῶτος παρ' Αἰγυπ̃ίοις ἦσαν δ'ἡνοὶ, ᾧ ωζι τῆ μελλόντων τἱω ἀλήθηαν ἀπεῖν.
Additque vnum ex ijs Regi Aegyptiorum prædixisse futurum Israelitā,
virtute, & gloria clarissimum, qui Agyptiorum imperium deprimeret.
Hi quoque, vt in Oedipo dicetur, erant phylacteriorum scientissimi,
quorum Auctor peruetus, fertur Iachim in ea gēte ωζιαπ̃ὸν ᾧ ἐπαοιδῦν
ἔμπφεςς; Aderant hi astrologia, & diuinandi scientia prædita, semper
Regi, tamquam Senatus principes, cunctisque oneribus erant immunes
& primas à Rege honoris, & potestatis obtinebant, sceptrum præterea
cum Regibus, quod in aratri formam effingebant in honorem agricultu-
ræ, commune habebant, teste Diodoro lib. 3. qui porrò Odi, Horoscopi,
Stolistæ, ἐντάφιαςαι, seu ωζιχλ῀ζι, Prophetæ, πασοφόρι apud Aegyptios fuerint, & quo munere in administratione sacrorum functi fuerint,
Oedipus declarabit. Sufficit hîc vidisse omnes hosce fuisse distinctos, &
peculiaria munia singulos obijsse.

8 Ma-

8 Magna inter interpretes de nomine Pharao controuersia est, omnes Aegyptiorum vocabulo fatentur, sed de significatione dubium tantum est. Nos dicimus Pharao successu temporum corruptum idem esse, ac ⲫⲁⲟⲩⲣⲟ hoc est, Dominus meus, Rex meus, à verbo ⲟⲩⲣⲟ , quod Regem significat, & affixo ⲡⲁ siue ⲫⲁ vtrumque enim pro masculinorum articulo ponitur, ita & ⲁ affixum, vtrique meum significat, vt in Grammaticis ostensum est. Quotiescumque enim nominabant Regem Aegyptij, id faciebant cum affixo ⲡⲁ hoc est meus, ad subiectionem, reuerentiam, obedientiamque ipsi debitam, hoc ipso demonstrandam, quæ dicendi ratio vsitata quoque fuit apud Hebræos, & in hunc vsque diem in multis nationibus locum habet. Hoc nomen itaque ⲫⲁⲟⲩⲣⲟ cum ab omnibus passim vsurparetur, tandem in nomen proprium Regum Aegypti degenerauit, sicut apud Græcos, & Latinos παππᾶς, quo Pontificem primi Christiani nominabant Patrem; tandem in nomen Papa deflexit, omnibus Pontificibus commune; ita Cæsares à Iulio Cæsare, insigni Cæsarie conspicuo, inposterum Cæsares dicti sunt. Pharao itaque siue vt genuinè pronuncietur ⲫⲁⲟⲩⲣⲟ idem est ac Rex meus, quod hoc loco ostendere volui.

De vocibus Moyses, & Psontomphanich Aegyptiacis in Prodromo fusè dictum est, vndè eo Lectorem remittimus.

9 Osiris vox Aegyptiaca est, & secundum Diodorum idem significat ac πολυόφθαλμον, quam tamen deriuationem deducere ex Copto non licuit, nos dicimus idem significare ac ⲛⲟⲥⲣⲓⲥ idest, Dominus sanctus, vel aliam deriuari à voce Aegyptiaca ⲉⲣⲥⲓⲥ quód Regem cum potestate magna dominantem significat, vt in Onomastico patet, & dicitur quoque ⲛⲓⲉⲣⲱⲓⲁⲓ ita primos post diluuium Reges denominatos reperio. Est autem inter Osiris, & Ersis exigua differentia, vide quæ de hoc nomine in Oedipo, plura, & curiosa tradimus. Herodotum, aliosque vide in Templo Aegyptiaco. Alij quoque volunt deriuari à ⲥⲱⲣ & ⲛⲟⲥ id est, Cista Domini, seu Dei. Ex hac enim numen Osiris, veluti ex tripodi responsa dabat consulentibus, vti fusè in Oedipo nostro, cap. de Oraculorum Aegyptiorum origine, ostendetur.

10 ⲁⲙⲃⲣⲏⲥ Librum sacrum, notat apud Aegyptios, teste Horo, quod

quod verum eſſe Onomaſticum clarè docet; Siquidem Coptitæ libros
Sacros,& Eccleſiaſticos in hunc diem adhuc Ambres vocant . vide
Horum in Hierogl. 38.

11   ⲡⲁⲥⲧⲟⲫⲟⲣⲟⲥ   vox eſt apud Horum, idem denotans ac Sacrum pallium geſtantem. Mendum ex inſcitia interpretis ortum. Nos ex
lingua Copta   ⲡⲁⲥⲧⲟⲫⲣⲟⲟⲣⲟ   reddimus. i. cuſtode Templi, erantq.
æditui, qui peregrinis Templum, & Idola monſtrare ſolebant, quod &
Horus quoque his verbis innuit .

πασοφόρου δὲ σημαίνοντες φύλακα οἰκίας ζωγράφυσι, διὰ τὸ ὑπὸ τύτυ φυλάτ-
τεδϑαι τὸ ἱερὸν .   *Significantes eum, qui ſacrum pallium geſtat , domus cuſto-*
dem pingunt , quod ab eo ſacrum cuſtodiatur.

Sbo inſtructionem ſignificat apud Horum , quam vocem in Onoma-
ſtico Copto quoque inuenio,   ⲥⲃⲟ   cognitio   ϩⲁⲛⲥⲃⲟ   cogni-
tiones. inde   ⲡⲣⲉϥϯⲥⲃⲱ   Magiſter, Doctor, a quo & verbum
ϥϯⲥⲃⲱ   emanat, id eſt, nouit, ſeu cognoſcit.

12   ⲱⲣⲟⲥ   ſiue Aegyptiacè   ⲟⲩⲣⲟⲥ   vel etiam   ⲟⲩⲣⲟ   idem
eſt ac Rex, atque hoc nomine Solem   ⲕⲩ τͷ ἔξοχ͞ω, prout temporis
& totius anni conuerſionis author eſt, nuncupabant, vt ſuo tempore
demonſtrabitur fuſiùs.

13   ⲥⲱⲣⲁⲡ   idem, quod Serapis , compoſitum è duobus verbis
ⲡⲓⲥⲱⲣ   & ⲡⲓⲁⲡ , vel ſine articulo   ⲥⲱⲣ   & ⲁⲡ   quorum prius
loculum, alterum bouem Aegyptiacè ſignificat , quaſi dicat. Apis ciſtæ
incluſus, cui etymo aſtipulatur quoque Plutarch. libro de Oſiride
& Iſide.

14   Porrò quidnam ſint aut fuerint Pyromides Aegyptiorum iam re-
ſtat inquirendum ; Scribit Herodotus à primo Aegyptiorum Rege ad
Sethon Regem, Vulcanique ſacerdotem , contra quem Sennacherib,
Arabum, Aſſyriorumque Rex bellum geſſit, 341 γϑᲥⲁⲥ interceſſiſſe, vt
Aegyptij produnt :

Καὶ ἐν Შⲁⲩⲧⲏσι Αρχιερέας. ⲕⲩ βασιλῆας ἐγγιϑεοις τοσούτοις γϑⲟⲙⲉⲛⲟⲥ. *Et in his Pon-*
tifices totidem , totidemque Reges extitiſſe. Subijcitque 300 progenies,
10000 annorum conficere, & tot annorum millibus regnatum à mor-
talibus in Aegypto, non autem a dijs.

Cum autem Hecatæus Hiſtoricus Thebas Aegyptias veniſſet , &

ori-

originem suam ad Deum, á quo decimumsextum se numerabat, referret. Aegyptij Sacerdotes Hecatæum in ædem quandam deduxerunt, in qua Coloſſi lignei totidem erant, quot dictum eſt, 341. quas ſtatuas πιρωμεε appellabant:

Φάμδμοι δὲ οἱ ἀρχιερεῖς ἕκαϛον τ̃ κολοσϛῶν πίερμιν ἐκ πιερμιος γεϿονέναι.

Dicentes vnumquemque Coloſſum πιρωμειν *ex piromi progenitum eſſe.*

Eſt hic multa Authorum concertatio circa etymon huius vocis. Quidam interpretantur quadriennia, ſiue biſſexta. tot enim ligneas ſtatuas poſitas fuiſſe volunt, quot ſine biſſextili quadriennia præterierant. quidam probum, & honeſtum. Nos dicimus vocem eſſe Aegyptiam, & idem cum πιρωμεε; qua voce virum, heroem, fortem, robuſtum, rebus geſtis clarum exprimimus. Erant igitur Piromes ſtatuæ Regum, & Sacerdotum, quas ſibi ad demonſtrandam eorum fortitudinem, & virilium, heroicarumque actionum, eminentiam demonſtrandam erigere ſolebant: teſte Syneſio lib. 1. de prouidentia;

Οὐ γὸ ἀπιϛῶσιν Αἰγύπτιοι μ υείοις καϑ᾽ ἕνα Θεοὺς αὐτῶν βασιλεῦσαι πεὶν ὑπ᾽ ἀ-Θεώπων ἀρχϑῆναι τλὼ γλὼ γϰρα λοϿηϑῆναι τοὺ βασιλέας πίερμιν ἐκ πιερμιδός.

Nec enim Aegyptijs incredibile eſt, infinita apud ſe numina ſigillatim imperaſſe, priuſquam ad mortales regionis perueniſſet imperium, regumque genus à maioribus, vt Piromidis à Piromide cenſeretur. Verum, qui plura de hiſce deſiderat, is adeat Oedipum noſtrum.

15 Multa hoc loco nomina Aegyptia apud Authores prophanos occurrentia, quæ ex hoc opere ad genuinã ſuã ſignificationem reducta, & à corruptione vindicata reduci poſſent. Verum cum illa partim in Prodromo explicauerimus, partim in Oedipo fuſiſſimè proſecuturi ſimus, breuitatem in omnibus ſectantes, hic ea, ne moles operis in immenſum augeretur, conſultò omittenda duximus.

C A P.

CAPVT VIII.

De Herbis, & Plantis Aegyptiacis.

E viribus Herbarum, Plantarumque Agyptios veteres plurimos conscriptos habuisse libros, cùm synopsis Codicum, in secundo huius Supplementi Capite producta, tùm Author noster satis demonstrat, qui in denominationibus, maioris momenti passim allegat Codices, siue Exemplaria antiqua, his verbis:

وتنظــــر هدا في دسخـــة عجيمقــه

Hoc autem vide in exemplari antiquo. Quin & Chironis Aegyptij, quem alij Asclepium appellant, vetustissimus de Herbarum viribus Codex, quem in suo de Plantarum proprietatibus libello, passim allegat Apuleius, id satis demonstrat, siquidem denominationes Plantarum, omnes Aegyptiacas, siue Coptas esse non alia probatione indiget, nisi mutua singularum ad inuicem facta collatione. Hisce alius Arabicus Codex Vaticanus subscribit, quem videre licuit beneficio Clarissimi viri Domini Rainaldi I. V. D. & Bibliothecæ Custodis, in quo, cum de occultis Plantarum proprietatibus tractat, denominationes Agyptiacas earumdem adducit ita similes ijs, qui adducuntur ab Apuleio, vt ex eodem Chironis fonte vtriusque doctrinam Codicis haustam, claré pateat. Verum ne Rempublicam literariam hac noua supellectilis accessione defraudemus, hic earumdem genuinam significationem subiungendam duximus; ita tamen, vt nudum solummodo corticem hoc loco inspiciamus; interiora verò nuclei, seu vires singularum occultas, vnà cum mysticis rationib. Hieroglyphicè repræsentatis, Oedipo, tamquam Promo condo mirabilium reseruantes. Sit igitur prima vox:

ⲁⲛⲧⲓⲥⲁⲙⲙⲥ hanc vocem nos eandem esse dicimus cum ea, quã Arabes, & Syri فنطوريون Græci quoque κενταύρειον dicunt. Estq. herba, quam vulgò nos Centauream minorem vocamus, de quo vide Matthiolum,

lum, Fuchſium, cæteroſque Botanicos, Serapion Medicus Arabs his
verbis eum deſcribit :

قنطوريون هي حشيشة تشبه هيوفاريقون وهي القود نج الجبلى

*Centaureum herba eſt ſimilis Hyperico̅ni , & eſt certa quædam Mentha_,
montana.* Cui Aben Sina ſubſcribit ijſdem pænè verbis: Vaticanus
Codex ita habet :

قنطوريون هي حشيشة وله ساق طوله اكثر من شبر وزهر احمر
الى لون الفرفير فيربه شبيه بزهر النبات الدي يقال له لحمدس ويسموه
المصريون انطيمس

*Centurium herba crus habet, cuius lo̅gitudo maior palmo, & flos rubeſcens in-
ſtar purpuræ , & in flore ſimilis apparet, ei flori , qui appellatur Lachemdas.*
Vocant eam Aegyptij Antims. Prophetas vero, ſeu Hierophantas Aegyptios eam ῆμα ἡϱακλῆς, hoc eſt ſanguinem Herculis appellaſſe , auctor eſt Chiron apud Apuleium citato libello; c. 74.
ⲁⲥⲟⲩⲧ , quam teſte Apuleio, Propheræ Copta vòce ὀυρανιχμαιν
id eſt, Gloriam cæli appellabant: nos eandem eſſe dicimus, quam Arabes
لسان الحمل Linguam agni, ſeu arietis, Græci ἀρνόγλωσσον πολύνδυρον, Latini Plantaginem, multineruiam appellant. cui aſtipulantur Arabes
citati Aegyptiorum interpretes fidiſſimi, Serapion.

لسان الحمل هي يسمى كثير الاضلاع ودو سبعة اضلاع وورقا
الكبير وجوهرة مركب من مايية وأرضية ويسمه مجد السما

*Lingua agni vocatur multarum coſtarum πολύπλδυρον, habet enim ſeptem la-
tera, ſeu coſtas, & folio magno conſtat, naturæ compſitæ eſt ex aqueo , & ter-
reo, & vocatur Gloria cæli.* Codex Vaticanus eam vocat اسوت *Aſuth*
eode̅ nomine, quo ſup. Apul. Aegyptios eam nominaſſe aſſerit; hanc eandem vocem refert Interpres Auicennæ Hebræus , quem habeo manu-
ſcriptum.

Caput VIII.

אשות שם העשב בלעז פלנטגרא

Astuth nomen herbæ, Latinis Plantago.

ⲗⲉⲕⲏⲏ teste Apuleio, idem est ac Satyrion herba, eius generis, quā Arabes حشيشة الكلب & تنريج Græci κυνὸς ὄρχιδα, hoc est Testicu-lum canis, à bulbo vocant: Panion, teste Apuleio, vocatur ab Hierophā-tis, eo quod vel manu tentum vehementer ad salaciam, & libidinem ex-citet, vnde non male quoque Satyrion à Satyris salacibus, & Panion à Pane, fœcunditatis genio etymon suum traxit. Vaticanus Codex

حشي الكلب يسمونها حكماء مصر فنيون لانها تهيج الباه

Testis canis herba est, quam Aegyptij sapientes vocant Phanium, quia poten-ter excitat ad coitum. Cui Aben Sina suffragatur.

حصي الكلب تنهض الباه حتي لايسكن الابدهسومرق
الحس والعــــــس

Testis canis herba ita coitum excitat, vt non sedetur, nisi iusculo è læctucis, & lentibus assumpto. Vocatur autem ab Aegyptijs ⲗⲉⲕⲏⲏ à Luna, eo quod sicuti Luna influxu humoris sui fœcundi rerum sublunarium vegetabiliūq. causa est, ita & inter plantas ⲗⲉⲕⲏⲏ humorem genita-lem censeatur mouere. Vide quæ de hoc fusius in Oedipo.

ⲟⲡⲧⲉⲃⲓⲟⲕⲏ vel vt corruptè Apuleius Ophitebioca, idem est, ac Pentaphyllum in lingua Aegyptia, quam & Hierophante nunc περὸ Ισις, idest Alam Ibidis, nunc ερμοῦ ἐσΟⲩⲓⲓⲓ, idest herbam Mercurij vocant; can-sa malibi dabimus.

ⲛⲉⲗⲗⲉⲛⲉⲥⲧⲫⲉ nomen herbæ, quam corruptè Nemestphe Apuleius vocat, alij Nesphe, in Aegyptiaca lingua appellat, pul-chritudo, seu decor cæli; Hieromanthæ eam, teste Apuleio vocabant ἱερὰ Μιϑ-ἄλωσις, Sanguinem Mineruæ; nihilque aliud est, quam nostra Camæpythys, Author Vaticanus.

كما فيطوس قهو قصيمان وزهر حمر الى الصود وحضر دقاق وزهــــرة
الظعم

الطعم مع قبض بيسير وحرافة نون المرارة وورقة مسيـــة بـب الى
الارضى لبعدربون نصفـــا

Camæpytis thyrſi, & *flores rutei declinantes ad nigrum,* & *ſubuirides. floſ-
que amari ſaporis cum ſtipticitate pauca, eiuſque acumen ſaporis eſt ſub-
amari,* & *eius folia herbida, ſubtilia, repentia ſuper terram, Aegyptijs
dicitur Neſpha. cui conſentit Hebræus quoque Aben Sinę interpres.*

כמאפיטוס הוא ענפים יציץ אדום נוטה אל הטחורה או
אלה ירקות דקים וציצו מר והטבעתו חם בשנית
בש בשלישית :

Chamæpytbis rami, & *flores rubri, declinantes ad nigredinem,* & *flos eius
amarus, natura quoque calida eſt in ſecundo,* & *ſicca in tertio.*

• ⲁⲛⲉⲥⲉⲛ interpretamur ex Aegyptiaco Bonum, nihilque aliud eſt
quam herba Artemiſia, quam à Bonitate ita vocant; Hierophantæ, teſte
Apuleio, cap. 10. eam vocabant, nunc Bubaſteoscordium ⲃⲟⲩⲃⲁⲥ
ⲥⲧⲉⲟⲥ ⲕⲁⲣⲁⲓⲁⲛ id eſt Cor Bubaſti, nunc ⲛⲩⲉⲁⲥⲁⲡ; erat autem
Bubaſtus vrbs Aegypti, in qua Dianæ, & canum cultus mirificè florebat,
cui ideo non inconuenienter reſpondet græcum ἀρπυίαια, id eſt, Dianea:
ſiue igitur à canibus, qui hanc herbam amant, & ſibi ex ea medicinas,
teſte Antonio Muſa, contra naturales morbos ponunt, ſiue à Diana ſit
primum inuenta virtus huius herbæ, nihil intereſt, ſufficit nobis demó-
ſtrare ⲁⲛⲉⲥⲉⲛ ⲃⲟⲩⲃⲁⲥⲥⲧⲉⲟⲥ ⲕⲁⲣⲁⲓⲁⲛ Aegyptiorum, & Arte-
miſiam Græcorum prorſus eandem herbam eſſe: Hierophantæ hanc
herbam quoque ἁίμα χρόνε, id eſt Sanguinem Saturni vocabant, ita
Apuleius loco citato, & confirmat id Aben ſina, qui eam Saturninæ naturæ, & contra laſſitudinem mirificam vim obtinere aſſerit.

• ⲥⲁⲫⲧ Saphta, hanc vocem ex Copto interpretor contra Deum,
dicoque eſſe herbam, quam Græci, & Latini Hyoſciamum vocant, Zoroaſter, teſte Apuleio τυφόνιον, eo quod Typhoniæ naturæ ſit, id eſt ad
inſaniam excitans, & maximè diuinam in homine partiunculam intelle-
ctricem videlicet facultatem ſumpta corrumpens. Vnde ad Typhonem
pla-

placandum in facris Aegyptiorum maximus huius herbæ vfus fuit, vt
in Oedipo dicetur.

· ᘓᘓᘓᘓ , corruptè apud Apuleium cap. 19. *Sophefph*, eadem
herba eft, quam Arabes زراوند *Zeraund*, Latini, Græcique ܐܪܝܣܛܠܟܝܐ
appellant. Codex Vaticanus.

زراوند حشيش لمصريون مقضف طولها دو من شبر ولون زهرة
فرفيري منقين الرايحة ※

Z arund herba, Aegyptiis Saphfeph, longitudo eius palmus, & color floris purpu-
reus, grauis odoris.   Aben Sina verò

زراوند جلا ملطف مفتح مرفق حذاب بجذب الشوكى

Zarund virtutis eft abftergentis, aperientis, attenuantis, & attrahentis, trahit
enim fpinas, & furculos. Hebræus interpres Aben Sinæ ita dicit

זראונט ביונית אריסטולוגיא במצרית ספספף עליו
לעלי הצמח שנקראהביום והואמין הלבלב :

Zarund Græcè Ariftolochia Aegyptiacè Saphfeph, florem alit fimilem flori, quæ
dicitur Habium, & eft fpecies Lablab. Prophetas Aegyptios eam Ligeam
appellaffe, author eft citatus Apuleius.

ᘓᘓᘓᘓᘓᘓ in Aegyptiaca lingua denotat eam herbam, quã nos
Chamæleam vocamus; ita Codex Vaticanus.

المزريون اضون قى حماليون لمصريون سامور

Metzereon nigrum herba eft eadem cum Chamelea, Aegyptiis dicta Samur.
Hebræus etiam cum Marrubio confundit:

כמאליון חוא מין מהרוביון והוא שחור
Chamæleon ex genere Marrubij, & eft nigro colore herba.

ᘓᘓᘓᘓ

ⲉⲗⲉⲛⲓⲟⲛ Aegyptijs idem eſt ac Herba Dracontæa, ita Apuleius cap.14. *A Græcis,,inquit,,dicitur Dracontæa,alijs Aſclepias , alijs Pithonion alijs Anchomanes,aljs Sancromaton ,quibuſdam Ancryſſam , aliquibus Chereon,nonnullis Sceon : item Dorcadion , Prophetæ Typhonon vocant , alij Crocodilion,alij Oſtanes: Zoroaſter Theriophonon , Aegyptij Eminion , Draconis ſanguine fertur nata.* Dicitur autem *Pythonion,* eo quod ex Pythonis,vt dictum eſt ſerpentis ſanguine nata feratur. Typhonion , quod Typhonis,hoc eſt igneæ naturæ ſit; Crocodillion, quia amica Crocodilis . Θηρεώφονον , quia cauſtica quadam vi occidit animalia eam ſumentia. Sunt qui hanc draconteam cum Culcaſia confundant,perperam; ſiquidé Culcaſia,quam & natiuam Braſſicam appellant,gratiſſimum ſeſe præbet Aegyptijs edulium. Dracontea autem,ſiue ⲉⲗⲉⲛⲓⲟⲛ idem ijs videtur eſſe,quod nobis Arum'; quam herbam è genere Dracontææ eſſe Matthiolus docet & Cluſius , quæ & mordacitate quadam ignea , ſeu cauſtica vi maximè pollet; ita vt in inſaniam eam ſumentes ferè redigat, vnde & nomen Aegyptiacum videtur traxiſſe, quaſi mente moueat : etſi quidam arum quoque cum Colocaſia confundant . ſed de his exactiùs alibi.

ⲡⲉⲗⲉⲛⲧⲉⲗⲗⲫⲧ id eſt, Donum Dei; ita vocant Aegypti j Verbenacam, herbam ſatis notam, & magica quadam vi præditam , vt in Oedipo docebitur; curruptè ab Apuleio Pempſempte . Prophetas eam Iunonis lachrymam vocaſſe Chiron author eſt apud Apuleium : Græcè, inquit, ἱεραὰ βοτὰνὺ , alij πειϲύρεϲων ὁρθὸν, alij διύδατον , alij pecorobon, alij πάνχρϲιμον , alij Colletis: Demetrius,& Aeſculapius Cypariſſon, Pythagoras Eriſceptron,alij Ariſteron , Aegyptij Pemſempte , Prophetæ ἥρας δάκειον , dicitur etiã πεμπίμφτα donum Dei; & ἱεραὰ βοτανὴ , ab vſu quibus in ſacrificijs vtuntur Aegyptij, πειϲυρεὼν; eo quod columbis ſit amica,& ſympathica, πάνχϲιμον,quod vſus eius omnibus conueniat . Eriſceptrum,vel melius τῳ τῳ ἱερϲ ϲκῆπίϲϲι; Sceptrum amoris, quod in philtris vſus eius adhibeatur ; Lachrymæ Iunonis denique á mythologia nomen inuenit .

ⲁⲛⲧⲟⲩⲉⲣⲙⲉⲃⲟⲩⲥ Apuleius corruptè Antuermbeſus , id eſt lingua bouis,ſiue Græcè βούγλωϲϲον,hanc cum Hierophantis Chiron appellat ϳϲίον τ᷎ αϳλύρu Semen felis. Arabes لسان الثور Linguam bouis , eius vires vide apud Apuleium c.41.

ⲓⲥⲧⲉⲣⲟⲛⲏ Aegyptiacè, idem eſt ac oculus ſideris ; eamque her-

herbam dicimus, quam Latini Marrubium , πράσιον Græci , Hierophantæ nunc ἅμα τ τάυεσι , nunc χόνον τ Ωρου , appellant ita Author Vatic.

قر احسيون حشيشه مره الطعم لمصريون استرب جمار في
الثانيه يابس في الثلثـــــه ۞

*Phrasium herba amari saporis Aegyptijs Asterop, calida in secundo, sicca in
tertio gradu: cui astipulatur Hebræus Aben Sinę interpres.*

פראסיון הוא עשב בלועז מרוביום מרה מטעם מפתח
וממרק ומתיך וממסתם ומתתך :

id est, *Prasium herba est Marubium lingua extera, amari saporis, aperit, ab-
stergit, liquefacit, resoluit, & incidit.* Dicitur oculus sideris, idest Solis, eo
quod in sacris Hori magnus huius herbæ vsus. vnde, & Mystę eam vocabant χόνον τὲ Ωρου , semen Hori, quam nos solem interpretamur
alibi, sed abdita huius herbæ mysteria, vide in Oedipo.

ⲥⲱⲗⲏⲃⲱⲩ Nos eam herbam, quam Scyllam vulgò vocant, interpretamur: Arabes eam vocāt اسقيل *Eskil,* siue بصل الفار *Cæpā muris,* Hieromāthæ Aegyptij, τὴν ὀφθάλμον τ Τύφωνος, idest, oculum Typhonis appellant. ita Apul. c. 42. & Hali.

الاسقيل هودصل الفار سمي بذلك لانه يقتل الفار وهو حريف قـــوي
ثقلان قوم هو العنصل لمصريون سليطـــــا ۞

*Eskil, est Cæpa muris, ita dicta, quod mures interficiat, & est acuta vehe-
menter, & voluerunt aliqui eam esse Ansal , Aegyptijs dicitur Slitha.* Vocatur autem Typhonia herba ob summam nocendi vim, & facultatem
prorsus igneam cuiusmodi Typhonem fuisse Plutarchus docet, libr. de
Osir. & Isid. ideo Aegyptij non malè hanc Typhonis oculum cùm à
colore igneo subflauescente, tum à figura, & qualitate adustiua, appella-
runt. Nam, vt rectè Aben Sina ait;

اسقيل

اسقيل لونه اصفر الى البياض ومنه جنس سمى تقتلا وظن بعضهم
لانه البلبوس لان في علامه وجس هـــا ۞

Eskil coloris flaui subalbescentis, & ex ea genus quoddam veneni prorsus le-thiferi, & putauerunt aliqui, quod sit ipse Napellus, propter signum, quod inuenerunt in eo. Interpres Hebræus dicta confirmat.

אשקיל הוא בצל עכבר חם בשלישית יבס בשנית
ימתיך ומרקיק מאוד :

Askil Cæpa muris, calida in tertio gradu est, & sicca in secundo, estque reso-lutiua, & attractiua sanguinis, adustiua, vlceratiua, subtiliatiua, & incisiua, cum virtute vltra virtutem suæ calefactionis. quos omnes effectus Typho-nios esse quis non videt? sed de his alibi ex professo.

Ꞔ ⲥⲉⲙⲙⲉⲧ idem est ac Nasturtium nostrum, de qua herba vide Apuleium cap. 20. & Aben Sinam voce حرف, aliosque Latinos Botanicos.

· ⲧⲁⲃⲟⲡⲓⲛ vox Aegyptia est, significans eam herbam, quam Arabes بابونج *Babungs*, Latini Chamomillam, Græci παρθένιον, ὀρυκό-λαβον, χυσώκαλον vocant, cuius virtutes, & proprietates vide apud Abē sinam voce citata, & Chironem apud Apuleium.

· ⲥⲧⲉⲙⲫⲧ Cura Dei, corruptè Apuleio Thephin, vel Them-phin, eam herbam esse dicimus, quam Arabes Basielraghi, Græci πολύγο-νον, πολύκαρπον, χιλιόφυλλον, Mystæ γόνον τῦ ἡγς̃ος, Semen Herois vocant, Latini denique Sanguinariam, Proserpinacam à serpendo per terram ita dictã; quidam etiam Miserdiuinum vocant, de quibus vide Botanicos voce Polygonon.

ⲡⲉⲗⲉⲗⲓⲥ, vel vt Hierophantæ eã nominant ⲁⲥⲫⲟⲩ teste Chi-rone apud Apuleium, est idem ac Cyclaminus, de quibus suo tempore copiosior dabitur dicendi locus.

ⲉⲃⲙⲟⲩⲥ corruptè Apuleio Etui: interpretamur Capillum Vene-ris, siue πολύτριχον, quam & Græci ἀδίαντον, Arabes برشاوشان bar-schia-

ſchiauſahen vocant; naſcitur in locis humidis, & fontium parietibus familiaris eſt.

ⲚⲒⲤⲒⲚⲈ vel ⲚϢⲎⲢⲒⲚⲦⲈⲚⲎⲢⲒ hoc eſt, *Prolem Solis* interpretamur, eſtque Heliotropium, teſte Chirone apud Apuleium, qui & id ἡλιόϲϵⲣφον quod ad Solem ſe continuo vertat, adpellat, alij ἡλιοῦϱϑν, id eſt Caudam Solis, eo quod vt animal caudam, ita Sol hanc ſibi herbam ſequi faciat. Vocatur & Sideritis, quod ſicut Magnes ferrum, ita Sol hanc herbam trahat. Verum virtutes, & myſticas rationes huius herbæ cum Oedipo reſeruauerimus, ſuperuacaneum eſſe ratus ſum, ijs hic amplius inhærere.

ⲘⲈⲚⲒϦϮ idem eſt ac Genius Lunæ, corruptè Apuleio Emenipſe, eſtque ea herba, quam Dictamnum Latini, ἀϱτμίⲇιον videlicèt à Diana, quæ Lunæ genius eſt, appellant Græci; vocatur & eadem de cauſa á Theophraſto ϲϵλⲓⲱⲟϱόνϲ, ſperma Lunæ.

ⲖⲞⲦⲞⲘⲈⲦⲢⲀ corruptè Apuleio Lotonietra, herba eſt, quam Nimphæam Aegyptiam vocamus, Lotuſque dicitur, de cuius mira vi, vide Theophraſtum. Dicitur autem Lothometra, quod cæli curſum ſolis ſuo flore quaſi metiatur. Arabes vocant نيلوفر *Nilufar*, etſi Nilufar diſtincta ſit à Lotometra: hæc enim præbet edulium ſuauiſſimum Aegyptijs, illa ob vim extinctiuam caloris noxia eſt. Eſt igitur Nilufar propriè idem cum noſtra Nimphea, quam Algam, ſiue Papauer paluſtre, vulgò vocant, à virtute extinctiua Veneris, quidam etiam clauum Veneris dixere, vocaturque ab Aegyptijs ⲂⲒⲤⲒ ⲚⲦⲈ ⲦⲢⲀϢⲒⲀ id eſt Vinculum religionis, eo quod ab illicitis deſiderijs carnis hominem vſus huius herbæ vindicet: ita Author Vatic.

نيلوفر هو كرفب المـا وچسمي حب العروس وحـراس النسـك برد ورطب في الثاذيـة شرابـة ملطف جدا ۞

Nilufar Caulis aquaticus eſt, & vocatur Granum Sponſi, & cuſtodia continentiæ frigidus, & humidus iu ſecundo gradu, & potus vehementis extinctionis eſt. cui conſentit Interpres Aben ſina Hebræus his verbis:

נילופר

נילופר או ננופר עשב יצמח במי האגמים ויעיל לחסר ויחסר
תאות ומפיא טפת הזרע בסגולה שבו:

*Nilufar, seu Nenufar herba est germinans in aquis palustribus, minuit pollu-
tionem, frangit vehementer desiderium coitus, & congelat sperma, occulta
quadam proprietate, quæ in ipsa latet. Quibus consonant verba Diosco-
ridis.*

Νυμφαῖα ἐν ἕλεσι καὶ ὕδασι στασίμοις. φύλλα δὲ ἔχει ὅμοια κιβωείῳ σμικρότερα
δὲ ἡ ὀπλυνκέσερα, πολὺς ὑπὲρ χονΐα τὸ ὕδατος, πίνε ⟨⟩ δὲ ἡ ῥίζα ⟨⟩ πρὸς ὀνἐφγμοὶ
ὠδρα ⟨⟩ τὸ τούτοις. ἀτονίαν δὲ ἐργάζε⟨⟩ αὐθὶς πρὸς ὀλίγας ἡμέρας, εἰ τὶς
ἐν διλεχῶς πίνοι.

*Nymphæa, inquit, in paludibus, stagnantibusq. aquis nascitur, folia habet
Fabæ, siue Loto Aegyptiæ similia, at minora, oblongioraque plura ab vna ea-
demque radice prodeuntia: bibitur contra Veneris insomnia, eadem enim
omnino adimit. quin & aliquot continenter diebus epota, instrumenta gene-
rationis ita debilitat, vt omni tentigine sublata, frigidi, ac impotentes reddan-
tur, qui biberint.*

ⲥⲱⲁⲉⲇⲛⲁⲥ *Mentastrum interpretamur ab Hierophantis dictum*
ⲁⲣⲉⲙⲁ ⲧⲉ Ⲁⲙⲟⲗⲗⲱⲛⲟⲥ, *in sacris Aegyptiorum vsus eius perfrequens; Arabibus dicitur* Naanaa, *de quo Aben Sina.*

نعناع حار يابس في الثانية وفيه رطوبة فضيلة فيه قوة مسخنة قا قض
يمنع وادا اتركه ظافات منه في اللبن لم يتجبن

*Naanah calida, & sicca in secundo, & in ea humiditas superflua, visque in
ea calefactiua stiptica prohibens; & cum frusta ipsius in lacte ponuntur, id
nunquam in caseum condensabitur. Vocatur & Semen Solis, ab Arabe
Ali, voce citata. Lego quoque Mentham dici ab Hierophantis* αἶμα
καὶ γόνον τ Ἀμμωνος, *vide Apul. c.94.*

ⲥⲩⲗⲉⲉⲓ, *idem est ac Seriphium, siue Absynthium marinum: Ali
id describit his verbis:*

ابسنثين ينبت في المصر كثيرا ودسموها سوسي وحسنوشة قمة
ورق السعير وفيه مرارة وقبض وحرافة

Abſynthin germinat multùm in Aegypto, & vocatur Sumi, herba ſimilis folio Origani, & in ea amaritudo, & ſtipticitas, & acuitas ſumma.

ⲁⲫⲗⲟⲫⲁⲓ , hac voce, teſte Chirone apud Apuleium vocant Aegyptij herbam, quam nos vulgo Mercurialem vocamus, ſolutiua vi prædit m, Myſtæ ἐϗμαῦ βαςιλῆον dicunt :

ⲑⲩⲓⲁⲱⲛ , idem eſt ac Bryonia, Officinis vitis alba, Arabibus فاسيرا Phaſira, cuius vires vide apud Botanicos.

ⲫⲉⲛⲣⲉ nihil aliud eſt, quam Scolopendria, quam quidam cum Aſpleno confundunt, eo quod potu ſumpta ſplenem minuat ſpleneticiſque proſit . Arabibus اسقولوفنلريجون

ⲁⲧⲁⲃⲟⲥⲁⲗⲗⲟⲛ idem, quod Cyclaminus eſt, ita ex Chirone Apuleius , Græcis πⲁⲛⲉⲇⲁⲛⲟⲛ , Arabibus بوبانس Buiàns , de quo vide Aben Sinam, Serapionem, alioſque Botanicos Arabes.

ⲡⲁⲛⲧⲁⲅⲁⲃⲁ eſt idem, quod omne bonum, vel ad omnia bonum, eſtque herba, quam alij Origanum, alij Pulegium appellant . vide Apuleium cap. 93. Antonium Muſam, Colium Aurelianum, alioſque veteres Medicos.

ⲁⲓⲥⲉⲏⲩⲥ corruptè Apuleio Stemeeos, dicimus eſſe fruticem, quem Ruſcum vulgò vocant. Græci μυρσίνℓω ἀγϵίαν, Myrtum Syluestrem, Arabes حارم , Aegyptij, teſte Chirone apud Apuleium ⲁⲓⲙⲩ ⲡⲧⲁⲓⲱⲛ ; Myrtum Alexandrinam الاسكندريجه Sanguinem. Titanum, vel Elcani, ⲁⲓⲙⲁ Ιβιος Sanguinem Ibidis, cuius cauſam etymologiáq. in Oedipo aſſignamus.

ⲁⲉⲛⲧⲩⲣⲟⲃⲟⲛ , nos Coſcutam interpretamur, quaſi diceres, ὄϱϐον τℓωͷ ᵈΝⲇⲣⲱⲛ, id eſt Orobum arborum, ſiue ὀϱοβⲉⲁⲅⲭℓωͷ ᵗ Νⲇⲣⲱⲛ, herbam arbores ſtrangulantem, ſiue in arbores tyrannidem exercentem, cuiuſmodi Cuſcutam eſſe, nemo niſi ἀφⲩⲧⲟⲅⲣⲱⲙⲟⲥ ignorat. ſunt tamen qui Smirnium, ſiue Oluſatrum, Aegyptios hoc nomine appellaſſe velint, ſed perperam: eſt enim inſignis inter has herbas differentia, vt peritis conſtat .

ⲁⲉⲟⲧⲁⲉⲟⲅⲁⲓⲥ idem ſignificat ac liberans à morte : ita Portulacam.

cam Aegyptij vocabant: Hierophantes verò ἅμα Ἄρεος, Sanguinem
Martis, Author Vaticanus.

بقلة لحمق دشبيشة احرر معرفة لمصريون متموت بارن في الثالثة
رطب في الثاني

Portulaca herba nota, Aegyptijs Motmut: frigida in tertio, & humida in
fine secundi. Vocatur autem Motmut in Aegyptiaca lingua, eo quod febribus malignis, & omnibus inflammationibus Aegyto proprijs, mirificè,
& vnicè conferat, Sanguinem Martis vocabāt Myſtæ, ϰỳ τῆι αἰνόφεασιν
eo quod aduſtam, & torridam, ſeu Martiam bilem frigiditate, atque humi-
ditate ſua temperet, malignitatemq. eius expellat, teſte Aben Sina,
فينفع من الحميان الحارة eo quod febribus calidis mirum in modum
profit.

• ıρε⸼ɟuıρıε quam corruptè Antonius Muſa Hierathiorine vocat,
Betonicam dicimus eſſe, herbam innumeris, vt cum Theophraſto loquar, virtutibus præditam; vnde non ſine cauſa ſacra Horo dicebatur veteribus; quam & ψυχότροφον, id eſt, animi nutricem haud incongruè dictā,
lego, quod Capite, in quo intellectricis animæ ſedes, & habitaculum eſt,
mirificè conferat: verum, qui plura de viribus huius herbæ deſiderat,
conſulat citatum Antonium Muſam, in particulari de ea conſcripto libello, Apuleium, Theophraſtum, Dioſcoridem, alioſque veteres Botanicos.

⸺ɟ ογεωıⷩ Coriandrum eſt, ita Arabes Botanici ſæpè citati in voce
كزبرة *Kazbare*, quod Coriandrum ſignificat:

, ⸼ɴ̇ɢcı Aegyptios Saluiam quòque denominaſſe Abenephi author
eſt; de quo cum alibi fuſius tractemus, hic, ne in immenſum hoc Supple-
mentum augeatur, ampliori declaratione abſtinendum duximus. Atque
hæc ſunt quæ de Plantis Aegyptijs apud diuerſos Authores occurren-
tibus, breuiter dicenda putaui; In quo ſi non vndequaque Lectori ſatisfa-
ctum ſit; rogo vt iudicium ſuum ſuſpendat, vſque dum Oedipus emer-
ſerit, in quo omnia clarius, fuſius, & eruditius enucleata, non ſine volupe-
tate, vna cum plantis ad viuum repræſentatis, reperiet.

CAPVT IX.

De Vrbibus Aegyptijs, caterorumque vicinorum locorum appellationibus.

N E mireris Lector, si Geographos Arabes à Latinis, & Graecis, tantū discrepare conspexeris : cum enim veterum locorum nomina, vel magna ex parte vitiata, vel barbararum linguarum introductiōne prorsus immutata sint, certè magnam confusionis materiem ea Scriptoribus praebuisse necesse fuit; quod cum verum sit in omnibus Nationibus, ita potissimum in Aegypto, in quo tam varium, & multiplex imperium, tam varia, & diuersa idiomatum forma introducta viguit, accedit, quod recētia nomina locis, & vrbibus imposita, veterum locorum nomina, vel prorsus ex hominum memoria deleuerint, vel ita dubia reddiderint, vt vix recti aliquid de ijs statui possit. Attamen ne tam insignis instituti nostri materia inculta maneret; nos quantum vires & ingenium permisērūt, ex probatis Orientalium monumentis hāc chorographiam Aegypti ad mentem veterum, in prima parte Oedipi, syntagmate, quod Delta Niloticum intitulamus, instaurandam sumpsimus. Verum vt & hic quoq. specimen aliquod praeberemus, nomina locorū in Scala magna proposita dubia adhuc & incerta paulò fusiùs explicanda duximus ex alijs Cosmographis, additis earum vrbium, quae Episcopalis olim dignitatis titulo claruere denominationibus, vt sic Copticę Ecclesiae vastitas, & magnificentia demonstraretur ; sed iam ad ipsam Aegypti diuisionem progrediamur.

Aegyptus igitur Copticè ⲭⲏⲙⲓ vel ⲭⲁⲙⲓ à Chamo Noemi filio primo eius Colono, Hebraeis à filio Chami Mesraim dicta, olim in tres partes diuidebatur, in inferiorem, mediam, & superiorem Aegyptū Romanis verò subiugata, in Aegyptum propriè dictam, in Thebaidem superiorem, & inferiorem; in Arcadiam, & Augustamnicam ; in Lybiam denique superiorem, & inferiorem diuisa fuit. Lybia continet Pentapolim, siue 5. ciuitates. Augustamnica, quasi diceres fluuialis prouincia à Gratiāno Imp. nomen inuenit, Arcadia vocatur ea quae extra △ Lybiaꝰ respicit ab vna parte, ab altera Nilo & Heptanomo terminatur. Vide quae ex professo de diuisione Aegypti tradimus in Oedipo.

Aegy-

Aegyptus prima, fiue Delta Alexandriam habet, quæ eft metropolis totius Aegypti vertex, vt Marcellinus ait, omnium ciuitatum, fedes artium, & fcientiarum. Nam & difciplinarum magiftri quodammodo fpirant. nudatur ibi radio Geometrico, quicquid reconditum latet. Muficæ præterea, & Aftronomiæ peritiffima eft. Fatorum quoq. vias oftendit, Medicina ita viget, vt vel hoc ipfo fufficiat Medico ad commendandam artis authoritatem, fi Alexandriæ fe dixerit eruditum. ab hac ad Græcos omnis fapientia, vna cum religione profluxit.

De qua ita quoque in antiqua notitia Græca lego (*ex Metropoli Alexandria per omnes prouincias videas omnis generis Philofophos. Quare & cum aliquando certamen inter Aegyptios, & Græcos obortum fuiffet, vtris principatus deberetur, argutiores, & perfectiores Aegyptij inuenti funt, viceruntque, & principatus eis adiudicatus eft. Denique impoffibile eft in quocumque tandem genere volueris fapientem reperire talem, cuiufmodi Aegyptij funt. Quare & omnes ij Philofophi, fcientiamque literarum adepti, qui ibi morati funt, præftantiores euaferunt. Neque enim vlli apud eos impoftores funt. Verum fingule fua negotia, per fingularem doctrinam, & difciplinâ ornantes perficiut,* Porrò Alexandria ficuti fedes fuit Præfecti Auguftalis, cuius munus, & auctoritatem in Codice, Titulo de Officio Præfecti Auguftalis defcripta vide: ita & Sedes Patriarchalis Chriftianorum, cuius Antiftes Aegyptum vicinam, vt Epifcopus, vt Patriarcha demum vniuerfam Aegyptum gubernabat tanto cum fplendore, & potentia, vt per eum, tefte Socrate l.7, Hiftor. Ecclef. cap. 13. nonnihil de auctoritate eorum, qui ab Imperatore ad Magiftratus gerendos defignati erant, detractum effet: Imo & ciuilem dignitatem Ecclefiafticæ addidit Cyrillus. Vide pluribus de hifce tractantem Socratem. Certè in Canonibus Arabicis Concilij Nicæni, qui continentur in Bibliotheca Vaticana : Aethiopem Patriarcham fub poteftate eius effe, qui Sedem tenet Alexandrinam, determinatur. Et antiqua Græci Imperij notitia, hos ipfi terminos tribuit ;

τρεῖτος & ἁμώτατος ἢ ἀποςολικὸς θρόνος Αλεξανδρείας, ἃ ἀγγελίςε ἢ ἀποςόλε Μάρκε, ἵϊε τ κορύφαιε Πέτρε γεγονότες, περιέχων ἕως τῆς ἐσωτέρας Ινδίας· ἢ Αιθιοπίας, θρόνε τ ἁγίε ἀποςόλε Θωμᾶ ἄχει μαρμαεικῆς, ἢ Αφεικῆς, ἢ Τεπόλεως, & πᾶσαν τ Αιγυπτίων χώραν αχει τ ὁρίων παλαισίνης, τὰ τε Νότου, ἢ λιβαρότου κλίματα περιέχων. *Tertius fanctiffimus, & Apoftolicus Thronus Alexandriæ Euangelifta, & Apoftoli Marci, qui factus eft filius fummi Apoftoloru Petri, obtinens fines vfq. ad interiorê Indiam, & Aethiopiam, quæ fees fuit S. Apoftoli Thoma, & inde Marmaricam, Africam, Tripolim, & vni-*

vniuerſam Aegyptiorum prouinciam ad Paleſtinæ vſque fines, Auſtri, atque Auſtroafrici climata continens. Præterea apud Alexandrinos, 'inquit Sozom. ſolus ciuitatis Epiſcopus docet, aiunt tamen hanc conſuetudinem non prius inoleuiſſe, quam ex quo Arius Presbyter, de doctrina diſſerens inſolitam introduceret. Nouum & illud apud Alexandrinos eſt, quod Epiſcopus dum Euangelium recitatur, non aſſurgat, præter cæterarum Eccleſiarum conſuetudinem, additurq. in actis Concilij Chalcedonen. Omnes Aegypti Epiſcopos ita Patriarchæ detuliſſe, vt hoc vita functo, quicquam decernere non auderent. Vnde cum his quidam ſuadere conarentur, vt in Concilio Chalced. epiſtolæ Leonis Papæ ſubſcriberent, nec non anathema Eutychis, eiuſq. erroribus denunciarēt; *Ipſi,* inquit, *dixerunt multos eſſe in Aegypto Epiſcopos, ſeq. non poſſe abſentium perſonam ſuſcipere, rogaruntq. Concilium, vt expectarent ſuum Archiepiſcopum, quo ſicuti mos poſtulat illius ſententiæ morem gererent.* Habuit etiam Alexandrinus Patriarcha ex ſtatutis antiquorum Patrum, & Conciliorum, curam inueſtigandæ diei, qua Paſcha celebrandum erat, ita Leo Magnus Papa ad Marcianum Auguſtum c. 64. his verbis: *Studuerunt itaque Sancti Patres occaſionem huius erroris auferre, omnem hanc curam Alexandrino Epiſcopo delegantes, quoniam apud Aegyptios huius ſupputationis antiquitus tradita eſſe videbatur peritia, per quam, quando ſinguli dies prædictæ ſolemnitatis euenirent, Sedi Apoſtolicæ indicaretur, vt huius ſcriptis ad longinquiores Eccleſias iudicium generaliter percurreret.* Erat & alia conſuetudo Patriarcharum Alexandriæ, ille qui defuncto ſucceſſor erat, excubias agebat ſuper defuncti corpus, manumque dexteram eius capiti ſuo imponens à ſepulto manibus ſuis accipiebat B. Marci pallium, colloq. ſuo apponebat, & tunc legitimè ſedere cenſebatur. Sed hæc fuſius alibi legi poſſunt.

Alexandria itaq. prima Aegypti Ciuitas, Coptice Abulfeda ρ&κ◻⊣

الاسندريه على شط بحر الروم من جنه الكبيره وراس المصر وبها

عامور الصوازي وطوله فحو ثلثة وار بعين دراعا ✿

Alexandria ſupra littus maris Romæi ſita, ciuitas maxima eſt, & caput Aegypti, habitationibus, & columnis figuratis 43. cubitorum conſpicua. Alexandriæ Antiſtes ſubſcripſit Concilio Nicæno primo. Timotheus Conſtantinopolitano primo; & Cyrillus Epheſino, vti ex actis dictorum Conciliorum habetur.

Altera Ciuitas est Raffid , Coptice ⲣⲁϣⲓⲧⲥⲉ ⳨

رسيف بلجيرة على شط النيل عن الاسكندريه على مرحلة

Raffith oppidum fupra littus Nili ab Alexandria diftans ferè vna Margala. Ptolomæus vocat Metelin, vnde eo Nomus Metelites, Italis Rofetto, gaudet iure Epifcopali,

Hermopolis parua, Macarius eius Epifcopus fubfcripfit Concilio Ephefino , Dracontius eius Epifcopus nominatur, apud Athanafium in Epiftola ad Antiochenfes. & Efaias Concil. Chalced. fubfcripfit, vt habetur ex notitia antiqua Græca.

Sais antiquiffima ciuitas; de qua fufè in Oedipo, quæ etiam Sahid dicitur.

صايس او صهيد بلجيرة بحريـــة

Sais ciuitas in Aegypto parte, quæ Bechria i.i. maritima dicitur: Epifc. iure gaudet, Nam, vt ex notitia habetur Adelphius fubfcripfit Conc. Ephef. & mentio fit Paphnutij cuiufdam Epifcopi Saenfis , apud D. Athanafium epift. ad Antiochenfes.

Latonæ ciuitas, hodie دروطه *Derute*, Epifcopalis. Ioannes Epifcopus Latopoleos Concilio Chalcedonenfi adfuit : huic vicinæ funt Naucratis, cuius Epifcopi Arpoaration, & Efaias memorantur in Concilijs Nicæn. & Chalcedon. , & Andropolis, cuius Epifcopus Zoilus, citatus á S. Athanafio epift. ad Antioch.

Nicium نقيوس *NaKius*, vel etiam وةرة quam alij confundunt cū Phua فوة & مصيل Ciuitas eft antiqua, Coptice dicta ⲡⲁⲣⲟⲩⲁ vel ⲛⲓⲕⲓⲟⲩⲥⲉ.

Pulfaminon, eius Antiftes fubfcribit Concilio Chalcedonenfi ita Hiftor. Ecclef. Coptitarum.

ⲙⲁⲣⲓⲱⲧⲏⲥ. Mareotis, Arabice مريوط *Mariuth*, olim ϥⲁⲓⲁⲧ cuius Epifcopus Ifchyras memoratur apud Socratem lib. 2. c. 16. Hift. Ecclefiaft. Epifcopales, præterea vrbes funt Onuphis, cuius Epifcopus Adelphius interfuit Concilio Chalcedonenfi .

ⲧⲁⲟⲩⲁ̣. *Taua*, ciuitas in interiori Aegypto, cuius Epifcopus Ifaac

dicto

dicto Concilio subscripsit, dicitur ⲧⲁⲩⲃⲁ, de quo Geographus Arabs

ظوه من يمنة المصر جين دروته ومنف‍ـا

Taua ciuitas Aegypti inter Derutam, & Monf, sita. cuius Episcopus Agathodæmon apud S. Athanasium memoratur. Est & alia ciuitas huius nominis, Coptè ⲧⲁⲗⲁⲛⲁ‌ⲭⲛⲉ inter Pelusium, & Memphim, cuius mentio sit apud Antoninum, Athanasius Thoitarum Episcopus in epistola Episcopnrum Aegypti ad Leonem Imperatorem legitur.

ⲫϯ‌ⲉⲛⲟⲩϯ *Phtenothi,* in notitia antiqua corruptè *Phineges;* Episcopi iuribus gaudet, eius Episcoporum Heraclij, & Piminuthis acta, vide apud citatum Athanasium.

ⲧⲉⲛⲉⲥⲓⲛⲉ est eadem, quæ *τάνις* ciuitas Agypti Infierioris, de qua ita Abulfeda

ﻗﺎﻧﻴﺲ في خزيرة في وسط بحيـره

Tanis vrbs Aegypti sita in Insula in medio lacu. Olim Episcopali iure gauisam lego; Episcoporum enim Tanensium, siue Taneos, Pauli, & Hermionis sit mentio in actis Concil. Chalcedonensis, & apud S. Athanasium cit. loco.

Nitria ciuitas Aegypti à Nitri ibi prouenientis copia sic dicta, à Mari Rubro quinque Marghelis distans: ita Abulfedà

ﻓﻈﺮون ﺟﻠﺒين ﺧﻤﺲ ﻣﺮﺣﻠين ﻣﻦ ﻗﻠﺰم ﻣﺎﻫﺎ ﻣﻌﺪن النطرون

Natrum ciuitas quinque Marghelis à Kolzun distans, ibi fodina Nitri. Isidorus Nitriæ Episcopus legitur in Epist. 27. D. Hieron. vnde patet sedem Episcopalem fuisse.

ⲃⲗⲉⲟⲩⲁⲓ Arabicè المورادة *Almurade,* Ptolom. *Thmuis,* ad Nilùm, Monasterio, & rebus gestis Coptitarum locus clarissimus. Aristobuli huius loci Episcopi in Concilio Ephesino, vti & Serapionis apud Sozomenum lib. 3. cap. 13. sit mentio.

ⲱⲣⲉⲃⲓ Arabicè اذريب *Atrib.* Ptolomæo ⲁ‌ϯⲣⲓⲃⲓⲥ vrbs est istius partis Aegypti, quam Augustamnicam vocant; Episcopalis olim fuit, siquidem Strategius Episcopus Atribidis Augustamnicæ in Concil.

Ephe-

Ephefini actis dicitur. de fundatione huius Vrbis confule Oedipum.

ⲱⲩⲛ Hebraicè אׁן *On*, Ptolomæo ὄνιον, vti & antiquæ notitiæ, D. Athanafius ḥⲗⲓⲟⲩ eā vocat, quam à cultu Solis fic dictam, fequentes etymologiæ teftantur. Nam Hebræis inuenio dictam quóque בית שמש *Bethfemas*, ideft Domus Solis. Arabibus عين الشمس *Ain alfchemfe*, ideft Oculus, fiue Fons Solis; Septuaginta Interpr. ḥⲗⲓⲟⲩⲡⲟⲗⲓⲥ. de qua ita Abulfeda.

عين الشمس في زمٮا ذٮا رسم ولٮٮٮٮ بها دٮار وٮٯٮال انهـــــا كاٮت مٮ دٮٮه فرعـــــون

Ain fchems, noftris temporibus deftructa habitatione caret, dicitur autem quòd fuerit olim ciuitas Pharaonis. Melæ cuiufdam huius vrbis Epifcopi in Breuiario Meletij mentio fit.

Ⲃⲉⲃⲣⲱⲗⲱⲛ vel etiam ⲙⲉⲉⲫⲓ Arabicè منف *Monf*, Scala magna Monf, & eft Mefra antiqua منف وهي مصر القدٮمه quæ confonant Itinerario Beniamini, vrbs totius Aegypti antiquiffima, & maxima, olim totius religionis fedes, hodic قهره *Cahira*, Cayrus dicitur; de hac ita Abulfeda.

منف فهى مصر القدٮمه ومن غربي النٮل ولمافتحها عمر وابـــن العاص حربها ودنى الفسطا طـمن البر الاخر الشرقي بامر عمـــر وٮمنف اثار عطٮمـــه

Monf, quæ eft Mefra, fiue Memphis antiqua, ex parte Occidentali Nili, & & cū aperiret eā Aaàr, & Aben Elaas, deftructa fuit, ædificataq. Pheffad, ex altera parte deferti Orientalis, imperio dicti Amar, & funt in ea maximarum antiquitatum veftigia. Vtrum autem, & quomodo Onium, Heliopolis, Memphis, Babylon. inter fe diftinguantur dicetur in Oedipo fufius. In antiqua notitia Concilij Nicæni Patribus affociatos quoque reperio huius vrbis Epifcopos Antiochum, & Cyrum.

ⲥⲓⲟⲟⲩⲧ Arabicè اسٮوط *Affuth*, eadē eft ac Bubaftus, quāuis alij eā confundant cum Melech perperam : ⲙⲉⲉⲗⲉⲭ enim Coptice, ea ci

Hhhh   uitas

uitas eſt, quam Arabes مصيل & قوه , *Maſil*, & *Phue* vocant. Mal‑
chus Bubaſti Epiſcopus, vnus ex Patribus Concilij Chalcedonen. fuiſſe
legitur. de *bac* vrbe, eiusq. etymo vide Oedipum.

ⲫⲁⲣⲫⲁⲓⲧ Arabicè بلبيس *Philebes*, Ptolom. ⲫⲁⲣⲃⲁⲓⲥⲟⲥ
Epiſcopalis olim fuit, ſiquidem Alberion Pharbæthi Epiſcopus Conci‑
lio Nicæno ſubſcripſiſſe legitur. De huius vrbis etymo, ac religione, vi‑
de fuſiſſimè tractatum in Delta Nilotico Oedipi.

ⲥⲟⲩⲁⲛ Arabicè اسوان *Aſuan* ſuperioris Thebaidis vrbs eſt eo‑
dem loco ſita, quo olim celeberrima Theba ἑκατόμπυλος, de qua ita
Abulfeda.

واسوان من بر الشرق وهي احدا الصعيد الاعلا وبها اثار قديمه
وغيرها

Et Aſuan ex parte Orientalis deſerti vltima Thebaidis ſuperioris: ſunt in ea
multa antiquitatis veſtigia, & columnæ elaboratæ, & alia huius generis.
Epiſcopalis ſedis titulo gauiſa olim, nunc vicus tantum ſupereſt. Apol‑
lonius huius loci Epiſcopus, olim Concilio Conſtantinopolitano gene‑
rali quinto interfuiſſe legitur.

ⲃⲟⲩⲥⲓⲣⲓ Ptolom. βουσιεις Nomus, & vrbs antiquiſſima, & ce‑
leberrima, vicina Onio, dicitur quoque ⲡⲟⲥⲓⲣⲓ quo antiqui Solem
indigitabant, vide de ea Oedipum, Arabicè بصير *Baſir*, à Baſar nepo‑
te Cham, vt Aegyptij referunt, fundata. Geographia Arabica ita eam
deſcribit

بصير من بنية المصر بها اولايه واثار القديمه

Beſar Ciuitas Aegypti, in ea Præfectura, & multa veſtigia antiquitatis.
Hermeon & Athanaſius eius Epiſcopi leguntur, ille quidem in Breuia‑
rio Meletij, hìc in Concilio Chalceeonenſi, cui ſubſcripſit, hùic Eccle‑
ſiæ tanquam filia annexa fuiſſe videtur Cynus, ſeu κυρόπολις, ſiquidem
eius Epiſcopi Sergius, & Ptolomæus Concilio Conſtantinopolitano
generali quinto, vti & Chalcedonenſi interfuiſſe leguntur.

ⲭⲱⲓⲥ Coptè idem quod ⲫϯⲉⲗⲉⲛⲟⲩϯ Arabicè اشمشا
&

& βοοῦπει Coptè ⳧⳨ⲧⲛⲟⲩⲥⳌ Arabicè درودي *Derute*; ſunt vrbes in inferiori Aegypto Nomiquè olim fuerunt , vti & Epiſcopali iure gaudentes; fit mentio in Concilio Epheſino cuiuſdam Marcedonij Epiſcopi Xoenſis, vti & Butenſis Epiſcopi Ammonis in eodem Concilio. Vide librum notitiarũantiquarũ. Sunt & aliæ Ciuittes vicinæ Sebennythus Phtehmunis, Cabaſa, quas omnes olim Nomi titulo & poſtmodum Epiſcopali dignitate illuſtres reperio; in antiqua quoque notitia Græcanica Theopempti Cabaſſæ; Ammonij Ptehmemunis, & Auſorij Sebennythi Epiſcoporum mentio fit , qui diuerſis Concilijs interfuiſſe leguntur.

ⲧⲉⲃⲧ Oxyringus, Thebaidis inferioris Nomus, & vrbs; Ptolom. ὀξυρίγχός, Arabicè أحميم *Achmim.* cuius ſitum & originem vide in Delta Nilotico. In notitia antiqua in Arcadia ponitur, Epiſcopali ſede olim claruit, vti & ex actis Concilij Conſtantinopolitani patet, cui Dorothæus Epiſcopus Oxyrinchi ſubſcripſiſſe legitur.

ⲥⲟⲩⲁⲛ Ptolomæo κερκοδειλόπολις , arabicè أسوان السفيلي *Aſuan* , *Saphili*, id eſt Suan inferior, aliàs Arſinoe vrbs Thebaidis mediæ eſt, de quo Geographus ſupra citatus ita

اخميم بلى كبيره بااصعيد الاوسط من اعلاه فهى عن اسيوط على نحو مرحلتين واخميم من بر الشرق وبها البربة المشهورة وهي من اعظم كل الاوايل

Achmim regio magna in Thebaide media diſtat ab Aſioth ſuperiori ciuitas 2. *Marghelis & Achmim in deſerto Orientali ſita , habet Palatia celebria, & maximis antiquitatibus conſpicua eſt.* Epiſcopali quoque dignitate olim viguiſſe Caloſrius, & Andreas huius ſedis Epiſcopi teſtantur, quos Concilio Chalcedonenſi interfuiſſe, acta ipſius demonſtrant.

ⲁⲫⲣⲟⲍⲓⲧⲟⲡⲟⲗⲓⲥ ſiue Veneris ciuitas , arabicè ابوتيج *Abutig* vrbs eſt e regione Occidentali deſerti Nili , vt Abulfeda docet, eius Epiſcopus Chryſaorius Concilio Chalcedonenſi ſubſcripſit.

ⲧⲉⲙⲉⲥⲓⲱⳌ arabicè دمشيس *Damſis*, corruptè in notitia antiqua Tamiata, vnde perperà quidã eam cũ Peluſio, ſeu moderna Damiata

confundunt, vrbs eft Thebaidis inferioris, vicina Infulæ Nili. Tamiathi-
dis antiftitem Heraclium Concilio Ephefino fubfcripfiffe reperio. Epifcopos autem Pelufienfes Dorothæum quidem Concilio Nicæno 1. &
Pancratium Syrmienfi fubfcripfiffe. Socr. lib. 2. c. 29. refert.

ⲡⲁⲣⲁⲗⲗⲟⲩ arabicè برلس الرمل *Borles alramel*, id eft, areno-
fa, eft & altera huius nominis ciuitas, Coptè ⲕⲓⲕⲉⲭⲱⲟⲩ arabicè
برلق *Borles*. quarum prima Epifcopali fede gaudet. Paralli enim antiftes inter Agypti Præfules in Concilio Chalcedonenfi legitur.

Nilopolis, Ptolom. Νλⲅ︖πολιϲ, vrbs, & Nomus. Hanc confundunt
multi cum Phefdada perperam: Eft enim fecundum hiftoriam Aegyptiorum فسطاط *Phefdada*, eadem, quæ Mifra. Nam ita habetur in Sara-
cenica hiftoria:

بسنة هجيرة عشيرين عمرابن العاس دور وحزن المدي ___ نة المصر
وهي قسط ___ اطا ۞

Anno Hegiræ 20. *mox cinxit Amrus f. Alaſi Ciuitatem Mefra, quæ eſt*
Phefdada. dicitur autem Phefdada, quod Amri tentorium extenfum il-
lic effet, antequam Alexandriam contenderet. Cumque profecturus eo
effet, iuffit auferri tentorium fuum: fed ecce Columba fuper eo pullos
excluferat, dixitque Amrus: Vtique illicitum eft nobis occidere menfe Muharram, ne mutetis tentorium; fed firmate id propterea, curamq;
eius habere iuffit præfectos fuos. Capta autem Alexandria, & reuerfis
inde Mufulmanis dixerunt, Vbi caftra fixit? refponderunt; Fuftadæ
(id eft ad Tentorium) vnde & vrbs in hanc diem nomen obtinuit. Vide
Hiftoriam Saracen. fol. 20. Porro Nilopolis diuerfa à Phefdada, etfi vtraq.
nõ multum remotę in Infula Nili ponatur. Fuitq. ante conditam, feu re-
ftauratam Phaftadam, Epifcopali titulo clara: Theonem enim Nilopo-
litanum Antiftitem apud S. Athanafium in Breuiario. Meletij, lego; &
Eufebium eiufdem Præfulem, Concilio Epheſino fubfcripfiffe reperio in
notitia antiqua.

ϥⲓⲟⲙⲉ arabicè الفيوم *Elphium*, vrbs eft adiacens Infulæ Nili, cu-
iusetymon, fitum, antiquitatem fuse defcripfimus in Delta Nilotico.

ⲗⲁⲡ

ⲗⲁⲧⲟⲩⲛ arabicè اسنا *Asna,* Ptolom. Λατωνόπολις, siue Latonæ vbs
est duplex inferioris, & superioris Aegypti.

ⲡⲓⲉⲗⲉⲃⲁ̅ⲕⲓ ⲉ̅ⲛⲡⲉⲙⲙⲉⲛⲧ arabicè الخمس مدن المغربين idest quinq.
ciuitates Occidentis. Græcè πεντάπολις, Iuntq. Barca, Tunetum, Eri-
polis, Cyrene, Aphrica. In notitia antiqua, Pentapoli apponuntur, Hy-
drax, Berenice, Olbia, Sozufa, Arfinoe, quæ ibidem vide.

ⲡⲁⲛⲁ⳪ⲟ *Panaba* arabicè بناها *Banaba* corruptè, vt cætera pleraque, in Coaice Conciliorum Aphaneum, corruptius in notitia antiqua
Aphtæum, oppidum eft vicinum Pelufio Epifcopali iure gaudens; Hie-
races Aphanæitarum Epifcopus in Concilij Ephefini fubfcriptionibus
memoratur.

ⲑⲱⲛⲓ arabicè ثونة *Thune,* corruptè in libro notitiarum Tenne-
fus vrbs eft in Bechria Aegypti, & fedes olim fuit Epifcopalis, cuius
Epifcopum Heronem Chalcedonenfi Concilio interfuiffe legimus in
actis dicti Concilij.

ⲡⲁⲛⲉⲫ̅ⲥⲓⲥ Ptolom. πανέφυσις, cuius & in Oedipo mentionem
facimus, vrbs eft vicina Alexandriæ verfus defertum, à cultu ⲡⲁ⳪ⲥ fic
dicta, antiquiffima fuit, & Epifcopali dignitate illuftris, cuius Epifcopi
Philippus quidem Nicæno, Ammonius Ephefino Concilio fubfcriffiffe
leguntur.

ⲭⲉⲉⲛⲟⲩⲧ idem fonat, ac *Cham Deus nofter,* vrbs eft vicina
Memphi verfus Montana; dicitur ita quòd á Chamo, primo Aegypti
colono, ædificata putetur; arabicè سمنوه aliàs Samenutha, modò vicus eft parum habitatus. Vide de hac vrbe fufiùs tractantem Oedipum.

ⲕⲟⲥⲃⲓⲣⲃⲓⲣ arabicè قوص *Kaus,* in notitia antiqua corruptè
Cufa, & alibi etiam Cafa, vrbs eft fuperioris Thebaidis magni nominis,
& vicina Aetiopiæ; à qua & Aetiopes Kaus, fiue Kufij videntur dicti à
Caus filio Cham fundata; de quo ita Abulfeda.

قوص مدينة بالصعيد وليس بارض مصر بعض القبلبان اعظم منها
وفى على حافة النيل من البر الشرقى ☙

Kaus ciuitas in Thebaide, neque in tota terra Aegypti, poft Pheffadam, ea
maior

maior eſt, ſitaq. eſt ſupra littus Nili ex parte deſerti Orientalis, Achilles Cuſę Epiſcopus in notitia antiqua memoratur.

ⲕⲉⲩⲧ *Keſi,* arabicè قُبط *Copt,* Vrbs Thebaidis ſuperioris prima & antiquiſſima, à qua tota Aegyptus, vti & Coptitæ nomen habent, de qua cum pluribus in Prodromo, & Oedipo tractemus, hic eadem repetere ſuperuacaneum duximus. Phebamnon huius vrbis Epiſcopum in notitia Concilij Epheſini reperio.

Hermopolis maior, ciuitas inferioris Thebaidis, arabicè بنيسويف *Baniſuaiſ,* memoratur eius Epiſcopus Gennadius in Concilio Chalcedonenſi.

ⲁⲛⲧⲥⲓⲛⲱⲟⲩ arabicè اذنسا *Anſena,* nomus & vrbs eſt: Ptolom. Ⲁⲛⲧⲓⲛⲟⲟⲡⲟⲗⲓⲥ; de qua ita Abulfeda.

اقصنا دليبرة بالصعيد الاوسط وبها اثار عظيمة اوليبة وهي على شط النيل في بر الشرق قبلة الاسمودين

Anſena oppidum in Thebaide media ad ripam Nili è regione Elleſmunin, plena magnis antiquitatum veſtigijs. Lucium huius Antiſtitem, vide apud S. Athanaſium in Breuiario Meletij. Tyrannum quoque in actis Concilij Nicæni.

ⲟⲩⲱⲛⲅⲩ arabicè ارمنت *Armont,* Ptol. Licophis eius præſul memoratur à S. Epiphanio hæreſ. *69.* & Voluſianus eiuſdem Epiſcopus interfuit Concilio Epheſino.

ⲡⲁⲛⲟⲩⲩⲕⲏⲧ arabicè منوف السفيلى *Monuf elſchaphli,* id eſt, inferior.

ⲡⲁⲛⲟⲩⲩⲣⲏⲥ arabicè منوف العليا *Manuſ* ſuperior; vrbes ſunt Thebaidis ambæ ad Nilum ſitæ, Ptolom. Ⲁⲡⲟⲗⲗⲟⲡⲟⲗⲓⲥ, Pabiſco huius Epiſcopus memoratur in actis Conc. Epheſini.

ⲡⲁⲛⲁⲩ arabice لنا Ptolom. ⲡⲁⲛⲟⲡⲟⲗⲓⲥ, vrbs, & nomus Aegypti Thebaidis, Sabinus Epiſcopus Panopolis Concilio Epheſino ſubſcripſiſſe legitur. Reliquæ ciuitates Epiſcopali ſede conſpicuæ ſunt This, Hermonthis, Theremunthis, Phylæ, Thoi, Ombi Tatyris, Hipſecle, Oaſſis, Cliſma Heraclea, & in inferiori Aegypto Gerrum, Phecuſa, Caſſium, quarum Epiſcopi in actis quatuor Conciliorum Oecumenicorum, & in

Fr̄

Epiſtola S. Athanaſij ad Antiochenſes, vti & in Breuiario Meletij, alijſq.
Sacræ Hiſtoriæ Scriptoribus memorantur. Sed harum omnium memo-
ratarum vrbium, earūdemq. originū fuſiores deſcriptiones, vide in Delta
Nilotico Oedipi, vbi & dictorum locorum genuinum ſitum triplici de-
ſcriptione, vna cum totius Aegypti moderna, antiqua, & primæua_
Chorographia exhibemus.

CAPVT X.

De Terminis Philoſophicis.

VM in hac Scala noſtra ſubindè occurrant diuerſi ſter-
mini Philoſophis, & Logicis vſurpati, ne ei Lectori
ſcrupulum aliquem mouerent, eos hic paulò fuſius de-
clarandos duxi.

ⲡⲓⲉⲙⲓ ⲛ̄ⲧⲉⲛⲓⲥⲁⲝⲓ Nos i interpretamur ſciē-
tiam ſermonis, ſeu rariocinij, Arabicè عِلْمُ المنطِقَ
MentaK, quo idem ipſi exprimunt, quo' nos Logicam, ita ⲡⲓⲉⲙⲓ
ⲛ̄ⲧⲉⲫ̄ⲫⲥⲓⲥ interpretamur cum Arabibus علم في الطبيعه
ſcientiam rerum naturalium, ſiue Phyſicam. ⲡⲓⲉⲙⲓⲛⲫ̄ⲧ vocant
quoque ſcientiam Deorum, ſiue Geniorum, quarum vtramque Mercurium docuiſſe aſſerunt, vt in Oedipo oſtendetur.

ⲡⲓⲥⲁⲝⲓ ⲫ̄ ⲓⲉⲧⲁ̄ⲣⲟⲥⲁⲩ̄ⲭ Nos interpretamur verbum, ſeu vo-
cem, quæ eſt mente ſeparata ab ijs, quæ verè exiſtunt: ſiue vt Logicè dicam, vocem præciſam à ſingularibus. Arabes vocant, vocem vniuerſa-
lem, quam Auicenna his verbis interpretatur.

اللفظ كلى اللفظ اما مفرد وامّا مولف والمفرد اما كلى وهـــوالذي
لا يمنع نفس تصور مفهومه وقوع الشركة كالانسان واما جزي وهو
الذي يمنع تصور مفهومه ذلك كزيد و الكلى اماذاتي واما عرضي
والذى اما مقول جماهو واما باي شي هو ۞

Id eſt, *Vox vniuerſalis, vel eſt ſingularis, vel compoſita; ſimplex iterum_*
vel

vel vniuersalis,& illa eſt, cuius non prohibet proprietas apprehenſionis no-
titiæ ſuæ,deſcenſum communicationis,vt homo: vel particularis,& ea eſt, cu-
ius proprietas conceptibilitatis notitia ſuæ eundem prohibet,vt Zaidus. Vni-
uerſalis autem,vel eſt eſſentialis (ea videlicet,quæ ingreditur in ratione par-
ticularium eius,vt animal per comparationem ad hominem, & equum) vel
accidentalis, vt riſibile per comparationem ad hominem. Eſſentialis iterum
vel eſt dicibilis in quid,vel in quale. Sunt autem quinque vniuerſalia,quę
hiſce Aegyptiacis vocabulis referuntur.

ⲅⲓⲧⲉⲛⲇⲥ	جنس	Genus.
ⲟⲩⲃⲟ	نوع	Species.
⳦ⲁⲅⲅⲛⲟⳅⲗⲗ	فصل	Differentia
ⲛⲟⲓⲇⲥⲧⲏⲥ	خاصة	Proprium
ⲡⲓⲥⲩⲗⲗⲃⲉⲡⲓⲕⲱⲥ	عرض	Accidens.

ⲧⳉⲗⲗⲧⳅⲫⲟⲣⲕ idem, ac explicatio eſſentiæ rerum, quam nos defini-
tionem vocamus, Arabes ita eam deſcribunt:

الحد قول دال على ماهية الشي وهو الذي يتركب عن جنس الشي
وفضله القريبــــــــــــين

Id eſt, Definitio eſt oratio indicans quidditatem rei,& componitur ex genere
rei, & differentia eis propinquis.

والحد الناقصى وهو الذي يتركب عن جنس بعيد وفضلة القريبت كالجسم
الناطق بالنسبه الى الانســــــــان

Definitio autem imperfecta,ſiue deficiens eſt, quæ componitur ex genere re-
moto, & differentia eius propinqua, vt corpus rationale per comparationem
ad hominem. Deſcriptionē verò vocant الرسم eamq. dupliciter conſi-
de rant,vel compoſitam ex genere rei,vt ipſi loquuntur, & proprijs eius.
nſ eparabilibus,vt animal riſibile,vel compoſitam ex accidentalibus,&c
                                                   Sed

Sed hæc omnia, quemadmodum trita, & puerilia ferè, ita summa
qua fieri poteſt breuitate tractanda ſunt.

ⲪⲎⲈⲦⲦⲀⲔⲎⲆⲨⲀ quod conuerſum eſt, ita vocant propoſi
tiones conuertibiles, & Arabes explicant per vocem المنعكس de
quo ita Aben Sina in ſuo de ſcientia ratiocinij libello,

الفكس هو ان يصير الموضوع محمولا والمحمول موضوعا مع بقا السلبي
والايجاب بحاله والتصديق والتكذيب بحاله ۞

Id eſt, *Conuerſio eſt facere ſubiectum prædicatum,& prædicatum ſubiectum*
cum permanētia negationis,& affirmationis in ſtatu ſuo,& veritatis,& ſal-
ſitatis in ſtatu ſuo.

ⲠⲒⲤⲨⲢ ita ſyllogiſmū Aegyptij vocāt, Arab. القياس ideſt menſuram,
eo quod conceptuū mentis noſtræ veluti menſura quædam ſit, eamque
his verbis definiunt Arabes, Aegyptiorum interpretes.

القياس هو قول مولف من اقوال متي سلمت لزم عنها لذاتها
قول اخر ۞

Syllogiſmus eſt oratio compoſita ex propoſitionibus, ex quibus quando conceſſæ
fuerint, neceſſe eſt ſequi propter earum eſſe propoſitionem aliam.
eſtq. vel continuatiuus, vt وهو اما اقترا ني كقولنا

كل جسم مولف	Omne corpus eſt compoſitum.
كل مولف حادث	Omne cōpoſitum eſt producibile.
وكل جسم حادث	Ergo omne corpus eſt producibile.
واما استثناي كق لنا	Aut eſt replicatiuus.
او كانت الشمس طالعه	Si Sol fuerit ortus, ergo dies eſt
قاالنهار موجود	
لكن النهار ليس بموجود	Sed dies non eſt exiſtens.
والشمس ليست بطالعة	Ergo Sol non eſt ortus.

ⲀⲠⲞⲆⲈⲜⲒⲤ   siue اَپُدِكْسِس demonſtratio eſt, quam Arabes hoc loco explicant per vocem برهان ❀

البرهان هوقياس مؤلف من مقدمات يقينية لاينـــــتـــاج
اليقينيجات واليقينيات اقسـام ❀

Demonſtratio eſt ſyllogiſmus compoſitus ex præmiſſis certis, ad concluſiones certas. Certitudinalia autem plures diuiſiones habent; vel enim ſunt اوليات primitiua, vt vnum eſt dimidium duorum; & totum eſt maius ſua parte. vel مشاهدات conuictiua, vt ſol reſplendens eſt, & ignis comburens; vel مجربات experimentatiua, vt ſcammonea eſt purgatiua choleræ; vel حدسيات opinatiua, vt lux Lunæ dependet à Sole; vel متواترات ſucceſſiua per fidem, vt Moſes obtinuit Prophetiam, & apparuit ſignum per manus eius. Reliqua fuſius explicauimus in Grãmaticis, quare eo Lectorem mittimus.

Termini Arabici in Grammatica Copta occurrentes.

الظهر Nomen patiens, ſiue manifeſtum, quod ſc. rem clarè, & abſtractiuè ſignificat, hoc eſt ſiue præſentem, ſiue abſentem.

الضمير Subintellectum, cuiuſmodi vocant nomen, quod non tam rem, ſed propriè, ac determinatè perſonam loquentem, præſentem, vel abſentem, hoc eſt primam, ſecundam, & tertiam perſonam denotat, quod nos pronomen perſonale, ſeu abſolutum dicimus, eſtque duplex منفصل ſeparatum, & ⲙⲟⲩⲉⲥⲗ coniunctum, quod communiter affixum dicitur.

المبهم Ambiguum, ſiue indiſtinctum, quod ſc. rem quidem, vel perſonam, cum quadam tamen indeterminatione, ambiguitate, & indiſtinctione importat. ſub quo noſtra pronomina demonſtratiua, relatiua, & alia huius generis nomina collocãtur; at Arabibus dicta الموصولات المضافى d eſt annexa:

المبدى In Arabico idem ſonat ac inchoatum: eſt enim nomen patientientis proueniens à verbo ابتدى incipere. Apud Grammaticos verò est nomen illud, cuius casus à nulla alia dictione regitur, ac regulariter in orationis initio collocatur. Est autem hoc vt plurimum id cui annexū est, aliquid Dialecticis dictū مسند اليه id est, subiectum enunciationis, seu propositionis.

الخبر Idem sonat ac nuncium, siue nunciatum, apud Grammaticos verò est illud nomen, quod pariter à nulla dictione regitur, estq. semper مسند connexum, siue prædicatum propositionis.

الحال Dispositio, siue modus agendi, nihil aliud est, quam dictio illa, quæ in oratione apponitur ad explicandum statum, siue quomodo res se se habet, dum agit, aut patitur, aut quid simile de illa prædicatur, respondetque gerundijs Latinorum. Arabes ita describunt

اسم فضلة مقسمر لما اذبهم من البهات

Nomen abundans, declarans ob id, quod indeterminatum, siue reliquum est de modis.

التمييز Determinatio, estq. vox, quæ explicat, ac specificat aliquam particularitatem; differtque à præcedentib. quod illa determinet aliquem peculiarem modum. hoc vero rem specificet; atque hac ratione describitur. لاسم المفسر لما اذبهم من البهات Nomen declarās id quod se reddidit vagum, siue indefinitum de modis, respondetq. specificationi dialecticorum; includitque hasce particulas in quantum, quoad, &c.

النعت المنعوت Adiectiuum, & substantiuum.

الاسم مصدر Nomen verbale est, & vocatur scaturigo, quia inde reliqua manant.

متعدى Transitiuum.

لازم Intransitiuum.

ⲡⲓⲥⲑⲣⲓⲃⲟⲗⲩⲛ idem est ac الاصطرلاب Astrolabium, instrumentum notum.

ϯⲗⲉⲥⲟⲩⲍⲩⲛ Arabicè التقويم sunt instrumenta, quibus obseruantur motus cælestes; cuiusmodi sunt Quadrantes, Radij, Armillæ, Directoria, à directione ita dicta.

ⲡⲓⲁϣⲉⲃⲉⲩ idem est ac qui scire facit, qui scientia sua demōstrat, vti Mathematicus, qualem Arabes مهندس & منجم id eſt Geometram, & Aſtronomum appellant, vocantur etiam Mathematici ⲛⲓⲣⲉϥⲉⲥⲟⲩⲧ eo quod ſcientia ſua homines incantent, & multa hominibus quaſi paradoxa proponant. Ipſæ autem ſcientiæ Mathematicæ vocâtur ab Arabibus علوم الشريفة Scientiæ Regiæ, & nobiles, ſiue Nobilium, & Regum artes. Ex quo patet quanto olim in honore fuerint hæ ſcientiæ. Certé de nulla alia facultate plures libros quam de Mathematica ſcriptos reperio. Incidi non ita pridem in indicem librorum Mathematicorum, lingua Arabica conſcriptorum, quam Ioann. Baptiſta Raymundus olim ſecum ex Aegypto ad inſtantiam Mathematicorum, potiſſimum Clauij attulerat; quas & in Bibliotheca Magni Ducis Etruriæ adhuc conſeruari audio; ex quo clarè patet nihil ſubtilitatis Mathematicæ Arabes latuiſſe. Verum ad inſtantiam multorum hic opportunè eum inſertum Mathematicis communicandum duxi.

CATALOGVS LIBRORVM ARABVM AEGYPTIORVM
qui à Io. Baptiſta Raymundo ex Agypto olim Romam allati ſunt, quorum titulos ipſe ex Arabico partim in Latinum, partim in Italicum tranſtulit, vt ſequitur.

DE cæleſtium orbium numero, liber vnus.
De Intelligentiarum numero, tractatus.
De Vnitate, aut pluralitate mundi.
De Surſum, aut deorſum.
De Mundi, & Cæli dextra, & ſiniſtra.
De Galaxia.
De Vmbra tam ex Elementaribus, quam ex Cæleſtibus corporibus, Stellis, &c. (Solem excipio) proficiſcente.
De Situ Stellarum fixarum in Applane, ſeu firmamento.
Quota hora ſit apud omnes cuiuslibet Regionis gentes, qualis diei noſtri hora, quolibet anni tempore
De Centro mundi, & vniuerſi cæli ad ipſum collati conſtitutione, & motu.
Quare Sol paucioribus diebus Auſtralia, quam Borealia peragat ſigna.
De altitudine Caucaſi montis, de qua Ariſtoteles in Meteorologis loquitur.
Futuram maris tranquillitatem, aut tempeſtatem præcognoſcere.
Rationes cur Sol non magis ab Aequinoctiali declinet cum ad Cancrum, & ad Capricornum, accedit cognoſcere.

Arti-

Artificioſo modo par cognoſcere quanto ſia l'impeto di qualunque acqua corrente, cadente di qualunque altezza, del vento, delle Naui, delle Galere, & della forza de' vogatori: & di tutta vna Galera, vnitamente, vniuerſalmente, ò de qualunque particolar vogatore.

Artificioſo ageuolamento del moto de i Remi nelle Galere, & con minor numero di vogatori produr impeto vguale al maggiore, & con vantaggio grandiſſimo.

Alcuni notabili commodi da giungerſi alla vtilità del peſo della ſtatera ſcritto dal Cuſuani Arabe, & da noi già tradotte.

Paſſimetria, cioè artificio di miſurare preciſamente, quanti paſſi, e miglia ſi ſia nauigato per qualunque verſo della latitudine, della longitudine, & del miſto, del terreno orbe.

Artificio di miſurare le miglia caminate, ò nauigate, per la longitudine del mondo, & col mezzo della conſideratione de' corpi Celeſti, coſa difficile, & non da altri trouata, come nota ancora Franceſco Coper Hiſtorico Spagnuolo dell'Occidentali Indie.

Ageuolamento del moto del Nauiglio.

Della verſabilità della Guchia nauigatoria, & della Calamita, & dell' vſo di quella, à qualunque propoſito delle humane commodità.

Artificioſo vela, che faccia muouere il Nauiglio, con vento à deſtra, ò ſiniſtra, ſecondo che ſi deſidera dal Timoniero.

Fabrica artificioſa di Galera, che ſenza remi nauighè, e ſenza vento.

Hidrotechnia, cioè libro, ò arte di tutte le commodità, che dall'acqua, che è naturalmente, ò artificioſamente moſſa, poſſano deriuare.

Architechnia, cioè Artificio di Principi per la perpetuatione de' loro Prinipati, ſacri, ò ciuili di tutte le Nationi.

Anemologia, cioè trattato de' Venti, e loro ſituatione, e moto ſopra la terra.

Dioptometria, cioè arte di miſurare tutte le coſe miſurabili, celeſti, terreſtri, vicine, diſtanti col quadrante Aſtronomico.

Horometria cioè arte di fabricare tutti l'artificij Solari con l'aiuto dell' iſteſſo quadrante.

Thetrametria, cio modo di miſurare tutti i corpi: i pieni, i vacui, col ſolo quadrante, ouero quadrilungo, & delle reduttione di tutte le figure miſurabili alla figura di queſti: della quadratura del circolo.

La conſolatione Viſionea, che è vn volume di tutte le conſolationi, che dalle ſcienze de gl: ſtudij, & dalla verità ſoglia darſi a gli huomini, che à quelle ſi appoggiano in queſta vita.

Il Galeotto Visianio, è vn volume di tutte le più salse, & festeuoli, triuiali, & anche vtili narrationi, che da varij Idioti huomini, & Galeotti si sono intese in diuerso genere.

Vna grande Canzone del maggior Ordine, sopra la libertà, & seruitù; & quanto di verità deue cercar da gli huomini in seguitarsi; non volendo insieme col volgo errare.

Piromachia, cioè, da fare ogni sorte di fuochi artifiziali.

Idromachia, cioè, arte di far ogni sorte di machine aquatiche.

Cifra artificiosa, cioè maniera di scriuere indissolubilmente.

ATque hæc sunt, Lector beneuole, quæ in hoc tibi Supplemento communicanda duxi, In quo si quicquam laude dignum actum est, Deo Opt. Max. id referas velim, sin minus tibi satisfactum putes, cogita tecum, quid sit res ignotas, & abstrusas, per linguam incognitam, & Europæ hucusq. inauditâ publicasse; quod si vnquâ similis tibi prouincia contigerit, non erit quod meos labores vnquam cauilleris. Vale, & ora pro me Deum, vt vitam, viresque concedat, quo promissum, pari passu, Oedipum tandem producere possim.

LAVS DEO.

ROMAE,

Apud Ludouicum Grignanum,

MDCXLIII.

SVPERIORVM PERMISSV.